Septuaginta

An Abridged Reader's Edition

Septuaginta

An Abridged Reader's Edition

GREGORY R. LANIER
WILLIAM A. ROSS

Septuaginta: An Abridged Reader's Edition

Hendrickson Publishers
P. O. Box 3473
Peabody, Massachusetts 01961-3473
www.hendricksonpublishers.com

Greek text:
Septuaginta, edited by Alfred Rahlfs
Revised Edition, edited by Robert Hanhart

P. O. Box 810340
70520 Stuttgart, Germany
www.academic-bible.com

ISBN 979-8-4005-0469-3 (print)
ebook ISBN 979-8-4005-0470-9 (Kindle ebook)
ebook ISBN 979-8-4005-0471-6 (epub)
ebook ISBN 979-8-4005-0472-3 (Apple epub)

Printed in the United States of America

First Printing — January 2025

Library of Congress Control Number: 2024941423

CONTENTS

Narrative Books

Poetic & Proverbial Books

Prophetic Books

INTRODUCTION

Ever since the publication of our *Septuaginta: A Reader's Edition* in 2018, we have often heard remarks like this: "This thing is so enormous! Where should I start reading in the Septuagint?" The full *Reader's Edition* is, indeed, quite hefty: 3,300+ pages; 1,175 total chapters; and 620,000 words of biblical text plus another 600,000 in footnotes. It is certainly difficult to know where to start.

So, on the fifth anniversary of the publication of the larger edition, we put our heads together with our partners at Hendrickson Publishers (Jonathan Kline and Phil Frank) and developed the idea of producing a simpler and more economical entry point to reading the Septuagint. This book retains the basic look and feel of the full *Reader's Edition* insofar as it keeps the focus on the biblical text and provides vocabulary assistance in the running apparatus. But it is curated in such a way that enables readers to get the most value from their reading time by focusing on chapters that we consider interesting or significant. We hope it will be a stepping stone to a lifetime of reading the full Septuagint.

1. Chapter Selections

We have selected seventy chapters (~6 percent of the total) for this volume—a number that seemed particularly appropriate given the meaning of *Septuaginta* (Latin "seventy"). In choosing chapters for inclusion, we aimed to balance multiple considerations:

- Which chapters record key milestones in the history of Israel and Judah?
- Which chapters are particularly influential for the writers of the NT?
- Which chapters would be helpful in providing the overall feel of a given book?
- Which chapters from the Apocrypha are interesting for non-specialist readers?

There is no perfect way to balance all these considerations, but we feel confident that our resulting selection will serve as a nice gateway to the whole corpus and provides something for everyone. As shown in the table of contents, the seventy chosen passages are arranged into four groupings that otherwise adopt the order used in the larger *Septuaginta: A Reader's Edition*: the Pentateuch (16 selections), historical books (16), poetry and proverbial books (17), and prophetic books (21).

The seventy selected chapters comprise approximately 40,000 total words (excluding footnotes), and twelve chapters are from the material known as the Apocrypha or Deuterocanon. At the start of each chapter, we display a summary of the content (also found in the table of contents) as well as NT passages that cite from or allude to verses in the selected chapter (if relevant).

2. Text and Vocabulary

The base text of this volume remains the same as before: the 2006 revised edition of *Septuaginta* (edited by Alfred Rahlfs and Robert Hanhart), used with permission from the Deutsche Bibelgesellschaft. In contrast to the full *Reader's Edition*, we are not displaying the double-texts for certain books but instead have picked one particular text-form where relevant (namely, A-text for Judges, GI text for Tobit, and OG for Daniel). Chapter and verse numbers are derived from Rahlfs-Hanhart and thus may not fully align with the traditional English (or Hebrew) numbering, particularly for the Psalms and Jeremiah (consult the larger *Reader's Edition*, pp. xi–xii, for details).

Vital to any reader's edition is the inclusion of footnotes at the bottom of the page that assist the reader with difficult vocabulary. We have retained the vocabulary footnotes—with slight updates/corrections to glosses and parsing information where fitting—from the larger *Reader's Edition* (see pp. xii–xvi therein for full details). In a nutshell, we have marked with a numerical footnote either infrequent words (≤ 100 occurrences in the Septuagint and/or ≤ 30 in the Greek NT) or common words with likely unfamiliar morphology (such as the pluperfect). In the running apparatus at the bottom of the page, we provide the lexical form of the word, basic parsing information (for verbs), and one or more context-sensitive glosses. The abbreviations used for verb parsing should be fairly self-explanatory (e.g., *perf mid ptc nom s m* = perfect middle participle nominative singular masculine), as are the other abbreviations used (e.g., *Heb. LW* = "Hebrew loanword"; *sup* = "superlative form").

At the end of the book, we also provide a glossary of ~330 words that are of such frequency that they would not typically be included in the running apparatus. Thus, using either the footnotes or the glossary, the reader should be able to track down more or less every word's meaning.

3. Difficulty Ratings

For this abridged edition, we also wanted to provide readers with a way of navigating which chapters are "easier" and which are "harder." Though the register or difficulty level of any given writing is partly subjective, we devised a way of quantifying the question using two variables that serve as proxies for the difficulty of vocabulary and syntax, respectively:

- Number of vocabulary glosses in a given chapter
- Number of participles and infinitives used in a given chapter

By computing the frequency of such features and scaling based on the word-count of a chapter, we were able to generate a simple metric that approximates each chapter's relative difficulty.

To illustrate, Judges 13 features about eighty vocabulary glosses and only fourteen participles/infinitives, yielding a difficulty rating of 0.19; however, 4 Maccabees 1 features quadruple the number of vocabulary glosses and triple the number of participles/infinitives—across the same word count—thereby yielding a difficulty rating of 0.58. For good reason, then, Judges 13 is assigned a "1" (= easiest) rating, while 4 Maccabees 1 is assigned a "5" (= hardest). One should note, though, that even within a given rating category, there might be a noticeable spread in difficulty (e.g., Malachi 3 is "easier" than 2 Maccabees 7, though both have a 5 rating).

The rating for each selected chapter is displayed in a dark circle next to the chapter summary. For the reader who is interested in pursuing a reading plan based on difficulty level, we have provided the following reading lists for ratings 1 through 5 (with page numbers provided):

Rating Level 1	
Genesis 2	6
Genesis 3	9
Exodus 3	17
Exodus 19	29
Exodus 20	32
Judges 13	65
2 Kingdoms [2 Samuel] 7	76
3 Kingdoms [1 Kings] 8	79
4 Kingdoms [2 Kings] 2	86
Psalm 1	131
Psalm 89 [88 LXX]	145
Psalm 110 [109 LXX]	150
Jonah 1	195
Jeremiah 52	234

Rating Level 2	
Genesis 1	3
Genesis 22	14
Leviticus 19	40
Deuteronomy 18	51
Joshua 1	63
Ruth 4	68
1 Paralipomena [1 Chronicles] 29	89
2 Paralipomena [2 Chronicles] 36	93
Tobit 13	108
Psalm 151	151
Job 42	168
Micah 5	192
Joel 3	194
Isaiah 6	209

Rating Level 3	
Genesis 15	12
Exodus 12	20
Exodus 15	25
Leviticus 16	35
Deuteronomy 6	48
Deuteronomy 32	53
Esdras B [Ezra/Nehemiah] 3	97
Psalm 2	132
Psalm 22 [21 LXX]	134
Psalm 78 [77 LXX]	138
Amos 9	189
Isaiah 7	211
Isaiah 52:13–53:12	221
Ezekiel 43	250

Rating Level 4	
Numbers 24	44
1 Kingdoms [1 Samuel] 2	71
Esther 4 (and Addition C)	99
1 Maccabees 1	111
Ecclesiastes 12	160
Song of Songs 1	162
Job 1	165
Psalms of Solomon 17	181
Zechariah 3	200
Zechariah 9	202
Isaiah 11	214
Jeremiah 31 [38 LXX]	228
Ezekiel 1	247
Daniel 7	254

Rating Level 5	
Judith 16	104
2 Maccabees 7	117
4 Maccabees 1	123
Proverbs 1	152
Proverbs 8	156
Wisdom of Solomon 7	171
Sirach Prologue	175
Sirach 24	177
Habakkuk 2	197
Malachi 3	205
Isaiah 42	217
Isaiah 66	224
Baruch 4	237
Lamentations 1	242

4. Acknowledgments

We would like to thank Jonathan Kline and Phil Frank for continuing to be excellent partners at Hendrickson. We are starting to lose count of how many projects we have done together, and we appreciate their shared vision for bringing an affordable "mini" *Reader's Edition* to the market. We also express thanks to our wives (Kate and Kelli), who at this point no longer really bother to try to keep straight the various projects we are working on together. All we ask is that the reader refrain from informing them that we waived royalties for this book to keep its price down.

GRL and WAR
Michaelmas MMXXIV

PENTATEUCH

Genesis 1 *The Creation of Heaven and Earth*

Genesis 2 *The Creation of Adam and Eve*

Genesis 3 *Sin, Punishment, and Promise*

Genesis 15 *God's Promise to Abraham*

Genesis 22 *God Commands Abraham to Sacrifice Isaac*

Exodus 3 *Moses Encounters the Lord in the Burning Bush*

Exodus 12 *Passover Instructions and Israel's Exodus from Egypt*

Exodus 15 *The Exodus Song of Moses*

Exodus 19 *Israel at Sinai and God's Descent on the Mountain*

Exodus 20 *The Ten Commandments*

Leviticus 16 *The Day of Atonement*

Leviticus 19 *God's Holiness and the Command to Love Your Neighbor*

Numbers 24 *Balaam's Oracle of a Star from Jacob*

Deuteronomy 6 *The Command to Love Israel's One and Only God*

Deuteronomy 18 *Provisions for Levites and a Promised Future Prophet*

Deuteronomy 32 *The Farewell Song of Moses*

GENESIS 1

The Creation of Heaven and Earth

2

Matt 19:3–9; Mark 10:2–9; John 1:1–10; 2 Cor 4:3–6

1 Ἐν ἀρχῇ ἐποίησεν ὁ θεὸς τὸν οὐρανὸν καὶ τὴν γῆν. **2** ἡ δὲ γῆ ἦν ἀόρατος[1] καὶ ἀκατασκεύαστος,[2] καὶ σκότος ἐπάνω[3] τῆς ἀβύσσου,[4] καὶ πνεῦμα θεοῦ ἐπεφέρετο[5] ἐπάνω[6] τοῦ ὕδατος. **3** καὶ εἶπεν ὁ θεός Γενηθήτω φῶς. καὶ ἐγένετο φῶς. **4** καὶ εἶδεν ὁ θεὸς τὸ φῶς ὅτι καλόν. καὶ διεχώρισεν[7] ὁ θεὸς ἀνὰ μέσον[8] τοῦ φωτὸς καὶ ἀνὰ μέσον τοῦ σκότους. **5** καὶ ἐκάλεσεν ὁ θεὸς τὸ φῶς ἡμέραν καὶ τὸ σκότος ἐκάλεσεν νύκτα. καὶ ἐγένετο ἑσπέρα[9] καὶ ἐγένετο πρωί,[10] ἡμέρα μία.

6 Καὶ εἶπεν ὁ θεός Γενηθήτω στερέωμα[11] ἐν μέσῳ τοῦ ὕδατος καὶ ἔστω διαχωρίζον[12] ἀνὰ μέσον[13] ὕδατος καὶ ὕδατος. καὶ ἐγένετο οὕτως. **7** καὶ ἐποίησεν ὁ θεὸς τὸ στερέωμα,[14] καὶ διεχώρισεν[15] ὁ θεὸς ἀνὰ μέσον[16] τοῦ ὕδατος, ὃ ἦν ὑποκάτω[17] τοῦ στερεώματος, καὶ ἀνὰ μέσον τοῦ ὕδατος τοῦ ἐπάνω[18] τοῦ στερεώματος. **8** καὶ ἐκάλεσεν ὁ θεὸς τὸ στερέωμα[19] οὐρανόν. καὶ εἶδεν ὁ θεὸς ὅτι καλόν. καὶ ἐγένετο ἑσπέρα[20] καὶ ἐγένετο πρωί,[21] ἡμέρα δευτέρα.

9 Καὶ εἶπεν ὁ θεός Συναχθήτω τὸ ὕδωρ τὸ ὑποκάτω[22] τοῦ οὐρανοῦ εἰς συναγωγὴν μίαν, καὶ ὀφθήτω ἡ ξηρά.[23] καὶ ἐγένετο οὕτως. καὶ συνήχθη τὸ ὕδωρ τὸ ὑποκάτω τοῦ οὐρανοῦ εἰς τὰς συναγωγὰς αὐτῶν, καὶ ὤφθη ἡ ξηρά. **10** καὶ ἐκάλεσεν ὁ θεὸς τὴν ξηρὰν[24] γῆν καὶ τὰ συστήματα[25] τῶν ὑδάτων ἐκάλεσεν θαλάσσας. καὶ εἶδεν ὁ θεὸς ὅτι καλόν. — **11** καὶ εἶπεν ὁ θεός Βλαστησάτω[26] ἡ γῆ βοτάνην[27] χόρτου,[28] σπεῖρον[29] σπέρμα κατὰ γένος[30] καὶ καθ᾽ ὁμοιότητα,[31] καὶ ξύλον[32] κάρπιμον[33] ποιοῦν

1 ἀόρατος, invisible, without form
2 ἀκατασκεύαστος, without shape
3 ἐπάνω, above
4 ἄβυσσος, deep, abyss
5 ἐπιφέρω, *impf mid ind 3s*, set upon, place upon
6 ἐπάνω, above
7 διαχωρίζω, *aor act ind 3s*, separate
8 ἀνὰ μέσον, between
9 ἑσπέρα, evening
10 πρωί, morning
11 στερέωμα, firmament
12 διαχωρίζω, *pres act ptc nom s n*, separate
13 ἀνὰ μέσον, between
14 στερέωμα, firmament
15 διαχωρίζω, *aor act ind 3s*, separate
16 ἀνὰ μέσον, between
17 ὑποκάτω, below, under
18 ἐπάνω, above
19 στερέωμα, firmament
20 ἑσπέρα, evening
21 πρωί, morning
22 ὑποκάτω, below, under
23 ξηρός, dry (ground)
24 ξηρός, dry (ground)
25 σύστημα, gathering
26 βλαστάνω, *aor act impv 3s*, sprout
27 βοτάνη, plant
28 χόρτος, grass
29 σπείρω, *pres act ptc acc s n*, sow, yield
30 γένος, kind
31 ὁμοιότης, likeness
32 ξύλον, tree
33 κάρπιμος, fruitful

καρπόν, οὗ τὸ σπέρμα αὐτοῦ ἐν αὐτῷ κατὰ γένος ἐπὶ τῆς γῆς. καὶ ἐγένετο οὕτως. **12** καὶ ἐξήνεγκεν[1] ἡ γῆ βοτάνην[2] χόρτου,[3] σπεῖρον[4] σπέρμα κατὰ γένος[5] καὶ καθ' ὁμοιότητα,[6] καὶ ξύλον[7] κάρπιμον[8] ποιοῦν καρπόν, οὗ τὸ σπέρμα αὐτοῦ ἐν αὐτῷ κατὰ γένος ἐπὶ τῆς γῆς. καὶ εἶδεν ὁ θεὸς ὅτι καλόν. **13** καὶ ἐγένετο ἑσπέρα[9] καὶ ἐγένετο πρωί,[10] ἡμέρα τρίτη.

14 Καὶ εἶπεν ὁ θεός Γενηθήτωσαν φωστῆρες[11] ἐν τῷ στερεώματι[12] τοῦ οὐρανοῦ εἰς φαῦσιν[13] τῆς γῆς τοῦ διαχωρίζειν[14] ἀνὰ μέσον[15] τῆς ἡμέρας καὶ ἀνὰ μέσον τῆς νυκτὸς καὶ ἔστωσαν εἰς σημεῖα καὶ εἰς καιροὺς καὶ εἰς ἡμέρας καὶ εἰς ἐνιαυτοὺς[16] **15** καὶ ἔστωσαν εἰς φαῦσιν[17] ἐν τῷ στερεώματι[18] τοῦ οὐρανοῦ ὥστε φαίνειν[19] ἐπὶ τῆς γῆς. καὶ ἐγένετο οὕτως. **16** καὶ ἐποίησεν ὁ θεὸς τοὺς δύο φωστῆρας[20] τοὺς μεγάλους, τὸν φωστῆρα τὸν μέγαν εἰς ἀρχὰς τῆς ἡμέρας καὶ τὸν φωστῆρα τὸν ἐλάσσω[21] εἰς ἀρχὰς τῆς νυκτός, καὶ τοὺς ἀστέρας.[22] **17** καὶ ἔθετο αὐτοὺς ὁ θεὸς ἐν τῷ στερεώματι[23] τοῦ οὐρανοῦ ὥστε φαίνειν[24] ἐπὶ τῆς γῆς **18** καὶ ἄρχειν τῆς ἡμέρας καὶ τῆς νυκτὸς καὶ διαχωρίζειν[25] ἀνὰ μέσον[26] τοῦ φωτὸς καὶ ἀνὰ μέσον τοῦ σκότους. καὶ εἶδεν ὁ θεὸς ὅτι καλόν. **19** καὶ ἐγένετο ἑσπέρα[27] καὶ ἐγένετο πρωί,[28] ἡμέρα τετάρτη.[29]

20 Καὶ εἶπεν ὁ θεός Ἐξαγαγέτω[30] τὰ ὕδατα ἑρπετὰ[31] ψυχῶν ζωσῶν καὶ πετεινὰ[32] πετόμενα[33] ἐπὶ τῆς γῆς κατὰ τὸ στερέωμα[34] τοῦ οὐρανοῦ. καὶ ἐγένετο οὕτως. **21** καὶ ἐποίησεν ὁ θεὸς τὰ κήτη[35] τὰ μεγάλα καὶ πᾶσαν ψυχὴν ζῴων[36] ἑρπετῶν,[37] ἃ ἐξήγαγεν[38] τὰ ὕδατα κατὰ γένη[39] αὐτῶν, καὶ πᾶν πετεινὸν[40] πτερωτὸν[41] κατὰ γένος.[42] καὶ εἶδεν ὁ θεὸς ὅτι καλά. **22** καὶ ηὐλόγησεν αὐτὰ ὁ θεὸς λέγων Αὐξάνεσθε[43] καὶ πληθύνεσθε[44]

1 ἐκφέρω, *aor act ind 3s*, bear, bring forth
2 βοτάνη, plant
3 χόρτος, grass
4 σπείρω, *pres act ptc acc s n*, sow, yield
5 γένος, kind
6 ὁμοιότης, likeness
7 ξύλον, tree
8 κάρπιμος, fruit-bearing
9 ἑσπέρα, evening
10 πρωί, morning
11 φωστήρ, luminary
12 στερέωμα, firmament
13 φαῦσις, illumination, light
14 διαχωρίζω, *pres act inf*, separate
15 ἀνὰ μέσον, between
16 ἐνιαυτός, year
17 φαῦσις, illumination, light
18 στερέωμα, firmament
19 φαίνω, *pres act inf*, shine, give light
20 φωστήρ, luminary
21 ἐλάσσων (ττ), *comp of* μικρός, *from* ἐλαχύς, lesser
22 ἀστήρ, star
23 στερέωμα, firmament
24 φαίνω, *pres act inf*, shine, give light
25 διαχωρίζω, *pres act inf*, separate
26 ἀνὰ μέσον, between
27 ἑσπέρα, evening
28 πρωί, morning
29 τέταρτος, fourth
30 ἐξάγω, *aor act impv 3s*, bring out
31 ἑρπετόν, creeping thing
32 πετεινός, bird
33 πέτομαι, *pres mid ptc acc p n*, fly
34 στερέωμα, firmament
35 κῆτος, sea creature
36 ζῷον, living
37 ἑρπετόν, creeping thing
38 ἐξάγω, *aor act ind 3s*, bring out
39 γένος, kind
40 πετεινός, bird
41 πτερωτός, winged
42 γένος, kind
43 αὐξάνω, *pres mid impv 2p*, increase
44 πληθύνω, *pres pas impv 2p*, multiply

καὶ πληρώσατε τὰ ὕδατα ἐν ταῖς θαλάσσαις, καὶ τὰ πετεινὰ[1] πληθυνέσθωσαν[2] ἐπὶ τῆς γῆς. **23** καὶ ἐγένετο ἑσπέρα[3] καὶ ἐγένετο πρωί,[4] ἡμέρα πέμπτη.[5]

24 Καὶ εἶπεν ὁ θεός Ἐξαγαγέτω[6] ἡ γῆ ψυχὴν ζῶσαν κατὰ γένος,[7] τετράποδα[8] καὶ ἑρπετὰ[9] καὶ θηρία τῆς γῆς κατὰ γένος. καὶ ἐγένετο οὕτως. **25** καὶ ἐποίησεν ὁ θεὸς τὰ θηρία τῆς γῆς κατὰ γένος[10] καὶ τὰ κτήνη[11] κατὰ γένος καὶ πάντα τὰ ἑρπετὰ[12] τῆς γῆς κατὰ γένος αὐτῶν. καὶ εἶδεν ὁ θεὸς ὅτι καλά. — **26** καὶ εἶπεν ὁ θεός Ποιήσωμεν ἄνθρωπον κατ᾽ εἰκόνα[13] ἡμετέραν[14] καὶ καθ᾽ ὁμοίωσιν,[15] καὶ ἀρχέτωσαν τῶν ἰχθύων[16] τῆς θαλάσσης καὶ τῶν πετεινῶν[17] τοῦ οὐρανοῦ καὶ τῶν κτηνῶν[18] καὶ πάσης τῆς γῆς καὶ πάντων τῶν ἑρπετῶν[19] τῶν ἑρπόντων[20] ἐπὶ τῆς γῆς. **27** καὶ ἐποίησεν ὁ θεὸς τὸν ἄνθρωπον, κατ᾽ εἰκόνα[21] θεοῦ ἐποίησεν αὐτόν, ἄρσεν[22] καὶ θῆλυ[23] ἐποίησεν αὐτούς. **28** καὶ ηὐλόγησεν αὐτοὺς ὁ θεὸς λέγων Αὐξάνεσθε[24] καὶ πληθύνεσθε[25] καὶ πληρώσατε τὴν γῆν καὶ κατακυριεύσατε[26] αὐτῆς καὶ ἄρχετε τῶν ἰχθύων[27] τῆς θαλάσσης καὶ τῶν πετεινῶν[28] τοῦ οὐρανοῦ καὶ πάντων τῶν κτηνῶν[29] καὶ πάσης τῆς γῆς καὶ πάντων τῶν ἑρπετῶν[30] τῶν ἑρπόντων[31] ἐπὶ τῆς γῆς. **29** καὶ εἶπεν ὁ θεός Ἰδοὺ δέδωκα ὑμῖν πᾶν χόρτον[32] σπόριμον[33] σπεῖρον[34] σπέρμα, ὅ ἐστιν ἐπάνω[35] πάσης τῆς γῆς, καὶ πᾶν ξύλον,[36] ὃ ἔχει ἐν ἑαυτῷ καρπὸν σπέρματος σπορίμου[37] — ὑμῖν ἔσται εἰς βρῶσιν[38] — **30** καὶ πᾶσι τοῖς θηρίοις τῆς γῆς καὶ πᾶσι τοῖς πετεινοῖς[39] τοῦ οὐρανοῦ καὶ παντὶ ἑρπετῷ[40] τῷ ἕρποντι[41] ἐπὶ τῆς γῆς, ὃ ἔχει ἐν ἑαυτῷ ψυχὴν ζωῆς, πάντα χόρτον[42] χλωρὸν[43] εἰς βρῶσιν.[44] καὶ ἐγένετο οὕτως. **31** καὶ εἶδεν ὁ θεὸς τὰ πάντα, ὅσα ἐποίησεν, καὶ ἰδοὺ καλὰ λίαν.[45] καὶ ἐγένετο ἑσπέρα[46] καὶ ἐγένετο πρωί,[47] ἡμέρα ἕκτη.[48]

1 πετεινός, bird
2 πληθύνω, *pres pas impv 3p*, multiply
3 ἑσπέρα, evening
4 πρωί, morning
5 πέμπτος, fifth
6 ἐξάγω, *aor act impv 3s*, bring out
7 γένος, kind
8 τετράπους, four-footed
9 ἑρπετόν, creeping thing
10 γένος, kind
11 κτῆνος, animal, *(p)* herd
12 ἑρπετόν, creeping thing
13 εἰκών, image
14 ἡμέτερος, our
15 ὁμοίωσις, likeness
16 ἰχθύς, fish
17 πετεινός, bird
18 κτῆνος, animal, *(p)* herd
19 ἑρπετόν, creeping thing
20 ἕρπω, *pres act ptc gen p n*, creep, move
21 εἰκών, image
22 ἄρσην, male
23 θῆλυς, female
24 αὐξάνω, *pres mid impv 2p*, increase
25 πληθύνω, *pres pas impv 2p*, multiply
26 κατακυριεύω, *aor act impv 2p*, exercise dominion
27 ἰχθύς, fish
28 πετεινός, bird
29 κτῆνος, animal, *(p)* herd
30 ἑρπετόν, creeping thing
31 ἕρπω, *pres act ptc gen p n*, creep, move
32 χόρτος, grass
33 σπόριμος, seed-bearing
34 σπείρω, *pres act ptc acc s n*, sow, yield
35 ἐπάνω, above
36 ξύλον, tree
37 σπόριμος, seed-bearing
38 βρῶσις, food
39 πετεινός, bird
40 ἑρπετόν, creeping thing
41 ἕρπω, *pres act ptc dat s n*, creep, move
42 χόρτος, grass
43 χλωρός, green
44 βρῶσις, food
45 λίαν, very
46 ἑσπέρα, evening
47 πρωί, morning
48 ἕκτος, sixth

GENESIS 2

The Creation of Adam and Eve

1

Matt 19:3–9; Mark 10:2–9; 1 Cor 6:15–20; 15:42–49; Eph 5:25–32; Heb 3:7–4:10; Rev 2:7; 22:1–5

1 Καὶ συνετελέσθησαν[1] ὁ οὐρανὸς καὶ ἡ γῆ καὶ πᾶς ὁ κόσμος[2] αὐτῶν. **2** καὶ συνετέλεσεν[3] ὁ θεὸς ἐν τῇ ἡμέρᾳ τῇ ἕκτῃ[4] τὰ ἔργα αὐτοῦ, ἃ ἐποίησεν, καὶ κατέπαυσεν[5] τῇ ἡμέρᾳ τῇ ἑβδόμῃ[6] ἀπὸ πάντων τῶν ἔργων αὐτοῦ, ὧν ἐποίησεν. **3** καὶ ηὐλόγησεν ὁ θεὸς τὴν ἡμέραν τὴν ἑβδόμην[7] καὶ ἡγίασεν[8] αὐτήν, ὅτι ἐν αὐτῇ κατέπαυσεν[9] ἀπὸ πάντων τῶν ἔργων αὐτοῦ, ὧν ἤρξατο ὁ θεὸς ποιῆσαι.

4 Αὕτη ἡ βίβλος[10] γενέσεως[11] οὐρανοῦ καὶ γῆς, ὅτε ἐγένετο, ᾗ ἡμέρᾳ ἐποίησεν ὁ θεὸς τὸν οὐρανὸν καὶ τὴν γῆν **5** καὶ πᾶν χλωρὸν[12] ἀγροῦ πρὸ τοῦ γενέσθαι ἐπὶ τῆς γῆς καὶ πάντα χόρτον[13] ἀγροῦ πρὸ τοῦ ἀνατεῖλαι·[14] οὐ γὰρ ἔβρεξεν[15] ὁ θεὸς ἐπὶ τὴν γῆν, καὶ ἄνθρωπος οὐκ ἦν ἐργάζεσθαι τὴν γῆν, **6** πηγὴ[16] δὲ ἀνέβαινεν ἐκ τῆς γῆς καὶ ἐπότιζεν[17] πᾶν τὸ πρόσωπον τῆς γῆς. **7** καὶ ἔπλασεν[18] ὁ θεὸς τὸν ἄνθρωπον χοῦν[19] ἀπὸ τῆς γῆς καὶ ἐνεφύσησεν[20] εἰς τὸ πρόσωπον αὐτοῦ πνοὴν[21] ζωῆς, καὶ ἐγένετο ὁ ἄνθρωπος εἰς ψυχὴν ζῶσαν.

8 Καὶ ἐφύτευσεν[22] κύριος ὁ θεὸς παράδεισον[23] ἐν Εδεμ κατὰ ἀνατολὰς[24] καὶ ἔθετο ἐκεῖ τὸν ἄνθρωπον, ὃν ἔπλασεν.[25] **9** καὶ ἐξανέτειλεν[26] ὁ θεὸς ἔτι ἐκ τῆς γῆς πᾶν ξύλον[27] ὡραῖον[28] εἰς ὅρασιν[29] καὶ καλὸν εἰς βρῶσιν[30] καὶ τὸ ξύλον τῆς ζωῆς ἐν μέσῳ τῷ παραδείσῳ[31] καὶ τὸ ξύλον τοῦ εἰδέναι γνωστὸν[32] καλοῦ καὶ

1 συντελέω, *aor pas ind 3p*, finish, complete
2 κόσμος, world, earth
3 συντελέω, *aor act ind 3s*, finish, complete
4 ἕκτος, sixth
5 καταπαύω, *aor act ind 3s*, rest, cease
6 ἕβδομος, seventh
7 ἕβδομος, seventh
8 ἁγιάζω, *aor act ind 3s*, sanctify, consecrate
9 καταπαύω, *aor act ind 3s*, rest, cease
10 βίβλος, record, book
11 γένεσις, generation, offspring, lineage
12 χλωρός, green
13 χόρτος, grass
14 ἀνατέλλω, *aor act inf*, spring up, grow
15 βρέχω, *aor act ind 3s*, cause to rain
16 πηγή, spring of water
17 ποτίζω, *impf act ind 3s*, water
18 πλάσσω, *aor act ind 3s*, form, mold
19 χοῦς, soil, dust
20 ἐμφυσάω, *aor act ind 3s*, breathe in
21 πνοή, breath, wind
22 φυτεύω, *aor act ind 3s*, plant
23 παράδεισος, garden, paradise
24 ἀνατολή, east
25 πλάσσω, *aor act ind 3s*, form, mold
26 ἐξανατέλλω, *aor act ind 3s*, spring up
27 ξύλον, tree
28 ὡραῖος, pleasant, beautiful
29 ὅρασις, sight
30 βρῶσις, food
31 παράδεισος, garden, paradise
32 γνωστός, (that which is) known

πονηροῦ. **10** ποταμὸς[1] δὲ ἐκπορεύεται ἐξ Εδεμ ποτίζειν[2] τὸν παράδεισον·[3] ἐκεῖθεν[4] ἀφορίζεται[5] εἰς τέσσαρας ἀρχάς. **11** ὄνομα τῷ ἑνὶ Φισων· οὗτος ὁ κυκλῶν[6] πᾶσαν τὴν γῆν Ευιλατ, ἐκεῖ οὗ ἐστιν τὸ χρυσίον·[7] **12** τὸ δὲ χρυσίον[8] τῆς γῆς ἐκείνης καλόν· καὶ ἐκεῖ ἐστιν ὁ ἄνθραξ[9] καὶ ὁ λίθος ὁ πράσινος.[10] **13** καὶ ὄνομα τῷ ποταμῷ[11] τῷ δευτέρῳ Γηων· οὗτος ὁ κυκλῶν[12] πᾶσαν τὴν γῆν Αἰθιοπίας. **14** καὶ ὁ ποταμὸς[13] ὁ τρίτος Τίγρις· οὗτος ὁ πορευόμενος κατέναντι[14] Ἀσσυρίων. ὁ δὲ ποταμὸς ὁ τέταρτος,[15] οὗτος Εὐφράτης.

15 Καὶ ἔλαβεν κύριος ὁ θεὸς τὸν ἄνθρωπον, ὃν ἔπλασεν,[16] καὶ ἔθετο αὐτὸν ἐν τῷ παραδείσῳ[17] ἐργάζεσθαι αὐτὸν καὶ φυλάσσειν. **16** καὶ ἐνετείλατο[18] κύριος ὁ θεὸς τῷ Αδαμ λέγων Ἀπὸ παντὸς ξύλου[19] τοῦ ἐν τῷ παραδείσῳ[20] βρώσει[21] φάγῃ, **17** ἀπὸ δὲ τοῦ ξύλου[22] τοῦ γινώσκειν καλὸν καὶ πονηρόν, οὐ φάγεσθε ἀπ' αὐτοῦ· ᾗ δ' ἂν ἡμέρᾳ φάγητε ἀπ' αὐτοῦ, θανάτῳ ἀποθανεῖσθε.

18 Καὶ εἶπεν κύριος ὁ θεός Οὐ καλὸν εἶναι τὸν ἄνθρωπον μόνον· ποιήσωμεν αὐτῷ βοηθὸν[23] κατ' αὐτόν. **19** καὶ ἔπλασεν[24] ὁ θεὸς ἔτι ἐκ τῆς γῆς πάντα τὰ θηρία τοῦ ἀγροῦ καὶ πάντα τὰ πετεινὰ[25] τοῦ οὐρανοῦ καὶ ἤγαγεν αὐτὰ πρὸς τὸν Αδαμ ἰδεῖν, τί καλέσει αὐτά, καὶ πᾶν, ὃ ἐὰν ἐκάλεσεν αὐτὸ Αδαμ ψυχὴν ζῶσαν, τοῦτο ὄνομα αὐτοῦ. **20** Καὶ ἐκάλεσεν Αδαμ ὀνόματα πᾶσιν τοῖς κτήνεσιν[26] καὶ πᾶσι τοῖς πετεινοῖς[27] τοῦ οὐρανοῦ καὶ πᾶσι τοῖς θηρίοις τοῦ ἀγροῦ, τῷ δὲ Αδαμ οὐχ εὑρέθη βοηθὸς[28] ὅμοιος[29] αὐτῷ. — **21** καὶ ἐπέβαλεν[30] ὁ θεὸς ἔκστασιν[31] ἐπὶ τὸν Αδαμ, καὶ ὕπνωσεν·[32] καὶ ἔλαβεν μίαν τῶν πλευρῶν[33] αὐτοῦ καὶ ἀνεπλήρωσεν[34] σάρκα ἀντ'[35] αὐτῆς. **22** καὶ ᾠκοδόμησεν κύριος ὁ θεὸς τὴν πλευράν,[36] ἣν ἔλαβεν ἀπὸ τοῦ Αδαμ, εἰς γυναῖκα καὶ ἤγαγεν αὐτὴν πρὸς τὸν Αδαμ. **23** καὶ εἶπεν Αδαμ

1 ποταμός, river
2 ποτίζω, *pres act inf*, supply water
3 παράδεισος, garden, paradise
4 ἐκεῖθεν, from there
5 ἀφορίζω, *pres mid ind 3s*, divide, separate
6 κυκλόω, *pres act ptc nom s m*, encircle
7 χρυσίον, gold
8 χρυσίον, gold
9 ἄνθραξ, coal, charcoal
10 πράσινος, green
11 ποταμός, river
12 κυκλόω, *pres act ptc nom s m*, encircle
13 ποταμός, river
14 κατέναντι, before, opposite
15 τέταρτος, fourth
16 πλάσσω, *aor act ind 3s*, form, mold
17 παράδεισος, garden, paradise
18 ἐντέλλομαι, *aor mid ind 3s*, command
19 ξύλον, tree
20 παράδεισος, garden, paradise
21 βρῶσις, food
22 ξύλον, tree
23 βοηθός, helper, assistant
24 πλάσσω, *aor act ind 3s*, form, mold
25 πετεινός, bird
26 κτῆνος, animal, (*p*) herd
27 πετεινός, bird
28 βοηθός, helper, assistant
29 ὅμοιος, equal to, like
30 ἐπιβάλλω, *aor act ind 3s*, cast upon, throw
31 ἔκστασις, vision, trance
32 ὑπνόω, *aor act ind 3s*, fall asleep
33 πλευρά, rib
34 ἀναπληρόω, *aor act ind 3s*, fill up
35 ἀντί, in place of
36 πλευρά, rib

Τοῦτο νῦν ὀστοῦν[1] ἐκ τῶν ὀστέων μου
καὶ σὰρξ ἐκ τῆς σαρκός μου·
αὕτη κληθήσεται γυνή,
ὅτι ἐκ τοῦ ἀνδρὸς αὐτῆς ἐλήμφθη αὕτη.

24 ἕνεκεν[2] τούτου καταλείψει[3] ἄνθρωπος τὸν πατέρα αὐτοῦ καὶ τὴν μητέρα αὐτοῦ καὶ προσκολληθήσεται[4] πρὸς τὴν γυναῖκα αὐτοῦ, καὶ ἔσονται οἱ δύο εἰς σάρκα μίαν. **25** καὶ ἦσαν οἱ δύο γυμνοί,[5] ὅ τε Αδαμ καὶ ἡ γυνὴ αὐτοῦ, καὶ οὐκ ᾐσχύνοντο.[6]

1 ὀστέον, bone
2 ἕνεκα, because
3 καταλείπω, *fut act ind 3s*, leave behind
4 προσκολλάω, *fut pas ind 3s*, cleave, be united
5 γυμνός, naked
6 αἰσχύνω, *impf pas ind 3p*, be ashamed

GENESIS 3

Sin, Punishment, and Promise

❶

Rom 16:19–20; 2 Cor 11:1–4; 1 Tim 2:12–15

1 Ὁ δὲ ὄφις[1] ἦν φρονιμώτατος[2] πάντων τῶν θηρίων τῶν ἐπὶ τῆς γῆς, ὧν ἐποίησεν κύριος ὁ θεός· καὶ εἶπεν ὁ ὄφις τῇ γυναικί Τί ὅτι εἶπεν ὁ θεός Οὐ μὴ φάγητε ἀπὸ παντὸς ξύλου[3] τοῦ ἐν τῷ παραδείσῳ;[4] **2** καὶ εἶπεν ἡ γυνὴ τῷ ὄφει[5] Ἀπὸ καρποῦ ξύλου[6] τοῦ παραδείσου[7] φαγόμεθα, **3** ἀπὸ δὲ καρποῦ τοῦ ξύλου,[8] ὅ ἐστιν ἐν μέσῳ τοῦ παραδείσου,[9] εἶπεν ὁ θεός Οὐ φάγεσθε ἀπ᾽ αὐτοῦ οὐδὲ μὴ ἅψησθε αὐτοῦ, ἵνα μὴ ἀποθάνητε. **4** καὶ εἶπεν ὁ ὄφις[10] τῇ γυναικί Οὐ θανάτῳ ἀποθανεῖσθε· **5** ᾔδει[11] γὰρ ὁ θεὸς ὅτι ἐν ᾗ ἂν ἡμέρᾳ φάγητε ἀπ᾽ αὐτοῦ, διανοιχθήσονται[12] ὑμῶν οἱ ὀφθαλμοί, καὶ ἔσεσθε ὡς θεοὶ γινώσκοντες καλὸν καὶ πονηρόν. **6** καὶ εἶδεν ἡ γυνὴ ὅτι καλὸν τὸ ξύλον[13] εἰς βρῶσιν[14] καὶ ὅτι ἀρεστὸν[15] τοῖς ὀφθαλμοῖς ἰδεῖν καὶ ὡραῖόν[16] ἐστιν τοῦ κατανοῆσαι,[17] καὶ λαβοῦσα τοῦ καρποῦ αὐτοῦ ἔφαγεν· καὶ ἔδωκεν καὶ τῷ ἀνδρὶ αὐτῆς μετ᾽ αὐτῆς, καὶ ἔφαγον. **7** καὶ διηνοίχθησαν[18] οἱ ὀφθαλμοὶ τῶν δύο, καὶ ἔγνωσαν ὅτι γυμνοὶ[19] ἦσαν, καὶ ἔρραψαν[20] φύλλα[21] συκῆς[22] καὶ ἐποίησαν ἑαυτοῖς περιζώματα.[23]

8 Καὶ ἤκουσαν τὴν φωνὴν κυρίου τοῦ θεοῦ περιπατοῦντος[24] ἐν τῷ παραδείσῳ[25] τὸ δειλινόν,[26] καὶ ἐκρύβησαν[27] ὅ τε Αδαμ καὶ ἡ γυνὴ αὐτοῦ ἀπὸ προσώπου κυρίου τοῦ θεοῦ ἐν μέσῳ τοῦ ξύλου[28] τοῦ παραδείσου.[29] **9** καὶ ἐκάλεσεν κύριος ὁ θεὸς τὸν Αδαμ καὶ εἶπεν αὐτῷ Αδαμ, ποῦ εἶ; **10** καὶ εἶπεν αὐτῷ Τὴν φωνήν σου ἤκουσα περιπατοῦντος[30] ἐν τῷ παραδείσῳ[31] καὶ ἐφοβήθην, ὅτι γυμνός[32] εἰμι, καὶ ἐκρύβην.[33]

1 ὄφις, snake, serpent
2 φρόνιμος, wise
3 ξύλον, tree
4 παράδεισος, garden, paradise
5 ὄφις, snake, serpent
6 ξύλον, tree
7 παράδεισος, garden, paradise
8 ξύλον, tree
9 παράδεισος, garden, paradise
10 ὄφις, snake, serpent
11 οἶδα, *plpf act ind 3s*, know
12 διανοίγω, *fut pas ind 3p*, open
13 ξύλον, tree
14 βρῶσις, food
15 ἀρεστός, pleasing, pleasant
16 ὡραῖος, beautiful
17 κατανοέω, *aor act inf*, understand, comprehend
18 διανοίγω, *aor pas ind 3p*, open
19 γυμνός, naked
20 ῥάπτω, *aor act ind 3p*, sew, stitch
21 φύλλον, leaf
22 συκῆ, fig, fig tree
23 περίζωμα, covering
24 περιπατέω, *pres act ptc gen s m*, walk
25 παράδεισος, garden, paradise
26 δειλινός, in the evening
27 κρύπτω, *aor pas ind 3p*, hide
28 ξύλον, tree
29 παράδεισος, garden, paradise
30 περιπατέω, *pres act ptc gen s m*, walk
31 παράδεισος, garden, paradise
32 γυμνός, naked
33 κρύπτω, *aor pas ind 1s*, hide

11 καὶ εἶπεν αὐτῷ Τίς ἀνήγγειλέν[1] σοι ὅτι γυμνὸς[2] εἶ; μὴ ἀπὸ τοῦ ξύλου,[3] οὗ ἐνετειλάμην[4] σοι τούτου μόνου μὴ φαγεῖν ἀπ᾽ αὐτοῦ, ἔφαγες; **12** καὶ εἶπεν ὁ Αδαμ Ἡ γυνή, ἣν ἔδωκας μετ᾽ ἐμοῦ, αὕτη μοι ἔδωκεν ἀπὸ τοῦ ξύλου,[5] καὶ ἔφαγον. **13** καὶ εἶπεν κύριος ὁ θεὸς τῇ γυναικί Τί τοῦτο ἐποίησας; καὶ εἶπεν ἡ γυνή Ὁ ὄφις[6] ἠπάτησέν[7] με, καὶ ἔφαγον. **14** καὶ εἶπεν κύριος ὁ θεὸς τῷ ὄφει[8]

Ὅτι ἐποίησας τοῦτο, ἐπικατάρατος[9] σὺ ἀπὸ πάντων τῶν κτηνῶν[10]
καὶ ἀπὸ πάντων τῶν θηρίων τῆς γῆς·
ἐπὶ τῷ στήθει[11] σου καὶ τῇ κοιλίᾳ[12] πορεύσῃ
καὶ γῆν φάγῃ πάσας τὰς ἡμέρας τῆς ζωῆς σου.
15 καὶ ἔχθραν[13] θήσω ἀνὰ μέσον[14] σου καὶ ἀνὰ μέσον τῆς γυναικὸς
καὶ ἀνὰ μέσον τοῦ σπέρματός σου καὶ ἀνὰ μέσον τοῦ σπέρματος αὐτῆς·
αὐτός σου τηρήσει[15] κεφαλήν,
καὶ σὺ τηρήσεις[16] αὐτοῦ πτέρναν.[17]

16 καὶ τῇ γυναικὶ εἶπεν

Πληθύνων[18] πληθυνῶ[19] τὰς λύπας[20] σου καὶ τὸν στεναγμόν[21] σου,
ἐν λύπαις τέξῃ[22] τέκνα·
καὶ πρὸς τὸν ἄνδρα σου ἡ ἀποστροφή[23] σου,
καὶ αὐτός σου κυριεύσει.[24]

17 τῷ δὲ Αδαμ εἶπεν

Ὅτι ἤκουσας τῆς φωνῆς τῆς γυναικός σου καὶ ἔφαγες ἀπὸ τοῦ ξύλου,[25]
οὗ ἐνετειλάμην[26] σοι τούτου μόνου μὴ φαγεῖν ἀπ᾽ αὐτοῦ,
ἐπικατάρατος[27] ἡ γῆ ἐν τοῖς ἔργοις σου·
ἐν λύπαις[28] φάγῃ αὐτὴν πάσας τὰς ἡμέρας τῆς ζωῆς σου·

1 ἀναγγέλλω, *aor act ind 3s*, reveal, report
2 γυμνός, naked
3 ξύλον, tree
4 ἐντέλλομαι, *aor mid ind 1s*, command
5 ξύλον, tree
6 ὄφις, snake, serpent
7 ἀπατάω, *aor act ind 3s*, deceive
8 ὄφις, snake, serpent
9 ἐπικατάρατος, cursed
10 κτῆνος, animal, (*p*) herd
11 στῆθος, belly, chest
12 κοιλία, belly
13 ἔχθρα, enmity, hatred
14 ἀνὰ μέσον, between
15 τηρέω, *fut act ind 3s*, watch (against), observe, (lie in wait for)
16 τηρέω, *fut act ind 2s*, watch (against), observe, (lie in wait for)
17 πτέρνα, heel
18 πληθύνω, *pres act ptc nom s m*, multiply
19 πληθύνω, *fut act ind 1s*, multiply
20 λύπη, grief, pain
21 στεναγμός, groaning
22 τίκτω, *fut mid ind 2s*, give birth
23 ἀποστροφή, return, turning back, recourse
24 κυριεύω, *fut act ind 3s*, rule over, dominate
25 ξύλον, tree
26 ἐντέλλομαι, *aor mid ind 1s*, command
27 ἐπικατάρατος, cursed
28 λύπη, grief, pain

18 ἀκάνθας[1] καὶ τριβόλους[2] ἀνατελεῖ[3] σοι,
καὶ φάγῃ τὸν χόρτον[4] τοῦ ἀγροῦ.
19 ἐν ἱδρῶτι[5] τοῦ προσώπου σου φάγῃ τὸν ἄρτον σου
ἕως τοῦ ἀποστρέψαι[6] σε εἰς τὴν γῆν, ἐξ ἧς ἐλήμφθης·
ὅτι γῆ εἶ καὶ εἰς γῆν ἀπελεύσῃ.

20 καὶ ἐκάλεσεν Αδαμ τὸ ὄνομα τῆς γυναικὸς αὐτοῦ Ζωή, ὅτι αὕτη μήτηρ πάντων τῶν ζώντων.

21 Καὶ ἐποίησεν κύριος ὁ θεὸς τῷ Αδαμ καὶ τῇ γυναικὶ αὐτοῦ χιτῶνας[7] δερματίνους[8] καὶ ἐνέδυσεν[9] αὐτούς. — **22** καὶ εἶπεν ὁ θεός Ἰδοὺ Αδαμ γέγονεν ὡς εἷς ἐξ ἡμῶν τοῦ γινώσκειν καλὸν καὶ πονηρόν, καὶ νῦν μήποτε[10] ἐκτείνῃ[11] τὴν χεῖρα καὶ λάβῃ τοῦ ξύλου[12] τῆς ζωῆς καὶ φάγῃ καὶ ζήσεται εἰς τὸν αἰῶνα. **23** καὶ ἐξαπέστειλεν αὐτὸν κύριος ὁ θεὸς ἐκ τοῦ παραδείσου[13] τῆς τρυφῆς[14] ἐργάζεσθαι τὴν γῆν, ἐξ ἧς ἐλήμφθη. **24** καὶ ἐξέβαλεν τὸν Αδαμ καὶ κατῴκισεν[15] αὐτὸν ἀπέναντι[16] τοῦ παραδείσου[17] τῆς τρυφῆς[18] καὶ ἔταξεν[19] τὰ χερουβιμ[20] καὶ τὴν φλογίνην[21] ῥομφαίαν[22] τὴν στρεφομένην[23] φυλάσσειν τὴν ὁδὸν τοῦ ξύλου[24] τῆς ζωῆς.

1 ἄκανθα, thorn
2 τρίβολος, briar, thistle
3 ἀνατέλλω, *fut act ind 3s*, spring up, grow
4 χόρτος, grass
5 ἱδρώς, sweat
6 ἀποστρέφω, *aor act inf*, return
7 χιτών, tunic
8 δερμάτινος, made of leather
9 ἐνδύω, *aor act ind 3s*, clothe, put on
10 μήποτε, lest
11 ἐκτείνω, *pres act sub 3s*, stretch forth
12 ξύλον, tree
13 παράδεισος, garden, paradise
14 τρυφή, delight
15 κατοικίζω, *aor act ind 3s*, settle, place, put
16 ἀπέναντι, opposite
17 παράδεισος, garden, paradise
18 τρυφή, delight
19 τάσσω, *aor act ind 3s*, appoint, station
20 χερουβ, cherub, *translit.*
21 φλόγινος, flaming, burning
22 ῥομφαία, sword
23 στρέφω, *pres mid ptc acc s f*, turn
24 ξύλον, tree

GENESIS 15

God's Promise to Abraham

3

Acts 7:5–7; Rom 4:1–8, 16–24; Gal 3:2–9; Jas 2:20–26

1 Μετὰ δὲ τὰ ῥήματα ταῦτα ἐγενήθη ῥῆμα κυρίου πρὸς Αβραμ ἐν ὁράματι[1] λέγων Μὴ φοβοῦ, Αβραμ· ἐγὼ ὑπερασπίζω[2] σου· ὁ μισθός[3] σου πολὺς ἔσται σφόδρα.[4] **2** λέγει δὲ Αβραμ Δέσποτα,[5] τί μοι δώσεις; ἐγὼ δὲ ἀπολύομαι[6] ἄτεκνος·[7] ὁ δὲ υἱὸς Μασεκ τῆς οἰκογενοῦς[8] μου, οὗτος Δαμασκὸς Ελιεζερ. **3** καὶ εἶπεν Αβραμ Ἐπειδὴ[9] ἐμοὶ οὐκ ἔδωκας σπέρμα, ὁ δὲ οἰκογενής[10] μου κληρονομήσει[11] με. **4** καὶ εὐθὺς[12] φωνὴ κυρίου ἐγένετο πρὸς αὐτὸν λέγων Οὐ κληρονομήσει[13] σε οὗτος, ἀλλ᾽ ὃς ἐξελεύσεται ἐκ σοῦ, οὗτος κληρονομήσει σε. **5** ἐξήγαγεν[14] δὲ αὐτὸν ἔξω καὶ εἶπεν αὐτῷ Ἀνάβλεψον[15] δὴ[16] εἰς τὸν οὐρανὸν καὶ ἀρίθμησον[17] τοὺς ἀστέρας,[18] εἰ δυνήσῃ ἐξαριθμῆσαι[19] αὐτούς. καὶ εἶπεν Οὕτως ἔσται τὸ σπέρμα σου. **6** καὶ ἐπίστευσεν Αβραμ τῷ θεῷ, καὶ ἐλογίσθη αὐτῷ εἰς δικαιοσύνην.

7 εἶπεν δὲ πρὸς αὐτόν Ἐγὼ ὁ θεὸς ὁ ἐξαγαγών[20] σε ἐκ χώρας[21] Χαλδαίων ὥστε δοῦναί σοι τὴν γῆν ταύτην κληρονομῆσαι.[22] **8** εἶπεν δέ Δέσποτα[23] κύριε, κατὰ τί γνώσομαι ὅτι κληρονομήσω[24] αὐτήν; **9** εἶπεν δὲ αὐτῷ Λαβέ μοι δάμαλιν[25] τριετίζουσαν[26] καὶ αἶγα[27] τριετίζουσαν καὶ κριὸν[28] τριετίζοντα[29] καὶ τρυγόνα[30] καὶ περιστεράν.[31] **10** ἔλαβεν δὲ αὐτῷ πάντα ταῦτα καὶ διεῖλεν[32] αὐτὰ μέσα[33] καὶ ἔθηκεν αὐτὰ ἀντιπρόσωπα[34] ἀλλήλοις, τὰ δὲ ὄρνεα[35] οὐ διεῖλεν.[36] **11** κατέβη δὲ ὄρνεα[37] ἐπὶ τὰ σώματα, τὰ διχοτομήματα[38] αὐτῶν, καὶ συνεκάθισεν[39] αὐτοῖς Αβραμ.

1 ὅραμα, vision
2 ὑπερασπίζω, *pres act ind 1s*, shield, defend
3 μισθός, reward
4 σφόδρα, very
5 δεσπότης, lord, master
6 ἀπολύω, *pres mid ind 1s*, go away
7 ἄτεκνος, childless
8 οἰκογενής, member of household
9 ἐπειδή, since, because
10 οἰκογενής, member of household
11 κληρονομέω, *fut act ind 3s*, inherit from
12 εὐθύς, immediately
13 κληρονομέω, *fut act ind 3s*, inherit from
14 ἐξάγω, *aor act ind 3s*, bring out
15 ἀναβλέπω, *aor act impv 2s*, look up
16 δή, indeed, now
17 ἀριθμέω, *aor act impv 2s*, count, number
18 ἀστήρ, star
19 ἐξαριθμέω, *aor act inf*, enumerate
20 ἐξάγω, *aor act ptc nom s m*, bring out
21 χώρα, land, territory
22 κληρονομέω, *aor act inf*, inherit
23 δεσπότης, lord, master
24 κληρονομέω, *fut act ind 1s*, inherit
25 δάμαλις, heifer
26 τριετίζω, *pres act ptc acc s f*, be three years old
27 αἴξ, goat
28 κριός, ram
29 τριετίζω, *pres act ptc acc s m*, be three years old
30 τρυγών, turtledove
31 περιστερά, dove, pigeon
32 διαιρέω, *aor act ind 3s*, divide
33 μέσος, in the middle
34 ἀντιπρόσωπος, facing, across from
35 ὄρνεον, bird
36 διαιρέω, *aor act ind 3s*, divide
37 ὄρνεον, bird
38 διχοτόμημα, divided piece
39 συγκαθίζω, *aor act ind 3s*, sit among

12 περὶ δὲ ἡλίου δυσμὰς[1] ἔκστασις[2] ἐπέπεσεν[3] τῷ Αβραμ, καὶ ἰδοὺ φόβος σκοτεινὸς[4] μέγας ἐπιπίπτει[5] αὐτῷ. **13** καὶ ἐρρέθη πρὸς Αβραμ Γινώσκων γνώσῃ ὅτι πάροικον[6] ἔσται τὸ σπέρμα σου ἐν γῇ οὐκ ἰδίᾳ,[7] καὶ δουλώσουσιν[8] αὐτοὺς καὶ κακώσουσιν[9] αὐτοὺς καὶ ταπεινώσουσιν[10] αὐτοὺς τετρακόσια[11] ἔτη. **14** τὸ δὲ ἔθνος, ᾧ ἐὰν δουλεύσωσιν,[12] κρινῶ ἐγώ· μετὰ δὲ ταῦτα ἐξελεύσονται ὧδε[13] μετὰ ἀποσκευῆς[14] πολλῆς. **15** σὺ δὲ ἀπελεύσῃ πρὸς τοὺς πατέρας σου μετ' εἰρήνης, ταφεὶς[15] ἐν γήρει[16] καλῷ. **16** τετάρτη[17] δὲ γενεὰ ἀποστραφήσονται[18] ὧδε·[19] οὔπω[20] γὰρ ἀναπεπλήρωνται[21] αἱ ἁμαρτίαι τῶν Αμορραίων ἕως τοῦ νῦν.

17 ἐπεὶ[22] δὲ ἐγίνετο ὁ ἥλιος πρὸς δυσμαῖς,[23] φλὸξ[24] ἐγένετο, καὶ ἰδοὺ κλίβανος[25] καπνιζόμενος[26] καὶ λαμπάδες[27] πυρός, αἳ διῆλθον ἀνὰ μέσον[28] τῶν διχοτομημάτων[29] τούτων. **18** ἐν τῇ ἡμέρᾳ ἐκείνῃ διέθετο[30] κύριος τῷ Αβραμ διαθήκην λέγων Τῷ σπέρματί σου δώσω τὴν γῆν ταύτην ἀπὸ τοῦ ποταμοῦ[31] Αἰγύπτου ἕως τοῦ ποταμοῦ τοῦ μεγάλου, ποταμοῦ Εὐφράτου, **19** τοὺς Καιναίους καὶ τοὺς Κενεζαίους καὶ τοὺς Κεδμωναίους **20** καὶ τοὺς Χετταίους καὶ τοὺς Φερεζαίους καὶ τοὺς Ραφαϊν **21** καὶ τοὺς Αμορραίους καὶ τοὺς Χαναναίους καὶ τοὺς Ευαίους καὶ τοὺς Γεργεσαίους καὶ τοὺς Ιεβουσαίους.

1 δυσμή, sunset
2 ἔκστασις, vision, trance
3 ἐπιπίπτω, *aor act ind 3s*, fall upon
4 σκοτεινός, dark
5 ἐπιπίπτω, *pres act ind 3s*, fall upon
6 πάροικος, stranger, resident alien
7 ἴδιος, one's own
8 δουλόω, *fut act ind 3p*, enslave
9 κακόω, *fut act ind 3p*, harm
10 ταπεινόω, *fut act ind 3p*, humble
11 τετρακόσιοι, four hundred
12 δουλεύω, *aor act sub 3p*, serve
13 ὧδε, here
14 ἀποσκευή, baggage, belongings
15 θάπτω, *aor pas ptc nom s m*, bury
16 γῆρας, old age
17 τέταρτος, fourth
18 ἀποστρέφω, *fut pas ind 3p*, return
19 ὧδε, here
20 οὔπω, not yet
21 ἀναπληρόω, *perf pas ind 3p*, fill up
22 ἐπεί, when
23 δυσμή, sunset
24 φλόξ, flame
25 κλίβανος, oven, furnace
26 καπνίζω, *pres mid ptc nom s m*, make smoke
27 λαμπάς, lamp, torch
28 ἀνὰ μέσον, between
29 διχοτόμημα, divided piece
30 διατίθημι, *aor mid ind 3s*, arrange
31 ποταμός, river

GENESIS 22

God Commands Abraham to Sacrifice Isaac

2

Acts 3:18–26; Gal 3:2–9; Heb 6:13–18; 11:8–22; Jas 2:20–26

1 Καὶ ἐγένετο μετὰ τὰ ῥήματα ταῦτα ὁ θεὸς ἐπείραζεν[1] τὸν Αβρααμ καὶ εἶπεν πρὸς αὐτόν Αβρααμ, Αβρααμ· ὁ δὲ εἶπεν Ἰδοὺ ἐγώ. **2** καὶ εἶπεν Λαβὲ τὸν υἱόν σου τὸν ἀγαπητόν,[2] ὃν ἠγάπησας, τὸν Ισαακ, καὶ πορεύθητι εἰς τὴν γῆν τὴν ὑψηλὴν[3] καὶ ἀνένεγκον[4] αὐτὸν ἐκεῖ εἰς ὁλοκάρπωσιν[5] ἐφ᾽ ἓν τῶν ὀρέων, ὧν ἄν σοι εἴπω. **3** ἀναστὰς δὲ Αβρααμ τὸ πρωὶ[6] ἐπέσαξεν[7] τὴν ὄνον[8] αὐτοῦ· παρέλαβεν[9] δὲ μεθ᾽ ἑαυτοῦ δύο παῖδας[10] καὶ Ισαακ τὸν υἱὸν αὐτοῦ καὶ σχίσας[11] ξύλα[12] εἰς ὁλοκάρπωσιν[13] ἀναστὰς ἐπορεύθη καὶ ἦλθεν ἐπὶ τὸν τόπον, ὃν εἶπεν αὐτῷ ὁ θεός. **4** τῇ ἡμέρᾳ τῇ τρίτῃ καὶ ἀναβλέψας[14] Αβρααμ τοῖς ὀφθαλμοῖς εἶδεν τὸν τόπον μακρόθεν.[15] **5** καὶ εἶπεν Αβρααμ τοῖς παισὶν[16] αὐτοῦ Καθίσατε αὐτοῦ[17] μετὰ τῆς ὄνου,[18] ἐγὼ δὲ καὶ τὸ παιδάριον[19] διελευσόμεθα ἕως ὧδε[20] καὶ προσκυνήσαντες ἀναστρέψωμεν[21] πρὸς ὑμᾶς. **6** ἔλαβεν δὲ Αβρααμ τὰ ξύλα[22] τῆς ὁλοκαρπώσεως[23] καὶ ἐπέθηκεν Ισαακ τῷ υἱῷ αὐτοῦ· ἔλαβεν δὲ καὶ τὸ πῦρ μετὰ χεῖρα καὶ τὴν μάχαιραν,[24] καὶ ἐπορεύθησαν οἱ δύο ἅμα.[25] **7** εἶπεν δὲ Ισαακ πρὸς Αβρααμ τὸν πατέρα αὐτοῦ εἴπας Πάτερ. ὁ δὲ εἶπεν Τί ἐστιν, τέκνον; λέγων Ἰδοὺ τὸ πῦρ καὶ τὰ ξύλα·[26] ποῦ ἐστιν τὸ πρόβατον τὸ εἰς ὁλοκάρπωσιν;[27] **8** εἶπεν δὲ Αβρααμ Ὁ θεὸς ὄψεται ἑαυτῷ πρόβατον εἰς ὁλοκάρπωσιν,[28] τέκνον.

πορευθέντες δὲ ἀμφότεροι[29] ἅμα[30] **9** ἦλθον ἐπὶ τὸν τόπον, ὃν εἶπεν αὐτῷ ὁ θεός. καὶ ᾠκοδόμησεν ἐκεῖ Αβρααμ θυσιαστήριον[31] καὶ ἐπέθηκεν τὰ ξύλα καὶ συμποδίσας[32]

1 πειράζω, *impf act ind 3s*, test, put to trial
2 ἀγαπητός, beloved, only
3 ὑψηλός, high
4 ἀναφέρω, *aor act impv 2s*, offer up
5 ὁλοκάρπωσις, whole burnt offering
6 πρωί, (in the) morning
7 ἐπισάσσω, *aor act ind 3s*, saddle
8 ὄνος, donkey
9 παραλαμβάνω, *aor act ind 3s*, take
10 παῖς, servant
11 σχίζω, *aor act ptc nom s m*, split
12 ξύλον, wood
13 ὁλοκάρπωσις, whole burnt offering
14 ἀναβλέπω, *aor act ptc nom s m*, look up
15 μακρόθεν, from afar
16 παῖς, servant
17 αὐτοῦ, here, there
18 ὄνος, donkey
19 παιδάριον, boy, youth
20 ὧδε, here
21 ἀναστρέφω, *aor act sub 1p*, return
22 ξύλον, wood
23 ὁλοκάρπωσις, whole burnt offering
24 μάχαιρα, dagger, knife
25 ἅμα, at the same time, together
26 ξύλον, wood
27 ὁλοκάρπωσις, whole burnt offering
28 ὁλοκάρπωσις, whole burnt offering
29 ἀμφότεροι, both
30 ἅμα, at the same time, together
31 θυσιαστήριον, altar
32 συμποδίζω, *aor act ptc nom s m*, bind at the feet

Ισαακ τὸν υἱὸν αὐτοῦ ἐπέθηκεν αὐτὸν ἐπὶ τὸ θυσιαστήριον[1] ἐπάνω[2] τῶν ξύλων.[3] **10** καὶ ἐξέτεινεν[4] Αβρααμ τὴν χεῖρα αὐτοῦ λαβεῖν τὴν μάχαιραν[5] σφάξαι[6] τὸν υἱὸν αὐτοῦ. **11** καὶ ἐκάλεσεν αὐτὸν ἄγγελος κυρίου ἐκ τοῦ οὐρανοῦ καὶ εἶπεν αὐτῷ Αβρααμ, Αβρααμ. ὁ δὲ εἶπεν Ἰδοὺ ἐγώ. **12** καὶ εἶπεν Μὴ ἐπιβάλῃς[7] τὴν χεῖρά σου ἐπὶ τὸ παιδάριον[8] μηδὲ ποιήσῃς αὐτῷ μηδέν· νῦν γὰρ ἔγνων ὅτι φοβῇ τὸν θεὸν σὺ καὶ οὐκ ἐφείσω[9] τοῦ υἱοῦ σου τοῦ ἀγαπητοῦ[10] δι᾽ ἐμέ. **13** καὶ ἀναβλέψας[11] Αβρααμ τοῖς ὀφθαλμοῖς αὐτοῦ εἶδεν, καὶ ἰδοὺ κριὸς[12] εἷς κατεχόμενος[13] ἐν φυτῷ[14] σαβεκ[15] τῶν κεράτων·[16] καὶ ἐπορεύθη Αβρααμ καὶ ἔλαβεν τὸν κριὸν[17] καὶ ἀνήνεγκεν[18] αὐτὸν εἰς ὁλοκάρπωσιν[19] ἀντὶ[20] Ισαακ τοῦ υἱοῦ αὐτοῦ. **14** καὶ ἐκάλεσεν Αβρααμ τὸ ὄνομα τοῦ τόπου ἐκείνου Κύριος εἶδεν, ἵνα εἴπωσιν σήμερον Ἐν τῷ ὄρει κύριος ὤφθη.

15 καὶ ἐκάλεσεν ἄγγελος κυρίου τὸν Αβρααμ δεύτερον ἐκ τοῦ οὐρανοῦ **16** λέγων Κατ᾽ ἐμαυτοῦ[21] ὤμοσα,[22] λέγει κύριος, οὗ εἵνεκεν[23] ἐποίησας τὸ ῥῆμα τοῦτο καὶ οὐκ ἐφείσω[24] τοῦ υἱοῦ σου τοῦ ἀγαπητοῦ[25] δι᾽ ἐμέ, **17** ἦ μὴν[26] εὐλογῶν εὐλογήσω σε καὶ πληθύνων[27] πληθυνῶ[28] τὸ σπέρμα σου ὡς τοὺς ἀστέρας[29] τοῦ οὐρανοῦ καὶ ὡς τὴν ἄμμον[30] τὴν παρὰ τὸ χεῖλος[31] τῆς θαλάσσης, καὶ κληρονομήσει[32] τὸ σπέρμα σου τὰς πόλεις τῶν ὑπεναντίων·[33] **18** καὶ ἐνευλογηθήσονται[34] ἐν τῷ σπέρματί σου πάντα τὰ ἔθνη τῆς γῆς, ἀνθ᾽ ὧν[35] ὑπήκουσας[36] τῆς ἐμῆς φωνῆς. **19** ἀπεστράφη[37] δὲ Αβρααμ πρὸς τοὺς παῖδας[38] αὐτοῦ, καὶ ἀναστάντες ἐπορεύθησαν ἅμα[39] ἐπὶ τὸ φρέαρ[40] τοῦ ὅρκου.[41] καὶ κατῴκησεν Αβρααμ ἐπὶ τῷ φρέατι τοῦ ὅρκου.

1 θυσιαστήριον, altar
2 ἐπάνω, on top of, above
3 ξύλον, wood
4 ἐκτείνω, *aor act ind 3s*, stretch forth
5 μάχαιρα, dagger, knife
6 σφάζω, *aor act inf*, slay
7 ἐπιβάλλω, *aor act sub 2s*, lay hands on
8 παιδάριον, boy, youth
9 φείδομαι, *aor mid ind 2s*, spare
10 ἀγαπητός, beloved, only
11 ἀναβλέπω, *aor act ptc nom s m*, look up
12 κριός, ram
13 κατέχω, *pres pas ptc nom s m*, hold fast
14 φυτόν, plant
15 σαβεκ, thicket, *translit.*
16 κέρας, horn
17 κριός, ram
18 ἀναφέρω, *aor act ind 3s*, offer up
19 ὁλοκάρπωσις, whole burnt offering
20 ἀντί, in place of
21 ἐμαυτοῦ, of myself, my own
22 ὄμνυμι, *aor act ind 1s*, swear an oath
23 εἵνεκεν, because, inasmuch as
24 φείδομαι, *aor mid ind 2s*, spare
25 ἀγαπητός, beloved, only
26 ἦ μήν, verily, surely
27 πληθύνω, *pres act ptc nom s m*, multiply
28 πληθύνω, *fut act ind 1s*, multiply
29 ἀστήρ, star
30 ἄμμος, sand
31 χεῖλος, edge, shore
32 κληρονομέω, *fut act ind 3s*, inherit
33 ὑπεναντίος, opposition, adversary
34 ἐνευλογέω, *fut pas ind 3p*, bless
35 ἀνθ᾽ ὧν, because
36 ὑπακούω, *aor act ind 2s*, hear, obey
37 ἀποστρέφω, *aor pas ind 3s*, turn away
38 παῖς, servant
39 ἅμα, at the same time, together
40 φρέαρ, well
41 ὅρκος, oath

20 Ἐγένετο δὲ μετὰ τὰ ῥήματα ταῦτα καὶ ἀνηγγέλη[1] τῷ Αβρααμ λέγοντες Ἰδοὺ τέτοκεν[2] Μελχα καὶ αὐτὴ υἱοὺς Ναχωρ τῷ ἀδελφῷ σου, **21** τὸν Ωξ πρωτότοκον[3] καὶ τὸν Βαυξ ἀδελφὸν αὐτοῦ καὶ τὸν Καμουηλ πατέρα Σύρων **22** καὶ τὸν Χασαδ καὶ τὸν Αζαυ καὶ τὸν Φαλδας καὶ τὸν Ιεδλαφ καὶ τὸν Βαθουηλ· **23** καὶ Βαθουηλ ἐγέννησεν τὴν Ρεβεκκαν. ὀκτὼ[4] οὗτοι υἱοί, οὓς ἔτεκεν[5] Μελχα τῷ Ναχωρ τῷ ἀδελφῷ Αβρααμ. **24** καὶ ἡ παλλακὴ[6] αὐτοῦ, ᾗ ὄνομα Ρεημα, ἔτεκεν[7] καὶ αὐτὴ τὸν Ταβεκ καὶ τὸν Γααμ καὶ τὸν Τοχος καὶ τὸν Μωχα.

1 ἀναγγέλλω, *aor pas ind 3s*, report, tell
2 τίκτω, *perf act ind 3s*, give birth
3 πρωτότοκος, firstborn
4 ὀκτώ, eight
5 τίκτω, *aor act ind 3s*, give birth
6 παλλακή, concubine
7 τίκτω, *aor act ind 3s*, give birth

EXODUS 3

Moses Encounters the Lord in the Burning Bush

1

Matt 22:31–33; Mark 12:26–27; Luke 20:37–39; Acts 3:12–15; 7:5–7, 31–34

1 Καὶ Μωυσῆς ἦν ποιμαίνων[1] τὰ πρόβατα Ιοθορ τοῦ γαμβροῦ[2] αὐτοῦ τοῦ ἱερέως Μαδιαμ καὶ ἤγαγεν τὰ πρόβατα ὑπὸ τὴν ἔρημον καὶ ἦλθεν εἰς τὸ ὄρος Χωρηβ. **2** ὤφθη δὲ αὐτῷ ἄγγελος κυρίου ἐν φλογὶ[3] πυρὸς ἐκ τοῦ βάτου,[4] καὶ ὁρᾷ ὅτι ὁ βάτος καίεται[5] πυρί, ὁ δὲ βάτος οὐ κατεκαίετο.[6] **3** εἶπεν δὲ Μωυσῆς Παρελθὼν[7] ὄψομαι τὸ ὅραμα[8] τὸ μέγα τοῦτο, τί ὅτι οὐ κατακαίεται[9] ὁ βάτος.[10]

4 ὡς δὲ εἶδεν κύριος ὅτι προσάγει[11] ἰδεῖν, ἐκάλεσεν αὐτὸν κύριος ἐκ τοῦ βάτου[12] λέγων Μωυσῆ, Μωυσῆ. ὁ δὲ εἶπεν Τί ἐστιν; **5** καὶ εἶπεν Μὴ ἐγγίσῃς ὧδε·[13] λῦσαι τὸ ὑπόδημα[14] ἐκ τῶν ποδῶν σου· ὁ γὰρ τόπος, ἐν ᾧ σὺ ἕστηκας, γῆ ἁγία ἐστίν. **6** καὶ εἶπεν αὐτῷ Ἐγώ εἰμι ὁ θεὸς τοῦ πατρός σου, θεὸς Αβρααμ καὶ θεὸς Ισαακ καὶ θεὸς Ιακωβ. ἀπέστρεψεν[15] δὲ Μωυσῆς τὸ πρόσωπον αὐτοῦ· εὐλαβεῖτο[16] γὰρ κατεμβλέψαι[17] ἐνώπιον τοῦ θεοῦ.

7 εἶπεν δὲ κύριος πρὸς Μωυσῆν Ἰδὼν εἶδον τὴν κάκωσιν[18] τοῦ λαοῦ μου τοῦ ἐν Αἰγύπτῳ καὶ τῆς κραυγῆς[19] αὐτῶν ἀκήκοα ἀπὸ τῶν ἐργοδιωκτῶν·[20] οἶδα γὰρ τὴν ὀδύνην[21] αὐτῶν· **8** καὶ κατέβην ἐξελέσθαι[22] αὐτοὺς ἐκ χειρὸς Αἰγυπτίων καὶ ἐξαγαγεῖν[23] αὐτοὺς ἐκ τῆς γῆς ἐκείνης καὶ εἰσαγαγεῖν[24] αὐτοὺς εἰς γῆν ἀγαθὴν καὶ πολλήν, εἰς γῆν ῥέουσαν[25] γάλα[26] καὶ μέλι,[27] εἰς τὸν τόπον τῶν Χαναναίων καὶ Χετταίων καὶ Αμορραίων καὶ Φερεζαίων καὶ Γεργεσαίων καὶ Ευαίων καὶ Ιεβουσαίων. **9** καὶ νῦν ἰδοὺ κραυγὴ[28] τῶν υἱῶν Ισραηλ ἥκει[29] πρός με, κἀγὼ ἑώρακα

1 ποιμαίνω, *pres act ptc nom s m*, herd, tend
2 γαμβρός, father-in-law
3 φλόξ, flame
4 βάτος, bush
5 καίω, *pres pas ind 3s*, burn
6 κατακαίω, *impf pas ind 3s*, burn up
7 παρέρχομαι, *aor act ptc nom s m*, pass by
8 ὅραμα, spectacle, sight
9 κατακαίω, *pres pas ind 3s*, burn up
10 βάτος, bush
11 προσάγω, *pres act ind 3s*, draw near
12 βάτος, bush
13 ὧδε, here
14 ὑπόδημα, sandal
15 ἀποστρέφω, *aor act ind 3s*, turn away
16 εὐλαβέομαι, *impf mid ind 3s*, pay regard, respect
17 κατεμβλέπω, *aor act inf*, look down
18 κάκωσις, affliction
19 κραυγή, outcry
20 ἐργοδιώκτης, taskmaster
21 ὀδύνη, pain, grief
22 ἐξαιρέω, *aor mid inf*, deliver, rescue
23 ἐξάγω, *aor act inf*, lead out
24 εἰσάγω, *aor act inf*, bring into
25 ῥέω, *pres act ptc acc s f*, flow
26 γάλα, milk
27 μέλι, honey
28 κραυγή, outcry
29 ἥκω, *pres act ind 3s*, come

τὸν θλιμμόν,[1] ὃν οἱ Αἰγύπτιοι θλίβουσιν[2] αὐτούς. **10** καὶ νῦν δεῦρο[3] ἀποστείλω σε πρὸς Φαραω βασιλέα Αἰγύπτου, καὶ ἐξάξεις[4] τὸν λαόν μου τοὺς υἱοὺς Ισραηλ ἐκ γῆς Αἰγύπτου.

11 καὶ εἶπεν Μωυσῆς πρὸς τὸν θεόν Τίς εἰμι, ὅτι πορεύσομαι πρὸς Φαραω βασιλέα Αἰγύπτου, καὶ ὅτι ἐξάξω[5] τοὺς υἱοὺς Ισραηλ ἐκ γῆς Αἰγύπτου; **12** εἶπεν δὲ ὁ θεὸς Μωυσεῖ λέγων ὅτι Ἔσομαι μετὰ σοῦ, καὶ τοῦτό σοι τὸ σημεῖον ὅτι ἐγώ σε ἐξαποστέλλω·[6] ἐν τῷ ἐξαγαγεῖν[7] σε τὸν λαόν μου ἐξ Αἰγύπτου καὶ λατρεύσετε[8] τῷ θεῷ ἐν τῷ ὄρει τούτῳ.

13 καὶ εἶπεν Μωυσῆς πρὸς τὸν θεόν Ἰδοὺ ἐγὼ ἐλεύσομαι πρὸς τοὺς υἱοὺς Ισραηλ καὶ ἐρῶ πρὸς αὐτούς Ὁ θεὸς τῶν πατέρων ὑμῶν ἀπέσταλκέν με πρὸς ὑμᾶς, ἐρωτήσουσίν[9] με Τί ὄνομα αὐτῷ; τί ἐρῶ πρὸς αὐτούς; **14** καὶ εἶπεν ὁ θεὸς πρὸς Μωυσῆν Ἐγώ εἰμι ὁ ὤν· καὶ εἶπεν Οὕτως ἐρεῖς τοῖς υἱοῖς Ισραηλ Ὁ ὢν ἀπέσταλκέν με πρὸς ὑμᾶς. **15** καὶ εἶπεν ὁ θεὸς πάλιν πρὸς Μωυσῆν Οὕτως ἐρεῖς τοῖς υἱοῖς Ισραηλ Κύριος ὁ θεὸς τῶν πατέρων ὑμῶν, θεὸς Αβρααμ καὶ θεὸς Ισαακ καὶ θεὸς Ιακωβ, ἀπέσταλκέν με πρὸς ὑμᾶς·

τοῦτό μού ἐστιν ὄνομα αἰώνιον
καὶ μνημόσυνον[10] γενεῶν γενεαῖς.

16 ἐλθὼν οὖν συνάγαγε τὴν γερουσίαν[11] τῶν υἱῶν Ισραηλ καὶ ἐρεῖς πρὸς αὐτούς Κύριος ὁ θεὸς τῶν πατέρων ὑμῶν ὦπταί[12] μοι, θεὸς Αβρααμ καὶ θεὸς Ισαακ καὶ θεὸς Ιακωβ, λέγων Ἐπισκοπῇ[13] ἐπέσκεμμαι[14] ὑμᾶς καὶ ὅσα συμβέβηκεν[15] ὑμῖν ἐν Αἰγύπτῳ, **17** καὶ εἶπον Ἀναβιβάσω[16] ὑμᾶς ἐκ τῆς κακώσεως[17] τῶν Αἰγυπτίων εἰς τὴν γῆν τῶν Χαναναίων καὶ Χετταίων καὶ Αμορραίων καὶ Φερεζαίων καὶ Γεργεσαίων καὶ Ευαίων καὶ Ιεβουσαίων, εἰς γῆν ῥέουσαν[18] γάλα[19] καὶ μέλι.[20] **18** καὶ εἰσακούσονταί[21] σου τῆς φωνῆς· καὶ εἰσελεύσῃ[22] σὺ καὶ ἡ γερουσία[23] Ισραηλ πρὸς Φαραω βασιλέα Αἰγύπτου καὶ ἐρεῖς πρὸς αὐτόν Ὁ θεὸς τῶν Εβραίων προσκέκληται[24] ἡμᾶς· πορευσώμεθα οὖν ὁδὸν τριῶν ἡμερῶν εἰς τὴν ἔρημον, ἵνα θύσωμεν[25] τῷ θεῷ ἡμῶν.

1 θλιμμός, affliction
2 θλίβω, *pres act ind 3p*, afflict
3 δεῦρο, come!
4 ἐξάγω, *fut act ind 2s*, lead out
5 ἐξάγω, *fut act ind 1s*, lead out
6 ἐξαποστέλλω, *pres act ind 1s*, send forth
7 ἐξάγω, *aor act inf*, lead out
8 λατρεύω, *fut act ind 2p*, serve (in worship)
9 ἐρωτάω, *fut act ind 3p*, ask
10 μνημόσυνον, memorial
11 γερουσία, council of elders
12 ὁράω, *perf mid ind 3s*, appear
13 ἐπισκοπή, visitation, concern
14 ἐπισκέπτομαι, *perf mid ind 1s*, visit, show concern, consider
15 συμβαίνω, *perf act ind 3s*, happen, befall
16 ἀναβιβάζω, *fut act ind 1s*, bring up
17 κάκωσις, affliction
18 ῥέω, *pres act ptc acc s f*, flow
19 γάλα, milk
20 μέλι, honey
21 εἰσακούω, *fut mid ind 3p*, listen
22 εἰσέρχομαι, *fut mid ind 2s*, go to
23 γερουσία, council of elders
24 προσκαλέω, *perf mid ind 3s*, summon
25 θύω, *aor act sub 1p*, sacrifice

19 ἐγὼ δὲ οἶδα ὅτι οὐ προήσεται[1] ὑμᾶς Φαραω βασιλεὺς Αἰγύπτου πορευθῆναι, ἐὰν μὴ μετὰ χειρὸς κραταιᾶς.[2] **20** καὶ ἐκτείνας[3] τὴν χεῖρα πατάξω[4] τοὺς Αἰγυπτίους ἐν πᾶσι τοῖς θαυμασίοις[5] μου, οἷς ποιήσω ἐν αὐτοῖς, καὶ μετὰ ταῦτα ἐξαποστελεῖ[6] ὑμᾶς. **21** καὶ δώσω χάριν τῷ λαῷ τούτῳ ἐναντίον[7] τῶν Αἰγυπτίων· ὅταν δὲ ἀποτρέχητε,[8] οὐκ ἀπελεύσεσθε[9] κενοί·[10] **22** αἰτήσει[11] γυνὴ παρὰ γείτονος[12] καὶ συσκήνου[13] αὐτῆς σκεύη[14] ἀργυρᾶ[15] καὶ χρυσᾶ[16] καὶ ἱματισμόν,[17] καὶ ἐπιθήσετε ἐπὶ τοὺς υἱοὺς ὑμῶν καὶ ἐπὶ τὰς θυγατέρας[18] ὑμῶν καὶ σκυλεύσετε[19] τοὺς Αἰγυπτίους.

1 προΐημι, *fut mid ind 3s*, send forth, dismiss
2 κραταιός, mighty, strong
3 ἐκτείνω, *aor act ptc nom s m*, stretch out
4 πατάσσω, *fut act ind 1s*, strike, smite
5 θαυμάσιος, wonder, miracle
6 ἐξαποστέλλω, *fut act ind 3s*, send forth
7 ἐναντίον, before
8 ἀποτρέχω, *pres act sub 2p*, depart
9 ἀπέρχομαι, *fut mid ind 2p*, go away
10 κενός, empty-handed
11 αἰτέω, *fut act ind 3s*, ask
12 γείτων, neighbor
13 σύσκηνος, tent-mate, fellow lodger
14 σκεῦος, object, item
15 ἀργυροῦς, silver
16 χρυσοῦς, gold
17 ἱματισμός, clothing
18 θυγάτηρ, daughter
19 σκυλεύω, *fut act ind 2p*, plunder

EXODUS 12

Passover Instructions and Israel's Exodus from Egypt 

Luke 12:35–37; John 19:31–37; 1 Cor 5:6–8; Gal 3:15–18

1 Εἶπεν δὲ κύριος πρὸς Μωυσῆν καὶ Ααρων ἐν γῇ Αἰγύπτου λέγων **2** Ὁ μὴν[1] οὗτος ὑμῖν ἀρχὴ μηνῶν, πρῶτός ἐστιν ὑμῖν ἐν τοῖς μησὶν τοῦ ἐνιαυτοῦ.[2] **3** λάλησον πρὸς πᾶσαν συναγωγὴν υἱῶν Ισραηλ λέγων Τῇ δεκάτῃ[3] τοῦ μηνὸς[4] τούτου λαβέτωσαν ἕκαστος πρόβατον κατ᾽ οἴκους πατριῶν,[5] ἕκαστος πρόβατον κατ᾽ οἰκίαν. **4** ἐὰν δὲ ὀλιγοστοὶ[6] ὦσιν οἱ ἐν τῇ οἰκίᾳ ὥστε μὴ ἱκανοὺς[7] εἶναι εἰς πρόβατον, συλλήμψεται[8] μεθ᾽ ἑαυτοῦ τὸν γείτονα[9] τὸν πλησίον[10] αὐτοῦ κατὰ ἀριθμὸν[11] ψυχῶν· ἕκαστος τὸ ἀρκοῦν[12] αὐτῷ συναριθμήσεται[13] εἰς πρόβατον. **5** πρόβατον τέλειον[14] ἄρσεν[15] ἐνιαύσιον[16] ἔσται ὑμῖν· ἀπὸ τῶν ἀρνῶν[17] καὶ τῶν ἐρίφων[18] λήμψεσθε. **6** καὶ ἔσται ὑμῖν διατετηρημένον[19] ἕως τῆς τεσσαρεσκαιδεκάτης[20] τοῦ μηνὸς[21] τούτου, καὶ σφάξουσιν[22] αὐτὸ πᾶν τὸ πλῆθος συναγωγῆς υἱῶν Ισραηλ πρὸς ἑσπέραν.[23]

7 καὶ λήμψονται ἀπὸ τοῦ αἵματος καὶ θήσουσιν ἐπὶ τῶν δύο σταθμῶν[24] καὶ ἐπὶ τὴν φλιὰν[25] ἐν τοῖς οἴκοις, ἐν οἷς ἐὰν φάγωσιν αὐτὰ ἐν αὐτοῖς. **8** καὶ φάγονται τὰ κρέα[26] τῇ νυκτὶ ταύτῃ· ὀπτὰ[27] πυρὶ καὶ ἄζυμα[28] ἐπὶ πικρίδων[29] ἔδονται.[30] **9** οὐκ ἔδεσθε[31] ἀπ᾽ αὐτῶν ὠμὸν[32] οὐδὲ ἡψημένον[33] ἐν ὕδατι, ἀλλ᾽ ἢ ὀπτὰ[34] πυρί, κεφαλὴν σὺν τοῖς ποσὶν καὶ τοῖς ἐνδοσθίοις.[35] **10** οὐκ ἀπολείψετε[36] ἀπ᾽ αὐτοῦ ἕως πρωὶ[37] καὶ ὀστοῦν[38]

1 μήν, month
2 ἐνιαυτός, year
3 δέκατος, tenth
4 μήν, month
5 πάτριος, of one's father, patriarchal
6 ὀλίγος, *sup*, very few
7 ἱκανός, enough, sufficient
8 συλλαμβάνω, *fut mid ind 3s*, gather together
9 γείτων, neighbor
10 πλησίον, nearby
11 ἀριθμός, number
12 ἀρκέω, *pres act ptc nom s n*, suffice
13 συναριθμέω, *fut mid ind 3s*, number together
14 τέλειος, perfect, without blemish
15 ἄρσην, male
16 ἐνιαύσιος, one year (old)
17 ἀρήν, lamb
18 ἔριφος, kid
19 διατηρέω, *perf pas ptc nom s n*, preserve, keep
20 τεσσαρεσκαιδέκατος, fourteenth
21 μήν, month
22 σφάζω, *fut act ind 3p*, slaughter
23 ἑσπέρα, evening
24 σταθμός, doorpost
25 φλιά, lintel
26 κρέας, meat
27 ὀπτός, roasted
28 ἄζυμος, unleavened (bread)
29 πικρίς, bitter herb
30 ἐσθίω, *fut mid ind 3p*, eat
31 ἐσθίω, *fut mid ind 2p*, eat
32 ὠμός, raw
33 ἕψω, *perf mid ptc acc s n*, boil
34 ὀπτός, roasted
35 ἐνδόσθια, innards, entrails
36 ἀπολείπω, *fut act ind 2p*, leave behind
37 πρωί, morning
38 ὀστέον, bone

οὐ συντρίψετε[1] ἀπ᾽ αὐτοῦ· τὰ δὲ καταλειπόμενα[2] ἀπ᾽ αὐτοῦ ἕως πρωὶ ἐν πυρὶ κατακαύσετε.[3] **11** οὕτως δὲ φάγεσθε αὐτό· αἱ ὀσφύες[4] ὑμῶν περιεζωσμέναι,[5] καὶ τὰ ὑποδήματα[6] ἐν τοῖς ποσὶν ὑμῶν, καὶ αἱ βακτηρίαι[7] ἐν ταῖς χερσὶν ὑμῶν· καὶ ἔδεσθε[8] αὐτὸ μετὰ σπουδῆς·[9] πασχα[10] ἐστὶν κυρίῳ. **12** καὶ διελεύσομαι ἐν γῇ Αἰγύπτῳ ἐν τῇ νυκτὶ ταύτῃ καὶ πατάξω[11] πᾶν πρωτότοκον[12] ἐν γῇ Αἰγύπτῳ ἀπὸ ἀνθρώπου ἕως κτήνους[13] καὶ ἐν πᾶσι τοῖς θεοῖς τῶν Αἰγυπτίων ποιήσω τὴν ἐκδίκησιν·[14] ἐγὼ κύριος. **13** καὶ ἔσται τὸ αἷμα ὑμῖν ἐν σημείῳ ἐπὶ τῶν οἰκιῶν, ἐν αἷς ὑμεῖς ἐστε ἐκεῖ, καὶ ὄψομαι τὸ αἷμα καὶ σκεπάσω[15] ὑμᾶς, καὶ οὐκ ἔσται ἐν ὑμῖν πληγὴ[16] τοῦ ἐκτριβῆναι,[17] ὅταν παίω[18] ἐν γῇ Αἰγύπτῳ.

14 καὶ ἔσται ἡ ἡμέρα ὑμῖν αὕτη μνημόσυνον,[19] καὶ ἑορτάσετε[20] αὐτὴν ἑορτὴν[21] κυρίῳ εἰς πάσας τὰς γενεὰς ὑμῶν· νόμιμον[22] αἰώνιον ἑορτάσετε αὐτήν. **15** ἑπτὰ ἡμέρας ἄζυμα[23] ἔδεσθε,[24] ἀπὸ δὲ τῆς ἡμέρας τῆς πρώτης ἀφανιεῖτε[25] ζύμην[26] ἐκ τῶν οἰκιῶν ὑμῶν· πᾶς, ὃς ἂν φάγῃ ζύμην, ἐξολεθρευθήσεται[27] ἡ ψυχὴ ἐκείνη ἐξ Ισραηλ ἀπὸ τῆς ἡμέρας τῆς πρώτης ἕως τῆς ἡμέρας τῆς ἑβδόμης.[28] **16** καὶ ἡ ἡμέρα ἡ πρώτη κληθήσεται ἁγία, καὶ ἡ ἡμέρα ἡ ἑβδόμη[29] κλητὴ[30] ἁγία ἔσται ὑμῖν· πᾶν ἔργον λατρευτὸν[31] οὐ ποιήσετε ἐν αὐταῖς, πλὴν ὅσα ποιηθήσεται πάσῃ ψυχῇ, τοῦτο μόνον ποιηθήσεται ὑμῖν. **17** καὶ φυλάξεσθε τὴν ἐντολὴν ταύτην· ἐν γὰρ τῇ ἡμέρᾳ ταύτῃ ἐξάξω[32] τὴν δύναμιν ὑμῶν ἐκ γῆς Αἰγύπτου, καὶ ποιήσετε τὴν ἡμέραν ταύτην εἰς γενεὰς ὑμῶν νόμιμον[33] αἰώνιον. **18** ἐναρχομένου[34] τῇ τεσσαρεσκαιδεκάτῃ[35] ἡμέρᾳ τοῦ μηνὸς[36] τοῦ πρώτου ἀφ᾽ ἑσπέρας[37] ἔδεσθε[38] ἄζυμα[39] ἕως ἡμέρας μιᾶς καὶ εἰκάδος[40] τοῦ μηνὸς ἕως ἑσπέρας. **19** ἑπτὰ ἡμέρας ζύμη[41] οὐχ εὑρεθήσεται ἐν ταῖς οἰκίαις ὑμῶν· πᾶς, ὃς ἂν φάγῃ ζυμωτόν,[42] ἐξολεθρευθήσεται[43] ἡ ψυχὴ ἐκείνη ἐκ

1 συντρίβω, *fut act ind 2p*, break
2 καταλείπω, *pres pas ptc acc p n*, leave behind
3 κατακαίω, *fut act ind 2p*, burn up
4 ὀσφύς, waist, loins
5 περιζώννυμι, *perf pas ptc nom p f*, gird
6 ὑπόδημα, sandal
7 βακτηρία, staff
8 ἐσθίω, *fut mid ind 2p*, eat
9 σπουδή, haste
10 πασχα, Passover, *translit.*
11 πατάσσω, *fut act ind 1s*, strike
12 πρωτότοκος, firstborn
13 κτῆνος, animal, (*p*) herd
14 ἐκδίκησις, vengeance
15 σκεπάζω, *fut act ind 1s*, protect, shelter
16 πληγή, plague
17 ἐκτρίβω, *aor pas inf*, destroy
18 παίω, *pres act sub 1s*, strike, smite
19 μνημόσυνον, memorial
20 ἑορτάζω, *fut act ind 2p*, keep a feast
21 ἑορτή, feast
22 νόμιμος, statute, precept, ordinance
23 ἄζυμος, unleavened (bread)
24 ἐσθίω, *fut mid ind 2p*, eat
25 ἀφανίζω, *fut act ind 2p*, remove
26 ζύμη, leaven
27 ἐξολεθρεύω, *fut pas ind 3s*, utterly destroy
28 ἕβδομος, seventh
29 ἕβδομος, seventh
30 κλητός, designated, called
31 λατρευτός, service
32 ἐξάγω, *fut act ind 1s*, lead out
33 νόμιμος, statute, precept, ordinance
34 ἐνάρχομαι, *pres mid ptc gen s m*, begin
35 τεσσαρεσκαιδέκατος, fourteenth
36 μήν, month
37 ἑσπέρα, evening
38 ἐσθίω, *fut mid ind 2p*, eat
39 ἄζυμος, unleavened (bread)
40 εἰκάς, twentieth
41 ζύμη, leaven
42 ζυμωτός, leavened
43 ἐξολεθρεύω, *fut pas ind 3s*, utterly destroy

συναγωγῆς Ισραηλ ἔν τε τοῖς γειώραις[1] καὶ αὐτόχθοσιν[2] τῆς γῆς· **20** πᾶν ζυμωτὸν[3] οὐκ ἔδεσθε,[4] ἐν παντὶ δὲ κατοικητηρίῳ[5] ὑμῶν ἔδεσθε ἄζυμα.[6]

21 Ἐκάλεσεν δὲ Μωυσῆς πᾶσαν γερουσίαν[7] υἱῶν Ισραηλ καὶ εἶπεν πρὸς αὐτούς Ἀπελθόντες λάβετε ὑμῖν ἑαυτοῖς πρόβατον κατὰ συγγενείας[8] ὑμῶν καὶ θύσατε[9] τὸ πασχα.[10] **22** λήμψεσθε δὲ δεσμὴν[11] ὑσσώπου[12] καὶ βάψαντες[13] ἀπὸ τοῦ αἵματος τοῦ παρὰ τὴν θύραν καθίξετε[14] τῆς φλιᾶς[15] καὶ ἐπ' ἀμφοτέρων[16] τῶν σταθμῶν[17] ἀπὸ τοῦ αἵματος, ὅ ἐστιν παρὰ τὴν θύραν· ὑμεῖς δὲ οὐκ ἐξελεύσεσθε ἕκαστος τὴν θύραν τοῦ οἴκου αὐτοῦ ἕως πρωί.[18] **23** καὶ παρελεύσεται[19] κύριος πατάξαι[20] τοὺς Αἰγυπτίους καὶ ὄψεται τὸ αἷμα ἐπὶ τῆς φλιᾶς[21] καὶ ἐπ' ἀμφοτέρων[22] τῶν σταθμῶν,[23] καὶ παρελεύσεται[24] κύριος τὴν θύραν καὶ οὐκ ἀφήσει τὸν ὀλεθρεύοντα[25] εἰσελθεῖν εἰς τὰς οἰκίας ὑμῶν πατάξαι.[26] **24** καὶ φυλάξεσθε τὸ ῥῆμα τοῦτο νόμιμον[27] σεαυτῷ καὶ τοῖς υἱοῖς σου ἕως αἰῶνος. **25** ἐὰν δὲ εἰσέλθητε εἰς τὴν γῆν, ἣν ἂν δῷ κύριος ὑμῖν, καθότι[28] ἐλάλησεν, φυλάξεσθε τὴν λατρείαν[29] ταύτην. **26** καὶ ἔσται, ἐὰν λέγωσιν πρὸς ὑμᾶς οἱ υἱοὶ ὑμῶν Τίς ἡ λατρεία[30] αὕτη; **27** καὶ ἐρεῖτε αὐτοῖς Θυσία[31] τὸ πασχα[32] τοῦτο κυρίῳ, ὡς ἐσκέπασεν[33] τοὺς οἴκους τῶν υἱῶν Ισραηλ ἐν Αἰγύπτῳ, ἡνίκα[34] ἐπάταξεν[35] τοὺς Αἰγυπτίους, τοὺς δὲ οἴκους ἡμῶν ἐρρύσατο.[36] καὶ κύψας[37] ὁ λαὸς προσεκύνησεν.

28 καὶ ἀπελθόντες ἐποίησαν οἱ υἱοὶ Ισραηλ καθὰ[38] ἐνετείλατο[39] κύριος τῷ Μωυσῇ καὶ Ααρων, οὕτως ἐποίησαν.

29 Ἐγενήθη δὲ μεσούσης[40] τῆς νυκτὸς καὶ κύριος ἐπάταξεν[41] πᾶν πρωτότοκον[42] ἐν γῇ Αἰγύπτῳ ἀπὸ πρωτοτόκου Φαραω τοῦ καθημένου ἐπὶ τοῦ θρόνου ἕως πρωτοτόκου τῆς αἰχμαλωτίδος[43] τῆς ἐν τῷ λάκκῳ[44] καὶ ἕως πρωτοτόκου παντὸς

1 γειώρας, sojourner
2 αὐτόχθων, native
3 ζυμωτός, leavened
4 ἐσθίω, *fut mid ind 2p*, eat
5 κατοικητήριον, habitation
6 ἄζυμος, unleavened
7 γερουσία, council of elders
8 συγγένεια, kindred, family
9 θύω, *aor act impv 2p*, sacrifice
10 πασχα, Passover, *translit.*
11 δέσμη, bundle
12 ὕσσωπος, hyssop
13 βάπτω, *aor act ptc nom p m*, dip
14 καθικνέομαι, *fut act ind 2p*, touch
15 φλιά, lintel
16 ἀμφότεροι, both
17 σταθμός, doorpost
18 πρωί, morning
19 παρέρχομαι, *fut mid ind 3s*, pass by
20 πατάσσω, *aor act inf*, strike
21 φλιά, lintel
22 ἀμφότεροι, both
23 σταθμός, doorpost
24 παρέρχομαι, *fut mid ind 3s*, pass by
25 ὀλεθρεύω, *pres act ptc acc s m*, destroy
26 πατάσσω, *aor act inf*, strike
27 νόμιμος, statute, precept, ordinance
28 καθότι, as
29 λατρεία, rite
30 λατρεία, rite
31 θυσία, sacrifice
32 πασχα, Passover, *translit.*
33 σκεπάζω, *aor act ind 3s*, protect
34 ἡνίκα, when
35 πατάσσω, *aor act ind 3s*, strike
36 ῥύομαι, *aor mid ind 3s*, deliver
37 κύπτω, *aor act ptc nom s m*, bow down
38 καθά, just as
39 ἐντέλλομαι, *aor mid ind 3s*, command
40 μεσόω, *pres act ptc gen s f*, be in the middle
41 πατάσσω, *aor act ind 3s*, strike
42 πρωτότοκος, firstborn
43 αἰχμαλωτίς, captive
44 λάκκος, prison

κτήνους.[1] **30** καὶ ἀναστὰς Φαραω νυκτὸς καὶ πάντες οἱ θεράποντες[2] αὐτοῦ καὶ πάντες οἱ Αἰγύπτιοι καὶ ἐγενήθη κραυγὴ[3] μεγάλη ἐν πάσῃ γῇ Αἰγύπτῳ· οὐ γὰρ ἦν οἰκία, ἐν ᾗ οὐκ ἦν ἐν αὐτῇ τεθνηκώς.[4] **31** καὶ ἐκάλεσεν Φαραω Μωυσῆν καὶ Ααρων νυκτὸς καὶ εἶπεν αὐτοῖς Ἀνάστητε καὶ ἐξέλθατε ἐκ τοῦ λαοῦ μου καὶ ὑμεῖς καὶ οἱ υἱοὶ Ισραηλ· βαδίζετε[5] καὶ λατρεύσατε[6] κυρίῳ τῷ θεῷ ὑμῶν, καθὰ[7] λέγετε· **32** καὶ τὰ πρόβατα καὶ τοὺς βόας[8] ὑμῶν ἀναλαβόντες[9] πορεύεσθε, εὐλογήσατε δὲ κἀμέ.[10]

33 καὶ κατεβιάζοντο[11] οἱ Αἰγύπτιοι τὸν λαὸν σπουδῇ[12] ἐκβαλεῖν αὐτοὺς ἐκ τῆς γῆς· εἶπαν γὰρ ὅτι Πάντες ἡμεῖς ἀποθνῄσκομεν. **34** ἀνέλαβεν[13] δὲ ὁ λαὸς τὸ σταῖς[14] πρὸ τοῦ ζυμωθῆναι,[15] τὰ φυράματα[16] αὐτῶν ἐνδεδεμένα[17] ἐν τοῖς ἱματίοις αὐτῶν ἐπὶ τῶν ὤμων.[18] **35** οἱ δὲ υἱοὶ Ισραηλ ἐποίησαν καθὰ[19] συνέταξεν[20] αὐτοῖς Μωυσῆς, καὶ ᾔτησαν[21] παρὰ τῶν Αἰγυπτίων σκεύη[22] ἀργυρᾶ[23] καὶ χρυσᾶ[24] καὶ ἱματισμόν·[25] **36** καὶ κύριος ἔδωκεν τὴν χάριν τῷ λαῷ αὐτοῦ ἐναντίον[26] τῶν Αἰγυπτίων, καὶ ἔχρησαν[27] αὐτοῖς· καὶ ἐσκύλευσαν[28] τοὺς Αἰγυπτίους.

37 Ἀπάραντες[29] δὲ οἱ υἱοὶ Ισραηλ ἐκ Ραμεσση εἰς Σοκχωθα εἰς ἑξακοσίας[30] χιλιάδας[31] πεζῶν[32] οἱ ἄνδρες πλὴν τῆς ἀποσκευῆς,[33] **38** καὶ ἐπίμικτος[34] πολὺς συνανέβη[35] αὐτοῖς καὶ πρόβατα καὶ βόες[36] καὶ κτήνη[37] πολλὰ σφόδρα.[38] **39** καὶ ἔπεψαν[39] τὸ σταῖς,[40] ὃ ἐξήνεγκαν[41] ἐξ Αἰγύπτου, ἐγκρυφίας[42] ἀζύμους·[43] οὐ γὰρ ἐζυμώθη·[44] ἐξέβαλον γὰρ αὐτοὺς οἱ Αἰγύπτιοι, καὶ οὐκ ἠδυνήθησαν ἐπιμεῖναι[45] οὐδὲ ἐπισιτισμὸν[46] ἐποίησαν ἑαυτοῖς εἰς τὴν ὁδόν. **40** ἡ δὲ κατοίκησις[47] τῶν υἱῶν Ισραηλ, ἣν κατῴκησαν ἐν γῇ

1 κτῆνος, animal, (*p*) herd
2 θεράπων, attendant, servant
3 κραυγή, outcry
4 θνῄσκω, *perf act ptc nom s m*, die
5 βαδίζω, *pres act impv 2p*, go
6 λατρεύω, *aor act impv 2p*, serve (in worship)
7 καθά, just as
8 βοῦς, cow, (*p*) cattle
9 ἀναλαμβάνω, *aor act ptc nom p m*, take up
10 κἀμέ, me too, *cr.* καὶ ἐμέ
11 καταβιάζομαι, *impf mid ind 3p*, force, constrain
12 σπουδή, haste
13 ἀναλαμβάνω, *aor act ind 3s*, take up
14 σταῖς, dough
15 ζυμόω, *aor pas inf*, leaven
16 φύραμα, kneaded dough
17 ἐνδέω, *perf pas ptc acc p n*, bind
18 ὦμος, shoulder
19 καθά, just as
20 συντάσσω, *aor act ind 3s*, instruct, order
21 αἰτέω, *aor act ind 3p*, ask
22 σκεῦος, article, object
23 ἀργυροῦς, silver
24 χρυσοῦς, gold
25 ἱματισμός, clothing
26 ἐναντίον, before
27 χράω, *aor act ind 3p*, supply
28 σκυλεύω, *aor act ind 3p*, plunder
29 ἀπαίρω, *aor act ptc nom p m*, depart
30 ἑξακόσιοι, six hundred
31 χιλιάς, thousand
32 πεζός, on foot
33 ἀποσκευή, household
34 ἐπίμικτος, mixed
35 συναναβαίνω, *aor act ind 3s*, go up together
36 βοῦς, cow, (*p*) cattle
37 κτῆνος, animal, (*p*) herd
38 σφόδρα, haste
39 πέπτω, *aor act ind 3p*, bake
40 σταῖς, dough
41 ἐκφέρω, *aor act ind 3p*, carry out
42 ἐγκρυφίας, bread baked in ashes
43 ἄζυμος, unleavened
44 ζυμόω, *aor pas ind 3s*, leaven
45 ἐπιμένω, *aor act inf*, stay, tarry
46 ἐπισιτισμός, provision
47 κατοίκησις, sojourn

Αἰγύπτῳ καὶ ἐν γῇ Χανααν, ἔτη τετρακόσια[1] τριάκοντα,[2] **41** καὶ ἐγένετο μετὰ τὰ τετρακόσια[3] τριάκοντα[4] ἔτη ἐξῆλθεν πᾶσα ἡ δύναμις κυρίου ἐκ γῆς Αἰγύπτου. **42** νυκτὸς προφυλακή[5] ἐστιν τῷ κυρίῳ ὥστε ἐξαγαγεῖν[6] αὐτοὺς ἐκ γῆς Αἰγύπτου· ἐκείνη ἡ νὺξ αὕτη προφυλακὴ[7] κυρίῳ ὥστε πᾶσι τοῖς υἱοῖς Ισραηλ εἶναι εἰς γενεὰς αὐτῶν.

43 Εἶπεν δὲ κύριος πρὸς Μωυσῆν καὶ Ααρων λέγων Οὗτος ὁ νόμος τοῦ πασχα·[8] πᾶς ἀλλογενὴς[9] οὐκ ἔδεται[10] ἀπ᾽ αὐτοῦ· **44** καὶ πᾶν οἰκέτην[11] τινὸς ἢ ἀργυρώνητον[12] περιτεμεῖς[13] αὐτόν, καὶ τότε φάγεται[14] ἀπ᾽ αὐτοῦ· **45** πάροικος[15] ἢ μισθωτὸς[16] οὐκ ἔδεται[17] ἀπ᾽ αὐτοῦ. **46** ἐν οἰκίᾳ μιᾷ βρωθήσεται,[18] καὶ οὐκ ἐξοίσετε[19] ἐκ τῆς οἰκίας τῶν κρεῶν[20] ἔξω· καὶ ὀστοῦν[21] οὐ συντρίψετε[22] ἀπ᾽ αὐτοῦ. **47** πᾶσα συναγωγὴ υἱῶν Ισραηλ ποιήσει αὐτό. **48** ἐὰν δέ τις προσέλθῃ πρὸς ὑμᾶς προσήλυτος[23] ποιῆσαι τὸ πασχα[24] κυρίῳ, περιτεμεῖς[25] αὐτοῦ πᾶν ἀρσενικόν,[26] καὶ τότε προσελεύσεται ποιῆσαι αὐτὸ καὶ ἔσται ὥσπερ καὶ ὁ αὐτόχθων[27] τῆς γῆς· πᾶς ἀπερίτμητος[28] οὐκ ἔδεται[29] ἀπ᾽ αὐτοῦ. **49** νόμος εἷς ἔσται τῷ ἐγχωρίῳ[30] καὶ τῷ προσελθόντι προσηλύτῳ[31] ἐν ὑμῖν.

50 καὶ ἐποίησαν οἱ υἱοὶ Ισραηλ καθὰ[32] ἐνετείλατο[33] κύριος τῷ Μωυσῇ καὶ Ααρων πρὸς αὐτούς, οὕτως ἐποίησαν. — **51** καὶ ἐγένετο ἐν τῇ ἡμέρᾳ ἐκείνῃ ἐξήγαγεν[34] κύριος τοὺς υἱοὺς Ισραηλ ἐκ γῆς Αἰγύπτου σὺν δυνάμει αὐτῶν.

1 τετρακόσιοι, four hundred
2 τριάκοντα, thirty
3 τετρακόσιοι, four hundred
4 τριάκοντα, thirty
5 προφυλακή, watching, vigil
6 ἐξάγω, *aor act inf*, lead out
7 προφυλακή, watching, vigil
8 πασχα, Passover, *translit.*
9 ἀλλογενής, strange
10 ἐσθίω, *fut mid ind 3s*, eat
11 οἰκέτης, household slave, servant
12 ἀργυρώνητος, purchased
13 περιτέμνω, *fut act ind 2s*, circumcise
14 ἐσθίω, *fut mid ind 3s*, eat
15 πάροικος, foreign, strange
16 μισθωτός, hired
17 ἐσθίω, *fut mid ind 3s*, eat
18 βιβρώσκω, *fut pas ind 3s*, eat
19 ἐκφέρω, *fut act ind 2p*, carry out
20 κρέας, meat
21 ὀστέον, bone
22 συντρίβω, *fut act ind 2p*, break
23 προσήλυτος, immigrant, guest
24 πασχα, Passover, *translit.*
25 περιτέμνω, *fut act ind 2s*, circumcise
26 ἀρσενικός, male
27 αὐτόχθων, native
28 ἀπερίτμητος, uncircumcised
29 ἐσθίω, *fut mid ind 3s*, eat
30 ἐγχώριος, local (inhabitant)
31 προσήλυτος, immigrant, guest
32 καθά, just as
33 ἐντέλλομαι, *aor mid ind 3s*, command
34 ἐξάγω, *aor act ind 3s*, lead out

EXODUS 15

The Exodus Song of Moses

3

1 Τότε ᾖσεν[1] Μωυσῆς καὶ οἱ υἱοὶ Ισραηλ τὴν ᾠδὴν[2] ταύτην τῷ θεῷ καὶ εἶπαν λέγοντες

Ἄισωμεν[3] τῷ κυρίῳ, ἐνδόξως[4] γὰρ δεδόξασται·
ἵππον[5] καὶ ἀναβάτην[6] ἔρριψεν[7] εἰς θάλασσαν.
2 βοηθὸς[8] καὶ σκεπαστὴς[9] ἐγένετό μοι εἰς σωτηρίαν·
οὗτός μου θεός, καὶ δοξάσω αὐτόν,
θεὸς τοῦ πατρός μου, καὶ ὑψώσω[10] αὐτόν.
3 κύριος συντρίβων[11] πολέμους,
κύριος ὄνομα αὐτῷ.
4 ἅρματα[12] Φαραω καὶ τὴν δύναμιν αὐτοῦ ἔρριψεν[13] εἰς θάλασσαν,
ἐπιλέκτους[14] ἀναβάτας[15] τριστάτας[16] κατεπόντισεν[17] ἐν ἐρυθρᾷ[18]
θαλάσσῃ.
5 πόντῳ[19] ἐκάλυψεν[20] αὐτούς,
κατέδυσαν[21] εἰς βυθὸν[22] ὡσεὶ[23] λίθος.
6 ἡ δεξιά σου, κύριε, δεδόξασται ἐν ἰσχύι·[24]
ἡ δεξιά σου χείρ, κύριε, ἔθραυσεν[25] ἐχθρούς.
7 καὶ τῷ πλήθει τῆς δόξης σου συνέτριψας[26] τοὺς ὑπεναντίους·[27]
ἀπέστειλας τὴν ὀργήν σου,
καὶ κατέφαγεν[28] αὐτοὺς ὡς καλάμην.[29]

1 ᾄδω, *aor act ind 3s*, sing
2 ᾠδή, song of praise
3 ᾄδω, *aor act sub 1p*, sing
4 ἐνδόξως, gloriously
5 ἵππος, horse
6 ἀναβάτης, cavalry
7 ῥίπτω, *aor act ind 3s*, throw, cast
8 βοηθός, helper
9 σκεπαστής, protector
10 ὑψόω, *fut act ind 1s*, lift up, exalt
11 συντρίβω, *pres act ptc nom s m*, shatter, crush
12 ἅρμα, chariot
13 ῥίπτω, *aor act ind 3s*, throw, cast
14 ἐπίλεκτος, chosen
15 ἀναβάτης, rider, horseman
16 τριστάτης, officer
17 καταποντίζω, *aor act ind 3s*, cast into, swallow up
18 ἐρυθρός, red
19 πόντος, open sea
20 καλύπτω, *aor act ind 3s*, cover
21 καταδύω, *aor act ind 3p*, sink down
22 βυθός, deep
23 ὡσεί, like
24 ἰσχύς, strength, might
25 θραύω, *aor act ind 3s*, shatter, smite
26 συντρίβω, *aor act ind 2s*, crush
27 ὑπεναντίος, opposing, enemy
28 κατεσθίω, *aor act ind 3s*, consume, devour
29 καλάμη, stubble, straw

8 καὶ διὰ πνεύματος τοῦ θυμοῦ[1] σου διέστη[2] τὸ ὕδωρ·
ἐπάγη[3] ὡσεὶ[4] τεῖχος[5] τὰ ὕδατα,
ἐπάγη τὰ κύματα[6] ἐν μέσῳ τῆς θαλάσσης.
9 εἶπεν ὁ ἐχθρός Διώξας καταλήμψομαι,[7]
μεριῶ[8] σκῦλα,[9] ἐμπλήσω[10] ψυχήν μου,
ἀνελῶ[11] τῇ μαχαίρῃ[12] μου, κυριεύσει[13] ἡ χείρ μου.
10 ἀπέστειλας τὸ πνεῦμά σου, ἐκάλυψεν[14] αὐτοὺς θάλασσα·
ἔδυσαν[15] ὡσεὶ[16] μόλιβος[17] ἐν ὕδατι σφοδρῷ.[18]

11 τίς ὅμοιός[19] σοι ἐν θεοῖς, κύριε;
τίς ὅμοιός σοι, δεδοξασμένος ἐν ἁγίοις,
θαυμαστὸς[20] ἐν δόξαις, ποιῶν τέρατα;[21]
12 ἐξέτεινας[22] τὴν δεξιάν σου,
κατέπιεν[23] αὐτοὺς γῆ.

13 ὡδήγησας[24] τῇ δικαιοσύνῃ σου τὸν λαόν σου τοῦτον, ὃν ἐλυτρώσω,[25]
παρεκάλεσας τῇ ἰσχύι[26] σου εἰς κατάλυμα[27] ἅγιόν σου.
14 ἤκουσαν ἔθνη καὶ ὠργίσθησαν·[28]
ὠδῖνες[29] ἔλαβον κατοικοῦντας Φυλιστιιμ.
15 τότε ἔσπευσαν[30] ἡγεμόνες[31] Εδωμ,
καὶ ἄρχοντες Μωαβιτῶν, ἔλαβεν αὐτοὺς τρόμος,[32]
ἐτάκησαν[33] πάντες οἱ κατοικοῦντες Χανααν.
16 ἐπιπέσοι[34] ἐπ᾽ αὐτοὺς φόβος καὶ τρόμος,[35]
μεγέθει[36] βραχίονός[37] σου ἀπολιθωθήτωσαν,[38]

1 θυμός, wrath, fury
2 διΐστημι, *aor act ind 3s*, separate
3 πήγνυμι, *aor pas ind 3s*, make firm
4 ὡσεί, like
5 τεῖχος, wall
6 κῦμα, wave
7 καταλαμβάνω, *fut mid ind 1s*, overtake
8 μερίζω, *fut act ind 1s*, divide
9 σκῦλον, spoils, booty
10 ἐμπίμπλημι, *fut act ind 1s*, satisfy
11 ἀναιρέω, *fut act ind 1s*, destroy
12 μάχαιρα, sword
13 κυριεύω, *fut act ind 3s*, rule over, dominate
14 καλύπτω, *aor act ind 3s*, cover
15 δύω, *aor act ind 3p*, sink
16 ὡσεί, like
17 μόλιβος, lead
18 σφοδρός, mighty
19 ὅμοιος, like, equal to
20 θαυμαστός, marvelous
21 τέρας, wonder
22 ἐκτείνω, *aor act ind 2s*, stretch out
23 καταπίνω, *aor act ind 3s*, swallow
24 ὁδηγέω, *aor act ind 2s*, guide, lead
25 λυτρόω, *aor mid ind 2s*, redeem
26 ἰσχύς, strength, might
27 κατάλυμα, habitation, dwelling place
28 ὀργίζω, *aor pas ind 3p*, be angry
29 ὠδίν, great pain
30 σπεύδω, *aor act ind 3p*, hasten
31 ἡγεμών, leader, chief
32 τρόμος, trembling
33 τήκω, *aor pas ind 3p*, melt away
34 ἐπιπίπτω, *aor act opt 3s*, fall upon
35 τρόμος, trembling
36 μέγεθος, greatness
37 βραχίων, arm, strength
38 ἀπολιθόω, *aor pas impv 3p*, petrify, make into stone

ἕως ἂν παρέλθῃ[1] ὁ λαός σου, κύριε,
ἕως ἂν παρέλθῃ ὁ λαός σου οὗτος, ὃν ἐκτήσω.[2]
17 εἰσαγαγὼν[3] καταφύτευσον[4] αὐτοὺς εἰς ὄρος κληρονομίας[5] σου,
εἰς ἕτοιμον[6] κατοικητήριόν[7] σου, ὃ κατειργάσω,[8] κύριε,
ἁγίασμα,[9] κύριε, ὃ ἡτοίμασαν αἱ χεῖρές σου.
18 κύριος βασιλεύων[10] τὸν αἰῶνα καὶ ἐπ᾽ αἰῶνα καὶ ἔτι.

19 Ὅτι εἰσῆλθεν ἵππος[11] Φαραω σὺν ἅρμασιν[12] καὶ ἀναβάταις[13] εἰς θάλασσαν, καὶ ἐπήγαγεν[14] ἐπ᾽ αὐτοὺς κύριος τὸ ὕδωρ τῆς θαλάσσης· οἱ δὲ υἱοὶ Ισραηλ ἐπορεύθησαν διὰ ξηρᾶς[15] ἐν μέσῳ τῆς θαλάσσης.

20 Λαβοῦσα δὲ Μαριαμ ἡ προφῆτις[16] ἡ ἀδελφὴ Ααρων τὸ τύμπανον[17] ἐν τῇ χειρὶ αὐτῆς, καὶ ἐξήλθοσαν πᾶσαι αἱ γυναῖκες ὀπίσω αὐτῆς μετὰ τυμπάνων καὶ χορῶν,[18] **21** ἐξῆρχεν[19] δὲ αὐτῶν Μαριαμ λέγουσα

Ἄισωμεν[20] τῷ κυρίῳ, ἐνδόξως[21] γὰρ δεδόξασται·
ἵππον[22] καὶ ἀναβάτην[23] ἔρριψεν[24] εἰς θάλασσαν.

22 Ἐξῆρεν[25] δὲ Μωυσῆς τοὺς υἱοὺς Ισραηλ ἀπὸ θαλάσσης ἐρυθρᾶς[26] καὶ ἤγαγεν αὐτοὺς εἰς τὴν ἔρημον Σουρ· καὶ ἐπορεύοντο τρεῖς ἡμέρας ἐν τῇ ἐρήμῳ καὶ οὐχ ηὕρισκον ὕδωρ ὥστε πιεῖν. **23** ἦλθον δὲ εἰς Μερρα καὶ οὐκ ἠδύναντο πιεῖν ἐκ Μερρας, πικρὸν[27] γὰρ ἦν· διὰ τοῦτο ἐπωνομάσθη[28] τὸ ὄνομα τοῦ τόπου ἐκείνου Πικρία. **24** καὶ διεγόγγυζεν[29] ὁ λαὸς ἐπὶ Μωυσῆν λέγοντες Τί πιόμεθα; **25** ἐβόησεν[30] δὲ Μωυσῆς πρὸς κύριον· καὶ ἔδειξεν αὐτῷ κύριος ξύλον,[31] καὶ ἐνέβαλεν[32] αὐτὸ εἰς τὸ ὕδωρ, καὶ ἐγλυκάνθη[33] τὸ ὕδωρ. ἐκεῖ ἔθετο αὐτῷ δικαιώματα[34] καὶ κρίσεις καὶ ἐκεῖ ἐπείρασεν[35] αὐτὸν **26** καὶ εἶπεν Ἐὰν ἀκοῇ[36] ἀκούσῃς τῆς φωνῆς κυρίου

1 παρέρχομαι, *aor act sub 3s*, pass by
2 κτάομαι, *aor mid ind 2s*, acquire for oneself
3 εἰσάγω, *aor act ptc nom s m*, bring in
4 καταφυτεύω, *aor act impv 2s*, plant, settle
5 κληρονομία, inheritance
6 ἕτοιμος, prepared
7 κατοικητήριον, dwelling place, habitation
8 κατεργάζομαι, *aor mid ind 2s*, prepare
9 ἁγίασμα, sanctuary
10 βασιλεύω, *pres act ptc nom s m*, reign as king
11 ἵππος, horse
12 ἅρμα, chariot
13 ἀναβάτης, rider, horseman
14 ἐπάγω, *aor act ind 3s*, bring upon
15 ξηρός, dry (land)
16 προφῆτις, prophetess
17 τύμπανον, drum
18 χορός, band of dancers
19 ἐξάρχω, *impf act ind 3s*, begin (to sing)
20 ᾄδω, *aor act sub 1p*, sing
21 ἐνδόξως, gloriously
22 ἵππος, horse
23 ἀναβάτης, rider, horseman
24 ῥίπτω, *aor act ind 3s*, throw, cast
25 ἐξαίρω, *aor act ind 3s*, take away, remove
26 ἐρυθρός, red
27 πικρός, bitter
28 ἐπονομάζω, *aor pas ind 3s*, name, call
29 διαγογγύζω, *impf act ind 3s*, grumble
30 βοάω, *aor act ind 3s*, cry out
31 ξύλον, wood
32 ἐμβάλλω, *aor act ind 3s*, throw into
33 γλυκαίνω, *aor pas ind 3s*, sweeten
34 δικαίωμα, ordinance, statute
35 πειράζω, *aor act ind 3s*, test, put to trial
36 ἀκοή, hearing

τοῦ θεοῦ σου καὶ τὰ ἀρεστὰ[1] ἐναντίον[2] αὐτοῦ ποιήσῃς καὶ ἐνωτίσῃ[3] ταῖς ἐντολαῖς αὐτοῦ καὶ φυλάξῃς πάντα τὰ δικαιώματα[4] αὐτοῦ, πᾶσαν νόσον,[5] ἣν ἐπήγαγον[6] τοῖς Αἰγυπτίοις, οὐκ ἐπάξω[7] ἐπὶ σέ· ἐγὼ γάρ εἰμι κύριος ὁ ἰώμενός[8] σε.

27 Καὶ ἤλθοσαν εἰς Αιλιμ, καὶ ἦσαν ἐκεῖ δώδεκα[9] πηγαὶ[10] ὑδάτων καὶ ἑβδομήκοντα[11] στελέχη[12] φοινίκων·[13] παρενέβαλον[14] δὲ ἐκεῖ παρὰ τὰ ὕδατα.

1 ἀρεστός, pleasing
2 ἐναντίον, before
3 ἐνωτίζομαι, *aor mid sub 2s*, give ear, hearken
4 δικαίωμα, ordinance, statute
5 νόσος, disease
6 ἐπάγω, *aor act ind 1s*, bring upon
7 ἐπάγω, *fut act ind 1s*, bring upon
8 ἰάομαι, *pres mid ptc nom s m*, heal
9 δώδεκα, twelve
10 πηγή, spring
11 ἑβδομήκοντα, seventy
12 στέλεχος, trunk
13 φοῖνιξ, date palm
14 παρεμβάλλω, *aor act ind 3p*, pitch camp

EXODUS 19

Israel at Sinai and God's Descent on the Mountain 

Heb 12:18–24; 1 Pet 2:4–10

1 Τοῦ δὲ μηνὸς[1] τοῦ τρίτου τῆς ἐξόδου[2] τῶν υἱῶν Ισραηλ ἐκ γῆς Αἰγύπτου τῇ ἡμέρᾳ ταύτῃ ἤλθοσαν εἰς τὴν ἔρημον τοῦ Σινα. **2** καὶ ἐξῆραν[3] ἐκ Ραφιδιν καὶ ἤλθοσαν εἰς τὴν ἔρημον τοῦ Σινα, καὶ παρενέβαλεν[4] ἐκεῖ Ισραηλ κατέναντι[5] τοῦ ὄρους. **3** καὶ Μωυσῆς ἀνέβη εἰς τὸ ὄρος τοῦ θεοῦ· καὶ ἐκάλεσεν αὐτὸν ὁ θεὸς ἐκ τοῦ ὄρους λέγων Τάδε[6] ἐρεῖς τῷ οἴκῳ Ιακωβ καὶ ἀναγγελεῖς[7] τοῖς υἱοῖς Ισραηλ **4** Αὐτοὶ ἑωράκατε ὅσα πεποίηκα τοῖς Αἰγυπτίοις, καὶ ἀνέλαβον[8] ὑμᾶς ὡσεὶ[9] ἐπὶ πτερύγων[10] ἀετῶν[11] καὶ προσηγαγόμην[12] ὑμᾶς πρὸς ἐμαυτόν.[13] **5** καὶ νῦν ἐὰν ἀκοῇ[14] ἀκούσητε τῆς ἐμῆς φωνῆς καὶ φυλάξητε τὴν διαθήκην μου, ἔσεσθέ μοι λαὸς περιούσιος[15] ἀπὸ πάντων τῶν ἐθνῶν· ἐμὴ γάρ ἐστιν πᾶσα ἡ γῆ· **6** ὑμεῖς δὲ ἔσεσθέ μοι βασίλειον[16] ἱεράτευμα[17] καὶ ἔθνος ἅγιον. ταῦτα τὰ ῥήματα ἐρεῖς τοῖς υἱοῖς Ισραηλ.

7 ἦλθεν δὲ Μωυσῆς καὶ ἐκάλεσεν τοὺς πρεσβυτέρους τοῦ λαοῦ καὶ παρέθηκεν[18] αὐτοῖς πάντας τοὺς λόγους τούτους, οὓς συνέταξεν[19] αὐτῷ ὁ θεός. **8** ἀπεκρίθη δὲ πᾶς ὁ λαὸς ὁμοθυμαδὸν[20] καὶ εἶπαν Πάντα, ὅσα εἶπεν ὁ θεός, ποιήσομεν καὶ ἀκουσόμεθα. ἀνήνεγκεν[21] δὲ Μωυσῆς τοὺς λόγους τοῦ λαοῦ πρὸς τὸν θεόν. **9** εἶπεν δὲ κύριος πρὸς Μωυσῆν Ἰδοὺ ἐγὼ παραγίνομαι πρὸς σὲ ἐν στύλῳ[22] νεφέλης,[23] ἵνα ἀκούσῃ ὁ λαὸς λαλοῦντός μου πρὸς σὲ καὶ σοὶ πιστεύσωσιν εἰς τὸν αἰῶνα. ἀνήγγειλεν[24] δὲ Μωυσῆς τὰ ῥήματα τοῦ λαοῦ πρὸς κύριον.

10 εἶπεν δὲ κύριος πρὸς Μωυσῆν Καταβὰς διαμάρτυραι[25] τῷ λαῷ καὶ ἅγνισον[26] αὐτοὺς σήμερον καὶ αὔριον,[27] καὶ πλυνάτωσαν[28] τὰ ἱμάτια· **11** καὶ ἔστωσαν[29]

1 μήν, month
2 ἔξοδος, going out
3 ἐξαίρω, *aor act ind 3p*, depart
4 παρεμβάλλω, *aor act ind 3s*, pitch camp
5 κατέναντι, opposite, in front of
6 ὅδε, this
7 ἀναγγέλλω, *fut act ind 2s*, declare, recount
8 ἀναλαμβάνω, *aor act ind 1s*, take up
9 ὡσεί, like
10 πτέρυξ, wing
11 ἀετός, eagle
12 προσάγω, *aor mid ind 1s*, bring to, lead to
13 ἐμαυτοῦ, myself
14 ἀκοή, hearing
15 περιούσιος, chosen, special
16 βασίλειος, kingdom, royal
17 ἱεράτευμα, priesthood
18 παρατίθημι, *aor act ind 3s*, set before
19 συντάσσω, *aor act ind 3s*, instruct, prescribe
20 ὁμοθυμαδόν, together, with one accord
21 ἀναφέρω, *aor act ind 3s*, bring to, report
22 στῦλος, pillar
23 νεφέλη, cloud
24 ἀναγγέλλω, *aor act ind 3s*, report, recount
25 διαμαρτύρομαι, *aor mid impv 2s*, testify, bear witness
26 ἁγνίζω, *aor act impv 2s*, purify, cleanse
27 αὔριον, tomorrow
28 πλύνω, *aor act impv 3p*, wash
29 εἰμί, *pres act impv 3p*, be

ἕτοιμοι[1] εἰς τὴν ἡμέραν τὴν τρίτην· τῇ γὰρ ἡμέρᾳ τῇ τρίτῃ καταβήσεται κύριος ἐπὶ τὸ ὄρος τὸ Σινα ἐναντίον[2] παντὸς τοῦ λαοῦ. **12** καὶ ἀφοριεῖς[3] τὸν λαὸν κύκλῳ[4] λέγων Προσέχετε[5] ἑαυτοῖς τοῦ ἀναβῆναι εἰς τὸ ὄρος καὶ θιγεῖν[6] τι αὐτοῦ· πᾶς ὁ ἁψάμενος τοῦ ὄρους θανάτῳ τελευτήσει.[7] **13** οὐχ ἅψεται αὐτοῦ χείρ· ἐν γὰρ λίθοις λιθοβοληθήσεται[8] ἢ βολίδι[9] κατατοξευθήσεται·[10] ἐάν τε κτῆνος[11] ἐάν τε ἄνθρωπος, οὐ ζήσεται. ὅταν αἱ φωναὶ καὶ αἱ σάλπιγγες[12] καὶ ἡ νεφέλη[13] ἀπέλθῃ ἀπὸ τοῦ ὄρους, ἐκεῖνοι ἀναβήσονται ἐπὶ τὸ ὄρος. **14** κατέβη δὲ Μωυσῆς ἐκ τοῦ ὄρους πρὸς τὸν λαὸν καὶ ἡγίασεν[14] αὐτούς, καὶ ἔπλυναν[15] τὰ ἱμάτια. **15** καὶ εἶπεν τῷ λαῷ Γίνεσθε ἕτοιμοι[16] τρεῖς ἡμέρας, μὴ προσέλθητε γυναικί.

16 ἐγένετο δὲ τῇ ἡμέρᾳ τῇ τρίτῃ γενηθέντος πρὸς ὄρθρον[17] καὶ ἐγίνοντο φωναὶ καὶ ἀστραπαὶ[18] καὶ νεφέλη[19] γνοφώδης[20] ἐπ᾽ ὄρους Σινα, φωνὴ τῆς σάλπιγγος[21] ἤχει[22] μέγα· καὶ ἐπτοήθη[23] πᾶς ὁ λαὸς ὁ ἐν τῇ παρεμβολῇ.[24] **17** καὶ ἐξήγαγεν[25] Μωυσῆς τὸν λαὸν εἰς συνάντησιν[26] τοῦ θεοῦ ἐκ τῆς παρεμβολῆς,[27] καὶ παρέστησαν[28] ὑπὸ τὸ ὄρος. **18** τὸ δὲ ὄρος τὸ Σινα ἐκαπνίζετο[29] ὅλον διὰ τὸ καταβεβηκέναι ἐπ᾽ αὐτὸ τὸν θεὸν ἐν πυρί, καὶ ἀνέβαινεν ὁ καπνὸς[30] ὡς καπνὸς καμίνου,[31] καὶ ἐξέστη[32] πᾶς ὁ λαὸς σφόδρα.[33] **19** ἐγίνοντο δὲ αἱ φωναὶ τῆς σάλπιγγος[34] προβαίνουσαι[35] ἰσχυρότεραι[36] σφόδρα·[37] Μωυσῆς ἐλάλει, ὁ δὲ θεὸς ἀπεκρίνατο αὐτῷ φωνῇ. **20** κατέβη δὲ κύριος ἐπὶ τὸ ὄρος τὸ Σινα ἐπὶ τὴν κορυφὴν[38] τοῦ ὄρους· καὶ ἐκάλεσεν κύριος Μωυσῆν ἐπὶ τὴν κορυφὴν τοῦ ὄρους, καὶ ἀνέβη Μωυσῆς. **21** καὶ εἶπεν ὁ θεὸς πρὸς Μωυσῆν λέγων Καταβὰς διαμάρτυραι[39] τῷ λαῷ, μήποτε[40] ἐγγίσωσιν πρὸς τὸν θεὸν κατανοῆσαι[41] καὶ πέσωσιν ἐξ αὐτῶν πλῆθος· **22** καὶ οἱ ἱερεῖς οἱ ἐγγίζοντες κυρίῳ τῷ

1 ἕτοιμος, prepared, ready
2 ἐναντίον, before
3 ἀφορίζω, *fut act ind 2s*, mark off, set a limit
4 κύκλῳ, around
5 προσέχω, *pres act impv 2p*, beware, be on guard
6 θιγγάνω, *aor act inf*, touch
7 τελευτάω, *fut act ind 3s*, die
8 λιθοβολέω, *fut pas ind 3s*, throw stones at
9 βολίς, arrow
10 κατατοξεύω, *fut pas ind 3s*, shoot
11 κτῆνος, animal, (*p*) herd
12 σάλπιγξ, trumpet
13 νεφέλη, cloud
14 ἁγιάζω, *aor act ind 3s*, sanctify, consecrate
15 πλύνω, *aor act ind 3p*, wash
16 ἕτοιμος, prepared, ready
17 ὄρθρος, dawn, early morning
18 ἀστραπή, lightning
19 νεφέλη, cloud
20 γνοφώδης, dark
21 σάλπιγξ, trumpet
22 ἠχέω, *impf act ind 3s*, make noise, roar
23 πτοέω, *aor pas ind 3s*, terrify, dismay
24 παρεμβολή, camp
25 ἐξάγω, *aor act ind 3s*, lead out
26 συνάντησις, meeting
27 παρεμβολή, camp
28 παρίστημι, *aor act ind 3p*, stand
29 καπνίζω, *impf mid ind 3s*, smoke
30 καπνός, smoke
31 κάμινος, furnace
32 ἐξίστημι, *aor act ind 3s*, be amazed
33 σφόδρα, very much
34 σάλπιγξ, trumpet
35 προβαίνω, *pres act ptc nom p f*, increase
36 ἰσχυρός, *comp*, stronger, mightier
37 σφόδρα, very much
38 κορυφή, summit
39 διαμαρτύρομαι, *aor mid impv 2s*, testify, bear witness
40 μήποτε, lest
41 κατανοέω, *aor act inf*, gaze, look at

θεῷ ἁγιασθήτωσαν,[1] μήποτε[2] ἀπαλλάξῃ[3] ἀπ᾽ αὐτῶν κύριος. **23** καὶ εἶπεν Μωυσῆς πρὸς τὸν θεόν Οὐ δυνήσεται ὁ λαὸς προσαναβῆναι[4] πρὸς τὸ ὄρος τὸ Σινα· σὺ γὰρ διαμεμαρτύρησαι[5] ἡμῖν λέγων Ἀφόρισαι[6] τὸ ὄρος καὶ ἁγίασαι[7] αὐτό. **24** εἶπεν δὲ αὐτῷ κύριος Βάδιζε[8] κατάβηθι καὶ ἀνάβηθι σὺ καὶ Ααρων μετὰ σοῦ· οἱ δὲ ἱερεῖς καὶ ὁ λαὸς μὴ βιαζέσθωσαν[9] ἀναβῆναι πρὸς τὸν θεόν, μήποτε[10] ἀπολέσῃ ἀπ᾽ αὐτῶν κύριος. **25** κατέβη δὲ Μωυσῆς πρὸς τὸν λαὸν καὶ εἶπεν αὐτοῖς.

1 ἁγιάζω, *aor pas impv 3p*, sanctify, consecrate
2 μήποτε, lest
3 ἀπαλλάσσω, *aor act sub 3s*, do away with
4 προσαναβαίνω, *aor act inf*, ascend
5 διαμαρτύρομαι, *perf mid ind 2s*, warn
6 ἀφορίζω, *aor mid impv 2s*, mark off, set a limit
7 ἁγιάζω, *aor mid impv 2s*, sanctify, consecrate
8 βαδίζω, *pres act impv 2s*, go
9 βιάζομαι, *pres mid impv 3p*, force one's way, struggle
10 μήποτε, lest

EXODUS 20

The Ten Commandments

❶

Matt 5:21–29; 15:3–9; 19:16–21; Mark 7:6–13; 10:17–21; Luke 18:18–22; Acts 4:24–28; 14:11–18; Rom 7:7–10; 13:7–10; Eph 6:1–4; Jas 2:8–13

1 Καὶ ἐλάλησεν κύριος πάντας τοὺς λόγους τούτους λέγων **2** Ἐγώ εἰμι κύριος ὁ θεός σου, ὅστις ἐξήγαγόν[1] σε ἐκ γῆς Αἰγύπτου ἐξ οἴκου δουλείας.[2]

3 οὐκ ἔσονταί σοι θεοὶ ἕτεροι πλὴν ἐμοῦ.

4 οὐ ποιήσεις σεαυτῷ εἴδωλον[3] οὐδὲ παντὸς ὁμοίωμα,[4] ὅσα ἐν τῷ οὐρανῷ ἄνω[5] καὶ ὅσα ἐν τῇ γῇ κάτω[6] καὶ ὅσα ἐν τοῖς ὕδασιν ὑποκάτω[7] τῆς γῆς. **5** οὐ προσκυνήσεις αὐτοῖς οὐδὲ μὴ λατρεύσῃς[8] αὐτοῖς· ἐγὼ γάρ εἰμι κύριος ὁ θεός σου, θεὸς ζηλωτὴς[9] ἀποδιδοὺς ἁμαρτίας πατέρων ἐπὶ τέκνα ἕως τρίτης καὶ τετάρτης[10] γενεᾶς τοῖς μισοῦσίν με **6** καὶ ποιῶν ἔλεος[11] εἰς χιλιάδας[12] τοῖς ἀγαπῶσίν με καὶ τοῖς φυλάσσουσιν τὰ προστάγματά[13] μου.

7 οὐ λήμψῃ τὸ ὄνομα κυρίου τοῦ θεοῦ σου ἐπὶ ματαίῳ·[14] οὐ γὰρ μὴ καθαρίσῃ κύριος τὸν λαμβάνοντα τὸ ὄνομα αὐτοῦ ἐπὶ ματαίῳ.

8 μνήσθητι[15] τὴν ἡμέραν τῶν σαββάτων ἁγιάζειν[16] αὐτήν. **9** ἓξ[17] ἡμέρας ἐργᾷ καὶ ποιήσεις πάντα τὰ ἔργα σου· **10** τῇ δὲ ἡμέρᾳ τῇ ἑβδόμῃ[18] σάββατα κυρίῳ τῷ θεῷ σου· οὐ ποιήσεις ἐν αὐτῇ πᾶν ἔργον, σὺ καὶ ὁ υἱός σου καὶ ἡ θυγάτηρ[19] σου, ὁ παῖς[20] σου καὶ ἡ παιδίσκη[21] σου, ὁ βοῦς[22] σου καὶ τὸ ὑποζύγιόν[23] σου καὶ πᾶν κτῆνός[24] σου καὶ ὁ προσήλυτος[25] ὁ παροικῶν[26] ἐν σοί. **11** ἐν γὰρ ἓξ[27] ἡμέραις ἐποίησεν κύριος τὸν οὐρανὸν καὶ τὴν γῆν καὶ τὴν θάλασσαν καὶ πάντα τὰ ἐν αὐτοῖς καὶ κατέπαυσεν[28]

1 ἐξάγω, *aor act ind 1s*, bring out
2 δουλεία, slavery
3 εἴδωλον, image of a god, idol
4 ὁμοίωμα, likeness, representation
5 ἄνω, above
6 κάτω, beneath
7 ὑποκάτω, below
8 λατρεύω, *aor act sub 2s*, serve (in worship)
9 ζηλωτής, jealous, zealous
10 τέταρτος, fourth
11 ἔλεος, mercy, compassion
12 χιλιάς, thousand
13 πρόσταγμα, ordinance, command
14 μάταιος, profane, vain
15 μιμνῄσκομαι, *aor pas impv 2s*, remember
16 ἁγιάζω, *pres act inf*, sanctify, consecrate
17 ἕξ, six
18 ἕβδομος, seventh
19 θυγάτηρ, daughter
20 παῖς, servant
21 παιδίσκη, female servant
22 βοῦς, cow, (*p*) cattle
23 ὑποζύγιον, beast of burden
24 κτῆνος, animal, (*p*) herd
25 προσήλυτος, immigrant, guest
26 παροικέω, *pres act ptc nom s m*, reside, dwell
27 ἕξ, six
28 καταπαύω, *aor act ind 3s*, cease

τῇ ἡμέρᾳ τῇ ἑβδόμῃ·[1] διὰ τοῦτο εὐλόγησεν κύριος τὴν ἡμέραν τὴν ἑβδόμην καὶ ἡγίασεν[2] αὐτήν.

12 τίμα[3] τὸν πατέρα σου καὶ τὴν μητέρα, ἵνα εὖ[4] σοι γένηται, καὶ ἵνα μακροχρόνιος[5] γένῃ ἐπὶ τῆς γῆς τῆς ἀγαθῆς, ἧς κύριος ὁ θεός σου δίδωσίν σοι.

13 οὐ μοιχεύσεις.[6]

14 οὐ κλέψεις.[7]

15 οὐ φονεύσεις.[8]

16 οὐ ψευδομαρτυρήσεις[9] κατὰ τοῦ πλησίον[10] σου μαρτυρίαν[11] ψευδῆ.[12]

17 οὐκ ἐπιθυμήσεις[13] τὴν γυναῖκα τοῦ πλησίον[14] σου. οὐκ ἐπιθυμήσεις τὴν οἰκίαν τοῦ πλησίον σου οὔτε τὸν ἀγρὸν αὐτοῦ οὔτε τὸν παῖδα[15] αὐτοῦ οὔτε τὴν παιδίσκην[16] αὐτοῦ οὔτε τοῦ βοὸς[17] αὐτοῦ οὔτε τοῦ ὑποζυγίου[18] αὐτοῦ οὔτε παντὸς κτήνους[19] αὐτοῦ οὔτε ὅσα τῷ πλησίον σού ἐστιν.

18 Καὶ πᾶς ὁ λαὸς ἑώρα τὴν φωνὴν καὶ τὰς λαμπάδας[20] καὶ τὴν φωνὴν τῆς σάλπιγγος[21] καὶ τὸ ὄρος τὸ καπνίζον·[22] φοβηθέντες δὲ πᾶς ὁ λαὸς ἔστησαν μακρόθεν.[23] **19** καὶ εἶπαν πρὸς Μωυσῆν Λάλησον σὺ ἡμῖν, καὶ μὴ λαλείτω πρὸς ἡμᾶς ὁ θεός, μήποτε[24] ἀποθάνωμεν. **20** καὶ λέγει αὐτοῖς Μωυσῆς Θαρσεῖτε·[25] ἕνεκεν[26] γὰρ τοῦ πειράσαι[27] ὑμᾶς παρεγενήθη ὁ θεὸς πρὸς ὑμᾶς, ὅπως ἂν γένηται ὁ φόβος αὐτοῦ ἐν ὑμῖν, ἵνα μὴ ἁμαρτάνητε. **21** εἱστήκει[28] δὲ ὁ λαὸς μακρόθεν,[29] Μωυσῆς δὲ εἰσῆλθεν εἰς τὸν γνόφον,[30] οὗ ἦν ὁ θεός.

22 Εἶπεν δὲ κύριος πρὸς Μωυσῆν Τάδε[31] ἐρεῖς τῷ οἴκῳ Ιακωβ καὶ ἀναγγελεῖς[32] τοῖς υἱοῖς Ισραηλ Ὑμεῖς ἑωράκατε ὅτι ἐκ τοῦ οὐρανοῦ λελάληκα πρὸς ὑμᾶς· **23** οὐ ποιήσετε ἑαυτοῖς θεοὺς ἀργυροῦς[33] καὶ θεοὺς χρυσοῦς[34] οὐ ποιήσετε ὑμῖν αὐτοῖς.

1 ἕβδομος, seventh
2 ἁγιάζω, *aor act ind 3s*, sanctify, consecrate
3 τιμάω, *pres act impv 2s*, honor
4 εὖ, well
5 μακροχρόνιος, long time
6 μοιχεύω, *fut act ind 2s*, commit adultery
7 κλέπτω, *fut act ind 2s*, steal
8 φονεύω, *fut act ind 2s*, murder, kill
9 ψευδομαρτυρέω, *fut act ind 2s*, bear false witness
10 πλησίον, neighbor
11 μαρτυρία, testimony, witness
12 ψευδής, false
13 ἐπιθυμέω, *fut act ind 2s*, long for, covet, desire
14 πλησίον, neighbor
15 παῖς, servant
16 παιδίσκη, female servant
17 βοῦς, cow, (*p*) cattle
18 ὑποζύγιον, beast of burden
19 κτῆνος, animal, (*p*) herd
20 λαμπάς, flash
21 σάλπιγξ, trumpet
22 καπνίζω, *pres act ptc acc s n*, smoke
23 μακρόθεν, at a distance
24 μήποτε, lest
25 θαρσέω, *pres act impv 2p*, take courage
26 ἕνεκεν, in order
27 πειράζω, *aor act inf*, test, put to trial
28 ἵστημι, *plpf act ind 3s*, stand
29 μακρόθεν, at a distance
30 γνόφος, darkness, gloom
31 ὅδε, this
32 ἀναγγέλλω, *fut act ind 2s*, announce, declare
33 ἀργυροῦς, silver
34 χρυσοῦς, gold

24 θυσιαστήριον[1] ἐκ γῆς ποιήσετέ μοι καὶ θύσετε[2] ἐπ᾽ αὐτοῦ τὰ ὁλοκαυτώματα[3] καὶ τὰ σωτήρια[4] ὑμῶν, τὰ πρόβατα καὶ τοὺς μόσχους[5] ὑμῶν ἐν παντὶ τόπῳ, οὗ ἐὰν ἐπονομάσω[6] τὸ ὄνομά μου ἐκεῖ, καὶ ἥξω[7] πρὸς σὲ καὶ εὐλογήσω σε. **25** ἐὰν δὲ θυσιαστήριον[8] ἐκ λίθων ποιῇς μοι, οὐκ οἰκοδομήσεις αὐτοὺς τμητούς·[9] τὸ γὰρ ἐγχειρίδιόν[10] σου ἐπιβέβληκας[11] ἐπ᾽ αὐτούς, καὶ μεμίανται.[12] **26** οὐκ ἀναβήσῃ ἐν ἀναβαθμίσιν[13] ἐπὶ τὸ θυσιαστήριόν[14] μου, ὅπως ἂν μὴ ἀποκαλύψῃς[15] τὴν ἀσχημοσύνην[16] σου ἐπ᾽ αὐτοῦ.

1 θυσιαστήριον, altar
2 θύω, *fut act ind 2p*, sacrifice
3 ὁλοκαύτωμα, whole burnt offering
4 σωτήριον, (sacrifice of) deliverance, peace
5 μόσχος, young bull
6 ἐπονομάζω, *aor act sub 1s*, call
7 ἥκω, *fut act ind 1s*, come
8 θυσιαστήριον, altar
9 τμητός, cut (stone)
10 ἐγχειρίδιον, cutting tool
11 ἐπιβάλλω, *perf act ind 2s*, place, lay upon
12 μιαίνω, *perf pas ind 3p*, defile, pollute
13 ἀναβαθμίς, step
14 θυσιαστήριον, altar
15 ἀποκαλύπτω, *aor act sub 2s*, reveal
16 ἀσχημοσύνη, shame

LEVITICUS 16

The Day of Atonement

3

1 Καὶ ἐλάλησεν κύριος πρὸς Μωυσῆν μετὰ τὸ τελευτῆσαι[1] τοὺς δύο υἱοὺς Ααρων ἐν τῷ προσάγειν[2] αὐτοὺς πῦρ ἀλλότριον[3] ἔναντι[4] κυρίου καὶ ἐτελεύτησαν[5] **2** καὶ εἶπεν κύριος πρὸς Μωυσῆν Λάλησον πρὸς Ααρων τὸν ἀδελφόν σου καὶ μὴ εἰσπορευέσθω[6] πᾶσαν ὥραν[7] εἰς τὸ ἅγιον ἐσώτερον[8] τοῦ καταπετάσματος[9] εἰς πρόσωπον τοῦ ἱλαστηρίου,[10] ὅ ἐστιν ἐπὶ τῆς κιβωτοῦ[11] τοῦ μαρτυρίου,[12] καὶ οὐκ ἀποθανεῖται· ἐν γὰρ νεφέλῃ[13] ὀφθήσομαι ἐπὶ τοῦ ἱλαστηρίου. **3** οὕτως εἰσελεύσεται Ααρων εἰς τὸ ἅγιον· ἐν μόσχῳ[14] ἐκ βοῶν[15] περὶ ἁμαρτίας καὶ κριὸν[16] εἰς ὁλοκαύτωμα·[17] **4** καὶ χιτῶνα[18] λινοῦν[19] ἡγιασμένον[20] ἐνδύσεται,[21] καὶ περισκελὲς[22] λινοῦν ἔσται ἐπὶ τοῦ χρωτὸς[23] αὐτοῦ, καὶ ζώνῃ[24] λινῇ ζώσεται[25] καὶ κίδαριν[26] λινῆν περιθήσεται·[27] ἱμάτια ἅγιά ἐστιν, καὶ λούσεται[28] ὕδατι πᾶν τὸ σῶμα αὐτοῦ καὶ ἐνδύσεται[29] αὐτά. **5** καὶ παρὰ τῆς συναγωγῆς τῶν υἱῶν Ισραηλ λήμψεται δύο χιμάρους[30] ἐξ αἰγῶν[31] περὶ ἁμαρτίας καὶ κριὸν[32] ἕνα εἰς ὁλοκαύτωμα.[33]

6 καὶ προσάξει[34] Ααρων τὸν μόσχον[35] τὸν περὶ τῆς ἁμαρτίας αὐτοῦ καὶ ἐξιλάσεται[36] περὶ αὐτοῦ καὶ τοῦ οἴκου αὐτοῦ. **7** καὶ λήμψεται τοὺς δύο χιμάρους[37] καὶ στήσει αὐτοὺς ἔναντι[38] κυρίου παρὰ τὴν θύραν τῆς σκηνῆς[39] τοῦ μαρτυρίου·[40] **8** καὶ ἐπιθήσει Ααρων ἐπὶ τοὺς δύο χιμάρους[41] κλῆρον[42] ἕνα τῷ κυρίῳ καὶ κλῆρον ἕνα

1 τελευτάω, *aor act inf*, die
2 προσάγω, *pres act inf*, bring to
3 ἀλλότριος, foreign, strange
4 ἔναντι, before
5 τελευτάω, *aor act ind 3p*, die
6 εἰσπορεύομαι, *pres mid impv 3s*, enter
7 ὥρα, time
8 ἔσω, *comp*, inside
9 καταπέτασμα, veil
10 ἱλαστήριον, mercy seat, place of propitiation
11 κιβωτός, chest, ark (of the covenant)
12 μαρτύριον, testimony, witness
13 νεφέλη, cloud
14 μόσχος, calf, young bull
15 βοῦς, cow, (*p*) cattle
16 κριός, ram
17 ὁλοκαύτωμα, whole burnt offering
18 χιτών, tunic
19 λινοῦς, linen
20 ἁγιάζω, *perf pas ptc acc s m*, sanctify, consecrate
21 ἐνδύω, *fut mid ind 3s*, clothe
22 περισκελής, around the leg
23 χρώς, flesh
24 ζωνή, sash, belt
25 ζώννυμι, *fut mid ind 3s*, gird
26 κίδαρις, headdress
27 περιτίθημι, *fut mid ind 3s*, put on
28 λούω, *fut mid ind 3s*, wash
29 ἐνδύω, *fut mid ind 3s*, clothe
30 χίμαρος, male goat
31 αἴξ, goat
32 κριός, ram
33 ὁλοκαύτωμα, whole burnt offering
34 προσάγω, *fut act ind 3s*, bring to
35 μόσχος, calf, young bull
36 ἐξιλάσκομαι, *fut mid ind 3s*, propitiate, make atonement
37 χίμαρος, male goat
38 ἔναντι, before
39 σκηνή, tent
40 μαρτύριον, witness
41 χίμαρος, male goat
42 κλῆρος, lot

τῷ ἀποπομπαίῳ.[1] **9** καὶ προσάξει[2] Ααρων τὸν χίμαρον,[3] ἐφ᾽ ὃν ἐπῆλθεν[4] ἐπ᾽ αὐτὸν ὁ κλῆρος[5] τῷ κυρίῳ, καὶ προσοίσει[6] περὶ ἁμαρτίας· **10** καὶ τὸν χίμαρον,[7] ἐφ᾽ ὃν ἐπῆλθεν[8] ἐπ᾽ αὐτὸν ὁ κλῆρος[9] τοῦ ἀποπομπαίου,[10] στήσει αὐτὸν ζῶντα ἔναντι[11] κυρίου τοῦ ἐξιλάσασθαι[12] ἐπ᾽ αὐτοῦ ὥστε ἀποστεῖλαι αὐτὸν εἰς τὴν ἀποπομπήν·[13] ἀφήσει αὐτὸν εἰς τὴν ἔρημον.

11 καὶ προσάξει[14] Ααρων τὸν μόσχον[15] τὸν περὶ τῆς ἁμαρτίας τὸν αὐτοῦ καὶ τοῦ οἴκου αὐτοῦ μόνον καὶ ἐξιλάσεται[16] περὶ αὐτοῦ καὶ τοῦ οἴκου αὐτοῦ καὶ σφάξει[17] τὸν μόσχον[18] τὸν περὶ τῆς ἁμαρτίας τὸν αὐτοῦ. **12** καὶ λήμψεται τὸ πυρεῖον[19] πλῆρες[20] ἀνθράκων[21] πυρὸς ἀπὸ τοῦ θυσιαστηρίου[22] τοῦ ἀπέναντι[23] κυρίου καὶ πλήσει[24] τὰς χεῖρας θυμιάματος[25] συνθέσεως[26] λεπτῆς[27] καὶ εἰσοίσει[28] ἐσώτερον[29] τοῦ καταπετάσματος[30] **13** καὶ ἐπιθήσει τὸ θυμίαμα[31] ἐπὶ τὸ πῦρ ἔναντι[32] κυρίου· καὶ καλύψει[33] ἡ ἀτμὶς[34] τοῦ θυμιάματος τὸ ἱλαστήριον[35] τὸ ἐπὶ τῶν μαρτυρίων,[36] καὶ οὐκ ἀποθανεῖται. **14** καὶ λήμψεται ἀπὸ τοῦ αἵματος τοῦ μόσχου[37] καὶ ῥανεῖ[38] τῷ δακτύλῳ[39] ἐπὶ τὸ ἱλαστήριον[40] κατὰ ἀνατολάς·[41] κατὰ πρόσωπον τοῦ ἱλαστηρίου ῥανεῖ ἑπτάκις[42] ἀπὸ τοῦ αἵματος τῷ δακτύλῳ.

15 καὶ σφάξει[43] τὸν χίμαρον[44] τὸν περὶ τῆς ἁμαρτίας τὸν περὶ τοῦ λαοῦ ἔναντι[45] κυρίου καὶ εἰσοίσει[46] ἀπὸ τοῦ αἵματος αὐτοῦ ἐσώτερον[47] τοῦ καταπετάσματος[48] καὶ ποιήσει τὸ αἷμα αὐτοῦ ὃν τρόπον[49] ἐποίησεν τὸ αἷμα τοῦ μόσχου,[50] καὶ ῥανεῖ τὸ

1 ἀποπομπαῖος, carrying away evil
2 προσάγω, *fut act ind 3s*, bring to
3 χίμαρος, male goat
4 ἐπέρχομαι, *aor act ind 3s*, come upon
5 κλῆρος, lot
6 προσφέρω, *fut act ind 3s*, offer
7 χίμαρος, male goat
8 ἐπέρχομαι, *aor act ind 3s*, come upon
9 κλῆρος, lot
10 ἀποπομπαῖος, carrying away evil
11 ἔναντι, before
12 ἐξιλάσκομαι, *aor mid inf*, propitiate, make atonement
13 ἀποπομπή, sending away, removal
14 προσάγω, *fut act ind 3s*, bring to
15 μόσχος, calf, young bull
16 ἐξιλάσκομαι, *fut mid ind 3s*, propitiate, make atonement
17 σφάζω, *fut act ind 3s*, slaughter
18 μόσχος, calf, young bull
19 πυρεῖον, censer
20 πλήρης, full
21 ἄνθραξ, coal
22 θυσιαστήριον, altar
23 ἀπέναντι, before
24 πίμπλημι, *fut act ind 3s*, fill
25 θυμίαμα, incense
26 σύνθεσις, mixture, compounding
27 λεπτός, fine
28 εἰσφέρω, *fut act ind 3s*, bring in
29 ἔσω, *comp*, inside
30 καταπέτασμα, veil
31 θυμίαμα, incense
32 ἔναντι, before
33 καλύπτω, *fut act ind 3s*, cover
34 ἀτμίς, smoke
35 ἱλαστήριον, mercy seat, place of propitiation
36 μαρτύριον, testimony
37 μόσχος, calf, young bull
38 ῥαίνω, *fut act ind 3s*, sprinkle
39 δάκτυλος, finger
40 ἱλαστήριον, mercy seat, place of propitiation
41 ἀνατολή, east
42 ἑπτάκις, seven times
43 σφάζω, *fut act ind 3s*, slaughter
44 χίμαρος, male goat
45 ἔναντι, before
46 εἰσφέρω, *fut act ind 3s*, bring in
47 ἔσω, *comp*, inside
48 καταπέτασμα, veil
49 ὃν τρόπον, in the manner that
50 μόσχος, calf, young bull

αἷμα αὐτοῦ ἐπὶ τὸ ἱλαστήριον[1] κατὰ πρόσωπον τοῦ ἱλαστηρίου **16** καὶ ἐξιλάσεται[2] τὸ ἅγιον ἀπὸ τῶν ἀκαθαρσιῶν[3] τῶν υἱῶν Ισραηλ καὶ ἀπὸ τῶν ἀδικημάτων[4] αὐτῶν περὶ πασῶν τῶν ἁμαρτιῶν αὐτῶν· καὶ οὕτω ποιήσει τῇ σκηνῇ[5] τοῦ μαρτυρίου[6] τῇ ἐκτισμένῃ[7] ἐν αὐτοῖς ἐν μέσῳ τῆς ἀκαθαρσίας αὐτῶν. **17** καὶ πᾶς ἄνθρωπος οὐκ ἔσται ἐν τῇ σκηνῇ[8] τοῦ μαρτυρίου[9] εἰσπορευομένου[10] αὐτοῦ ἐξιλάσασθαι[11] ἐν τῷ ἁγίῳ, ἕως ἂν ἐξέλθῃ· καὶ ἐξιλάσεται[12] περὶ αὐτοῦ καὶ τοῦ οἴκου αὐτοῦ καὶ περὶ πάσης συναγωγῆς υἱῶν Ισραηλ. **18** καὶ ἐξελεύσεται ἐπὶ τὸ θυσιαστήριον[13] τὸ ὂν ἀπέναντι[14] κυρίου καὶ ἐξιλάσεται[15] ἐπ᾽ αὐτοῦ· καὶ λήμψεται ἀπὸ τοῦ αἵματος τοῦ μόσχου[16] καὶ ἀπὸ τοῦ αἵματος τοῦ χιμάρου[17] καὶ ἐπιθήσει ἐπὶ τὰ κέρατα[18] τοῦ θυσιαστηρίου[19] κύκλῳ[20] **19** καὶ ῥανεῖ[21] ἐπ᾽ αὐτοῦ ἀπὸ τοῦ αἵματος τῷ δακτύλῳ[22] ἑπτάκις[23] καὶ καθαριεῖ αὐτὸ καὶ ἁγιάσει[24] αὐτὸ ἀπὸ τῶν ἀκαθαρσιῶν[25] τῶν υἱῶν Ισραηλ. **20** καὶ συντελέσει[26] ἐξιλασκόμενος[27] τὸ ἅγιον καὶ τὴν σκηνὴν[28] τοῦ μαρτυρίου[29] καὶ τὸ θυσιαστήριον,[30] καὶ περὶ τῶν ἱερέων καθαριεῖ· καὶ προσάξει[31] τὸν χίμαρον[32] τὸν ζῶντα. **21** καὶ ἐπιθήσει Ααρων τὰς χεῖρας αὐτοῦ ἐπὶ τὴν κεφαλὴν τοῦ χιμάρου[33] τοῦ ζῶντος καὶ ἐξαγορεύσει[34] ἐπ᾽ αὐτοῦ πάσας τὰς ἀνομίας[35] τῶν υἱῶν Ισραηλ καὶ πάσας τὰς ἀδικίας[36] αὐτῶν καὶ πάσας τὰς ἁμαρτίας αὐτῶν καὶ ἐπιθήσει αὐτὰς ἐπὶ τὴν κεφαλὴν τοῦ χιμάρου τοῦ ζῶντος καὶ ἐξαποστελεῖ[37] ἐν χειρὶ ἀνθρώπου ἑτοίμου[38] εἰς τὴν ἔρημον·

22 καὶ λήμψεται ὁ χίμαρος[39] ἐφ᾽ ἑαυτῷ τὰς ἀδικίας[40] αὐτῶν εἰς γῆν ἄβατον,[41] καὶ ἐξαποστελεῖ[42] τὸν χίμαρον[43] εἰς τὴν ἔρημον. **23** καὶ εἰσελεύσεται Ααρων εἰς τὴν

1 ἱλαστήριον, mercy seat, place of propitiation
2 ἐξιλάσκομαι, *fut mid ind 3s*, propitiate, make atonement
3 ἀκαθαρσία, impurity
4 ἀδίκημα, trespass
5 σκηνή, tent
6 μαρτύριον, witness
7 κτίζω, *perf pas ptc dat s f*, establish
8 σκηνή, tent
9 μαρτύριον, witness
10 εἰσπορεύομαι, *pres mid ptc gen s m*, enter
11 ἐξιλάσκομαι, *aor mid inf*, propitiate, make atonement
12 ἐξιλάσκομαι, *fut mid ind 3s*, propitiate, make atonement
13 θυσιαστήριον, altar
14 ἀπέναντι, before
15 ἐξιλάσκομαι, *fut mid ind 3s*, propitiate, make atonement
16 μόσχος, calf, young bull
17 χίμαρος, male goat
18 κέρας, horn
19 θυσιαστήριον, altar
20 κύκλῳ, round about
21 ῥαίνω, *fut act ind 3s*, sprinkle
22 δάκτυλος, finger
23 ἑπτάκις, seven times
24 ἁγιάζω, *fut act ind 3s*, sanctify, consecrate
25 ἀκαθαρσία, impurity
26 συντελέω, *fut act ind 3s*, finish
27 ἐξιλάσκομαι, *pres mid ptc nom s m*, propitiate, make atonement
28 σκηνή, tent
29 μαρτύριον, witness
30 θυσιαστήριον, altar
31 προσάγω, *fut act ind 3s*, bring to
32 χίμαρος, male goat
33 χίμαρος, male goat
34 ἐξαγορεύω, *fut act ind 3s*, confess
35 ἀνομία, transgression, iniquity
36 ἀδικία, wrongdoing, injustice
37 ἐξαποστέλλω, *fut act ind 3s*, send away
38 ἕτοιμος, prepared, ready
39 χίμαρος, male goat
40 ἀδικία, wrongdoing, injustice
41 ἄβατος, desolate
42 ἐξαποστέλλω, *fut act ind 3s*, send away
43 χίμαρος, male goat

σκηνὴν[1] τοῦ μαρτυρίου[2] καὶ ἐκδύσεται[3] τὴν στολὴν[4] τὴν λινῆν,[5] ἣν ἐνεδεδύκει[6] εἰσπορευομένου[7] αὐτοῦ εἰς τὸ ἅγιον, καὶ ἀποθήσει[8] αὐτὴν ἐκεῖ. **24** καὶ λούσεται[9] τὸ σῶμα αὐτοῦ ὕδατι ἐν τόπῳ ἁγίῳ καὶ ἐνδύσεται[10] τὴν στολὴν[11] αὐτοῦ καὶ ἐξελθὼν ποιήσει τὸ ὁλοκάρπωμα[12] αὐτοῦ καὶ τὸ ὁλοκάρπωμα τοῦ λαοῦ καὶ ἐξιλάσεται[13] περὶ αὐτοῦ καὶ περὶ τοῦ οἴκου αὐτοῦ καὶ περὶ τοῦ λαοῦ ὡς περὶ τῶν ἱερέων. **25** καὶ τὸ στέαρ[14] τὸ περὶ τῶν ἁμαρτιῶν ἀνοίσει[15] ἐπὶ τὸ θυσιαστήριον.[16] **26** καὶ ὁ ἐξαποστέλλων[17] τὸν χίμαρον[18] τὸν διεσταλμένον[19] εἰς ἄφεσιν πλυνεῖ[20] τὰ ἱμάτια καὶ λούσεται[21] τὸ σῶμα αὐτοῦ ὕδατι καὶ μετὰ ταῦτα εἰσελεύσεται εἰς τὴν παρεμβολήν.[22] **27** καὶ τὸν μόσχον[23] τὸν περὶ τῆς ἁμαρτίας καὶ τὸν χίμαρον[24] τὸν περὶ τῆς ἁμαρτίας, ὧν τὸ αἷμα εἰσηνέχθη[25] ἐξιλάσασθαι[26] ἐν τῷ ἁγίῳ, ἐξοίσουσιν[27] αὐτὰ ἔξω τῆς παρεμβολῆς[28] καὶ κατακαύσουσιν[29] αὐτὰ ἐν πυρί, καὶ τὰ δέρματα[30] αὐτῶν καὶ τὰ κρέα[31] αὐτῶν καὶ τὴν κόπρον[32] αὐτῶν· **28** ὁ δὲ κατακαίων[33] αὐτὰ πλυνεῖ[34] τὰ ἱμάτια καὶ λούσεται[35] τὸ σῶμα αὐτοῦ ὕδατι καὶ μετὰ ταῦτα εἰσελεύσεται εἰς τὴν παρεμβολήν.[36]

29 Καὶ ἔσται τοῦτο ὑμῖν νόμιμον[37] αἰώνιον· ἐν τῷ μηνὶ[38] τῷ ἑβδόμῳ[39] δεκάτῃ[40] τοῦ μηνὸς ταπεινώσατε[41] τὰς ψυχὰς ὑμῶν καὶ πᾶν ἔργον οὐ ποιήσετε, ὁ αὐτόχθων[42] καὶ ὁ προσήλυτος[43] ὁ προσκείμενος[44] ἐν ὑμῖν. **30** ἐν γὰρ τῇ ἡμέρᾳ ταύτῃ ἐξιλάσεται[45] περὶ ὑμῶν καθαρίσαι ὑμᾶς ἀπὸ πασῶν τῶν ἁμαρτιῶν ὑμῶν ἔναντι[46] κυρίου, καὶ

1 σκηνή, tent
2 μαρτύριον, witness
3 ἐκδύω, *fut mid ind 3s*, remove
4 στολή, garment
5 λινοῦς, linen
6 ἐνδύω, *plpf act ind 3s*, put on, clothe
7 εἰσπορεύομαι, *pres mid ptc gen s m*, enter
8 ἀποτίθημι, *fut act ind 3s*, put off
9 λούω, *fut mid ind 3s*, wash
10 ἐνδύω, *fut mid ind 3s*, put on, clothe
11 στολή, garment
12 ὁλοκάρπωμα, whole burnt offering
13 ἐξιλάσκομαι, *fut mid ind 3s*, propitiate, make atonement
14 στέαρ, fat portion
15 ἀναφέρω, *fut act ind 3s*, offer
16 θυσιαστήριον, altar
17 ἐξαποστέλλω, *pres act ptc nom s m*, send away
18 χίμαρος, male goat
19 διαστέλλω, *perf pas ptc acc s m*, set aside, separate
20 πλύνω, *fut act ind 3s*, wash, cleanse
21 λούω, *fut mid ind 3s*, wash
22 παρεμβολή, camp
23 μόσχος, calf, young bull
24 χίμαρος, male goat
25 εἰσφέρω, *aor pas ind 3s*, bring in
26 ἐξιλάσκομαι, *aor mid inf*, propitiate, make atonement
27 ἐκφέρω, *fut act ind 3p*, carry out
28 παρεμβολή, camp
29 κατακαίω, *fut act ind 3p*, burn up
30 δέρμα, skin, hide
31 κρέας, meat, flesh
32 κόπρος, excrement
33 κατακαίω, *pres act ptc nom s m*, burn up
34 πλύνω, *fut act ind 3s*, wash, cleanse
35 λούω, *fut mid ind 3s*, wash
36 παρεμβολή, camp
37 νόμιμος, statute, ordinance
38 μήν, month
39 ἕβδομος, seventh
40 δέκατος, tenth
41 ταπεινόω, *aor act impv 2p*, humble
42 αὐτόχθων, native, indigenous person
43 προσήλυτος, immigrant, guest
44 πρόσκειμαι, *pres pas ptc nom s m*, join to, belong to
45 ἐξιλάσκομαι, *fut mid ind 3s*, propitiate, make atonement
46 ἔναντι, before

καθαρισθήσεσθε. **31** σάββατα σαββάτων ἀνάπαυσις[1] αὕτη ἔσται ὑμῖν, καὶ ταπεινώσετε[2] τὰς ψυχὰς ὑμῶν, νόμιμον[3] αἰώνιον. **32** ἐξιλάσεται[4] ὁ ἱερεύς, ὃν ἂν χρίσωσιν[5] αὐτὸν καὶ ὃν ἂν τελειώσουσιν[6] τὰς χεῖρας αὐτοῦ ἱερατεύειν[7] μετὰ τὸν πατέρα αὐτοῦ, καὶ ἐνδύσεται[8] τὴν στολὴν[9] τὴν λινῆν,[10] στολὴν ἁγίαν, **33** καὶ ἐξιλάσεται[11] τὸ ἅγιον τοῦ ἁγίου καὶ τὴν σκηνὴν[12] τοῦ μαρτυρίου[13] καὶ τὸ θυσιαστήριον[14] ἐξιλάσεται καὶ περὶ τῶν ἱερέων καὶ περὶ πάσης συναγωγῆς ἐξιλάσεται. **34** καὶ ἔσται τοῦτο ὑμῖν νόμιμον[15] αἰώνιον ἐξιλάσκεσθαι[16] περὶ τῶν υἱῶν Ισραηλ ἀπὸ πασῶν τῶν ἁμαρτιῶν αὐτῶν· ἅπαξ[17] τοῦ ἐνιαυτοῦ[18] ποιηθήσεται, καθάπερ[19] συνέταξεν[20] κύριος τῷ Μωυσῇ.

1 ἀνάπαυσις, rest
2 ταπεινόω, *fut act ind 2p*, humble
3 νόμιμος, statute, ordinance
4 ἐξιλάσκομαι, *fut mid ind 3s*, propitiate, make atonement
5 χρίω, *aor act sub 3p*, anoint
6 τελειόω, *fut act ind 3p*, (validate)
7 ἱερατεύω, *pres act inf*, serve as priest
8 ἐνδύω, *fut mid ind 3s*, put on, clothe
9 στολή, garment
10 λινοῦς, linen
11 ἐξιλάσκομαι, *fut mid ind 3s*, propitiate, make atonement
12 σκηνή, tent
13 μαρτύριον, witness
14 θυσιαστήριον, altar
15 νόμιμος, statute, ordinance
16 ἐξιλάσκομαι, *pres mid inf*, propitiate, make atonement
17 ἅπαξ, once
18 ἐνιαυτός, year
19 καθάπερ, just as
20 συντάσσω, *aor act ind 3s*, order, instruct

LEVITICUS 19

God's Holiness and the Command to Love Your Neighbor 

Matt 5:43–46; 19:16–21; 22:34–40; Mark 12:28–33; Luke 10:25–28; Rom 13:7–10; Gal 5:13–18; Jas 2:8–13

1 Καὶ ἐλάλησεν κύριος πρὸς Μωυσῆν λέγων **2** Λάλησον τῇ συναγωγῇ τῶν υἱῶν Ισραηλ καὶ ἐρεῖς πρὸς αὐτούς Ἅγιοι ἔσεσθε, ὅτι ἐγὼ ἅγιος, κύριος ὁ θεὸς ὑμῶν. **3** ἕκαστος πατέρα αὐτοῦ καὶ μητέρα αὐτοῦ φοβείσθω, καὶ τὰ σάββατά μου φυλάξεσθε· ἐγὼ κύριος ὁ θεὸς ὑμῶν. **4** οὐκ ἐπακολουθήσετε[1] εἰδώλοις[2] καὶ θεοὺς χωνευτοὺς[3] οὐ ποιήσετε ὑμῖν· ἐγὼ κύριος ὁ θεὸς ὑμῶν. — **5** καὶ ἐὰν θύσητε[4] θυσίαν[5] σωτηρίου[6] τῷ κυρίῳ, δεκτὴν[7] ὑμῶν θύσετε.[8] **6** ᾗ ἂν ἡμέρᾳ θύσητε,[9] βρωθήσεται[10] καὶ τῇ αὔριον·[11] καὶ ἐὰν καταλειφθῇ[12] ἕως ἡμέρας τρίτης, ἐν πυρὶ κατακαυθήσεται.[13] **7** ἐὰν δὲ βρώσει[14] βρωθῇ[15] τῇ ἡμέρᾳ τῇ τρίτῃ, ἄθυτόν[16] ἐστιν, οὐ δεχθήσεται·[17] **8** ὁ δὲ ἔσθων[18] αὐτὸ ἁμαρτίαν λήμψεται, ὅτι τὰ ἅγια κυρίου ἐβεβήλωσεν·[19] καὶ ἐξολεθρευθήσονται[20] αἱ ψυχαὶ αἱ ἔσθουσαι[21] ἐκ τοῦ λαοῦ αὐτῶν.

9 Καὶ ἐκθεριζόντων[22] ὑμῶν τὸν θερισμὸν[23] τῆς γῆς ὑμῶν οὐ συντελέσετε[24] τὸν θερισμὸν ὑμῶν τοῦ ἀγροῦ ἐκθερίσαι[25] καὶ τὰ ἀποπίπτοντα[26] τοῦ θερισμοῦ σου οὐ συλλέξεις[27] **10** καὶ τὸν ἀμπελῶνά[28] σου οὐκ ἐπανατρυγήσεις[29] οὐδὲ τοὺς ῥῶγας[30] τοῦ ἀμπελῶνός σου συλλέξεις·[31] τῷ πτωχῷ καὶ τῷ προσηλύτῳ[32] καταλείψεις[33] αὐτά· ἐγώ εἰμι κύριος ὁ θεὸς ὑμῶν.

1 ἐπακολουθέω, *fut act ind 2p*, devote oneself to
2 εἴδωλον, idol
3 χωνευτός, cast, molten
4 θύω, *aor act sub 2p*, sacrifice
5 θυσία, sacrifice
6 σωτήριον, deliverance, peace
7 δεκτός, acceptable
8 θύω, *fut act ind 2p*, sacrifice
9 θύω, *aor act sub 2p*, sacrifice
10 βιβρώσκω, *fut pas ind 3s*, eat
11 αὔριον, following day
12 καταλείπω, *aor pas sub 3s*, leave behind
13 κατακαίω, *fut pas ind 3s*, burn up
14 βρῶσις, food
15 βιβρώσκω, *aor pas sub 3s*, eat
16 ἄθυτος, unfit for offering
17 δέχομαι, *fut pas ind 3s*, receive, accept
18 ἔσθω, *pres act ptc nom s m*, eat
19 βεβηλόω, *aor act ind 3s*, profane, defile
20 ἐξολεθρεύω, *fut pas ind 3p*, utterly destroy
21 ἔσθω, *pres act ptc nom p f*, eat
22 ἐκθερίζω, *pres act ptc gen p m*, reap
23 θερισμός, harvest
24 συντελέω, *fut act ind 2p*, finish
25 ἐκθερίζω, *aor act inf*, reap
26 ἀποπίπτω, *pres act ptc acc p n*, fall from
27 συλλέγω, *fut act ind 2s*, collect, gather
28 ἀμπελών, vineyard
29 ἐπανατρυγάω, *fut act ind 2s*, glean after the crop
30 ῥώξ, grape
31 συλλέγω, *fut act ind 2s*, collect, gather
32 προσήλυτος, immigrant, guest
33 καταλείπω, *fut act ind 2s*, leave behind

11 Οὐ κλέψετε.[1] οὐ ψεύσεσθε.[2] οὐ συκοφαντήσει[3] ἕκαστος τὸν πλησίον.[4] **12** καὶ οὐκ ὀμεῖσθε[5] τῷ ὀνόματί μου ἐπ᾽ ἀδίκῳ[6] καὶ οὐ βεβηλώσετε[7] τὸ ὄνομα τοῦ θεοῦ ὑμῶν· ἐγώ εἰμι κύριος ὁ θεὸς ὑμῶν. **13** οὐκ ἀδικήσεις[8] τὸν πλησίον[9] καὶ οὐχ ἁρπάσεις,[10] καὶ οὐ μὴ κοιμηθήσεται[11] ὁ μισθὸς[12] τοῦ μισθωτοῦ[13] παρὰ σοὶ ἕως πρωί.[14] **14** οὐ κακῶς[15] ἐρεῖς κωφὸν[16] καὶ ἀπέναντι[17] τυφλοῦ[18] οὐ προσθήσεις[19] σκάνδαλον[20] καὶ φοβηθήσῃ κύριον τὸν θεόν σου· ἐγώ εἰμι κύριος ὁ θεὸς ὑμῶν.

15 Οὐ ποιήσετε ἄδικον[21] ἐν κρίσει· οὐ λήμψῃ πρόσωπον πτωχοῦ οὐδὲ θαυμάσεις[22] πρόσωπον δυνάστου,[23] ἐν δικαιοσύνῃ κρινεῖς τὸν πλησίον[24] σου. **16** οὐ πορεύσῃ δόλῳ[25] ἐν τῷ ἔθνει σου, οὐκ ἐπισυστήσῃ[26] ἐφ᾽ αἷμα τοῦ πλησίον[27] σου· ἐγώ εἰμι κύριος ὁ θεὸς ὑμῶν. **17** οὐ μισήσεις τὸν ἀδελφόν σου τῇ διανοίᾳ[28] σου, ἐλεγμῷ[29] ἐλέγξεις[30] τὸν πλησίον[31] σου καὶ οὐ λήμψῃ δι᾽ αὐτὸν ἁμαρτίαν. **18** καὶ οὐκ ἐκδικᾶταί[32] σου ἡ χείρ, καὶ οὐ μηνιεῖς[33] τοῖς υἱοῖς τοῦ λαοῦ σου καὶ ἀγαπήσεις τὸν πλησίον[34] σου ὡς σεαυτόν· ἐγώ εἰμι κύριος.

19 Τὸν νόμον μου φυλάξεσθε· τὰ κτήνη[35] σου οὐ κατοχεύσεις[36] ἑτεροζύγῳ[37] καὶ τὸν ἀμπελῶνά[38] σου οὐ κατασπερεῖς[39] διάφορον[40] καὶ ἱμάτιον ἐκ δύο ὑφασμένον[41] κίβδηλον[42] οὐκ ἐπιβαλεῖς[43] σεαυτῷ.

1 κλέπτω, *fut act ind 2p*, steal
2 ψεύδομαι, *fut mid ind 2p*, lie
3 συκοφαντέω, *fut act ind 3s*, slander, falsely accuse
4 πλησίον, neighbor
5 ὄμνυμι, *fut mid ind 2p*, swear an oath
6 ἄδικος, unjust
7 βεβηλόω, *fut act ind 2p*, profane
8 ἀδικέω, *fut act ind 2s*, do wrong, act unjustly
9 πλησίον, neighbor
10 ἁρπάζω, *fut act ind 2s*, seize, carry off
11 κοιμάω, *fut pas ind 3s*, stay overnight
12 μισθός, wages, pay
13 μισθωτός, hired person
14 πρωί, morning
15 κακῶς, wrongly, badly
16 κωφός, deaf
17 ἀπέναντι, before
18 τυφλός, blind
19 προστίθημι, *fut act ind 2s*, place
20 σκάνδαλον, stumbling block
21 ἄδικος, unjust, unrighteous
22 θαυμάζω, *fut act ind 2s*, admire, have respect
23 δυνάστης, master, high official
24 πλησίον, neighbor
25 δόλος, deceit, treachery
26 ἐπισυνίστημι, *fut mid ind 2s*, conspire against
27 πλησίον, neighbor
28 διάνοια, mind
29 ἐλεγμός, reproof
30 ἐλέγχω, *fut act ind 2s*, reprove, reproach
31 πλησίον, neighbor
32 ἐκδικάζω, *fut mid ind 3s*, avenge
33 μηνίω, *fut act ind 2s*, bear a grudge
34 πλησίον, neighbor
35 κτῆνος, animal, (*p*) herd
36 κατοχεύω, *fut act ind 2s*, cross-breed
37 ἑτερόζυγος, animal of a different kind
38 ἀμπελών, vineyard
39 κατασπείρω, *fut act ind 2s*, sow
40 διάφορος, different
41 ὑφαίνω, *perf pas ptc acc s n*, weave
42 κίβδηλος, hybrid, mingled
43 ἐπιβάλλω, *fut act ind 2s*, put on

20 Καὶ ἐάν τις κοιμηθῇ[1] μετὰ γυναικὸς κοίτην[2] σπέρματος καὶ αὐτὴ οἰκέτις[3] διαπεφυλαγμένη[4] ἀνθρώπῳ καὶ αὐτὴ λύτροις[5] οὐ λελύτρωται[6] ἢ ἐλευθερία[7] οὐκ ἐδόθη αὐτῇ, ἐπισκοπὴ[8] ἔσται αὐτοῖς· οὐκ ἀποθανοῦνται, ὅτι οὐκ ἀπηλευθερώθη.[9] **21** καὶ προσάξει[10] τῆς πλημμελείας[11] αὐτοῦ τῷ κυρίῳ παρὰ τὴν θύραν τῆς σκηνῆς[12] τοῦ μαρτυρίου[13] κριὸν[14] πλημμελείας·[15] **22** καὶ ἐξιλάσεται[16] περὶ αὐτοῦ ὁ ἱερεὺς ἐν τῷ κριῷ[17] τῆς πλημμελείας[18] ἔναντι[19] κυρίου περὶ τῆς ἁμαρτίας, ἧς ἥμαρτεν, καὶ ἀφεθήσεται αὐτῷ ἡ ἁμαρτία, ἣν ἥμαρτεν.

23 Ὅταν δὲ εἰσέλθητε εἰς τὴν γῆν, ἣν κύριος ὁ θεὸς ὑμῶν δίδωσιν ὑμῖν, καὶ καταφυτεύσετε[20] πᾶν ξύλον[21] βρώσιμον[22] καὶ περικαθαριεῖτε[23] τὴν ἀκαθαρσίαν[24] αὐτοῦ· ὁ καρπὸς αὐτοῦ τρία ἔτη ἔσται ὑμῖν ἀπερικάθαρτος,[25] οὐ βρωθήσεται·[26] **24** καὶ τῷ ἔτει τῷ τετάρτῳ[27] ἔσται πᾶς ὁ καρπὸς αὐτοῦ ἅγιος αἰνετὸς[28] τῷ κυρίῳ· **25** ἐν δὲ τῷ ἔτει τῷ πέμπτῳ[29] φάγεσθε τὸν καρπόν, πρόσθεμα[30] ὑμῖν τὰ γενήματα[31] αὐτοῦ· ἐγώ εἰμι κύριος ὁ θεὸς ὑμῶν.

26 Μὴ ἔσθετε[32] ἐπὶ τῶν ὀρέων καὶ οὐκ οἰωνιεῖσθε[33] οὐδὲ ὀρνιθοσκοπήσεσθε.[34] **27** οὐ ποιήσετε σισόην[35] ἐκ τῆς κόμης[36] τῆς κεφαλῆς ὑμῶν οὐδὲ φθερεῖτε[37] τὴν ὄψιν[38] τοῦ πώγωνος[39] ὑμῶν. **28** καὶ ἐντομίδας[40] ἐπὶ ψυχῇ οὐ ποιήσετε ἐν τῷ σώματι ὑμῶν καὶ γράμματα[41] στικτὰ[42] οὐ ποιήσετε ἐν ὑμῖν· ἐγώ εἰμι κύριος ὁ θεὸς ὑμῶν. **29** οὐ

1 κοιμάω, *aor pas sub 3s*, sleep, lie (sexually)
2 κοίτη, ejaculation
3 οἰκέτις, female household slave
4 διαφυλάσσω, *perf pas ptc nom s f*, guard carefully
5 λύτρον, ransom price
6 λυτρόω, *perf pas ind 3s*, redeem, pay ransom price
7 ἐλευθερία, freedom
8 ἐπισκοπή, inquiry, visitation
9 ἀπελευθερόω, *aor pas ind 3s*, set free
10 προσάγω, *fut act ind 3s*, bring to
11 πλημμέλεια, trespass
12 σκηνή, tent
13 μαρτύριον, witness
14 κριός, ram
15 πλημμέλεια, trespass
16 ἐξιλάσκομαι, *fut mid ind 3s*, propitiate, make atonement
17 κριός, ram
18 πλημμέλεια, trespass
19 ἔναντι, before
20 καταφυτεύω, *fut act ind 2p*, plant
21 ξύλον, tree
22 βρώσιμος, (producing what is) eatable
23 περικαθαρίζω, *fut act ind 2p*, clean away
24 ἀκαθαρσία, impurity
25 ἀπερικάθαρτος, impure
26 βιβρώσκω, *fut pas ind 3s*, eat
27 τέταρτος, fourth
28 αἰνετός, praiseworthy
29 πέμπτος, fifth
30 πρόσθεμα, addition
31 γένημα, produce, fruit, yield
32 ἔσθω, *pres act impv 2p*, eat
33 οἰωνίζομαι, *fut mid ind 2p*, perform divination with omens
34 ὀρνιθοσκοπέομαι, *fut mid ind 2p*, perform divination with birds
35 σισόη, curl of hair
36 κόμη, hair
37 φθείρω, *fut act ind 2p*, spoil, corrupt
38 ὄψις, appearance
39 πώγων, beard
40 ἐντομίς, incision, gash
41 γράμμα, written character
42 στικτός, tattooed

βεβηλώσεις[1] τὴν θυγατέρα[2] σου ἐκπορνεῦσαι[3] αὐτήν, καὶ οὐκ ἐκπορνεύσει[4] ἡ γῆ καὶ ἡ γῆ πλησθήσεται[5] ἀνομίας.[6]

30 Τὰ σάββατά μου φυλάξεσθε καὶ ἀπὸ τῶν ἁγίων μου φοβηθήσεσθε· ἐγώ εἰμι κύριος. **31** οὐκ ἐπακολουθήσετε[7] ἐγγαστριμύθοις[8] καὶ τοῖς ἐπαοιδοῖς[9] οὐ προσκολληθήσεσθε[10] ἐκμιανθῆναι[11] ἐν αὐτοῖς· ἐγώ εἰμι κύριος ὁ θεὸς ὑμῶν. **32** ἀπὸ προσώπου πολιοῦ[12] ἐξαναστήσῃ[13] καὶ τιμήσεις[14] πρόσωπον πρεσβυτέρου καὶ φοβηθήσῃ τὸν θεόν σου· ἐγώ εἰμι κύριος ὁ θεὸς ὑμῶν.

33 Ἐὰν δέ τις προσέλθῃ προσήλυτος[15] ὑμῖν ἐν τῇ γῇ ὑμῶν, οὐ θλίψετε[16] αὐτόν· **34** ὡς ὁ αὐτόχθων[17] ἐν ὑμῖν ἔσται ὁ προσήλυτος[18] ὁ προσπορευόμενος[19] πρὸς ὑμᾶς, καὶ ἀγαπήσεις αὐτὸν ὡς σεαυτόν, ὅτι προσήλυτοι ἐγενήθητε ἐν γῇ Αἰγύπτῳ· ἐγώ εἰμι κύριος ὁ θεὸς ὑμῶν. **35** οὐ ποιήσετε ἄδικον[20] ἐν κρίσει ἐν μέτροις[21] καὶ ἐν σταθμίοις[22] καὶ ἐν ζυγοῖς·[23] **36** ζυγὰ[24] δίκαια καὶ στάθμια[25] δίκαια καὶ χοῦς[26] δίκαιος ἔσται ὑμῖν· ἐγώ εἰμι κύριος ὁ θεὸς ὑμῶν ὁ ἐξαγαγὼν[27] ὑμᾶς ἐκ γῆς Αἰγύπτου.

37 Καὶ φυλάξεσθε πάντα τὸν νόμον μου καὶ πάντα τὰ προστάγματά[28] μου καὶ ποιήσετε αὐτά· ἐγώ εἰμι κύριος ὁ θεὸς ὑμῶν.

1 βεβηλόω, *fut act ind 2s*, defile, profane
2 θυγάτηρ, daughter
3 ἐκπορνεύω, *aor act inf*, fornicate
4 ἐκπορνεύω, *fut act ind 3s*, fornicate
5 πίμπλημι, *fut pas ind 3s*, fill
6 ἀνομία, iniquity, wickedness
7 ἐπακολουθέω, *fut act ind 2p*, follow after
8 ἐγγαστρίμυθος, speaking with spirits by ventriloquism
9 ἐπαοιδός, enchanter, charmer
10 προσκολλάω, *fut pas ind 2p*, attach to
11 ἐκμιαίνω, *aor pas inf*, defile
12 πολιός, gray-haired person
13 ἐξανίστημι, *fut mid ind 2s*, rise up
14 τιμάω, *fut act ind 2s*, honor
15 προσήλυτος, immigrant, guest
16 θλίβω, *fut act ind 2p*, afflict, oppress
17 αὐτόχθων, native, indigenous person
18 προσήλυτος, immigrant, guest
19 προσπορεύομαι, *pres mid ptc nom s m*, come near
20 ἄδικος, unjust
21 μέτρον, measure
22 στάθμιον, weight
23 ζυγόν, balance, scale
24 ζυγόν, balance, scale
25 στάθμιον, weight
26 χοῦς, measure (of capacity)
27 ἐξάγω, *aor act ptc nom s m*, bring out
28 πρόσταγμα, ordinance

NUMBERS 24

Balaam's Oracle of a Star from Jacob 4

1 καὶ ἰδὼν Βαλααμ ὅτι καλόν ἐστιν ἔναντι[1] κυρίου εὐλογεῖν τὸν Ισραηλ, οὐκ ἐπορεύθη κατὰ τὸ εἰωθὸς[2] εἰς συνάντησιν[3] τοῖς οἰωνοῖς[4] καὶ ἀπέστρεψεν[5] τὸ πρόσωπον αὐτοῦ εἰς τὴν ἔρημον. **2** καὶ ἐξάρας[6] Βαλααμ τοὺς ὀφθαλμοὺς αὐτοῦ καθορᾷ[7] τὸν Ισραηλ ἐστρατοπεδευκότα[8] κατὰ φυλάς. καὶ ἐγένετο πνεῦμα θεοῦ ἐν αὐτῷ, **3** καὶ ἀναλαβὼν[9] τὴν παραβολὴν[10] αὐτοῦ εἶπεν

Φησὶν[11] Βαλααμ υἱὸς Βεωρ,
φησὶν ὁ ἄνθρωπος ὁ ἀληθινῶς[12] ὁρῶν,
4 φησὶν[13] ἀκούων λόγια[14] θεοῦ,
ὅστις ὅρασιν[15] θεοῦ εἶδεν ἐν ὕπνῳ,[16]
ἀποκεκαλυμμένοι[17] οἱ ὀφθαλμοὶ αὐτοῦ

5 Ὡς καλοί σου οἱ οἶκοι, Ιακωβ,
αἱ σκηναί[18] σου, Ισραηλ·
6 ὡσεὶ[19] νάπαι[20] σκιάζουσαι[21]
καὶ ὡσεὶ παράδεισοι[22] ἐπὶ ποταμῶν[23]
καὶ ὡσεὶ σκηναί,[24] ἃς ἔπηξεν[25] κύριος,
ὡσεὶ κέδροι[26] παρ᾽ ὕδατα.

7 ἐξελεύσεται ἄνθρωπος ἐκ τοῦ σπέρματος αὐτοῦ
καὶ κυριεύσει[27] ἐθνῶν πολλῶν,
καὶ ὑψωθήσεται[28] ἢ Γωγ βασιλεία αὐτοῦ,
καὶ αὐξηθήσεται[29] ἡ βασιλεία αὐτοῦ.

1 ἔναντι, before
2 ἔθω, *perf act ptc acc s n*, be accustomed
3 συνάντησις, meeting
4 οἰωνός, omen
5 ἀποστρέφω, *aor act ind 3s*, turn from
6 ἐξαίρω, *aor act ptc nom s m*, raise
7 καθοράω, *pres act ind 3s*, look down on
8 στρατοπεδεύω, *perf act ptc acc s m*, encamp
9 ἀναλαμβάνω, *aor act ptc nom s m*, take up
10 παραβολή, poem, proverb
11 φημί, *pres act ind 3s*, say
12 ἀληθινῶς, truly
13 φημί, *pres act ind 3s*, say
14 λόγιον, teaching
15 ὅρασις, vision
16 ὕπνος, sleep
17 ἀποκαλύπτω, *perf pas ptc nom p m*, uncover
18 σκηνή, tent
19 ὡσεί, like
20 νάπη, vale, glen
21 σκιάζω, *pres act ptc nom p f*, shade, cover
22 παράδεισος, garden, paradise
23 ποταμός, river, stream
24 σκηνή, tent
25 πήγνυμι, *aor act ind 3s*, pitch
26 κέδρος, cedar
27 κυριεύω, *fut act ind 3s*, have authority over, master
28 ὑψόω, *fut pas ind 3s*, elevate, exalt
29 αὐξάνω, *fut pas ind 3s*, increase, cause to grow

8 θεὸς ὡδήγησεν[1] αὐτὸν ἐξ Αἰγύπτου,
ὡς δόξα μονοκέρωτος[2] αὐτῷ·
ἔδεται ἔθνη ἐχθρῶν αὐτοῦ
καὶ τὰ πάχη[3] αὐτῶν ἐκμυελιεῖ[4]
καὶ ταῖς βολίσιν[5] αὐτοῦ κατατοξεύσει[6] ἐχθρόν.
9 κατακλιθεὶς[7] ἀνεπαύσατο[8] ὡς λέων καὶ ὡς σκύμνος·[9]
τίς ἀναστήσει αὐτόν;
οἱ εὐλογοῦντές σε εὐλόγηνται,
καὶ οἱ καταρώμενοί[10] σε κεκατήρανται.[11]

10 καὶ ἐθυμώθη[12] Βαλακ ἐπὶ Βαλααμ καὶ συνεκρότησεν[13] ταῖς χερσὶν αὐτοῦ, καὶ εἶπεν Βαλακ πρὸς Βαλααμ Καταρᾶσθαι[14] τὸν ἐχθρόν μου κέκληκά σε, καὶ ἰδοὺ εὐλογῶν εὐλόγησας τρίτον τοῦτο· **11** νῦν οὖν φεῦγε[15] εἰς τὸν τόπον σου· εἶπα Τιμήσω[16] σε, καὶ νῦν ἐστέρησέν[17] σε κύριος τῆς δόξης. **12** καὶ εἶπεν Βαλααμ πρὸς Βαλακ Οὐχὶ καὶ τοῖς ἀγγέλοις σου, οὓς ἀπέστειλας πρός με, ἐλάλησα λέγων **13** Ἐάν μοι δῷ Βαλακ πλήρη[18] τὸν οἶκον αὐτοῦ ἀργυρίου[19] καὶ χρυσίου,[20] οὐ δυνήσομαι παραβῆναι[21] τὸ ῥῆμα κυρίου ποιῆσαι αὐτὸ πονηρὸν ἢ καλὸν παρ᾽ ἐμαυτοῦ·[22] ὅσα ἐὰν εἴπῃ ὁ θεός, ταῦτα ἐρῶ; **14** καὶ νῦν ἰδοὺ ἀποτρέχω[23] εἰς τὸν τόπον μου· δεῦρο[24] συμβουλεύσω[25] σοι, τί ποιήσει ὁ λαὸς οὗτος τὸν λαόν σου ἐπ᾽ ἐσχάτου τῶν ἡμερῶν.

15 Καὶ ἀναλαβὼν[26] τὴν παραβολὴν[27] αὐτοῦ εἶπεν

Φησὶν[28] Βαλααμ υἱὸς Βεωρ,
φησὶν ὁ ἄνθρωπος ὁ ἀληθινῶς[29] ὁρῶν,

1 ὁδηγέω, *aor act ind 3s*, guide, lead
2 μονόκερως, unicorn, one-horned animal
3 πάχος, thickness, sturdiness
4 ἐκμυελίζω, *fut act ind 3s*, suck marrow out of
5 βολίς, arrow
6 κατατοξεύω, *fut act ind 3s*, shoot
7 κατακλίνω, *aor pas ptc nom s m*, recline, lay down
8 ἀναπαύω, *aor mid ind 3s*, abide, take rest
9 σκύμνος, cub
10 καταράομαι, *pres mid ptc nom p m*, curse
11 καταράομαι, *perf pas ind 3p*, curse
12 θυμόω, *aor pas ind 3s*, make angry, provoke
13 συγκροτέω, *aor act ind 3s*, clap together
14 καταράομαι, *pres mid inf*, curse
15 φεύγω, *pres act impv 2s*, flee
16 τιμάω, *fut act ind 1s*, honor
17 στερέω, *aor act ind 3s*, deprive
18 πλήρης, full
19 ἀργύριον, silver
20 χρυσίον, gold
21 παραβαίνω, *aor act inf*, transgress
22 ἐμαυτοῦ, of myself
23 ἀποτρέχω, *pres act ind 1s*, hurry away, run
24 δεῦρο, come!
25 συμβουλεύω, *fut act ind 1s*, advise
26 ἀναλαμβάνω, *aor act ptc nom s m*, take up
27 παραβολή, poem, proverb
28 φημί, *pres act ind 3s*, say
29 ἀληθινῶς, truly

16 ἀκούων λόγια[1] θεοῦ,
ἐπιστάμενος[2] ἐπιστήμην[3] παρὰ ὑψίστου[4]
καὶ ὅρασιν[5] θεοῦ ἰδὼν ἐν ὕπνῳ,[6]
ἀποκεκαλυμμένοι[7] οἱ ὀφθαλμοὶ αὐτοῦ

17 Δείξω αὐτῷ, καὶ οὐχὶ νῦν·
μακαρίζω,[8] καὶ οὐκ ἐγγίζει·
ἀνατελεῖ[9] ἄστρον[10] ἐξ Ιακωβ,
καὶ ἀναστήσεται ἄνθρωπος ἐξ Ισραηλ
καὶ θραύσει[11] τοὺς ἀρχηγοὺς[12] Μωαβ
καὶ προνομεύσει[13] πάντας υἱοὺς Σηθ.
18 καὶ ἔσται Εδωμ κληρονομία,[14]
καὶ ἔσται κληρονομία Ησαυ ὁ ἐχθρὸς αὐτοῦ·
καὶ Ισραηλ ἐποίησεν ἐν ἰσχύι.[15]
19 καὶ ἐξεγερθήσεται[16] ἐξ Ιακωβ
καὶ ἀπολεῖ σῳζόμενον ἐκ πόλεως.

20 καὶ ἰδὼν τὸν Αμαληκ καὶ ἀναλαβὼν[17] τὴν παραβολὴν[18] αὐτοῦ εἶπεν

Ἀρχὴ ἐθνῶν Αμαληκ,
καὶ τὸ σπέρμα αὐτῶν ἀπολεῖται.

21 καὶ ἰδὼν τὸν Καιναῖον καὶ ἀναλαβὼν[19] τὴν παραβολὴν[20] αὐτοῦ εἶπεν

Ἰσχυρὰ[21] ἡ κατοικία[22] σου·
καὶ ἐὰν θῇς ἐν πέτρᾳ[23] τὴν νοσσιάν[24] σου,
22 καὶ ἐὰν γένηται τῷ Βεωρ νεοσσιὰ[25] πανουργίας,[26]
Ἀσσύριοί σε αἰχμαλωτεύσουσιν.[27]

1 λόγιον, teaching
2 ἐπίσταμαι, *pres mid ptc nom s m*, understand
3 ἐπιστήμη, understanding
4 ὕψιστος, *sup*, highest
5 ὅρασις, vision
6 ὕπνος, sleep
7 ἀποκαλύπτω, *perf pas ptc nom p m*, uncover
8 μακαρίζω, *pres act ind 1s*, bless
9 ἀνατέλλω, *fut act ind 3s*, rise
10 ἄστρον, star
11 θραύω, *fut act ind 3s*, destroy, break
12 ἀρχηγός, ruler
13 προνομεύω, *fut act ind 3s*, capture, plunder
14 κληρονομία, inheritance
15 ἰσχύς, power, strength
16 ἐξεγείρω, *fut pas ind 3s*, raise up
17 ἀναλαμβάνω, *aor act ptc nom s m*, take up
18 παραβολή, poem, proverb
19 ἀναλαμβάνω, *aor act ptc nom s m*, take up
20 παραβολή, poem, proverb
21 ἰσχυρός, strong
22 κατοικία, dwelling
23 πέτρα, rock
24 νοσσιά, nest
25 νεοσσιά, nest
26 πανουργία, craftiness
27 αἰχμαλωτεύω, *fut act ind 3p*, take prisoner

23 καὶ ἰδὼν τὸν Ωγ καὶ ἀναλαβὼν[1] τὴν παραβολὴν[2] αὐτοῦ εἶπεν

Ὢ[3] ὤ, τίς ζήσεται, ὅταν θῇ ταῦτα ὁ θεός;
24 καὶ ἐξελεύσεται ἐκ χειρὸς Κιτιαίων
καὶ κακώσουσιν[4] Ασσουρ καὶ κακώσουσιν Εβραίους,
καὶ αὐτοὶ ὁμοθυμαδὸν[5] ἀπολοῦνται.

25 καὶ ἀναστὰς Βαλααμ ἀπῆλθεν ἀποστραφεὶς[6] εἰς τὸν τόπον αὐτοῦ, καὶ Βαλακ ἀπῆλθεν πρὸς ἑαυτόν.

1 ἀναλαμβάνω, *aor act ptc nom s m*, take up
2 παραβολή, poem, proverb
3 ὤ, Oh!
4 κακόω, *fut act ind 3p*, afflict, deal harshly
5 ὁμοθυμαδόν, together
6 ἀποστρέφω, *aor pas ptc nom s m*, turn back, return

DEUTERONOMY 6

The Command to Love Israel's One and Only God 

Matt 4:5–10; 22:34–40; Mark 12:28–33; Luke 4:5–12; 10:25–28; Rom 3:29–30; 1 Cor 8:4–6; Gal 3:19–20; 1 Tim 2:1–6; Jas 2:19

1 Καὶ αὗται αἱ ἐντολαὶ καὶ τὰ δικαιώματα[1] καὶ τὰ κρίματα,[2] ὅσα ἐνετείλατο[3] κύριος ὁ θεὸς ἡμῶν διδάξαι ὑμᾶς ποιεῖν οὕτως ἐν τῇ γῇ, εἰς ἣν ὑμεῖς εἰσπορεύεσθε[4] ἐκεῖ κληρονομῆσαι[5] αὐτήν, **2** ἵνα φοβῆσθε κύριον τὸν θεὸν ὑμῶν φυλάσσεσθαι πάντα τὰ δικαιώματα[6] αὐτοῦ καὶ τὰς ἐντολὰς αὐτοῦ, ὅσας ἐγὼ ἐντέλλομαί[7] σοι σήμερον, σὺ καὶ οἱ υἱοί σου καὶ οἱ υἱοὶ τῶν υἱῶν σου πάσας τὰς ἡμέρας τῆς ζωῆς σου, ἵνα μακροημερεύσητε.[8] **3** καὶ ἄκουσον, Ισραηλ, καὶ φύλαξαι ποιεῖν, ὅπως εὖ[9] σοι ᾖ καὶ ἵνα πληθυνθῆτε[10] σφόδρα,[11] καθάπερ[12] ἐλάλησεν κύριος ὁ θεὸς τῶν πατέρων σου δοῦναί σοι γῆν ῥέουσαν[13] γάλα[14] καὶ μέλι.[15]

4 Καὶ ταῦτα τὰ δικαιώματα[16] καὶ τὰ κρίματα,[17] ὅσα ἐνετείλατο[18] κύριος τοῖς υἱοῖς Ισραηλ ἐν τῇ ἐρήμῳ ἐξελθόντων αὐτῶν ἐκ γῆς Αἰγύπτου Ἄκουε, Ισραηλ· κύριος ὁ θεὸς ἡμῶν κύριος εἷς ἐστιν· **5** καὶ ἀγαπήσεις κύριον τὸν θεόν σου ἐξ ὅλης τῆς καρδίας σου καὶ ἐξ ὅλης τῆς ψυχῆς σου καὶ ἐξ ὅλης τῆς δυνάμεώς σου. **6** καὶ ἔσται τὰ ῥήματα ταῦτα, ὅσα ἐγὼ ἐντέλλομαί[19] σοι σήμερον, ἐν τῇ καρδίᾳ σου καὶ ἐν τῇ ψυχῇ σου· **7** καὶ προβιβάσεις[20] αὐτὰ τοὺς υἱούς σου καὶ λαλήσεις ἐν αὐτοῖς καθήμενος ἐν οἴκῳ καὶ πορευόμενος ἐν ὁδῷ καὶ κοιταζόμενος[21] καὶ διανιστάμενος·[22] **8** καὶ ἀφάψεις[23] αὐτὰ εἰς σημεῖον ἐπὶ τῆς χειρός σου, καὶ ἔσται ἀσάλευτον[24] πρὸ ὀφθαλμῶν σου· **9** καὶ γράψετε αὐτὰ ἐπὶ τὰς φλιὰς[25] τῶν οἰκιῶν ὑμῶν καὶ τῶν πυλῶν[26] ὑμῶν.

10 Καὶ ἔσται ὅταν εἰσαγάγῃ[27] σε κύριος ὁ θεός σου εἰς τὴν γῆν, ἣν ὤμοσεν[28] τοῖς πατράσιν σου τῷ Αβρααμ καὶ Ισαακ καὶ Ιακωβ δοῦναί σοι, πόλεις μεγάλας καὶ

1 δικαίωμα, ordinance, decree
2 κρίμα, judgment, rule
3 ἐντέλλομαι, *aor mid ind 3s*, command
4 εἰσπορεύομαι, *pres mid ind 2p*, enter
5 κληρονομέω, *aor act inf*, inherit, acquire
6 δικαίωμα, ordinance, decree
7 ἐντέλλομαι, *pres mid ind 1s*, command
8 μακροημερεύω, *aor act sub 2p*, prolong one's days
9 εὖ, well
10 πληθύνω, *aor pas sub 2p*, multiply
11 σφόδρα, very much
12 καθάπερ, just as
13 ῥέω, *pres act ptc acc s f*, flow
14 γάλα, milk
15 μέλι, honey
16 δικαίωμα, ordinance, decree
17 κρίμα, judgment, rule
18 ἐντέλλομαι, *aor mid ind 3s*, command
19 ἐντέλλομαι, *pres mid ind 1s*, command
20 προβιβάζω, *fut act ind 2s*, teach
21 κοιτάζω, *pres mid ptc nom s m*, lie down to sleep
22 διανίστημι, *pres mid ptc nom s m*, arise
23 ἀφάπτω, *fut act ind 2s*, fasten
24 ἀσάλευτος, immovable
25 φλιά, doorpost
26 πύλη, gate, porch
27 εἰσάγω, *aor act sub 3s*, bring into
28 ὄμνυμι, *aor act ind 3s*, swear an oath

καλάς, ἃς οὐκ ᾠκοδόμησας, **11** οἰκίας πλήρεις[1] πάντων ἀγαθῶν, ἃς οὐκ ἐνέπλησας,[2] λάκκους[3] λελατομημένους,[4] οὓς οὐκ ἐξελατόμησας,[5] ἀμπελῶνας[6] καὶ ἐλαιῶνας,[7] οὓς οὐ κατεφύτευσας,[8] καὶ φαγὼν καὶ ἐμπλησθεὶς[9] **12** πρόσεχε[10] σεαυτῷ, μὴ ἐπιλάθῃ[11] κυρίου τοῦ θεοῦ σου τοῦ ἐξαγαγόντος[12] σε ἐκ γῆς Αἰγύπτου ἐξ οἴκου δουλείας.[13] **13** κύριον τὸν θεόν σου φοβηθήσῃ καὶ αὐτῷ λατρεύσεις[14] καὶ πρὸς αὐτὸν κολληθήσῃ[15] καὶ τῷ ὀνόματι αὐτοῦ ὀμῇ.[16] **14** οὐ πορεύσεσθε ὀπίσω θεῶν ἑτέρων ἀπὸ τῶν θεῶν τῶν ἐθνῶν τῶν περικύκλῳ[17] ὑμῶν, **15** ὅτι θεὸς ζηλωτὴς[18] κύριος ὁ θεός σου ἐν σοί, μὴ ὀργισθεὶς[19] θυμωθῇ[20] κύριος ὁ θεός σου ἐν σοὶ καὶ ἐξολεθρεύσῃ[21] σε ἀπὸ προσώπου τῆς γῆς.

16 Οὐκ ἐκπειράσεις[22] κύριον τὸν θεόν σου, ὃν τρόπον[23] ἐξεπειράσασθε[24] ἐν τῷ Πειρασμῷ.[25] **17** φυλάσσων φυλάξῃ τὰς ἐντολὰς κυρίου τοῦ θεοῦ σου, τὰ μαρτύρια[26] καὶ τὰ δικαιώματα,[27] ὅσα ἐνετείλατό[28] σοι· **18** καὶ ποιήσεις τὸ ἀρεστὸν[29] καὶ τὸ καλὸν ἐναντίον[30] κυρίου τοῦ θεοῦ ὑμῶν, ἵνα εὖ[31] σοι γένηται καὶ εἰσέλθῃς καὶ κληρονομήσῃς[32] τὴν γῆν τὴν ἀγαθήν, ἣν ὤμοσεν[33] κύριος τοῖς πατράσιν ὑμῶν **19** ἐκδιῶξαι[34] πάντας τοὺς ἐχθρούς σου πρὸ προσώπου σου, καθὰ[35] ἐλάλησεν.

20 Καὶ ἔσται ὅταν ἐρωτήσῃ[36] σε ὁ υἱός σου αὔριον[37] λέγων Τί ἐστιν τὰ μαρτύρια[38] καὶ τὰ δικαιώματα[39] καὶ τὰ κρίματα,[40] ὅσα ἐνετείλατο[41] κύριος ὁ θεὸς ἡμῶν ἡμῖν; **21** καὶ ἐρεῖς τῷ υἱῷ σου Οἰκέται[42] ἦμεν τῷ Φαραω ἐν γῇ Αἰγύπτῳ, καὶ ἐξήγαγεν[43] ἡμᾶς

1 πλήρης, full, complete
2 ἐμπίμπλημι, *aor act ind 2s*, fill
3 λάκκος, cistern for water
4 λατομέω, *perf pas ptc acc p m*, hew in rock
5 ἐκλατομέω, *aor act ind 2s*, hew out of rock
6 ἀμπελών, vineyard
7 ἐλαιών, olive grove
8 καταφυτεύω, *aor act ind 2s*, plant
9 ἐμπίμπλημι, *aor pas ptc nom s m*, fill
10 προσέχω, *pres act impv 2s*, pay attention, give heed
11 ἐπιλανθάνω, *aor mid sub 2s*, forget
12 ἐξάγω, *aor act ptc gen s m*, bring out
13 δουλεία, slavery, bondage
14 λατρεύω, *fut act ind 2s*, serve
15 κολλάω, *fut pas ind 2s*, cling to
16 ὄμνυμι, *fut mid ind 2s*, swear an oath
17 περικύκλῳ, round about
18 ζηλωτής, zealous, jealous
19 ὀργίζω, *aor pas ptc nom s m*, make angry
20 θυμόω, *aor pas sub 3s*, provoke to anger
21 ἐξολεθρεύω, *aor act sub 3s*, utterly destroy
22 ἐκπειράζω, *fut act ind 2s*, put to the test
23 ὃν τρόπον, in the manner that
24 ἐκπειράζω, *aor mid ind 2p*, put to the test
25 πειρασμός, testing, trial
26 μαρτύριον, testimony
27 δικαίωμα, ordinance, decree
28 ἐντέλλομαι, *aor mid ind 3s*, command
29 ἀρεστός, pleasing
30 ἐναντίον, before
31 εὖ, well
32 κληρονομέω, *aor act sub 2s*, inherit, acquire
33 ὄμνυμι, *aor act ind 3s*, swear an oath
34 ἐκδιώκω, *aor act inf*, drive away
35 καθά, as
36 ἐρωτάω, *aor act sub 3s*, ask
37 αὔριον, in the future
38 μαρτύριον, testimony
39 δικαίωμα, ordinance, decree
40 κρίμα, judgment, rule
41 ἐντέλλομαι, *aor mid ind 3s*, command
42 οἰκέτης, servant
43 ἐξάγω, *aor act ind 3s*, bring out

κύριος ἐκεῖθεν[1] ἐν χειρὶ κραταιᾷ[2] καὶ ἐν βραχίονι[3] ὑψηλῷ.[4] **22** καὶ ἔδωκεν κύριος σημεῖα καὶ τέρατα[5] μεγάλα καὶ πονηρὰ ἐν Αἰγύπτῳ ἐν Φαραω καὶ ἐν τῷ οἴκῳ αὐτοῦ ἐνώπιον ἡμῶν· **23** καὶ ἡμᾶς ἐξήγαγεν[6] ἐκεῖθεν,[7] ἵνα εἰσαγάγῃ[8] ἡμᾶς δοῦναι ἡμῖν τὴν γῆν ταύτην, ἣν ὤμοσεν[9] δοῦναι τοῖς πατράσιν ἡμῶν. **24** καὶ ἐνετείλατο[10] ἡμῖν κύριος ποιεῖν πάντα τὰ δικαιώματα[11] ταῦτα φοβεῖσθαι κύριον τὸν θεὸν ἡμῶν, ἵνα εὖ[12] ᾖ ἡμῖν πάσας τὰς ἡμέρας, ἵνα ζῶμεν ὥσπερ καὶ σήμερον. **25** καὶ ἐλεημοσύνη[13] ἔσται ἡμῖν, ἐὰν φυλασσώμεθα ποιεῖν πάσας τὰς ἐντολὰς ταύτας ἐναντίον[14] κυρίου τοῦ θεοῦ ἡμῶν, καθὰ[15] ἐνετείλατο[16] ἡμῖν κύριος.

1 ἐκεῖθεν, from there
2 κραταιός, strong, powerful
3 βραχίων, arm
4 ὑψηλός, high, upraised
5 τέρας, wonder
6 ἐξάγω, *aor act ind 3s*, bring out
7 ἐκεῖθεν, from there
8 εἰσάγω, *aor act sub 3s*, bring into
9 ὄμνυμι, *aor act ind 3s*, swear an oath
10 ἐντέλλομαι, *aor mid ind 3s*, command
11 δικαίωμα, ordinance, decree
12 εὖ, well
13 ἐλεημοσύνη, mercy, compassion
14 ἐναντίον, before
15 καθά, as
16 ἐντέλλομαι, *aor mid ind 3s*, command

DEUTERONOMY 18

Provisions for Levites and a Promised Future Prophet ❷

Matt 17:1–6; Mark 9:2–8; Luke 9:28–36; Acts 3:18–26; 7:36–38

1 Οὐκ ἔσται τοῖς ἱερεῦσιν τοῖς Λευίταις, ὅλῃ φυλῇ Λευι, μερὶς[1] οὐδὲ κλῆρος[2] μετὰ Ισραηλ· καρπώματα[3] κυρίου ὁ κλῆρος αὐτῶν, φάγονται αὐτά. **2** κλῆρος[4] δὲ οὐκ ἔσται αὐτοῖς ἐν τοῖς ἀδελφοῖς αὐτῶν· κύριος αὐτὸς κλῆρος αὐτοῦ, καθότι[5] εἶπεν αὐτῷ. **3** καὶ αὕτη ἡ κρίσις τῶν ἱερέων, τὰ παρὰ τοῦ λαοῦ, παρὰ τῶν θυόντων[6] τὰ θύματα,[7] ἐάν τε μόσχον[8] ἐάν τε πρόβατον· καὶ δώσει τῷ ἱερεῖ τὸν βραχίονα[9] καὶ τὰ σιαγόνια[10] καὶ τὸ ἔνυστρον.[11] **4** καὶ τὰς ἀπαρχὰς[12] τοῦ σίτου[13] σου καὶ τοῦ οἴνου σου καὶ τοῦ ἐλαίου[14] σου καὶ τὴν ἀπαρχὴν τῶν κουρῶν[15] τῶν προβάτων σου δώσεις αὐτῷ· **5** ὅτι αὐτὸν ἐξελέξατο[16] κύριος ὁ θεός σου ἐκ πασῶν τῶν φυλῶν σου παρεστάναι[17] ἔναντι[18] κυρίου τοῦ θεοῦ σου λειτουργεῖν[19] καὶ εὐλογεῖν ἐπὶ τῷ ὀνόματι αὐτοῦ, αὐτὸς καὶ οἱ υἱοὶ αὐτοῦ ἐν τοῖς υἱοῖς Ισραηλ.

6 ἐὰν δὲ παραγένηται ὁ Λευίτης ἐκ μιᾶς τῶν πόλεων ὑμῶν ἐκ πάντων τῶν υἱῶν Ισραηλ, οὗ[20] αὐτὸς παροικεῖ,[21] καθότι[22] ἐπιθυμεῖ[23] ἡ ψυχὴ αὐτοῦ, εἰς τὸν τόπον, ὃν ἂν ἐκλέξηται[24] κύριος, **7** καὶ λειτουργήσει[25] τῷ ὀνόματι κυρίου τοῦ θεοῦ αὐτοῦ ὥσπερ πάντες οἱ ἀδελφοὶ αὐτοῦ οἱ Λευῖται οἱ παρεστηκότες[26] ἐκεῖ ἔναντι[27] κυρίου· **8** μερίδα[28] μεμερισμένην[29] φάγεται πλὴν τῆς πράσεως[30] τῆς κατὰ πατριάν.[31]

9 Ἐὰν δὲ εἰσέλθῃς εἰς τὴν γῆν, ἣν κύριος ὁ θεός σου δίδωσίν σοι, οὐ μαθήσῃ[32] ποιεῖν κατὰ τὰ βδελύγματα[33] τῶν ἐθνῶν ἐκείνων. **10** οὐχ εὑρεθήσεται ἐν σοὶ περικαθαίρων[34]

1 μερίς, part, portion
2 κλῆρος, lot, share
3 κάρπωμα, offering
4 κλῆρος, lot, share
5 καθότι, as
6 θύω, *pres act ptc gen p m*, offer
7 θῦμα, sacrifice
8 μόσχος, calf, young bull
9 βραχίων, arm, shoulder
10 σιαγόνιον, cheek
11 ἔνυστρον, stomach
12 ἀπαρχή, firstfruit
13 σῖτος, grain
14 ἔλαιον, oil
15 κουρά, shorn wool
16 ἐκλέγω, *aor mid ind 3s*, choose, select
17 παρίστημι, *perf act inf*, stand
18 ἔναντι, before
19 λειτουργέω, *pres act inf*, minister
20 οὗ, where
21 παροικέω, *pres act ind 3s*, dwell
22 καθότι, as
23 ἐπιθυμέω, *pres act ind 3s*, desire, long for
24 ἐκλέγω, *aor mid sub 3s*, choose, select
25 λειτουργέω, *fut act ind 3s*, minister
26 παρίστημι, *perf act ptc nom p m*, stand
27 ἔναντι, before
28 μερίς, part, portion
29 μερίζω, *perf pas ptc acc s f*, allot, distribute
30 πρᾶσις, sale
31 πατριά, paternal lineage, house
32 μανθάνω, *fut mid ind 2s*, learn
33 βδέλυγμα, abomination
34 περικαθαίρω, *pres act ptc nom s m*, purge, purify (by magic)

τὸν υἱὸν αὐτοῦ ἢ τὴν θυγατέρα[1] αὐτοῦ ἐν πυρί, μαντευόμενος[2] μαντείαν,[3] κληδονιζόμενος[4] καὶ οἰωνιζόμενος,[5] φάρμακος,[6] **11** ἐπαείδων[7] ἐπαοιδήν,[8] ἐγγαστρίμυθος[9] καὶ τερατοσκόπος,[10] ἐπερωτῶν[11] τοὺς νεκρούς.[12] **12** ἔστιν γὰρ βδέλυγμα[13] κυρίῳ τῷ θεῷ σου πᾶς ποιῶν ταῦτα· ἕνεκεν[14] γὰρ τῶν βδελυγμάτων τούτων κύριος ἐξολεθρεύσει[15] αὐτοὺς ἀπὸ σοῦ. **13** τέλειος[16] ἔσῃ ἐναντίον[17] κυρίου τοῦ θεοῦ σου· **14** τὰ γὰρ ἔθνη ταῦτα, οὓς σὺ κατακληρονομεῖς[18] αὐτούς, οὗτοι κληδόνων[19] καὶ μαντειῶν[20] ἀκούσονται, σοὶ δὲ οὐχ οὕτως ἔδωκεν κύριος ὁ θεός σου.

15 προφήτην ἐκ τῶν ἀδελφῶν σου ὡς ἐμὲ ἀναστήσει σοι κύριος ὁ θεός σου, αὐτοῦ ἀκούσεσθε **16** κατὰ πάντα, ὅσα ᾐτήσω[21] παρὰ κυρίου τοῦ θεοῦ σου ἐν Χωρηβ τῇ ἡμέρᾳ τῆς ἐκκλησίας λέγοντες Οὐ προσθήσομεν[22] ἀκοῦσαι τὴν φωνὴν κυρίου τοῦ θεοῦ ἡμῶν καὶ τὸ πῦρ τὸ μέγα τοῦτο οὐκ ὀψόμεθα ἔτι οὐδὲ μὴ ἀποθάνωμεν, **17** καὶ εἶπεν κύριος πρός με Ὀρθῶς[23] πάντα, ὅσα ἐλάλησαν· **18** προφήτην ἀναστήσω αὐτοῖς ἐκ τῶν ἀδελφῶν αὐτῶν ὥσπερ σὲ καὶ δώσω τὸ ῥῆμά μου ἐν τῷ στόματι αὐτοῦ, καὶ λαλήσει αὐτοῖς καθότι[24] ἂν ἐντείλωμαι[25] αὐτῷ· **19** καὶ ὁ ἄνθρωπος, ὃς ἐὰν μὴ ἀκούσῃ ὅσα ἐὰν λαλήσῃ ὁ προφήτης ἐπὶ τῷ ὀνόματί μου, ἐγὼ ἐκδικήσω[26] ἐξ αὐτοῦ. **20** πλὴν ὁ προφήτης, ὃς ἂν ἀσεβήσῃ[27] λαλῆσαι ἐπὶ τῷ ὀνόματί μου ῥῆμα, ὃ οὐ προσέταξα[28] λαλῆσαι, καὶ ὃς ἂν λαλήσῃ ἐπ' ὀνόματι θεῶν ἑτέρων, ἀποθανεῖται ὁ προφήτης ἐκεῖνος. **21** ἐὰν δὲ εἴπῃς ἐν τῇ καρδίᾳ σου Πῶς γνωσόμεθα τὸ ῥῆμα, ὃ οὐκ ἐλάλησεν κύριος; **22** ὅσα ἐὰν λαλήσῃ ὁ προφήτης ἐπὶ τῷ ὀνόματι κυρίου, καὶ μὴ γένηται τὸ ῥῆμα καὶ μὴ συμβῇ,[29] τοῦτο τὸ ῥῆμα, ὃ οὐκ ἐλάλησεν κύριος· ἐν ἀσεβείᾳ[30] ἐλάλησεν ὁ προφήτης ἐκεῖνος, οὐκ ἀφέξεσθε[31] αὐτοῦ.

1 θυγάτηρ, daughter
2 μαντεύομαι, *pres mid ptc nom s m*, practice divination
3 μαντεία, divination
4 κληδονίζω, *pres mid ptc nom s m*, act as a diviner
5 οἰωνίζομαι, *pres mid ptc nom s m*, divine from omens
6 φαρμακός, sorcerer, magician
7 ἐπαείδω, *pres act ptc nom s m*, cast spell, use charms
8 ἐπαοιδή, magical spell, enchantment
9 ἐγγαστρίμυθος, speaking with spirits by ventriloquism
10 τερατοσκόπος, observer of signs
11 ἐπερωτάω, *pres act ptc nom s m*, consult
12 νεκρός, dead
13 βδέλυγμα, abomination
14 ἕνεκα, because, on account of
15 ἐξολεθρεύω, *fut act ind 3s*, utterly destroy
16 τέλειος, perfect
17 ἐναντίον, before
18 κατακληρονομέω, *pres act ind 2s*, dispossess
19 κληδών, omen
20 μαντεία, divination
21 αἰτέω, *aor mid ind 2s*, ask for
22 προστίθημι, *fut act ind 1p*, add to, continue
23 ὀρθῶς, right, correct
24 καθότι, as
25 ἐντέλλομαι, *aor mid sub 1s*, command
26 ἐκδικέω, *fut act ind 1s*, exact vengeance, punish
27 ἀσεβέω, *aor act sub 3s*, act impiously
28 προστάσσω, *aor act ind 1s*, order, instruct
29 συμβαίνω, *aor act sub 3s*, happen, occur
30 ἀσέβεια, impiety, ungodliness
31 ἀπέχω, *fut mid ind 2p*, spare

DEUTERONOMY 32

The Farewell Song of Moses 

Rom 10:18–21; 12:17–21; 15:8–13; Phil 2:14–16; Heb 1:5–14; 10:26–31

1 Πρόσεχε,[1] οὐρανέ, καὶ λαλήσω,
καὶ ἀκουέτω γῆ ῥήματα ἐκ στόματός μου.
2 προσδοκάσθω[2] ὡς ὑετὸς[3] τὸ ἀπόφθεγμά[4] μου,
καὶ καταβήτω ὡς δρόσος[5] τὰ ῥήματά μου,
ὡσεὶ[6] ὄμβρος[7] ἐπ᾽ ἄγρωστιν[8]
καὶ ὡσεὶ νιφετὸς[9] ἐπὶ χόρτον.[10]
3 ὅτι ὄνομα κυρίου ἐκάλεσα·
δότε μεγαλωσύνην[11] τῷ θεῷ ἡμῶν.

4 θεός, ἀληθινὰ[12] τὰ ἔργα αὐτοῦ,
καὶ πᾶσαι αἱ ὁδοὶ αὐτοῦ κρίσεις·
θεὸς πιστός,[13] καὶ οὐκ ἔστιν ἀδικία,[14]
δίκαιος καὶ ὅσιος[15] κύριος.
5 ἡμάρτοσαν οὐκ αὐτῷ τέκνα μωμητά,[16]
γενεὰ σκολιὰ[17] καὶ διεστραμμένη.[18]
6 ταῦτα κυρίῳ ἀνταποδίδοτε[19] οὕτω,
λαὸς μωρὸς[20] καὶ οὐχὶ σοφός;[21]
οὐκ αὐτὸς οὗτός σου πατὴρ ἐκτήσατό[22] σε
καὶ ἐποίησέν σε καὶ ἔκτισέν[23] σε;
7 μνήσθητε[24] ἡμέρας αἰῶνος,
σύνετε[25] ἔτη γενεᾶς γενεῶν·
ἐπερώτησον[26] τὸν πατέρα σου, καὶ ἀναγγελεῖ[27] σοι,
τοὺς πρεσβυτέρους σου, καὶ ἐροῦσίν σοι.

1 προσέχω, *pres act impv 2s*, give heed, pay attention
2 προσδοκάω, *pres mid impv 3s*, wait upon
3 ὑετός, rain
4 ἀπόφθεγμα, utterance, saying
5 δρόσος, dew
6 ὡσεί, as, like
7 ὄμβρος, rainstorm
8 ἄγρωστις, meadow grass
9 νιφετός, snowfall
10 χόρτος, grass
11 μεγαλωσύνη, majesty, greatness
12 ἀληθινός, truthful
13 πιστός, faithful, trustworthy
14 ἀδικία, injustice, wrongdoing
15 ὅσιος, holy
16 μωμητός, blemished
17 σκολιός, crooked
18 διαστρέφω, *perf pas ptc nom s f*, corrupt, pervert
19 ἀνταποδίδωμι, *pres act ind 2p*, repay
20 μωρός, foolish
21 σοφός, wise
22 κτάομαι, *aor mid ind 3s*, acquire
23 κτίζω, *aor act ind 3s*, create
24 μιμνῄσκομαι, *aor pas impv 2p*, remember
25 συνίημι, *aor act impv 2p*, understand
26 ἐπερωτάω, *aor act impv 2s*, inquire of
27 ἀναγγέλλω, *fut act ind 3s*, inform

8 ὅτε διεμέριζεν[1] ὁ ὕψιστος[2] ἔθνη,
ὡς διέσπειρεν[3] υἱοὺς Αδαμ,
ἔστησεν ὅρια[4] ἐθνῶν
κατὰ ἀριθμὸν[5] ἀγγέλων θεοῦ,
9 καὶ ἐγενήθη μερὶς[6] κυρίου λαὸς αὐτοῦ Ιακωβ,
σχοίνισμα[7] κληρονομίας[8] αὐτοῦ Ισραηλ.

10 αὐτάρκησεν[9] αὐτὸν ἐν γῇ ἐρήμῳ,
ἐν δίψει[10] καύματος[11] ἐν ἀνύδρῳ·[12]
ἐκύκλωσεν[13] αὐτὸν καὶ ἐπαίδευσεν[14] αὐτὸν
καὶ διεφύλαξεν[15] αὐτὸν ὡς κόραν[16] ὀφθαλμοῦ
11 ὡς ἀετὸς[17] σκεπάσαι[18] νοσσιὰν[19] αὐτοῦ
καὶ ἐπὶ τοῖς νεοσσοῖς[20] αὐτοῦ ἐπεπόθησεν,[21]
διεὶς[22] τὰς πτέρυγας[23] αὐτοῦ ἐδέξατο[24] αὐτοὺς
καὶ ἀνέλαβεν[25] αὐτοὺς ἐπὶ τῶν μεταφρένων[26] αὐτοῦ.
12 κύριος μόνος ἦγεν αὐτούς,
καὶ οὐκ ἦν μετ᾽ αὐτῶν θεὸς ἀλλότριος.[27]
13 ἀνεβίβασεν[28] αὐτοὺς ἐπὶ τὴν ἰσχὺν[29] τῆς γῆς,
ἐψώμισεν[30] αὐτοὺς γενήματα[31] ἀγρῶν·
ἐθήλασαν[32] μέλι[33] ἐκ πέτρας[34]
καὶ ἔλαιον[35] ἐκ στερεᾶς[36] πέτρας,
14 βούτυρον[37] βοῶν[38] καὶ γάλα[39] προβάτων
μετὰ στέατος[40] ἀρνῶν καὶ κριῶν,[41]

1 διαμερίζω, *impf act ind 3s*, divide, distribute
2 ὕψιστος, *sup*, Most High
3 διασπείρω, *aor act ind 3s*, scatter
4 ὅριον, border, boundary
5 ἀριθμός, number
6 μερίς, part, portion
7 σχοίνισμα, measured portion
8 κληρονομία, inheritance
9 αὐταρκέω, *aor act ind 3s*, supply with necessities
10 δίψος, thirst
11 καῦμα, heat
12 ἄνυδρος, waterless, dry
13 κυκλόω, *aor act ind 3s*, encircle
14 παιδεύω, *aor act ind 3s*, train, instruct
15 διαφυλάσσω, *aor act ind 3s*, guard
16 κόρη, pupil (of the eye)
17 ἀετός, eagle
18 σκεπάζω, *aor act opt 3s*, shelter, cover
19 νοσσιά, brood, nest
20 νεοσσός, nestling, young bird
21 ἐπιποθέω, *aor act ind 3s*, have great affection for
22 διΐημι, *aor act ptc nom s m*, spread
23 πτέρυξ, wing
24 δέχομαι, *aor mid ind 3s*, receive
25 ἀναλαμβάνω, *aor act ind 3s*, take up
26 μετάφρενον, back
27 ἀλλότριος, foreign, strange
28 ἀναβιβάζω, *aor act ind 3s*, bring up, guide up
29 ἰσχύς, strength, might
30 ψωμίζω, *aor act ind 3s*, feed with morsels
31 γένημα, produce, yield
32 θηλάζω, *aor act ind 3p*, nurse, suckle
33 μέλι, honey
34 πέτρα, rock
35 ἔλαιον, oil
36 στερεός, solid, strong
37 βούτυρον, butter
38 βοῦς, cow
39 γάλα, milk
40 στέαρ, fat
41 κριός, ram

υἱῶν ταύρων[1] καὶ τράγων[2]
μετὰ στέατος νεφρῶν[3] πυροῦ,[4]
καὶ αἷμα σταφυλῆς[5] ἔπιον οἶνον.

15 καὶ ἔφαγεν Ιακωβ καὶ ἐνεπλήσθη,[6]
καὶ ἀπελάκτισεν[7] ὁ ἠγαπημένος,
ἐλιπάνθη,[8] ἐπαχύνθη,[9] ἐπλατύνθη·[10]
καὶ ἐγκατέλιπεν[11] θεὸν τὸν ποιήσαντα αὐτὸν
καὶ ἀπέστη[12] ἀπὸ θεοῦ σωτῆρος[13] αὐτοῦ.

16 παρώξυνάν[14] με ἐπ᾽ ἀλλοτρίοις,[15]
ἐν βδελύγμασιν[16] αὐτῶν ἐξεπίκρανάν[17] με·

17 ἔθυσαν[18] δαιμονίοις[19] καὶ οὐ θεῷ,
θεοῖς, οἷς οὐκ ᾔδεισαν·[20]
καινοὶ[21] πρόσφατοι[22] ἥκασιν,[23]
οὓς οὐκ ᾔδεισαν οἱ πατέρες αὐτῶν.

18 θεὸν τὸν γεννήσαντά σε ἐγκατέλιπες[24]
καὶ ἐπελάθου[25] θεοῦ τοῦ τρέφοντός[26] σε.

19 καὶ εἶδεν κύριος καὶ ἐζήλωσεν[27]
καὶ παρωξύνθη[28] δι᾽ ὀργὴν υἱῶν αὐτοῦ καὶ θυγατέρων[29]

20 καὶ εἶπεν Ἀποστρέψω[30] τὸ πρόσωπόν μου ἀπ᾽ αὐτῶν
καὶ δείξω τί ἔσται αὐτοῖς ἐπ᾽ ἐσχάτων·
ὅτι γενεὰ ἐξεστραμμένη[31] ἐστίν,
υἱοί, οἷς οὐκ ἔστιν πίστις ἐν αὐτοῖς.

21 αὐτοὶ παρεζήλωσάν[32] με ἐπ᾽ οὐ θεῷ,
παρώργισάν[33] με ἐν τοῖς εἰδώλοις[34] αὐτῶν·

1 ταῦρος, bull, ox
2 τράγος, goat
3 νεφρός, kidney, (kernel?)
4 πυρός, wheat
5 σταφυλή, grapes
6 ἐμπίμπλημι, *aor pas ind 3s*, fill
7 ἀπολακτίζω, *aor act ind 3s*, kick
8 λιπαίνω, *aor pas ind 3s*, make fat
9 παχύνω, *aor pas ind 3s*, make heavy, make stupid
10 πλατύνω, *aor pas ind 3s*, enlarge
11 ἐγκαταλείπω, *aor act ind 3s*, forsake, abandon
12 ἀφίστημι, *aor act ind 3s*, depart from
13 σωτήρ, savior, deliverer
14 παροξύνω, *aor act ind 3p*, provoke
15 ἀλλότριος, foreign, strange
16 βδέλυγμα, abomination
17 ἐκπικραίνω, *aor act ind 3p*, embitter
18 θύω, *aor act ind 3p*, sacrifice
19 δαιμόνιον, demon
20 οἶδα, *plpf act ind 3p*, know
21 καινός, new
22 πρόσφατος, recent
23 ἥκω, *perf act ind 3p*, come
24 ἐγκαταλείπω, *aor act ind 2s*, forsake, abandon
25 ἐπιλανθάνω, *aor mid ind 2s*, forget
26 τρέφω, *pres act ptc gen s m*, nourish
27 ζηλόω, *aor act ind 3s*, be jealous
28 παροξύνω, *aor pas ind 3s*, provoke
29 θυγάτηρ, daughter
30 ἀποστρέφω, *fut act ind 1s*, turn away
31 ἐκστρέφω, *perf pas ptc nom s f*, pervert
32 παραζηλόω, *aor act ind 3p*, make jealous
33 παροργίζω, *aor act ind 3p*, provoke to anger
34 εἴδωλον, idol

κἀγὼ[1] παραζηλώσω[2] αὐτοὺς ἐπ᾽ οὐκ ἔθνει,
ἐπ᾽ ἔθνει ἀσυνέτῳ[3] παροργιῶ[4] αὐτούς.

22 ὅτι πῦρ ἐκκέκαυται[5] ἐκ τοῦ θυμοῦ[6] μου,
καυθήσεται[7] ἕως ᾅδου[8] κάτω,[9]
καταφάγεται[10] γῆν καὶ τὰ γενήματα[11] αὐτῆς,
φλέξει[12] θεμέλια[13] ὀρέων.

23 συνάξω εἰς αὐτοὺς κακὰ
καὶ τὰ βέλη[14] μου συντελέσω[15] εἰς αὐτούς.

24 τηκόμενοι[16] λιμῷ[17]
καὶ βρώσει[18] ὀρνέων[19]
καὶ ὀπισθότονος[20] ἀνίατος·[21]
ὀδόντας[22] θηρίων ἀποστελῶ εἰς αὐτοὺς
μετὰ θυμοῦ[23] συρόντων[24] ἐπὶ γῆς.

25 ἔξωθεν[25] ἀτεκνώσει[26] αὐτοὺς μάχαιρα[27]
καὶ ἐκ τῶν ταμιείων[28] φόβος·
νεανίσκος[29] σὺν παρθένῳ,[30]
θηλάζων[31] μετὰ καθεστηκότος[32] πρεσβύτου.[33]

26 εἶπα Διασπερῶ[34] αὐτούς,
παύσω[35] δὴ[36] ἐξ ἀνθρώπων τὸ μνημόσυνον[37] αὐτῶν,

27 εἰ μὴ δι᾽ ὀργὴν ἐχθρῶν,
ἵνα μὴ μακροχρονίσωσιν,[38]
καὶ ἵνα μὴ συνεπιθῶνται[39] οἱ ὑπεναντίοι,[40]

1 κἀγώ, and I, *cr.* καὶ ἐγώ
2 παραζηλόω, *fut act ind 1s*, make jealous
3 ἀσύνετος, without understanding
4 παροργίζω, *fut act ind 1s*, provoke to anger
5 ἐκκαίω, *perf pas ind 3s*, burn up
6 θυμός, wrath, fury
7 καίω, *fut pas ind 3s*, burn
8 ᾅδης, Hades, underworld
9 κάτω, below
10 κατεσθίω, *fut mid ind 3s*, devour
11 γένημα, produce, yield
12 φλέγω, *fut act ind 3s*, set on fire
13 θεμέλιον, foundation
14 βέλος, arrow
15 συντελέω, *fut act ind 1s*, spend, finish
16 τήκω, *pres pas ptc nom p m*, waste, melt
17 λιμός, famine, hunger
18 βρῶσις, food
19 ὄρνεον, bird
20 ὀπισθότονος, disease whereby the body stiffens
21 ἀνίατος, incurable
22 ὀδούς, tooth
23 θυμός, wrath, fury
24 σύρω, *pres act ptc gen p m*, drag, crawl
25 ἔξωθεν, outside
26 ἀτεκνόω, *fut act ind 3s*, bereave, make barren
27 μάχαιρα, sword
28 ταμιεῖον, inner room
29 νεανίσκος, young man
30 παρθένος, young woman
31 θηλάζω, *pres act ptc nom s m*, nurse, suckle
32 καθίστημι, *perf act ptc gen s m*, set, appoint
33 πρεσβύτης, old (person)
34 διασπείρω, *fut act ind 1s*, scatter
35 παύω, *fut act ind 1s*, cause to cease
36 δή, at that point, indeed
37 μνημόσυνον, remembrance
38 μακροχρονίζω, *aor act sub 3p*, last a long time
39 συνεπιτίθημι, *aor mid sub 3p*, collaborate
40 ὑπεναντίος, opponent, adversary

μὴ εἴπωσιν Ἡ χεὶρ ἡμῶν ἡ ὑψηλὴ[1]
καὶ οὐχὶ κύριος ἐποίησεν ταῦτα πάντα.

28 ὅτι ἔθνος ἀπολωλεκὸς βουλήν[2] ἐστιν,
καὶ οὐκ ἔστιν ἐν αὐτοῖς ἐπιστήμη.[3]
29 οὐκ ἐφρόνησαν[4] συνιέναι[5] ταῦτα·
καταδεξάσθωσαν[6] εἰς τὸν ἐπιόντα[7] χρόνον.
30 πῶς διώξεται εἷς χιλίους[8]
καὶ δύο μετακινήσουσιν[9] μυριάδας,[10]
εἰ μὴ ὁ θεὸς ἀπέδοτο αὐτοὺς
καὶ κύριος παρέδωκεν αὐτούς;
31 ὅτι οὐκ ἔστιν ὡς ὁ θεὸς ἡμῶν οἱ θεοὶ αὐτῶν·
οἱ δὲ ἐχθροὶ ἡμῶν ἀνόητοι.[11]
32 ἐκ γὰρ ἀμπέλου[12] Σοδομων ἡ ἄμπελος αὐτῶν,
καὶ ἡ κληματὶς[13] αὐτῶν ἐκ Γομορρας·
ἡ σταφυλὴ[14] αὐτῶν σταφυλὴ χολῆς,[15]
βότρυς[16] πικρίας[17] αὐτοῖς·
33 θυμὸς[18] δρακόντων[19] ὁ οἶνος αὐτῶν
καὶ θυμὸς ἀσπίδων[20] ἀνίατος.[21]

34 οὐκ ἰδοὺ ταῦτα συνῆκται[22] παρʼ ἐμοὶ
καὶ ἐσφράγισται[23] ἐν τοῖς θησαυροῖς[24] μου;
35 ἐν ἡμέρᾳ ἐκδικήσεως[25] ἀνταποδώσω,[26]
ἐν καιρῷ, ὅταν σφαλῇ[27] ὁ πους αὐτῶν·
ὅτι ἐγγὺς[28] ἡμέρα ἀπωλείας[29] αὐτῶν,
καὶ πάρεστιν[30] ἕτοιμα[31] ὑμῖν.

36 ὅτι κρινεῖ κύριος τὸν λαὸν αὐτοῦ
καὶ ἐπὶ τοῖς δούλοις αὐτοῦ παρακληθήσεται·[32]

1 ὑψηλός, high, upraised
2 βουλή, counsel
3 ἐπιστήμη, understanding
4 φρονέω, *aor act ind 3p*, think, know
5 συνίημι, *pres act inf*, understand
6 καταδέχομαι, *aor mid impv 3p*, accept
7 ἔπειμι, *pres act ptc acc s m*, follow, come after
8 χίλιοι, thousand
9 μετακινέω, *fut act ind 3p*, remove, move away
10 μυριάς, ten thousand, myriad
11 ἀνόητος, without understanding
12 ἄμπελος, vine
13 κληματίς, vine branch
14 σταφυλή, bunch of grapes
15 χολή, gall, bile
16 βότρυς, cluster
17 πικρία, bitterness
18 θυμός, wrath, fury
19 δράκων, dragon, serpent
20 ἀσπίς, asp
21 ἀνίατος, incurable
22 συνάγω, *perf pas ind 3s*, gather
23 σφραγίζω, *perf pas ind 3s*, seal
24 θησαυρός, treasury
25 ἐκδίκησις, vengeance
26 ἀνταποδίδωμι, *fut act ind 1s*, repay
27 σφάλλω, *aor pas sub 3s*, slip, stumble
28 ἐγγύς, near
29 ἀπώλεια, destruction
30 πάρειμι, *pres act ind 3s*, be present
31 ἕτοιμος, prepared, ready
32 παρακαλέω, *fut pas ind 3s*, comfort

εἶδεν γὰρ παραλελυμένους[1] αὐτοὺς
καὶ ἐκλελοιπότας[2] ἐν ἐπαγωγῇ[3] καὶ παρειμένους.[4]

37 καὶ εἶπεν κύριος Ποῦ εἰσιν οἱ θεοὶ αὐτῶν,
ἐφ᾽ οἷς ἐπεποίθεισαν[5] ἐπ᾽ αὐτοῖς,

38 ὧν τὸ στέαρ[6] τῶν θυσιῶν[7] αὐτῶν ἠσθίετε
καὶ ἐπίνετε τὸν οἶνον τῶν σπονδῶν[8] αὐτῶν;
ἀναστήτωσαν καὶ βοηθησάτωσαν[9] ὑμῖν
καὶ γενηθήτωσαν ὑμῖν σκεπασταί.[10]

39 ἴδετε ἴδετε ὅτι ἐγώ εἰμι,
καὶ οὐκ ἔστιν θεὸς πλὴν ἐμοῦ·
ἐγὼ ἀποκτενῶ καὶ ζῆν ποιήσω,
πατάξω[11] κἀγὼ[12] ἰάσομαι,[13]
καὶ οὐκ ἔστιν ὃς ἐξελεῖται[14] ἐκ τῶν χειρῶν μου.

40 ὅτι ἀρῶ εἰς τὸν οὐρανὸν τὴν χεῖρά μου
καὶ ὀμοῦμαι[15] τῇ δεξιᾷ μου
καὶ ἐρῶ Ζῶ ἐγὼ εἰς τὸν αἰῶνα,

41 ὅτι παροξυνῶ[16] ὡς ἀστραπὴν[17] τὴν μάχαιράν[18] μου,
καὶ ἀνθέξεται[19] κρίματος[20] ἡ χείρ μου,
καὶ ἀνταποδώσω[21] δίκην[22] τοῖς ἐχθροῖς
καὶ τοῖς μισοῦσίν με ἀνταποδώσω·

42 μεθύσω[23] τὰ βέλη[24] μου ἀφ᾽ αἵματος,
καὶ ἡ μάχαιρά[25] μου καταφάγεται[26] κρέα,[27]
ἀφ᾽ αἵματος τραυματιῶν[28] καὶ αἰχμαλωσίας,[29]
ἀπὸ κεφαλῆς ἀρχόντων ἐχθρῶν.

1 παραλύω, *perf pas ptc acc p m*, disable, weaken
2 ἐκλείπω, *perf act ptc acc p m*, fail, faint
3 ἐπαγωγή, invasion, (distress?)
4 παρίημι, *perf pas ptc acc p m*, weaken, enfeeble
5 πείθω, *plpf act ind 3p*, trust
6 στέαρ, fat portion
7 θυσία, sacrifice
8 σπονδή, drink offering
9 βοηθέω, *aor act impv 3p*, help, aide
10 σκεπαστής, protector, defender
11 πατάσσω, *fut act ind 1s*, strike
12 κἀγώ, and I, *cr.* καὶ ἐγώ
13 ἰάομαι, *fut mid ind 1s*, heal, restore
14 ἐξαιρέω, *fut mid ind 3s*, deliver, take away
15 ὄμνυμι, *fut mid ind 1s*, swear an oath
16 παροξύνω, *fut act ind 1s*, sharpen
17 ἀστραπή, lightning
18 μάχαιρα, sword
19 ἀντέχω, *fut mid ind 3s*, hold fast
20 κρίμα, judgment
21 ἀνταποδίδωμι, *fut act ind 1s*, render in return, repay
22 δίκη, justice, vengeance
23 μεθύσκω, *fut act ind 1s*, make drunk
24 βέλος, arrow
25 μάχαιρα, sword
26 κατεσθίω, *fut mid ind 3s*, devour
27 κρέας, flesh
28 τραυματίας, wounded person, casualty
29 αἰχμαλωσία, captive

43 εὐφράνθητε,[1] οὐρανοί, ἅμα[2] αὐτῷ,
καὶ προσκυνησάτωσαν αὐτῷ πάντες υἱοὶ θεοῦ·
εὐφράνθητε, ἔθνη, μετὰ τοῦ λαοῦ αὐτοῦ,
καὶ ἐνισχυσάτωσαν[3] αὐτῷ πάντες ἄγγελοι θεοῦ·
ὅτι τὸ αἷμα τῶν υἱῶν αὐτοῦ ἐκδικᾶται,[4]
καὶ ἐκδικήσει[5] καὶ ἀνταποδώσει[6] δίκην[7] τοῖς ἐχθροῖς
καὶ τοῖς μισοῦσιν ἀνταποδώσει,[8]
καὶ ἐκκαθαριεῖ[9] κύριος τὴν γῆν τοῦ λαοῦ αὐτοῦ.

44 Καὶ ἔγραψεν Μωυσῆς τὴν ᾠδὴν[10] ταύτην ἐν ἐκείνῃ τῇ ἡμέρᾳ καὶ ἐδίδαξεν αὐτὴν τοὺς υἱοὺς Ισραηλ. καὶ εἰσῆλθεν Μωυσῆς καὶ ἐλάλησεν πάντας τοὺς λόγους τοῦ νόμου τούτου εἰς τὰ ὦτα τοῦ λαοῦ, αὐτὸς καὶ Ἰησοῦς ὁ τοῦ Ναυη. **45** καὶ συνετέλεσεν[11] Μωυσῆς λαλῶν παντὶ Ισραηλ **46** καὶ εἶπεν πρὸς αὐτούς Προσέχετε[12] τῇ καρδίᾳ ἐπὶ πάντας τοὺς λόγους τούτους, οὓς ἐγὼ διαμαρτύρομαι[13] ὑμῖν σήμερον, ἃ ἐντελεῖσθε[14] τοῖς υἱοῖς ὑμῶν φυλάσσειν καὶ ποιεῖν πάντας τοὺς λόγους τοῦ νόμου τούτου· **47** ὅτι οὐχὶ λόγος κενὸς[15] οὗτος ὑμῖν, ὅτι αὕτη ἡ ζωὴ ὑμῶν, καὶ ἕνεκεν[16] τοῦ λόγου τούτου μακροημερεύσετε[17] ἐπὶ τῆς γῆς, εἰς ἣν ὑμεῖς διαβαίνετε[18] τὸν Ιορδάνην ἐκεῖ κληρονομῆσαι[19] αὐτήν.

48 Καὶ ἐλάλησεν κύριος πρὸς Μωυσῆν ἐν τῇ ἡμέρᾳ ταύτῃ λέγων **49** Ἀνάβηθι εἰς τὸ ὄρος τὸ Αβαριν τοῦτο, ὄρος Ναβαυ, ὅ ἐστιν ἐν γῇ Μωαβ κατὰ πρόσωπον Ιεριχω, καὶ ἰδὲ τὴν γῆν Χανααν, ἣν ἐγὼ δίδωμι τοῖς υἱοῖς Ισραηλ εἰς κατάσχεσιν,[20] **50** καὶ τελεύτα[21] ἐν τῷ ὄρει, εἰς ὃ ἀναβαίνεις ἐκεῖ, καὶ προστέθητι[22] πρὸς τὸν λαόν σου, ὃν τρόπον[23] ἀπέθανεν Ααρων ὁ ἀδελφός σου ἐν Ωρ τῷ ὄρει καὶ προσετέθη[24] πρὸς τὸν λαὸν αὐτοῦ, **51** διότι[25] ἠπειθήσατε[26] τῷ ῥήματί μου ἐν τοῖς υἱοῖς Ισραηλ ἐπὶ τοῦ ὕδατος ἀντιλογίας[27] Καδης ἐν τῇ ἐρήμῳ Σιν, διότι οὐχ ἡγιάσατέ[28] με ἐν τοῖς υἱοῖς Ισραηλ· **52** ὅτι ἀπέναντι[29] ὄψῃ τὴν γῆν καὶ ἐκεῖ οὐκ εἰσελεύσῃ.

1 εὐφραίνω, *aor pas impv 2p*, rejoice, be glad
2 ἅμα, together
3 ἐνισχύω, *aor act impv 3p*, strengthen
4 ἐκδικάζω, *fut mid ind 3s*, avenge
5 ἐκδικέω, *fut act ind 3s*, avenge, vindicate
6 ἀνταποδίδωμι, *fut act ind 3s*, render in return, repay
7 δίκη, justice, vengeance
8 ἀνταποδίδωμι, *fut act ind 3s*, render in return, repay
9 ἐκκαθαρίζω, *fut act ind 3s*, purge
10 ᾠδή, song
11 συντελέω, *aor act ind 3s*, finish
12 προσέχω, *pres act impv 2p*, pay attention, give heed
13 διαμαρτύρομαι, *pres mid ind 1s*, testify, bear witness
14 ἐντέλλομαι, *fut mid ind 2p*, command
15 κενός, empty, vain
16 ἕνεκα, because, on account of
17 μακροημερεύω, *fut act ind 2p*, live long
18 διαβαίνω, *pres act ind 2p*, cross over
19 κληρονομέω, *aor act inf*, inherit, acquire
20 κατάσχεσις, possession
21 τελευτάω, *pres act impv 2s*, die
22 προστίθημι, *aor pas impv 2s*, add to
23 ὃν τρόπον, in like manner that
24 προστίθημι, *aor pas ind 3s*, add to
25 διότι, because
26 ἀπειθέω, *aor act ind 2p*, disobey
27 ἀντιλογία, dispute, argument
28 ἁγιάζω, *aor act ind 2p*, sanctify, hallow
29 ἀπέναντι, opposite, from a distance

NARRATIVE BOOKS

Joshua 1 *God Commissions Joshua as Israel's Leader*

Judges 13 *The Story of Samson's Birth*

Ruth 4 *Boaz Redeems and Marries Ruth*

1 Kingdoms [1 Samuel] 2
The Song of Hannah and Prophecies Against Eli

2 Kingdoms [2 Samuel] 7
God's Dynastic Promise to David

3 Kingdoms [1 Kings] 8
Solomon's Dedication of the Newly Built Temple

4 Kingdoms [2 Kings] 2
Elijah's Ascent to Heaven and Succession by Elisha

1 Paralipomena [1 Chronicles] 29
David's Final Prayer and Succession by Solomon

2 Paralipomena [2 Chronicles] 36
Final Kings of Judah and the Fall of Jerusalem

Esdras B [Ezra/Nehemiah] 3
Joshua and Zerubbabel Begin Rebuilding the Temple

Esther 4 (and Addition C)
Mordecai Appeals to Esther, and Both Pray to the Lord

Judith 16 *Judith's Song of Victory*

Tobit 13 *Tobit's Prayer of Thanksgiving*

1 Maccabees 1 *Antiochus Epiphanes Defiles the Jerusalem Temple*

2 Maccabees 7 *Martyrdom of the Seven Brothers and Their Mother*

4 Maccabees 1 *Introduction to the Philosophical Treatise*

JOSHUA 1

God Commissions Joshua as Israel's Leader

2

Heb 13:5–6

1 Καὶ ἐγένετο μετὰ τὴν τελευτὴν[1] Μωυσῆ εἶπεν κύριος τῷ Ἰησοῖ υἱῷ Ναυη τῷ ὑπουργῷ[2] Μωυσῆ λέγων **2** Μωυσῆς ὁ θεράπων[3] μου τετελεύτηκεν·[4] νῦν οὖν ἀναστὰς διάβηθι[5] τὸν Ιορδάνην, σὺ καὶ πᾶς ὁ λαὸς οὗτος, εἰς τὴν γῆν, ἣν ἐγὼ δίδωμι αὐτοῖς. **3** πᾶς ὁ τόπος, ἐφ᾽ ὃν ἂν ἐπιβῆτε[6] τῷ ἴχνει[7] τῶν ποδῶν ὑμῶν, ὑμῖν δώσω αὐτόν, ὃν τρόπον[8] εἴρηκα τῷ Μωυσῇ, **4** τὴν ἔρημον καὶ τὸν Ἀντιλίβανον ἕως τοῦ ποταμοῦ[9] τοῦ μεγάλου, ποταμοῦ Εὐφράτου, καὶ ἕως τῆς θαλάσσης τῆς ἐσχάτης ἀφ᾽ ἡλίου δυσμῶν[10] ἔσται τὰ ὅρια[11] ὑμῶν. **5** οὐκ ἀντιστήσεται[12] ἄνθρωπος κατενώπιον[13] ὑμῶν πάσας τὰς ἡμέρας τῆς ζωῆς σου, καὶ ὥσπερ ἤμην μετὰ Μωυσῆ, οὕτως ἔσομαι καὶ μετὰ σοῦ καὶ οὐκ ἐγκαταλείψω[14] σε οὐδὲ ὑπερόψομαί[15] σε. **6** ἴσχυε[16] καὶ ἀνδρίζου·[17] σὺ γὰρ ἀποδιαστελεῖς[18] τῷ λαῷ τούτῳ τὴν γῆν, ἣν ὤμοσα[19] τοῖς πατράσιν ὑμῶν δοῦναι αὐτοῖς. **7** ἴσχυε[20] οὖν καὶ ἀνδρίζου[21] φυλάσσεσθαι καὶ ποιεῖν καθότι[22] ἐνετείλατό[23] σοι Μωυσῆς ὁ παῖς[24] μου, καὶ οὐκ ἐκκλινεῖς[25] ἀπ᾽ αὐτῶν εἰς δεξιὰ οὐδὲ εἰς ἀριστερά,[26] ἵνα συνῇς[27] ἐν πᾶσιν, οἷς ἐὰν πράσσῃς.[28] **8** καὶ οὐκ ἀποστήσεται[29] ἡ βίβλος[30] τοῦ νόμου τούτου ἐκ τοῦ στόματός σου, καὶ μελετήσεις[31] ἐν αὐτῷ ἡμέρας καὶ νυκτός, ἵνα συνῇς[32] ποιεῖν πάντα τὰ γεγραμμένα· τότε εὐοδωθήσῃ[33] καὶ εὐοδώσεις[34] τὰς ὁδούς σου καὶ τότε συνήσεις.[35] **9** ἰδοὺ ἐντέταλμαί[36] σοι· ἴσχυε[37]

1 τελευτή, death
2 ὑπουργός, helper, assistant
3 θεράπων, servant
4 τελευτάω, *perf act ind 3s*, die
5 διαβαίνω, *aor act impv 2s*, cross over
6 ἐπιβαίνω, *aor act sub 2p*, tread, walk upon
7 ἴχνος, sole
8 ὃν τρόπον, in the manner that
9 ποταμός, river
10 δυσμή, setting
11 ὅριον, boundary, territory
12 ἀνθίστημι, *fut mid ind 3s*, stand against
13 κατενώπιον, before, against
14 ἐγκαταλείπω, *fut act ind 1s*, forsake, leave behind
15 ὑπεροράω, *fut mid ind 1s*, neglect, disregard
16 ἰσχύω, *pres act impv 2s*, be strong
17 ἀνδρίζομαι, *pres mid impv 2s*, strengthen oneself, be courageous
18 ἀποδιαστέλλω, *fut act ind 2s*, divide
19 ὄμνυμι, *aor act ind 1s*, swear an oath
20 ἰσχύω, *pres act impv 2s*, be strong
21 ἀνδρίζομαι, *pres mid impv 2s*, strengthen oneself, be courageous
22 καθότι, as
23 ἐντέλλομαι, *aor mid ind 3s*, command
24 παῖς, servant
25 ἐκκλίνω, *fut act ind 2s*, turn away
26 ἀριστερός, left
27 συνίημι, *aor act sub 2s*, understand
28 πράσσω, *pres act sub 2s*, do, perform
29 ἀφίστημι, *fut mid ind 3s*, depart from
30 βίβλος, book
31 μελετάω, *fut act ind 2s*, meditate
32 συνίημι, *aor act sub 2s*, understand
33 εὐοδόω, *fut pas ind 2s*, prosper
34 εὐοδόω, *fut act ind 2s*, make prosperous
35 συνίημι, *fut act ind 2s*, understand
36 ἐντέλλομαι, *perf mid ind 1s*, command
37 ἰσχύω, *pres act impv 2s*, be strong

καὶ ἀνδρίζου,[1] μὴ δειλιάσῃς[2] μηδὲ φοβηθῇς, ὅτι μετὰ σοῦ κύριος ὁ θεός σου εἰς πάντα, οὗ[3] ἐὰν πορεύῃ.

10 Καὶ ἐνετείλατο[4] Ἰησοῦς τοῖς γραμματεῦσιν[5] τοῦ λαοῦ λέγων **11** Εἰσέλθατε κατὰ μέσον τῆς παρεμβολῆς[6] τοῦ λαοῦ καὶ ἐντείλασθε[7] τῷ λαῷ λέγοντες Ἑτοιμάζεσθε ἐπισιτισμόν,[8] ὅτι ἔτι τρεῖς ἡμέραι καὶ ὑμεῖς διαβαίνετε[9] τὸν Ιορδάνην τοῦτον εἰσελθόντες κατασχεῖν[10] τὴν γῆν, ἣν κύριος ὁ θεὸς τῶν πατέρων ὑμῶν δίδωσιν ὑμῖν. **12** καὶ τῷ Ρουβην καὶ τῷ Γαδ καὶ τῷ ἡμίσει[11] φυλῆς Μανασση εἶπεν Ἰησοῦς **13** Μνήσθητε[12] τὸ ῥῆμα κυρίου, ὃ ἐνετείλατο[13] ὑμῖν Μωυσῆς ὁ παῖς[14] κυρίου λέγων Κύριος ὁ θεὸς ὑμῶν κατέπαυσεν[15] ὑμᾶς καὶ ἔδωκεν ὑμῖν τὴν γῆν ταύτην. **14** αἱ γυναῖκες ὑμῶν καὶ τὰ παιδία ὑμῶν καὶ τὰ κτήνη[16] ὑμῶν κατοικείτωσαν ἐν τῇ γῇ, ᾗ ἔδωκεν ὑμῖν· ὑμεῖς δὲ διαβήσεσθε[17] εὔζωνοι[18] πρότεροι[19] τῶν ἀδελφῶν ὑμῶν, πᾶς ὁ ἰσχύων,[20] καὶ συμμαχήσετε[21] αὐτοῖς, **15** ἕως ἂν καταπαύσῃ[22] κύριος ὁ θεὸς ὑμῶν τοὺς ἀδελφοὺς ὑμῶν ὥσπερ καὶ ὑμᾶς καὶ κληρονομήσωσιν[23] καὶ οὗτοι τὴν γῆν, ἣν κύριος ὁ θεὸς ἡμῶν δίδωσιν αὐτοῖς· καὶ ἀπελεύσεσθε ἕκαστος εἰς τὴν κληρονομίαν[24] αὐτοῦ, ἣν δέδωκεν ὑμῖν Μωυσῆς εἰς τὸ πέραν[25] τοῦ Ιορδάνου ἀπ᾽ ἀνατολῶν[26] ἡλίου.

16 καὶ ἀποκριθέντες τῷ Ἰησοῖ εἶπαν Πάντα, ὅσα ἂν ἐντείλῃ[27] ἡμῖν, ποιήσομεν καὶ εἰς πάντα τόπον, οὗ[28] ἐὰν ἀποστείλῃς ἡμᾶς, πορευσόμεθα· **17** κατὰ πάντα, ὅσα ἠκούσαμεν Μωυσῆ, ἀκουσόμεθα σοῦ, πλὴν ἔστω κύριος ὁ θεὸς ἡμῶν μετὰ σοῦ, ὃν τρόπον[29] ἦν μετὰ Μωυσῆ. **18** ὁ δὲ ἄνθρωπος, ὃς ἐὰν ἀπειθήσῃ[30] σοι καὶ ὅστις μὴ ἀκούσῃ τῶν ῥημάτων σου καθότι[31] ἂν αὐτῷ ἐντείλῃ,[32] ἀποθανέτω. ἀλλὰ ἴσχυε[33] καὶ ἀνδρίζου.[34]

1 ἀνδρίζομαι, *pres mid impv 2s*, strengthen oneself, be courageous
2 δειλιάω, *aor act sub 2s*, fear, be afraid
3 οὗ, where
4 ἐντέλλομαι, *aor mid ind 3s*, command
5 γραμματεύς, scribe
6 παρεμβολή, camp
7 ἐντέλλομαι, *aor mid impv 2p*, command, order
8 ἐπισιτισμός, provisions
9 διαβαίνω, *pres act ind 2p*, cross over
10 κατέχω, *aor act inf*, take hold, possess
11 ἥμισυς, half
12 μιμνήσκομαι, *aor pas impv 2p*, remember
13 ἐντέλλομαι, *aor mid ind 3s*, command
14 παῖς, servant
15 καταπαύω, *aor act ind 3s*, give rest
16 κτῆνος, animal, (*p*) herd
17 διαβαίνω, *fut mid ind 2p*, cross over
18 εὔζωνος, well-equipped
19 πρότερος, before
20 ἰσχύω, *pres act ptc nom s m*, be strong
21 συμμαχέω, *fut act ind 2p*, fight with
22 καταπαύω, *aor act sub 3s*, give rest
23 κληρονομέω, *aor act sub 3p*, inherit
24 κληρονομία, inheritance
25 πέραν, beyond
26 ἀνατολή, rising
27 ἐντέλλομαι, *aor mid sub 2s*, command
28 οὗ, where
29 ὃν τρόπον, in the manner that
30 ἀπειθέω, *aor act sub 3s*, disobey
31 καθότι, as
32 ἐντέλλομαι, *aor mid sub 2s*, command, order
33 ἰσχύω, *pres act impv 2s*, be strong
34 ἀνδρίζομαι, *pres mid impv 2s*, strengthen oneself, be courageous

JUDGES 13

The Story of Samson's Birth

1

Matt 2:22–23; Luke 1:13–17

1 Καὶ προσέθεντο[1] οἱ υἱοὶ Ισραηλ ποιῆσαι τὸ πονηρὸν ἐναντίον[2] κυρίου, καὶ παρέδωκεν αὐτοὺς κύριος ἐν χειρὶ ἀλλοφύλων[3] τεσσαράκοντα[4] ἔτη.

2 Καὶ ἐγένετο ἀνὴρ ἐκ Σαραα ἐκ τῆς φυλῆς τοῦ Δαν, καὶ ὄνομα αὐτῷ Μανωε, καὶ ἡ γυνὴ αὐτοῦ στεῖρα[5] καὶ οὐκ ἔτικτεν.[6] **3** καὶ ὤφθη ἄγγελος κυρίου πρὸς τὴν γυναῖκα καὶ εἶπεν πρὸς αὐτήν Ἰδοὺ δὴ[7] σὺ στεῖρα[8] καὶ οὐ τέτοκας·[9] καὶ ἐν γαστρὶ[10] ἕξεις καὶ τέξῃ[11] υἱόν. **4** καὶ νῦν φύλαξαι καὶ μὴ πίῃς οἶνον καὶ σικερα[12] καὶ μὴ φάγῃς πᾶν ἀκάθαρτον· **5** ὅτι ἰδοὺ σὺ ἐν γαστρὶ[13] ἕξεις καὶ τέξῃ[14] υἱόν, καὶ οὐκ ἀναβήσεται σίδηρος[15] ἐπὶ τὴν κεφαλὴν αὐτοῦ, ὅτι ἡγιασμένον[16] ναζιραῖον[17] ἔσται τῷ θεῷ τὸ παιδάριον[18] ἐκ τῆς γαστρός,[19] καὶ αὐτὸς ἄρξεται σῴζειν τὸν Ισραηλ ἐκ χειρὸς ἀλλοφύλων.[20] **6** καὶ ἦλθεν ἡ γυνὴ καὶ εἶπεν τῷ ἀνδρὶ αὐτῆς λέγουσα ὅτι Ἄνθρωπος τοῦ θεοῦ ἦλθεν πρός με, καὶ ἡ ὅρασις[21] αὐτοῦ ὡς ὅρασις ἀγγέλου τοῦ θεοῦ ἐπιφανὴς[22] σφόδρα·[23] καὶ ἠρώτων,[24] πόθεν[25] ἐστίν, καὶ τὸ ὄνομα αὐτοῦ οὐκ ἀπήγγειλέν μοι. **7** καὶ εἶπέν μοι Ἰδοὺ σὺ ἐν γαστρὶ[26] ἕξεις καὶ τέξῃ[27] υἱόν· καὶ νῦν μὴ πίῃς οἶνον καὶ σικερα[28] καὶ μὴ φάγῃς πᾶσαν ἀκαθαρσίαν,[29] ὅτι ναζιραῖον[30] θεοῦ ἔσται τὸ παιδάριον[31] ἀπὸ τῆς γαστρὸς ἕως ἡμέρας θανάτου αὐτοῦ.

8 καὶ ἐδεήθη[32] Μανωε τοῦ κυρίου καὶ εἶπεν Ἐν ἐμοί, κύριε, ἄνθρωπος τοῦ θεοῦ, ὃν ἀπέστειλας πρὸς ἡμᾶς, ἐλθέτω δὴ[33] πρὸς ἡμᾶς καὶ φωτισάτω[34] ἡμᾶς τί ποιήσωμεν

1 προστίθημι, *aor mid ind 3p*, continue
2 ἐναντίον, before
3 ἀλλόφυλος, foreign, (Philistine)
4 τεσσαράκοντα, forty
5 στεῖρα, barren
6 τίκτω, *impf act ind 3s*, bear a child
7 δή, now
8 στεῖρα, barren
9 τίκτω, *perf act ind 2s*, bear a child
10 γαστήρ, womb
11 τίκτω, *fut mid ind 2s*, give birth
12 σικερα, fermented drink, *translit.*
13 γαστήρ, womb
14 τίκτω, *fut mid ind 2s*, give birth
15 σίδηρος, iron blade, razor
16 ἁγιάζω, *perf pas ptc nom s n*, consecrate, sanctify
17 ναζιραῖος, Nazirite, *Heb. LW*
18 παιδάριον, little boy
19 γαστήρ, womb
20 ἀλλόφυλος, foreign, (Philistine)
21 ὅρασις, appearance
22 ἐπιφανής, distinguished, remarkable
23 σφόδρα, exceedingly
24 ἐρωτάω, *impf act ind 1s*, ask
25 πόθεν, from where
26 γαστήρ, womb
27 τίκτω, *fut mid ind 2s*, give birth
28 σικερα, fermented drink, *translit.*
29 ἀκαθαρσία, impurity
30 ναζιραῖος, Nazirite, *Heb. LW*
31 παιδάριον, little boy
32 δέομαι, *aor pas ind 3s*, beg, beseech
33 δή, now
34 φωτίζω, *aor act impv 3s*, enlighten, instruct

τῷ παιδαρίῳ[1] τῷ τικτομένῳ.[2] **9** καὶ ἐπήκουσεν[3] ὁ θεὸς τῆς φωνῆς Μανωε, καὶ παρεγένετο ὁ ἄγγελος τοῦ θεοῦ ἔτι πρὸς τὴν γυναῖκα αὐτῆς καθημένης ἐν τῷ ἀγρῷ, καὶ Μανωε ὁ ἀνὴρ αὐτῆς οὐκ ἦν μετ᾽ αὐτῆς. **10** καὶ ἐτάχυνεν[4] ἡ γυνὴ καὶ ἐξέδραμεν[5] καὶ ἀπήγγειλεν τῷ ἀνδρὶ αὐτῆς καὶ εἶπεν πρὸς αὐτόν Ἰδοὺ ὦπταί[6] μοι ὁ ἀνὴρ ὁ ἐλθὼν πρός με τῇ ἡμέρᾳ ἐκείνῃ. **11** καὶ ἀνέστη Μανωε καὶ ἐπορεύθη ὀπίσω τῆς γυναικὸς αὐτοῦ πρὸς τὸν ἄνδρα καὶ εἶπεν αὐτῷ Εἰ σὺ εἶ ὁ ἀνὴρ ὁ λαλήσας πρὸς τὴν γυναῖκα; καὶ εἶπεν ὁ ἄγγελος Ἐγώ. **12** καὶ εἶπεν Μανωε Νῦν δὴ[7] ἐλθόντος τοῦ ῥήματός σου τί ἔσται τὸ κρίμα[8] τοῦ παιδαρίου[9] καὶ τὰ ἔργα αὐτοῦ; **13** καὶ εἶπεν ὁ ἄγγελος κυρίου πρὸς Μανωε Ἀπὸ πάντων, ὧν εἶπα πρὸς τὴν γυναῖκα, φυλαξάσθω· **14** ἀπὸ πάντων, ὅσα ἐκπορεύεται ἐξ ἀμπέλου,[10] οὐ φάγεται καὶ οἶνον καὶ σικερα[11] μὴ πιέτω καὶ πᾶν ἀκάθαρτον μὴ φαγέτω· πάντα, ὅσα ἐνετειλάμην[12] αὐτῇ, φυλαξάσθω.

15 καὶ εἶπεν Μανωε πρὸς τὸν ἄγγελον κυρίου Βιασώμεθα[13] δή[14] σε καὶ ποιήσομεν ἐνώπιόν σου ἔριφον[15] αἰγῶν.[16] **16** καὶ εἶπεν ὁ ἄγγελος κυρίου πρὸς Μανωε Ἐὰν βιάσῃ[17] με, οὐ φάγομαι τῶν ἄρτων σου, καὶ ἐὰν ποιήσῃς ὁλοκαύτωμα,[18] κυρίῳ ἀνοίσεις[19] αὐτό· ὅτι οὐκ ἔγνω Μανωε ὅτι ἄγγελος κυρίου ἐστίν. **17** καὶ εἶπεν Μανωε πρὸς τὸν ἄγγελον κυρίου Τί ὄνομά σοι, ἵνα, ὅταν ἔλθῃ τὸ ῥῆμά σου, δοξάσωμέν σε; **18** καὶ εἶπεν αὐτῷ ὁ ἄγγελος κυρίου Ἵνα τί τοῦτο ἐρωτᾷς[20] τὸ ὄνομά μου; καὶ αὐτό ἐστιν θαυμαστόν.[21] **19** καὶ ἔλαβεν Μανωε τὸν ἔριφον[22] τῶν αἰγῶν[23] καὶ τὴν θυσίαν[24] καὶ ἀνήνεγκεν[25] ἐπὶ τὴν πέτραν[26] τῷ κυρίῳ, τῷ θαυμαστὰ[27] ποιοῦντι κυρίῳ· καὶ Μανωε καὶ ἡ γυνὴ αὐτοῦ ἐθεώρουν.[28] **20** καὶ ἐγένετο ἐν τῷ ἀναβῆναι τὴν φλόγα[29] ἐπάνωθεν[30] τοῦ θυσιαστηρίου[31] εἰς τὸν οὐρανὸν καὶ ἀνέβη ὁ ἄγγελος κυρίου ἐν τῇ φλογί, καὶ Μανωε καὶ ἡ γυνὴ αὐτοῦ ἐθεώρουν[32] καὶ ἔπεσον ἐπὶ πρόσωπον αὐτῶν ἐπὶ τὴν γῆν.

1 παιδάριον, little boy
2 τίκτω, *pres pas ptc dat s n*, give birth
3 ἐπακούω, *aor act ind 3s*, listen to, hear
4 ταχύνω, *aor act ind 3s*, hasten
5 ἐκτρέχω, *aor act ind 3s*, run off
6 ὁράω, *perf pas ind 3s*, see
7 δή, then
8 κρίμα, decision, resolution
9 παιδάριον, little boy
10 ἄμπελος, vine, vineyard
11 σικερα, fermented drink, *translit.*
12 ἐντέλλομαι, *aor mid ind 1s*, command, order
13 βιάζομαι, *aor mid sub 1p*, urge, constrain
14 δή, now, then
15 ἔριφος, kid
16 αἴξ, goat
17 βιάζομαι, *aor mid sub 3s*, urge, constrain
18 ὁλοκαύτωμα, whole burnt offering
19 ἀναφέρω, *fut act ind 2s*, offer up
20 ἐρωτάω, *pres act ind 2s*, ask
21 θαυμαστός, marvelous, astonishing
22 ἔριφος, kid
23 αἴξ, goat
24 θυσία, sacrifice
25 ἀναφέρω, *aor act ind 3s*, offer up
26 πέτρα, rock
27 θαυμαστός, marvelous, astonishing
28 θεωρέω, *impf act ind 3p*, observe, watch
29 φλόξ, flame
30 ἐπάνωθεν, on top
31 θυσιαστήριον, altar
32 θεωρέω, *impf act ind 3p*, observe, watch

21 καὶ οὐ προσέθηκεν[1] ἔτι ὁ ἄγγελος κυρίου ὀφθῆναι πρὸς Μανωε καὶ πρὸς τὴν γυναῖκα αὐτοῦ· τότε ἔγνω Μανωε ὅτι ἄγγελος κυρίου ἐστίν. **22** καὶ εἶπεν Μανωε πρὸς τὴν γυναῖκα αὐτοῦ Θανάτῳ ἀποθανούμεθα, ὅτι θεὸν ἑωράκαμεν. **23** καὶ εἶπεν αὐτῷ ἡ γυνὴ αὐτοῦ Εἰ ἐβούλετο κύριος θανατῶσαι[2] ἡμᾶς, οὐκ ἂν ἐδέξατο[3] ἐκ τῶν χειρῶν ἡμῶν ὁλοκαύτωμα[4] καὶ θυσίαν[5] καὶ οὐκ ἂν ἐφώτισεν[6] ἡμᾶς πάντα ταῦτα καὶ οὐκ ἂν ἀκουστὰ[7] ἐποίησεν ἡμῖν ταῦτα. **24** Καὶ ἔτεκεν[8] ἡ γυνὴ υἱὸν καὶ ἐκάλεσεν τὸ ὄνομα αὐτοῦ Σαμψων· καὶ ηὐλόγησεν αὐτὸν κύριος, καὶ ηὐξήθη[9] τὸ παιδάριον.[10] **25** καὶ ἤρξατο πνεῦμα κυρίου συμπορεύεσθαι[11] αὐτῷ ἐν παρεμβολῇ[12] Δαν ἀνὰ μέσον[13] Σαραα καὶ ἀνὰ μέσον Εσθαολ.

1 προστίθημι, *aor act ind 3s*, continue
2 θανατόω, *aor act inf*, kill, destroy
3 δέχομαι, *aor mid ind 3s*, receive, accept
4 ὁλοκαύτωμα, whole burnt offering
5 θυσία, sacrifice
6 φωτίζω, *aor act ind 3s*, illuminate, clarify
7 ἀκουστός, heard, audible
8 τίκτω, *aor act ind 3s*, give birth
9 αὐξάνω, *aor pas ind 3s*, grow
10 παιδάριον, little boy
11 συμπορεύομαι, *pres mid inf*, go with, accompany
12 παρεμβολή, camp
13 ἀνὰ μέσον, between

RUTH 4

Boaz Redeems and Marries Ruth

2

Matt 1:5

1 Καὶ Βοος ἀνέβη ἐπὶ τὴν πύλην[1] καὶ ἐκάθισεν ἐκεῖ, καὶ ἰδοὺ ὁ ἀγχιστευτὴς[2] παρεπορεύετο,[3] ὃν εἶπεν Βοος. καὶ εἶπεν πρὸς αὐτὸν Βοος Ἐκκλίνας[4] κάθισον ὧδε,[5] κρύφιε·[6] καὶ ἐξέκλινεν[7] καὶ ἐκάθισεν. **2** καὶ ἔλαβεν Βοος δέκα[8] ἄνδρας ἀπὸ τῶν πρεσβυτέρων τῆς πόλεως καὶ εἶπεν Καθίσατε ὧδε·[9] καὶ ἐκάθισαν. **3** καὶ εἶπεν Βοος τῷ ἀγχιστεῖ[10] Τὴν μερίδα[11] τοῦ ἀγροῦ, ἥ ἐστιν τοῦ ἀδελφοῦ ἡμῶν τοῦ Αβιμελεχ, ἣ δέδοται Νωεμιν τῇ ἐπιστρεφούσῃ ἐξ ἀγροῦ Μωαβ, **4** κἀγὼ[12] εἶπα Ἀποκαλύψω[13] τὸ οὖς[14] σου λέγων Κτῆσαι[15] ἐναντίον[16] τῶν καθημένων καὶ ἐναντίον τῶν πρεσβυτέρων τοῦ λαοῦ μου· εἰ ἀγχιστεύεις,[17] ἀγχίστευε·[18] εἰ δὲ μὴ ἀγχιστεύεις, ἀνάγγειλόν μοι καὶ γνώσομαι· ὅτι οὐκ ἔστιν πάρεξ[19] σοῦ τοῦ ἀγχιστεῦσαι,[20] κἀγώ[21] εἰμι μετὰ σέ. ὁ δὲ εἶπεν Ἐγώ εἰμι ἀγχιστεύσω.[22] **5** καὶ εἶπεν Βοος Ἐν ἡμέρᾳ τοῦ κτήσασθαί[23] σε τὸν ἀγρὸν ἐκ χειρὸς Νωεμιν καὶ παρὰ Ρουθ τῆς Μωαβίτιδος γυναικὸς τοῦ τεθνηκότος,[24] καὶ αὐτὴν κτήσασθαί[25] σε δεῖ[26] ὥστε ἀναστῆσαι τὸ ὄνομα τοῦ τεθνηκότος ἐπὶ τῆς κληρονομίας[27] αὐτοῦ. **6** καὶ εἶπεν ὁ ἀγχιστεύς[28] Οὐ δυνήσομαι ἀγχιστεῦσαι[29] ἐμαυτῷ,[30] μήποτε[31] διαφθείρω[32] τὴν κληρονομίαν[33] μου· ἀγχίστευσον[34] σεαυτῷ τὴν ἀγχιστείαν[35] μου, ὅτι οὐ δυνήσομαι ἀγχιστεῦσαι.

1 πύλη, gate
2 ἀγχιστευτής, kinsman, next-of-kin
3 παραπορεύομαι, *impf mid ind 3s*, pass by
4 ἐκκλίνω, *aor act ptc nom s m*, turn aside
5 ὧδε, here
6 κρύφιος, my friend
7 ἐκκλίνω, *aor act ind 3s*, turn aside
8 δέκα, ten
9 ὧδε, here
10 ἀγχιστεύς, kinsman, next-of-kin
11 μερίς, part, portion
12 κἀγώ, and I, *cr.* καὶ ἐγώ
13 ἀποκαλύπτω, *fut act ind 1s*, uncover
14 οὖς, ear
15 κτάομαι, *aor mid impv 2s*, buy
16 ἐναντίον, before, in the presence of
17 ἀγχιστεύω, *pres act ind 2s*, perform the duty of a kinsman
18 ἀγχιστεύω, *pres act impv 2s*, perform the duty of a kinsman
19 πάρεξ, except
20 ἀγχιστεύω, *aor act inf*, perform the duty of a kinsman
21 κἀγώ, and I, *cr.* καὶ ἐγώ
22 ἀγχιστεύω, *fut act ind 1s*, perform the duty of a kinsman
23 κτάομαι, *aor mid inf*, acquire
24 θνῄσκω, *perf act ptc gen s m*, die
25 κτάομαι, *aor mid inf*, acquire
26 δεῖ, *pres act ind 3s*, be necessary
27 κληρονομία, inheritance
28 ἀγχιστεύς, kinsman, next-of-kin
29 ἀγχιστεύω, *aor act inf*, perform the duty of a kinsman
30 ἐμαυτοῦ, myself
31 μήποτε, lest
32 διαφθείρω, *pres act ind 1s*, ruin
33 κληρονομία, inheritance
34 ἀγχιστεύω, *aor act impv 2s*, perform the duty of a kinsman
35 ἀγχιστεία, duty of a kinsman

7 καὶ τοῦτο τὸ δικαίωμα[1] ἔμπροσθεν[2] ἐν τῷ Ισραηλ ἐπὶ τὴν ἀγχιστείαν[3] καὶ ἐπὶ τὸ ἀντάλλαγμα[4] τοῦ στῆσαι πᾶν λόγον, καὶ ὑπελύετο[5] ὁ ἀνὴρ τὸ ὑπόδημα[6] αὐτοῦ καὶ ἐδίδου τῷ πλησίον[7] αὐτοῦ τῷ ἀγχιστεύοντι[8] τὴν ἀγχιστείαν[9] αὐτοῦ, καὶ τοῦτο ἦν μαρτύριον[10] ἐν Ισραηλ. **8** καὶ εἶπεν ὁ ἀγχιστεὺς[11] τῷ Βοος Κτῆσαι[12] σεαυτῷ τὴν ἀγχιστείαν[13] μου· καὶ ὑπελύσατο[14] τὸ ὑπόδημα[15] αὐτοῦ καὶ ἔδωκεν αὐτῷ. **9** καὶ εἶπεν Βοος τοῖς πρεσβυτέροις καὶ παντὶ τῷ λαῷ Μάρτυρες[16] ὑμεῖς σήμερον ὅτι κέκτημαι[17] πάντα τὰ τοῦ Αβιμελεχ καὶ πάντα, ὅσα ὑπάρχει τῷ Χελαιων καὶ τῷ Μααλων, ἐκ χειρὸς Νωεμιν· **10** καί γε Ρουθ τὴν Μωαβῖτιν τὴν γυναῖκα Μααλων κέκτημαι[18] ἐμαυτῷ[19] εἰς γυναῖκα τοῦ ἀναστῆσαι τὸ ὄνομα τοῦ τεθνηκότος[20] ἐπὶ τῆς κληρονομίας[21] αὐτοῦ, καὶ οὐκ ἐξολεθρευθήσεται[22] τὸ ὄνομα τοῦ τεθνηκότος[23] ἐκ τῶν ἀδελφῶν αὐτοῦ καὶ ἐκ τῆς φυλῆς λαοῦ αὐτοῦ· μάρτυρες[24] ὑμεῖς σήμερον. **11** καὶ εἴποσαν πᾶς ὁ λαὸς οἱ ἐν τῇ πύλῃ[25] Μάρτυρες.[26] καὶ οἱ πρεσβύτεροι εἴποσαν Δῴη[27] κύριος τὴν γυναῖκά σου τὴν εἰσπορευομένην[28] εἰς τὸν οἶκόν σου ὡς Ραχηλ καὶ ὡς Λειαν, αἳ ᾠκοδόμησαν ἀμφότεραι[29] τὸν οἶκον Ισραηλ καὶ ἐποίησαν δύναμιν ἐν Εφραθα, καὶ ἔσται ὄνομα ἐν Βαιθλεεμ· **12** καὶ γένοιτο[30] ὁ οἶκός σου ὡς ὁ οἶκος Φαρες, ὃν ἔτεκεν[31] Θαμαρ τῷ Ιουδα, ἐκ τοῦ σπέρματος, οὗ δώσει κύριός σοι ἐκ τῆς παιδίσκης[32] ταύτης.

13 καὶ ἔλαβεν Βοος τὴν Ρουθ, καὶ ἐγενήθη αὐτῷ εἰς γυναῖκα, καὶ εἰσῆλθεν πρὸς αὐτήν, καὶ ἔδωκεν αὐτῇ κύριος κύησιν,[33] καὶ ἔτεκεν[34] υἱόν. **14** καὶ εἶπαν αἱ γυναῖκες πρὸς Νωεμιν Εὐλογητὸς[35] κύριος, ὃς οὐ κατέλυσέ[36] σοι σήμερον τὸν ἀγχιστέα,[37] καὶ καλέσαι[38] τὸ ὄνομά σου ἐν Ισραηλ, **15** καὶ ἔσται σοι εἰς ἐπιστρέφοντα ψυχὴν καὶ τοῦ διαθρέψαι[39] τὴν πολιάν[40] σου, ὅτι ἡ νύμφη[41] σου ἡ ἀγαπήσασά σε ἔτεκεν[42] αὐτόν,

1 δικαίωμα, ordinance, statute
2 ἔμπροσθεν, former, prior
3 ἀγχιστεία, duty of a kinsman
4 ἀντάλλαγμα, thing given or taken in exchange
5 ὑπολύω, *impf mid ind 3s*, remove, untie
6 ὑπόδημα, sandal
7 πλησίον, neighbor
8 ἀγχιστεύω, *pres act ptc dat s m*, perform the duty of a kinsman
9 ἀγχιστεία, duty of a kinsman
10 μαρτύριον, witness
11 ἀγχιστεύς, kinsman, next-of-kin
12 κτάομαι, *aor mid impv 2s*, acquire
13 ἀγχιστεία, right of a kinsman
14 ὑπολύω, *aor mid ind 3s*, remove, untie
15 ὑπόδημα, sandal
16 μάρτυς, witness
17 κτάομαι, *perf mid ind 1s*, acquire
18 κτάομαι, *perf mid ind 1s*, acquire
19 ἐμαυτοῦ, myself
20 θνῄσκω, *perf act ptc gen s m*, die
21 κληρονομία, inheritance
22 ἐξολεθρεύω, *fut pas ind 3s*, utterly destroy
23 θνῄσκω, *perf act ptc gen s m*, die
24 μάρτυς, witness
25 πύλη, gate
26 μάρτυς, witness
27 δίδωμι, *aor act opt 3s*, give
28 εἰσπορεύομαι, *pres mid ptc acc s f*, enter
29 ἀμφότεροι, both
30 γίνομαι, *aor mid opt 3s*, be
31 τίκτω, *aor act ind 3s*, give birth
32 παιδίσκη, maidservant
33 κύησις, pregnancy, conception
34 τίκτω, *aor act ind 3s*, give birth
35 εὐλογητός, blessed
36 καταλύω, *aor act ind 3s*, bring to an end
37 ἀγχιστεύς, kinsman, next-of-kin
38 καλέω, *aor act opt 3s*, name, call
39 διατρέφω, *aor act inf*, sustain
40 πολιά, gray head, old age
41 νύμφη, daughter-in-law
42 τίκτω, *aor act ind 3s*, give birth

ἥ ἐστιν ἀγαθή σοι ὑπὲρ ἑπτὰ υἱούς. **16** καὶ ἔλαβεν Νωεμιν τὸ παιδίον καὶ ἔθηκεν εἰς τὸν κόλπον[1] αὐτῆς καὶ ἐγενήθη αὐτῷ εἰς τιθηνόν.[2] **17** καὶ ἐκάλεσαν αὐτοῦ αἱ γείτονες[3] ὄνομα λέγουσαι Ἐτέχθη[4] υἱὸς τῇ Νωεμιν· καὶ ἐκάλεσαν τὸ ὄνομα αὐτοῦ Ωβηδ· οὗτος πατὴρ Ιεσσαι πατρὸς Δαυιδ.

18 Καὶ αὗται αἱ γενέσεις[5] Φαρες· Φαρες ἐγέννησεν τὸν Εσρων, **19** Εσρων δὲ ἐγέννησεν τὸν Αρραν, καὶ Αρραν ἐγέννησεν τὸν Αμιναδαβ, **20** καὶ Αμιναδαβ ἐγέννησεν τὸν Ναασσων, καὶ Ναασσων ἐγέννησεν τὸν Σαλμαν, **21** καὶ Σαλμαν ἐγέννησεν τὸν Βοος, καὶ Βοος ἐγέννησεν τὸν Ωβηδ, **22** καὶ Ωβηδ ἐγέννησεν τὸν Ιεσσαι, καὶ Ιεσσαι ἐγέννησεν τὸν Δαυιδ.

1 κόλπος, bosom
2 τιθηνός, nanny, nurse
3 γείτων, neighbor
4 τίκτω, *aor pas ind 3s*, give birth
5 γένεσις, generation

1 KINGDOMS [1 SAMUEL] 2

The Song of Hannah and Prophecies Against Eli

4

Luke 1:46–55; 1 Cor 1:26–31

1 Καὶ εἶπεν

Ἐστερεώθη[1] ἡ καρδία μου ἐν κυρίῳ,
ὑψώθη[2] κέρας[3] μου ἐν θεῷ μου·
ἐπλατύνθη[4] ἐπὶ ἐχθροὺς τὸ στόμα μου,
εὐφράνθην[5] ἐν σωτηρίᾳ σου.

2 ὅτι οὐκ ἔστιν ἅγιος ὡς κύριος,
καὶ οὐκ ἔστιν δίκαιος ὡς ὁ θεὸς ἡμῶν·
οὐκ ἔστιν ἅγιος πλὴν σοῦ.

3 μὴ καυχᾶσθε[6] καὶ μὴ λαλεῖτε ὑψηλά,[7]
μὴ ἐξελθάτω μεγαλορρημοσύνη[8] ἐκ τοῦ στόματος ὑμῶν,
ὅτι θεὸς γνώσεων[9] κύριος
καὶ θεὸς ἑτοιμάζων ἐπιτηδεύματα[10] αὐτοῦ.

4 τόξον[11] δυνατῶν ἠσθένησεν,[12]
καὶ ἀσθενοῦντες[13] περιεζώσαντο[14] δύναμιν·

5 πλήρεις[15] ἄρτων ἠλαττώθησαν,[16]
καὶ οἱ πεινῶντες[17] παρῆκαν[18] γῆν·
ὅτι στεῖρα[19] ἔτεκεν[20] ἑπτά,
καὶ ἡ πολλὴ ἐν τέκνοις ἠσθένησεν.[21]

1 στερεόω, *aor pas ind 3s*, make strong, make firm
2 ὑψόω, *aor pas ind 3s*, raise up, exalt
3 κέρας, horn
4 πλατύνω, *aor pas ind 3s*, open wide
5 εὐφραίνω, *aor pas ind 1s*, rejoice, be glad
6 καυχάομαι, *pres mid impv 2p*, boast
7 ὑψηλός, haughty, proud
8 μεγαλορρημοσύνη, boastful talking
9 γνῶσις, knowledge
10 ἐπιτήδευμα, pursuit, custom
11 τόξον, bow
12 ἀσθενέω, *aor act ind 3s*, be weak, lack strength
13 ἀσθενέω, *pres act ptc nom p m*, be weak, lack strength
14 περιζώννυμι, *aor mid ind 3p*, gird about, strap on
15 πλήρης, full of
16 ἐλαττόω, *aor pas ind 3p*, deprive, be worse off
17 πεινάω, *pres act ptc nom p m*, be hungry
18 παρίημι, *aor act ind 3p*, neglect, disregard
19 στεῖρα, barren
20 τίκτω, *aor act ind 3s*, bear, bring forth
21 ἀσθενέω, *aor act ind 3s*, be weak, lack strength

6 κύριος θανατοῖ[1] καὶ ζωογονεῖ,[2]
κατάγει[3] εἰς ᾅδου[4] καὶ ἀνάγει·[5]
7 κύριος πτωχίζει[6] καὶ πλουτίζει,[7]
ταπεινοῖ[8] καὶ ἀνυψοῖ.[9]
8 ἀνιστᾷ ἀπὸ γῆς πένητα[10]
καὶ ἀπὸ κοπρίας[11] ἐγείρει[12] πτωχὸν
καθίσαι μετὰ δυναστῶν[13] λαῶν
καὶ θρόνον δόξης κατακληρονομῶν[14] αὐτοῖς.

9 διδοὺς εὐχὴν[15] τῷ εὐχομένῳ[16]
καὶ εὐλόγησεν ἔτη δικαίου·
ὅτι οὐκ ἐν ἰσχύι[17] δυνατὸς ἀνήρ,
10 κύριος ἀσθενῆ[18] ποιήσει ἀντίδικον[19] αὐτοῦ,
κύριος ἅγιος.
μὴ καυχάσθω[20] ὁ φρόνιμος[21] ἐν τῇ φρονήσει[22] αὐτοῦ,
καὶ μὴ καυχάσθω ὁ δυνατὸς ἐν τῇ δυνάμει αὐτοῦ,
καὶ μὴ καυχάσθω ὁ πλούσιος[23] ἐν τῷ πλούτῳ[24] αὐτοῦ,
ἀλλ᾽ ἢ ἐν τούτῳ καυχάσθω ὁ καυχώμενος,[25]
συνίειν[26] καὶ γινώσκειν τὸν κύριον
καὶ ποιεῖν κρίμα[27] καὶ δικαιοσύνην ἐν μέσῳ τῆς γῆς.
κύριος ἀνέβη εἰς οὐρανοὺς καὶ ἐβρόντησεν,[28]
αὐτὸς κρινεῖ ἄκρα[29] γῆς
καὶ δίδωσιν ἰσχὺν[30] τοῖς βασιλεῦσιν ἡμῶν
καὶ ὑψώσει[31] κέρας[32] χριστοῦ αὐτοῦ.

11 Καὶ κατέλιπον[33] αὐτὸν ἐκεῖ ἐνώπιον κυρίου καὶ ἀπῆλθον εἰς Αρμαθαιμ, καὶ τὸ παιδάριον[34] ἦν λειτουργῶν[35] τῷ προσώπῳ κυρίου ἐνώπιον Ηλι τοῦ ἱερέως.

1 θανατόω, *pres act ind 3s*, destroy, kill
2 ζωογονέω, *pres act ind 3s*, preserve alive, make live
3 κατάγω, *pres act ind 3s*, lead down
4 ᾅδης, Hades, underworld
5 ἀνάγω, *pres act ind 3s*, raise up, bring up
6 πτωχίζω, *pres act ind 3s*, make poor
7 πλουτίζω, *pres act ind 3s*, enrich
8 ταπεινόω, *pres act ind 3s*, humble, abase
9 ἀνυψόω, *pres act ind 3s*, exalt, increase
10 πένης, poor
11 κοπρία, dung heap
12 ἐγείρω, *pres act ind 3s*, raise up
13 δυνάστης, lord, master
14 κατακληρονομέω, *pres act ptc nom s m*, give as inheritance
15 εὐχή, vow, prayer
16 εὔχομαι, *pres mid ptc dat s m*, pray, vow
17 ἰσχύς, strength, power
18 ἀσθενής, weak, helpless
19 ἀντίδικος, opponent, adversary
20 καυχάομαι, *pres mid impv 3s*, boast
21 φρόνιμος, wise, clever
22 φρόνησις, wisdom, intelligence
23 πλούσιος, rich
24 πλοῦτος, wealth, riches
25 καυχάομαι, *pres mid ptc nom s m*, boast
26 συνίημι, *pres act inf*, understand
27 κρίμα, judgment, decision
28 βροντάω, *aor act ind 3s*, thunder
29 ἄκρος, end, far point
30 ἰσχύς, power, strength
31 ὑψόω, *fut act ind 3s*, raise up, exalt
32 κέρας, horn
33 καταλείπω, *aor act ind 3p*, leave
34 παιδάριον, child
35 λειτουργέω, *pres act ptc nom s m*, minister

12 Καὶ οἱ υἱοὶ Ηλι τοῦ ἱερέως υἱοὶ λοιμοὶ[1] οὐκ εἰδότες τὸν κύριον. **13** καὶ τὸ δικαίωμα[2] τοῦ ἱερέως παρὰ τοῦ λαοῦ, παντὸς τοῦ θύοντος·[3] καὶ ἤρχετο τὸ παιδάριον[4] τοῦ ἱερέως, ὡς ἂν ἡψήθη[5] τὸ κρέας,[6] καὶ κρεάγρα[7] τριόδους[8] ἐν τῇ χειρὶ αὐτοῦ, **14** καὶ ἐπάταξεν[9] αὐτὴν εἰς τὸν λέβητα[10] τὸν μέγαν ἢ εἰς τὸ χαλκίον[11] ἢ εἰς τὴν κύθραν·[12] πᾶν, ὃ ἐὰν ἀνέβη ἐν τῇ κρεάγρᾳ,[13] ἐλάμβανεν ἑαυτῷ ὁ ἱερεύς· κατὰ τάδε[14] ἐποίουν παντὶ Ισραηλ τοῖς ἐρχομένοις θῦσαι[15] κυρίῳ ἐν Σηλωμ. **15** καὶ πρὶν[16] θυμιαθῆναι[17] τὸ στέαρ[18] ἤρχετο τὸ παιδάριον[19] τοῦ ἱερέως καὶ ἔλεγεν τῷ ἀνδρὶ τῷ θύοντι[20] Δὸς κρέας[21] ὀπτῆσαι[22] τῷ ἱερεῖ, καὶ οὐ μὴ λάβω παρὰ σοῦ ἑφθὸν[23] ἐκ τοῦ λέβητος.[24] **16** καὶ ἔλεγεν ὁ ἀνὴρ ὁ θύων[25] Θυμιαθήτω[26] πρῶτον, ὡς καθήκει,[27] τὸ στέαρ,[28] καὶ λαβὲ σεαυτῷ ἐκ πάντων, ὧν ἐπιθυμεῖ[29] ἡ ψυχή σου. καὶ εἶπεν Οὐχί, ὅτι νῦν δώσεις, καὶ ἐὰν μή, λήμψομαι κραταιῶς.[30] **17** καὶ ἦν ἡ ἁμαρτία τῶν παιδαρίων[31] ἐνώπιον κυρίου μεγάλη σφόδρα,[32] ὅτι ἠθέτουν[33] τὴν θυσίαν[34] κυρίου.

18 καὶ Σαμουηλ ἦν λειτουργῶν[35] ἐνώπιον κυρίου παιδάριον[36] περιεζωσμένον[37] εφουδ[38] βαρ,[39] **19** καὶ διπλοΐδα[40] μικρὰν ἐποίησεν αὐτῷ ἡ μήτηρ αὐτοῦ καὶ ἀνέφερεν[41] αὐτῷ ἐξ ἡμερῶν εἰς ἡμέρας ἐν τῷ ἀναβαίνειν αὐτὴν μετὰ τοῦ ἀνδρὸς αὐτῆς θῦσαι[42] τὴν θυσίαν[43] τῶν ἡμερῶν. **20** καὶ εὐλόγησεν Ηλι τὸν Ελκανα καὶ τὴν γυναῖκα αὐτοῦ λέγων Ἀποτείσαι[44] σοι κύριος σπέρμα ἐκ τῆς γυναικὸς ταύτης ἀντὶ[45] τοῦ χρέους,[46] οὗ ἔχρησας[47] τῷ κυρίῳ. καὶ ἀπῆλθεν ὁ ἄνθρωπος εἰς τὸν τόπον αὐτοῦ,

1 λοιμός, pestilent, troublesome
2 δικαίωμα, regulation, requirement
3 θύω, *pres act ptc gen s m*, sacrifice
4 παιδάριον, servant
5 ἕψω, *aor pas ind 3s*, boil
6 κρέας, meat
7 κρεάγρα, meat hook
8 τριόδους, three-pronged
9 πατάσσω, *aor act ind 3s*, drive, thrust
10 λέβης, kettle, cauldron
11 χαλκίον, copper vessel
12 κύθρα, earthen pot
13 κρεάγρα, meat hook
14 ὅδε, *this*
15 θύω, *aor act inf*, sacrifice
16 πρίν, before
17 θυμιάω, *aor pas inf*, burn
18 στέαρ, fat
19 παιδάριον, servant
20 θύω, *pres act ptc dat s m*, sacrifice
21 κρέας, meat
22 ὀπτάω, *aor act inf*, roast
23 ἑφθός, boiled
24 λέβης, kettle, cauldron
25 θύω, *pres act ptc nom s m*, sacrifice
26 θυμιάω, *aor pas impv 3s*, burn
27 καθήκω, *pres act ind 3s*, be due, be fitting
28 στέαρ, fat
29 ἐπιθυμέω, *pres act ind 3s*, desire
30 κραταιῶς, by force, severely
31 παιδάριον, young man
32 σφόδρα, exceedingly
33 ἀθετέω, *impf act ind 3p*, deny, render ineffectual
34 θυσία, sacrifice
35 λειτουργέω, *pres act ptc nom s m*, minister
36 παιδάριον, young man
37 περιζώννυμι, *perf mid ptc nom s n*, gird, wear
38 εφουδ, ephod, *translit.*
39 βαρ, piece of cloth, *translit.*
40 διπλοΐς, double cloak
41 ἀναφέρω, *impf act ind 3s*, bring up
42 θύω, *aor act inf*, offer, sacrifice
43 θυσία, sacrifice
44 ἀποτείνω, *aor act opt 3s*, extend, prolong
45 ἀντί, in return for
46 χρέος, obligation, matter, useful thing
47 χράω, *aor act ind 2s*, proclaim, deal with

21 καὶ ἐπεσκέψατο[1] κύριος τὴν Ανναν, καὶ ἔτεκεν[2] ἔτι τρεῖς υἱοὺς καὶ δύο θυγατέρας.[3] καὶ ἐμεγαλύνθη[4] τὸ παιδάριον[5] Σαμουηλ ἐνώπιον κυρίου.

22 Καὶ Ηλι πρεσβύτης[6] σφόδρα·[7] καὶ ἤκουσεν ἃ ἐποίουν οἱ υἱοὶ αὐτοῦ τοῖς υἱοῖς Ισραηλ, **23** καὶ εἶπεν αὐτοῖς Ἵνα τί ποιεῖτε κατὰ τὸ ῥῆμα τοῦτο, ὃ ἐγὼ ἀκούω ἐκ στόματος παντὸς τοῦ λαοῦ κυρίου; **24** μή, τέκνα, ὅτι οὐκ ἀγαθὴ ἡ ἀκοή,[8] ἣν ἐγὼ ἀκούω· μὴ ποιεῖτε οὕτως, ὅτι οὐκ ἀγαθαὶ αἱ ἀκοαί, ἃς ἐγὼ ἀκούω, τοῦ μὴ δουλεύειν[9] λαὸν θεῷ. **25** ἐὰν ἁμαρτάνων ἁμάρτῃ ἀνὴρ εἰς ἄνδρα, καὶ προσεύξονται ὑπὲρ αὐτοῦ πρὸς κύριον· καὶ ἐὰν τῷ κυρίῳ ἁμάρτῃ, τίς προσεύξεται ὑπὲρ αὐτοῦ; καὶ οὐκ ἤκουον τῆς φωνῆς τοῦ πατρὸς αὐτῶν, ὅτι βουλόμενος ἐβούλετο κύριος διαφθεῖραι[10] αὐτούς.

26 καὶ τὸ παιδάριον[11] Σαμουηλ ἐπορεύετο καὶ ἐμεγαλύνετο[12] καὶ ἀγαθὸν καὶ μετὰ κυρίου καὶ μετὰ ἀνθρώπων.

27 καὶ ἦλθεν ἄνθρωπος θεοῦ πρὸς Ηλι καὶ εἶπεν Τάδε[13] λέγει κύριος Ἀποκαλυφθεὶς[14] ἀπεκαλύφθην[15] πρὸς οἶκον πατρός σου ὄντων αὐτῶν ἐν γῇ Αἰγύπτῳ δούλων τῷ οἴκῳ Φαραω **28** καὶ ἐξελεξάμην[16] τὸν οἶκον τοῦ πατρός σου ἐκ πάντων τῶν σκήπτρων[17] Ισραηλ ἐμοὶ ἱερατεύειν[18] καὶ ἀναβαίνειν ἐπὶ θυσιαστήριόν[19] μου καὶ θυμιᾶν[20] θυμίαμα[21] καὶ αἴρειν εφουδ[22] καὶ ἔδωκα τῷ οἴκῳ τοῦ πατρός σου τὰ πάντα τοῦ πυρὸς υἱῶν Ισραηλ εἰς βρῶσιν·[23] **29** καὶ ἵνα τί ἐπέβλεψας[24] ἐπὶ τὸ θυμίαμά[25] μου καὶ εἰς τὴν θυσίαν[26] μου ἀναιδεῖ[27] ὀφθαλμῷ καὶ ἐδόξασας τοὺς υἱούς σου ὑπὲρ ἐμὲ ἐνευλογεῖσθαι[28] ἀπαρχῆς[29] πάσης θυσίας[30] Ισραηλ ἔμπροσθέν μου; **30** διὰ τοῦτο τάδε[31] εἶπεν κύριος ὁ θεὸς Ισραηλ Εἶπα Ὁ οἶκός σου καὶ ὁ οἶκος τοῦ πατρός σου διελεύσεται ἐνώπιόν μου ἕως αἰῶνος· καὶ νῦν φησιν[32] κύριος Μηδαμῶς[33] ἐμοί, ὅτι ἀλλ᾽ ἢ τοὺς δοξάζοντάς με δοξάσω, καὶ ὁ ἐξουθενῶν[34] με ἀτιμωθήσεται.[35] **31** ἰδοὺ

1 ἐπισκέπτομαι, *aor mid ind 3s*, visit, care for
2 τίκτω, *aor act ind 3s*, bear
3 θυγάτηρ, daughter
4 μεγαλύνω, *aor pas ind 3s*, grow
5 παιδάριον, child
6 πρεσβύτης, old
7 σφόδρα, exceedingly
8 ἀκοή, news, report
9 δουλεύω, *pres act inf*, serve
10 διαφθείρω, *aor act inf*, utterly destroy
11 παιδάριον, child
12 μεγαλύνω, *impf pas ind 3s*, grow
13 ὅδε, this
14 ἀποκαλύπτω, *aor pas ptc nom s m*, reveal
15 ἀποκαλύπτω, *aor pas ind 1s*, reveal
16 ἐκλέγω, *aor mid ind 1s*, choose
17 σκῆπτρον, staff, scepter
18 ἱερατεύω, *pres act inf*, minister as priest
19 θυσιαστήριον, altar
20 θυμιάω, *pres act inf*, burn
21 θυμίαμα, incense
22 εφουδ, ephod, *translit.*
23 βρῶσις, food
24 ἐπιβλέπω, *aor act ind 2s*, look upon
25 θυμίαμα, incense
26 θυσία, sacrifice
27 ἀναιδής, shameless, reckless
28 ἐνευλογέω, *pres mid inf*, benefit oneself
29 ἀπαρχή, first portion
30 θυσία, sacrifice
31 ὅδε, this
32 φημί, *pres act ind 3s*, say, declare
33 μηδαμῶς, by no means, certainly not
34 ἐξουθενέω, *pres act ptc nom s m*, disdain, scorn
35 ἀτιμόω, *fut pas ind 3s*, dishonor

ἡμέραι ἔρχονται καὶ ἐξολεθρεύσω[1] τὸ σπέρμα σου καὶ τὸ σπέρμα οἴκου πατρός σου, **32** καὶ οὐκ ἔσται σου πρεσβύτης[2] ἐν οἴκῳ μου πάσας τὰς ἡμέρας· **33** καὶ ἄνδρα οὐκ ἐξολεθρεύσω[3] σοι ἀπὸ τοῦ θυσιαστηρίου[4] μου ἐκλιπεῖν[5] τοὺς ὀφθαλμοὺς αὐτοῦ καὶ καταρρεῖν[6] τὴν ψυχὴν αὐτοῦ, καὶ πᾶς περισσεύων[7] οἴκου σου πεσοῦνται ἐν ῥομφαίᾳ[8] ἀνδρῶν. **34** καὶ τοῦτό σοι τὸ σημεῖον, ὃ ἥξει[9] ἐπὶ τοὺς δύο υἱούς σου τούτους Οφνι καὶ Φινεες· ἐν ἡμέρᾳ μιᾷ ἀποθανοῦνται ἀμφότεροι.[10] **35** καὶ ἀναστήσω ἐμαυτῷ[11] ἱερέα πιστόν, ὃς πάντα τὰ ἐν τῇ καρδίᾳ μου καὶ τὰ ἐν τῇ ψυχῇ μου ποιήσει· καὶ οἰκοδομήσω αὐτῷ οἶκον πιστόν, καὶ διελεύσεται ἐνώπιον χριστοῦ μου πάσας τὰς ἡμέρας. **36** καὶ ἔσται ὁ περισσεύων[12] ἐν οἴκῳ σου ἥξει[13] προσκυνεῖν αὐτῷ ὀβολοῦ[14] ἀργυρίου[15] λέγων Παράρριψόν[16] με ἐπὶ μίαν τῶν ἱερατειῶν[17] σου φαγεῖν ἄρτον.

1 ἐξολεθρεύω, *fut act ind 1s*, utterly destroy
2 πρεσβύτης, old
3 ἐξολεθρεύω, *fut act ind 1s*, utterly destroy
4 θυσιαστήριον, altar
5 ἐκλείπω, *aor act inf*, give out, fail
6 καταρρέω, *pres act inf*, fall in ruins
7 περισσεύω, *pres act ptc nom s m*, be left over, remain
8 ῥομφαία, sword
9 ἥκω, *fut act ind 3s*, have come
10 ἀμφότεροι, both
11 ἐμαυτοῦ, myself
12 περισσεύω, *pres act ptc nom s m*, be left over, remain
13 ἥκω, *fut act ind 3s*, have come
14 ὀβολός, obol (one-fifth of a drachma)
15 ἀργύριον, silver
16 παραρριπτέω, *aor act impv 2s*, throw down
17 ἱερατεία, priesthood, priestly office

2 KINGDOMS [2 SAMUEL] 7

God's Dynastic Promise to David

❶

Acts 2:24–31; 2 Cor 6:14–18; Heb 1:5–14; Rev 21:1–7

1 Καὶ ἐγένετο ὅτε ἐκάθισεν ὁ βασιλεὺς ἐν τῷ οἴκῳ αὐτοῦ καὶ κύριος κατεκληρονόμησεν[1] αὐτὸν κύκλῳ[2] ἀπὸ πάντων τῶν ἐχθρῶν αὐτοῦ τῶν κύκλῳ, **2** καὶ εἶπεν ὁ βασιλεὺς πρὸς Ναθαν τὸν προφήτην Ἰδοὺ δὴ[3] ἐγὼ κατοικῶ ἐν οἴκῳ κεδρίνῳ,[4] καὶ ἡ κιβωτὸς[5] τοῦ θεοῦ κάθηται ἐν μέσῳ τῆς σκηνῆς.[6] **3** καὶ εἶπεν Ναθαν πρὸς τὸν βασιλέα Πάντα, ὅσα ἂν ἐν τῇ καρδίᾳ σου, βάδιζε[7] καὶ ποίει, ὅτι κύριος μετὰ σοῦ.

4 καὶ ἐγένετο τῇ νυκτὶ ἐκείνῃ καὶ ἐγένετο ῥῆμα κυρίου πρὸς Ναθαν λέγων **5** Πορεύου καὶ εἰπὸν πρὸς τὸν δοῦλόν μου Δαυιδ Τάδε[8] λέγει κύριος Οὐ σὺ οἰκοδομήσεις μοι οἶκον τοῦ κατοικῆσαί με· **6** ὅτι οὐ κατῴκηκα ἐν οἴκῳ ἀφ᾽ ἧς ἡμέρας ἀνήγαγον[9] ἐξ Αἰγύπτου τοὺς υἱοὺς Ισραηλ ἕως τῆς ἡμέρας ταύτης καὶ ἤμην ἐμπεριπατῶν[10] ἐν καταλύματι[11] καὶ ἐν σκηνῇ.[12] **7** ἐν πᾶσιν, οἷς διῆλθον ἐν παντὶ Ισραηλ, εἰ λαλῶν ἐλάλησα πρὸς μίαν φυλὴν τοῦ Ισραηλ, ᾧ ἐνετειλάμην[13] ποιμαίνειν[14] τὸν λαόν μου Ισραηλ, λέγων Τί ὅτι οὐκ ᾠκοδομήκατέ μοι οἶκον κέδρινον;[15]

8 καὶ νῦν τάδε[16] ἐρεῖς τῷ δούλῳ μου Δαυιδ Τάδε λέγει κύριος παντοκράτωρ[17] Ἔλαβόν σε ἐκ τῆς μάνδρας[18] τῶν προβάτων τοῦ εἶναί σε εἰς ἡγούμενον[19] ἐπὶ τὸν λαόν μου ἐπὶ τὸν Ισραηλ **9** καὶ ἤμην μετὰ σοῦ ἐν πᾶσιν, οἷς ἐπορεύου, καὶ ἐξωλέθρευσα[20] πάντας τοὺς ἐχθρούς σου ἀπὸ προσώπου σου καὶ ἐποίησά σε ὀνομαστὸν[21] κατὰ τὸ ὄνομα τῶν μεγάλων τῶν ἐπὶ τῆς γῆς. **10** καὶ θήσομαι τόπον τῷ λαῷ μου τῷ Ισραηλ καὶ καταφυτεύσω[22] αὐτόν, καὶ κατασκηνώσει[23] καθ᾽ ἑαυτὸν καὶ οὐ μεριμνήσει[24] οὐκέτι, καὶ οὐ προσθήσει[25] υἱὸς ἀδικίας[26] τοῦ ταπεινῶσαι[27] αὐτὸν καθὼς ἀπ᾽ ἀρχῆς

1 κατακληρονομέω, *aor act ind 3s*, give an inheritance
2 κύκλῳ, all around
3 δή, indeed, now
4 κέδρινος, cedar
5 κιβωτός, chest, ark
6 σκηνή, tent
7 βαδίζω, *pres act impv 2s*, go, proceed
8 ὅδε, this
9 ἀνάγω, *aor act ind 1s*, bring up
10 ἐμπεριπατέω, *pres act ptc nom s m*, move around, walk about
11 κατάλυμα, lodging, habitation
12 σκηνή, tent
13 ἐντέλλομαι, *aor mid ind 1s*, command, order
14 ποιμαίνω, *pres act inf*, tend, shepherd
15 κέδρινος, cedar
16 ὅδε, this
17 παντοκράτωρ, almighty, ruler of all
18 μάνδρα, fold, enclosure
19 ἡγέομαι, *pres mid ptc acc s m*, lead
20 ἐξολεθρεύω, *aor act ind 1s*, utterly destroy
21 ὀνομαστός, famous, renowned
22 καταφυτεύω, *fut act ind 1s*, plant
23 κατασκηνόω, *fut act ind 3s*, settle, live
24 μεριμνάω, *fut act ind 3s*, be anxious, be concerned
25 προστίθημι, *fut act ind 3s*, continue
26 ἀδικία, injustice, unrighteousness
27 ταπεινόω, *aor act inf*, bring down, humble

11 ἀπὸ τῶν ἡμερῶν, ὧν ἔταξα[1] κριτὰς[2] ἐπὶ τὸν λαόν μου Ισραηλ, καὶ ἀναπαύσω[3] σε ἀπὸ πάντων τῶν ἐχθρῶν σου, καὶ ἀπαγγελεῖ σοι κύριος ὅτι οἶκον οἰκοδομήσεις αὐτῷ. **12** καὶ ἔσται ἐὰν πληρωθῶσιν αἱ ἡμέραι σου καὶ κοιμηθήσῃ[4] μετὰ τῶν πατέρων σου, καὶ ἀναστήσω τὸ σπέρμα σου μετὰ σέ, ὃς ἔσται ἐκ τῆς κοιλίας[5] σου, καὶ ἑτοιμάσω τὴν βασιλείαν αὐτοῦ· **13** αὐτὸς οἰκοδομήσει μοι οἶκον τῷ ὀνόματί μου, καὶ ἀνορθώσω[6] τὸν θρόνον αὐτοῦ ἕως εἰς τὸν αἰῶνα. **14** ἐγὼ ἔσομαι αὐτῷ εἰς πατέρα, καὶ αὐτὸς ἔσται μοι εἰς υἱόν· καὶ ἐὰν ἔλθῃ ἡ ἀδικία[7] αὐτοῦ, καὶ ἐλέγξω[8] αὐτὸν ἐν ῥάβδῳ[9] ἀνδρῶν καὶ ἐν ἁφαῖς[10] υἱῶν ἀνθρώπων· **15** τὸ δὲ ἔλεός[11] μου οὐκ ἀποστήσω[12] ἀπ᾽ αὐτοῦ, καθὼς ἀπέστησα[13] ἀφ᾽ ὧν ἀπέστησα ἐκ προσώπου μου. **16** καὶ πιστωθήσεται[14] ὁ οἶκος αὐτοῦ καὶ ἡ βασιλεία αὐτοῦ ἕως αἰῶνος ἐνώπιον ἐμοῦ, καὶ ὁ θρόνος αὐτοῦ ἔσται ἀνωρθωμένος[15] εἰς τὸν αἰῶνα. **17** κατὰ πάντας τοὺς λόγους τούτους καὶ κατὰ πᾶσαν τὴν ὅρασιν[16] ταύτην, οὕτως ἐλάλησεν Ναθαν πρὸς Δαυιδ.

18 καὶ εἰσῆλθεν ὁ βασιλεὺς Δαυιδ καὶ ἐκάθισεν ἐνώπιον κυρίου καὶ εἶπεν Τίς εἰμι ἐγώ, κύριέ μου κύριε, καὶ τίς ὁ οἶκός μου, ὅτι ἠγάπηκάς με ἕως τούτων; **19** καὶ κατεσμικρύνθη[17] μικρὸν ἐνώπιόν σου, κύριέ μου κύριε, καὶ ἐλάλησας ὑπὲρ τοῦ οἴκου τοῦ δούλου σου εἰς μακράν·[18] οὗτος δὲ ὁ νόμος τοῦ ἀνθρώπου, κύριέ μου κύριε. **20** καὶ τί προσθήσει[19] Δαυιδ ἔτι τοῦ λαλῆσαι πρὸς σέ; καὶ νῦν σὺ οἶδας τὸν δοῦλόν σου, κύριέ μου κύριε. **21** διὰ τὸν λόγον σου πεποίηκας καὶ κατὰ τὴν καρδίαν σου ἐποίησας πᾶσαν τὴν μεγαλωσύνην[20] ταύτην γνωρίσαι[21] τῷ δούλῳ σου **22** ἕνεκεν[22] τοῦ μεγαλῦναί[23] σε, κύριέ μου κύριε, ὅτι οὐκ ἔστιν ὡς σὺ καὶ οὐκ ἔστιν θεὸς πλὴν σοῦ ἐν πᾶσιν, οἷς ἠκούσαμεν ἐν τοῖς ὠσὶν ἡμῶν. **23** καὶ τίς ὡς ὁ λαός σου Ισραηλ ἔθνος ἄλλο ἐν τῇ γῇ; ὡς ὡδήγησεν[24] αὐτὸν ὁ θεὸς τοῦ λυτρώσασθαι[25] αὐτῷ λαὸν τοῦ θέσθαι σε ὄνομα τοῦ ποιῆσαι μεγαλωσύνην[26] καὶ ἐπιφάνειαν[27] τοῦ ἐκβαλεῖν σε ἐκ προσώπου τοῦ λαοῦ σου, οὗ ἐλυτρώσω[28] σεαυτῷ ἐξ Αἰγύπτου, ἔθνη καὶ σκη-

1 τάσσω, *aor act ind 1s*, appoint, arrange
2 κριτής, judge
3 ἀναπαύω, *fut act ind 1s*, give rest, grant relief
4 κοιμάω, *fut pas ind 2s*, fall asleep, lie (in death)
5 κοιλία, belly, (loins)
6 ἀνορθόω, *fut act ind 1s*, restore, set right
7 ἀδικία, injustice, unrighteousness
8 ἐλέγχω, *fut act ind 1s*, reprove, discipline
9 ῥάβδος, rod
10 ἁφή, stroke, stripe
11 ἔλεος, mercy, compassion
12 ἀφίστημι, *fut act ind 1s*, remove, withdraw
13 ἀφίστημι, *aor act ind 1s*, remove, withdraw
14 πιστόω, *fut pas ind 3s*, guarantee, secure, establish
15 ἀνορθόω, *perf pas ptc nom s m*, rebuild, strengthen, set right
16 ὅρασις, vision
17 κατασμικρύνομαι, *aor pas ind 3s*, be small
18 μακράν, remote (time)
19 προστίθημι, *fut act ind 3s*, continue, add to
20 μεγαλωσύνη, preeminence, greatness
21 γνωρίζω, *aor act inf*, make known, reveal
22 ἕνεκα, for the sake of, in order that
23 μεγαλύνω, *aor act inf*, extol, magnify
24 ὁδηγέω, *aor act ind 3s*, lead, guide
25 λυτρόω, *aor mid inf*, redeem, deliver
26 μεγαλωσύνη, greatness, majesty
27 ἐπιφάνεια, manifestation (of power), (sudden) appearance
28 λυτρόω, *aor mid ind 2s*, redeem, deliver

νώματα.[1] **24** καὶ ἡτοίμασας σεαυτῷ τὸν λαόν σου Ισραηλ λαὸν ἕως αἰῶνος, καὶ σύ, κύριε, ἐγένου αὐτοῖς εἰς θεόν.

25 καὶ νῦν, κύριέ μου κύριε, τὸ ῥῆμα, ὃ ἐλάλησας περὶ τοῦ δούλου σου καὶ τοῦ οἴκου αὐτοῦ, πίστωσον[2] ἕως αἰῶνος, κύριε παντοκράτωρ[3] θεὲ τοῦ Ισραηλ· καὶ νῦν καθὼς ἐλάλησας, **26** μεγαλυνθείη[4] τὸ ὄνομά σου ἕως αἰῶνος. **27** κύριε παντοκράτωρ[5] θεὸς Ισραηλ, ἀπεκάλυψας[6] τὸ ὠτίον[7] τοῦ δούλου σου λέγων Οἶκον οἰκοδομήσω σοι· διὰ τοῦτο εὗρεν ὁ δοῦλός σου τὴν καρδίαν ἑαυτοῦ τοῦ προσεύξασθαι πρὸς σὲ τὴν προσευχὴν ταύτην. **28** καὶ νῦν, κύριέ μου κύριε, σὺ εἶ ὁ θεός, καὶ οἱ λόγοι σου ἔσονται ἀληθινοί,[8] καὶ ἐλάλησας ὑπὲρ τοῦ δούλου σου τὰ ἀγαθὰ ταῦτα· **29** καὶ νῦν ἄρξαι καὶ εὐλόγησον τὸν οἶκον τοῦ δούλου σου τοῦ εἶναι εἰς τὸν αἰῶνα ἐνώπιόν σου, ὅτι σὺ εἶ, κύριέ μου κύριε, ἐλάλησας, καὶ ἀπὸ τῆς εὐλογίας[9] σου εὐλογηθήσεται ὁ οἶκος τοῦ δούλου σου εἰς τὸν αἰῶνα.

1 σκήνωμα, habitation, dwelling
2 πιστόω, *aor act impv 2s*, guarantee, secure, establish
3 παντοκράτωρ, almighty, ruler of all
4 μεγαλύνω, *aor pas opt 3s*, extol, magnify
5 παντοκράτωρ, almighty, ruler of all
6 ἀποκαλύπτω, *aor act ind 2s*, uncover, reveal
7 ὠτίον, *dim of* οὖς, ear
8 ἀληθινός, true, trustworthy
9 εὐλογία, blessing

3 KINGDOMS [1 KINGS] 8

Solomon's Dedication of the Newly Built Temple 

1 Καὶ ἐγένετο ἐν τῷ συντελέσαι[1] Σαλωμων τοῦ οἰκοδομῆσαι τὸν οἶκον κυρίου καὶ τὸν οἶκον ἑαυτοῦ μετὰ εἴκοσι[2] ἔτη, τότε ἐξεκκλησίασεν[3] ὁ βασιλεὺς Σαλωμων πάντας τοὺς πρεσβυτέρους Ισραηλ ἐν Σιων τοῦ ἀνενεγκεῖν[4] τὴν κιβωτὸν[5] διαθήκης κυρίου ἐκ πόλεως Δαυιδ (αὕτη ἐστὶν Σιων) **2** ἐν μηνὶ[6] Αθανιν. **3** καὶ ἦραν οἱ ἱερεῖς τὴν κιβωτὸν[7] **4** καὶ τὸ σκήνωμα[8] τοῦ μαρτυρίου[9] καὶ πάντα τὰ σκεύη[10] τὰ ἅγια τὰ ἐν τῷ σκηνώματι τοῦ μαρτυρίου,[11] **5** καὶ ὁ βασιλεὺς καὶ πᾶς Ισραηλ ἔμπροσθεν τῆς κιβωτοῦ[12] θύοντες[13] πρόβατα καὶ βόας[14] ἀναρίθμητα.[15] **6** καὶ εἰσφέρουσιν[16] οἱ ἱερεῖς τὴν κιβωτὸν[17] εἰς τὸν τόπον αὐτῆς εἰς τὸ δαβιρ[18] τοῦ οἴκου εἰς τὰ ἅγια τῶν ἁγίων ὑπὸ τὰς πτέρυγας[19] τῶν χερουβιν·[20] **7** ὅτι τὰ χερουβιν[21] διαπεπετασμένα[22] ταῖς πτέρυξιν[23] ἐπὶ τὸν τόπον τῆς κιβωτοῦ,[24] καὶ περιεκάλυπτον[25] τὰ χερουβιν ἐπὶ τὴν κιβωτὸν καὶ ἐπὶ τὰ ἅγια αὐτῆς ἐπάνωθεν,[26] **8** καὶ ὑπερεῖχον[27] τὰ ἡγιασμένα,[28] καὶ ἐνεβλέποντο[29] αἱ κεφαλαὶ τῶν ἡγιασμένων[30] ἐκ τῶν ἁγίων εἰς πρόσωπον τοῦ δαβιρ[31] καὶ οὐκ ὠπτάνοντο[32] ἔξω. **9** οὐκ ἦν ἐν τῇ κιβωτῷ[33] πλὴν δύο πλάκες[34] λίθιναι,[35] πλάκες τῆς διαθήκης, ἃς ἔθηκεν ἐκεῖ Μωυσῆς ἐν Χωρηβ, ἃ διέθετο[36] κύριος μετὰ τῶν υἱῶν Ισραηλ ἐν τῷ ἐκπορεύεσθαι αὐτοὺς ἐκ γῆς Αἰγύπτου. **10** καὶ ἐγένετο ὡς ἐξῆλθον οἱ ἱερεῖς ἐκ τοῦ ἁγίου, καὶ ἡ νεφέλη[37] ἔπλησεν[38] τὸν οἶκον· **11** καὶ οὐκ

1 συντελέω, *aor act inf*, complete, finish
2 εἴκοσι, twenty
3 ἐξεκλησιάζω, *aor act ind 3s*, summon, assemble
4 ἀναφέρω, *aor act inf*, bring up
5 κιβωτός, chest, ark
6 μήν, month
7 κιβωτός, chest, ark (of the covenant)
8 σκήνωμα, tent
9 μαρτύριον, witness
10 σκεῦος, object, vessel
11 μαρτύριον, witness
12 κιβωτός, chest, ark (of the covenant)
13 θύω, *pres act ptc nom p m*, sacrifice
14 βοῦς, cow, (*p*) cattle
15 ἀναρίθμητος, countless
16 εἰσφέρω, *pres act ind 3p*, bring in
17 κιβωτός, chest, ark (of the covenant)
18 δαβιρ, temple shrine, *translit.*
19 πτέρυξ, wing
20 χερουβιν, cherubim, *translit.*
21 χερουβιν, cherubim, *translit.*
22 διαπετάννυμι, *perf mid ptc nom p n*, spread out
23 πτέρυξ, wing
24 κιβωτός, chest, ark (of the covenant)
25 περικαλύπτω, *impf act ind 3p*, cover over
26 ἐπάνωθεν, from above, over
27 ὑπερέχω, *impf act ind 3p*, rise above
28 ἁγιάζω, *perf pas ptc acc p n*, sanctify, consecrate
29 ἐμβλέπω, *impf pas ind 3p*, appear
30 ἁγιάζω, *perf pas ptc gen p n*, sanctify, consecrate
31 δαβιρ, temple shrine, *translit.*
32 ὀπτάνομαι, *impf pas ind 3p*, see
33 κιβωτός, chest, ark (of the covenant)
34 πλάξ, tablet
35 λίθινος, stone
36 διατίθημι, *aor mid ind 3s*, grant, arrange
37 νεφέλη, cloud
38 πίμπλημι, *aor act ind 3s*, fill

ἠδύναντο οἱ ἱερεῖς στῆναι λειτουργεῖν[1] ἀπὸ προσώπου τῆς νεφέλης,[2] ὅτι ἔπλησεν[3] δόξα κυρίου τὸν οἶκον.

14 Καὶ ἀπέστρεψεν[4] ὁ βασιλεὺς τὸ πρόσωπον αὐτοῦ, καὶ εὐλόγησεν ὁ βασιλεὺς πάντα Ισραηλ, καὶ πᾶσα ἐκκλησία Ισραηλ εἱστήκει.[5] **15** καὶ εἶπεν Εὐλογητὸς[6] κύριος ὁ θεὸς Ισραηλ σήμερον, ὃς ἐλάλησεν ἐν τῷ στόματι αὐτοῦ περὶ Δαυιδ τοῦ πατρός μου καὶ ἐν ταῖς χερσὶν αὐτοῦ ἐπλήρωσεν λέγων **16** Ἀφ᾿ ἧς ἡμέρας ἐξήγαγον[7] τὸν λαόν μου τὸν Ισραηλ ἐξ Αἰγύπτου, οὐκ ἐξελεξάμην[8] ἐν πόλει ἐν ἑνὶ σκήπτρῳ[9] Ισραηλ τοῦ οἰκοδομῆσαι οἶκον τοῦ εἶναι τὸ ὄνομά μου ἐκεῖ· καὶ ἐξελεξάμην ἐν Ιερουσαλημ εἶναι τὸ ὄνομά μου ἐκεῖ καὶ ἐξελεξάμην τὸν Δαυιδ τοῦ εἶναι ἐπὶ τὸν λαόν μου τὸν Ισραηλ. **17** καὶ ἐγένετο ἐπὶ τῆς καρδίας Δαυιδ τοῦ πατρός μου οἰκοδομῆσαι οἶκον τῷ ὀνόματι κυρίου θεοῦ Ισραηλ. **18** καὶ εἶπεν κύριος πρὸς Δαυιδ τὸν πατέρα μου Ἀνθ᾿ ὧν[10] ἦλθεν ἐπὶ τὴν καρδίαν σου τοῦ οἰκοδομῆσαι οἶκον τῷ ὀνόματί μου, καλῶς[11] ἐποίησας ὅτι ἐγενήθη ἐπὶ τὴν καρδίαν σου· **19** πλὴν σὺ οὐκ οἰκοδομήσεις τὸν οἶκον, ἀλλ᾿ ἢ ὁ υἱός σου ὁ ἐξελθὼν ἐκ τῶν πλευρῶν[12] σου, οὗτος οἰκοδομήσει τὸν οἶκον τῷ ὀνόματί μου. **20** καὶ ἀνέστησεν κύριος τὸ ῥῆμα αὐτοῦ, ὃ ἐλάλησεν, καὶ ἀνέστην ἀντὶ[13] Δαυιδ τοῦ πατρός μου καὶ ἐκάθισα ἐπὶ τοῦ θρόνου Ισραηλ, καθὼς ἐλάλησεν κύριος, καὶ ᾠκοδόμησα τὸν οἶκον τῷ ὀνόματι κυρίου θεοῦ Ισραηλ. **21** καὶ ἐθέμην[14] ἐκεῖ τόπον τῇ κιβωτῷ,[15] ἐν ᾗ ἐστιν ἐκεῖ διαθήκη κυρίου, ἣν διέθετο[16] κύριος μετὰ τῶν πατέρων ἡμῶν ἐν τῷ ἐξαγαγεῖν[17] αὐτὸν αὐτοὺς ἐκ γῆς Αἰγύπτου.

22 Καὶ ἔστη Σαλωμων κατὰ πρόσωπον τοῦ θυσιαστηρίου[18] κυρίου ἐνώπιον πάσης ἐκκλησίας Ισραηλ καὶ διεπέτασεν[19] τὰς χεῖρας αὐτοῦ εἰς τὸν οὐρανὸν **23** καὶ εἶπεν Κύριε ὁ θεὸς Ισραηλ, οὐκ ἔστιν ὡς σὺ θεὸς ἐν τῷ οὐρανῷ ἄνω[20] καὶ ἐπὶ τῆς γῆς κάτω[21] φυλάσσων διαθήκην καὶ ἔλεος[22] τῷ δούλῳ σου τῷ πορευομένῳ ἐνώπιόν σου ἐν ὅλῃ τῇ καρδίᾳ αὐτοῦ, **24** ἃ ἐφύλαξας τῷ δούλῳ σου Δαυιδ τῷ πατρί μου καὶ ἐλάλησας ἐν τῷ στόματί σου καὶ ἐν χερσίν σου ἐπλήρωσας ὡς ἡ ἡμέρα αὕτη. **25** καὶ νῦν, κύριε ὁ θεὸς Ισραηλ, φύλαξον τῷ δούλῳ σου τῷ Δαυιδ τῷ πατρί μου ἃ ἐλάλησας αὐτῷ λέγων Οὐκ ἐξαρθήσεταί[23] σου ἀνὴρ ἐκ προσώπου μου καθήμενος ἐπὶ θρόνου Ισραηλ, πλὴν ἐὰν φυλάξωνται τὰ τέκνα σου τὰς ὁδοὺς αὐτῶν τοῦ πορεύεσθαι ἐνώπιον ἐμοῦ, καθὼς ἐπορεύθης ἐνώπιον ἐμοῦ. **26** καὶ νῦν, κύριε ὁ θεὸς Ισραηλ, πιστωθήτω[24] δὴ[25] τὸ ῥῆμά σου τῷ Δαυιδ τῷ πατρί μου.

1 λειτουργέω, *pres act inf*, minister
2 νεφέλη, cloud
3 πίμπλημι, *aor act ind 3s*, fill
4 ἀποστρέφω, *aor act ind 3s*, turn away
5 ἵστημι, *plpf act ind 3s*, stand
6 εὐλογητός, blessed
7 ἐξάγω, *aor act ind 1s*, lead out
8 ἐκλέγω, *aor mid ind 1s*, choose, select
9 σκῆπτρον, scepter
10 ἀνθ᾿ ὧν, because, since
11 καλῶς, well
12 πλευρά, side (of the body)
13 ἀντί, in place of
14 τίθημι, *aor mid ind 1s*, set, place
15 κιβωτός, chest, ark (of the covenant)
16 διατίθημι, *aor mid ind 3s*, arrange
17 ἐξάγω, *aor act inf*, bring out
18 θυσιαστήριον, altar
19 διαπετάννυμι, *aor act ind 3s*, spread out
20 ἄνω, above
21 κάτω, below
22 ἔλεος, mercy
23 ἐξαίρω, *fut pas ind 3s*, remove from
24 πιστόω, *aor pas impv 3s*, confirm
25 δή, now

27 ὅτι εἰ ἀληθῶς[1] κατοικήσει ὁ θεὸς μετὰ ἀνθρώπων ἐπὶ τῆς γῆς; εἰ ὁ οὐρανὸς καὶ ὁ οὐρανὸς τοῦ οὐρανοῦ οὐκ ἀρκέσουσίν[2] σοι, πλὴν καὶ ὁ οἶκος οὗτος, ὃν ᾠκοδόμησα τῷ ὀνόματί σου; **28** καὶ ἐπιβλέψῃ[3] ἐπὶ τὴν δέησίν[4] μου, κύριε ὁ θεὸς Ισραηλ, ἀκούειν τῆς τέρψεως,[5] ἧς ὁ δοῦλός σου προσεύχεται ἐνώπιόν σου πρὸς σὲ σήμερον, **29** τοῦ εἶναι ὀφθαλμούς σου ἠνεῳγμένους[6] εἰς τὸν οἶκον τοῦτον ἡμέρας καὶ νυκτός, εἰς τὸν τόπον, ὃν εἶπας Ἔσται τὸ ὄνομά μου ἐκεῖ, τοῦ εἰσακούειν[7] τῆς προσευχῆς, ἧς προσεύχεται ὁ δοῦλός σου εἰς τὸν τόπον τοῦτον ἡμέρας καὶ νυκτός. **30** καὶ εἰσακούσῃ[8] τῆς δεήσεως[9] τοῦ δούλου σου καὶ τοῦ λαοῦ σου Ισραηλ, ἃ ἂν προσεύξωνται εἰς τὸν τόπον τοῦτον, καὶ σὺ εἰσακούσῃ[10] ἐν τῷ τόπῳ τῆς κατοικήσεώς[11] σου ἐν οὐρανῷ καὶ ποιήσεις καὶ ἵλεως[12] ἔσῃ.

31 ὅσα ἂν ἁμάρτῃ ἕκαστος τῷ πλησίον[13] αὐτοῦ, καὶ ἐὰν λάβῃ ἐπ᾽ αὐτὸν ἀρὰν[14] τοῦ ἀρᾶσθαι[15] αὐτόν, καὶ ἔλθῃ καὶ ἐξαγορεύσῃ[16] κατὰ πρόσωπον τοῦ θυσιαστηρίου[17] σου ἐν τῷ οἴκῳ τούτῳ, **32** καὶ σὺ εἰσακούσει[18] ἐκ τοῦ οὐρανοῦ καὶ ποιήσεις καὶ κρινεῖς τὸν λαόν σου Ισραηλ ἀνομηθῆναι[19] ἄνομον[20] δοῦναι τὴν ὁδὸν αὐτοῦ εἰς κεφαλὴν αὐτοῦ καὶ τοῦ δικαιῶσαι[21] δίκαιον δοῦναι αὐτῷ κατὰ τὴν δικαιοσύνην αὐτοῦ.

33 ἐν τῷ πταῖσαι[22] τὸν λαόν σου Ισραηλ ἐνώπιον ἐχθρῶν, ὅτι ἁμαρτήσονταί σοι, καὶ ἐπιστρέψουσιν καὶ ἐξομολογήσονται[23] τῷ ὀνόματί σου καὶ προσεύξονται καὶ δεηθήσονται[24] ἐν τῷ οἴκῳ τούτῳ, **34** καὶ σὺ εἰσακούσῃ[25] ἐκ τοῦ οὐρανοῦ καὶ ἵλεως[26] ἔσῃ ταῖς ἁμαρτίαις τοῦ λαοῦ σου Ισραηλ καὶ ἀποστρέψεις[27] αὐτοὺς εἰς τὴν γῆν, ἣν ἔδωκας τοῖς πατράσιν αὐτῶν.

35 ἐν τῷ συσχεθῆναι[28] τὸν οὐρανὸν καὶ μὴ γενέσθαι ὑετόν,[29] ὅτι ἁμαρτήσονταί σοι, καὶ προσεύξονται εἰς τὸν τόπον τοῦτον καὶ ἐξομολογήσονται[30] τῷ ὀνόματί σου καὶ ἀπὸ τῶν ἁμαρτιῶν αὐτῶν ἀποστρέψουσιν,[31] ὅταν ταπεινώσῃς[32] αὐτούς, **36** καὶ εἰσακούσῃ[33] ἐκ τοῦ οὐρανοῦ καὶ ἵλεως[34] ἔσῃ ταῖς ἁμαρτίαις τοῦ δούλου σου καὶ τοῦ

1 ἀληθῶς, truly, actually
2 ἀρκέω, *fut act ind 3p*, suffice
3 ἐπιβλέπω, *fut mid ind 2s*, look upon
4 δέησις, petition, prayer
5 τέρψις, delight, joy
6 ἀνοίγω, *perf pas ptc acc p m*, open
7 εἰσακούω, *pres act inf*, hear, listen
8 εἰσακούω, *fut mid ind 2s*, hear, listen
9 δέησις, petition, prayer
10 εἰσακούω, *fut mid ind 2s*, hear, listen
11 κατοίκησις, dwelling
12 ἵλεως, gracious, merciful
13 πλησίον, neighbor
14 ἀρά, curse, oath
15 ἀράομαι, *pres mid inf*, curse
16 ἐξαγορεύω, *aor act sub 3s*, confess
17 θυσιαστήριον, altar
18 εἰσακούω, *fut act ind 3s*, hear, listen
19 ἀνομέω, *aor pas inf*, act lawlessly
20 ἄνομος, wicked, lawless
21 δικαιόω, *aor act inf*, pronounce righteous
22 πταίω, *aor act inf*, fall, stumble
23 ἐξομολογέομαι, *fut mid ind 3p*, confess
24 δέομαι, *fut pas ind 3p*, supplicate
25 εἰσακούω, *fut mid ind 2s*, hear, listen
26 ἵλεως, gracious, merciful
27 ἀποστρέφω, *fut act ind 2s*, bring back
28 συνέχω, *aor pas inf*, close up
29 ὑετός, rain
30 ἐξομολογέομαι, *fut mid ind 3p*, confess
31 ἀποστρέφω, *fut act ind 3p*, turn away
32 ταπεινόω, *aor act sub 2s*, bring low, humble
33 εἰσακούω, *fut mid ind 2s*, hear, listen
34 ἵλεως, gracious, merciful

λαοῦ σου Ισραηλ· ὅτι δηλώσεις[1] αὐτοῖς τὴν ὁδὸν τὴν ἀγαθὴν πορεύεσθαι ἐν αὐτῇ καὶ δώσεις ὑετὸν[2] ἐπὶ τὴν γῆν, ἣν ἔδωκας τῷ λαῷ σου ἐν κληρονομίᾳ.[3]

37 λιμὸς[4] ἐὰν γένηται, θάνατος ἐὰν γένηται, ὅτι ἔσται ἐμπυρισμός,[5] βροῦχος,[6] ἐρυσίβη[7] ἐὰν γένηται, καὶ ἐὰν θλίψῃ[8] αὐτὸν ἐχθρὸς αὐτοῦ ἐν μιᾷ τῶν πόλεων αὐτοῦ, πᾶν συνάντημα,[9] πᾶν πόνον,[10] **38** πᾶσαν προσευχήν, πᾶσαν δέησιν,[11] ἐὰν γένηται παντὶ ἀνθρώπῳ, ὡς ἂν γνῶσιν ἕκαστος ἁφὴν[12] καρδίας αὐτοῦ καὶ διαπετάσῃ[13] τὰς χεῖρας αὐτοῦ εἰς τὸν οἶκον τοῦτον, **39** καὶ σὺ εἰσακούσῃ[14] ἐκ τοῦ οὐρανοῦ ἐξ ἑτοίμου[15] κατοικητηρίου[16] σου καὶ ἵλεως[17] ἔσῃ καὶ ποιήσεις καὶ δώσεις ἀνδρὶ κατὰ τὰς ὁδοὺς αὐτοῦ, καθὼς ἂν γνῷς τὴν καρδίαν αὐτοῦ, ὅτι σὺ μονώτατος[18] οἶδας τὴν καρδίαν πάντων υἱῶν ἀνθρώπων, **40** ὅπως φοβῶνταί σε πάσας τὰς ἡμέρας, ἃς αὐτοὶ ζῶσιν ἐπὶ τῆς γῆς, ἧς ἔδωκας τοῖς πατράσιν ἡμῶν.

41 καὶ τῷ ἀλλοτρίῳ,[19] ὃς οὐκ ἔστιν ἀπὸ λαοῦ σου οὗτος, **42** καὶ ἥξουσιν[20] καὶ προσεύξονται εἰς τὸν τόπον τοῦτον, **43** καὶ σὺ εἰσακούσῃ[21] ἐκ τοῦ οὐρανοῦ ἐξ ἑτοίμου[22] κατοικητηρίου[23] σου καὶ ποιήσεις κατὰ πάντα, ὅσα ἂν ἐπικαλέσηταί[24] σε ὁ ἀλλότριος,[25] ὅπως γνῶσιν πάντες οἱ λαοὶ τὸ ὄνομά σου καὶ φοβῶνταί σε καθὼς ὁ λαός σου Ισραηλ καὶ γνῶσιν ὅτι τὸ ὄνομά σου ἐπικέκληται[26] ἐπὶ τὸν οἶκον τοῦτον, ὃν ᾠκοδόμησα. — **44** ὅτι ἐξελεύσεται ὁ λαός σου εἰς πόλεμον ἐπὶ τοὺς ἐχθροὺς αὐτοῦ ἐν ὁδῷ, ᾗ ἐπιστρέψεις αὐτούς, καὶ προσεύξονται ἐν ὀνόματι κυρίου ὁδὸν τῆς πόλεως, ἧς ἐξελέξω[27] ἐν αὐτῇ, καὶ τοῦ οἴκου, οὗ ᾠκοδόμησα τῷ ὀνόματί σου, **45** καὶ εἰσακούσει[28] ἐκ τοῦ οὐρανοῦ τῆς δεήσεως[29] αὐτῶν καὶ τῆς προσευχῆς αὐτῶν καὶ ποιήσεις τὸ δικαίωμα[30] αὐτοῖς.

46 ὅτι ἁμαρτήσονταί σοι — ὅτι οὐκ ἔστιν ἄνθρωπος, ὃς οὐχ ἁμαρτήσεται — καὶ ἐπάξεις[31] ἐπ᾽ αὐτοὺς καὶ παραδώσεις[32] αὐτοὺς ἐνώπιον ἐχθρῶν καὶ αἰχμαλωτιοῦσιν[33] αὐτοὺς οἱ αἰχμαλωτίζοντες[34] εἰς γῆν μακρὰν[35] καὶ ἐγγύς,[36] **47** καὶ ἐπιστρέψουσιν

1 δηλόω, *fut act ind 2s*, make known
2 ὑετός, rain
3 κληρονομία, inheritance
4 λιμός, famine
5 ἐμπυρισμός, blight
6 βροῦχος, locust
7 ἐρυσίβη, mildew
8 θλίβω, *aor act sub 3s*, afflict
9 συνάντημα, adversity
10 πόνος, hardship
11 δέησις, petition, prayer
12 ἁφή, wound, affliction
13 διαπετάννυμι, *aor act sub 3s*, spread out
14 εἰσακούω, *fut mid ind 2s*, hear, listen
15 ἕτοιμος, prepared
16 κατοικητήριον, dwelling place, abode
17 ἵλεως, gracious, merciful
18 μόνος, *sup*, most alone
19 ἀλλότριος, foreign
20 ἥκω, *fut act ind 3p*, come
21 εἰσακούω, *fut mid ind 2s*, hear, listen
22 ἕτοιμος, prepared
23 κατοικητήριον, dwelling place, abode
24 ἐπικαλέω, *aor mid sub 3s*, call upon
25 ἀλλότριος, foreign
26 ἐπικαλέω, *perf pas ind 3s*, call upon
27 ἐκλέγω, *aor mid ind 2s*, choose, select
28 εἰσακούω, *fut act ind 3s*, hear, listen
29 δέησις, petition, prayer
30 δικαίωμα, righteous deed
31 ἐπάγω, *fut act ind 2s*, bring upon
32 παραδίδωμι, *fut act ind 2s*, give over
33 αἰχμαλωτίζω, *fut act ind 3p*, take captive
34 αἰχμαλωτίζω, *pres act ptc nom p m*, take captive
35 μακράν, far away
36 ἐγγύς, nearby

καρδίας αὐτῶν ἐν τῇ γῇ, οὗ[1] μετήχθησαν[2] ἐκεῖ, καὶ ἐπιστρέψωσιν καὶ δεηθῶσίν[3] σου ἐν γῇ μετοικίας[4] αὐτῶν λέγοντες Ἡμάρτομεν ἠνομήσαμεν[5] ἠδικήσαμεν,[6] **48** καὶ ἐπιστρέψωσιν πρὸς σὲ ἐν ὅλῃ καρδίᾳ αὐτῶν καὶ ἐν ὅλῃ ψυχῇ αὐτῶν ἐν τῇ γῇ ἐχθρῶν αὐτῶν, οὗ μετήγαγες[7] αὐτούς, καὶ προσεύξονται πρὸς σὲ ὁδὸν γῆς αὐτῶν, ἧς ἔδωκας τοῖς πατράσιν αὐτῶν, τῆς πόλεως, ἧς ἐξελέξω,[8] καὶ τοῦ οἴκου, οὗ ᾠκοδόμηκα τῷ ὀνόματί σου, **49** καὶ εἰσακούσῃ[9] ἐκ τοῦ οὐρανοῦ ἐξ ἑτοίμου[10] κατοικητηρίου[11] σου **50** καὶ ἵλεως[12] ἔσῃ ταῖς ἀδικίαις[13] αὐτῶν, αἷς ἥμαρτόν σοι, καὶ κατὰ πάντα τὰ ἀθετήματα[14] αὐτῶν, ἃ ἠθέτησάν[15] σοι, καὶ δώσεις αὐτοὺς εἰς οἰκτιρμοὺς[16] ἐνώπιον αἰχμαλωτευόντων[17] αὐτούς, καὶ οἰκτιρήσουσιν[18] αὐτούς· **51** ὅτι λαός σου καὶ κληρονομία[19] σου, οὓς ἐξήγαγες[20] ἐκ γῆς Αἰγύπτου ἐκ μέσου χωνευτηρίου[21] σιδήρου.[22] **52** καὶ ἔστωσαν οἱ ὀφθαλμοί σου καὶ τὰ ὦτά σου ἠνεῳγμένα[23] εἰς τὴν δέησιν[24] τοῦ δούλου σου καὶ εἰς τὴν δέησιν τοῦ λαοῦ σου Ισραηλ εἰσακούειν[25] αὐτῶν ἐν πᾶσιν, οἷς ἂν ἐπικαλέσωνταί[26] σε, **53** ὅτι σὺ διέστειλας[27] αὐτοὺς σαυτῷ εἰς κληρονομίαν[28] ἐκ πάντων τῶν λαῶν τῆς γῆς, καθὼς ἐλάλησας ἐν χειρὶ δούλου σου Μωυσῇ ἐν τῷ ἐξαγαγεῖν[29] σε τοὺς πατέρας ἡμῶν ἐκ γῆς Αἰγύπτου, κύριε κύριε.

53a Τότε ἐλάλησεν Σαλωμων ὑπὲρ τοῦ οἴκου, ὡς συνετέλεσεν[30] τοῦ οἰκοδομῆσαι αὐτόν

Ἥλιον ἐγνώρισεν[31] ἐν οὐρανῷ κύριος,
εἶπεν τοῦ κατοικεῖν ἐν γνόφῳ[32]
Οἰκοδόμησον οἶκόν μου, οἶκον ἐκπρεπῆ[33] σαυτῷ,
τοῦ κατοικεῖν ἐπὶ καινότητος.[34]

οὐκ ἰδοὺ αὕτη γέγραπται ἐν βιβλίῳ τῆς ᾠδῆς;[35]

1 οὗ, where
2 μετάγω, *aor pas ind 3p*, carry away
3 δέομαι, *aor pas sub 3p*, supplicate
4 μετοικία, captivity
5 ἀνομέω, *aor act ind 1p*, act wickedly
6 ἀδικέω, *aor act ind 1p*, commit injustice
7 μετάγω, *aor act ind 2s*, carry away
8 ἐκλέγω, *aor mid ind 2s*, choose, select
9 εἰσακούω, *fut mid ind 2s*, hear, listen
10 ἕτοιμος, prepared
11 κατοικητήριον, dwelling place, abode
12 ἵλεως, gracious, merciful
13 ἀδικία, wrongdoing, injustice
14 ἀθέτημα, breach of faith
15 ἀθετέω, *aor act ind 3p*, break faith with
16 οἰκτιρμός, compassion
17 αἰχμαλωτεύω, *pres act ptc gen p m*, take captive
18 οἰκτίρω, *fut act ind 3p*, have compassion on
19 κληρονομία, possession
20 ἐξάγω, *aor act ind 2s*, bring out
21 χωνευτήριον, smelting furnace
22 σίδηρος, iron
23 ἀνοίγω, *perf pas ptc nom p n*, open
24 δέησις, petition, prayer
25 εἰσακούω, *pres act inf*, hear, listen
26 ἐπικαλέω, *aor mid sub 3p*, call upon
27 διαστέλλω, *aor act ind 2s*, set aside
28 κληρονομία, possession
29 ἐξάγω, *aor act inf*, bring out
30 συντελέω, *aor act ind 3s*, finish
31 γνωρίζω, *aor act ind 3s*, make known
32 γνόφος, darkness
33 ἐκπρεπής, extraordinary
34 καινότης, newness
35 ᾠδή, ode, song

54 Καὶ ἐγένετο ὡς συνετέλεσεν[1] Σαλωμων προσευχόμενος πρὸς κύριον ὅλην τὴν προσευχὴν καὶ τὴν δέησιν[2] ταύτην, καὶ ἀνέστη ἀπὸ προσώπου τοῦ θυσιαστηρίου[3] κυρίου ὀκλακὼς[4] ἐπὶ τὰ γόνατα[5] αὐτοῦ καὶ αἱ χεῖρες αὐτοῦ διαπεπετασμέναι[6] εἰς τὸν οὐρανόν. **55** καὶ ἔστη καὶ εὐλόγησεν πᾶσαν ἐκκλησίαν Ισραηλ φωνῇ μεγάλῃ λέγων **56** Εὐλογητὸς[7] κύριος σήμερον, ὃς ἔδωκεν κατάπαυσιν[8] τῷ λαῷ αὐτοῦ Ισραηλ κατὰ πάντα, ὅσα ἐλάλησεν· οὐ διεφώνησεν[9] λόγος εἷς ἐν πᾶσιν τοῖς λόγοις αὐτοῦ τοῖς ἀγαθοῖς, οἷς ἐλάλησεν ἐν χειρὶ Μωυσῆ δούλου αὐτοῦ. **57** γένοιτο[10] κύριος ὁ θεὸς ἡμῶν μεθ' ἡμῶν, καθὼς ἦν μετὰ τῶν πατέρων ἡμῶν· μὴ ἐγκαταλίποιτο[11] ἡμᾶς μηδὲ ἀποστρέψοιτο[12] ἡμᾶς **58** ἐπικλῖναι[13] καρδίας ἡμῶν πρὸς αὐτὸν τοῦ πορεύεσθαι ἐν πάσαις ὁδοῖς αὐτοῦ καὶ φυλάσσειν πάσας τὰς ἐντολὰς αὐτοῦ καὶ προστάγματα[14] αὐτοῦ, ἃ ἐνετείλατο[15] τοῖς πατράσιν ἡμῶν. **59** καὶ ἔστωσαν οἱ λόγοι οὗτοι, οὓς δεδέημαι[16] ἐνώπιον κυρίου θεοῦ ἡμῶν, ἐγγίζοντες πρὸς κύριον θεὸν ἡμῶν ἡμέρας καὶ νυκτὸς τοῦ ποιεῖν τὸ δικαίωμα[17] τοῦ δούλου σου καὶ τὸ δικαίωμα λαοῦ σου Ισραηλ ῥῆμα ἡμέρας ἐν ἡμέρᾳ αὐτοῦ, **60** ὅπως γνῶσιν πάντες οἱ λαοὶ τῆς γῆς ὅτι κύριος ὁ θεός, αὐτὸς θεὸς καὶ οὐκ ἔστιν ἔτι. **61** καὶ ἔστωσαν αἱ καρδίαι ἡμῶν τέλειαι[18] πρὸς κύριον θεὸν ἡμῶν καὶ ὁσίως[19] πορεύεσθαι ἐν τοῖς προστάγμασιν[20] αὐτοῦ καὶ φυλάσσειν ἐντολὰς αὐτοῦ ὡς ἡ ἡμέρα αὕτη.

62 Καὶ ὁ βασιλεὺς καὶ πάντες οἱ υἱοὶ Ισραηλ ἔθυσαν[21] θυσίαν[22] ἐνώπιον κυρίου. **63** καὶ ἔθυσεν[23] ὁ βασιλεὺς Σαλωμων τὰς θυσίας[24] τῶν εἰρηνικῶν,[25] ἃς ἔθυσεν τῷ κυρίῳ, βοῶν[26] δύο καὶ εἴκοσι[27] χιλιάδας[28] καὶ προβάτων ἑκατὸν[29] εἴκοσι χιλιάδας· καὶ ἐνεκαίνισεν[30] τὸν οἶκον κυρίου ὁ βασιλεὺς καὶ πάντες οἱ υἱοὶ Ισραηλ. **64** τῇ ἡμέρᾳ ἐκείνῃ ἡγίασεν[31] ὁ βασιλεὺς τὸ μέσον τῆς αὐλῆς[32] τὸ κατὰ πρόσωπον τοῦ οἴκου κυρίου· ὅτι ἐποίησεν ἐκεῖ τὴν ὁλοκαύτωσιν[33] καὶ τὰς θυσίας[34] καὶ τὰ στέατα[35]

1 συντελέω, *aor act ind 3s*, finish
2 δέησις, petition, prayer
3 θυσιαστήριον, altar
4 ὀκλάζω, *perf act ptc nom s m*, crouch down
5 γόνυ, knee
6 διαπετάννυμι, *perf pas ptc nom p f*, spread out
7 εὐλογητός, blessed
8 κατάπαυσις, rest
9 διαφωνέω, *aor act ind 3s*, perish, fail
10 γίνομαι, *aor mid opt 3s*, be
11 ἐγκαταλείπω, *aor mid opt 3s*, leave behind
12 ἀποστρέφω, *fut mid opt 3s*, turn away
13 ἐπικλίνω, *aor act inf*, incline
14 πρόσταγμα, ordinance
15 ἐντέλλομαι, *aor mid ind 3s*, command
16 δέομαι, *perf mid ind 1s*, beseech, supplicate
17 δικαίωμα, ordinance, decree
18 τέλειος, blameless, complete
19 ὁσίως, in holiness
20 πρόσταγμα, ordinance
21 θύω, *aor act ind 3p*, sacrifice
22 θυσία, sacrifice
23 θύω, *aor act ind 3s*, sacrifice
24 θυσία, sacrifice
25 εἰρηνικός, peace (offering)
26 βοῦς, cow, (*p*) cattle
27 εἴκοσι, twenty
28 χιλιάς, thousand
29 ἑκατόν, hundred
30 ἐγκαινίζω, *aor act ind 3s*, inaugurate
31 ἁγιάζω, *aor act ind 3s*, sanctify, consecrate
32 αὐλή, court
33 ὁλοκαύτωσις, whole burnt offering
34 θυσία, sacrifice
35 στέαρ, fat portion

τῶν εἰρηνικῶν,[1] ὅτι τὸ θυσιαστήριον[2] τὸ χαλκοῦν[3] τὸ ἐνώπιον κυρίου μικρὸν τοῦ μὴ δύνασθαι τὴν ὁλοκαύτωσιν καὶ τὰς θυσίας τῶν εἰρηνικῶν ὑπενεγκεῖν.[4] **65** καὶ ἐποίησεν Σαλωμων τὴν ἑορτὴν[5] ἐν τῇ ἡμέρᾳ ἐκείνῃ καὶ πᾶς Ισραηλ μετ᾽ αὐτοῦ, ἐκκλησία μεγάλη ἀπὸ τῆς εἰσόδου[6] Ημαθ ἕως ποταμοῦ[7] Αἰγύπτου, ἐνώπιον κυρίου θεοῦ ἡμῶν ἐν τῷ οἴκῳ, ᾧ ᾠκοδόμησεν, ἐσθίων καὶ πίνων καὶ εὐφραινόμενος[8] ἐνώπιον κυρίου θεοῦ ἡμῶν ἑπτὰ ἡμέρας. **66** καὶ ἐν τῇ ἡμέρᾳ τῇ ὀγδόῃ[9] ἐξαπέστειλεν[10] τὸν λαὸν καὶ εὐλόγησεν αὐτόν, καὶ ἀπῆλθον ἕκαστος εἰς τὰ σκηνώματα[11] αὐτοῦ χαίροντες[12] καὶ ἀγαθῇ καρδίᾳ ἐπὶ τοῖς ἀγαθοῖς, οἷς ἐποίησεν κύριος τῷ Δαυιδ δούλῳ αὐτοῦ καὶ τῷ Ισραηλ λαῷ αὐτοῦ.

1 εἰρηνικός, peace (offering)
2 θυσιαστήριον, altar
3 χαλκοῦς, bronze
4 ὑποφέρω, *aor act inf*, endure
5 ἑορτή, feast
6 εἴσοδος, entrance
7 ποταμός, river
8 εὐφραίνω, *pres pas ptc nom s m*, be glad, rejoice
9 ὄγδοος, eighth
10 ἐξαποστέλλω, *aor act ind 3s*, send forth
11 σκήνωμα, tent
12 χαίρω, *pres act ptc nom p m*, rejoice

4 KINGDOMS [2 KINGS] 2

Elijah's Assent to Heaven and Succession by Elisha ❶

1 Καὶ ἐγένετο ἐν τῷ ἀνάγειν[1] κύριον τὸν Ηλιου ἐν συσσεισμῷ[2] ὡς εἰς τὸν οὐρανὸν καὶ ἐπορεύθη Ηλιου καὶ Ελισαιε ἐκ Γαλγαλων. **2** καὶ εἶπεν Ηλιου πρὸς Ελισαιε Κάθου[3] δὴ[4] ἐνταῦθα,[5] ὅτι κύριος ἀπέσταλκέν με ἕως Βαιθηλ· καὶ εἶπεν Ελισαιε Ζῇ κύριος καὶ ζῇ ἡ ψυχή σου, εἰ καταλείψω[6] σε· καὶ ἦλθον εἰς Βαιθηλ. **3** καὶ ἦλθον οἱ υἱοὶ τῶν προφητῶν οἱ ἐν Βαιθηλ πρὸς Ελισαιε καὶ εἶπον πρὸς αὐτόν Εἰ ἔγνως ὅτι κύριος σήμερον λαμβάνει τὸν κύριόν σου ἐπάνωθεν[7] τῆς κεφαλῆς σου; καὶ εἶπεν Κἀγὼ[8] ἔγνωκα, σιωπᾶτε.[9] **4** καὶ εἶπεν Ηλιου πρὸς Ελισαιε Κάθου[10] δὴ[11] ἐνταῦθα,[12] ὅτι κύριος ἀπέσταλκέν με εἰς Ιεριχω· καὶ εἶπεν Ελισαιε Ζῇ κύριος καὶ ζῇ ἡ ψυχή σου, εἰ ἐγκαταλείψω[13] σε· καὶ ἦλθον εἰς Ιεριχω. **5** καὶ ἤγγισαν οἱ υἱοὶ τῶν προφητῶν οἱ ἐν Ιεριχω πρὸς Ελισαιε καὶ εἶπαν πρὸς αὐτόν Εἰ ἔγνως ὅτι σήμερον λαμβάνει κύριος τὸν κύριόν σου ἐπάνωθεν[14] τῆς κεφαλῆς σου; καὶ εἶπεν Καί γε ἐγὼ ἔγνων, σιωπᾶτε.[15]

6 καὶ εἶπεν αὐτῷ Ηλιου Κάθου[16] δὴ[17] ὧδε,[18] ὅτι κύριος ἀπέσταλκέν με ἕως τοῦ Ιορδάνου· καὶ εἶπεν Ελισαιε Ζῇ κύριος καὶ ζῇ ἡ ψυχή σου, εἰ ἐγκαταλείψω[19] σε· καὶ ἐπορεύθησαν ἀμφότεροι.[20] **7** καὶ πεντήκοντα[21] ἄνδρες υἱοὶ τῶν προφητῶν καὶ ἔστησαν ἐξ ἐναντίας[22] μακρόθεν·[23] καὶ ἀμφότεροι[24] ἔστησαν ἐπὶ τοῦ Ιορδάνου. **8** καὶ ἔλαβεν Ηλιου τὴν μηλωτὴν[25] αὐτοῦ καὶ εἵλησεν[26] καὶ ἐπάταξεν[27] τὸ ὕδωρ, καὶ διῃρέθη[28] τὸ ὕδωρ ἔνθα[29] καὶ ἔνθα,[30] καὶ διέβησαν[31] ἀμφότεροι[32] ἐν ἐρήμῳ. **9** καὶ ἐγένετο ἐν τῷ διαβῆναι[33] αὐτοὺς καὶ Ηλιου εἶπεν πρὸς Ελισαιε Αἴτησαι[34] τί ποιήσω

1 ἀνάγω, *pres act inf*, bring up, take up
2 συσσεισμός, hurricane, whirlwind
3 κάθημαι, *pres mid impv 2s*, remain, stay
4 δή, now
5 ἐνταῦθα, here
6 καταλείπω, *fut act ind 1s*, leave behind
7 ἐπάνωθεν, from above
8 κἀγώ, I also, *cr.* καὶ ἐγώ
9 σιωπάω, *pres act impv 2p*, be silent
10 κάθημαι, *pres mid impv 2s*, remain, stay
11 δή, now
12 ἐνταῦθα, here
13 ἐγκαταλείπω, *fut act ind 1s*, abandon, forsake
14 ἐπάνωθεν, from above
15 σιωπάω, *pres act impv 2p*, be silent
16 κάθημαι, *pres mid impv 2s*, remain, stay
17 δή, now
18 ὧδε, here
19 ἐγκαταλείπω, *fut act ind 1s*, abandon, forsake
20 ἀμφότεροι, both
21 πεντήκοντα, fifty
22 ἐναντίος, opposite
23 μακρόθεν, at a distance
24 ἀμφότεροι, both
25 μηλωτή, cloak made of goatskin
26 εἰλέω, *aor act ind 3s*, wrap up
27 πατάσσω, *aor act ind 3s*, strike
28 διαιρέω, *aor pas ind 3s*, separate
29 ἔνθα, here, this side
30 ἔνθα, there, that side
31 διαβαίνω, *aor act ind 3p*, cross over
32 ἀμφότεροι, both
33 διαβαίνω, *aor act inf*, cross over
34 αἰτέω, *aor mid impv 2s*, ask for

σοι πρὶν[1] ἢ ἀναλημφθῆναί[2] με ἀπὸ σοῦ· καὶ εἶπεν Ελισαιε Γενηθήτω δὴ[3] διπλᾶ[4] ἐν πνεύματί σου ἐπ᾽ ἐμέ. **10** καὶ εἶπεν Ηλιου Ἐσκλήρυνας[5] τοῦ αἰτήσασθαι·[6] ἐὰν ἴδῃς με ἀναλαμβανόμενον[7] ἀπὸ σοῦ, καὶ ἔσται σοι οὕτως· καὶ ἐὰν μή, οὐ μὴ γένηται. **11** καὶ ἐγένετο αὐτῶν πορευομένων ἐπορεύοντο καὶ ἐλάλουν, καὶ ἰδοὺ ἅρμα[8] πυρὸς καὶ ἵπποι[9] πυρὸς καὶ διέστειλαν[10] ἀνὰ μέσον[11] ἀμφοτέρων,[12] καὶ ἀνελήμφθη[13] Ηλιου ἐν συσσεισμῷ[14] ὡς εἰς τὸν οὐρανόν. **12** καὶ Ελισαιε ἑώρα[15] καὶ ἐβόα[16] Πάτερ πάτερ, ἅρμα[17] Ισραηλ καὶ ἱππεὺς[18] αὐτοῦ· καὶ οὐκ εἶδεν αὐτὸν ἔτι καὶ ἐπελάβετο[19] τῶν ἱματίων αὐτοῦ καὶ διέρρηξεν[20] αὐτὰ εἰς δύο ῥήγματα.[21]

13 καὶ ὕψωσεν[22] τὴν μηλωτὴν[23] Ηλιου, ἣ ἔπεσεν ἐπάνωθεν[24] Ελισαιε, καὶ ἐπέστρεψεν Ελισαιε καὶ ἔστη ἐπὶ τοῦ χείλους[25] τοῦ Ιορδάνου· **14** καὶ ἔλαβεν τὴν μηλωτὴν[26] Ηλιου, ἣ ἔπεσεν ἐπάνωθεν[27] αὐτοῦ, καὶ ἐπάταξεν[28] τὸ ὕδωρ, καὶ οὐ διέστη·[29] καὶ εἶπεν Ποῦ ὁ θεὸς Ηλιου αφφω;[30] καὶ ἐπάταξεν[31] τὰ ὕδατα, καὶ διερράγησαν[32] ἔνθα[33] καὶ ἔνθα,[34] καὶ διέβη[35] Ελισαιε.

15 καὶ εἶδον αὐτὸν οἱ υἱοὶ τῶν προφητῶν οἱ ἐν Ιεριχω ἐξ ἐναντίας[36] καὶ εἶπον Ἐπαναπέπαυται[37] τὸ πνεῦμα Ηλιου ἐπὶ Ελισαιε· καὶ ἦλθον εἰς συναντὴν[38] αὐτοῦ καὶ προσεκύνησαν αὐτῷ ἐπὶ τὴν γῆν. **16** καὶ εἶπον πρὸς αὐτόν Ἰδοὺ δὴ[39] μετὰ τῶν παίδων[40] σου πεντήκοντα[41] ἄνδρες υἱοὶ δυνάμεως· πορευθέντες δὴ ζητησάτωσαν[42] τὸν κύριόν σου, μήποτε[43] ἦρεν[44] αὐτὸν πνεῦμα κυρίου καὶ ἔρριψεν[45] αὐτὸν ἐν τῷ Ιορδάνῃ ἢ ἐφ᾽ ἓν τῶν ὀρέων ἢ ἐφ᾽ ἕνα τῶν βουνῶν.[46] καὶ εἶπεν Ελισαιε Οὐκ ἀποστελεῖτε.

1 πρίν, before
2 ἀναλαμβάνω, *aor pas inf*, take up
3 δή, now
4 διπλοῦς, double (portion)
5 σκληρύνω, *aor act ind 2s*, make heavy
6 αἰτέω, *aor mid inf*, ask for
7 ἀναλαμβάνω, *pres pas ptc acc s m*, take up
8 ἅρμα, chariot
9 ἵππος, horse
10 διαστέλλω, *aor act ind 3p*, divide
11 ἀνὰ μέσον, between
12 ἀμφότεροι, both
13 ἀναλαμβάνω, *aor pas ind 3s*, take up
14 συσσεισμός, hurricane, whirlwind
15 ὁράω, *impf act ind 3s*, look
16 βοάω, *impf act ind 3s*, cry out
17 ἅρμα, chariot
18 ἱππεύς, horseman
19 ἐπιλαμβάνω, *aor mid ind 3s*, lay hold of
20 διαρρήγνυμι, *aor act ind 3s*, tear
21 ῥῆγμα, torn piece, strip
22 ὑψόω, *aor act ind 3s*, lift high, raise up
23 μηλωτή, cloak made of goatskin
24 ἐπάνωθεν, upon
25 χεῖλος, shore, edge
26 μηλωτή, cloak made of goatskin
27 ἐπάνωθεν, upon
28 πατάσσω, *aor act ind 3s*, strike
29 διΐστημι, *aor act ind 3s*, separate
30 αφφω, he himself, *translit.*
31 πατάσσω, *aor act ind 3s*, strike
32 διαρρήγνυμι, *aor pas ind 3p*, rend
33 ἔνθα, here, this side
34 ἔνθα, there, that side
35 διαβαίνω, *aor act ind 3s*, cross over
36 ἐναντίος, opposite
37 ἐπαναπαύω, *perf mid ind 3s*, come to rest upon
38 συναντή, meeting
39 δή, indeed
40 παῖς, servant
41 πεντήκοντα, fifty
42 ζητέω, *aor act impv 3p*, inquire
43 μήποτε, lest
44 αἴρω, *aor act ind 3s*, carry away
45 ῥίπτω, *aor act ind 3s*, cast, throw
46 βουνός, hill

17 καὶ παρεβιάσαντο[1] αὐτὸν ἕως ὅτου ᾐσχύνετο[2] καὶ εἶπεν Ἀποστείλατε. καὶ ἀπέστειλαν πεντήκοντα[3] ἄνδρας, καὶ ἐζήτησαν τρεῖς ἡμέρας καὶ οὐχ εὗρον αὐτόν· **18** καὶ ἀνέστρεψαν[4] πρὸς αὐτόν, καὶ αὐτὸς ἐκάθητο ἐν Ιεριχω, καὶ εἶπεν Ελισαιε Οὐκ εἶπον πρὸς ὑμᾶς Μὴ πορευθῆτε;

19 Καὶ εἶπον οἱ ἄνδρες τῆς πόλεως πρὸς Ελισαιε Ἰδοὺ ἡ κατοίκησις[5] τῆς πόλεως ἀγαθή, καθὼς ὁ κύριος βλέπει, καὶ τὰ ὕδατα πονηρὰ καὶ ἡ γῆ ἀτεκνουμένη.[6] **20** καὶ εἶπεν Ελισαιε Λάβετέ μοι ὑδρίσκην[7] καινὴν[8] καὶ θέτε ἐκεῖ ἅλα·[9] καὶ ἔλαβον πρὸς αὐτόν. **21** καὶ ἐξῆλθεν Ελισαιε εἰς τὴν διέξοδον[10] τῶν ὑδάτων καὶ ἔρριψεν[11] ἐκεῖ ἅλα[12] καὶ εἶπεν Τάδε[13] λέγει κύριος Ἴαμαι[14] τὰ ὕδατα ταῦτα, οὐκ ἔσται ἔτι ἐκεῖθεν[15] θάνατος καὶ ἀτεκνουμένη.[16] **22** καὶ ἰάθησαν[17] τὰ ὕδατα ἕως τῆς ἡμέρας ταύτης κατὰ τὸ ῥῆμα Ελισαιε, ὃ ἐλάλησεν.

23 καὶ ἀνέβη ἐκεῖθεν[18] εἰς Βαιθηλ· καὶ ἀναβαίνοντος αὐτοῦ ἐν τῇ ὁδῷ καὶ παιδάρια[19] μικρὰ ἐξῆλθον ἐκ τῆς πόλεως καὶ κατέπαιζον[20] αὐτοῦ καὶ εἶπον αὐτῷ Ἀνάβαινε, φαλακρέ,[21] ἀνάβαινε. **24** καὶ ἐξένευσεν[22] ὀπίσω αὐτῶν καὶ εἶδεν αὐτὰ καὶ κατηράσατο[23] αὐτοῖς ἐν ὀνόματι κυρίου, καὶ ἰδοὺ ἐξῆλθον δύο ἄρκοι[24] ἐκ τοῦ δρυμοῦ[25] καὶ ἀνέρρηξαν[26] ἐξ αὐτῶν τεσσαράκοντα[27] καὶ δύο παῖδας.[28] **25** καὶ ἐπορεύθη ἐκεῖθεν[29] εἰς τὸ ὄρος τὸ Καρμήλιον καὶ ἐκεῖθεν ἐπέστρεψεν εἰς Σαμάρειαν.

1 παραβιάζομαι, *aor mid ind 3p*, press, urge
2 αἰσχύνω, *impf pas ind 3s*, be ashamed
3 πεντήκοντα, fifty
4 ἀναστρέφω, *aor act ind 3p*, return
5 κατοίκησις, setting, location
6 ἀτεκνόω, *pres pas ptc nom s f*, be barren
7 ὑδρίσκη, small jar
8 καινός, new
9 ἅλς, salt
10 διέξοδος, outlet, spring
11 ῥίπτω, *aor act ind 3s*, throw, cast
12 ἅλς, salt
13 ὅδε, this
14 ἰάομαι, *perf mid ind 1s*, heal, restore
15 ἐκεῖθεν, from there
16 ἀτεκνόω, *pres pas ptc nom s f*, be barren
17 ἰάομαι, *aor pas ind 3p*, heal, restore
18 ἐκεῖθεν, from there
19 παιδάριον, young boy
20 καταπαίζω, *impf act ind 3p*, mock
21 φαλακρός, bald (head)
22 ἐκνεύω, *aor act ind 3s*, turn aside
23 καταράομαι, *aor mid ind 3s*, curse
24 ἄρκος, bear
25 δρυμός, thicket
26 ἀναρρήγνυμι, *aor act ind 3p*, rip open
27 τεσσαράκοντα, forty
28 παῖς, boy
29 ἐκεῖθεν, from there

1 PARALIPOMENA [1 CHRONICLES] 29

David's Final Prayer and Succession by Solomon ❷

1 Καὶ εἶπεν Δαυιδ ὁ βασιλεὺς πάσῃ τῇ ἐκκλησίᾳ Σαλωμων ὁ υἱός μου, εἷς ὃν ᾕρέτικεν[1] ἐν αὐτῷ κύριος, νέος[2] καὶ ἁπαλός,[3] καὶ τὸ ἔργον μέγα, ὅτι οὐκ ἀνθρώπῳ ἡ οἰκοδομή,[4] ἀλλ᾽ ἢ κυρίῳ θεῷ. **2** κατὰ πᾶσαν τὴν δύναμιν ἡτοίμακα εἰς οἶκον θεοῦ μου χρυσίον,[5] ἀργύριον,[6] χαλκόν,[7] σίδηρον,[8] ξύλα,[9] λίθους σοομ[10] καὶ πληρώσεως[11] καὶ λίθους πολυτελεῖς[12] καὶ ποικίλους[13] καὶ πάντα λίθον τίμιον[14] καὶ πάριον[15] πολύν. **3** καὶ ἔτι ἐν τῷ εὐδοκῆσαί[16] με ἐν οἴκῳ θεοῦ μου ἔστιν μοι ὃ περιπεποίημαι[17] χρυσίον[18] καὶ ἀργύριον,[19] καὶ ἰδοὺ δέδωκα εἰς οἶκον θεοῦ μου εἰς ὕψος[20] ἐκτὸς[21] ὧν ἡτοίμακα εἰς τὸν οἶκον τῶν ἁγίων, **4** τρισχίλια[22] τάλαντα[23] χρυσίου[24] τοῦ ἐκ Σουφιρ καὶ ἑπτακισχίλια[25] τάλαντα ἀργυρίου[26] δοκίμου[27] ἐξαλειφθῆναι[28] ἐν αὐτοῖς τοὺς τοίχους[29] τοῦ ἱεροῦ **5** διὰ χειρὸς τεχνιτῶν.[30] καὶ τίς ὁ προθυμούμενος[31] πληρῶσαι τὰς χεῖρας αὐτοῦ σήμερον κυρίῳ;

6 καὶ προεθυμήθησαν[32] ἄρχοντες τῶν πατριῶν[33] καὶ οἱ ἄρχοντες τῶν υἱῶν Ισραηλ καὶ οἱ χιλίαρχοι[34] καὶ οἱ ἑκατόνταρχοι[35] καὶ οἱ προστάται[36] τῶν ἔργων καὶ οἱ οἰκονόμοι[37] τοῦ βασιλέως **7** καὶ ἔδωκαν εἰς τὰ ἔργα οἴκου κυρίου χρυσίου[38] τάλαντα[39]

1 αἱρετίζω, *perf act ind 3s*, choose
2 νέος, young
3 ἁπαλός, tender
4 οἰκοδομή, building, construction
5 χρυσίον, gold
6 ἀργύριον, silver
7 χαλκός, bronze
8 σίδηρος, iron
9 ξύλον, wood
10 σοομ, carnelian, *translit.*
11 πλήρωσις, abundance
12 πολυτελής, very expensive, costly
13 ποικίλος, multicolored, variegated
14 τίμιος, precious
15 πάριος, of (the island) Paros, (marble)
16 εὐδοκέω, *aor act inf*, be pleased
17 περιποιέω, *perf mid ind 1s*, procure, obtain
18 χρυσίον, gold
19 ἀργύριον, silver
20 ὕψος, majesty, grandeur
21 ἐκτός, beyond, above
22 τρισχίλιοι, three thousand
23 τάλαντον, talent
24 χρυσίον, gold
25 ἑπτακισχίλιος, seven thousand
26 ἀργύριον, silver
27 δόκιμος, fine, pure
28 ἐξαλείφω, *aor pas inf*, cover over, overlay
29 τοῖχος, wall
30 τεχνίτης, craftsman
31 προθυμέομαι, *pres pas ptc nom s m*, be willing, show zeal
32 προθυμέομαι, *aor pas ind 3p*, be willing
33 πατριά, family, house
34 χιλίαρχος, captain over a thousand
35 ἑκατόνταρχος, leader of a hundred, centurion
36 προστάτης, superintendent, officer
37 οἰκονόμος, steward, manager
38 χρυσίον, gold
39 τάλαντον, talent

πεντακισχίλια[1] καὶ χρυσοῦς[2] μυρίους[3] καὶ ἀργυρίου[4] ταλάντων[5] δέκα[6] χιλιάδας[7] καὶ χαλκοῦ[8] τάλαντα μύρια ὀκτακισχίλια[9] καὶ σιδήρου[10] ταλάντων χιλιάδας[11] ἑκατόν.[12] **8** καὶ οἷς εὑρέθη παρ᾽ αὐτοῖς λίθος, ἔδωκαν εἰς τὰς ἀποθήκας[13] οἴκου κυρίου διὰ χειρὸς Ιιηλ τοῦ Γηρσωνι. **9** καὶ εὐφράνθη[14] ὁ λαὸς ὑπὲρ τοῦ προθυμηθῆναι,[15] ὅτι ἐν καρδίᾳ πλήρει[16] προεθυμήθησαν[17] τῷ κυρίῳ, καὶ Δαυιδ ὁ βασιλεὺς εὐφράνθη[18] μεγάλως.[19]

10 καὶ εὐλόγησεν ὁ βασιλεὺς Δαυιδ τὸν κύριον ἐνώπιον τῆς ἐκκλησίας λέγων Εὐλογητὸς[20] εἶ, κύριε ὁ θεὸς Ισραηλ, ὁ πατὴρ ἡμῶν ἀπὸ τοῦ αἰῶνος καὶ ἕως τοῦ αἰῶνος. **11** σοί, κύριε, ἡ μεγαλωσύνη[21] καὶ ἡ δύναμις καὶ τὸ καύχημα[22] καὶ ἡ νίκη[23] καὶ ἡ ἰσχύς,[24] ὅτι σὺ πάντων τῶν ἐν τῷ οὐρανῷ καὶ ἐπὶ τῆς γῆς δεσπόζεις,[25] ἀπὸ προσώπου σου ταράσσεται[26] πᾶς βασιλεὺς καὶ ἔθνος. **12** παρὰ σοῦ ὁ πλοῦτος[27] καὶ ἡ δόξα, σὺ πάντων ἄρχεις, κύριε ὁ ἄρχων πάσης ἀρχῆς, καὶ ἐν χειρί σου ἰσχὺς[28] καὶ δυναστεία,[29] καὶ ἐν χειρί σου, παντοκράτωρ,[30] μεγαλῦναι[31] καὶ κατισχῦσαι[32] τὰ πάντα. **13** καὶ νῦν, κύριε, ἐξομολογούμεθά[33] σοι καὶ αἰνοῦμεν[34] τὸ ὄνομα τῆς καυχήσεώς[35] σου.

14 καὶ τίς εἰμι ἐγὼ καὶ τίς ὁ λαός μου, ὅτι ἰσχύσαμεν[36] προθυμηθῆναί[37] σοι κατὰ ταῦτα; ὅτι σὰ[38] τὰ πάντα, καὶ ἐκ τῶν σῶν δεδώκαμέν σοι. **15** ὅτι πάροικοί[39] ἐσμεν ἐναντίον[40] σου καὶ παροικοῦντες[41] ὡς πάντες οἱ πατέρες ἡμῶν· ὡς σκιὰ[42] αἱ ἡμέραι

1 πεντακισχίλιοι, five thousand
2 χρυσοῦς, gold (coin)
3 μύριοι, ten thousand
4 ἀργύριον, silver
5 τάλαντον, talent
6 δέκα, ten
7 χιλιάς, thousand
8 χαλκοῦς, bronze
9 μύρια ὀκτακισχίλια, eighteen thousand
10 σίδηρος, iron
11 χιλιάς, thousand
12 ἑκατόν, one hundred
13 ἀποθήκη, treasury
14 εὐφραίνω, *aor pas ind 3s*, rejoice, be glad
15 προθυμέομαι, *aor pas inf*, be willing, show zeal
16 πλήρης, full
17 προθυμέομαι, *aor pas ind 3p*, be willing, show zeal
18 εὐφραίνω, *aor pas ind 3s*, rejoice, be glad
19 μεγάλως, exceedingly, greatly
20 εὐλογητός, blessed
21 μεγαλωσύνη, greatness, majesty
22 καύχημα, pride, honor
23 νίκη, victory
24 ἰσχύς, strength, power
25 δεσπόζω, *pres act ind 2s*, have dominion
26 ταράσσω, *pres pas ind 3s*, unsettle, trouble, stir up
27 πλοῦτος, wealth, riches
28 ἰσχύς, strength, power
29 δυναστεία, lordship, dominion
30 παντοκράτωρ, almighty, ruler of all
31 μεγαλύνω, *aor act inf*, increase, make great
32 κατισχύω, *aor act inf*, prevail over, master
33 ἐξομολογέομαι, *pres mid ind 1p*, acknowledge, confess
34 αἰνέω, *pres act ind 1p*, praise
35 καύχησις, boasting, glory
36 ἰσχύω, *aor act ind 1p*, be able
37 προθυμέομαι, *aor pas inf*, be willing, show zeal
38 σός, of you, yours
39 πάροικος, resident alien, sojourner
40 ἐναντίον, before
41 παροικέω, *pres act ptc nom p m*, live as a resident foreigner
42 σκιά, shadow, shade

ἡμῶν ἐπὶ γῆς, καὶ οὐκ ἔστιν ὑπομονή.[1] **16** κύριε ὁ θεὸς ἡμῶν, πᾶν τὸ πλῆθος τοῦτο, ὃ ἡτοίμακα οἰκοδομηθῆναι οἶκον τῷ ὀνόματι τῷ ἁγίῳ σου, ἐκ χειρός σού ἐστιν, καὶ σοὶ τὰ πάντα. **17** καὶ ἔγνων, κύριε, ὅτι σὺ εἶ ὁ ἐτάζων[2] καρδίας καὶ δικαιοσύνην ἀγαπᾷς· ἐν ἁπλότητι[3] καρδίας προεθυμήθην[4] πάντα ταῦτα, καὶ νῦν τὸν λαόν σου τὸν εὑρεθέντα ὧδε[5] εἶδον ἐν εὐφροσύνῃ[6] προθυμηθέντα[7] σοι. **18** κύριε ὁ θεὸς Αβρααμ καὶ Ισαακ καὶ Ισραηλ τῶν πατέρων ἡμῶν, φύλαξον ταῦτα ἐν διανοίᾳ[8] καρδίας λαοῦ σου εἰς τὸν αἰῶνα καὶ κατεύθυνον[9] τὰς καρδίας αὐτῶν πρὸς σέ. **19** καὶ Σαλωμων τῷ υἱῷ μου δὸς καρδίαν ἀγαθὴν ποιεῖν τὰς ἐντολάς σου καὶ τὰ μαρτύριά[10] σου καὶ τὰ προστάγματά[11] σου καὶ τοῦ ἐπὶ τέλος ἀγαγεῖν τὴν κατασκευὴν[12] τοῦ οἴκου σου.

20 καὶ εἶπεν Δαυιδ πάσῃ τῇ ἐκκλησίᾳ Εὐλογήσατε κύριον τὸν θεὸν ὑμῶν· καὶ εὐλόγησεν πᾶσα ἡ ἐκκλησία κύριον τὸν θεὸν τῶν πατέρων αὐτῶν καὶ κάμψαντες[13] τὰ γόνατα[14] προσεκύνησαν τῷ κυρίῳ καὶ τῷ βασιλεῖ.

21 καὶ ἔθυσεν[15] Δαυιδ τῷ κυρίῳ θυσίας[16] καὶ ἀνήνεγκεν[17] ὁλοκαυτώματα[18] τῷ θεῷ τῇ ἐπαύριον[19] τῆς πρώτης ἡμέρας, μόσχους[20] χιλίους,[21] κριοὺς[22] χιλίους, ἄρνας[23] χιλίους καὶ τὰς σπονδὰς[24] αὐτῶν καὶ θυσίας εἰς πλῆθος παντὶ τῷ Ισραηλ.

22 καὶ ἔφαγον καὶ ἔπιον ἐναντίον[25] κυρίου ἐν ἐκείνῃ τῇ ἡμέρᾳ μετὰ χαρᾶς[26]

καὶ ἐβασίλευσαν[27] ἐκ δευτέρου τὸν Σαλωμων υἱὸν Δαυιδ καὶ ἔχρισαν[28] αὐτὸν τῷ κυρίῳ εἰς βασιλέα καὶ Σαδωκ εἰς ἱερωσύνην.[29] **23** καὶ ἐκάθισεν Σαλωμων ἐπὶ θρόνου Δαυιδ τοῦ πατρὸς αὐτοῦ καὶ εὐδοκήθη,[30] καὶ ἐπήκουσαν[31] αὐτοῦ πᾶς Ισραηλ· **24** οἱ ἄρχοντες καὶ οἱ δυνάσται[32] καὶ πάντες υἱοὶ τοῦ βασιλέως Δαυιδ πατρὸς αὐτοῦ ὑπετάγησαν[33] αὐτῷ. **25** καὶ ἐμεγάλυνεν[34] κύριος τὸν Σαλωμων ἐπάνωθεν[35] ἐναντίον[36]

1 ὑπομονή, endurance, remaining behind
2 ἐτάζω, *pres act ptc nom s m*, examine, test
3 ἁπλότης, sincerity, frankness
4 προθυμέομαι, *aor pas ind 1s*, be willing, show zeal
5 ὧδε, here
6 εὐφροσύνη, gladness, joy
7 προθυμέομαι, *aor pas ptc acc s m*, be willing, show zeal
8 διάνοια, thought
9 κατευθύνω, *aor act impv 2s*, keep straight, direct
10 μαρτύριον, testimony
11 πρόσταγμα, ordinance, command
12 κατασκευή, construction, outfitting
13 κάμπτω, *aor act ptc nom p m*, bend
14 γόνυ, knee
15 θύω, *aor act ind 3s*, sacrifice
16 θυσία, sacrifice
17 ἀναφέρω, *aor act ind 3s*, offer up
18 ὁλοκαύτωμα, whole burnt offering
19 ἐπαύριον, on the next day
20 μόσχος, calf
21 χίλιοι, one thousand
22 κριός, ram
23 ἀρήν, lamb
24 σπονδή, drink offering
25 ἐναντίον, before
26 χαρά, joy
27 βασιλεύω, *aor act ind 3p*, appoint as king
28 χρίω, *aor act ind 3p*, anoint
29 ἱερωσύνη, priesthood
30 εὐδοκέω, *aor pas ind 3s*, be favored, prosper
31 ἐπακούω, *aor act ind 3p*, obey, listen
32 δυνάστης, ruler, official
33 ὑποτάσσω, *aor pas ind 3p*, be subject, be subordinate
34 μεγαλύνω, *aor act ind 3s*, magnify, declare great
35 ἐπάνωθεν, over
36 ἐναντίον, before

παντὸς Ισραηλ καὶ ἔδωκεν αὐτῷ δόξαν βασιλέως, ὃ οὐκ ἐγένετο ἐπὶ παντὸς βασιλέως ἔμπροσθεν αὐτοῦ.

26 Καὶ Δαυιδ υἱὸς Ιεσσαι ἐβασίλευσεν[1] ἐπὶ Ισραηλ **27** ἔτη τεσσαράκοντα,[2] ἐν Χεβρων ἔτη ἑπτὰ καὶ ἐν Ιερουσαλημ ἔτη τριάκοντα[3] τρία.

28 καὶ ἐτελεύτησεν[4] ἐν γήρει[5] καλῷ πλήρης[6] ἡμερῶν πλούτῳ[7] καὶ δόξῃ, καὶ ἐβασίλευσεν[8] Σαλωμων υἱὸς αὐτοῦ ἀντ᾽[9] αὐτοῦ. **29** οἱ δὲ λοιποὶ λόγοι τοῦ βασιλέως Δαυιδ οἱ πρότεροι[10] καὶ οἱ ὕστεροι[11] γεγραμμένοι εἰσὶν ἐν λόγοις Σαμουηλ τοῦ βλέποντος καὶ ἐπὶ λόγων Ναθαν τοῦ προφήτου καὶ ἐπὶ λόγων Γαδ τοῦ βλέποντος **30** περὶ πάσης τῆς βασιλείας αὐτοῦ καὶ τῆς δυναστείας[12] αὐτοῦ καὶ οἱ καιροί, οἳ ἐγένοντο ἐπ᾽ αὐτῷ καὶ ἐπὶ τὸν Ισραηλ καὶ ἐπὶ πάσας βασιλείας τῆς γῆς.

1 βασιλεύω, *aor act ind 3s*, reign as king
2 τεσσαράκοντα, forty
3 τριάκοντα, thirty
4 τελευτάω, *aor act ind 3s*, die
5 γῆρας, old age
6 πλήρης, full
7 πλοῦτος, wealth, riches
8 βασιλεύω, *aor act ind 3s*, reign as king
9 ἀντί, in place of
10 πρότερος, former, earlier
11 ὕστερος, *comp*, latter, later
12 δυναστεία, lordship, dominion

2 PARALIPOMENA [2 CHRONICLES] 36

Final Kings of Judah and the Fall of Jerusalem 

1 Καὶ ἔλαβεν ὁ λαὸς τῆς γῆς τὸν Ιωαχαζ υἱὸν Ιωσιου καὶ ἔχρισαν[1] αὐτὸν καὶ κατέστησαν[2] αὐτὸν εἰς βασιλέα ἀντὶ[3] τοῦ πατρὸς αὐτοῦ ἐν Ιερουσαλημ. **2** υἱὸς εἴκοσι[4] καὶ τριῶν ἐτῶν Ιωαχαζ ἐν τῷ βασιλεύειν[5] αὐτὸν καὶ τρίμηνον[6] ἐβασίλευσεν[7] ἐν Ιερουσαλημ, **2a** καὶ ὄνομα τῆς μητρὸς αὐτοῦ Αμιταλ θυγάτηρ[8] Ιερεμιου ἐκ Λοβενα. **2b** καὶ ἐποίησεν τὸ πονηρὸν ἐνώπιον κυρίου κατὰ πάντα, ἃ ἐποίησαν οἱ πατέρες αὐτοῦ. **2c** καὶ ἔδησεν[9] αὐτὸν Φαραω Νεχαω ἐν Δεβλαθα ἐν γῇ Εμαθ τοῦ μὴ βασιλεύειν[10] αὐτὸν ἐν Ιερουσαλημ, **3** καὶ μετήγαγεν[11] αὐτὸν ὁ βασιλεὺς εἰς Αἴγυπτον, καὶ ἐπέβαλεν[12] φόρον[13] ἐπὶ τὴν γῆν ἑκατὸν[14] τάλαντα[15] ἀργυρίου[16] καὶ τάλαντον χρυσίου.[17] **4** καὶ κατέστησεν[18] Φαραω Νεχαω τὸν Ελιακιμ υἱὸν Ιωσιου βασιλέα Ιουδα ἀντὶ[19] Ιωσιου τοῦ πατρὸς αὐτοῦ καὶ μετέστρεψεν[20] τὸ ὄνομα αὐτοῦ Ιωακιμ· καὶ τὸν Ιωαχαζ ἀδελφὸν αὐτοῦ ἔλαβεν Φαραω Νεχαω καὶ εἰσήγαγεν[21] αὐτὸν εἰς Αἴγυπτον, καὶ ἀπέθανεν ἐκεῖ. **4a** καὶ τὸ ἀργύριον[22] καὶ τὸ χρυσίον[23] ἔδωκαν τῷ Φαραω· τότε ἤρξατο ἡ γῆ φορολογεῖσθαι[24] τοῦ δοῦναι τὸ ἀργύριον[25] ἐπὶ στόμα Φαραω, καὶ ἕκαστος κατὰ δύναμιν ἀπῄτει[26] τὸ ἀργύριον καὶ τὸ χρυσίον[27] παρὰ τοῦ λαοῦ τῆς γῆς δοῦναι τῷ Φαραω Νεχαω.

5 Ὢν εἴκοσι[28] καὶ πέντε ἐτῶν Ιωακιμ ἐν τῷ βασιλεύειν[29] αὐτὸν καὶ ἕνδεκα[30] ἔτη ἐβασίλευσεν[31] ἐν Ιερουσαλημ, καὶ ὄνομα τῆς μητρὸς αὐτοῦ Ζεχωρα θυγάτηρ Νηριου ἐκ Ραμα. καὶ ἐποίησεν τὸ πονηρὸν ἐναντίον[32] κυρίου κατὰ πάντα, ὅσα ἐποίησαν οἱ πατέρες αὐτοῦ. **5a** ἐν ταῖς ἡμέραις αὐτοῦ ἦλθεν Ναβουχοδονοσορ βασιλεὺς Βαβυλῶνος εἰς τὴν γῆν, καὶ ἦν αὐτῷ δουλεύων[33] τρία ἔτη καὶ ἀπέστη[34] ἀπ' αὐτοῦ.

1 χρίω, *aor act ind 3p*, anoint
2 καθίστημι, *aor act ind 3p*, appoint, establish
3 ἀντί, in place of
4 εἴκοσι, twenty
5 βασιλεύω, *pres act inf*, become king
6 τρίμηνος, for three months
7 βασιλεύω, *aor act ind 3s*, reign as king
8 θυγάτηρ, daughter
9 δέω, *aor act ind 3s*, bind
10 βασιλεύω, *pres act inf*, reign as king
11 μετάγω, *aor act ind 3s*, remove, transfer
12 ἐπιβάλλω, *aor act ind 3s*, lay upon, impose
13 φόρος, levy, tribute
14 ἑκατόν, one hundred
15 τάλαντον, talent
16 ἀργύριον, silver
17 χρυσίον, gold
18 καθίστημι, *aor act ind 3s*, appoint
19 ἀντί, in place of
20 μεταστρέφω, *aor act ind 3s*, change, alter
21 εἰσάγω, *aor act ind 3s*, lead in, bring in
22 ἀργύριον, silver
23 χρυσίον, gold
24 φορολογέω, *pres pas inf*, levy tribute
25 ἀργύριον, silver
26 ἀπαιτέω, *impf act ind 3s*, demand
27 χρυσίον, gold
28 εἴκοσι, twenty
29 βασιλεύω, *pres act inf*, become king
30 ἕνδεκα, eleven
31 βασιλεύω, *aor act ind 3s*, reign as king
32 ἐναντίον, before
33 δουλεύω, *pres act ptc nom s m*, serve, be a slave
34 ἀφίστημι, *aor act ind 3s*, leave, depart from

5b καὶ ἀπέστειλεν κύριος ἐπ᾽ αὐτοὺς τοὺς Χαλδαίους καὶ λῃστήρια[1] Σύρων καὶ λῃστήρια Μωαβιτῶν καὶ υἱῶν Αμμων καὶ τῆς Σαμαρείας, καὶ ἀπέστησαν[2] μετὰ τὸν λόγον τοῦτον κατὰ τὸν λόγον κυρίου ἐν χειρὶ τῶν παίδων[3] αὐτοῦ τῶν προφητῶν. **5c** πλὴν θυμὸς[4] κυρίου ἦν ἐπὶ Ιουδαν τοῦ ἀποστῆσαι[5] αὐτὸν ἀπὸ προσώπου αὐτοῦ διὰ τὰς ἁμαρτίας Μανασση ἐν πᾶσιν, οἷς ἐποίησεν, **5d** καὶ ἐν αἵματι ἀθῴῳ,[6] ᾧ ἐξέχεεν[7] Ιωακιμ καὶ ἔπλησεν[8] τὴν Ιερουσαλημ αἵματος ἀθῴου, καὶ οὐκ ἠθέλησεν κύριος ἐξολεθρεῦσαι[9] αὐτούς. **6** καὶ ἀνέβη ἐπ᾽ αὐτὸν Ναβουχοδονοσορ βασιλεὺς Βαβυλῶνος καὶ ἔδησεν[10] αὐτὸν ἐν χαλκαῖς[11] πέδαις[12] καὶ ἀπήγαγεν[13] αὐτὸν εἰς Βαβυλῶνα. **7** καὶ μέρος τῶν σκευῶν[14] οἴκου κυρίου ἀπήνεγκεν[15] εἰς Βαβυλῶνα καὶ ἔθηκεν αὐτὰ ἐν τῷ ναῷ αὐτοῦ ἐν Βαβυλῶνι. **8** καὶ τὰ λοιπὰ τῶν λόγων Ιωακιμ καὶ πάντα, ἃ ἐποίησεν, οὐκ ἰδοὺ ταῦτα γεγραμμένα ἐπὶ βιβλίῳ λόγων τῶν ἡμερῶν τοῖς βασιλεῦσιν Ιουδα; καὶ ἐκοιμήθη[16] Ιωακιμ μετὰ τῶν πατέρων αὐτοῦ καὶ ἐτάφη[17] ἐν Γανοζα μετὰ τῶν πατέρων αὐτοῦ, καὶ ἐβασίλευσεν[18] Ιεχονιας υἱὸς αὐτοῦ ἀντ᾽[19] αὐτοῦ.

9 Υἱὸς ὀκτωκαίδεκα[20] ἐτῶν Ιεχονιας ἐν τῷ βασιλεύειν[21] αὐτὸν καὶ τρίμηνον[22] καὶ δέκα[23] ἡμέρας ἐβασίλευσεν[24] ἐν Ιερουσαλημ. καὶ ἐποίησεν τὸ πονηρὸν ἐνώπιον κυρίου.

10 καὶ ἐπιστρέφοντος τοῦ ἐνιαυτοῦ[25] ἀπέστειλεν ὁ βασιλεὺς Ναβουχοδονοσορ καὶ εἰσήνεγκεν[26] αὐτὸν εἰς Βαβυλῶνα μετὰ τῶν σκευῶν[27] τῶν ἐπιθυμητῶν[28] οἴκου κυρίου καὶ ἐβασίλευσεν[29] Σεδεκιαν ἀδελφὸν τοῦ πατρὸς αὐτοῦ ἐπὶ Ιουδαν καὶ Ιερουσαλημ.

11 Ἐτῶν εἴκοσι[30] ἑνὸς Σεδεκιας ἐν τῷ βασιλεύειν[31] αὐτὸν καὶ ἕνδεκα[32] ἔτη ἐβασίλευσεν[33] ἐν Ιερουσαλημ. **12** καὶ ἐποίησεν τὸ πονηρὸν ἐνώπιον κυρίου θεοῦ αὐτοῦ, οὐκ ἐνετράπη[34] ἀπὸ προσώπου Ιερεμιου τοῦ προφήτου καὶ ἐκ στόματος

1 λῃστήριον, band of robbers
2 ἀφίστημι, *aor act ind 3p*, turn away, revolt
3 παῖς, servant
4 θυμός, wrath, fury
5 ἀφίστημι, *aor act inf*, remove
6 ἀθῷος, innocent
7 ἐκχέω, *aor act ind 3s*, pour out
8 πίμπλημι, *aor act ind 3s*, fill
9 ἐξολεθρεύω, *aor act inf*, utterly destroy
10 δέω, *aor act ind 3s*, bind
11 χαλκοῦς, bronze
12 πέδη, shackle
13 ἀπάγω, *aor act ind 3s*, lead away, carry off
14 σκεῦος, furnishing, vessel
15 ἀποφέρω, *aor act ind 3s*, carry off
16 κοιμάω, *aor pas ind 3s*, sleep
17 θάπτω, *aor pas ind 3s*, bury
18 βασιλεύω, *aor act ind 3s*, reign as king
19 ἀντί, in place of
20 ὀκτωκαίδεκα, eighteen
21 βασιλεύω, *pres act inf*, become king
22 τρίμηνος, for three months
23 δέκα, ten
24 βασιλεύω, *aor act ind 3s*, reign as king
25 ἐνιαυτός, year
26 εἰσφέρω, *aor act ind 3s*, bring in
27 σκεῦος, furnishing, vessel
28 ἐπιθυμητός, precious, prized
29 βασιλεύω, *aor act ind 3s*, make king
30 εἴκοσι, twenty
31 βασιλεύω, *pres act inf*, become king
32 ἕνδεκα, eleven
33 βασιλεύω, *aor act ind 3s*, reign as king
34 ἐντρέπω, *aor pas ind 3s*, turn in shame, feel misgiving

κυρίου **13** ἐν τῷ τὰ πρὸς τὸν βασιλέα Ναβουχοδονοσορ ἀθετῆσαι[1] ἃ ὥρκισεν[2] αὐτὸν κατὰ τοῦ θεοῦ καὶ ἐσκλήρυνεν[3] τὸν τράχηλον[4] αὐτοῦ καὶ τὴν καρδίαν αὐτοῦ κατίσχυσεν[5] τοῦ μὴ ἐπιστρέψαι πρὸς κύριον θεὸν Ισραηλ. **14** καὶ πάντες οἱ ἔνδοξοι[6] Ιουδα καὶ οἱ ἱερεῖς καὶ ὁ λαὸς τῆς γῆς ἐπλήθυναν[7] τοῦ ἀθετῆσαι[8] ἀθετήματα[9] βδελυγμάτων[10] ἐθνῶν καὶ ἐμίαναν[11] τὸν οἶκον κυρίου τὸν ἐν Ιερουσαλημ.

15 καὶ ἐξαπέστειλεν[12] κύριος ὁ θεὸς τῶν πατέρων αὐτῶν ἐν χειρὶ προφητῶν ὀρθρίζων[13] καὶ ἀποστέλλων τοὺς ἀγγέλους αὐτοῦ, ὅτι ἦν φειδόμενος[14] τοῦ λαοῦ αὐτοῦ καὶ τοῦ ἁγιάσματος[15] αὐτοῦ· **16** καὶ ἦσαν μυκτηρίζοντες[16] τοὺς ἀγγέλους αὐτοῦ καὶ ἐξουδενοῦντες[17] τοὺς λόγους αὐτοῦ καὶ ἐμπαίζοντες[18] ἐν τοῖς προφήταις αὐτοῦ, ἕως ἀνέβη ὁ θυμὸς[19] κυρίου ἐν τῷ λαῷ αὐτοῦ, ἕως οὐκ ἦν ἴαμα.[20] **17** καὶ ἤγαγεν ἐπ᾽ αὐτοὺς βασιλέα Χαλδαίων, καὶ ἀπέκτεινεν τοὺς νεανίσκους[21] αὐτῶν ἐν ῥομφαίᾳ[22] ἐν οἴκῳ ἁγιάσματος[23] αὐτοῦ καὶ οὐκ ἐφείσατο[24] τοῦ Σεδεκιου καὶ τὰς παρθένους[25] αὐτῶν οὐκ ἠλέησαν[26] καὶ τοὺς πρεσβυτέρους αὐτῶν ἀπήγαγον·[27] τὰ πάντα παρέδωκεν ἐν χερσὶν αὐτῶν. **18** καὶ πάντα τὰ σκεύη[28] οἴκου θεοῦ τὰ μεγάλα καὶ τὰ μικρὰ καὶ τοὺς θησαυροὺς[29] καὶ πάντας τοὺς θησαυροὺς βασιλέως καὶ μεγιστάνων,[30] πάντα εἰσήνεγκεν[31] εἰς Βαβυλῶνα. **19** καὶ ἐνέπρησεν[32] τὸν οἶκον κυρίου καὶ κατέσκαψεν[33] τὸ τεῖχος[34] Ιερουσαλημ καὶ τὰς βάρεις[35] αὐτῆς ἐνέπρησεν ἐν πυρὶ καὶ πᾶν σκεῦος[36] ὡραῖον[37] εἰς ἀφανισμόν.[38] **20** καὶ ἀπῴκισεν[39] τοὺς καταλοίπους[40] εἰς Βαβυλῶνα, καὶ ἦσαν αὐτῷ καὶ τοῖς υἱοῖς αὐτοῦ εἰς δούλους

1 ἀθετέω, *aor act inf*, reject, refuse to recognize
2 ὁρκίζω, *aor act ind 3s*, adjure, put under oath
3 σκληρύνω, *aor act ind 3s*, harden
4 τράχηλος, neck
5 κατισχύω, *aor act ind 3s*, (make stubborn), strengthen
6 ἔνδοξος, eminent, esteemed
7 πληθύνω, *aor act ind 3p*, multiply, increase
8 ἀθετέω, *aor act inf*, reject, refuse to recognize
9 ἀθέτημα, transgression
10 βδέλυγμα, abomination
11 μιαίνω, *aor act ind 3p*, pollute, defile
12 ἐξαποστέλλω, *aor act ind 3s*, send out
13 ὀρθρίζω, *pres act ptc nom s m*, rise up early
14 φείδομαι, *pres mid ptc nom s m*, spare
15 ἁγίασμα, sanctuary
16 μυκτηρίζω, *pres act ptc nom p m*, treat with contempt
17 ἐξουδενέω, *pres act ptc nom p m*, scorn, mock
18 ἐμπαίζω, *pres act ptc nom p m*, make sport of, ridicule
19 θυμός, wrath, fury
20 ἴαμα, remedy, recourse
21 νεανίσκος, young man
22 ῥομφαία, sword
23 ἁγίασμα, sanctuary
24 φείδομαι, *aor mid ind 3s*, spare
25 παρθένος, virgin
26 ἐλεέω, *aor act ind 3p*, have mercy
27 ἀπάγω, *aor act ind 3p*, lead away
28 σκεῦος, furnishing, vessel
29 θησαυρός, treasure
30 μεγιστάν, nobleman
31 εἰσφέρω, *aor act ind 3s*, bring to
32 ἐμπίμπρημι, *aor act ind 3s*, set on fire, burn
33 κατασκάπτω, *aor act ind 3s*, destroy, raze
34 τεῖχος, wall
35 βάρις, tower, large house
36 σκεῦος, thing, item
37 ὡραῖος, beautiful
38 ἀφανισμός, destruction
39 ἀποικίζω, *aor act ind 3s*, deport, send into exile
40 κατάλοιπος, rest, remainder

ἕως βασιλείας Μήδων **21** τοῦ πληρωθῆναι λόγον κυρίου διὰ στόματος Ιερεμιου ἕως τοῦ προσδέξασθαι[1] τὴν γῆν τὰ σάββατα αὐτῆς σαββατίσαι·[2] πάσας τὰς ἡμέρας τῆς ἐρημώσεως[3] αὐτῆς ἐσαββάτισεν[4] εἰς συμπλήρωσιν[5] ἐτῶν ἑβδομήκοντα.[6]

22 Ἔτους πρώτου Κύρου βασιλέως Περσῶν μετὰ τὸ πληρωθῆναι ῥῆμα κυρίου διὰ στόματος Ιερεμιου ἐξήγειρεν[7] κύριος τὸ πνεῦμα Κύρου βασιλέως Περσῶν, καὶ παρήγγειλεν[8] κηρύξαι[9] ἐν πάσῃ τῇ βασιλείᾳ αὐτοῦ ἐν γραπτῷ[10] λέγων **23** Τάδε[11] λέγει Κῦρος βασιλεὺς Περσῶν Πάσας τὰς βασιλείας τῆς γῆς ἔδωκέν μοι κύριος ὁ θεὸς τοῦ οὐρανοῦ, καὶ αὐτὸς ἐνετείλατό[12] μοι οἰκοδομῆσαι αὐτῷ οἶκον ἐν Ιερουσαλημ ἐν τῇ Ιουδαίᾳ. τίς ἐξ ὑμῶν ἐκ παντὸς τοῦ λαοῦ αὐτοῦ; ἔσται ὁ θεὸς αὐτοῦ μετ᾽ αὐτοῦ, καὶ ἀναβήτω.

1 προσδέχομαι, *aor mid inf*, receive
2 σαββατίζω, *aor act inf*, keep Sabbath, *Heb. LW*
3 ἐρήμωσις, desolation
4 σαββατίζω, *aor act ind 3s*, keep Sabbath, *Heb. LW*
5 συμπλήρωσις, completion, fulfillment
6 ἑβδομήκοντα, seventy
7 ἐξεγείρω, *aor act ind 3s*, stir up, raise up
8 παραγγέλλω, *aor act ind 3s*, order, command
9 κηρύσσω, *aor act inf*, proclaim, make known
10 γραπτόν, writing
11 ὅδε, this
12 ἐντέλλομαι, *aor mid ind 3s*, command, order

ESDRAS B [EZRA/NEHEMIAH] 3

Joshua and Zerubbabel Begin Rebuilding the Temple 3

1 Καὶ ἔφθασεν[1] ὁ μὴν[2] ὁ ἕβδομος[3] — καὶ οἱ υἱοὶ Ισραηλ ἐν πόλεσιν αὐτῶν — καὶ συνήχθη ὁ λαὸς ὡς ἀνὴρ εἷς εἰς Ιερουσαλημ. **2** καὶ ἀνέστη Ἰησοῦς ὁ τοῦ Ιωσεδεκ καὶ οἱ ἀδελφοὶ αὐτοῦ ἱερεῖς καὶ Ζοροβαβελ ὁ τοῦ Σαλαθιηλ καὶ οἱ ἀδελφοὶ αὐτοῦ καὶ ᾠκοδόμησαν τὸ θυσιαστήριον[4] θεοῦ Ισραηλ τοῦ ἀνενέγκαι[5] ἐπ᾽ αὐτὸ ὁλοκαυτώσεις[6] κατὰ τὰ γεγραμμένα ἐν νόμῳ Μωυσῆ ἀνθρώπου τοῦ θεοῦ. **3** καὶ ἡτοίμασαν τὸ θυσιαστήριον[7] ἐπὶ τὴν ἑτοιμασίαν[8] αὐτοῦ, ὅτι ἐν καταπλήξει[9] ἐπ᾽ αὐτοὺς ἀπὸ τῶν λαῶν τῶν γαιῶν,[10] καὶ ἀνέβη ἐπ᾽ αὐτὸ ὁλοκαύτωσις[11] τῷ κυρίῳ τὸ πρωὶ[12] καὶ εἰς ἑσπέραν.[13] **4** καὶ ἐποίησαν τὴν ἑορτὴν[14] τῶν σκηνῶν[15] κατὰ τὸ γεγραμμένον καὶ ὁλοκαυτώσεις[16] ἡμέραν ἐν ἡμέρᾳ ἐν ἀριθμῷ[17] ὡς ἡ κρίσις λόγον ἡμέρας ἐν ἡμέρᾳ αὐτοῦ **5** καὶ μετὰ τοῦτο ὁλοκαυτώσεις[18] ἐνδελεχισμοῦ[19] καὶ εἰς τὰς νουμηνίας[20] καὶ εἰς πάσας ἑορτὰς[21] τὰς ἡγιασμένας[22] καὶ παντὶ ἑκουσιαζομένῳ[23] ἑκούσιον[24] τῷ κυρίῳ. **6** ἐν ἡμέρᾳ μιᾷ τοῦ μηνὸς[25] τοῦ ἑβδόμου[26] ἤρξαντο ἀναφέρειν[27] ὁλοκαυτώσεις[28] τῷ κυρίῳ· καὶ ὁ οἶκος κυρίου οὐκ ἐθεμελιώθη.[29] **7** καὶ ἔδωκαν ἀργύριον[30] τοῖς λατόμοις[31] καὶ τοῖς τέκτοσιν[32] καὶ βρώματα[33] καὶ ποτὰ[34] καὶ ἔλαιον[35] τοῖς Σηδανιν καὶ τοῖς Σωριν ἐνέγκαι ξύλα[36] κέδρινα[37] ἀπὸ τοῦ Λιβάνου πρὸς θάλασσαν Ιόππης κατ᾽ ἐπιχώρησιν[38] Κύρου βασιλέως Περσῶν ἐπ᾽ αὐτούς.

1 φθάνω, *aor act ind 3s*, arrive
2 μήν, month
3 ἕβδομος, seventh
4 θυσιαστήριον, altar
5 ἀναφέρω, *aor act inf*, offer
6 ὁλοκαύτωσις, whole burnt offering
7 θυσιαστήριον, altar
8 ἑτοιμασία, preparation, (base)
9 κατάπληξις, panicked fear
10 γαῖα, land
11 ὁλοκαύτωσις, whole burnt offering
12 πρωί, (in the) morning
13 ἑσπέρα, evening
14 ἑορτή, festival, feast
15 σκηνή, tent
16 ὁλοκαύτωσις, whole burnt offering
17 ἀριθμός, number
18 ὁλοκαύτωσις, whole burnt offering
19 ἐνδελεχισμός, perpetuity, regularity
20 νουμηνία, new moon, first day of the month
21 ἑορτή, festival, feast
22 ἁγιάζω, *perf pas ptc acc p f*, consecrate, sanctify
23 ἑκουσιάζομαι, *pres mid ptc dat s m*, offer willingly
24 ἑκούσιος, voluntary (offering)
25 μήν, month
26 ἕβδομος, seventh
27 ἀναφέρω, *pres act inf*, offer
28 ὁλοκαύτωσις, whole burnt offering
29 θεμελιόω, *aor pas ind 3s*, found, establish
30 ἀργύριον, silver
31 λατόμος, mason, stone cutter
32 τέκτων, builder, carpenter
33 βρῶμα, food
34 ποτόν, drink
35 ἔλαιον, oil
36 ξύλον, wood, timber
37 κέδρινος, of cedar
38 ἐπιχώρησις, permission

8 καὶ ἐν τῷ ἔτει τῷ δευτέρῳ τοῦ ἐλθεῖν αὐτοὺς εἰς οἶκον τοῦ θεοῦ εἰς Ιερουσαλημ ἐν μηνὶ[1] τῷ δευτέρῳ ἤρξατο Ζοροβαβελ ὁ τοῦ Σαλαθιηλ καὶ Ἰησοῦς ὁ τοῦ Ιωσεδεκ καὶ οἱ κατάλοιποι[2] τῶν ἀδελφῶν αὐτῶν οἱ ἱερεῖς καὶ οἱ Λευῖται καὶ πάντες οἱ ἐρχόμενοι ἀπὸ τῆς αἰχμαλωσίας[3] εἰς Ιερουσαλημ καὶ ἔστησαν τοὺς Λευίτας ἀπὸ εἰκοσαετοῦς[4] καὶ ἐπάνω[5] ἐπὶ τοὺς ποιοῦντας τὰ ἔργα ἐν οἴκῳ κυρίου. **9** καὶ ἔστη Ἰησοῦς καὶ οἱ υἱοὶ αὐτοῦ καὶ οἱ ἀδελφοὶ αὐτοῦ, Καδμιηλ καὶ οἱ υἱοὶ αὐτοῦ υἱοὶ Ιουδα, ἐπὶ τοὺς ποιοῦντας τὰ ἔργα ἐν οἴκῳ τοῦ θεοῦ, υἱοὶ Ηναδαδ, υἱοὶ αὐτῶν καὶ ἀδελφοὶ αὐτῶν οἱ Λευῖται.

10 καὶ ἐθεμελίωσαν[6] τοῦ οἰκοδομῆσαι τὸν οἶκον κυρίου, καὶ ἔστησαν οἱ ἱερεῖς ἐστολισμένοι[7] ἐν σάλπιγξιν[8] καὶ οἱ Λευῖται υἱοὶ Ασαφ ἐν κυμβάλοις[9] τοῦ αἰνεῖν[10] τὸν κύριον ἐπὶ χεῖρας Δαυιδ βασιλέως Ισραηλ **11** καὶ ἀπεκρίθησαν ἐν αἴνῳ[11] καὶ ἀνθομολογήσει[12] τῷ κυρίῳ, ὅτι ἀγαθόν, ὅτι εἰς τὸν αἰῶνα τὸ ἔλεος[13] αὐτοῦ ἐπὶ Ισραηλ. καὶ πᾶς ὁ λαὸς ἐσήμαινον[14] φωνὴν μεγάλην αἰνεῖν[15] τῷ κυρίῳ ἐπὶ θεμελιώσει[16] οἴκου κυρίου. **12** καὶ πολλοὶ ἀπὸ τῶν ἱερέων καὶ τῶν Λευιτῶν καὶ ἄρχοντες τῶν πατριῶν[17] οἱ πρεσβύτεροι, οἳ εἴδοσαν τὸν οἶκον τὸν πρῶτον ἐν θεμελιώσει[18] αὐτοῦ καὶ τοῦτον τὸν οἶκον ἐν ὀφθαλμοῖς αὐτῶν, ἔκλαιον φωνῇ μεγάλῃ, καὶ ὄχλος[19] ἐν σημασίᾳ[20] μετ᾽ εὐφροσύνης[21] τοῦ ὑψῶσαι[22] ᾠδήν·[23] **13** καὶ οὐκ ἦν ὁ λαὸς ἐπιγινώσκων φωνὴν σημασίας[24] τῆς εὐφροσύνης[25] ἀπὸ τῆς φωνῆς τοῦ κλαυθμοῦ[26] τοῦ λαοῦ, ὅτι ὁ λαὸς ἐκραύγασεν[27] φωνῇ μεγάλῃ, καὶ ἡ φωνὴ ἠκούετο ἕως ἀπὸ μακρόθεν.[28]

1 μήν, month
2 κατάλοιπος, rest, remainder
3 αἰχμαλωσία, captivity
4 εἰκοσαετής, twenty years (old)
5 ἐπάνω, above
6 θεμελιόω, *aor act ind 3p*, lay the foundation
7 στολίζω, *perf pas ptc nom p m*, equip
8 σάλπιγξ, trumpet
9 κύμβαλον, cymbal
10 αἰνέω, *pres act inf*, praise
11 αἶνος, praise
12 ἀνθομολόγησις, open confession
13 ἔλεος, mercy, compassion
14 σημαίνω, *impf act ind 3p*, report, shout
15 αἰνέω, *pres act inf*, praise
16 θεμελίωσις, foundation
17 πατριά, paternal lineage, house
18 θεμελίωσις, foundation
19 ὄχλος, crowd
20 σημασία, sign, sound
21 εὐφροσύνη, gladness, joy
22 ὑψόω, *aor act inf*, raise up, lift up
23 ᾠδή, song
24 σημασία, sign, sound
25 εὐφροσύνη, gladness, joy
26 κλαυθμός, weeping, wailing
27 κραυγάζω, *aor act ind 3s*, shout
28 μακρόθεν, far off

ESTHER 4 (AND ADDITION C)

Mordecai Appeals to Esther, and Both Pray to the Lord 4

1 Ὁ δὲ Μαρδοχαῖος ἐπιγνοὺς τὸ συντελούμενον[1] διέρρηξεν[2] τὰ ἱμάτια αὐτοῦ καὶ ἐνεδύσατο[3] σάκκον[4] καὶ κατεπάσατο[5] σποδὸν[6] καὶ ἐκπηδήσας[7] διὰ τῆς πλατείας[8] τῆς πόλεως ἐβόα[9] φωνῇ μεγάλῃ Αἴρεται[10] ἔθνος μηδὲν[11] ἠδικηκός.[12] **2** καὶ ἦλθεν ἕως τῆς πύλης[13] τοῦ βασιλέως καὶ ἔστη· οὐ γὰρ ἦν ἐξὸν[14] αὐτῷ εἰσελθεῖν εἰς τὴν αὐλὴν[15] σάκκον[16] ἔχοντι καὶ σποδόν.[17] **3** καὶ ἐν πάσῃ χώρᾳ,[18] οὗ[19] ἐξετίθετο[20] τὰ γράμματα,[21] κραυγὴ[22] καὶ κοπετὸς[23] καὶ πένθος[24] μέγα τοῖς Ιουδαίοις, σάκκον[25] καὶ σποδὸν[26] ἔστρωσαν[27] ἑαυτοῖς. **4** καὶ εἰσῆλθον αἱ ἅβραι[28] καὶ οἱ εὐνοῦχοι[29] τῆς βασιλίσσης[30] καὶ ἀνήγγειλαν[31] αὐτῇ, καὶ ἐταράχθη[32] ἀκούσασα τὸ γεγονὸς καὶ ἀπέστειλεν στολίσαι[33] τὸν Μαρδοχαῖον καὶ ἀφελέσθαι[34] αὐτοῦ τὸν σάκκον,[35] ὁ δὲ οὐκ ἐπείσθη. **5** ἡ δὲ Εσθηρ προσεκαλέσατο[36] Αχραθαῖον τὸν εὐνοῦχον[37] αὐτῆς, ὃς παρειστήκει[38] αὐτῇ, καὶ ἀπέστειλεν μαθεῖν[39] αὐτῇ παρὰ τοῦ Μαρδοχαίου τὸ ἀκριβές·[40]

7 ὁ δὲ Μαρδοχαῖος ὑπέδειξεν[41] αὐτῷ τὸ γεγονὸς καὶ τὴν ἐπαγγελίαν,[42] ἣν ἐπηγγείλατο[43] Αμαν τῷ βασιλεῖ εἰς τὴν γάζαν[44] ταλάντων[45] μυρίων,[46] ἵνα ἀπολέσῃ τοὺς Ιουδαίους· **8** καὶ τὸ ἀντίγραφον[47] τὸ ἐν Σούσοις ἐκτεθὲν[48] ὑπὲρ τοῦ ἀπολέσθαι αὐ-

1 συντελέω, *pres pas ptc acc s n*, end, finish
2 διαρρήγνυμι, *aor act ind 3s*, tear, rend
3 ἐνδύω, *aor mid ind 3s*, put on
4 σάκκος, sackcloth, *Heb. LW*
5 καταπάσσω, *aor mid ind 3s*, sprinkle
6 σποδός, ashes
7 ἐκπηδάω, *aor act ptc nom s m*, escape
8 πλατύς, street
9 βοάω, *impf act ind 3s*, cry out
10 αἴρω, *pres pas ind 3s*, destroy
11 μηδείς, nothing
12 ἀδικέω, *perf act ptc nom s n*, do wrong
13 πύλη, gate
14 ἔξειμι, *pres act ptc nom s n*, it is allowed
15 αὐλή, gate
16 σάκκος, sackcloth, *Heb. LW*
17 σποδός, ashes
18 χώρα, region
19 οὗ, where
20 ἐκτίθημι, *impf pas ind 3s*, publish
21 γράμμα, letter
22 κραυγή, crying
23 κοπετός, lamentation
24 πένθος, mourning
25 σάκκος, sackcloth, *Heb. LW*
26 σποδός, ashes
27 στρώννυμι, *aor act ind 3p*, spread
28 ἅβρα, favorite servant
29 εὐνοῦχος, eunuch
30 βασίλισσα, queen
31 ἀναγγέλλω, *aor act ind 3p*, report
32 ταράσσω, *aor pas ind 3s*, trouble, stir
33 στολίζω, *aor act inf*, clothe
34 ἀφαιρέω, *aor mid inf*, remove
35 σάκκος, sackcloth, *Heb. LW*
36 προσκαλέω, *aor mid ind 3s*, summon
37 εὐνοῦχος, eunuch
38 παρίστημι, *plpf act ind 3s*, attend on
39 μανθάνω, *aor act inf*, learn
40 ἀκριβής, accurate (facts)
41 ὑποδείκνυμι, *aor act ind 3s*, disclose, tell
42 ἐπαγγελία, promise
43 ἐπαγγέλλω, *aor mid ind 3s*, promise
44 γάζα, treasure, *Heb. LW*
45 τάλαντον, talent
46 μύριοι, ten thousand
47 ἀντίγραφον, copy
48 ἐκτίθημι, *aor pas ptc acc s n*, publish

τοὺς ἔδωκεν αὐτῷ δεῖξαι τῇ Εσθηρ καὶ εἶπεν αὐτῷ ἐντείλασθαι[1] αὐτῇ εἰσελθούσῃ παραιτήσασθαι[2] τὸν βασιλέα καὶ ἀξιῶσαι[3] αὐτὸν περὶ τοῦ λαοῦ μνησθεῖσα[4] ἡμερῶν ταπεινώσεώς[5] σου ὡς ἐτράφης[6] ἐν χειρί μου, διότι[7] Αμαν ὁ δευτερεύων[8] τῷ βασιλεῖ ἐλάλησεν καθ' ἡμῶν εἰς θάνατον· ἐπικάλεσαι[9] τὸν κύριον καὶ λάλησον τῷ βασιλεῖ περὶ ἡμῶν καὶ ῥῦσαι[10] ἡμᾶς ἐκ θανάτου. **9** εἰσελθὼν δὲ ὁ Αχραθαῖος ἐλάλησεν αὐτῇ πάντας τοὺς λόγους τούτους. **10** εἶπεν δὲ Εσθηρ πρὸς Αχραθαῖον Πορεύθητι πρὸς Μαρδοχαῖον καὶ εἰπὸν ὅτι **11** Τὰ ἔθνη πάντα τῆς βασιλείας γινώσκει ὅτι πᾶς ἄνθρωπος ἢ γυνή, ὃς εἰσελεύσεται πρὸς τὸν βασιλέα εἰς τὴν αὐλὴν[11] τὴν ἐσωτέραν[12] ἄκλητος,[13] οὐκ ἔστιν αὐτῷ σωτηρία· πλὴν ᾧ ἐκτείνει[14] ὁ βασιλεὺς τὴν χρυσῆν[15] ῥάβδον,[16] οὗτος σωθήσεται· κἀγὼ[17] οὐ κέκλημαι εἰσελθεῖν πρὸς τὸν βασιλέα, εἰσὶν αὗται ἡμέραι τριάκοντα.[18]

12 καὶ ἀπήγγειλεν[19] Αχραθαῖος Μαρδοχαίῳ πάντας τοὺς λόγους Εσθηρ. **13** καὶ εἶπεν Μαρδοχαῖος πρὸς Αχραθαῖον Πορεύθητι καὶ εἰπὸν αὐτῇ Εσθηρ, μὴ εἴπῃς σεαυτῇ ὅτι σωθήσῃ μόνη ἐν τῇ βασιλείᾳ παρὰ πάντας τοὺς Ιουδαίους· **14** ὡς ὅτι ἐὰν παρακούσῃς[20] ἐν τούτῳ τῷ καιρῷ, ἄλλοθεν[21] βοήθεια[22] καὶ σκέπη[23] ἔσται τοῖς Ιουδαίοις, σὺ δὲ καὶ ὁ οἶκος τοῦ πατρός σου ἀπολεῖσθε· καὶ τίς οἶδεν εἰ εἰς τὸν καιρὸν τοῦτον ἐβασίλευσας;[24] **15** καὶ ἐξαπέστειλεν[25] Εσθηρ τὸν ἥκοντα[26] πρὸς αὐτὴν πρὸς Μαρδοχαῖον λέγουσα **16** Βαδίσας[27] ἐκκλησίασον[28] τοὺς Ιουδαίους τοὺς ἐν Σούσοις καὶ νηστεύσατε[29] ἐπ' ἐμοὶ καὶ μὴ φάγητε μηδὲ πίητε ἐπὶ ἡμέρας τρεῖς νύκτα καὶ ἡμέραν, κἀγὼ[30] δὲ καὶ αἱ ἅβραι[31] μου ἀσιτήσομεν,[32] καὶ τότε εἰσελεύσομαι πρὸς τὸν βασιλέα παρὰ τὸν νόμον, ἐὰν καὶ ἀπολέσθαι με ᾖ.

1 ἐντέλλομαι, *aor mid inf*, command
2 παραιτέομαι, *aor mid inf*, entreat
3 ἀξιόω, *aor act inf*, beseech
4 μιμνῄσκομαι, *aor pas ptc nom s f*, remember
5 ταπείνωσις, humility, low estate
6 τρέφω, *aor pas ind 2s*, rear, bring up
7 διότι, because
8 δευτερεύω, *pres act ptc nom s m*, be second
9 ἐπικαλέω, *aor mid impv 2s*, call upon
10 ῥύομαι, *aor mid impv 2s*, rescue, deliver
11 αὐλή, court
12 ἔσω, *comp*, inner
13 ἄκλητος, uncalled, unsummoned
14 ἐκτείνω, *pres act ind 3s*, stretch forth
15 χρυσοῦς, gold
16 ῥάβδος, rod, staff
17 κἀγώ, and I, *cr.* καὶ ἐγώ
18 τριάκοντα, thirty
19 ἀπαγγέλλω, *aor act ind 3s*, report, announce
20 παρακούω, *aor act sub 2s*, pay no attention
21 ἄλλοθεν, from another place
22 βοήθεια, help
23 σκέπη, protection
24 βασιλεύω, *aor act ind 2s*, appoint as queen
25 ἐξαποστέλλω, *aor act ind 3s*, send forth
26 ἥκω, *pres act ptc acc s m*, have come
27 βαδίζω, *aor act ptc nom s m*, proceed
28 ἐκκλησιάζω, *aor act impv 2s*, convene, assemble
29 νηστεύω, *aor act impv 2p*, fast
30 κἀγώ, I also, *cr.* καὶ ἐγώ
31 ἅβρα, favorite servant
32 ἀσιτέω, *fut act ind 1p*, abstain from food

17 Καὶ βαδίσας[1] Μαρδοχαῖος ἐποίησεν ὅσα ἐνετείλατο[2] αὐτῷ Εσθηρ, **17a** καὶ ἐδεήθη[3] κυρίου μνημονεύων[4] πάντα τὰ ἔργα κυρίου καὶ εἶπεν **17b** Κύριε κύριε βασιλεῦ πάντων κρατῶν, ὅτι ἐν ἐξουσίᾳ[5] σου τὸ πᾶν ἐστιν, καὶ οὐκ ἔστιν ὁ ἀντιδοξῶν[6] σοι ἐν τῷ θέλειν σε σῶσαι τὸν Ισραηλ· **17c** ὅτι σὺ ἐποίησας τὸν οὐρανὸν καὶ τὴν γῆν καὶ πᾶν θαυμαζόμενον[7] ἐν τῇ ὑπ᾽ οὐρανὸν καὶ κύριος εἶ πάντων, καὶ οὐκ ἔστιν ὅς ἀντιτάξεταί[8] σοι τῷ κυρίῳ. **17d** σὺ πάντα γινώσκεις· σὺ οἶδας, κύριε, ὅτι οὐκ ἐν ὕβρει[9] οὐδὲ ἐν ὑπερηφανίᾳ[10] οὐδὲ ἐν φιλοδοξίᾳ[11] ἐποίησα τοῦτο, τὸ μὴ προσκυνεῖν τὸν ὑπερήφανον[12] Αμαν, ὅτι ηὐδόκουν[13] φιλεῖν[14] πέλματα[15] ποδῶν αὐτοῦ πρὸς σωτηρίαν Ισραηλ· **17e** ἀλλὰ ἐποίησα τοῦτο, ἵνα μὴ θῶ[16] δόξαν ἀνθρώπου ὑπεράνω[17] δόξης θεοῦ, καὶ οὐ προσκυνήσω οὐδένα πλὴν σοῦ τοῦ κυρίου μου καὶ οὐ ποιήσω αὐτὰ ἐν ὑπερηφανίᾳ.[18] **17f** καὶ νῦν, κύριε ὁ θεὸς ὁ βασιλεὺς ὁ θεὸς Αβρααμ, φεῖσαι[19] τοῦ λαοῦ σου, ὅτι ἐπιβλέπουσιν[20] ἡμῖν εἰς καταφθορὰν[21] καὶ ἐπεθύμησαν[22] ἀπολέσαι τὴν ἐξ ἀρχῆς κληρονομίαν[23] σου· **17g** μὴ ὑπερίδῃς[24] τὴν μερίδα[25] σου, ἣν σεαυτῷ ἐλυτρώσω[26] ἐκ γῆς Αἰγύπτου· **17h** ἐπάκουσον[27] τῆς δεήσεώς[28] μου καὶ ἱλάσθητι[29] τῷ κλήρῳ[30] σου καὶ στρέψον[31] τὸ πένθος[32] ἡμῶν εἰς εὐωχίαν,[33] ἵνα ζῶντες ὑμνῶμέν[34] σου τὸ ὄνομα, κύριε, καὶ μὴ ἀφανίσῃς[35] στόμα αἰνούντων[36] σοι. — **17i** καὶ πᾶς Ισραηλ ἐκέκραξαν[37] ἐξ ἰσχύος[38] αὐτῶν, ὅτι θάνατος αὐτῶν ἐν ὀφθαλμοῖς αὐτῶν.

17k Καὶ Εσθηρ ἡ βασίλισσα[39] κατέφυγεν[40] ἐπὶ τὸν κύριον ἐν ἀγῶνι[41] θανάτου κατειλημμένη[42] καὶ ἀφελομένη[43] τὰ ἱμάτια τῆς δόξης αὐτῆς ἐνεδύσατο[44] ἱμάτια

1 βαδίζω, *aor act ptc nom s m*, proceed
2 ἐντέλλομαι, *aor mid ind 3s*, command, order
3 δέομαι, *aor pas ind 3s*, request, petition
4 μνημονεύω, *pres act ptc nom s m*, call to mind
5 ἐξουσία, authority
6 ἀντιδοξέω, *pres act ptc nom s m*, oppose
7 θαυμάζω, *pres pas ptc acc s n*, wonder at
8 ἀντιτάσσομαι, *fut mid ind 3s*, resist
9 ὕβρις, pride, hubris
10 ὑπερηφανία, arrogance
11 φιλοδοξία, love of fame
12 ὑπερήφανος, arrogant
13 εὐδοκέω, *impf act ind 1s*, consent to
14 φιλέω, *pres act inf*, kiss
15 πέλμα, sole
16 τίθημι, *aor act sub 1s*, set, place
17 ὑπεράνω, above
18 ὑπερηφανία, arrogance
19 φείδομαι, *aor mid impv 2s*, spare
20 ἐπιβλέπω, *pres act ind 3p*, look attentively upon
21 καταφθορά, destruction
22 ἐπιθυμέω, *aor act ind 3p*, desire
23 κληρονομία, inheritance
24 ὑπεροράω, *aor act sub 2s*, disregard, despise
25 μερίς, portion
26 λυτρόω, *aor mid ind 2s*, redeem
27 ἐπακούω, *aor act impv 2s*, listen
28 δέησις, petition
29 ἱλάσκομαι, *aor pas impv 2s*, be merciful
30 κλῆρος, lot
31 στρέφω, *aor act impv 2s*, change into
32 πένθος, grief, mourning
33 εὐωχία, rejoicing
34 ὑμνέω, *pres act sub 1p*, sing praise
35 ἀφανίζω, *aor act sub 2s*, do away with
36 αἰνέω, *pres act ptc gen p m*, praise
37 ἐκκράζω, *aor act ind 3p*, cy out
38 ἰσχύς, strength
39 βασίλισσα, queen
40 καταφεύγω, *aor act ind 3s*, flee for refuge
41 ἀγών, struggle
42 καταλαμβάνω, *perf pas ptc nom s f*, overtake, seize
43 ἀφαιρέω, *aor mid ptc nom s f*, remove
44 ἐνδύω, *aor mid ind 3s*, put on

στενοχωρίας[1] καὶ πένθους[2] καὶ ἀντὶ[3] τῶν ὑπερηφάνων[4] ἡδυσμάτων[5] σποδοῦ[6] καὶ κοπριῶν[7] ἔπλησεν[8] τὴν κεφαλὴν αὐτῆς καὶ τὸ σῶμα αὐτῆς ἐταπείνωσεν[9] σφόδρα[10] καὶ πάντα τόπον κόσμου[11] ἀγαλλιάματος[12] αὐτῆς ἔπλησε[13] στρεπτῶν[14] τριχῶν[15] αὐτῆς καὶ ἐδεῖτο[16] κυρίου θεοῦ Ισραηλ καὶ εἶπεν

17l Κύριέ μου ὁ βασιλεὺς ἡμῶν, σὺ εἶ μόνος· βοήθησόν[17] μοι τῇ μόνῃ καὶ μὴ ἐχούσῃ βοηθὸν[18] εἰ μὴ σέ, ὅτι κίνδυνός[19] μου ἐν χειρί μου. **17m** ἐγὼ ἤκουον ἐκ γενετῆς[20] μου ἐν φυλῇ πατριᾶς[21] μου ὅτι σύ, κύριε, ἔλαβες τὸν Ισραηλ ἐκ πάντων τῶν ἐθνῶν καὶ τοὺς πατέρας ἡμῶν ἐκ πάντων τῶν προγόνων[22] αὐτῶν εἰς κληρονομίαν[23] αἰώνιον καὶ ἐποίησας αὐτοῖς ὅσα ἐλάλησας. **17n** καὶ νῦν ἡμάρτομεν ἐνώπιόν σου, καὶ παρέδωκας ἡμᾶς εἰς χεῖρας τῶν ἐχθρῶν ἡμῶν, ἀνθ᾽ ὧν[24] ἐδοξάσαμεν τοὺς θεοὺς αὐτῶν· δίκαιος εἶ, κύριε.

17o καὶ νῦν οὐχ ἱκανώθησαν[25] ἐν πικρασμῷ[26] δουλείας[27] ἡμῶν, ἀλλὰ ἔθηκαν τὰς χεῖρας αὐτῶν ἐπὶ τὰς χεῖρας τῶν εἰδώλων[28] αὐτῶν ἐξᾶραι[29] ὁρισμὸν[30] στόματός σου καὶ ἀφανίσαι[31] κληρονομίαν[32] σου καὶ ἐμφράξαι[33] στόμα αἰνούντων[34] σοι καὶ σβέσαι[35] δόξαν οἴκου σου καὶ θυσιαστήριόν[36] σου **17p** καὶ ἀνοῖξαι στόμα ἐθνῶν εἰς ἀρετὰς[37] ματαίων[38] καὶ θαυμασθῆναι[39] βασιλέα σάρκινον[40] εἰς αἰῶνα.

17q μὴ παραδῷς, κύριε, τὸ σκῆπτρόν[41] σου τοῖς μὴ οὖσιν, καὶ μὴ καταγελασάτωσαν[42] ἐν τῇ πτώσει[43] ἡμῶν, ἀλλὰ στρέψον[44] τὴν βουλὴν[45] αὐτῶν ἐπ᾽ αὐτούς, τὸν δὲ ἀρξάμενον ἐφ᾽ ἡμᾶς παραδειγμάτισον.[46] **17r** μνήσθητι,[47] κύριε, γνώσθητι ἐν καιρῷ

1 στενοχωρία, distress
2 πένθος, grief, mourning
3 ἀντί, in place of
4 ὑπερήφανος, sumptuous
5 ἥδυσμα, perfume, spice
6 σποδός, ashes
7 κόπριον, dirt, filth
8 πίμπλημι, *aor act ind 3s*, fill
9 ταπεινόω, *aor act ind 3s*, abase, humble
10 σφόδρα, very much
11 κόσμος, decoration
12 ἀγαλλίαμα, joy
13 πίμπλημι, *aor act ind 3s*, fill
14 στρεπτός, twisted, plaited
15 θρίξ, hair
16 δέομαι, *impf mid ind 3s*, supplicate
17 βοηθέω, *aor act impv 2s*, aid, help
18 βοηθός, helper
19 κίνδυνος, danger
20 γενετή, birth
21 πατριά, paternal lineage, house
22 πρόγονος, ancestor
23 κληρονομία, inheritance
24 ἀνθ᾽ ὧν, because
25 ἱκανόω, *aor pas ind 3p*, be satisfied
26 πικρασμός, bitterness
27 δουλεία, bondage
28 εἴδωλον, idol
29 ἐξαίρω, *aor act inf*, remove, annul
30 ὁρισμός, decree
31 ἀφανίζω, *aor act inf*, destroy, blot out
32 κληρονομία, inheritance
33 ἐμφράσσω, *aor act inf*, stop up
34 αἰνέω, *pres act ptc gen p m*, praise
35 σβέννυμι, *aor act inf*, quench
36 θυσιαστήριον, altar
37 ἀρετή, praise, fame
38 μάταιος, meaningless, vain
39 θαυμάζω, *aor pas inf*, honor, wonder at
40 σάρκινος, fleshly, mortal
41 σκῆπτρον, scepter
42 καταγελάω, *aor act impv 3p*, deride
43 πτῶσις, falling, calamity
44 στρέφω, *aor act impv 2s*, turn back
45 βουλή, counsel
46 παραδειγματίζω, *aor act impv 2s*, punish publicly
47 μιμνήσκομαι, *aor pas impv 2s*, call to remembrance

θλίψεως ἡμῶν καὶ ἐμὲ θάρσυνον,[1] βασιλεῦ τῶν θεῶν καὶ πάσης ἀρχῆς ἐπικρατῶν·[2] **17s** δὸς λόγον εὔρυθμον[3] εἰς τὸ στόμα μου ἐνώπιον τοῦ λέοντος[4] καὶ μετάθες[5] τὴν καρδίαν αὐτοῦ εἰς μῖσος[6] τοῦ πολεμοῦντος ἡμᾶς εἰς συντέλειαν[7] αὐτοῦ καὶ τῶν ὁμονοούντων[8] αὐτῷ· **17t** ἡμᾶς δὲ ῥῦσαι[9] ἐν χειρί σου καὶ βοήθησόν[10] μοι τῇ μόνῃ καὶ μὴ ἐχούσῃ εἰ μὴ σέ, κύριε. **17u** πάντων γνῶσιν[11] ἔχεις καὶ οἶδας ὅτι ἐμίσησα δόξαν ἀνόμων[12] καὶ βδελύσσομαι[13] κοίτην[14] ἀπεριτμήτων[15] καὶ παντὸς ἀλλοτρίου.[16]

17w σὺ οἶδας τὴν ἀνάγκην[17] μου, ὅτι βδελύσσομαι[18] τὸ σημεῖον τῆς ὑπερηφανίας[19] μου, ὅ ἐστιν ἐπὶ τῆς κεφαλῆς μου ἐν ἡμέραις ὀπτασίας[20] μου· βδελύσσομαι[21] αὐτὸ ὡς ῥάκος[22] καταμηνίων[23] καὶ οὐ φορῶ[24] αὐτὸ ἐν ἡμέραις ἡσυχίας[25] μου. **17x** καὶ οὐκ ἔφαγεν ἡ δούλη[26] σου τράπεζαν[27] Αμαν καὶ οὐκ ἐδόξασα συμπόσιον[28] βασιλέως οὐδὲ ἔπιον οἶνον σπονδῶν·[29] **17y** καὶ οὐκ ηὐφράνθη[30] ἡ δούλη[31] σου ἀφ᾽ ἡμέρας μεταβολῆς[32] μου μέχρι[33] νῦν πλὴν ἐπὶ σοί, κύριε ὁ θεὸς Αβρααμ. **17z** ὁ θεὸς ὁ ἰσχύων[34] ἐπὶ πάντας, εἰσάκουσον[35] φωνὴν ἀπηλπισμένων[36] καὶ ῥῦσαι[37] ἡμᾶς ἐκ χειρὸς τῶν πονηρευομένων·[38] καὶ ῥῦσαί με ἐκ τοῦ φόβου μου.

1 θαρσύνω, *aor act impv 2s*, encourage
2 ἐπικρατέω, *pres act ptc nom s m*, rule over
3 εὔρυθμος, eloquent
4 λέων, lion
5 μετατίθημι, *aor act impv 2s*, change, turn
6 μῖσος, hatred
7 συντέλεια, end
8 ὁμονοέω, *pres act ptc gen p m*, agree with
9 ῥύομαι, *aor mid impv 2s*, rescue, deliver
10 βοηθέω, *aor act impv 2s*, aid, help
11 γνῶσις, knowledge
12 ἄνομος, evil, wicked
13 βδελύσσω, *pres mid ind 1s*, abominate
14 κοίτη, bed
15 ἀπερίτμητος, uncircumcised
16 ἀλλότριος, foreigner
17 ἀνάγκη, pressure, tribulation
18 βδελύσσω, *pres mid ind 1s*, abhor
19 ὑπερηφανία, arrogance
20 ὀπτασία, public appearing
21 βδελύσσω, *pres mid ind 1s*, abhor
22 ῥάκος, rag
23 καταμήνιος, monthly (menstruation)
24 φορέω, *pres act ind 1s*, wear
25 ἡσυχία, quiet, silence
26 δούλη, female servant
27 τράπεζα, table
28 συμπόσιον, banquet
29 σπονδή, libation
30 εὐφραίνω, *aor pas ind 3s*, be glad, rejoice
31 δούλη, female servant
32 μεταβολή, reversal, change
33 μέχρι, until
34 ἰσχύω, *pres act ptc nom s m*, prevail over
35 εἰσακούω, *aor act impv 2s*, listen
36 ἀπελπίζω, *perf pas ptc gen p m*, despair
37 ῥύομαι, *aor mid impv 2s*, rescue, deliver
38 πονηρεύομαι, *pres mid ptc gen p m*, act maliciously

JUDITH 16

Judith's Song of Victory ❺

1 καὶ εἶπεν Ιουδιθ

Ἐξάρχετε[1] τῷ θεῷ μου ἐν τυμπάνοις,[2]
ᾄσατε[3] τῷ κυρίῳ ἐν κυμβάλοις,[4]
ἐναρμόσασθε[5] αὐτῷ ψαλμὸν[6] καὶ αἶνον,[7]
ὑψοῦτε[8] καὶ ἐπικαλεῖσθε[9] τὸ ὄνομα αὐτοῦ,

2 ὅτι θεὸς συντρίβων[10] πολέμους κύριος,
ὅτι εἰς παρεμβολὰς[11] αὐτοῦ ἐν μέσῳ λαοῦ
ἐξείλατό[12] με ἐκ χειρὸς καταδιωκόντων[13] με.

3 ἦλθεν Ασσουρ ἐξ ὀρέων ἀπὸ βορρᾶ,[14]
ἦλθεν ἐν μυριάσι[15] δυνάμεως αὐτοῦ,
ὧν τὸ πλῆθος αὐτῶν ἐνέφραξεν[16] χειμάρρους,[17]
καὶ ἡ ἵππος[18] αὐτῶν ἐκάλυψεν[19] βουνούς·[20]

4 εἶπεν ἐμπρήσειν[21] τὰ ὅριά[22] μου
καὶ τοὺς νεανίσκους[23] μου ἀνελεῖν[24] ἐν ῥομφαίᾳ[25]
καὶ τὰ θηλάζοντά[26] μου θήσειν εἰς ἔδαφος[27]
καὶ τὰ νήπιά[28] μου δώσειν εἰς προνομὴν[29]
καὶ τὰς παρθένους[30] μου σκυλεῦσαι.[31]

5 κύριος παντοκράτωρ[32] ἠθέτησεν[33] αὐτοὺς
ἐν χειρὶ θηλείας.[34]

1 ἐξάρχω, *pres act impv 2p*, lead (in song)
2 τύμπανον, drum
3 ᾄδω, *aor act impv 2p*, sing
4 κύμβαλον, cymbal
5 ἐναρμόζω, *aor mid impv 2p*, adapt
6 ψαλμός, psalm
7 αἶνος, (song of) praise
8 ὑψόω, *pres act impv 2p*, lift high
9 ἐπικαλέω, *pres mid impv 2p*, call upon
10 συντρίβω, *pres act ptc nom s m*, shatter
11 παρεμβολή, camp
12 ἐξαιρέω, *aor mid ind 3s*, deliver
13 καταδιώκω, *pres act ptc gen p m*, pursue
14 βορρᾶς, north
15 μυριάς, countless thousands
16 ἐμφράσσω, *aor act ind 3s*, stop up
17 χείμαρρος, brook
18 ἵππος, horse
19 καλύπτω, *aor act ind 3s*, flood, envelop
20 βουνός, hill
21 ἐμπίμπρημι, *fut act inf*, set on fire
22 ὅριον, territory
23 νεανίσκος, young man
24 ἀναιρέω, *aor act inf*, kill
25 ῥομφαία, sword
26 θηλάζω, *pres act ptc acc p n*, suckle
27 ἔδαφος, ground
28 νήπιος, infant
29 προνομή, plunder, booty
30 παρθένος, virgin
31 σκυλεύω, *aor act inf*, strip, plunder
32 παντοκράτωρ, almighty, ruler of all
33 ἀθετέω, *aor act ind 3s*, oppose
34 θῆλυς, woman

6 οὐ γὰρ ὑπέπεσεν[1] ὁ δυνατὸς αὐτῶν ὑπὸ νεανίσκων,[2]
οὐδὲ υἱοὶ τιτάνων[3] ἐπάταξαν[4] αὐτόν,
οὐδὲ ὑψηλοὶ[5] γίγαντες[6] ἐπέθεντο αὐτῷ,
ἀλλὰ Ιουδιθ θυγάτηρ[7] Μεραρι
ἐν κάλλει[8] προσώπου αὐτῆς παρέλυσεν[9] αὐτόν,

7 ἐξεδύσατο[10] γὰρ στολὴν[11] χηρεύσεως[12] αὐτῆς
εἰς ὕψος[13] τῶν πονούντων[14] ἐν Ισραηλ,
ἠλείψατο[15] τὸ πρόσωπον αὐτῆς ἐν μυρισμῷ[16]
8 καὶ ἐδήσατο[17] τὰς τρίχας[18] αὐτῆς ἐν μίτρᾳ[19]
καὶ ἔλαβεν στολὴν[20] λινῆν[21] εἰς ἀπάτην[22] αὐτοῦ·
9 τὸ σανδάλιον[23] αὐτῆς ἥρπασεν[24] ὀφθαλμὸν αὐτοῦ,
καὶ τὸ κάλλος[25] αὐτῆς ᾐχμαλώτισεν[26] ψυχὴν αὐτοῦ,
διῆλθεν[27] ὁ ἀκινάκης[28] τὸν τράχηλον[29] αὐτοῦ.
10 ἔφριξαν[30] Πέρσαι τὴν τόλμαν[31] αὐτῆς,
καὶ Μῆδοι τὸ θράσος[32] αὐτῆς ἐταράχθησαν·[33]

11 τότε ἠλάλαξαν[34] οἱ ταπεινοί[35] μου,
καὶ ἐφοβήθησαν οἱ ἀσθενοῦντές[36] μου καὶ ἐπτοήθησαν,[37]
ὕψωσαν[38] τὴν φωνὴν αὐτῶν καὶ ἀνετράπησαν·[39]
12 υἱοὶ κορασίων[40] κατεκέντησαν[41] αὐτοὺς
καὶ ὡς παῖδας[42] αὐτομολούντων[43] ἐτίτρωσκον[44] αὐτούς,
ἀπώλοντο ἐκ παρατάξεως[45] κυρίου μου.

1 ὑποπίπτω, *aor act ind 3s*, fall to
2 νεανίσκος, young man
3 τιτάν, titan
4 πατάσσω, *aor act ind 3p*, strike
5 ὑψηλός, highest
6 γίγας, giant
7 θυγάτηρ, daughter
8 κάλλος, beauty
9 παραλύω, *aor act ind 3s*, bring down
10 ἐκδύω, *aor mid ind 3s*, take off
11 στολή, garment
12 χήρευσις, widowhood
13 ὕψος, exaltation
14 πονέω, *pres act ptc gen p m*, suffer, grieve
15 ἀλείφω, *aor mid ind 3s*, anoint
16 μυρισμός, anointing
17 δέω, *aor mid ind 3s*, bind
18 θρίξ, hair
19 μίτρα, headdress
20 στολή, garment
21 λινοῦς, linen
22 ἀπάτη, beguiling, deceit
23 σανδάλιον, sandal
24 ἁρπάζω, *aor act ind 3s*, captivate
25 κάλλος, beauty
26 αἰχμαλωτίζω, *aor act ind 3s*, capture
27 διέρχομαι, *aor act ind 3s*, pass through
28 ἀκινάκης, straight sword
29 τράχηλος, neck
30 φρίσσω, *aor act ind 3p*, shiver, shudder
31 τόλμα, courage
32 θράσος, audacity
33 ταράσσω, *aor pas ind 3p*, trouble, stir
34 ἀλαλάζω, *aor act ind 3p*, shout aloud
35 ταπεινός, lowly, humble
36 ἀσθενέω, *pres act ptc nom p m*, weaken
37 πτοέω, *aor pas ind 3p*, dismay, scare
38 ὑψόω, *aor act ind 3p*, raise high
39 ἀνατρέπω, *aor pas ind 3p*, be disheartened
40 κοράσιον, girl
41 κατακεντέω, *aor act ind 3p*, stab, pierce
42 παῖς, servant
43 αὐτομολέω, *pres act ptc gen p m*, change sides, desert
44 τιτρώσκω, *impf act ind 3p*, slay, wound
45 παράταξις, line of battle

13 ὑμνήσω[1] τῷ θεῷ μου ὕμνον[2] καινόν[3]

Κύριε, μέγας εἶ καὶ ἔνδοξος,[4]
θαυμαστὸς[5] ἐν ἰσχύι,[6] ἀνυπέρβλητος.[7]
14 σοὶ δουλευσάτω[8] πᾶσα ἡ κτίσις[9] σου·
ὅτι εἶπας, καὶ ἐγενήθησαν·
ἀπέστειλας τὸ πνεῦμά σου, καὶ ᾠκοδόμησεν·
καὶ οὐκ ἔστιν ὃς ἀντιστήσεται[10] τῇ φωνῇ σου.
15 ὄρη γὰρ ἐκ θεμελίων[11] σὺν ὕδασιν σαλευθήσεται,[12]
πέτραι[13] δ᾽ ἀπὸ προσώπου σου ὡς κηρὸς[14] τακήσονται·[15]
ἔτι δὲ τοῖς φοβουμένοις σε,
σὺ εὐιλατεύσεις[16] αὐτοῖς.
16 ὅτι μικρὸν πᾶσα θυσία[17] εἰς ὀσμὴν[18] εὐωδίας,[19]
καὶ ἐλάχιστον[20] πᾶν στέαρ[21] εἰς ὁλοκαύτωμά[22] σοι·
ὁ δὲ φοβούμενος τὸν κύριον μέγας διὰ παντός.

17 οὐαὶ ἔθνεσιν ἐπανιστανομένοις[23] τῷ γένει[24] μου·
κύριος παντοκράτωρ[25] ἐκδικήσει[26] αὐτοὺς ἐν ἡμέρᾳ κρίσεως
δοῦναι πῦρ καὶ σκώληκας[27] εἰς σάρκας αὐτῶν,
καὶ κλαύσονται[28] ἐν αἰσθήσει[29] ἕως αἰῶνος.

18 Ὡς δὲ ἤλθοσαν εἰς Ιερουσαλημ, προσεκύνησαν τῷ θεῷ, καὶ ἡνίκα[30] ἐκαθαρίσθη[31] ὁ λαός, ἀνήνεγκαν[32] τὰ ὁλοκαυτώματα[33] αὐτῶν καὶ τὰ ἑκούσια[34] αὐτῶν καὶ τὰ δόματα.[35] **19** καὶ ἀνέθηκεν[36] Ιουδιθ πάντα τὰ σκεύη[37] Ολοφέρνου, ὅσα ἔδωκεν ὁ λαὸς αὐτῇ, καὶ τὸ κωνώπιον,[38] ὃ ἔλαβεν ἑαυτῇ ἐκ τοῦ κοιτῶνος[39] αὐτοῦ, εἰς ἀνάθημα[40] τῷ

1 ὑμνέω, *aor act sub 1s*, sing a hymn
2 ὕμνος, hymn
3 καινός, new
4 ἔνδοξος, glorious
5 θαυμαστός, marvelous
6 ἰσχύς, strength
7 ἀνυπέρβλητος, unsurpassed
8 δουλεύω, *aor act impv 3s*, serve
9 κτίσις, creation
10 ἀνθίστημι, *fut mid ind 3s*, stand against
11 θεμέλιον, foundation
12 σαλεύω, *fut pas ind 3s*, shake
13 πέτρα, rock
14 κηρός, wax
15 τήκω, *fut pas ind 3p*, melt, dissolve
16 εὐιλατεύω, *fut act ind 2s*, be merciful
17 θυσία, sacrifice
18 ὀσμή, smell, odor
19 εὐωδία, fragrant
20 ἐλάχιστος, *sup of* μικρός, *from* ἐλαχύς, smallest, least
21 στέαρ, fat portion
22 ὁλοκαύτωμα, whole burnt offering
23 ἐπανίστημι, *pres mid ptc dat p m*, rise against
24 γένος, nation, people
25 παντοκράτωρ, almighty, ruler of all
26 ἐκδικέω, *fut act ind 3s*, vindicate
27 σκώληξ, worm
28 κλαίω, *fut mid ind 3p*, weep, wail
29 αἴσθησις, sense perception
30 ἡνίκα, when
31 καθαρίζω, *aor pas ind 3s*, purify, cleanse
32 ἀναφέρω, *aor act ind 3p*, offer up
33 ὁλοκαύτωμα, whole burnt offering
34 ἑκούσιος, voluntary
35 δόμα, gift
36 ἀνατίθημι, *aor act ind 3s*, set up
37 σκεῦος, equipment, stuff
38 κωνώπιον, canopy
39 κοιτών, bedroom
40 ἀνάθημα, devoted to destruction

θεῷ ἔδωκεν. **20** καὶ ἦν ὁ λαὸς εὐφραινόμενος[1] ἐν Ιερουσαλημ κατὰ πρόσωπον τῶν ἁγίων ἐπὶ μῆνας[2] τρεῖς, καὶ Ιουδιθ μετ᾽ αὐτῶν κατέμεινεν.[3]

21 Μετὰ δὲ τὰς ἡμέρας ταύτας ἀνέζευξεν[4] ἕκαστος εἰς τὴν κληρονομίαν[5] αὐτοῦ, καὶ Ιουδιθ ἀπῆλθεν εἰς Βαιτυλουα καὶ κατέμεινεν[6] ἐπὶ τῆς ὑπάρξεως[7] αὐτῆς· καὶ ἐγένετο κατὰ τὸν καιρὸν αὐτῆς ἔνδοξος[8] ἐν πάσῃ τῇ γῇ. **22** καὶ πολλοὶ ἐπεθύμησαν[9] αὐτήν, καὶ οὐκ ἔγνω ἀνὴρ αὐτὴν πάσας τὰς ἡμέρας τῆς ζωῆς αὐτῆς, ἀφ᾽ ἧς ἡμέρας ἀπέθανεν Μανασσης ὁ ἀνὴρ αὐτῆς καὶ προσετέθη[10] πρὸς τὸν λαὸν αὐτοῦ. **23** καὶ ἦν προβαίνουσα[11] μεγάλη σφόδρα[12] καὶ ἐγήρασεν[13] ἐν τῷ οἴκῳ τοῦ ἀνδρὸς αὐτῆς ἔτη ἑκατὸν[14] πέντε· καὶ ἀφῆκεν τὴν ἅβραν[15] αὐτῆς ἐλευθέραν.[16] καὶ ἀπέθανεν εἰς Βαιτυλουα, καὶ ἔθαψαν[17] αὐτὴν ἐν τῷ σπηλαίῳ[18] τοῦ ἀνδρὸς αὐτῆς Μανασση, **24** καὶ ἐπένθησεν[19] αὐτὴν οἶκος Ισραηλ ἡμέρας ἑπτά. καὶ διεῖλεν[20] τὰ ὑπάρχοντα αὐτῆς πρὸ τοῦ ἀποθανεῖν αὐτὴν πᾶσι τοῖς ἔγγιστα[21] Μανασση τοῦ ἀνδρὸς αὐτῆς καὶ τοῖς ἔγγιστα τοῦ γένους[22] αὐτῆς. **25** καὶ οὐκ ἦν ἔτι ὁ ἐκφοβῶν[23] τοὺς υἱοὺς Ισραηλ ἐν ταῖς ἡμέραις Ιουδιθ καὶ μετὰ τὸ ἀποθανεῖν αὐτὴν ἡμέρας πολλάς.

1 εὐφραίνω, *pres mid ptc nom s m*, be glad, rejoice
2 μήν, month
3 καταμένω, *aor act ind 3s*, remain
4 ἀναζεύγνυμι, *aor act ind 3s*, march off
5 κληρονομία, inheritance
6 καταμένω, *aor act ind 3s*, remain
7 ὕπαρξις, property
8 ἔνδοξος, honored, notable
9 ἐπιθυμέω, *aor act ind 3p*, set one's heart upon
10 προστίθημι, *aor pas ind 3s*, add to
11 προβαίνω, *pres act ptc nom s f*, advance, increase
12 σφόδρα, very
13 γηράσκω, *aor act ind 3s*, grow old
14 ἑκατόν, hundred
15 ἅβρα, favorite servant
16 ἐλεύθερος, free
17 θάπτω, *aor act ind 3p*, bury
18 σπήλαιον, cave
19 πενθέω, *aor act ind 3s*, mourn
20 διαιρέω, *aor act ind 3s*, divide
21 ἐγγύς, *sup*, most near (of kin)
22 γένος, nation, people
23 ἐκφοβέω, *pres act ptc nom s m*, frighten

TOBIT 13

Tobit's Prayer of Thanksgiving ❷

1 Καὶ Τωβιτ ἔγραψεν προσευχὴν εἰς ἀγαλλίασιν[1] καὶ εἶπεν

2 Εὐλογητὸς[2] ὁ θεὸς ὁ ζῶν εἰς τοὺς αἰῶνας
καὶ ἡ βασιλεία αὐτοῦ,
ὅτι αὐτὸς μαστιγοῖ[3] καὶ ἐλεᾷ,[4]
κατάγει[5] εἰς ᾅδην[6] καὶ ἀνάγει,[7]
καὶ οὐκ ἔστιν ὃς ἐκφεύξεται[8] τὴν χεῖρα αὐτοῦ.

3 ἐξομολογεῖσθε[9] αὐτῷ, οἱ υἱοὶ Ισραηλ, ἐνώπιον τῶν ἐθνῶν,
ὅτι αὐτὸς διέσπειρεν[10] ἡμᾶς ἐν αὐτοῖς·

4 ἐκεῖ ὑποδείξατε[11] τὴν μεγαλωσύνην[12] αὐτοῦ,
ὑψοῦτε[13] αὐτὸν ἐνώπιον παντὸς ζῶντος,
καθότι[14] αὐτὸς κύριος ἡμῶν καὶ θεός,
αὐτὸς πατὴρ ἡμῶν εἰς πάντας τοὺς αἰῶνας.

5 καὶ μαστιγώσει[15] ἡμᾶς ἐν ταῖς ἀδικίαις[16] ἡμῶν
καὶ πάλιν ἐλεήσει[17]
καὶ συνάξει ἡμᾶς ἐκ πάντων τῶν ἐθνῶν,
οὗ ἐὰν σκορπισθῆτε[18] ἐν αὐτοῖς.

6 ἐὰν ἐπιστρέψητε πρὸς αὐτὸν ἐν ὅλῃ καρδίᾳ ὑμῶν
καὶ ἐν ὅλῃ τῇ ψυχῇ ποιῆσαι ἐνώπιον αὐτοῦ ἀλήθειαν,
τότε ἐπιστρέψει πρὸς ὑμᾶς
καὶ οὐ μὴ κρύψῃ[19] τὸ πρόσωπον αὐτοῦ ἀφ᾽ ὑμῶν.

1 ἀγαλλίασις, exultation
2 εὐλογητός, blessed
3 μαστιγόω, *pres act ind 3s*, chastise, punish
4 ἐλεάω, *pres act ind 3s*, show mercy
5 κατάγω, *pres act ind 3s*, lead down
6 ᾅδης, Hades, underworld
7 ἀνάγω, *pres act ind 3s*, bring up
8 ἐκφεύγω, *fut mid ind 3s*, escape from
9 ἐξομολογέομαι, *pres mid impv 2p*, acknowledge
10 διασπείρω, *aor act ind 3s*, scatter
11 ὑποδείκνυμι, *aor act impv 2p*, disclose, show
12 μεγαλωσύνη, greatness
13 ὑψόω, *pres act impv 2p*, lift high
14 καθότι, as, because
15 μαστιγόω, *fut act ind 3s*, chastise, punish
16 ἀδικία, wrongdoing, injustice
17 ἐλεέω, *fut act ind 3s*, show mercy
18 σκορπίζω, *aor pas sub 2p*, disperse
19 κρύπτω, *aor act sub 3s*, hide

7 καὶ θεάσασθε[1] ἃ ποιήσει μεθ᾽ ὑμῶν,
καὶ ἐξομολογήσασθε[2] αὐτῷ ἐν ὅλῳ τῷ στόματι ὑμῶν·
καὶ εὐλογήσατε τὸν κύριον τῆς δικαιοσύνης
καὶ ὑψώσατε[3] τὸν βασιλέα τῶν αἰώνων.

8 ἐγὼ ἐν τῇ γῇ τῆς αἰχμαλωσίας[4] μου ἐξομολογοῦμαι[5] αὐτῷ
καὶ δεικνύω τὴν ἰσχὺν[6] καὶ τὴν μεγαλωσύνην[7] αὐτοῦ ἔθνει ἁμαρτωλῶν
Ἐπιστρέψατε, ἁμαρτωλοί, καὶ ποιήσατε δικαιοσύνην ἐνώπιον αὐτοῦ·
τίς γινώσκει εἰ θελήσει ὑμᾶς
καὶ ποιήσει ἐλεημοσύνην[8] ὑμῖν;

9 τὸν θεόν μου ὑψῶ[9]
καὶ ἡ ψυχή μου τὸν βασιλέα τοῦ οὐρανοῦ
καὶ ἀγαλλιάσεται[10] τὴν μεγαλωσύνην[11] αὐτοῦ.

10 λεγέτωσαν πάντες καὶ ἐξομολογείσθωσαν[12] αὐτῷ ἐν Ιεροσολύμοις
Ιεροσόλυμα πόλις ἁγία,
μαστιγώσει[13] ἐπὶ τὰ ἔργα τῶν υἱῶν σου
καὶ πάλιν[14] ἐλεήσει[15] τοὺς υἱοὺς τῶν δικαίων.

11 ἐξομολογοῦ[16] τῷ κυρίῳ ἀγαθῶς[17]
καὶ εὐλόγει τὸν βασιλέα τῶν αἰώνων,
ἵνα πάλιν ἡ σκηνὴ[18] αὐτοῦ οἰκοδομηθῇ σοι μετὰ χαρᾶς.[19]

12 καὶ εὐφράναι[20] ἐν σοὶ τοὺς αἰχμαλώτους[21]
καὶ ἀγαπῆσαι[22] ἐν σοὶ τοὺς ταλαιπώρους[23]
εἰς πάσας τὰς γενεὰς τοῦ αἰῶνος.

13 ἔθνη πολλὰ μακρόθεν[24] ἥξει[25] πρὸς τὸ ὄνομα κυρίου τοῦ θεοῦ
δῶρα[26] ἐν χερσὶν ἔχοντες καὶ δῶρα τῷ βασιλεῖ τοῦ οὐρανοῦ,
γενεαὶ γενεῶν δώσουσίν σοι ἀγαλλίαμα.[27]

14 ἐπικατάρατοι[28] πάντες οἱ μισοῦντές σε·
εὐλογημένοι ἔσονται πάντες οἱ ἀγαπῶντές σε εἰς τὸν αἰῶνα.

1 θεάομαι, *aor mid impv 2p*, behold
2 ἐξομολογέομαι, *aor mid impv 2p*, acknowledge
3 ὑψόω, *aor act impv 2p*, lift high
4 αἰχμαλωσία, captivity
5 ἐξομολογέομαι, *pres mid ind 1s*, acknowledge
6 ἰσχύς, strength
7 μεγαλωσύνη, greatness
8 ἐλεημοσύνη, mercy
9 ὑψόω, *pres act ind 1s*, lift high
10 ἀγαλλιάω, *fut mid ind 3s*, praise, rejoice
11 μεγαλωσύνη, greatness
12 ἐξομολογέομαι, *pres mid impv 3p*, acknowledge
13 μαστιγόω, *fut act ind 3s*, chastise, punish
14 πάλιν, again
15 ἐλεέω, *fut act ind 3s*, show mercy
16 ἐξομολογέομαι, *pres mid impv 2s*, acknowledge
17 ἀγαθῶς, well
18 σκηνή, tent
19 χαρά, joy
20 εὐφραίνω, *aor act opt 3s*, cause to rejoice
21 αἰχμάλωτος, captive
22 ἀγαπάω, *aor act opt 3s*, love
23 ταλαίπωρος, suffering, miserable
24 μακρόθεν, from afar
25 ἥκω, *fut act ind 3s*, come
26 δῶρον, gift
27 ἀγαλλίαμα, joy
28 ἐπικατάρατος, cursed

15 χάρηθι[1] καὶ ἀγαλλίασαι[2] ἐπὶ τοῖς υἱοῖς τῶν δικαίων,
ὅτι συναχθήσονται καὶ εὐλογήσουσιν τὸν κύριον τῶν δικαίων·
ὢ[3] μακάριοι[4] οἱ ἀγαπῶντές σε,
χαρήσονται[5] ἐπὶ τῇ εἰρήνῃ σου.

16 μακάριοι[6] ὅσοι ἐλυπήθησαν[7] ἐπὶ πάσαις ταῖς μάστιξίν[8] σου,
ὅτι ἐπὶ σοὶ χαρήσονται[9] θεασάμενοι[10] πᾶσαν τὴν δόξαν σου
καὶ εὐφρανθήσονται[11] εἰς τὸν αἰῶνα.
ἡ ψυχή μου εὐλογείτω τὸν θεὸν τὸν βασιλέα τὸν μέγαν.
17 ὅτι οἰκοδομηθήσεται Ιερουσαλημ σαπφείρῳ[12] καὶ σμαράγδῳ[13]
καὶ λίθῳ ἐντίμῳ[14] τὰ τείχη[15] σου
καὶ οἱ πύργοι[16] καὶ οἱ προμαχῶνες[17] ἐν χρυσίῳ[18] καθαρῷ,[19]
καὶ αἱ πλατεῖαι[20] Ιερουσαλημ βηρύλλῳ[21]
καὶ ἄνθρακι[22] καὶ λίθῳ ἐκ Σουφιρ ψηφολογηθήσονται.[23]

18 καὶ ἐροῦσιν πᾶσαι αἱ ῥῦμαι[24] αὐτῆς Αλληλουια[25] καὶ αἰνέσουσιν[26]
λέγοντες Εὐλογητὸς[27] ὁ θεός,
ὃς ὕψωσεν[28] πάντας τοὺς αἰῶνας.

1 χαίρω, *aor pas impv 2s*, rejoice
2 ἀγαλλιάω, *aor mid impv 2s*, praise, rejoice
3 ὢ, O!
4 μακάριος, happy
5 χαίρω, *fut mid ind 3p*, rejoice
6 μακάριος, happy
7 λυπέω, *aor pas ind 3p*, grieve
8 μάστιξ, affliction
9 χαίρω, *fut mid ind 3p*, rejoice
10 θεάομαι, *aor mid ptc nom p m*, behold
11 εὐφραίνω, *fut pas ind 3p*, cause to rejoice
12 σάπφειρος, sapphire
13 σμάραγδος, emerald
14 ἔντιμος, valuable
15 τεῖχος, city wall
16 πύργος, tower
17 προμαχών, bulwark, rampart
18 χρυσίον, gold
19 καθαρός, pure
20 πλατεῖα, street
21 βήρυλλος, beryl
22 ἄνθραξ, ruby
23 ψηφολογέω, *fut pas ind 3p*, pave
24 ῥύμη, narrow street
25 αλληλουια, hallelujah, *translit.*
26 αἰνέω, *fut act ind 3p*, praise
27 εὐλογητός, blessed
28 ὑψόω, *aor act ind 3s*, lift high

1 MACCABEES 1

Antiochus Epiphanes Defiles the Jerusalem Temple ❹

1 Καὶ ἐγένετο μετὰ τὸ πατάξαι[1] Ἀλέξανδρον τὸν Φιλίππου Μακεδόνα, ὃς ἐξῆλθεν ἐκ γῆς Χεττιιμ, καὶ ἐπάταξεν[2] τὸν Δαρεῖον βασιλέα Περσῶν καὶ Μήδων καὶ ἐβασίλευσεν[3] ἀντ'[4] αὐτοῦ, πρότερον[5] ἐπὶ τὴν Ἑλλάδα. **2** καὶ συνεστήσατο[6] πολέμους πολλοὺς καὶ ἐκράτησεν ὀχυρωμάτων[7] καὶ ἔσφαξεν[8] βασιλεῖς τῆς γῆς· **3** καὶ διῆλθεν ἕως ἄκρων[9] τῆς γῆς καὶ ἔλαβεν σκῦλα[10] πλήθους ἐθνῶν. καὶ ἡσύχασεν[11] ἡ γῆ ἐνώπιον αὐτοῦ, καὶ ὑψώθη,[12] καὶ ἐπήρθη[13] ἡ καρδία αὐτοῦ. **4** καὶ συνῆξεν δύναμιν ἰσχυρὰν[14] σφόδρα[15] καὶ ἦρξεν χωρῶν[16] ἐθνῶν καὶ τυράννων,[17] καὶ ἐγένοντο αὐτῷ εἰς φόρον.[18]

5 καὶ μετὰ ταῦτα ἔπεσεν ἐπὶ τὴν κοίτην[19] καὶ ἔγνω ὅτι ἀποθνῄσκει. **6** καὶ ἐκάλεσεν τοὺς παῖδας[20] αὐτοῦ τοὺς ἐνδόξους[21] τοὺς συνεκτρόφους[22] αὐτοῦ ἐκ νεότητος[23] καὶ διεῖλεν[24] αὐτοῖς τὴν βασιλείαν αὐτοῦ ἔτι αὐτοῦ ζῶντος. **7** καὶ ἐβασίλευσεν[25] Ἀλέξανδρος ἔτη δώδεκα[26] καὶ ἀπέθανεν. **8** καὶ ἐπεκράτησαν[27] οἱ παῖδες[28] αὐτοῦ, ἕκαστος ἐν τῷ τόπῳ αὐτοῦ. **9** καὶ ἐπέθεντο πάντες διαδήματα[29] μετὰ τὸ ἀποθανεῖν αὐτὸν καὶ οἱ υἱοὶ αὐτῶν ὀπίσω αὐτῶν ἔτη πολλὰ καὶ ἐπλήθυναν[30] κακὰ ἐν τῇ γῇ. **10** καὶ ἐξῆλθεν ἐξ αὐτῶν ῥίζα[31] ἁμαρτωλὸς Ἀντίοχος Ἐπιφανὴς υἱὸς Ἀντιόχου τοῦ βασιλέως, ὃς ἦν ὅμηρα[32] ἐν Ῥώμῃ· καὶ ἐβασίλευσεν[33] ἐν ἔτει ἑκατοστῷ[34] καὶ τριακοστῷ[35] καὶ ἑβδόμῳ[36] βασιλείας Ἑλλήνων.

1 πατάσσω, *aor act inf*, strike, defeat
2 πατάσσω, *aor act ind 3s*, strike, defeat
3 βασιλεύω, *aor act ind 3s*, reign as king, become king
4 ἀντί, in place of
5 πρότερος, former(ly)
6 συνίστημι, *aor mid ind 3s*, set in motion, conduct
7 ὀχύρωμα, stronghold, fortress
8 σφάζω, *aor act ind 3s*, slaughter
9 ἄκρος, end, extremity
10 σκῦλον, spoils, plunder
11 ἡσυχάζω, *aor act ind 3s*, be at rest
12 ὑψόω, *aor pas ind 3s*, raise up
13 ἐπαίρω, *aor pas ind 3s*, exalt
14 ἰσχυρός, strong
15 σφόδρα, very
16 χώρα, territory, land
17 τύραννος, ruler, sovereign
18 φόρος, tribute
19 κοίτη, bed
20 παῖς, servant
21 ἔνδοξος, reputable, honorable
22 συνέκτροφος, reared together with
23 νεότης, youth
24 διαιρέω, *aor act ind 3s*, divide
25 βασιλεύω, *aor act ind 3s*, reign as king
26 δώδεκα, twelve
27 ἐπικρατέω, *aor act ind 3p*, take power
28 παῖς, servant
29 διάδημα, crown, diadem
30 πληθύνω, *aor act ind 3p*, multiply, increase
31 ῥίζα, root
32 ὅμηρος, hostage
33 βασιλεύω, *aor act ind 3s*, reign as king
34 ἑκατοστός, hundredth
35 τριακοστός, thirtieth
36 ἕβδομος, seventh

11 Ἐν ταῖς ἡμέραις ἐκείναις ἐξῆλθον ἐξ Ισραηλ υἱοὶ παράνομοι[1] καὶ ἀνέπεισαν[2] πολλοὺς λέγοντες Πορευθῶμεν καὶ διαθώμεθα[3] διαθήκην μετὰ τῶν ἐθνῶν τῶν κύκλῳ[4] ἡμῶν, ὅτι ἀφ᾽ ἧς ἐχωρίσθημεν[5] ἀπ᾽ αὐτῶν, εὗρεν ἡμᾶς κακὰ πολλά. **12** καὶ ἠγαθύνθη[6] ὁ λόγος ἐν ὀφθαλμοῖς αὐτῶν, **13** καὶ προεθυμήθησάν[7] τινες ἀπὸ τοῦ λαοῦ καὶ ἐπορεύθησαν πρὸς τὸν βασιλέα, καὶ ἔδωκεν αὐτοῖς ἐξουσίαν[8] ποιῆσαι τὰ δικαιώματα[9] τῶν ἐθνῶν. **14** καὶ ᾠκοδόμησαν γυμνάσιον[10] ἐν Ιεροσολύμοις κατὰ τὰ νόμιμα[11] τῶν ἐθνῶν **15** καὶ ἐποίησαν ἑαυτοῖς ἀκροβυστίας[12] καὶ ἀπέστησαν[13] ἀπὸ διαθήκης ἁγίας καὶ ἐζευγίσθησαν[14] τοῖς ἔθνεσιν καὶ ἐπράθησαν[15] τοῦ ποιῆσαι τὸ πονηρόν.

16 Καὶ ἡτοιμάσθη ἡ βασιλεία ἐνώπιον Ἀντιόχου, καὶ ὑπέλαβεν[16] βασιλεῦσαι[17] γῆς Αἰγύπτου, ὅπως βασιλεύσῃ[18] ἐπὶ τὰς δύο βασιλείας. **17** καὶ εἰσῆλθεν εἰς Αἴγυπτον ἐν ὄχλῳ[19] βαρεῖ,[20] ἐν ἅρμασιν[21] καὶ ἐλέφασιν[22] καὶ ἐν ἱππεῦσιν[23] καὶ ἐν στόλῳ[24] μεγάλῳ **18** καὶ συνεστήσατο[25] πόλεμον πρὸς Πτολεμαῖον βασιλέα Αἰγύπτου· καὶ ἐνετράπη[26] Πτολεμαῖος ἀπὸ προσώπου αὐτοῦ καὶ ἔφυγεν,[27] καὶ ἔπεσον τραυματίαι[28] πολλοί. **19** καὶ κατελάβοντο[29] τὰς πόλεις τὰς ὀχυρὰς[30] ἐν γῇ Αἰγύπτῳ, καὶ ἔλαβεν τὰ σκῦλα[31] γῆς Αἰγύπτου.

20 καὶ ἐπέστρεψεν Ἀντίοχος μετὰ τὸ πατάξαι[32] Αἴγυπτον ἐν τῷ ἑκατοστῷ[33] καὶ τεσσαρακοστῷ[34] καὶ τρίτῳ ἔτει καὶ ἀνέβη ἐπὶ Ισραηλ καὶ ἀνέβη εἰς Ιεροσόλυμα ἐν ὄχλῳ[35] βαρεῖ.[36] **21** καὶ εἰσῆλθεν εἰς τὸ ἁγίασμα[37] ἐν ὑπερηφανίᾳ[38] καὶ ἔλαβεν τὸ θυσιαστήριον[39] τὸ χρυσοῦν[40] καὶ τὴν λυχνίαν[41] τοῦ φωτὸς καὶ πάντα τὰ σκεύη[42]

1 παράνομος, lawless
2 ἀναπείθω, *aor act ind 3p*, persuade
3 διατίθημι, *aor mid sub 1p*, arrange
4 κύκλῳ, all around
5 χωρίζω, *aor pas ind 1p*, depart, separate
6 ἀγαθύνω, *aor pas ind 3s*, find favor
7 προθυμέομαι, *aor pas ind 3p*, be eager
8 ἐξουσία, authority
9 δικαίωμα, ordinance, decree
10 γυμνάσιον, gymnasium, school
11 νόμιμος, legal statute
12 ἀκροβυστία, foreskin
13 ἀφίστημι, *aor act ind 3p*, depart from
14 ζευγίζω, *aor pas ind 3p*, unite with
15 πιπράσκω, *aor pas ind 3p*, sell
16 ὑπολαμβάνω, *aor act ind 3s*, endeavor, undertake
17 βασιλεύω, *aor act inf*, become king
18 βασιλεύω, *aor act sub 3s*, reign as king
19 ὄχλος, host, multitude
20 βαρύς, heavily armed
21 ἅρμα, chariot
22 ἐλέφας, elephant
23 ἱππεύς, rider
24 στόλος, fleet
25 συνίστημι, *aor mid ind 3s*, set in motion
26 ἐντρέπω, *aor pas ind 3s*, turn about, put to shame
27 φεύγω, *aor act ind 3s*, flee
28 τραυματίας, casualty
29 καταλαμβάνω, *aor mid ind 3p*, lay hold of, capture
30 ὀχυρός, fortified
31 σκῦλον, spoils, plunder
32 πατάσσω, *aor act inf*, strike, defeat
33 ἑκατοστός, hundredth
34 τεσσαρακοστός, fortieth
35 ὄχλος, host, multitude
36 βαρύς, heavily armed
37 ἁγίασμα, sanctuary
38 ὑπερηφανία, arrogance
39 θυσιαστήριον, altar
40 χρυσοῦς, gold
41 λυχνία, lampstand
42 σκεῦος, vessel, utensil

αὐτῆς **22** καὶ τὴν τράπεζαν[1] τῆς προθέσεως[2] καὶ τὰ σπονδεῖα[3] καὶ τὰς φιάλας[4] καὶ τὰς θυΐσκας[5] τὰς χρυσᾶς[6] καὶ τὸ καταπέτασμα[7] καὶ τοὺς στεφάνους[8] καὶ τὸν κόσμον[9] τὸν χρυσοῦν τὸν κατὰ πρόσωπον τοῦ ναοῦ καὶ ἐλέπισεν[10] πάντα· **23** καὶ ἔλαβεν τὸ ἀργύριον[11] καὶ τὸ χρυσίον[12] καὶ τὰ σκεύη[13] τὰ ἐπιθυμητὰ[14] καὶ ἔλαβεν τοὺς θησαυροὺς[15] τοὺς ἀποκρύφους,[16] οὓς εὗρεν· **24** καὶ λαβὼν πάντα ἀπῆλθεν εἰς τὴν γῆν αὐτοῦ.

καὶ ἐποίησεν φονοκτονίαν[17]
  καὶ ἐλάλησεν ὑπερηφανίαν[18] μεγάλην.
25 καὶ ἐγένετο πένθος[19] μέγα ἐπὶ Ισραηλ
  ἐν παντὶ τόπῳ αὐτῶν.
26 καὶ ἐστέναξαν[20] ἄρχοντες καὶ πρεσβύτεροι,
  παρθένοι[21] καὶ νεανίσκοι[22] ἠσθένησαν,[23]
  καὶ τὸ κάλλος[24] τῶν γυναικῶν ἠλλοιώθη.[25]
27 πᾶς νυμφίος[26] ἀνέλαβεν[27] θρῆνον,[28]
  καὶ καθημένη ἐν παστῷ[29] ἐπένθει.[30]
28 καὶ ἐσείσθη[31] ἡ γῆ ἐπὶ τοὺς κατοικοῦντας αὐτήν,
  καὶ πᾶς ὁ οἶκος Ιακωβ ἐνεδύσατο[32] αἰσχύνην.[33]

29 Μετὰ δύο ἔτη ἡμερῶν ἀπέστειλεν ὁ βασιλεὺς ἄρχοντα φορολογίας[34] εἰς τὰς πόλεις Ιουδα, καὶ ἦλθεν εἰς Ιερουσαλημ ἐν ὄχλῳ[35] βαρεῖ.[36] **30** καὶ ἐλάλησεν αὐτοῖς λόγους εἰρηνικοὺς[37] ἐν δόλῳ,[38] καὶ ἐνεπίστευσαν[39] αὐτῷ. καὶ ἐπέπεσεν[40] ἐπὶ τὴν πόλιν ἐξάπινα[41] καὶ ἐπάταξεν[42] αὐτὴν πληγὴν[43] μεγάλην καὶ ἀπώλεσεν λαὸν πολὺν

1 τράπεζα, table
2 πρόθεσις, presentation
3 σπονδεῖον, cup
4 φιάλη, shallow bowl
5 θυίσκη, censer
6 χρυσοῦς, gold
7 καταπέτασμα, curtain
8 στέφανος, crown
9 κόσμος, decoration
10 λεπίζω, *aor act ind 3s*, remove, strip off
11 ἀργύριον, silver
12 χρυσίον, gold
13 σκεῦος, vessel, equipment
14 ἐπιθυμητός, desired
15 θησαυρός, treasure
16 ἀπόκρυφος, hidden, concealed
17 φονοκτονία, massacre
18 ὑπερηφανία, arrogance
19 πένθος, mourning
20 στενάζω, *aor act ind 3p*, lament, moan
21 παρθένος, young woman
22 νεανίσκος, young man
23 ἀσθενέω, *aor act ind 3p*, be weak
24 κάλλος, beauty
25 ἀλλοιόω, *aor pas ind 3s*, change (for the worse)
26 νυμφίος, bridegroom
27 ἀναλαμβάνω, *aor act ind 3s*, take up
28 θρῆνος, lamentation
29 παστός, bridal chamber
30 πενθέω, *impf act ind 3s*, mourn
31 σείω, *aor pas ind 3s*, shake
32 ἐνδύω, *aor mid ind 3s*, put on, clothe with
33 αἰσχύνη, shame, dishonor
34 φορολογία, tribute
35 ὄχλος, host, multitude
36 βαρύς, heavily armed
37 εἰρηνικός, peaceful
38 δόλος, deceit
39 ἐμπιστεύω, *aor act ind 3p*, trust in
40 ἐπιπίπτω, *aor act ind 3s*, fall upon
41 ἐξάπινα, suddenly
42 πατάσσω, *aor act ind 3s*, strike, defeat
43 πληγή, blow, stroke

ἐξ Ισραηλ. **31** καὶ ἔλαβεν τὰ σκῦλα[1] τῆς πόλεως καὶ ἐνέπρησεν[2] αὐτὴν πυρὶ καὶ καθεῖλεν[3] τοὺς οἴκους αὐτῆς καὶ τὰ τείχη[4] κύκλῳ.[5] **32** καὶ ᾐχμαλώτισαν[6] τὰς γυναῖκας καὶ τὰ τέκνα, καὶ τὰ κτήνη[7] ἐκληρονόμησαν.[8] **33** καὶ ᾠκοδόμησαν τὴν πόλιν Δαυιδ τείχει[9] μεγάλῳ καὶ ὀχυρῷ,[10] πύργοις[11] ὀχυροῖς, καὶ ἐγένετο αὐτοῖς εἰς ἄκραν.[12] **34** καὶ ἔθηκαν ἐκεῖ ἔθνος ἁμαρτωλόν, ἄνδρας παρανόμους,[13] καὶ ἐνίσχυσαν[14] ἐν αὐτῇ. **35** καὶ παρέθεντο[15] ὅπλα[16] καὶ τροφὴν[17] καὶ συναγαγόντες τὰ σκῦλα[18] Ιερουσαλημ ἀπέθεντο[19] ἐκεῖ καὶ ἐγένοντο εἰς μεγάλην παγίδα.[20]

36 καὶ ἐγένετο εἰς ἔνεδρον[21] τῷ ἁγιάσματι[22]
καὶ εἰς διάβολον[23] πονηρὸν τῷ Ισραηλ διὰ παντός.
37 καὶ ἐξέχεαν[24] αἷμα ἀθῷον[25] κύκλῳ[26] τοῦ ἁγιάσματος[27]
καὶ ἐμόλυναν[28] τὸ ἁγίασμα.
38 καὶ ἔφυγον[29] οἱ κάτοικοι[30] Ιερουσαλημ δι᾽ αὐτούς,
καὶ ἐγένετο κατοικία[31] ἀλλοτρίων·[32]
καὶ ἐγένετο ἀλλοτρία τοῖς γενήμασιν[33] αὐτῆς,
καὶ τὰ τέκνα αὐτῆς ἐγκατέλιπον[34] αὐτήν.
39 τὸ ἁγίασμα[35] αὐτῆς ἠρημώθη[36] ὡς ἔρημος,
αἱ ἑορταὶ[37] αὐτῆς ἐστράφησαν[38] εἰς πένθος,[39]
τὰ σάββατα αὐτῆς εἰς ὀνειδισμόν,[40]
ἡ τιμὴ[41] αὐτῆς εἰς ἐξουδένωσιν.[42]

1 σκῦλον, spoils, plunder
2 ἐμπίμπρημι, *aor act ind 3s*, set on fire
3 καθαιρέω, *aor act ind 3s*, destroy, tear down
4 τεῖχος, city wall
5 κύκλῳ, all around
6 αἰχμαλωτίζω, *aor act ind 3p*, take captive
7 κτῆνος, animal, (*p*) herd
8 κληρονομέω, *aor act ind 3p*, acquire possession
9 τεῖχος, city wall
10 ὀχυρός, fortified
11 πύργος, tower
12 ἄκρα, citadel, high place
13 παράνομος, lawless
14 ἐνισχύω, *aor act ind 3p*, strengthen
15 παρατίθημι, *aor mid ind 3p*, store up
16 ὅπλον, weapon, armor
17 τροφή, provisions
18 σκῦλον, spoils, plunder
19 ἀποτίθημι, *aor mid ind 3p*, put aside
20 παγίς, trap, snare
21 ἔνεδρον, ambush
22 ἁγίασμα, sanctuary
23 διάβολος, adversary
24 ἐκχέω, *aor act ind 3p*, pour out
25 ἀθῷος, innocent
26 κύκλῳ, around
27 ἁγίασμα, sanctuary
28 μολύνω, *aor act ind 3p*, defile
29 φεύγω, *aor act ind 3p*, flee
30 κάτοικος, inhabitant
31 κατοικία, dwelling place
32 ἀλλότριος, foreign
33 γένημα, first produce
34 ἐγκαταλείπω, *aor act ind 3p*, leave behind
35 ἁγίασμα, sanctuary
36 ἐρημόω, *aor pas ind 3s*, desolate, lay waste
37 ἑορτή, feast
38 στρέφω, *aor pas ind 3p*, change into
39 πένθος, mourning
40 ὀνειδισμός, disgrace
41 τιμή, honor
42 ἐξουδένωσις, contempt, scorn

40 κατὰ τὴν δόξαν αὐτῆς ἐπληθύνθη[1] ἡ ἀτιμία[2] αὐτῆς,
καὶ τὸ ὕψος[3] αὐτῆς ἐστράφη[4] εἰς πένθος.[5]

41 Καὶ ἔγραψεν ὁ βασιλεὺς πάσῃ τῇ βασιλείᾳ αὐτοῦ εἶναι πάντας εἰς λαὸν ἕνα **42** καὶ ἐγκαταλιπεῖν[6] ἕκαστον τὰ νόμιμα[7] αὐτοῦ. καὶ ἐπεδέξαντο[8] πάντα τὰ ἔθνη κατὰ τὸν λόγον τοῦ βασιλέως. **43** καὶ πολλοὶ ἀπὸ Ισραηλ εὐδόκησαν[9] τῇ λατρείᾳ[10] αὐτοῦ καὶ ἔθυσαν[11] τοῖς εἰδώλοις[12] καὶ ἐβεβήλωσαν[13] τὸ σάββατον. **44** καὶ ἀπέστειλεν ὁ βασιλεὺς βιβλία ἐν χειρὶ ἀγγέλων εἰς Ιερουσαλημ καὶ τὰς πόλεις Ιουδα πορευθῆναι ὀπίσω νομίμων[14] ἀλλοτρίων[15] τῆς γῆς **45** καὶ κωλῦσαι[16] ὁλοκαυτώματα[17] καὶ θυσίαν[18] καὶ σπονδὴν[19] ἐκ τοῦ ἁγιάσματος[20] καὶ βεβηλῶσαι[21] σάββατα καὶ ἑορτὰς[22] **46** καὶ μιᾶναι[23] ἁγίασμα[24] καὶ ἁγίους, **47** οἰκοδομῆσαι βωμοὺς[25] καὶ τεμένη[26] καὶ εἰδώλια[27] καὶ θύειν[28] ὕεια[29] καὶ κτήνη[30] κοινὰ[31] **48** καὶ ἀφιέναι[32] τοὺς υἱοὺς αὐτῶν ἀπεριτμήτους[33] βδελύξαι[34] τὰς ψυχὰς αὐτῶν ἐν παντὶ ἀκαθάρτῳ καὶ βεβηλώσει[35] **49** ὥστε ἐπιλαθέσθαι[36] τοῦ νόμου καὶ ἀλλάξαι[37] πάντα τὰ δικαιώματα·[38] **50** καὶ ὃς ἂν μὴ ποιήσῃ κατὰ τὸν λόγον τοῦ βασιλέως, ἀποθανεῖται.

51 κατὰ πάντας τοὺς λόγους τούτους ἔγραψεν πάσῃ τῇ βασιλείᾳ αὐτοῦ καὶ ἐποίησεν ἐπισκόπους[39] ἐπὶ πάντα τὸν λαὸν καὶ ἐνετείλατο[40] ταῖς πόλεσιν Ιουδα θυσιάζειν[41] κατὰ πόλιν καὶ πόλιν. **52** καὶ συνηθροίσθησαν[42] ἀπὸ τοῦ λαοῦ πολλοὶ πρὸς αὐτούς, πᾶς ὁ ἐγκαταλείπων[43] τὸν νόμον, καὶ ἐποίησαν κακὰ ἐν τῇ γῇ **53** καὶ ἔθεντο τὸν Ισραηλ ἐν κρύφοις[44] ἐν παντὶ φυγαδευτηρίῳ[45] αὐτῶν.

1 πληθύνω, *aor pas ind 3s*, multiply
2 ἀτιμία, dishonor
3 ὕψος, exaltation
4 στρέφω, *aor pas ind 3s*, change into
5 πένθος, mourning
6 ἐγκαταλείπω, *aor act inf*, forsake
7 νόμιμος, legal statute
8 ἐπιδέχομαι, *aor mid ind 3p*, receive
9 εὐδοκέω, *aor act ind 3p*, consent
10 λατρεία, servitude
11 θύω, *aor act ind 3p*, sacrifice
12 εἴδωλον, idol
13 βεβηλόω, *aor act ind 3p*, profane
14 νόμιμος, legal statute
15 ἀλλότριος, foreign
16 κωλύω, *aor act inf*, forbid, hinder
17 ὁλοκαύτωμα, whole burnt offering
18 θυσία, sacrifice
19 σπονδή, drink offering
20 ἁγίασμα, sanctuary
21 βεβηλόω, *aor act inf*, profane
22 ἑορτή, feast
23 μιαίνω, *aor act inf*, pollute
24 ἁγίασμα, sanctuary
25 βωμός, (illegitimate) altar
26 τέμενος, shrine
27 εἰδώλιον, idol temple
28 θύω, *pres act inf*, sacrifice
29 ὕειος, pig
30 κτῆνος, animal
31 κοινός, common, impure
32 ἀφίημι, *pres act inf*, leave alone
33 ἀπερίτμητος, uncircumcised
34 βδελύσσω, *aor act inf*, profane
35 βεβήλωσις, profanation
36 ἐπιλανθάνομαι, *aor mid inf*, forget
37 ἀλλάσσω, *aor act inf*, change
38 δικαίωμα, ordinance, decree
39 ἐπίσκοπος, overseer
40 ἐντέλλομαι, *aor mid ind 3s*, command
41 θυσιάζω, *pres act inf*, sacrifice
42 συναθροίζω, *aor pas ind 3p*, gather
43 ἐγκαταλείπω, *pres act ptc nom s m*, forsake
44 κρύφος, hiding place
45 φυγαδευτήριον, place of refuge

54 καὶ τῇ πεντεκαιδεκάτῃ[1] ἡμέρᾳ Χασελευ τῷ πέμπτῳ[2] καὶ τεσσαρακοστῷ[3] καὶ ἑκατοστῷ[4] ἔτει ᾠκοδόμησεν βδέλυγμα[5] ἐρημώσεως[6] ἐπὶ τὸ θυσιαστήριον.[7] καὶ ἐν πόλεσιν Ιουδα κύκλῳ[8] ᾠκοδόμησαν βωμούς·[9] **55** καὶ ἐπὶ τῶν θυρῶν τῶν οἰκιῶν καὶ ἐν ταῖς πλατείαις[10] ἐθυμίων.[11] **56** καὶ τὰ βιβλία τοῦ νόμου, ἃ εὗρον, ἐνεπύρισαν[12] ἐν πυρὶ κατασχίσαντες.[13] **57** καὶ ὅπου[14] εὑρίσκετο παρά τινι βιβλίον διαθήκης, καὶ εἴ τις συνευδόκει[15] τῷ νόμῳ, τὸ σύγκριμα[16] τοῦ βασιλέως ἐθανάτου[17] αὐτόν. **58** ἐν ἰσχύι[18] αὐτῶν ἐποίουν τῷ Ισραηλ τοῖς εὑρισκομένοις ἐν παντὶ μηνὶ[19] καὶ μηνὶ ἐν ταῖς πόλεσιν. **59** καὶ τῇ πέμπτῃ[20] καὶ εἰκάδι[21] τοῦ μηνὸς[22] θυσιάζοντες[23] ἐπὶ τὸν βωμόν,[24] ὃς ἦν ἐπὶ τοῦ θυσιαστηρίου.[25] **60** καὶ τὰς γυναῖκας τὰς περιτετμηκυίας[26] τὰ τέκνα αὐτῶν ἐθανάτωσαν[27] κατὰ τὸ πρόσταγμα[28] **61** καὶ ἐκρέμασαν[29] τὰ βρέφη[30] ἐκ τῶν τραχήλων[31] αὐτῶν, καὶ τοὺς οἴκους αὐτῶν καὶ τοὺς περιτετμηκότας[32] αὐτούς.

62 καὶ πολλοὶ ἐν Ισραηλ ἐκραταιώθησαν[33] καὶ ὠχυρώθησαν[34] ἐν αὐτοῖς τοῦ μὴ φαγεῖν κοινὰ[35] **63** καὶ ἐπεδέξαντο[36] ἀποθανεῖν, ἵνα μὴ μιανθῶσιν[37] τοῖς βρώμασιν[38] καὶ μὴ βεβηλώσωσιν[39] διαθήκην ἁγίαν, καὶ ἀπέθανον. **64** καὶ ἐγένετο ὀργὴ μεγάλη ἐπὶ Ισραηλ σφόδρα.[40]

1 πεντεκαιδέκατος, fifteenth
2 πέμπτος, fifth
3 τεσσαρακοστός, fortieth
4 ἑκατοστός, hundredth
5 βδέλυγμα, abomination
6 ἐρήμωσις, desolation
7 θυσιαστήριον, altar
8 κύκλῳ, all around
9 βωμός, (illegitimate) altar
10 πλατύς, broad (street)
11 θυμιάω, *impf act ind 3p*, sacrifice
12 ἐμπυρίζω, *aor act ind 3p*, set on fire
13 κατασχίζω, *aor act ptc nom p m*, tear up
14 ὅπου, wherever
15 συνευδοκέω, *impf act ind 3s*, approve, consent
16 σύγκριμα, judgment
17 θανατόω, *impf act ind 3s*, put to death
18 ἰσχύς, strength
19 μήν, month
20 πέμπτος, fifth
21 εἰκάς, twentieth
22 μήν, month
23 θυσιάζω, *pres act ptc nom p m*, sacrifice
24 βωμός, (illegitimate) altar
25 θυσιαστήριον, altar
26 περιτέμνω, *perf act ptc acc p f*, circumcise
27 θανατόω, *aor act ind 3p*, put to death
28 πρόσταγμα, ordinance
29 κρεμάννυμι, *aor act ind 3p*, hang
30 βρέφος, infant, baby
31 τράχηλος, neck
32 περιτέμνω, *perf act ptc acc p m*, circumcise
33 κραταιόω, *aor pas ind 3p*, strengthen oneself
34 ὀχυρόω, *aor pas ind 3p*, fortify
35 κοινός, impure (food)
36 ἐπιδέχομαι, *aor mid ind 3p*, welcome, receive
37 μιαίνω, *aor pas sub 3p*, pollute
38 βρῶμα, food
39 βεβηλόω, *aor act sub 3p*, profane
40 σφόδρα, exceedingly

2 MACCABEES 7

Martyrdom of the Seven Brothers and Their Mother 

1 Συνέβη[1] δὲ καὶ ἑπτὰ ἀδελφοὺς μετὰ τῆς μητρὸς συλλημφθέντας[2] ἀναγκάζεσθαι[3] ὑπὸ τοῦ βασιλέως ἀπὸ τῶν ἀθεμίτων[4] ὑείων[5] κρεῶν[6] ἐφάπτεσθαι[7] μάστιξιν[8] καὶ νευραῖς[9] αἰκιζομένους.[10] **2** εἷς δὲ αὐτῶν γενόμενος προήγορος[11] οὕτως ἔφη[12] Τί μέλλεις[13] ἐρωτᾶν[14] καὶ μανθάνειν[15] ἡμῶν; ἕτοιμοι[16] γὰρ ἀποθνῄσκειν ἐσμὲν ἢ παραβαίνειν[17] τοὺς πατρίους[18] νόμους. **3** ἔκθυμος[19] δὲ γενόμενος ὁ βασιλεὺς προσέταξεν[20] τήγανα[21] καὶ λέβητας[22] ἐκπυροῦν.[23] **4** τῶν δὲ παραχρῆμα[24] ἐκπυρωθέντων[25] τὸν γενόμενον αὐτῶν προήγορον[26] προσέταξεν[27] γλωσσοτομεῖν[28] καὶ περισκυθίσαντας[29] ἀκρωτηριάζειν[30] τῶν λοιπῶν ἀδελφῶν καὶ τῆς μητρὸς συνορώντων.[31] **5** ἄχρηστον[32] δὲ αὐτὸν τοῖς ὅλοις γενόμενον ἐκέλευσεν[33] τῇ πυρᾷ[34] προσάγειν[35] ἔμπνουν[36] καὶ τηγανίζειν.[37] τῆς δὲ ἀτμίδος[38] ἐφ᾽ ἱκανὸν[39] διαδιδούσης[40] τοῦ τηγάνου[41] ἀλλήλους[42] παρεκάλουν σὺν τῇ μητρὶ γενναίως[43] τελευτᾶν[44] λέγοντες οὕτως **6** Ὁ κύριος ὁ θεὸς ἐφορᾷ[45] καὶ ταῖς ἀληθείαις ἐφ᾽ ἡμῖν παρακαλεῖται,

1 συμβαίνω, *aor act ind 3s*, happen
2 συλλαμβάνω, *aor pas ptc acc p m*, arrest
3 ἀναγκάζω, *pres pas inf*, compel
4 ἀθέμιτος, godless, unlawful
5 ὕειος, pig
6 κρέας, flesh, meat
7 ἐφάπτω, *pres mid inf*, taste
8 μάστιξ, whip
9 νευρά, cord
10 αἰκίζομαι, *pres pas ptc acc p m*, torture
11 προήγορος, spokesperson
12 φημί, *aor act ind 3s*, say
13 μέλλω, *pres act ind 2s*, be about to, intend to
14 ἐρωτάω, *pres act inf*, ask
15 μανθάνω, *pres act inf*, learn from
16 ἕτοιμος, prepared
17 παραβαίνω, *pres act inf*, deviate from
18 πάτριος, ancestral
19 ἔκθυμος, enraged
20 προστάσσω, *aor act ind 3s*, command
21 τήγανον, frying pan
22 λέβης, kettle
23 ἐκπυρόω, *pres act inf*, heat up
24 παραχρῆμα, immediately
25 ἐκπυρόω, *aor pas ptc gen p m*, heat up
26 προήγορος, spokesperson
27 προστάσσω, *aor act ind 3s*, command
28 γλωσσοτομέω, *pres act inf*, cut out the tongue
29 περισκυθίζω, *aor act ptc acc p m*, scalp
30 ἀκρωτηριάζω, *pres act inf*, cut off hands and feet
31 συνοράω, *pres act ptc gen p m*, watch, observe
32 ἄχρηστος, unable to do anything
33 κελεύω, *aor act ind 3s*, give orders
34 πυρά, pyre (of wood)
35 προσάγω, *pres act inf*, take to
36 ἔμπνους, alive, breathing
37 τηγανίζω, *pres act inf*, fry in a pan
38 ἀτμίς, smoke
39 ἱκανός, greatly
40 διαδίδωμι, *pres act ptc gen s f*, disperse, spread out
41 τήγανον, frying pan
42 ἀλλήλων, (of) one another
43 γενναίως, nobly, bravely
44 τελευτάω, *pres act inf*, die
45 ἐφοράω, *pres act ind 3s*, look upon, watch over

καθάπερ[1] διὰ τῆς κατὰ πρόσωπον ἀντιμαρτυρούσης[2] ᾠδῆς[3] διεσάφησεν[4] Μωυσῆς λέγων Καὶ ἐπὶ τοῖς δούλοις αὐτοῦ παρακληθήσεται.

7 Μεταλλάξαντος[5] δὲ τοῦ πρώτου τὸν τρόπον[6] τοῦτον τὸν δεύτερον ἦγον ἐπὶ τὸν ἐμπαιγμὸν[7] καὶ τὸ τῆς κεφαλῆς δέρμα[8] σὺν ταῖς θριξὶν[9] περισύραντες[10] ἐπηρώτων[11] Εἰ φάγεσαι πρὸ τοῦ τιμωρηθῆναι[12] τὸ σῶμα κατὰ μέλος;[13] **8** ὁ δὲ ἀποκριθεὶς τῇ πατρίῳ[14] φωνῇ προσεῖπεν[15] Οὐχί. διόπερ[16] καὶ οὗτος τὴν ἑξῆς[17] ἔλαβεν βάσανον[18] ὡς ὁ πρῶτος. **9** ἐν ἐσχάτῃ δὲ πνοῇ[19] γενόμενος εἶπεν Σὺ μέν, ἀλάστωρ,[20] ἐκ τοῦ παρόντος[21] ἡμᾶς ζῆν ἀπολύεις,[22] ὁ δὲ τοῦ κόσμου βασιλεὺς ἀποθανόντας ἡμᾶς ὑπὲρ τῶν αὐτοῦ νόμων εἰς αἰώνιον ἀναβίωσιν[23] ζωῆς ἡμᾶς ἀναστήσει.[24]

10 Μετὰ δὲ τοῦτον ὁ τρίτος ἐνεπαίζετο[25] καὶ τὴν γλῶσσαν αἰτηθεὶς[26] ταχέως[27] προέβαλεν[28] καὶ τὰς χεῖρας εὐθαρσῶς[29] προέτεινεν[30] **11** καὶ γενναίως[31] εἶπεν Ἐξ οὐρανοῦ ταῦτα κέκτημαι[32] καὶ διὰ τοὺς αὐτοῦ νόμους ὑπερορῶ[33] ταῦτα καὶ παρ᾽ αὐτοῦ ταῦτα πάλιν[34] ἐλπίζω κομίσασθαι·[35] **12** ὥστε αὐτὸν τὸν βασιλέα καὶ τοὺς σὺν αὐτῷ ἐκπλήσσεσθαι[36] τὴν τοῦ νεανίσκου[37] ψυχήν, ὡς ἐν οὐδενὶ τὰς ἀλγηδόνας[38] ἐτίθετο.

13 Καὶ τούτου δὲ μεταλλάξαντος[39] τὸν τέταρτον[40] ὡσαύτως[41] ἐβασάνιζον[42] αἰκιζόμενοι.[43] **14** καὶ γενόμενος πρὸς τὸ τελευτᾶν[44] οὕτως ἔφη[45] Αἱρετὸν[46]

1 καθάπερ, just as
2 ἀντιμαρτυρέω, *pres act ptc gen s f*, witness against
3 ᾠδή, song
4 διασαφέω, *aor act ind 3s*, make known plainly
5 μεταλλάσσω, *aor act ptc gen s m*, die
6 ὃν τρόπον, in such a manner
7 ἐμπαιγμός, mockery
8 δέρμα, skin
9 θρίξ, hair
10 περισύρω, *aor act ptc nom p m*, tear away
11 ἐπερωτάω, *impf act ind 3p*, ask
12 τιμωρέω, *aor pas inf*, punish
13 μέλος, limb, member
14 πάτριος, ancestral
15 προσλέγω, *aor act ind 3s*, address, say to
16 διόπερ, therefore
17 ἑξῆς, thereafter, next
18 βάσανος, torture
19 πνοή, breath
20 ἀλάστωρ, demon, (wretch)
21 πάρειμι, *pres act ptc gen s m*, be present
22 ἀπολύω, *pres act ind 2s*, dismiss, discharge
23 ἀναβίωσις, renewed life
24 ἀνίστημι, *fut act ind 3s*, raise up, resurrect
25 ἐμπαίζω, *impf pas ind 3s*, abuse, mock
26 αἰτέω, *aor pas ptc nom s m*, ask for, demand
27 ταχέως, quickly
28 προβάλλω, *aor act ind 3s*, put forth
29 εὐθαρσῶς, boldly
30 προτείνω, *impf act ind 3s*, extend forward
31 γενναίως, nobly, bravely
32 κτάομαι, *perf mid ind 1s*, obtain, acquire
33 ὑπεροράω, *pres act ind 1s*, disregard
34 πάλιν, again
35 κομίζω, *aor mid inf*, receive
36 ἐκπλήσσω, *pres pas inf*, be amazed
37 νεανίσκος, young man
38 ἀλγηδών, pain, suffering
39 μεταλλάσσω, *aor act ptc gen s m*, die
40 τέταρτος, fourth
41 ὡσαύτως, in like manner
42 βασανίζω, *impf act ind 3p*, torment
43 αἰκίζομαι, *pres mid ptc nom p m*, torture
44 τελευτάω, *pres act inf*, die
45 φημί, *aor act ind 3s*, say
46 αἱρετός, chosen

μεταλλάσσοντας[1] ὑπ᾽ ἀνθρώπων τὰς ὑπὸ τοῦ θεοῦ προσδοκᾶν[2] ἐλπίδας πάλιν[3] ἀναστήσεσθαι[4] ὑπ᾽ αὐτοῦ· σοὶ μὲν γὰρ ἀνάστασις[5] εἰς ζωὴν οὐκ ἔσται.

15 Ἐχομένως[6] δὲ τὸν πέμπτον[7] προσάγοντες[8] ᾐκίζοντο.[9] **16** ὁ δὲ πρὸς αὐτὸν ἰδὼν εἶπεν Ἐξουσίαν[10] ἐν ἀνθρώποις ἔχων φθαρτὸς[11] ὢν ὃ θέλεις ποιεῖς· μὴ δόκει[12] δὲ τὸ γένος[13] ἡμῶν ὑπὸ τοῦ θεοῦ καταλελεῖφθαι·[14] **17** σὺ δὲ καρτέρει[15] καὶ θεώρει[16] τὸ μεγαλεῖον[17] αὐτοῦ κράτος,[18] ὡς σὲ καὶ τὸ σπέρμα σου βασανιεῖ.[19]

18 Μετὰ δὲ τοῦτον ἦγον τὸν ἕκτον,[20] καὶ μέλλων[21] ἀποθνῄσκειν ἔφη[22] Μὴ πλανῶ μάτην,[23] ἡμεῖς γὰρ δι᾽ ἑαυτοὺς ταῦτα πάσχομεν[24] ἁμαρτόντες εἰς τὸν ἑαυτῶν θεόν, ἄξια[25] θαυμασμοῦ[26] γέγονεν· **19** σὺ δὲ μὴ νομίσῃς[27] ἀθῷος[28] ἔσεσθαι θεομαχεῖν[29] ἐπιχειρήσας.[30]

20 Ὑπεραγόντως[31] δὲ ἡ μήτηρ θαυμαστὴ[32] καὶ μνήμης[33] ἀγαθῆς ἀξία,[34] ἥτις ἀπολλυμένους υἱοὺς ἑπτὰ συνορῶσα[35] μιᾶς ὑπὸ καιρὸν ἡμέρας εὐψύχως[36] ἔφερεν διὰ τὰς ἐπὶ κύριον ἐλπίδας. **21** ἕκαστον δὲ αὐτῶν παρεκάλει τῇ πατρίῳ[37] φωνῇ γενναίῳ[38] πεπληρωμένη φρονήματι[39] καὶ τὸν θῆλυν[40] λογισμὸν[41] ἄρσενι[42] θυμῷ[43] διεγείρασα[44] λέγουσα πρὸς αὐτούς **22** Οὐκ οἶδ᾽ ὅπως εἰς τὴν ἐμὴν ἐφάνητε[45] κοιλίαν,[46] οὐδὲ ἐγὼ τὸ πνεῦμα καὶ τὴν ζωὴν ὑμῖν ἐχαρισάμην,[47] καὶ τὴν ἑκάστου στοιχείωσιν[48] οὐκ ἐγὼ

1 μεταλλάσσω, *pres act ptc acc p m*, die
2 προσδοκάω, *pres act inf*, wait upon, look for
3 πάλιν, once again
4 ἀνίστημι, *fut mid inf*, raise up, resurrect
5 ἀνάστασις, resurrection
6 ἐχομένως, immediately afterward
7 πέμπτος, fifth
8 προσάγω, *pres act ptc nom p m*, bring forth
9 αἰκίζομαι, *impf act ind 3p*, torture
10 ἐξουσία, authority
11 φθαρτός, mortal, perishable
12 δοκέω, *pres act impv 2s*, think that
13 γένος, nation, people
14 καταλείπω, *perf pas inf*, abandon
15 καρτερέω, *pres act impv 2s*, persevere
16 θεωρέω, *pres act impv 2s*, observe
17 μεγαλεῖος, magnificent, majestic
18 κράτος, power
19 βασανίζω, *fut act ind 3s*, torment
20 ἕκτος, sixth
21 μέλλω, *pres act ptc nom s m*, be about to
22 φημί, *aor act ind 3s*, say
23 μάτην, in vain
24 πάσχω, *pres act ind 1p*, suffer
25 ἄξιος, worthy
26 θαυμασμός, admiration
27 νομίζω, *aor act sub 2s*, suppose
28 ἀθῷος, unpunished
29 θεομαχέω, *pres act inf*, oppose God
30 ἐπιχειρέω, *aor act ptc nom s m*, endeavor
31 ὑπεραγόντως, exceedingly
32 θαυμαστός, honorable, astonishing
33 μνήμη, remembrance
34 ἄξιος, worthy, deserving
35 συνοράω, *pres act ptc nom s f*, see, watch
36 εὐψύχως, courageously
37 πάτριος, ancestral
38 γενναῖος, noble, excellent
39 φρόνημα, thinking
40 θῆλυς, feminine
41 λογισμός, reasoning
42 ἄρσην, masculine
43 θυμός, spirit, mind
44 διεγείρω, *aor act ptc nom s f*, stir up
45 φαίνω, *aor pas ind 2p*, appear
46 κοιλία, womb
47 χαρίζομαι, *aor mid ind 1s*, give
48 στοιχείωσις, elements of one's body

διερρύθμισα·[1] **23** τοιγαροῦν[2] ὁ τοῦ κόσμου κτίστης[3] ὁ πλάσας[4] ἀνθρώπου γένεσιν[5] καὶ πάντων ἐξευρὼν[6] γένεσιν καὶ τὸ πνεῦμα καὶ τὴν ζωὴν ὑμῖν πάλιν[7] ἀποδίδωσιν μετ᾽ ἐλέους,[8] ὡς νῦν ὑπερορᾶτε[9] ἑαυτοὺς διὰ τοὺς αὐτοῦ νόμους.

24 Ὁ δὲ Ἀντίοχος οἰόμενος[10] καταφρονεῖσθαι[11] καὶ τὴν ὀνειδίζουσαν[12] ὑφορώμενος[13] φωνὴν ἔτι τοῦ νεωτέρου[14] περιόντος[15] οὐ μόνον διὰ λόγων ἐποιεῖτο τὴν παράκλησιν,[16] ἀλλὰ καὶ δι᾽ ὅρκων[17] ἐπίστου[18] ἅμα[19] πλουτιεῖν[20] καὶ μακαριστὸν[21] ποιήσειν[22] μεταθέμενον[23] ἀπὸ τῶν πατρίων[24] καὶ φίλον[25] ἕξειν καὶ χρείας[26] ἐμπιστεύσειν.[27] **25** τοῦ δὲ νεανίου[28] μηδαμῶς[29] προσέχοντος[30] προσκαλεσάμενος[31] ὁ βασιλεὺς τὴν μητέρα παρῄνει[32] γενέσθαι τοῦ μειρακίου[33] σύμβουλον[34] ἐπὶ σωτηρίᾳ. **26** πολλὰ δὲ αὐτοῦ παραινέσαντος[35] ἐπεδέξατο[36] πείσειν[37] τὸν υἱόν· **27** προσκύψασα[38] δὲ αὐτῷ χλευάσασα[39] τὸν ὠμὸν[40] τύραννον[41] οὕτως ἔφησεν[42] τῇ πατρίῳ[43] φωνῇ Υἱέ, ἐλέησόν[44] με τὴν ἐν γαστρὶ[45] περιενέγκασάν[46] σε μῆνας[47] ἐννέα[48] καὶ θηλάσασάν[49] σε ἔτη τρία καὶ ἐκθρέψασάν[50] σε καὶ ἀγαγοῦσαν εἰς τὴν ἡλικίαν[51] ταύτην καὶ τροφοφορήσασαν.[52] **28** ἀξιῶ[53] σε, τέκνον, ἀναβλέψαντα[54] εἰς τὸν οὐρανὸν καὶ τὴν

1 διαρρυθμίζω, *aor act ind 1s*, arrange in order
2 τοιγαροῦν, for that reason
3 κτίστης, creator
4 πλάσσω, *aor act ptc nom s m*, form, mold
5 γένεσις, generation, origin
6 ἐξευρίσκω, *aor act ptc nom s m*, procure, search out
7 πάλιν, again
8 ἔλεος, mercy
9 ὑπεροράω, *pres act ind 2p*, disregard
10 οἴομαι, *pres mid ptc nom s m*, think
11 καταφρονέω, *pres pas inf*, despise
12 ὀνειδίζω, *pres act ptc acc s f*, revile, reproach
13 ὑφοράω, *pres mid ptc nom s m*, suspect
14 νέος, *comp*, younger
15 περίειμι, *pres act ptc gen s m*, be present
16 παράκλησις, encouragement
17 ὅρκος, oath
18 πιστόω, *impf act ind 3s*, confirm
19 ἅμα, at the same time
20 πλουτίζω, *fut act inf*, enrich
21 μακαριστός, most blessed
22 ποιέω, *fut act inf*, make
23 μετατίθημι, *aor mid ptc acc s m*, change from
24 πάτριος, ancestral (ways)
25 φίλος, friend
26 χρεία, civil duty
27 ἐμπιστεύω, *fut act inf*, entrust
28 νεανίας, young man
29 μηδαμῶς, certainly not
30 προσέχω, *pres act ptc gen s m*, give heed to
31 προσκαλέω, *aor mid ptc nom s m*, summon
32 παραινέω, *impf act ind 3s*, exhort
33 μειράκιον, youth
34 σύμβουλος, advisor
35 παραινέω, *aor act ptc gen s m*, exhort
36 ἐπιδέχομαι, *aor mid ind 3s*, take upon oneself
37 πείθω, *fut act inf*, persuade
38 προσκύπτω, *aor act ptc nom s f*, lean over
39 χλευάζω, *aor act ptc nom s f*, speak scornfully, deride
40 ὠμός, cruel
41 τύραννος, tyrant
42 φημί, *aor act ind 3s*, say
43 πάτριος, ancestral
44 ἐλεέω, *aor act impv 2s*, show mercy
45 γαστήρ, womb
46 περιφέρω, *aor act ptc acc s f*, carry around (pregnant)
47 μήν, month
48 ἐννέα, nine
49 θηλάζω, *aor act ptc acc s f*, nurse
50 ἐκτρέφω, *aor act ptc acc s f*, rear from childhood
51 ἡλικία, point in life
52 τροφοφορέω, *aor act ptc acc s f*, care for
53 ἀξιόω, *pres act ind 1s*, entreat
54 ἀναβλέπω, *aor act ptc acc s m*, look up

γῆν καὶ τὰ ἐν αὐτοῖς πάντα ἰδόντα γνῶναι ὅτι οὐκ ἐξ ὄντων ἐποίησεν αὐτὰ ὁ θεός, καὶ τὸ τῶν ἀνθρώπων γένος[1] οὕτω γίνεται. **29** μὴ φοβηθῇς τὸν δήμιον[2] τοῦτον, ἀλλὰ τῶν ἀδελφῶν ἄξιος[3] γενόμενος ἐπίδεξαι[4] τὸν θάνατον, ἵνα ἐν τῷ ἐλέει[5] σὺν τοῖς ἀδελφοῖς σου κομίσωμαί[6] σε.

30 Ἔτι δὲ ταύτης καταληγούσης[7] ὁ νεανίας[8] εἶπεν Τίνα μένετε;[9] οὐχ ὑπακούω[10] τοῦ προστάγματος[11] τοῦ βασιλέως, τοῦ δὲ προστάγματος ἀκούω τοῦ νόμου τοῦ δοθέντος τοῖς πατράσιν ἡμῶν διὰ Μωυσέως. **31** σὺ δὲ πάσης κακίας[12] εὑρετὴς[13] γενόμενος εἰς τοὺς Εβραίους οὐ μὴ διαφύγῃς[14] τὰς χεῖρας τοῦ θεοῦ. **32** ἡμεῖς γὰρ διὰ τὰς ἑαυτῶν ἁμαρτίας πάσχομεν.[15] **33** εἰ δὲ χάριν[16] ἐπιπλήξεως[17] καὶ παιδείας[18] ὁ ζῶν κύριος ἡμῶν βραχέως[19] ἐπώργισται,[20] καὶ πάλιν[21] καταλλαγήσεται[22] τοῖς ἑαυτοῦ δούλοις. **34** σὺ δέ, ὦ[23] ἀνόσιε[24] καὶ πάντων ἀνθρώπων μιαρώτατε,[25] μὴ μάτην[26] μετεωρίζου[27] φρυαττόμενος[28] ἀδήλοις[29] ἐλπίσιν ἐπὶ τοὺς οὐρανίους[30] παῖδας[31] ἐπαιρόμενος[32] χεῖρα· **35** οὔπω[33] γὰρ τὴν τοῦ παντοκράτορος[34] ἐπόπτου[35] θεοῦ κρίσιν ἐκπέφευγας.[36] **36** οἱ μὲν γὰρ νῦν ἡμέτεροι[37] ἀδελφοὶ βραχὺν[38] ὑπενέγκαντες[39] πόνον[40] ἀενάου[41] ζωῆς ὑπὸ διαθήκην θεοῦ πεπτώκασιν·[42] σὺ δὲ τῇ τοῦ θεοῦ κρίσει δίκαια τὰ πρόστιμα[43] τῆς ὑπερηφανίας[44] ἀποίσῃ.[45] **37** ἐγὼ δέ, καθάπερ[46] οἱ ἀδελφοί, καὶ σῶμα καὶ ψυχὴν προδίδωμι[47] περὶ τῶν πατρίων[48] νόμων ἐπικαλούμενος[49] τὸν θεὸν ἵλεως[50]

1 γένος, nation, people
2 δήμιος, executioner
3 ἄξιος, worthy
4 ἐπιδέχομαι, *aor mid impv 2s*, welcome
5 ἔλεος, mercy
6 κομίζω, *aor mid sub 1s*, receive back
7 καταλήγω, *pres act ptc gen s f*, finish
8 νεανίας, young man
9 μένω, *pres act ind 2p*, tarry, delay
10 ὑπακούω, *pres act ind 1s*, obey
11 πρόσταγμα, decree, command
12 κακία, wickedness
13 εὑρετής, inventor
14 διαφεύγω, *aor act sub 2s*, escape from
15 πάσχω, *pres act ind 1p*, suffer
16 χάριν, on account of
17 ἐπίπληξις, rebuke
18 παιδεία, discipline, correction
19 βραχέως, for a little while
20 ἐποργίζομαι, *perf mid ind 3s*, be angry
21 πάλιν, once again
22 καταλλάσσω, *fut mid ind 3s*, be reconciled to
23 ὦ, O!
24 ἀνόσιος, profane
25 μιαρός, *sup*, most polluted
26 μάτην, in vain
27 μετεωρίζω, *pres mid impv 2s*, soar aloft, rise up
28 φρυάττω, *pres pas ptc nom s m*, puff up
29 ἄδηλος, uncertain
30 οὐράνιος, heavenly
31 παῖς, servant
32 ἐπαίρω, *pres mid ptc nom s m*, raise
33 οὔπω, not yet
34 παντοκράτωρ, almighty, ruler of all
35 ἐπόπτης, (all-seeing), spectator
36 ἐκφεύγω, *perf act ind 2s*, escape from
37 ἡμέτερος, our
38 βραχύς, brief, short
39 ὑποφέρω, *aor act ptc nom p m*, endure, bear
40 πόνος, pain, affliction
41 ἀέναος, everlasting
42 πίπτω, *perf act ind 3p*, fall upon
43 πρόστιμον, penalty
44 ὑπερηφανία, arrogance
45 ἀποφέρω, *fut mid ind 2s*, bear
46 καθάπερ, just as
47 προδίδωμι, *pres act ind 1s*, offer up
48 πάτριος, ancestral
49 ἐπικαλέω, *pres mid ptc nom s m*, call upon
50 ἵλεως, merciful

ταχὺ[1] τῷ ἔθνει γενέσθαι καὶ σὲ μετὰ ἐτασμῶν[2] καὶ μαστίγων[3] ἐξομολογήσασθαι[4] διότι[5] μόνος αὐτὸς θεός ἐστιν, **38** ἐν ἐμοὶ δὲ καὶ τοῖς ἀδελφοῖς μου στῆσαι τὴν τοῦ παντοκράτορος[6] ὀργὴν τὴν ἐπὶ τὸ σύμπαν[7] ἡμῶν γένος[8] δικαίως[9] ἐπηγμένην.[10]

39 Ἔκθυμος[11] δὲ γενόμενος ὁ βασιλεὺς τούτῳ παρὰ τοὺς ἄλλους χειρίστως[12] ἀπήντησεν[13] πικρῶς[14] φέρων ἐπὶ τῷ μυκτηρισμῷ.[15] **40** καὶ οὗτος οὖν καθαρὸς μετήλλαξεν[16] παντελῶς[17] ἐπὶ τῷ κυρίῳ πεποιθώς.

41 Ἐσχάτη δὲ τῶν υἱῶν ἡ μήτηρ ἐτελεύτησεν.[18]

42 Τὰ μὲν οὖν περὶ τοὺς σπλαγχνισμοὺς[19] καὶ τὰς ὑπερβαλλούσας[20] αἰκίας[21] ἐπὶ τοσοῦτον[22] δεδηλώσθω.[23]

1 ταχύς, in haste
2 ἐτασμός, affliction
3 μάστιξ, whip
4 ἐξομολογέομαι, *aor mid inf*, cause to acknowledge
5 διότι, wherefore
6 παντοκράτωρ, almighty, ruler of all
7 σύμπας, whole
8 γένος, nation, people
9 δικαίως, justly
10 ἐπάγω, *perf pas ptc acc s f*, bring upon
11 ἔκθυμος, enraged
12 χειρίστως, in a worse way
13 ἀπαντάω, *aor act ind 3s*, fall upon
14 πικρῶς, harshly
15 μυκτηρισμός, contempt
16 μεταλλάσσω, *aor act ind 3s*, die
17 παντελῶς, utterly
18 τελευτάω, *aor act ind 3s*, die
19 σπλαγχνισμός, pagan sacrifice
20 ὑπερβάλλω, *pres act ptc acc p f*, surpass
21 αἰκία, torture
22 τοσοῦτος, so great
23 δηλόω, *perf pas impv 3s*, set forth, make clear

4 MACCABEES 1

Introduction to the Philosophical Treatise ❺

1 Φιλοσοφώτατον[1] λόγον ἐπιδείκνυσθαι[2] μέλλων,[3] εἰ αὐτοδέσποτός[4] ἐστιν τῶν παθῶν[5] ὁ εὐσεβὴς[6] λογισμός,[7] συμβουλεύσαιμ'[8] ἂν ὑμῖν ὀρθῶς[9] ὅπως προσέχητε[10] προθύμως[11] τῇ φιλοσοφίᾳ.[12] **2** καὶ γὰρ ἀναγκαῖος[13] εἰς ἐπιστήμην[14] παντὶ ὁ λόγος καὶ ἄλλως[15] τῆς μεγίστης[16] ἀρετῆς,[17] λέγω δὴ[18] φρονήσεως,[19] περιέχει[20] ἔπαινον.[21] **3** εἰ ἄρα τῶν σωφροσύνης[22] κωλυτικῶν[23] παθῶν[24] ὁ λογισμὸς[25] φαίνεται[26] ἐπικρατεῖν,[27] γαστριμαργίας[28] τε καὶ ἐπιθυμίας,[29] **4** ἀλλὰ καὶ τῶν τῆς δικαιοσύνης ἐμποδιστικῶν[30] παθῶν[31] κυριεύειν[32] ἀναφαίνεται,[33] οἷον[34] κακοηθείας,[35] καὶ τῶν τῆς ἀνδρείας[36] ἐμποδιστικῶν[37] παθῶν, θυμοῦ[38] τε καὶ φόβου[39] καὶ πόνου.[40] **5** πῶς οὖν, ἴσως[41] εἴποιεν[42] ἄν τινες, εἰ τῶν παθῶν[43] ὁ λογισμὸς[44] κρατεῖ, λήθης[45] καὶ ἀγνοίας[46] οὐ δεσπόζει;[47] γελοῖον[48] ἐπιχειροῦντες[49] λέγειν. **6** οὐ γὰρ τῶν αὐτοῦ παθῶν[50] ὁ λογισμὸς[51] κρατεῖ,

1 φιλόσοφος, *sup*, (quintessentially) philosophical
2 ἐπιδείκνυμι, *pres mid inf*, illustrate, demonstrate
3 μέλλω, *pres act ptc nom s m*, be about to
4 αὐτοδέσποτος, absolute master
5 πάθος, passion, emotion
6 εὐσεβής, pious, religious
7 λογισμός, reason
8 συμβουλεύω, *aor act opt 1s*, advise, counsel
9 ὀρθῶς, rightly, correctly
10 προσέχω, *pres act sub 2p*, pay attention
11 προθύμως, rigorously, diligently
12 φιλοσοφία, philosophy, (study, exposition)
13 ἀναγκαῖος, necessary
14 ἐπιστήμη, knowledge, understanding
15 ἄλλως, moreover, besides
16 μέγας, *sup*, greatest
17 ἀρετή, virtue
18 δή, now, at this point
19 φρόνησις, prudence
20 περιέχω, *pres act ind 3s*, include, encompass
21 ἔπαινος, praise, eulogy
22 σωφροσύνη, moderation, self-control
23 κωλυτικός, hindering, preventing
24 πάθος, passion, emotion
25 λογισμός, reason
26 φαίνω, *pres pas ind 3s*, appear
27 ἐπικρατέω, *pres act inf*, prevail over, master
28 γαστριμαργία, gluttony
29 ἐπιθυμία, lust
30 ἐμποδιστικός, impeding, thwarting
31 πάθος, passion, emotion
32 κυριεύω, *pres act inf*, master, rule over
33 ἀναφαίνω, *pres pas ind 3s*, be apparent
34 οἷος, such as
35 κακοήθεια, malice
36 ἀνδρεῖος, courage
37 ἐμποδιστικός, impeding, thwarting
38 θυμός, wrath, fury
39 φόβος, fear
40 πόνος, distress, pain
41 ἴσως, perhaps
42 λέγω, *aor act opt 3p*, say, (ask)
43 πάθος, passion, emotion
44 λογισμός, reason
45 λήθη, forgetfulness
46 ἄγνοια, ignorance
47 δεσπόζω, *pres act ind 3s*, gain mastery
48 γελοῖος, ridiculous
49 ἐπιχειρέω, *pres act ptc nom p m*, make an attempt
50 πάθος, passion, emotion
51 λογισμός, reason

ἀλλὰ τῶν τῆς δικαιοσύνης καὶ ἀνδρείας[1] καὶ σωφροσύνης[2] ἐναντίων,[3] καὶ τούτων οὐχ ὥστε αὐτὰ καταλῦσαι,[4] ἀλλ᾽ ὥστε αὐτοῖς μὴ εἶξαι.[5]

7 πολλαχόθεν[6] μὲν οὖν καὶ ἀλλαχόθεν[7] ἔχοιμ᾽[8] ἂν ὑμῖν ἐπιδεῖξαι[9] ὅτι αὐτοκράτωρ[10] ἐστὶν τῶν παθῶν[11] ὁ λογισμός,[12] **8** πολὺ δὲ πλέον[13] τοῦτο ἀποδείξαιμι[14] ἀπὸ τῆς ἀνδραγαθίας[15] τῶν ὑπὲρ ἀρετῆς[16] ἀποθανόντων, Ελεαζαρου τε καὶ τῶν ἑπτὰ ἀδελφῶν καὶ τῆς τούτων μητρός. **9** ἅπαντες[17] γὰρ οὗτοι τοὺς ἕως θανάτου πόνους[18] ὑπεριδόντες[19] ἐπεδείξαντο[20] ὅτι περικρατεῖ[21] τῶν παθῶν[22] ὁ λογισμός.[23] **10** τῶν μὲν οὖν ἀρετῶν[24] ἔπεστί[25] μοι ἐπαινεῖν[26] τοὺς κατὰ τοῦτον τὸν καιρὸν ὑπὲρ τῆς καλοκἀγαθίας[27] ἀποθανόντας μετὰ τῆς μητρὸς ἄνδρας, τῶν δὲ τιμῶν[28] μακαρίσαιμ᾽[29] ἄν. **11** θαυμασθέντες[30] γὰρ οὐ μόνον ὑπὸ πάντων ἀνθρώπων ἐπὶ τῇ ἀνδρείᾳ[31] καὶ ὑπομονῇ,[32] ἀλλὰ καὶ ὑπὸ τῶν αἰκισαμένων,[33] αἴτιοι[34] κατέστησαν[35] τοῦ καταλυθῆναι[36] τὴν κατὰ τοῦ ἔθνους τυραννίδα[37] νικήσαντες[38] τὸν τύραννον[39] τῇ ὑπομονῇ ὥστε καθαρισθῆναι δι᾽ αὐτῶν τὴν πατρίδα.[40] **12** ἀλλὰ καὶ περὶ τούτου νῦν αὐτίκα[41] δὴ[42] λέγειν ἐξέσται[43] ἀρξαμένῳ τῆς ὑποθέσεως,[44] ὅπερ[45] εἴωθα[46] ποιεῖν, καὶ οὕτως εἰς τὸν περὶ αὐτῶν τρέψομαι[47] λόγον δόξαν διδοὺς τῷ πανσόφῳ[48] θεῷ.

1 ἀνδρεία, courage
2 σωφροσύνη, moderation, self-control
3 ἐναντίος, opposed, contrary
4 καταλύω, *aor act inf*, destroy
5 εἴκω, *aor act inf*, give way, yield
6 πολλαχόθεν, in many ways
7 ἀλλαχόθεν, from many sources
8 ἔχω, *pres act opt 1s*, be able
9 ἐπιδείκνυμι, *aor act inf*, demonstrate, prove
10 αὐτοκράτωρ, absolute master
11 πάθος, passion, emotion
12 λογισμός, reason
13 πλείων/πλεῖον, *comp of* πολύς, (much) more
14 ἀποδεικνύω, *aor act opt 1s*, show, prove
15 ἀνδραγαθία, bravery, heroism
16 ἀρετή, virtue
17 ἅπας, all
18 πόνος, distress, pain
19 ὑπεροράω, *aor act ptc nom p m*, disregard, ignore, disdain
20 ἐπιδείκνυμι, *aor mid ind 3p*, demonstrate, prove
21 περικρατέω, *pres act ind 3s*, be in command, have control
22 πάθος, passion, emotion
23 λογισμός, reason
24 ἀρετή, virtue
25 ἔπειμι, *pres act ind 3s*, fall to (someone), (be a responsibility)
26 ἐπαινέω, *pres act inf*, praise, commend
27 καλοκἀγαθία, excellence (of character), nobility
28 τιμή, honor
29 μακαρίζω, *aor act opt 1s*, consider blessed, count as privileged
30 θαυμάζω, *aor pas ptc nom p m*, (be admired)
31 ἀνδρεία, bravery
32 ὑπομονή, endurance
33 αἰκίζομαι, *aor mid ptc gen p m*, torture, abuse
34 αἴτιος, responsible for, a means of
35 καθίστημι, *aor act ind 3p*, set up, (become)
36 καταλύω, *aor pas inf*, destroy, dismantle
37 τυραννίς, tyranny
38 νικάω, *aor act ptc nom p m*, defeat, conquer
39 τύραννος, tyrant
40 πατρίς, homeland
41 αὐτίκα, shortly, presently
42 δή, now, at this point
43 ἔξειμι, *fut mid ind 3s*, be proper, be appropriate
44 ὑπόθεσις, hypothesis, theory
45 ὅσπερ, which
46 ἔθω, *perf act ind 1s*, be accustomed to, be used to
47 τρέπω, *fut mid ind 1s*, turn, move on, proceed
48 πάνσοφος, most wise, all-wise

13 Ζητοῦμεν δὴ[1] τοίνυν[2] εἰ αὐτοκράτωρ[3] ἐστὶν τῶν παθῶν[4] ὁ λογισμός.[5] **14** διακρίνομεν[6] τί ποτέ[7] ἐστιν λογισμὸς[8] καὶ τί πάθος,[9] καὶ πόσαι[10] παθῶν ἰδέαι,[11] καὶ εἰ πάντων ἐπικρατεῖ[12] τούτων ὁ λογισμός.

15 λογισμὸς[13] μὲν δὴ[14] τοίνυν[15] ἐστὶν νοῦς[16] μετὰ ὀρθοῦ[17] λόγου προτιμῶν[18] τὸν σοφίας βίον.[19] **16** σοφία δὴ[20] τοίνυν[21] ἐστὶν γνῶσις[22] θείων[23] καὶ ἀνθρωπίνων[24] πραγμάτων[25] καὶ τῶν τούτων αἰτιῶν.[26] **17** αὕτη δὴ[27] τοίνυν[28] ἐστὶν ἡ τοῦ νόμου παιδεία,[29] δι᾽ ἧς τὰ θεῖα[30] σεμνῶς[31] καὶ τὰ ἀνθρώπινα[32] συμφερόντως[33] μανθάνομεν.[34] **18** τῆς δὲ σοφίας ἰδέαι[35] καθεστήκασιν[36] φρόνησις[37] καὶ δικαιοσύνη καὶ ἀνδρεία[38] καὶ σωφροσύνη·[39] **19** κυριωτάτη[40] δὲ πάντων ἡ φρόνησις,[41] ἐξ ἧς δὴ[42] τῶν παθῶν[43] ὁ λογισμὸς[44] ἐπικρατεῖ.[45] **20** παθῶν[46] δὲ φύσεις[47] εἰσὶν αἱ περιεκτικώταται[48] δύο ἡδονή[49] τε καὶ πόνος·[50] τούτων δὲ ἑκάτερον[51] καὶ περὶ τὸ σῶμα καὶ περὶ τὴν ψυχὴν πέφυκεν.[52] **21** πολλαὶ δὲ καὶ περὶ τὴν ἡδονὴν[53] καὶ τὸν πόνον[54] παθῶν[55] εἰσιν ἀκολουθίαι.[56] **22** πρὸ μὲν οὖν τῆς ἡδονῆς[57] ἐστιν ἐπιθυμία,[58] μετὰ δὲ τὴν ἡδονὴν χαρά.[59] **23** πρὸ δὲ τοῦ πόνου[60] ἐστὶν φόβος, μετὰ δὲ τὸν πόνον λύπη.[61] **24** θυμὸς[62] δὲ κοινὸν[63]

1 δή, then, now
2 τοίνυν, accordingly
3 αὐτοκράτωρ, absolute master
4 πάθος, passion, emotion
5 λογισμός, reason
6 διακρίνω, *pres act ind 1p*, evaluate, determine
7 ποτέ, when
8 λογισμός, reason
9 πάθος, passion, emotion
10 πόσος, how many
11 ἰδέα, form, kind
12 ἐπικρατέω, *pres act ind 3s*, prevail over
13 λογισμός, reason
14 δή, then
15 τοίνυν, accordingly
16 νοῦς, mind
17 ὀρθός, correct, right
18 προτιμάω, *pres act ptc nom s m*, prefer
19 βίος, life
20 δή, then
21 τοίνυν, accordingly
22 γνῶσις, knowledge
23 θεῖος, divine
24 ἀνθρώπινος, human
25 πρᾶγμα, matter, thing
26 αἰτία, cause
27 δή, then
28 τοίνυν, accordingly
29 παιδεία, instruction, teaching
30 θεῖος, divine
31 σεμνῶς, worthily, reverently
32 ἀνθρώπινος, human
33 συμφερόντως, profitably
34 μανθάνω, *pres act ind 1p*, learn
35 ἰδέα, form, kind
36 καθίστημι, *perf act ind 3p*, be in place
37 φρόνησις, wisdom
38 ἀνδρεῖος, courage
39 σωφροσύνη, moderation, self-control
40 κύριος, *sup*, most supreme
41 φρόνησις, wisdom
42 δή, now, indeed
43 πάθος, passion, emotion
44 λογισμός, reason
45 ἐπικρατέω, *pres act ind 3s*, prevail over
46 πάθος, passion, emotion
47 φύσις, by nature
48 περιεκτικός, *sup*, most comprehensive
49 ἡδονή, pleasure
50 πόνος, pain
51 ἑκάτερος, each
52 φύω, *perf act ind 3s*, pertain, grow up
53 ἡδονή, pleasure
54 πόνος, pain
55 πάθος, passion, emotion
56 ἀκολουθία, attendant
57 ἡδονή, pleasure
58 ἐπιθυμία, desire
59 χαρά, joy, delight
60 πόνος, pain
61 λύπη, sorrow
62 θυμός, wrath, fury
63 κοινός, pertaining to

πάθος[1] ἐστὶν ἡδονῆς[2] καὶ πόνου,[3] ἐὰν ἐννοηθῇ[4] τις ὅτι αὐτῷ περιέπεσεν.[5] **25** ἐν τῇ ἡδονῇ[6] δὲ ἔνεστιν[7] καὶ ἡ κακοήθης[8] διάθεσις,[9] πολυτροπωτάτη[10] πάντων οὖσα τῶν παθῶν,[11] **26** καὶ τὰ μὲν ψυχῆς ἀλαζονεία[12] καὶ φιλαργυρία[13] καὶ φιλοδοξία[14] καὶ φιλονεικία[15] καὶ βασκανία,[16] **27** κατὰ δὲ τὸ σῶμα παντοφαγία[17] καὶ λαιμαργία[18] καὶ μονοφαγία.[19]

28 καθάπερ[20] οὖν δυεῖν[21] τοῦ σώματος καὶ τῆς ψυχῆς φυτῶν[22] ὄντων ἡδονῆς[23] τε καὶ πόνου[24] πολλαὶ τούτων τῶν φυτῶν[25] εἰσιν παραφυάδες,[26] **29** ὧν ἑκάστην ὁ παγγέωργος[27] λογισμὸς[28] περικαθαίρων[29] καὶ ἀποκνίζων[30] καὶ περιπλέκων[31] καὶ ἐπάρδων[32] καὶ πάντα τρόπον[33] μεταχέων[34] ἐξημεροῖ[35] τὰς τῶν ἠθῶν[36] καὶ παθῶν[37] ὕλας.[38] **30** ὁ γὰρ λογισμὸς[39] τῶν μὲν ἀρετῶν[40] ἐστιν ἡγεμών,[41] τῶν δὲ παθῶν[42] αὐτοκράτωρ.[43]

Ἐπιθεωρεῖτε[44] τοίνυν[45] πρῶτον διὰ τῶν κωλυτικῶν[46] τῆς σωφροσύνης[47] ἔργων ὅτι αὐτοδέσποτός[48] ἐστιν τῶν παθῶν[49] ὁ λογισμός.[50] **31** σωφροσύνη[51] δὴ[52] τοίνυν[53] ἐστὶν ἐπικράτεια[54] τῶν ἐπιθυμιῶν,[55] **32** τῶν δὲ ἐπιθυμιῶν[56] αἱ μέν εἰσιν ψυχικαί,[57] αἱ δὲ

1 πάθος, passion, emotion
2 ἡδονή, pleasure
3 πόνος, pain
4 ἐννοέω, *aor pas sub 3s*, consider, reflect
5 περιπίπτω, *aor act ind 3s*, encounter
6 ἡδονή, pleasure
7 ἔνειμι, *pres act ind 3s*, be present, exist
8 κακοήθης, malicious
9 διάθεσις, disposition, state
10 πολυτρόπος, *sup*, most varied
11 πάθος, passion, emotion
12 ἀλαζονεία, boastfulness
13 φιλαργυρία, greed, love of money
14 φιλοδοξία, conceit, love of glory
15 φιλονεικία, petulant, love of strife
16 βασκανία, envy
17 παντοφαγία, indiscriminate eating
18 λαιμαργία, gluttony
19 μονοφαγία, eating alone
20 καθάπερ, just as
21 δύο, two
22 φυτόν, plant
23 ἡδονή, pleasure
24 πόνος, pain
25 φυτόν, plant
26 παραφυάς, branch, offshoot
27 παγγέωργος, chief gardener
28 λογισμός, reason
29 περικαθαίρω, *pres act ptc nom s m*, (weed)
30 ἀποκνίζω, *pres act ptc nom s m*, prune
31 περιπλέκω, *pres act ptc nom s m*, tie up, bundle
32 ἐπάρδω, *pres act ptc nom s m*, water
33 τρόπος, way, manner
34 μεταχέω, *pres act ptc nom s m*, transplant
35 ἐξημερόω, *pres act ind 3s*, tame
36 ἦθος, disposition, inclination
37 πάθος, passion, emotion
38 ὕλη, thicket, forest
39 λογισμός, reason
40 ἀρετή, virtue
41 ἡγεμών, leader, chief
42 πάθος, passion, emotion
43 αὐτοκράτωρ, absolute master
44 ἐπιθεωρέω, *pres act impv 2p*, consider
45 τοίνυν, accordingly, therefore
46 κωλυτικός, hindering, preventing
47 σωφροσύνη, moderation, self-control
48 αὐτοδέσποτος, absolute master
49 πάθος, passion, emotion
50 λογισμός, reason
51 σωφροσύνη, moderation, self-control
52 δή, now
53 τοίνυν, accordingly
54 ἐπικράτεια, mastery
55 ἐπιθυμία, desire
56 ἐπιθυμία, desire
57 ψυχικός, pertaining to the soul

σωματικαί,[1] καὶ τούτων ἀμφοτέρων[2] ἐπικρατεῖν[3] ὁ λογισμὸς[4] φαίνεται.[5] **33** ἐπεὶ[6] πόθεν[7] κινούμενοι[8] πρὸς τὰς ἀπειρημένας[9] τροφὰς[10] ἀποστρεφόμεθα[11] τὰς ἐξ αὐτῶν ἡδονάς;[12] οὐχ ὅτι δύναται τῶν ὀρέξεων[13] ἐπικρατεῖν[14] ὁ λογισμός;[15] ἐγὼ μὲν οἶμαι.[16] **34** τοιγαροῦν[17] ἐνύδρων[18] ἐπιθυμοῦντες[19] καὶ ὀρνέων[20] καὶ τετραπόδων[21] καὶ παντοίων[22] βρωμάτων[23] τῶν ἀπηγορευμένων[24] ἡμῖν κατὰ τὸν νόμον ἀπεχόμεθα[25] διὰ τὴν τοῦ λογισμοῦ[26] ἐπικράτειαν.[27] **35** ἀνέχεται[28] γὰρ τὰ τῶν ὀρέξεων[29] πάθη[30] ὑπὸ τοῦ σώφρονος[31] νοὸς[32] ἀνακοπτόμενα,[33] καὶ φιμοῦται[34] πάντα τὰ τοῦ σώματος κινήματα[35] ὑπὸ τοῦ λογισμοῦ.[36]

1 σωματικός, pertaining to the body
2 ἀμφότεροι, both
3 ἐπικρατέω, *pres act inf*, prevail over
4 λογισμός, reason
5 φαίνω, *pres pas ind 3s*, appear
6 ἐπεί, for, otherwise
7 πόθεν, from where
8 κινέω, *pres mid ptc nom p m*, be drawn, (be attracted)
9 ἀπεῖπον, *perf pas ptc acc p f*, forbid
10 τροφή, food
11 ἀποστρέφω, *pres mid ind 1p*, turn away
12 ἡδονή, pleasure
13 ὄρεξις, longing, desire
14 ἐπικρατέω, *pres act inf*, prevail over
15 λογισμός, reason
16 οἴομαι, *pres mid ind 1s*, think, expect, suppose
17 τοιγαροῦν, for that reason
18 ἔνυδρος, seafood
19 ἐπιθυμέω, *pres act ptc nom p m*, desire
20 ὄρνεον, bird, fowl
21 τετράπους, quadruped
22 παντοῖος, of all kinds
23 βρῶμα, food
24 ἀπαγορεύω, *perf pas ptc gen p n*, forbid
25 ἀπέχω, *pres mid ind 1p*, keep away, abstain
26 λογισμός, reason
27 ἐπικράτεια, mastery
28 ἀνέχω, *pres pas ind 3s*, endure
29 ὄρεξις, longing, appetite
30 πάθος, passion, feeling
31 σώφρων, temperate, moderate
32 νοῦς, mind
33 ἀνακόπτω, *pres pas ptc nom p n*, restrain
34 φιμόω, *pres pas ind 3s*, silence, restrain
35 κίνημα, stirring, impulse
36 λογισμός, reason

POETIC & PROVERBIAL BOOKS

Psalm 1 *The Way of the Righteous and the Way of the Wicked*

Psalm 2 *The Lord Enthrones His Anointed Son in Zion*

Psalm 22 [21 LXX] *Suffering and Vindication of the One Forsaken by God*

Psalm 78 [77 LXX] *A Poetic Summary of Israel's History*

Psalm 89 [88 LXX] *A Reflection on God's Steadfast Promises to David*

Psalm 110 [109 LXX] *The Lord Establishes the King-Priest at His Right Hand*

Psalm 151 *An Apocryphal Psalm About David's Anointing*

Proverbs 1 *The Beginning of Knowledge and the Call of Wisdom*

Proverbs 8 *The Personification of God's Wisdom*

Ecclesiastes 12 *Fearing God and Keeping His Commandments*

Song of Songs 1 *The Beloved and the Bride Delight in One Another*

Job 1 *Satan's First Test of Job*

Job 42 *The Conclusion of Job's Story and Restoration*

Wisdom of Solomon 7 *Wisdom as the Emanation of God's Glory*

Sirach Prologue *Ben Sira's Grandson Explains His Translation*

Sirach 24 *An Ode of Praise to Personified Wisdom*

Psalms of Solomon 17 *A Song of the Anointed Davidic King*

PSALM 1

The Way of the Righteous and the Way of the Wicked ❶

1 Μακάριος[1] ἀνήρ,
ὃς οὐκ ἐπορεύθη ἐν βουλῇ[2] ἀσεβῶν[3]
καὶ ἐν ὁδῷ ἁμαρτωλῶν οὐκ ἔστη
καὶ ἐπὶ καθέδραν[4] λοιμῶν[5] οὐκ ἐκάθισεν,
2 ἀλλ᾽ ἢ ἐν τῷ νόμῳ κυρίου τὸ θέλημα[6] αὐτοῦ,
καὶ ἐν τῷ νόμῳ αὐτοῦ μελετήσει[7] ἡμέρας καὶ νυκτός.
3 καὶ ἔσται ὡς τὸ ξύλον[8] τὸ πεφυτευμένον[9] παρὰ τὰς διεξόδους[10] τῶν ὑδάτων,
ὃ τὸν καρπὸν αὐτοῦ δώσει ἐν καιρῷ αὐτοῦ
καὶ τὸ φύλλον[11] αὐτοῦ οὐκ ἀπορρυήσεται·[12]
καὶ πάντα, ὅσα ἂν ποιῇ, κατευοδωθήσεται.[13]

4 οὐχ οὕτως οἱ ἀσεβεῖς,[14] οὐχ οὕτως,
ἀλλ᾽ ἢ ὡς ὁ χνοῦς,[15] ὃν ἐκριπτεῖ[16] ὁ ἄνεμος[17] ἀπὸ προσώπου τῆς γῆς.
5 διὰ τοῦτο οὐκ ἀναστήσονται ἀσεβεῖς[18] ἐν κρίσει
οὐδὲ ἁμαρτωλοὶ ἐν βουλῇ[19] δικαίων·
6 ὅτι γινώσκει κύριος ὁδὸν δικαίων,
καὶ ὁδὸς ἀσεβῶν[20] ἀπολεῖται.

1 μακάριος, blessed, happy
2 βουλή, purpose, counsel
3 ἀσεβής, ungodly, wicked
4 καθέδρα, seat, chair
5 λοιμός, pest, public nuisance
6 θέλημα, wish, will
7 μελετάω, *fut act ind 3s*, think about, meditate
8 ξύλον, tree
9 φυτεύω, *perf pas ptc nom s n*, plant
10 διέξοδος, stream, spring
11 φύλλον, leaf
12 ἀπορρέω, *fut mid ind 3s*, drop off, fall away
13 κατευοδόω, *fut pas ind 3s*, prosper
14 ἀσεβής, ungodly, wicked
15 χνοῦς, dust
16 ἐκριπτέω, *pres act ind 3s*, drive away
17 ἄνεμος, wind
18 ἀσεβής, ungodly, wicked
19 βουλή, purpose, counsel
20 ἀσεβής, ungodly, wicked

PSALM 2

The Lord Enthrones His Anointed Son in Zion

❸

Matt 3:16–17; 17:1–6; Mark 1:9–11; 9:2–8; Luke 3:21–22; 9:28–36; Acts 4:24–28; 13:30–37; Heb 1:5–4; 5:1–10; Rev 2:26–29; 12:1–5; 19:11–16

1 Ἵνα τί ἐφρύαξαν[1] ἔθνη
καὶ λαοὶ ἐμελέτησαν[2] κενά;[3]
2 παρέστησαν[4] οἱ βασιλεῖς τῆς γῆς,
καὶ οἱ ἄρχοντες συνήχθησαν ἐπὶ τὸ αὐτὸ
κατὰ τοῦ κυρίου καὶ κατὰ τοῦ χριστοῦ αὐτοῦ.

διάψαλμα[5]

3 Διαρρήξωμεν[6] τοὺς δεσμοὺς[7] αὐτῶν
καὶ ἀπορρίψωμεν[8] ἀφ᾽ ἡμῶν τὸν ζυγὸν[9] αὐτῶν.

4 ὁ κατοικῶν ἐν οὐρανοῖς ἐκγελάσεται[10] αὐτούς,
καὶ ὁ κύριος ἐκμυκτηριεῖ[11] αὐτούς.
5 τότε λαλήσει πρὸς αὐτοὺς ἐν ὀργῇ αὐτοῦ
καὶ ἐν τῷ θυμῷ[12] αὐτοῦ ταράξει[13] αὐτούς
6 Ἐγὼ δὲ κατεστάθην[14] βασιλεὺς ὑπ᾽ αὐτοῦ
ἐπὶ Σιων ὄρος τὸ ἅγιον αὐτοῦ
7 διαγγέλλων[15] τὸ πρόσταγμα[16] κυρίου
Κύριος εἶπεν πρός με
Υἱός μου εἶ σύ,
ἐγὼ σήμερον γεγέννηκά[17] σε·
8 αἴτησαι[18] παρ᾽ ἐμοῦ, καὶ δώσω σοι ἔθνη τὴν κληρονομίαν[19] σου
καὶ τὴν κατάσχεσίν[20] σου τὰ πέρατα[21] τῆς γῆς·

1 φρυάσσω, *aor act ind 3p*, be arrogant
2 μελετάω, *aor act ind 3p*, strive, conspire
3 κενός, (in) vain, without result
4 παρίστημι, *aor act ind 3p*, stand by, be present
5 διάψαλμα, (*musical interlude, renders Heb.* selāh)
6 διαρρήγνυμι, *aor act sub 1p*, tear apart, break
7 δεσμός, fetter, bond, chain
8 ἀπορρίπτω, *aor act sub 1p*, throw off, cast away
9 ζυγός, yoke
10 ἐκγελάω, *fut mid ind 3s*, laugh at, jeer at
11 ἐκμυκτηρίζω, *fut act ind 3s*, mock, deride
12 θυμός, wrath, fury
13 ταράσσω, *fut act ind 3s*, trouble, unsettle
14 καθίστημι, *aor pas ind 1s*, appoint, set up
15 διαγγέλλω, *pres act ptc nom s m*, proclaim, declare
16 πρόσταγμα, ordinance, decree
17 γεννάω, *perf act ind 1s*, beget
18 αἰτέω, *aor mid impv 2s*, ask
19 κληρονομία, inheritance
20 κατάσχεσις, possession
21 πέρας, end, boundary

9 ποιμανεῖς[1] αὐτοὺς ἐν ῥάβδῳ[2] σιδηρᾷ,[3]
ὡς σκεῦος[4] κεραμέως[5] συντρίψεις[6] αὐτούς.

10 καὶ νῦν, βασιλεῖς, σύνετε·[7]
παιδεύθητε,[8] πάντες οἱ κρίνοντες τὴν γῆν.
11 δουλεύσατε[9] τῷ κυρίῳ ἐν φόβῳ
καὶ ἀγαλλιᾶσθε[10] αὐτῷ ἐν τρόμῳ.[11]
12 δράξασθε[12] παιδείας,[13] μήποτε[14] ὀργισθῇ[15] κύριος
καὶ ἀπολεῖσθε ἐξ ὁδοῦ δικαίας.
ὅταν ἐκκαυθῇ[16] ἐν τάχει[17] ὁ θυμὸς[18] αὐτοῦ,
μακάριοι[19] πάντες οἱ πεποιθότες ἐπ᾽ αὐτῷ.

1 ποιμαίνω, *fut act ind 2s*, tend (flocks), shepherd
2 ῥάβδος, staff, rod
3 σιδηροῦς, iron
4 σκεῦος, vessel
5 κεραμεύς, potter
6 συντρίβω, *fut act ind 2s*, break, shatter
7 συνίημι, *aor act impv 2p*, understand, take notice
8 παιδεύω, *aor pas impv 2p*, correct, instruct
9 δουλεύω, *aor act impv 2p*, serve
10 ἀγαλλιάω, *pres mid impv 2p*, rejoice
11 τρόμος, trembling
12 δράσσομαι, *aor mid impv 2p*, lay hold of, grasp
13 παιδεία, instruction, teaching
14 μήποτε, lest
15 ὀργίζω, *aor pas sub 3s*, become angry
16 ἐκκαίω, *aor pas sub 3s*, kindle, inflame
17 τάχος, haste
18 θυμός, wrath, fury
19 μακάριος, blessed, happy

PSALM 22 [21 LXX]

Suffering and Vindication of the One Forsaken by God 

Matt 27:35–46; Mark 15:24–34; Luke 23:33–46; John 19:23–24; 2 Tim 4:14–18; Heb 2:10–15; 1 Pet 5:8–10

1 Εἰς τὸ τέλος, ὑπὲρ τῆς ἀντιλήμψεως[1] τῆς ἑωθινῆς·[2] ψαλμὸς τῷ Δαυιδ.

2 Ὁ θεὸς ὁ θεός μου, πρόσχες[3] μοι·
  ἵνα τί ἐγκατέλιπές[4] με;
μακρὰν[5] ἀπὸ τῆς σωτηρίας μου
  οἱ λόγοι τῶν παραπτωμάτων[6] μου.
3 ὁ θεός μου, κεκράξομαι ἡμέρας, καὶ οὐκ εἰσακούσῃ,[7]
  καὶ νυκτός, καὶ οὐκ εἰς ἄνοιαν[8] ἐμοί.

4 σὺ δὲ ἐν ἁγίοις κατοικεῖς,
  ὁ ἔπαινος[9] Ισραηλ.
5 ἐπὶ σοὶ ἤλπισαν οἱ πατέρες ἡμῶν,
  ἤλπισαν, καὶ ἐρρύσω[10] αὐτούς·
6 πρὸς σὲ ἐκέκραξαν καὶ ἐσώθησαν,
  ἐπὶ σοὶ ἤλπισαν καὶ οὐ κατῃσχύνθησαν.[11]

7 ἐγὼ δέ εἰμι σκώληξ[12] καὶ οὐκ ἄνθρωπος,
  ὄνειδος[13] ἀνθρώπου καὶ ἐξουδένημα[14] λαοῦ.
8 πάντες οἱ θεωροῦντές[15] με ἐξεμυκτήρισάν[16] με,
  ἐλάλησαν ἐν χείλεσιν,[17] ἐκίνησαν[18] κεφαλήν
9 Ἤλπισεν ἐπὶ κύριον, ῥυσάσθω[19] αὐτόν·
  σωσάτω αὐτόν, ὅτι θέλει αὐτόν.
10 ὅτι σὺ εἶ ὁ ἐκσπάσας[20] με ἐκ γαστρός,[21]
  ἡ ἐλπίς μου ἀπὸ μαστῶν[22] τῆς μητρός μου·

1 ἀντίλημψις, help, defense, support
2 ἑωθινός, (of the) morning
3 προσέχω, *aor act impv 2s*, pay attention
4 ἐγκαταλείπω, *aor act ind 2s*, forsake, desert
5 μακράν, far off, distant
6 παράπτωμα, transgression, trespass
7 εἰσακούω, *fut mid ind 2s*, listen, hear
8 ἄνοια, foolishness, folly
9 ἔπαινος, praise
10 ῥύομαι, *aor mid ind 2s*, save, rescue
11 καταισχύνω, *aor pas ind 3p*, disappoint, dishonor
12 σκώληξ, worm
13 ὄνειδος, disgrace
14 ἐξουδένημα, offensive object, repulsive thing
15 θεωρέω, *pres act ptc nom p m*, see, behold
16 ἐκμυκτηρίζω, *aor act ind 3p*, mock, deride
17 χεῖλος, lip
18 κινέω, *aor act ind 3p*, shake, wag
19 ῥύομαι, *aor mid impv 3s*, rescue, deliver
20 ἐκσπάω, *aor act ptc nom s m*, get out, draw out
21 γαστήρ, womb
22 μαστός, breast

11 ἐπὶ σὲ ἐπερρίφην[1] ἐκ μήτρας,[2]
ἐκ κοιλίας[3] μητρός μου θεός μου εἶ σύ.
12 μὴ ἀποστῇς[4] ἀπ᾽ ἐμοῦ, ὅτι θλῖψις ἐγγύς,[5]
ὅτι οὐκ ἔστιν ὁ βοηθῶν.[6]

13 περιεκύκλωσάν[7] με μόσχοι[8] πολλοί,
ταῦροι[9] πίονες[10] περιέσχον[11] με·
14 ἤνοιξαν ἐπ᾽ ἐμὲ τὸ στόμα αὐτῶν
ὡς λέων[12] ὁ ἁρπάζων[13] καὶ ὠρυόμενος.[14]

15 ὡσεὶ[15] ὕδωρ ἐξεχύθην,[16]
καὶ διεσκορπίσθη[17] πάντα τὰ ὀστᾶ[18] μου,
ἐγενήθη ἡ καρδία μου ὡσεὶ κηρὸς[19]
τηκόμενος[20] ἐν μέσῳ τῆς κοιλίας[21] μου·
16 ἐξηράνθη[22] ὡς ὄστρακον[23] ἡ ἰσχύς[24] μου,
καὶ ἡ γλῶσσά μου κεκόλληται[25] τῷ λάρυγγί[26] μου,
καὶ εἰς χοῦν[27] θανάτου κατήγαγές[28] με.
17 ὅτι ἐκύκλωσάν[29] με κύνες[30] πολλοί,
συναγωγὴ πονηρευομένων[31] περιέσχον[32] με,
ὤρυξαν[33] χεῖράς μου καὶ πόδας.
18 ἐξηρίθμησα[34] πάντα τὰ ὀστᾶ[35] μου,
αὐτοὶ δὲ κατενόησαν[36] καὶ ἐπεῖδόν[37] με.

1 ἐπιρρίπτω, *aor pas ind 1s*, cast on, throw upon
2 μήτρα, womb
3 κοιλία, belly, womb
4 ἀφίστημι, *aor act sub 2s*, depart, be distant
5 ἐγγύς, near, at hand
6 βοηθός, *pres act ptc nom s m*, help
7 περικυκλόω, *aor act ind 3p*, surround
8 μόσχος, calf, young bull
9 ταῦρος, ox, bull
10 πίων, mature
11 περιέχω, *aor act ind 3p*, encircle
12 λέων, lion
13 ἁρπάζω, *pres act ptc nom s m*, snatch, ravish
14 ὠρύομαι, *pres mid ptc nom s m*, roar
15 ὡσεί, like
16 ἐκχέω, *aor pas ind 1s*, pour out
17 διασκορπίζω, *aor pas ind 3s*, scatter
18 ὀστέον, bone
19 κηρός, wax
20 τήκω, *pres pas ptc nom s m*, melt
21 κοιλία, belly, stomach
22 ξηραίνω, *aor pas ind 3s*, dry out
23 ὄστρακον, pottery, ostraka
24 ἰσχύς, strength
25 κολλάω, *perf pas ind 3s*, stick, attach
26 λάρυγξ, throat
27 χοῦς, dust
28 κατάγω, *aor act ind 2s*, bring down
29 κυκλόω, *aor act ind 3p*, surround
30 κύων, dog
31 πονηρεύομαι, *pres mid ptc gen p m*, do evil
32 περιέχω, *aor act ind 3p*, encircle
33 ὀρύσσω, *aor act ind 3p*, gouge, (pierce)
34 ἐξαριθμέω, *aor act ind 1s*, count
35 ὀστέον, bone
36 κατανοέω, *aor act ind 3p*, see, take note
37 ἐφοράω, *aor act ind 3p*, stare at, watch

19 διεμερίσαντο[1] τὰ ἱμάτιά μου ἑαυτοῖς
καὶ ἐπὶ τὸν ἱματισμόν[2] μου ἔβαλον[3] κλῆρον.[4]

20 σὺ δέ, κύριε, μὴ μακρύνῃς[5] τὴν βοήθειάν[6] μου,
εἰς τὴν ἀντίλημψίν[7] μου πρόσχες.[8]
21 ῥῦσαι[9] ἀπὸ ῥομφαίας[10] τὴν ψυχήν μου
καὶ ἐκ χειρὸς κυνὸς[11] τὴν μονογενῆ[12] μου·
22 σῶσόν με ἐκ στόματος λέοντος[13]
καὶ ἀπὸ κεράτων[14] μονοκερώτων[15] τὴν ταπείνωσίν[16] μου.
23 διηγήσομαι[17] τὸ ὄνομά σου τοῖς ἀδελφοῖς μου,
ἐν μέσῳ ἐκκλησίας ὑμνήσω[18] σε
24 Οἱ φοβούμενοι κύριον, αἰνέσατε[19] αὐτόν,
ἅπαν[20] τὸ σπέρμα Ιακωβ, δοξάσατε αὐτόν,
φοβηθήτωσαν αὐτὸν ἅπαν τὸ σπέρμα Ισραηλ,
25 ὅτι οὐκ ἐξουδένωσεν[21] οὐδὲ προσώχθισεν[22] τῇ δεήσει[23] τοῦ πτωχοῦ
οὐδὲ ἀπέστρεψεν[24] τὸ πρόσωπον αὐτοῦ ἀπ᾽ ἐμοῦ
καὶ ἐν τῷ κεκραγέναι[25] με πρὸς αὐτὸν εἰσήκουσέν[26] μου.

26 παρὰ σοῦ ὁ ἔπαινός[27] μου ἐν ἐκκλησίᾳ μεγάλῃ,
τὰς εὐχάς[28] μου ἀποδώσω ἐνώπιον τῶν φοβουμένων αὐτόν.
27 φάγονται πένητες[29] καὶ ἐμπλησθήσονται,[30]
καὶ αἰνέσουσιν[31] κύριον οἱ ἐκζητοῦντες[32] αὐτόν·
ζήσονται αἱ καρδίαι αὐτῶν εἰς αἰῶνα αἰῶνος.
28 μνησθήσονται[33] καὶ ἐπιστραφήσονται πρὸς κύριον
πάντα τὰ πέρατα[34] τῆς γῆς

1 διαμερίζω, *aor mid ind 3p*, divide, distribute
2 ἱματισμός, clothing
3 βάλλω, *aor act ind 3p*, throw, cast
4 κλῆρος, lot
5 μακρύνω, *aor act sub 2s*, keep away, be far off
6 βοήθεια, assistance, help
7 ἀντίλημψις, help
8 προσέχω, *aor act impv 2s*, be concerned about, attend to
9 ῥύομαι, *aor mid impv 2s*, save, deliver
10 ῥομφαία, sword
11 κύων, dog
12 μονογενής, one and only (life)
13 λέων, lion
14 κέρας, horn
15 μονόκερως, unicorn, one-horned beast
16 ταπείνωσις, humble state, low condition
17 διηγέομαι, *fut mid ind 1s*, tell, fully describe
18 ὑμνέω, *fut act ind 1s*, sing hymns
19 αἰνέω, *aor act impv 2p*, praise
20 ἅπας, all
21 ἐξουδενόω, *aor act ind 3s*, disdain, scorn
22 προσοχθίζω, *aor act ind 3s*, be offended
23 δέησις, request, petition
24 ἀποστρέφω, *aor act ind 3s*, turn away
25 κράζω, *perf act inf*, cry, call
26 εἰσακούω, *aor act ind 3s*, listen to, hear
27 ἔπαινος, approval, commendation
28 εὐχή, vow
29 πένης, poor, needy
30 ἐμπίμπλημι, *fut pas ind 3p*, satisfy
31 αἰνέω, *fut act ind 3p*, praise
32 ἐκζητέω, *pres act ptc nom p m*, seek out
33 μιμνῄσκομαι, *fut pas ind 3p*, remember
34 πέρας, end, far side

καὶ προσκυνήσουσιν ἐνώπιόν σου
πᾶσαι αἱ πατριαὶ[1] τῶν ἐθνῶν,
29 ὅτι τοῦ κυρίου ἡ βασιλεία,
καὶ αὐτὸς δεσπόζει[2] τῶν ἐθνῶν.

30 ἔφαγον καὶ προσεκύνησαν
πάντες οἱ πίονες[3] τῆς γῆς,
ἐνώπιον αὐτοῦ προπεσοῦνται[4]
πάντες οἱ καταβαίνοντες εἰς τὴν γῆν.
καὶ ἡ ψυχή μου αὐτῷ ζῇ,
31 καὶ τὸ σπέρμα μου δουλεύσει[5] αὐτῷ·
ἀναγγελήσεται[6] τῷ κυρίῳ γενεὰ ἡ ἐρχομένη,
32 καὶ ἀναγγελοῦσιν[7] τὴν δικαιοσύνην αὐτοῦ
λαῷ τῷ τεχθησομένῳ,[8] ὅτι ἐποίησεν ὁ κύριος.

1 πατριά, paternal lineage, family
2 δεσπόζω, *pres act ind 3s*, be lord, be master
3 πίων, fat, abundance
4 προπίπτω, *fut mid ind 3p*, bow down, fall down
5 δουλεύω, *fut act ind 3s*, serve
6 ἀναγγέλλω, *fut pas ind 3s*, tell, proclaim
7 ἀναγγέλλω, *fut act ind 3p*, tell, proclaim
8 τίκτω, *fut pas ptc dat s m*, give birth to

PSALM 78 [77 LXX]

A Poetic Summary of Israel's History

3

Matt 13:34–35

1 Συνέσεως[1] τῷ Ασαφ.

Προσέχετε,[2] λαός μου, τὸν νόμον μου,
  κλίνατε[3] τὸ οὖς ὑμῶν εἰς τὰ ῥήματα τοῦ στόματός μου·

2 ἀνοίξω ἐν παραβολαῖς[4] τὸ στόμα μου,
  φθέγξομαι[5] προβλήματα[6] ἀπ᾽ ἀρχῆς.

3 ὅσα ἠκούσαμεν καὶ ἔγνωμεν αὐτὰ
  καὶ οἱ πατέρες ἡμῶν διηγήσαντο[7] ἡμῖν,

4 οὐκ ἐκρύβη[8] ἀπὸ τῶν τέκνων αὐτῶν εἰς γενεὰν ἑτέραν
  ἀπαγγέλλοντες τὰς αἰνέσεις[9] τοῦ κυρίου
καὶ τὰς δυναστείας[10] αὐτοῦ
  καὶ τὰ θαυμάσια[11] αὐτοῦ, ἃ ἐποίησεν.

5 καὶ ἀνέστησεν μαρτύριον[12] ἐν Ιακωβ
  καὶ νόμον ἔθετο ἐν Ισραηλ,
ὅσα ἐνετείλατο[13] τοῖς πατράσιν ἡμῶν
  τοῦ γνωρίσαι[14] αὐτὰ τοῖς υἱοῖς αὐτῶν,

6 ὅπως ἂν γνῷ γενεὰ ἑτέρα,
  υἱοὶ οἱ τεχθησόμενοι,[15]
καὶ ἀναστήσονται καὶ ἀπαγγελοῦσιν αὐτὰ τοῖς υἱοῖς αὐτῶν,

7 ἵνα θῶνται ἐπὶ τὸν θεὸν τὴν ἐλπίδα αὐτῶν
καὶ μὴ ἐπιλάθωνται[16] τῶν ἔργων τοῦ θεοῦ
  καὶ τὰς ἐντολὰς αὐτοῦ ἐκζητήσουσιν,[17]

8 ἵνα μὴ γένωνται ὡς οἱ πατέρες αὐτῶν
  γενεὰ σκολιὰ[18] καὶ παραπικραίνουσα,[19]

1 σύνεσις, understanding
2 προσέχω, *pres act impv 2p*, give heed, pay attention
3 κλίνω, *aor act impv 2p*, incline
4 παραβολή, proverb, riddle
5 φθέγγομαι, *fut mid ind 1s*, utter
6 πρόβλημα, riddle, problem
7 διηγέομαι, *aor mid ind 3p*, describe, tell
8 κρύπτω, *aor pas ind 3s*, conceal
9 αἴνεσις, praise
10 δυναστεία, dominion, lordship
11 θαυμάσιος, marvelous (deed)
12 μαρτύριον, testimony, witness
13 ἐντέλλομαι, *aor mid ind 3s*, command
14 γνωρίζω, *aor act inf*, make known
15 τίκτω, *fut pas ptc nom p m*, give birth
16 ἐπιλανθάνω, *aor mid sub 3p*, forget
17 ἐκζητέω, *fut act ind 3p*, seek out
18 σκολιός, bent, crooked, (rebellious)
19 παραπικραίνω, *pres act ptc nom s f*, make bitter

γενεά, ἥτις οὐ κατηύθυνεν[1] τὴν καρδίαν αὐτῆς
καὶ οὐκ ἐπιστώθη[2] μετὰ τοῦ θεοῦ τὸ πνεῦμα αὐτῆς.

9 υἱοὶ Εφραιμ ἐντείνοντες[3] καὶ βάλλοντες τόξοις[4]
ἐστράφησαν[5] ἐν ἡμέρᾳ πολέμου.
10 οὐκ ἐφύλαξαν τὴν διαθήκην τοῦ θεοῦ
καὶ ἐν τῷ νόμῳ αὐτοῦ οὐκ ἤθελον πορεύεσθαι
11 καὶ ἐπελάθοντο[6] τῶν εὐεργεσιῶν[7] αὐτοῦ
καὶ τῶν θαυμασίων[8] αὐτοῦ, ὧν ἔδειξεν αὐτοῖς,
12 ἐναντίον[9] τῶν πατέρων αὐτῶν ἃ ἐποίησεν θαυμάσια[10]
ἐν γῇ Αἰγύπτῳ ἐν πεδίῳ[11] Τάνεως.
13 διέρρηξεν[12] θάλασσαν καὶ διήγαγεν[13] αὐτούς,
ἔστησεν ὕδατα ὡσεὶ[14] ἀσκὸν[15]
14 καὶ ὡδήγησεν[16] αὐτοὺς ἐν νεφέλῃ[17] ἡμέρας
καὶ ὅλην τὴν νύκτα ἐν φωτισμῷ[18] πυρός.
15 διέρρηξεν[19] πέτραν[20] ἐν ἐρήμῳ
καὶ ἐπότισεν[21] αὐτοὺς ὡς ἐν ἀβύσσῳ[22] πολλῇ
16 καὶ ἐξήγαγεν[23] ὕδωρ ἐκ πέτρας[24]
καὶ κατήγαγεν[25] ὡς ποταμοὺς[26] ὕδατα.

17 καὶ προσέθεντο[27] ἔτι τοῦ ἁμαρτάνειν αὐτῷ,
παρεπίκραναν[28] τὸν ὕψιστον[29] ἐν ἀνύδρῳ[30]
18 καὶ ἐξεπείρασαν[31] τὸν θεὸν ἐν ταῖς καρδίαις αὐτῶν
τοῦ αἰτῆσαι[32] βρώματα[33] ταῖς ψυχαῖς αὐτῶν

1 κατευθύνω, *aor act ind 3s*, guide, keep straight
2 πιστόω, *aor pas ind 3s*, be steadfast, be faithful
3 ἐντείνω, *pres act ptc nom p m*, bend
4 τόξον, bow
5 στρέφω, *aor pas ind 3p*, turn back
6 ἐπιλανθάνω, *aor mid ind 3p*, forget
7 εὐεργεσία, act of kindness, good deed
8 θαυμάσιος, marvelous (deed)
9 ἐναντίον, before
10 θαυμάσιος, marvelous (deed)
11 πεδίον, field, plain
12 διαρρήγνυμι, *aor act ind 3s*, split, tear, rend
13 διάγω, *aor act ind 3s*, cause to pass through
14 ὡσεί, as, like
15 ἀσκός, bag made from animal hide, (wine)skin
16 ὁδηγέω, *aor act ind 3s*, lead, guide
17 νεφέλη, cloud
18 φωτισμός, light
19 διαρρήγνυμι, *aor act ind 3s*, split, crack
20 πέτρα, rock
21 ποτίζω, *aor act ind 3s*, give drink
22 ἄβυσσος, deep, abyss
23 ἐξάγω, *aor act ind 3s*, draw out
24 πέτρα, rock
25 κατάγω, *aor act ind 3s*, bring down
26 ποταμός, river
27 προστίθημι, *aor mid ind 3p*, add to, continue
28 παραπικραίνω, *aor act ind 3p*, provoke, make bitter
29 ὕψιστος, *sup*, Most High
30 ἄνυδρος, waterless (place)
31 ἐκπειράζω, *aor act ind 3p*, put to the test
32 αἰτέω, *aor act inf*, demand
33 βρῶμα, food

19 καὶ κατελάλησαν[1] τοῦ θεοῦ καὶ εἶπαν
Μὴ δυνήσεται ὁ θεὸς ἑτοιμάσαι τράπεζαν[2] ἐν ἐρήμῳ;
20 ἐπεὶ[3] ἐπάταξεν[4] πέτραν[5] καὶ ἐρρύησαν[6] ὕδατα
καὶ χείμαρροι[7] κατεκλύσθησαν,[8]
μὴ καὶ ἄρτον δύναται δοῦναι
ἢ ἑτοιμάσαι τράπεζαν[9] τῷ λαῷ αὐτοῦ;

21 διὰ τοῦτο ἤκουσεν κύριος καὶ ἀνεβάλετο,[10]
καὶ πῦρ ἀνήφθη[11] ἐν Ιακωβ,
καὶ ὀργὴ ἀνέβη ἐπὶ τὸν Ισραηλ,
22 ὅτι οὐκ ἐπίστευσαν ἐν τῷ θεῷ
οὐδὲ ἤλπισαν ἐπὶ τὸ σωτήριον[12] αὐτοῦ.
23 καὶ ἐνετείλατο[13] νεφέλαις[14] ὑπεράνωθεν[15]
καὶ θύρας οὐρανοῦ ἀνέῳξεν
24 καὶ ἔβρεξεν[16] αὐτοῖς μαννα[17] φαγεῖν
καὶ ἄρτον οὐρανοῦ ἔδωκεν αὐτοῖς·
25 ἄρτον ἀγγέλων ἔφαγεν ἄνθρωπος,
ἐπισιτισμὸν[18] ἀπέστειλεν αὐτοῖς εἰς πλησμονήν.[19]
26 ἀπῆρεν[20] νότον[21] ἐξ οὐρανοῦ
καὶ ἐπήγαγεν[22] ἐν τῇ δυναστείᾳ[23] αὐτοῦ λίβα[24]
27 καὶ ἔβρεξεν[25] ἐπ᾽ αὐτοὺς ὡσεὶ[26] χοῦν[27] σάρκας
καὶ ὡσεὶ ἄμμον[28] θαλασσῶν πετεινὰ[29] πτερωτά,[30]
28 καὶ ἐπέπεσον[31] εἰς μέσον τῆς παρεμβολῆς[32] αὐτῶν
κύκλῳ[33] τῶν σκηνωμάτων[34] αὐτῶν,
29 καὶ ἐφάγοσαν καὶ ἐνεπλήσθησαν[35] σφόδρα,[36]
καὶ τὴν ἐπιθυμίαν[37] αὐτῶν ἤνεγκεν αὐτοῖς,

1 καταλαλέω, *aor act ind 3p*, speak against, oppose
2 τράπεζα, table (of food)
3 ἐπεί, since, given that
4 πατάσσω, *aor act ind 3s*, strike
5 πέτρα, rock
6 ῥέω, *aor pas ind 3p*, flow out
7 χείμαρρος, brook
8 κατακλύζω, *aor pas ind 3p*, overflow, flood
9 τράπεζα, table (of food)
10 ἀναβάλλω, *aor mid ind 3s*, put off
11 ἀνάπτω, *aor pas ind 3s*, kindle, set on fire
12 σωτήριον, salvation
13 ἐντέλλομαι, *aor mid ind 3s*, command
14 νεφέλη, cloud
15 ὑπεράνωθεν, from above
16 βρέχω, *aor act ind 3s*, cause to rain
17 μαννα, manna, *translit.*
18 ἐπισιτισμός, store of provisions
19 πλησμονή, abundance, plenty
20 ἀπαίρω, *aor act ind 3s*, bring out, take away
21 νότος, south (wind)
22 ἐπάγω, *aor act ind 3s*, bring upon
23 δυναστεία, dominion, lordship
24 λίψ, southwest (wind)
25 βρέχω, *aor act ind 3s*, cause to rain
26 ὡσεί, like, as
27 χοῦς, dust
28 ἄμμος, sand
29 πετεινός, bird
30 πτερωτός, winged
31 ἐπιπίπτω, *aor act ind 3p*, fall upon
32 παρεμβολή, camp
33 κύκλῳ, around
34 σκήνωμα, habitation, tent
35 ἐμπίμπλημι, *aor pas ind 3p*, fill up
36 σφόδρα, exceedingly
37 ἐπιθυμία, desire

30 οὐκ ἐστερήθησαν[1] ἀπὸ τῆς ἐπιθυμίας[2] αὐτῶν.
ἔτι τῆς βρώσεως[3] αὐτῶν οὔσης ἐν τῷ στόματι αὐτῶν
31 καὶ ὀργὴ τοῦ θεοῦ ἀνέβη ἐπ᾽ αὐτοὺς
καὶ ἀπέκτεινεν ἐν τοῖς πίοσιν[4] αὐτῶν
καὶ τοὺς ἐκλεκτοὺς[5] τοῦ Ισραηλ συνεπόδισεν.[6]

32 ἐν πᾶσιν τούτοις ἥμαρτον ἔτι
καὶ οὐκ ἐπίστευσαν ἐν τοῖς θαυμασίοις[7] αὐτοῦ,
33 καὶ ἐξέλιπον[8] ἐν ματαιότητι[9] αἱ ἡμέραι αὐτῶν
καὶ τὰ ἔτη αὐτῶν μετὰ σπουδῆς.[10]
34 ὅταν ἀπέκτεννεν αὐτούς, ἐξεζήτουν[11] αὐτὸν
καὶ ἐπέστρεφον καὶ ὤρθριζον[12] πρὸς τὸν θεὸν
35 καὶ ἐμνήσθησαν[13] ὅτι ὁ θεὸς βοηθὸς[14] αὐτῶν ἐστιν
καὶ ὁ θεὸς ὁ ὕψιστος[15] λυτρωτὴς[16] αὐτῶν ἐστιν.
36 καὶ ἠπάτησαν[17] αὐτὸν ἐν τῷ στόματι αὐτῶν
καὶ τῇ γλώσσῃ αὐτῶν ἐψεύσαντο[18] αὐτῷ,
37 ἡ δὲ καρδία αὐτῶν οὐκ εὐθεῖα[19] μετ᾽ αὐτοῦ,
οὐδὲ ἐπιστώθησαν[20] ἐν τῇ διαθήκῃ αὐτοῦ.
38 αὐτὸς δέ ἐστιν οἰκτίρμων[21]
καὶ ἱλάσεται[22] ταῖς ἁμαρτίαις αὐτῶν καὶ οὐ διαφθερεῖ[23]
καὶ πληθυνεῖ[24] τοῦ ἀποστρέψαι[25] τὸν θυμὸν[26] αὐτοῦ
καὶ οὐχὶ ἐκκαύσει[27] πᾶσαν τὴν ὀργὴν αὐτοῦ·
39 καὶ ἐμνήσθη[28] ὅτι σάρξ εἰσιν,
πνεῦμα πορευόμενον καὶ οὐκ ἐπιστρέφον.
40 ποσάκις[29] παρεπίκραναν[30] αὐτὸν ἐν τῇ ἐρήμῳ,
παρώργισαν[31] αὐτὸν ἐν γῇ ἀνύδρῳ;[32]

1 στερέω, *aor pas ind 3p*, deprive
2 ἐπιθυμία, desire
3 βρῶσις, food
4 πίων, rich, fattened
5 ἐκλεκτός, elect, chosen
6 συμποδίζω, *aor act ind 3s*, bind at the feet
7 θαυμάσιος, marvelous (deed)
8 ἐκλείπω, *aor act ind 3p*, cease
9 ματαιότης, emptiness, folly
10 σπουδή, haste
11 ἐκζητέω, *impf act ind 3p*, seek after
12 ὀρθρίζω, *impf act ind 3p*, rise early, pursue eagerly
13 μιμνήσκομαι, *aor pas ind 3p*, remember
14 βοηθός, helper
15 ὕψιστος, *sup*, Most High
16 λυτρωτής, redeemer, ransomer
17 ἀπατάω, *aor act ind 3p*, deceive
18 ψεύδομαι, *aor mid ind 3p*, speak falsely
19 εὐθύς, upright
20 πιστόω, *aor pas ind 3p*, be steadfast, be faithful
21 οἰκτίρμων, merciful, compassionate
22 ἱλάσκομαι, *fut mid ind 3s*, atone for, pardon
23 διαφθείρω, *fut act ind 3s*, utterly destroy
24 πληθύνω, *fut act ind 3s*, increase
25 ἀποστρέφω, *aor act inf*, turn back
26 θυμός, wrath, fury
27 ἐκκαίω, *fut act ind 3s*, kindle, burn out
28 μιμνήσκομαι, *aor pas ind 3s*, remember
29 ποσάκις, how often
30 παραπικραίνω, *aor act ind 3p*, provoke, make bitter
31 παροργίζω, *aor act ind 3p*, cause to be angry
32 ἄνυδρος, waterless

41 καὶ ἐπέστρεψαν καὶ ἐπείρασαν[1] τὸν θεὸν
καὶ τὸν ἅγιον τοῦ Ισραηλ παρώξυναν.[2]
42 οὐκ ἐμνήσθησαν[3] τῆς χειρὸς αὐτοῦ,
ἡμέρας, ἧς ἐλυτρώσατο[4] αὐτοὺς ἐκ χειρὸς θλίβοντος,[5]
43 ὡς ἔθετο ἐν Αἰγύπτῳ τὰ σημεῖα αὐτοῦ
καὶ τὰ τέρατα[6] αὐτοῦ ἐν πεδίῳ[7] Τάνεως·
44 καὶ μετέστρεψεν[8] εἰς αἷμα τοὺς ποταμοὺς[9] αὐτῶν
καὶ τὰ ὀμβρήματα[10] αὐτῶν, ὅπως μὴ πίωσιν·
45 ἐξαπέστειλεν[11] εἰς αὐτοὺς κυνόμυιαν,[12] καὶ κατέφαγεν[13] αὐτούς,
καὶ βάτραχον,[14] καὶ διέφθειρεν[15] αὐτούς·
46 καὶ ἔδωκεν τῇ ἐρυσίβῃ[16] τὸν καρπὸν αὐτῶν
καὶ τοὺς πόνους[17] αὐτῶν τῇ ἀκρίδι·[18]
47 ἀπέκτεινεν ἐν χαλάζῃ[19] τὴν ἄμπελον[20] αὐτῶν
καὶ τὰς συκαμίνους[21] αὐτῶν ἐν τῇ πάχνῃ·[22]
48 καὶ παρέδωκεν εἰς χάλαζαν[23] τὰ κτήνη[24] αὐτῶν
καὶ τὴν ὕπαρξιν[25] αὐτῶν τῷ πυρί·
49 ἐξαπέστειλεν[26] εἰς αὐτοὺς ὀργὴν θυμοῦ[27] αὐτοῦ,
θυμὸν καὶ ὀργὴν καὶ θλῖψιν,
ἀποστολὴν[28] δι᾽ ἀγγέλων πονηρῶν·
50 ὡδοποίησεν[29] τρίβον[30] τῇ ὀργῇ αὐτοῦ,
οὐκ ἐφείσατο[31] ἀπὸ θανάτου τῶν ψυχῶν αὐτῶν
καὶ τὰ κτήνη[32] αὐτῶν εἰς θάνατον συνέκλεισεν[33]
51 καὶ ἐπάταξεν[34] πᾶν πρωτότοκον[35] ἐν Αἰγύπτῳ,
ἀπαρχὴν[36] τῶν πόνων[37] αὐτῶν ἐν τοῖς σκηνώμασι[38] Χαμ.

1 πειράζω, *aor act ind 3p*, put to the test
2 παροξύνω, *aor act ind 3p*, provoke
3 μιμνῄσκομαι, *aor pas ind 3p*, remember
4 λυτρόω, *aor mid ind 3s*, redeem, ransom
5 θλίβω, *pres act ptc gen s m*, oppress, afflict
6 τέρας, sign, wonder
7 πεδίον, field, plain
8 μεταστρέφω, *aor act ind 3s*, change
9 ποταμός, river
10 ὄμβρημα, rainwater, (puddle?)
11 ἐξαποστέλλω, *aor act ind 3s*, send forth
12 κυνόμυια, dog fly
13 κατεσθίω, *aor act ind 3s*, devour
14 βάτραχος, frog
15 διαφθείρω, *aor act ind 3s*, utterly destroy
16 ἐρυσίβη, blight, mildew
17 πόνος, (product of) labor
18 ἀκρίς, locust
19 χάλαζα, hail
20 ἄμπελος, vine
21 συκάμινος, mulberry tree, *Heb. LW*
22 πάχνη, frost
23 χάλαζα, hail
24 κτῆνος, animal, (*p*) herd
25 ὕπαρξις, property
26 ἐξαποστέλλω, *aor act ind 3s*, send forth
27 θυμός, wrath, fury
28 ἀποστολή, message, sending-forth
29 ὁδοποιέω, *aor act ind 3s*, prepare a way
30 τρίβος, pathway, track
31 φείδομαι, *aor mid ind 3s*, spare
32 κτῆνος, animal, (*p*) herd
33 συγκλείω, *aor act ind 3s*, confine, shut in
34 πατάσσω, *aor act ind 3s*, strike, smite
35 πρωτότοκος, firstborn
36 ἀπαρχή, first portion, firstfruit
37 πόνος, labor, toil
38 σκήνωμα, dwelling, habitation

52 καὶ ἀπῆρεν[1] ὡς πρόβατα τὸν λαὸν αὐτοῦ
καὶ ἀνήγαγεν[2] αὐτοὺς ὡς ποίμνιον[3] ἐν ἐρήμῳ
53 καὶ ὡδήγησεν[4] αὐτοὺς ἐν ἐλπίδι, καὶ οὐκ ἐδειλίασαν,[5]
καὶ τοὺς ἐχθροὺς αὐτῶν ἐκάλυψεν[6] θάλασσα.
54 καὶ εἰσήγαγεν[7] αὐτοὺς εἰς ὅριον[8] ἁγιάσματος[9] αὐτοῦ,
ὄρος τοῦτο, ὃ ἐκτήσατο[10] ἡ δεξιὰ αὐτοῦ,
55 καὶ ἐξέβαλεν ἀπὸ προσώπου αὐτῶν ἔθνη
καὶ ἐκληροδότησεν[11] αὐτοὺς ἐν σχοινίῳ[12] κληροδοσίας[13]
καὶ κατεσκήνωσεν[14] ἐν τοῖς σκηνώμασιν[15] αὐτῶν τὰς φυλὰς τοῦ Ισραηλ.

56 καὶ ἐπείρασαν[16] καὶ παρεπίκραναν[17] τὸν θεὸν τὸν ὕψιστον[18]
καὶ τὰ μαρτύρια[19] αὐτοῦ οὐκ ἐφυλάξαντο
57 καὶ ἀπέστρεψαν[20] καὶ ἠσυνθέτησαν[21] καθὼς καὶ οἱ πατέρες αὐτῶν
καὶ μετεστράφησαν[22] εἰς τόξον[23] στρεβλὸν[24]
58 καὶ παρώργισαν[25] αὐτὸν ἐν τοῖς βουνοῖς[26] αὐτῶν
καὶ ἐν τοῖς γλυπτοῖς[27] αὐτῶν παρεζήλωσαν[28] αὐτόν.
59 ἤκουσεν ὁ θεὸς καὶ ὑπερεῖδεν[29]
καὶ ἐξουδένωσεν[30] σφόδρα[31] τὸν Ισραηλ
60 καὶ ἀπώσατο[32] τὴν σκηνὴν[33] Σηλωμ,
σκήνωμα[34] αὐτοῦ, οὗ κατεσκήνωσεν[35] ἐν ἀνθρώποις.
61 καὶ παρέδωκεν εἰς αἰχμαλωσίαν[36] τὴν ἰσχὺν[37] αὐτῶν
καὶ τὴν καλλονὴν[38] αὐτῶν εἰς χεῖρας ἐχθροῦ

1 ἀπαίρω, *aor act ind 3s*, lead away, bring out
2 ἀνάγω, *aor act ind 3s*, lead up, bring up
3 ποίμνιον, flock
4 ὁδηγέω, *aor act ind 3s*, guide
5 δειλιάω, *aor act ind 3p*, fear, be afraid
6 καλύπτω, *aor act ind 3s*, cover over, flood
7 εἰσάγω, *aor act ind 3s*, bring into
8 ὅριον, territory, region
9 ἁγίασμα, sanctuary
10 κτάομαι, *aor mid ind 3s*, acquire
11 κληροδοτέω, *aor act ind 3s*, distribute, give as inheritance
12 σχοινίον, measuring line
13 κληροδοσία, heritage
14 κατασκηνόω, *aor act ind 3s*, settle, cause to dwell
15 σκήνωμα, tent, dwelling
16 πειράζω, *aor act ind 3p*, put to the test
17 παραπικραίνω, *aor act ind 3p*, provoke
18 ὕψιστος, *sup*, Most High
19 μαρτύριον, testimony
20 ἀποστρέφω, *aor act ind 3p*, turn away
21 ἀσυνθετέω, *aor act ind 3p*, be faithless
22 μεταστρέφω, *aor pas ind 3p*, turn into, alter
23 τόξον, bow
24 στρεβλός, crooked
25 παροργίζω, *aor act ind 3p*, cause to be angry
26 βουνός, hill
27 γλυπτός, graven image, carved stone
28 παραζηλόω, *aor act ind 3p*, make jealous
29 ὑπεροράω, *aor act ind 3s*, treat with contempt
30 ἐξουδενόω, *aor act ind 3s*, scorn, disdain
31 σφόδρα, exceedingly
32 ἀπωθέω, *aor mid ind 3s*, thrust away
33 σκηνή, tent
34 σκήνωμα, tent, dwelling
35 κατασκηνόω, *aor act ind 3s*, dwell, settle
36 αἰχμαλωσία, captivity
37 ἰσχύς, power, wealth, possessions
38 καλλονή, beauty, excellence

62 καὶ συνέκλεισεν[1] εἰς ῥομφαίαν[2] τὸν λαὸν αὐτοῦ
καὶ τὴν κληρονομίαν[3] αὐτοῦ ὑπερεῖδεν.[4]
63 τοὺς νεανίσκους[5] αὐτῶν κατέφαγεν[6] πῦρ,
καὶ αἱ παρθένοι[7] αὐτῶν οὐκ ἐπενθήθησαν·[8]
64 οἱ ἱερεῖς αὐτῶν ἐν ῥομφαίᾳ[9] ἔπεσαν,
καὶ αἱ χῆραι[10] αὐτῶν οὐ κλαυσθήσονται.
65 καὶ ἐξηγέρθη[11] ὡς ὁ ὑπνῶν[12] κύριος,
ὡς δυνατὸς κεκραιπαληκὼς[13] ἐξ οἴνου,
66 καὶ ἐπάταξεν[14] τοὺς ἐχθροὺς αὐτοῦ εἰς τὰ ὀπίσω[15]
ὄνειδος[16] αἰώνιον ἔδωκεν αὐτοῖς.

67 καὶ ἀπώσατο[17] τὸ σκήνωμα[18] Ιωσηφ
καὶ τὴν φυλὴν Εφραιμ οὐκ ἐξελέξατο·[19]
68 καὶ ἐξελέξατο[20] τὴν φυλὴν Ιουδα,
τὸ ὄρος τὸ Σιων, ὃ ἠγάπησεν,
69 καὶ ᾠκοδόμησεν[21] ὡς μονοκερώτων[22] τὸ ἁγίασμα[23] αὐτοῦ,
ἐν τῇ γῇ ἐθεμελίωσεν[24] αὐτὴν εἰς τὸν αἰῶνα.
70 καὶ ἐξελέξατο[25] Δαυιδ τὸν δοῦλον αὐτοῦ
καὶ ἀνέλαβεν[26] αὐτὸν ἐκ τῶν ποιμνίων[27] τῶν προβάτων,
71 ἐξόπισθεν[28] τῶν λοχευομένων[29] ἔλαβεν αὐτὸν
ποιμαίνειν[30] Ιακωβ τὸν λαὸν αὐτοῦ
καὶ Ισραηλ τὴν κληρονομίαν[31] αὐτοῦ,
72 καὶ ἐποίμανεν[32] αὐτοὺς ἐν τῇ ἀκακίᾳ[33] τῆς καρδίας αὐτοῦ
καὶ ἐν ταῖς συνέσεσι[34] τῶν χειρῶν αὐτοῦ ὡδήγησεν[35] αὐτούς.

1 συγκλείω, *aor act ind 3s*, consign
2 ῥομφαία, sword
3 κληρονομία, inheritance
4 ὑπεροράω, *aor act ind 3s*, treat with contempt
5 νεανίσκος, young man
6 κατεσθίω, *aor act ind 3s*, devour
7 παρθένος, virgin, young woman
8 πενθέω, *aor pas ind 3p*, mourn
9 ῥομφαία, sword
10 χήρα, widow
11 ἐξεγείρω, *aor pas ind 3s*, stir up, awaken
12 ὑπνόω, *pres act ptc nom s m*, sleep, slumber
13 κραιπαλάω, *perf act ptc nom s m*, become intoxicated
14 πατάσσω, *aor act ind 3s*, strike, smite
15 ὀπίσω, backward
16 ὄνειδος, disgrace, object of reproach
17 ἀπωθέω, *aor mid ind 3s*, thrust away
18 σκήνωμα, tent, dwelling
19 ἐκλέγω, *aor mid ind 3s*, choose, elect
20 ἐκλέγω, *aor mid ind 3s*, choose, elect
21 οἰκοδομέω, *aor act ind 3s*, construct, build
22 μονόκερως, unicorn, one-horned beast
23 ἁγίασμα, sanctuary
24 θεμελιόω, *aor act ind 3s*, build a foundation for
25 ἐκλέγω, *aor mid ind 3s*, choose, select
26 ἀναλαμβάνω, *aor act ind 3s*, take up
27 ποίμνιον, flock
28 ἐξόπισθεν, behind, in the rear of
29 λοχεύω, *pres pas ptc gen p n*, give birth
30 ποιμαίνω, *pres act inf*, tend (flocks), shepherd
31 κληρονομία, possession, inheritance
32 ποιμαίνω, *aor act ind 3s*, tend, shepherd
33 ἀκακία, integrity, innocence
34 σύνεσις, understanding
35 ὁδηγέω, *aor act ind 3s*, guide, lead

PSALM 89 [88 LXX]

A Reflection on God's Steadfast Promises to David 

Acts 13:21–23

1 Συνέσεως[1] Αιθαν τῷ Ισραηλίτῃ.

2 Τὰ ἐλέη[2] σου, κύριε, εἰς τὸν αἰῶνα ᾄσομαι,[3]
εἰς γενεὰν καὶ γενεὰν ἀπαγγελῶ τὴν ἀλήθειάν σου ἐν τῷ στόματί μου,
3 ὅτι εἶπας Εἰς τὸν αἰῶνα ἔλεος[4] οἰκοδομηθήσεται·
ἐν τοῖς οὐρανοῖς ἑτοιμασθήσεται ἡ ἀλήθειά σου

4 Διεθέμην[5] διαθήκην τοῖς ἐκλεκτοῖς[6] μου,
ὤμοσα[7] Δαυιδ τῷ δούλῳ μου
5 Ἕως τοῦ αἰῶνος ἑτοιμάσω τὸ σπέρμα σου
καὶ οἰκοδομήσω εἰς γενεὰν καὶ γενεὰν τὸν θρόνον σου.

διάψαλμα.[8]

6 ἐξομολογήσονται[9] οἱ οὐρανοὶ τὰ θαυμάσιά[10] σου, κύριε,
καὶ τὴν ἀλήθειάν σου ἐν ἐκκλησίᾳ ἁγίων.
7 ὅτι τίς ἐν νεφέλαις[11] ἰσωθήσεται[12] τῷ κυρίῳ,
καὶ τίς ὁμοιωθήσεται[13] τῷ κυρίῳ ἐν υἱοῖς θεοῦ;
8 ὁ θεὸς ἐνδοξαζόμενος[14] ἐν βουλῇ[15] ἁγίων,
μέγας καὶ φοβερὸς[16] ἐπὶ πάντας τοὺς περικύκλῳ[17] αὐτοῦ.
9 κύριε ὁ θεὸς τῶν δυνάμεων, τίς ὅμοιός[18] σοι;
δυνατὸς εἶ, κύριε, καὶ ἡ ἀλήθειά σου κύκλῳ σου.
10 σὺ δεσπόζεις[19] τοῦ κράτους[20] τῆς θαλάσσης,
τὸν δὲ σάλον[21] τῶν κυμάτων[22] αὐτῆς σὺ καταπραΰνεις.[23]

1 σύνεσις, understanding
2 ἔλεος, mercy
3 ᾄδω, *fut mid ind 1s*, sing
4 ἔλεος, mercy
5 διατίθημι, *aor mid ind 1s*, arrange, establish
6 ἐκλεκτός, elect, chosen
7 ὄμνυμι, *aor act ind 1s*, swear an oath
8 διάψαλμα, (*musical interlude, renders Heb.* selāh)
9 ἐξομολογέομαι, *fut mid ind 3p*, acknowledge, praise
10 θαυμάσιος, marvelous (deed)
11 νεφέλη, cloud
12 ἰσόω, *fut pas ind 3s*, equate to
13 ὁμοιόω, *fut pas ind 3s*, compare to, liken
14 ἐνδοξάζω, *pres pas ptc nom s m*, glorify
15 βουλή, counsel
16 φοβερός, fearful
17 περικύκλῳ, all around, surrounding
18 ὅμοιος, like, equal to
19 δεσπόζω, *pres act ind 2s*, be master over
20 κράτος, strength
21 σάλος, rolling swell, surge
22 κῦμα, wave, billow
23 καταπραΰνω, *pres act ind 2s*, cause to be calm

11 σὺ ἐταπείνωσας[1] ὡς τραυματίαν[2] ὑπερήφανον[3]
καὶ ἐν τῷ βραχίονι[4] τῆς δυνάμεώς σου διεσκόρπισας[5] τοὺς ἐχθρούς σου.
12 σοί εἰσιν οἱ οὐρανοί, καὶ σή[6] ἐστιν ἡ γῆ·
τὴν οἰκουμένην[7] καὶ τὸ πλήρωμα[8] αὐτῆς σὺ ἐθεμελίωσας.[9]
13 τὸν βορρᾶν[10] καὶ θαλάσσας σὺ ἔκτισας,[11]
Θαβωρ καὶ Ερμων ἐν τῷ ὀνόματί σου ἀγαλλιάσονται.[12]
14 σὸς[13] ὁ βραχίων[14] μετὰ δυναστείας·[15]
κραταιωθήτω[16] ἡ χείρ σου,
ὑψωθήτω[17] ἡ δεξιά σου.
15 δικαιοσύνη καὶ κρίμα[18] ἑτοιμασία[19] τοῦ θρόνου σου,
ἔλεος[20] καὶ ἀλήθεια προπορεύσεται[21] πρὸ προσώπου σου.
16 μακάριος[22] ὁ λαὸς ὁ γινώσκων ἀλαλαγμόν·[23]
κύριε, ἐν τῷ φωτὶ τοῦ προσώπου σου πορεύσονται
17 καὶ ἐν τῷ ὀνόματί σου ἀγαλλιάσονται[24] ὅλην τὴν ἡμέραν
καὶ ἐν τῇ δικαιοσύνῃ σου ὑψωθήσονται.[25]
18 ὅτι τὸ καύχημα[26] τῆς δυνάμεως αὐτῶν εἶ σύ,
καὶ ἐν τῇ εὐδοκίᾳ[27] σου ὑψωθήσεται[28] τὸ κέρας[29] ἡμῶν.
19 ὅτι τοῦ κυρίου ἡ ἀντίλημψις[30]
καὶ τοῦ ἁγίου Ισραηλ βασιλέως ἡμῶν.

20 τότε ἐλάλησας ἐν ὁράσει[31] τοῖς ὁσίοις[32] σου
καὶ εἶπας Ἐθέμην βοήθειαν[33] ἐπὶ δυνατόν,
ὕψωσα[34] ἐκλεκτὸν[35] ἐκ τοῦ λαοῦ μου·
21 εὗρον Δαυιδ τὸν δοῦλόν μου,
ἐν ἐλαίῳ[36] ἁγίῳ μου ἔχρισα[37] αὐτόν.

1 ταπεινόω, *aor act ind 2s*, bring low, humble
2 τραυματίας, casualty
3 ὑπερήφανος, arrogant, haughty
4 βραχίων, arm, strength
5 διασκορπίζω, *aor act ind 2s*, scatter
6 σός, yours
7 οἰκουμένη, world
8 πλήρωμα, fullness
9 θεμελιόω, *aor act ind 2s*, establish the foundation for
10 βορέας, north wind
11 κτίζω, *aor act ind 2s*, create
12 ἀγαλλιάω, *fut mid ind 3p*, rejoice, exult
13 σός, your
14 βραχίων, arm, strength
15 δυναστεία, dominion, lordship
16 κραταιόω, *aor pas impv 3s*, strengthen
17 ὑψόω, *aor pas impv 3s*, lift high
18 κρίμα, justice
19 ἑτοιμασία, preparation, (base, foundation)
20 ἔλεος, mercy
21 προπορεύομαι, *fut mid ind 3s*, go before
22 μακάριος, blessed, happy
23 ἀλαλαγμός, loud cry, shout
24 ἀγαλλιάω, *fut mid ind 3p*, rejoice, exult
25 ὑψόω, *fut pas ind 3p*, lift high
26 καύχημα, boast
27 εὐδοκία, pleasure, goodwill
28 ὑψόω, *fut pas ind 3s*, lift high
29 κέρας, horn
30 ἀντίλημψις, help, aid
31 ὅρασις, vision, dream
32 ὅσιος, holy (one)
33 βοήθεια, help
34 ὑψόω, *aor act ind 1s*, lift high
35 ἐκλεκτός, elect, chosen
36 ἔλαιον, oil
37 χρίω, *aor act ind 1s*, anoint

22 ἡ γὰρ χείρ μου συναντιλήμψεται[1] αὐτῷ,
καὶ ὁ βραχίων[2] μου κατισχύσει[3] αὐτόν·
23 οὐκ ὠφελήσει[4] ἐχθρὸς ἐν αὐτῷ,
καὶ υἱὸς ἀνομίας[5] οὐ προσθήσει[6] τοῦ κακῶσαι[7] αὐτόν·
24 καὶ συγκόψω[8] τοὺς ἐχθροὺς αὐτοῦ ἀπὸ προσώπου αὐτοῦ
καὶ τοὺς μισοῦντας αὐτὸν τροπώσομαι.[9]
25 καὶ ἡ ἀλήθειά μου καὶ τὸ ἔλεός[10] μου μετ᾽ αὐτοῦ,
καὶ ἐν τῷ ὀνόματί μου ὑψωθήσεται[11] τὸ κέρας[12] αὐτοῦ·
26 καὶ θήσομαι ἐν θαλάσσῃ χεῖρα αὐτοῦ
καὶ ἐν ποταμοῖς[13] δεξιὰν αὐτοῦ.
27 αὐτὸς ἐπικαλέσεταί[14] με Πατήρ μου εἶ σύ,
θεός μου καὶ ἀντιλήμπτωρ[15] τῆς σωτηρίας μου·
28 κἀγὼ[16] πρωτότοκον[17] θήσομαι αὐτόν,
ὑψηλὸν[18] παρὰ τοῖς βασιλεῦσιν τῆς γῆς.
29 εἰς τὸν αἰῶνα φυλάξω αὐτῷ τὸ ἔλεός[19] μου,
καὶ ἡ διαθήκη μου πιστὴ[20] αὐτῷ·
30 καὶ θήσομαι εἰς τὸν αἰῶνα τοῦ αἰῶνος τὸ σπέρμα αὐτοῦ
καὶ τὸν θρόνον αὐτοῦ ὡς τὰς ἡμέρας τοῦ οὐρανοῦ.
31 ἐὰν ἐγκαταλίπωσιν[21] οἱ υἱοὶ αὐτοῦ τὸν νόμον μου
καὶ τοῖς κρίμασίν[22] μου μὴ πορευθῶσιν,
32 ἐὰν τὰ δικαιώματά[23] μου βεβηλώσουσιν[24]
καὶ τὰς ἐντολάς μου μὴ φυλάξωσιν,
33 ἐπισκέψομαι[25] ἐν ῥάβδῳ[26] τὰς ἀνομίας[27] αὐτῶν
καὶ ἐν μάστιξιν[28] τὰς ἁμαρτίας αὐτῶν,
34 τὸ δὲ ἔλεός[29] μου οὐ μὴ διασκεδάσω[30] ἀπ᾽ αὐτοῦ
οὐδὲ μὴ ἀδικήσω[31] ἐν τῇ ἀληθείᾳ μου

1 συναντιλαμβάνομαι, *fut mid ind 3s*, support, sustain
2 βραχίων, arm
3 κατισχύω, *fut act ind 3s*, strengthen, prevail over
4 ὠφελέω, *fut act ind 3s*, benefit, profit
5 ἀνομία, transgression, lawlessness
6 προστίθημι, *fut act ind 3s*, add to, continue
7 κακόω, *aor act inf*, maltreat, afflict
8 συγκόπτω, *fut act ind 1s*, cut down
9 τροπόω, *fut mid ind 1s*, put to flight
10 ἔλεος, mercy
11 ὑψόω, *fut pas ind 3s*, lift high
12 κέρας, horn
13 ποταμός, river
14 ἐπικαλέω, *fut mid ind 3s*, call upon
15 ἀντιλήμπτωρ, helper, protector
16 κἀγώ, I also, *cr.* καὶ ἐγώ
17 πρωτότοκος, firstborn
18 ὑψηλός, high, lifted up
19 ἔλεος, mercy
20 πιστός, faithful, trustworthy
21 ἐγκαταλείπω, *aor act sub 3p*, forsake
22 κρίμα, judgment
23 δικαίωμα, ordinance
24 βεβηλόω, *fut act ind 3p*, profane
25 ἐπισκέπτομαι, *fut mid ind 1s*, visit (in judgment)
26 ῥάβδος, rod, staff
27 ἀνομία, transgression, lawlessness
28 μάστιξ, whip, scourge
29 ἔλεος, mercy
30 διασκεδάζω, *aor act sub 1s*, disperse
31 ἀδικέω, *aor act sub 1s*, act unjustly

35 οὐδὲ μὴ βεβηλώσω[1] τὴν διαθήκην μου
καὶ τὰ ἐκπορευόμενα διὰ τῶν χειλέων[2] μου οὐ μὴ ἀθετήσω.[3]
36 ἅπαξ[4] ὤμοσα[5] ἐν τῷ ἁγίῳ μου,
εἰ τῷ Δαυιδ ψεύσομαι[6]
37 Τὸ σπέρμα αὐτοῦ εἰς τὸν αἰῶνα μενεῖ
καὶ ὁ θρόνος αὐτοῦ ὡς ὁ ἥλιος ἐναντίον[7] μου
38 καὶ ὡς ἡ σελήνη[8] κατηρτισμένη[9] εἰς τὸν αἰῶνα·
καὶ ὁ μάρτυς[10] ἐν οὐρανῷ πιστός.[11]

διάψαλμα.[12]

39 σὺ δὲ ἀπώσω[13] καὶ ἐξουδένωσας,[14]
ἀνεβάλου[15] τὸν χριστόν σου·
40 κατέστρεψας[16] τὴν διαθήκην τοῦ δούλου σου,
ἐβεβήλωσας[17] εἰς τὴν γῆν τὸ ἁγίασμα[18] αὐτοῦ.
41 καθεῖλες[19] πάντας τοὺς φραγμοὺς[20] αὐτοῦ,
ἔθου τὰ ὀχυρώματα[21] αὐτοῦ δειλίαν·[22]
42 διήρπασαν[23] αὐτὸν πάντες οἱ διοδεύοντες[24] ὁδόν,
ἐγενήθη ὄνειδος[25] τοῖς γείτοσιν[26] αὐτοῦ.
43 ὕψωσας[27] τὴν δεξιὰν τῶν ἐχθρῶν αὐτοῦ,
εὔφρανας[28] πάντας τοὺς ἐχθροὺς αὐτοῦ·
44 ἀπέστρεψας[29] τὴν βοήθειαν[30] τῆς ῥομφαίας[31] αὐτοῦ
καὶ οὐκ ἀντελάβου[32] αὐτοῦ ἐν τῷ πολέμῳ.

1 βεβηλόω, *aor act sub 1s*, profane
2 χεῖλος, lip
3 ἀθετέω, *aor act sub 1s*, bring to naught
4 ἅπαξ, just once
5 ὄμνυμι, *aor act ind 1s*, swear an oath
6 ψεύδομαι, *fut mid ind 1s*, speak falsely
7 ἐναντίον, before
8 σελήνη, moon
9 καταρτίζω, *perf pas ptc nom s f*, prepare, establish
10 μάρτυς, witness
11 πιστός, faithful
12 διάψαλμα, (*musical interlude, renders Heb.* selāh)
13 ἀπωθέω, *aor mid ind 2s*, reject, push away
14 ἐξουδενόω, *aor act ind 2s*, disdain, scorn
15 ἀναβάλλω, *aor mid ind 2s*, cast up, (remove)
16 καταστρέφω, *aor act ind 2s*, overthrow, overturn
17 βεβηλόω, *aor act ind 2s*, profane
18 ἁγίασμα, sanctuary
19 καθαιρέω, *aor act ind 2s*, tear down, destroy
20 φραγμός, fence, barrier
21 ὀχύρωμα, fortress
22 δειλία, cowardice
23 διαρπάζω, *aor act ind 3p*, plunder
24 διοδεύω, *pres act ptc nom p m*, travel through
25 ὄνειδος, disgrace, object of reproach
26 γείτων, neighbor
27 ὑψόω, *aor act ind 2s*, lift high
28 εὐφραίνω, *aor act ind 2s*, gladden, cause to rejoice
29 ἀποστρέφω, *aor act ind 2s*, turn back
30 βοήθεια, help, aid
31 ῥομφαία, sword
32 ἀντιλαμβάνομαι, *aor mid ind 2s*, support

45 κατέλυσας[1] ἀπὸ καθαρισμοῦ[2] αὐτόν,
τὸν θρόνον αὐτοῦ εἰς τὴν γῆν κατέρραξας·[3]
46 ἐσμίκρυνας[4] τὰς ἡμέρας τοῦ χρόνου αὐτοῦ,
κατέχεας[5] αὐτοῦ αἰσχύνην.[6]

διάψαλμα.[7]

47 ἕως πότε,[8] κύριε, ἀποστρέψεις[9] εἰς τέλος,
ἐκκαυθήσεται[10] ὡς πῦρ ἡ ὀργή σου;
48 μνήσθητι[11] τίς μου ἡ ὑπόστασις·[12]
μὴ γὰρ ματαίως[13] ἔκτισας[14] πάντας τοὺς υἱοὺς τῶν ἀνθρώπων;
49 τίς ἐστιν ἄνθρωπος, ὃς ζήσεται καὶ οὐκ ὄψεται θάνατον,
ῥύσεται[15] τὴν ψυχὴν αὐτοῦ ἐκ χειρὸς ᾄδου;[16]

διάψαλμα.[17]

50 ποῦ εἰσιν τὰ ἐλέη[18] σου τὰ ἀρχαῖα,[19] κύριε,
ἃ ὤμοσας[20] τῷ Δαυιδ ἐν τῇ ἀληθείᾳ σου;
51 μνήσθητι,[21] κύριε, τοῦ ὀνειδισμοῦ[22] τῶν δούλων σου,
οὗ ὑπέσχον[23] ἐν τῷ κόλπῳ[24] μου, πολλῶν ἐθνῶν,
52 οὗ ὠνείδισαν[25] οἱ ἐχθροί σου, κύριε,
οὗ ὠνείδισαν τὸ ἀντάλλαγμα[26] τοῦ χριστοῦ σου.

53 Εὐλογητὸς[27] κύριος εἰς τὸν αἰῶνα.

γένοιτο[28] γένοιτο.

1 καταλύω, *aor act ind 2s*, bring to an end
2 καθαρισμός, purification
3 καταράσσω, *aor act ind 2s*, ruin, break into pieces
4 σμικρύνω, *aor act ind 2s*, reduce, diminish
5 καταχέω, *aor act ind 2s*, pour over
6 αἰσχύνη, shame, disgrace
7 διάψαλμα, (*musical interlude, renders Heb.* selāh)
8 πότε, when
9 ἀποστρέφω, *fut act ind 2s*, turn away
10 ἐκκαίω, *fut pas ind 3s*, kindle, burn up
11 μιμνῄσκομαι, *aor pas impv 2s*, remember
12 ὑπόστασις, substance, existence
13 ματαίως, vainly
14 κτίζω, *aor act ind 2s*, create
15 ῥύομαι, *fut mid ind 3s*, rescue, deliver
16 ᾄδης, Hades, underworld
17 διάψαλμα, (*musical interlude, renders Heb.* selāh)
18 ἔλεος, mercy
19 ἀρχαῖος, old, former
20 ὄμνυμι, *aor act ind 2s*, swear an oath
21 μιμνῄσκομαι, *aor pas impv 2s*, remember
22 ὀνειδισμός, reproach, disgrace
23 ὑπέχω, *aor act ind 1s*, bear, undergo
24 κόλπος, bosom
25 ὀνειδίζω, *aor act ind 3p*, revile, reproach
26 ἀντάλλαγμα, that which is taken in exchange
27 εὐλογητός, blessed
28 γίνομαι, *aor mid opt 3s*, be

PSALM 110 [109 LXX]

The Lord Establishes the King-Priest at His Right Hand ❶

Matt 22:41–46; 26:63–65; Mark 12:35–37; 14:61–64; Luke 20:41–44; 22:67–71; Acts 2:32–36; 1 Cor 15:23–28; Eph 1:19–23; Col 3:1–4; Heb 1:5–14; 5:1–10; 6:19–7:22; 8:1–5; 10:11–14; 12:1–2; 1 Pet 3:18–22

1 Τῷ Δαυιδ ψαλμός.

Εἶπεν ὁ κύριος τῷ κυρίῳ μου Κάθου ἐκ δεξιῶν μου,
ἕως ἂν θῶ τοὺς ἐχθρούς σου ὑποπόδιον[1] τῶν ποδῶν σου.

2 ῥάβδον[2] δυνάμεώς σου ἐξαποστελεῖ[3] κύριος ἐκ Σιων,
καὶ κατακυρίευε[4] ἐν μέσῳ τῶν ἐχθρῶν σου.
3 μετὰ σοῦ ἡ ἀρχὴ ἐν ἡμέρᾳ τῆς δυνάμεώς σου
ἐν ταῖς λαμπρότησιν[5] τῶν ἁγίων·
ἐκ γαστρὸς[6] πρὸ ἑωσφόρου[7] ἐξεγέννησά[8] σε.
4 ὤμοσεν[9] κύριος καὶ οὐ μεταμεληθήσεται[10]
Σὺ εἶ ἱερεὺς εἰς τὸν αἰῶνα κατὰ τὴν τάξιν[11] Μελχισεδεκ.

5 κύριος ἐκ δεξιῶν σου συνέθλασεν[12] ἐν ἡμέρᾳ ὀργῆς αὐτοῦ βασιλεῖς·
6 κρινεῖ ἐν τοῖς ἔθνεσιν,
πληρώσει πτώματα,[13]
συνθλάσει[14] κεφαλὰς ἐπὶ γῆς πολλῶν.
7 ἐκ χειμάρρου[15] ἐν ὁδῷ πίεται·
διὰ τοῦτο ὑψώσει[16] κεφαλήν.

1 ὑποπόδιον, footstool
2 ῥάβδος, rod, staff
3 ἐξαποστέλλω, *fut act ind 3s*, send forth
4 κατακυριεύω, *pres act impv 2s*, exercise dominion
5 λαμπρότης, splendor, brightness
6 γαστήρ, womb
7 ἑωσφόρος, morning (star)
8 ἐκγεννάω, *aor act ind 1s*, beget
9 ὄμνυμι, *aor act ind 3s*, swear an oath
10 μεταμέλομαι, *fut pas ind 3s*, change one's mind
11 τάξις, order, line
12 συνθλάω, *aor act ind 3s*, crush, break into pieces
13 πτῶμα, corpse
14 συνθλάω, *fut act ind 3s*, crush, break into pieces
15 χείμαρρος, brook
16 ὑψόω, *fut act ind 3s*, lift up

PSALM 151

An Apocryphal Psalm About David's Anointing ❷

1 Οὗτος ὁ ψαλμὸς ἰδιόγραφος[1] εἰς Δαυιδ καὶ ἔξωθεν[2] τοῦ ἀριθμοῦ·[3] ὅτε ἐμονομάχησεν[4] τῷ Γολιαδ.

Μικρὸς ἤμην ἐν τοῖς ἀδελφοῖς μου
καὶ νεώτερος[5] ἐν τῷ οἴκῳ τοῦ πατρός μου·
ἐποίμαινον[6] τὰ πρόβατα τοῦ πατρός μου.

2 αἱ χεῖρές μου ἐποίησαν ὄργανον,[7]
οἱ δάκτυλοί[8] μου ἥρμοσαν[9] ψαλτήριον.[10]

3 καὶ τίς ἀναγγελεῖ[11] τῷ κυρίῳ μου;
αὐτὸς κύριος, αὐτὸς εἰσακούει.[12]

4 αὐτὸς ἐξαπέστειλεν[13] τὸν ἄγγελον αὐτοῦ
καὶ ἦρέν[14] με ἐκ τῶν προβάτων τοῦ πατρός μου
καὶ ἔχρισέν[15] με ἐν τῷ ἐλαίῳ[16] τῆς χρίσεως[17] αὐτοῦ.

5 οἱ ἀδελφοί μου καλοὶ καὶ μεγάλοι,
καὶ οὐκ εὐδόκησεν[18] ἐν αὐτοῖς κύριος.

6 ἐξῆλθον εἰς συνάντησιν[19] τῷ ἀλλοφύλῳ,[20]
καὶ ἐπικατηράσατό[21] με ἐν τοῖς εἰδώλοις[22] αὐτοῦ·

7 ἐγὼ δὲ σπασάμενος[23] τὴν παρ' αὐτοῦ μάχαιραν[24]
ἀπεκεφάλισα[25] αὐτὸν
καὶ ἦρα[26] ὄνειδος[27] ἐξ υἱῶν Ισραηλ.

1 ἰδιόγραφος, genuine, written with one's own hand
2 ἔξωθεν, outside
3 ἀριθμός, number
4 μονομαχέω, *aor act ind 3s*, engage in combat
5 νέος, *comp*, younger
6 ποιμαίνω, *impf act ind 1s*, shepherd
7 ὄργανον, (musical) instrument
8 δάκτυλος, finger
9 ἁρμόζω, *aor act ind 3p*, tune
10 ψαλτήριον, harp
11 ἀναγγέλλω, *fut act ind 3s*, report, declare
12 εἰσακούω, *pres act ind 3s*, hear, listen
13 ἐξαποστέλλω, *aor act ind 3s*, send forth
14 αἴρω, *aor act ind 3s*, lift out
15 χρίω, *aor act ind 3s*, anoint
16 ἔλαιον, oil
17 χρῖσις, anointing
18 εὐδοκέω, *aor act ind 3s*, be pleased
19 συνάντησις, confrontation
20 ἀλλόφυλος, foreign
21 ἐπικαταράομαι, *aor mid ind 3s*, call down a curse
22 εἴδωλον, image, idol
23 σπάω, *aor mid ptc nom s m*, draw (a sword)
24 μάχαιρα, sword
25 ἀποκεφαλίζω, *aor act ind 1s*, behead
26 αἴρω, *aor act ind 1s*, remove
27 ὄνειδος, disgrace, reproach

PROVERBS 1

The Beginning of Knowledge and the Call of Wisdom ❺

1 Παροιμίαι[1] Σαλωμῶντος υἱοῦ Δαυιδ, ὃς ἐβασίλευσεν[2] ἐν Ισραηλ,

2 γνῶναι σοφίαν καὶ παιδείαν[3]
νοῆσαί[4] τε λόγους φρονήσεως[5]
3 δέξασθαί[6] τε στροφὰς[7] λόγων
νοῆσαί[8] τε δικαιοσύνην ἀληθῆ[9]
καὶ κρίμα[10] κατευθύνειν,[11]
4 ἵνα δῷ ἀκάκοις[12] πανουργίαν,[13]
παιδὶ[14] δὲ νέῳ[15] αἴσθησίν[16] τε καὶ ἔννοιαν·[17]
5 τῶνδε[18] γὰρ ἀκούσας σοφὸς[19] σοφώτερος[20] ἔσται,
ὁ δὲ νοήμων[21] κυβέρνησιν[22] κτήσεται[23]
6 νοήσει[24] τε παραβολὴν[25] καὶ σκοτεινὸν[26] λόγον
ῥήσεις[27] τε σοφῶν[28] καὶ αἰνίγματα.[29]

7 Ἀρχὴ σοφίας φόβος θεοῦ,
σύνεσις[30] δὲ ἀγαθὴ πᾶσι τοῖς ποιοῦσιν αὐτήν·
εὐσέβεια[31] δὲ εἰς θεὸν ἀρχὴ αἰσθήσεως,[32]
σοφίαν δὲ καὶ παιδείαν[33] ἀσεβεῖς[34] ἐξουθενήσουσιν.[35]

1 παροιμία, proverb
2 βασιλεύω, *aor act ind 3s*, reign as king
3 παιδεία, discipline, instruction
4 νοέω, *aor act inf*, comprehend, perceive
5 φρόνησις, insight, intelligence
6 δέχομαι, *aor mid inf*, accept, receive
7 στροφή, subtlety
8 νοέω, *aor act inf*, comprehend, perceive
9 ἀληθής, true
10 κρίμα, judgment, decision
11 κατευθύνω, *pres act inf*, direct, lead
12 ἄκακος, simple, innocent
13 πανουργία, prudence, craftiness
14 παῖς, child
15 νέος, young
16 αἴσθησις, discernment, perception
17 ἔννοια, knowledge, insight
18 ὅδε, these (things)
19 σοφός, wise, prudent
20 σοφός, *comp*, wiser, more prudent
21 νοήμων, intelligent, thoughtful
22 κυβέρνησις, direction
23 κτάομαι, *fut mid ind 3s*, gain, acquire
24 νοέω, *fut act ind 3s*, comprehend, perceive
25 παραβολή, parable, illustration
26 σκοτεινός, obscure
27 ῥῆσις, word, expression
28 σοφός, wise, prudent
29 αἴνιγμα, riddle
30 σύνεσις, understanding, intelligence
31 εὐσέβεια, godliness, piety
32 αἴσθησις, discernment, perception
33 παιδεία, discipline, instruction
34 ἀσεβής, ungodly, impious
35 ἐξουθενέω, *fut act ind 3p*, despise, disdain

8 ἄκουε, υἱέ, παιδείαν[1] πατρός σου
καὶ μὴ ἀπώσῃ[2] θεσμοὺς[3] μητρός σου·
9 στέφανον[4] γὰρ χαρίτων δέξῃ[5] σῇ[6] κορυφῇ[7]
καὶ κλοιὸν[8] χρύσεον[9] περὶ σῷ[10] τραχήλῳ.[11]
10 υἱέ, μή σε πλανήσωσιν ἄνδρες ἀσεβεῖς,[12]
μηδὲ βουληθῇς, ἐὰν παρακαλέσωσί σε λέγοντες
11 Ἐλθὲ μεθ᾽ ἡμῶν, κοινώνησον[13] αἵματος,
κρύψωμεν[14] δὲ εἰς γῆν ἄνδρα δίκαιον ἀδίκως,[15]
12 καταπίωμεν[16] δὲ αὐτὸν ὥσπερ ᾅδης[17] ζῶντα
καὶ ἄρωμεν αὐτοῦ τὴν μνήμην[18] ἐκ γῆς·
13 τὴν κτῆσιν[19] αὐτοῦ τὴν πολυτελῆ[20] καταλαβώμεθα,[21]
πλήσωμεν[22] δὲ οἴκους ἡμετέρους[23] σκύλων·[24]
14 τὸν δὲ σὸν[25] κλῆρον[26] βάλε[27] ἐν ἡμῖν,
κοινὸν[28] δὲ βαλλάντιον[29] κτησώμεθα[30] πάντες,
καὶ μαρσίππιον[31] ἓν γενηθήτω ἡμῖν.
15 μὴ πορευθῇς ἐν ὁδῷ μετ᾽ αὐτῶν,
ἔκκλινον[32] δὲ τὸν πόδα σου ἐκ τῶν τρίβων[33] αὐτῶν·
16 οἱ γὰρ πόδες αὐτῶν εἰς κακίαν[34] τρέχουσιν[35]
καὶ ταχινοὶ[36] τοῦ ἐκχέαι[37] αἷμα·
17 οὐ γὰρ ἀδίκως[38] ἐκτείνεται[39]
δίκτυα[40] πτερωτοῖς.[41]

1 παιδεία, discipline, instruction
2 ἀπωθέω, *aor mid sub 2s*, reject
3 θεσμός, rule, law
4 στέφανος, crown
5 δέχομαι, *fut mid ind 2s*, receive
6 σός, your
7 κορυφή, top (of the head)
8 κλοιός, collar, neck
9 χρύσεος, golden
10 σός, your
11 τράχηλος, neck
12 ἀσεβής, ungodliness, impiety
13 κοινωνέω, *aor act impv 2s*, partake, participate in
14 κρύπτω, *aor act sub 1p*, hide
15 ἀδίκως, unjustly
16 καταπίνω, *aor act sub 1p*, swallow up
17 ᾅδης, Hades, underworld
18 μνήμη, memory
19 κτῆσις, possession, property
20 πολυτελής, valuable, costly
21 καταλαμβάνω, *aor mid sub 1p*, lay hold of
22 πίμπλημι, *aor act sub 1p*, fill
23 ἡμέτερος, our
24 σκῦλον, spoils, plunder
25 σός, your
26 κλῆρος, lot
27 βάλλω, *aor act impv 2s*, cast
28 κοινός, common, shared
29 βαλλάντιον, purse
30 κτάομαι, *aor mid sub 1p*, get, acquire
31 μαρσίππιον, *dim of* μάρσιππος, wallet
32 ἐκκλίνω, *aor act impv 2s*, steer clear
33 τρίβος, path, way
34 κακία, evil, wickedness
35 τρέχω, *pres act ind 3p*, rush
36 ταχινός, quick
37 ἐκχέω, *aor act inf*, shed
38 ἀδίκως, unjustly
39 ἐκτείνω, *pres pas ind 3s*, spread out
40 δίκτυον, net
41 πτερωτός, (bird), winged (creatures)

18 αὐτοὶ γὰρ οἱ φόνου[1] μετέχοντες[2] θησαυρίζουσιν[3] ἑαυτοῖς κακά,
ἡ δὲ καταστροφὴ[4] ἀνδρῶν παρανόμων[5] κακή.
19 αὗται αἱ ὁδοί εἰσιν πάντων τῶν συντελούντων[6] τὰ ἄνομα·[7]
τῇ γὰρ ἀσεβείᾳ[8] τὴν ἑαυτῶν ψυχὴν ἀφαιροῦνται.[9]

20 Σοφία ἐν ἐξόδοις[10] ὑμνεῖται,[11]
ἐν δὲ πλατείαις[12] παρρησίαν[13] ἄγει,
21 ἐπ᾽ ἄκρων[14] δὲ τειχέων[15] κηρύσσεται,[16]
ἐπὶ δὲ πύλαις[17] δυναστῶν[18] παρεδρεύει,[19]
ἐπὶ δὲ πύλαις πόλεως θαρροῦσα[20] λέγει
22 Ὅσον ἂν χρόνον ἄκακοι[21] ἔχωνται τῆς δικαιοσύνης,
οὐκ αἰσχυνθήσονται·[22]
οἱ δὲ ἄφρονες,[23]
τῆς ὕβρεως[24] ὄντες ἐπιθυμηταί,[25]
ἀσεβεῖς[26] γενόμενοι ἐμίσησαν αἴσθησιν[27]
23 καὶ ὑπεύθυνοι[28] ἐγένοντο ἐλέγχοις.[29]
ἰδοὺ προήσομαι[30] ὑμῖν ἐμῆς πνοῆς[31] ῥῆσιν,[32]
διδάξω δὲ ὑμᾶς τὸν ἐμὸν λόγον.
24 ἐπειδὴ[33] ἐκάλουν καὶ οὐχ ὑπηκούσατε[34]
καὶ ἐξέτεινον[35] λόγους καὶ οὐ προσείχετε,[36]
25 ἀλλὰ ἀκύρους[37] ἐποιεῖτε ἐμὰς βουλάς,[38]
τοῖς δὲ ἐμοῖς ἐλέγχοις[39] ἠπειθήσατε,[40]

1 φόνος, murder
2 μετέχω, *pres act ptc nom p m*, participate in
3 θησαυρίζω, *pres act ind 3p*, store up
4 καταστροφή, destruction
5 παράνομος, lawless
6 συντελέω, *pres act ptc gen p m*, undertake, accomplish
7 ἄνομος, lawless (action)
8 ἀσέβεια, ungodly, impious
9 ἀφαιρέω, *pres mid ind 3p*, cut off, do away with
10 ἔξοδος, (street), way out
11 ὑμνέω, *pres mid ind 3s*, sing praise
12 πλατύς, (square), open (space)
13 παρρησία, boldness, confidence
14 ἄκρος, top
15 τεῖχος, wall
16 κηρύσσω, *pres mid ind 3s*, proclaim
17 πύλη, gate
18 δυνάστης, ruler, official
19 παρεδρεύω, *pres act ind 3s*, sit near
20 θαρσέω, *pres act ptc nom s f*, be courageous
21 ἄκακος, innocent, simple
22 αἰσχύνω, *fut pas ind 3p*, put to shame
23 ἄφρων, foolish
24 ὕβρις, pride, arrogance
25 ἐπιθυμητής, one who lusts for
26 ἀσεβής, ungodly, impious
27 αἴσθησις, knowledge, perception
28 ὑπεύθυνος, subject, liable
29 ἔλεγχος, rebuke
30 προΐημι, *fut mid ind 1s*, utter, issue forth
31 πνοή, breath
32 ῥῆσις, speech, word
33 ἐπειδή, since
34 ὑπακούω, *aor act ind 2p*, obey, take heed
35 ἐκτείνω, *impf act ind 1s*, stretch out
36 προσέχω, *impf act ind 2p*, pay attention
37 ἄκυρος, invalid, pointless
38 βουλή, counsel, advice
39 ἔλεγχος, rebuke
40 ἀπειθέω, *aor act ind 2p*, disregard, disbelieve

26 τοιγαροῦν[1] κἀγὼ[2] τῇ ὑμετέρᾳ[3] ἀπωλείᾳ[4] ἐπιγελάσομαι,[5]
καταχαροῦμαι[6] δέ, ἡνίκα[7] ἂν ἔρχηται ὑμῖν ὄλεθρος,[8]
27 καὶ ὡς ἂν ἀφίκηται[9] ὑμῖν ἄφνω[10] θόρυβος,[11]
ἡ δὲ καταστροφὴ[12] ὁμοίως[13] καταιγίδι[14] παρῇ,[15]
καὶ ὅταν ἔρχηται ὑμῖν θλῖψις καὶ πολιορκία,[16]
ἢ ὅταν ἔρχηται ὑμῖν ὄλεθρος.[17]
28 ἔσται γὰρ ὅταν ἐπικαλέσησθέ[18] με,
ἐγὼ δὲ οὐκ εἰσακούσομαι[19] ὑμῶν·
ζητήσουσίν με κακοὶ
καὶ οὐχ εὑρήσουσιν.
29 ἐμίσησαν γὰρ σοφίαν,
τὸν δὲ φόβον τοῦ κυρίου οὐ προείλαντο[20]
30 οὐδὲ ἤθελον ἐμαῖς προσέχειν[21] βουλαῖς,[22]
ἐμυκτήριζον[23] δὲ ἐμοὺς ἐλέγχους.[24]
31 τοιγαροῦν[25] ἔδονται[26] τῆς ἑαυτῶν ὁδοῦ τοὺς καρποὺς
καὶ τῆς ἑαυτῶν ἀσεβείας[27] πλησθήσονται·[28]
32 ἀνθ᾽ ὧν[29] γὰρ ἠδίκουν[30] νηπίους,[31] φονευθήσονται,[32]
καὶ ἐξετασμὸς[33] ἀσεβεῖς[34] ὀλεῖ.[35]
33 ὁ δὲ ἐμοῦ ἀκούων κατασκηνώσει[36] ἐπ᾽ ἐλπίδι
καὶ ἡσυχάσει[37] ἀφόβως[38] ἀπὸ παντὸς κακοῦ.

1 τοιγαροῦν, for that reason
2 κἀγώ, I also, *cr.* καὶ ἐγώ
3 ὑμέτερος, your
4 ἀπώλεια, destruction
5 ἐπιγελάω, *fut mid ind 1s*, laugh at
6 καταχαίρω, *fut mid ind 1s*, exult maliciously
7 ἡνίκα, when
8 ὄλεθρος, ruin
9 ἀφικνέομαι, *aor mid sub 3s*, overcome, reach
10 ἄφνω, all of a sudden, unaware
11 θόρυβος, confusion, tumult
12 καταστροφή, destruction
13 ὁμοίως, like
14 καταιγίς, hurricane, squall
15 πάρειμι, *pres act sub 3s*, come about
16 πολιορκία, siege
17 ὄλεθρος, ruin
18 ἐπικαλέω, *aor mid sub 2p*, call upon
19 εἰσακούω, *fut mid ind 1s*, listen to
20 προαιρέω, *aor mid ind 3p*, prefer, choose
21 προσέχω, *pres act inf*, pay attention to
22 βουλή, advice, counsel
23 μυκτηρίζω, *impf act ind 3p*, sneer at, mock
24 ἔλεγχος, rebuke
25 τοιγαροῦν, for that reason
26 ἐσθίω, *fut mid ind 3p*, eat
27 ἀσέβεια, ungodliness, impiety
28 πίμπλημι, *fut pas ind 3p*, fill up, satisfy
29 ἀνθ᾽ ὧν, because
30 ἀδικέω, *impf act ind 3p*, harm
31 νήπιος, child, infant
32 φονεύω, *fut pas ind 3p*, kill
33 ἐξετασμός, trial, scrutiny
34 ἀσεβής, ungodly, impious
35 ὄλλυμι, *fut act ind 3s*, destroy
36 κατασκηνόω, *fut act ind 3s*, dwell, abide
37 ἡσυχάζω, *fut act ind 3s*, be at rest
38 ἀφόβως, without fear

PROVERBS 8

The Personification of God's Wisdom

5

1 Σὺ τὴν σοφίαν κηρύξεις,[1]
ἵνα φρόνησίς[2] σοι ὑπακούσῃ·[3]
2 ἐπὶ γὰρ τῶν ὑψηλῶν[4] ἄκρων[5] ἐστίν,
ἀνὰ μέσον[6] δὲ τῶν τρίβων[7] ἕστηκεν·
3 παρὰ γὰρ πύλαις[8] δυναστῶν[9] παρεδρεύει,[10]
ἐν δὲ εἰσόδοις[11] ὑμνεῖται[12]
4 Ὑμᾶς, ὦ[13] ἄνθρωποι, παρακαλῶ
καὶ προΐεμαι[14] ἐμὴν φωνὴν υἱοῖς ἀνθρώπων·
5 νοήσατε,[15] ἄκακοι,[16] πανουργίαν,[17]
οἱ δὲ ἀπαίδευτοι,[18] ἔνθεσθε[19] καρδίαν.
6 εἰσακούσατέ[20] μου, σεμνὰ[21] γὰρ ἐρῶ
καὶ ἀνοίσω[22] ἀπὸ χειλέων[23] ὀρθά·[24]
7 ὅτι ἀλήθειαν μελετήσει[25] ὁ φάρυγξ[26] μου,
ἐβδελυγμένα[27] δὲ ἐναντίον[28] ἐμοῦ χείλη[29] ψευδῆ.[30]
8 μετὰ δικαιοσύνης πάντα τὰ ῥήματα τοῦ στόματός μου,
οὐδὲν ἐν αὐτοῖς σκολιὸν[31] οὐδὲ στραγγαλῶδες·[32]
9 πάντα ἐνώπια[33] τοῖς συνιοῦσιν[34]
καὶ ὀρθὰ[35] τοῖς εὑρίσκουσι γνῶσιν.[36]

1 κηρύσσω, *fut act ind 2s*, proclaim
2 φρόνησις, insight, intelligence
3 ὑπακούω, *aor act sub 3s*, obey, follow
4 ὑψηλός, high (place)
5 ἄκρος, peak, top
6 ἀνὰ μέσον, between
7 τρίβος, path, way
8 πύλη, gate
9 δυνάστης, ruler, prince
10 παρεδρεύω, *pres act ind 3s*, wait beside
11 εἴσοδος, entrance
12 ὑμνέω, *pres mid ind 3s*, sing songs
13 ὦ, O!
14 προΐημι, *pres mid ind 1s*, let loose, bring forth
15 νοέω, *aor act impv 2p*, perceive, be aware of
16 ἄκακος, simple
17 πανουργία, craftiness, trickery
18 ἀπαίδευτος, uneducated, ignorant
19 ἐντίθημι, *aor mid impv 2p*, store up, (fortify)
20 εἰσακούω, *aor act impv 2p*, listen
21 σεμνός, solemn, serious
22 ἀναφέρω, *fut act ind 1s*, bring forth
23 χεῖλος, lip, (speech)
24 ὀρθός, right, upright
25 μελετάω, *fut act ind 3s*, cultivate, practice
26 φάρυγξ, throat
27 βδελύσσω, *perf mid ptc nom p n*, detest
28 ἐναντίον, before
29 χεῖλος, lip, (speech)
30 ψευδής, false, lying
31 σκολιός, crooked
32 στραγγαλώδης, twisted
33 ἐνώπιος, evident, obvious
34 συνίημι, *pres act ptc dat p m*, understand
35 ὀρθός, right, upright
36 γνῶσις, knowledge

10 λάβετε παιδείαν[1] καὶ μὴ ἀργύριον[2]
καὶ γνῶσιν[3] ὑπὲρ χρυσίον[4] δεδοκιμασμένον[5]
ἀνθαιρεῖσθε[6] δὲ αἴσθησιν[7] χρυσίου καθαροῦ·[8]
11 κρείσσων[9] γὰρ σοφία λίθων πολυτελῶν,[10]
πᾶν δὲ τίμιον[11] οὐκ ἄξιον[12] αὐτῆς ἐστιν.
12 ἐγὼ ἡ σοφία κατεσκήνωσα[13] βουλήν,[14]
καὶ γνῶσιν[15] καὶ ἔννοιαν[16] ἐγὼ ἐπεκαλεσάμην.[17]
13 φόβος κυρίου μισεῖ ἀδικίαν,[18]
ὕβριν[19] τε καὶ ὑπερηφανίαν[20] καὶ ὁδοὺς πονηρῶν·
μεμίσηκα δὲ ἐγὼ διεστραμμένας[21] ὁδοὺς κακῶν.
14 ἐμὴ βουλὴ[22] καὶ ἀσφάλεια,[23]
ἐμὴ[24] φρόνησις,[25] ἐμὴ δὲ ἰσχύς·[26]
15 δι᾽ ἐμοῦ βασιλεῖς βασιλεύουσιν,[27]
καὶ οἱ δυνάσται[28] γράφουσιν δικαιοσύνην·
16 δι᾽ ἐμοῦ μεγιστᾶνες[29] μεγαλύνονται,[30]
καὶ τύραννοι[31] δι᾽ ἐμοῦ κρατοῦσι γῆς.
17 ἐγὼ τοὺς ἐμὲ φιλοῦντας[32] ἀγαπῶ,
οἱ δὲ ἐμὲ ζητοῦντες εὑρήσουσιν.
18 πλοῦτος[33] καὶ δόξα ἐμοὶ ὑπάρχει
καὶ κτῆσις[34] πολλῶν καὶ δικαιοσύνη·
19 βέλτιον[35] ἐμὲ καρπίζεσθαι[36] ὑπὲρ χρυσίον[37] καὶ λίθον τίμιον,[38]
τὰ δὲ ἐμὰ γενήματα[39] κρείσσω[40] ἀργυρίου[41] ἐκλεκτοῦ.[42]

1 παιδεία, discipline, instruction
2 ἀργύριον, silver
3 γνῶσις, knowledge
4 χρυσίον, gold
5 δοκιμάζω, *perf pas ptc acc s n*, verify, test
6 ἀνθαιρέομαι, *pres mid impv 2p*, choose instead, favor
7 αἴσθησις, perception, feeling
8 καθαρός, pure
9 κρείσσων (ττ), *comp of* ἀγαθός, better
10 πολυτελής, costly
11 τίμιος, precious, valuable
12 ἄξιος, worthy
13 κατασκηνόω, *aor act ind 1s*, abide, dwell
14 βουλή, counsel, advice
15 γνῶσις, knowledge
16 ἔννοια, reflection, thought
17 ἐπικαλέω, *aor mid ind 1s*, call upon
18 ἀδικία, injustice
19 ὕβρις, pride, arrogance
20 ὑπερηφανία, pride, haughtiness
21 διαστρέφω, *perf pas ptc acc p f*, pervert, corrupt
22 βουλή, counsel, advice
23 ἀσφάλεια, safety, certainty
24 ἐμός, mine
25 φρόνησις, wisdom, insight
26 ἰσχύς, strength
27 βασιλεύω, *pres act ind 3p*, rule as king
28 δυνάστης, ruler
29 μεγιστάν, influential person
30 μεγαλύνω, *pres pas ind 3p*, make great, advance
31 τύραννος, king
32 φιλέω, *pres act ptc acc p m*, love
33 πλοῦτος, wealth, riches
34 κτῆσις, possession, property
35 βελτίων, *comp of* ἀγαθός, better
36 καρπίζομαι, *pres mid inf*, enjoy the fruits
37 χρυσίον, gold
38 τίμιος, precious, valuable
39 γένημα, produce, yield
40 κρείσσων (ττ), *comp of* ἀγαθός, better
41 ἀργύριον, silver
42 ἐκλεκτός, select, choice

20 ἐν ὁδοῖς δικαιοσύνης περιπατῶ[1]
καὶ ἀνὰ μέσον[2] τρίβων[3] δικαιώματος[4] ἀναστρέφομαι,[5]
21 ἵνα μερίσω[6] τοῖς ἐμὲ ἀγαπῶσιν ὕπαρξιν[7]
καὶ τοὺς θησαυροὺς[8] αὐτῶν ἐμπλήσω[9] ἀγαθῶν.
21a ἐὰν ἀναγγείλω[10] ὑμῖν τὰ καθ᾽ ἡμέραν γινόμενα,
μνημονεύσω[11] τὰ ἐξ αἰῶνος ἀριθμῆσαι.[12]
22 κύριος ἔκτισέν[13] με ἀρχὴν ὁδῶν αὐτοῦ εἰς ἔργα αὐτοῦ,
23 πρὸ τοῦ αἰῶνος ἐθεμελίωσέν[14] με ἐν ἀρχῇ,
24 πρὸ τοῦ τὴν γῆν ποιῆσαι καὶ πρὸ τοῦ τὰς ἀβύσσους[15] ποιῆσαι,
πρὸ τοῦ προελθεῖν[16] τὰς πηγὰς[17] τῶν ὑδάτων,
25 πρὸ τοῦ ὄρη ἑδρασθῆναι,[18]
πρὸ δὲ πάντων βουνῶν[19] γεννᾷ με.
26 κύριος ἐποίησεν χώρας[20] καὶ ἀοικήτους[21]
καὶ ἄκρα[22] οἰκούμενα[23] τῆς ὑπ᾽ οὐρανόν.
27 ἡνίκα[24] ἡτοίμαζεν τὸν οὐρανόν, συμπαρήμην[25] αὐτῷ,
καὶ ὅτε ἀφώριζεν[26] τὸν ἑαυτοῦ θρόνον ἐπ᾽ ἀνέμων.[27]
28 ἡνίκα[28] ἰσχυρὰ[29] ἐποίει τὰ ἄνω[30] νέφη,[31]
καὶ ὡς ἀσφαλεῖς[32] ἐτίθει πηγὰς[33] τῆς ὑπ᾽ οὐρανὸν
29 καὶ ἰσχυρὰ[34] ἐποίει τὰ θεμέλια[35] τῆς γῆς,
30 ἤμην παρ᾽ αὐτῷ ἁρμόζουσα,[36]
ἐγὼ ἤμην ᾗ προσέχαιρεν.[37]
καθ᾽ ἡμέραν δὲ εὐφραινόμην[38] ἐν προσώπῳ αὐτοῦ ἐν παντὶ καιρῷ,

1 περιπατέω, *pres act ind 1s*, walk about
2 ἀνὰ μέσον, between
3 τρίβος, path, track
4 δικαίωμα, regulation, ordinance
5 ἀναστρέφω, *pres pas ind 1s*, stay, conduct oneself
6 μερίζω, *aor act sub 1s*, distribute
7 ὕπαρξις, property
8 θησαυρός, treasury
9 ἐμπίμπλημι, *fut act ind 1s*, fill up
10 ἀναγγέλλω, *aor act sub 1s*, declare
11 μνημονεύω, *fut act ind 1s*, remember
12 ἀριθμέω, *aor act inf*, recount
13 κτίζω, *aor act ind 3s*, create, found
14 θεμελιόω, *aor act ind 3s*, lay the foundation
15 ἄβυσσος, depth, abyss
16 προέρχομαι, *aor act inf*, go before, precede
17 πηγή, spring, fountain
18 ἑδράζω, *aor pas inf*, establish, settle
19 βουνός, hill
20 χώρα, region, country
21 ἀοίκητος, uninhabited (place)
22 ἄκρος, highest
23 οἰκέω, *pres pas ptc acc p n*, inhabit
24 ἡνίκα, when
25 συμπάρειμι, *impf mid ind 1s*, be present with
26 ἀφορίζω, *impf act ind 3s*, mark off
27 ἄνεμος, wind
28 ἡνίκα, when
29 ἰσχυρός, strong
30 ἄνω, above
31 νέφος, cloud
32 ἀσφαλής, steady, secure
33 πηγή, spring, fountain
34 ἰσχυρός, strong
35 θεμέλιον, foundation
36 ἁρμόζω, *pres act ptc nom s f*, join, tune (an instrument)
37 προσχαίρω, *impf act ind 3s*, rejoice in
38 εὐφραίνω, *impf pas ind 1s*, be glad, rejoice

31 ὅτε εὐφραίνετο[1] τὴν οἰκουμένην[2] συντελέσας[3]
καὶ ἐνευφραίνετο[4] ἐν υἱοῖς ἀνθρώπων.

32 νῦν οὖν, υἱέ, ἄκουέ μου.

34 μακάριος[5] ἀνήρ, ὃς εἰσακούσεταί[6] μου,
καὶ ἄνθρωπος, ὃς τὰς ἐμὰς ὁδοὺς φυλάξει
ἀγρυπνῶν[7] ἐπ' ἐμαῖς θύραις καθ' ἡμέραν
τηρῶν[8] σταθμοὺς[9] ἐμῶν εἰσόδων·[10]

35 αἱ γὰρ ἔξοδοί[11] μου ἔξοδοι ζωῆς,
καὶ ἑτοιμάζεται θέλησις[12] παρὰ κυρίου.

36 οἱ δὲ εἰς ἐμὲ ἁμαρτάνοντες ἀσεβοῦσιν[13] τὰς ἑαυτῶν ψυχάς,
καὶ οἱ μισοῦντές με ἀγαπῶσιν θάνατον.

1 εὐφραίνω, *impf mid ind 3s*, be glad, rejoice
2 οἰκουμένη, inhabited world
3 συντελέω, *aor act ptc nom s m*, finish, complete
4 ἐνευφραίνομαι, *impf mid ind 3s*, rejoice
5 μακάριος, blessed
6 εἰσακούω, *fut mid ind 3s*, listen to
7 ἀγρυπνέω, *pres act ptc nom s m*, keep watch
8 τηρέω, *pres act ptc nom s m*, guard
9 σταθμός, doorway
10 εἴσοδος, entrance
11 ἔξοδος, course, exit
12 θέλησις, favor
13 ἀσεβέω, *pres act ind 3p*, act wickedly

ECCLESIASTES 12

Fearing God and Keeping His Commandments ❹

1 καὶ μνήσθητι[1] τοῦ κτίσαντός[2] σε ἐν ἡμέραις νεότητός[3] σου, ἕως ὅτου μὴ ἔλθωσιν ἡμέραι τῆς κακίας[4] καὶ φθάσωσιν[5] ἔτη, ἐν οἷς ἐρεῖς Οὐκ ἔστιν μοι ἐν αὐτοῖς θέλημα·[6] **2** ἕως οὗ μὴ σκοτισθῇ[7] ὁ ἥλιος καὶ τὸ φῶς καὶ ἡ σελήνη[8] καὶ οἱ ἀστέρες,[9] καὶ ἐπιστρέψωσιν τὰ νέφη[10] ὀπίσω τοῦ ὑετοῦ·[11] **3** ἐν ἡμέρᾳ, ᾗ ἐὰν σαλευθῶσιν[12] φύλακες[13] τῆς οἰκίας καὶ διαστραφῶσιν[14] ἄνδρες τῆς δυνάμεως, καὶ ἤργησαν[15] αἱ ἀλήθουσαι,[16] ὅτι ὠλιγώθησαν,[17] καὶ σκοτάσουσιν[18] αἱ βλέπουσαι ἐν ταῖς ὀπαῖς[19] **4** καὶ κλείσουσιν[20] θύρας ἐν ἀγορᾷ[21] ἐν ἀσθενείᾳ[22] φωνῆς τῆς ἀληθούσης,[23] καὶ ἀναστήσεται εἰς φωνὴν τοῦ στρουθίου,[24] καὶ ταπεινωθήσονται[25] πᾶσαι αἱ θυγατέρες[26] τοῦ ᾄσματος·[27] **5** καί γε ἀπὸ ὕψους[28] ὄψονται, καὶ θάμβοι[29] ἐν τῇ ὁδῷ· καὶ ἀνθήσῃ[30] τὸ ἀμύγδαλον,[31] καὶ παχυνθῇ[32] ἡ ἀκρίς,[33] καὶ διασκεδασθῇ[34] ἡ κάππαρις,[35] ὅτι ἐπορεύθη ὁ ἄνθρωπος εἰς οἶκον αἰῶνος αὐτοῦ, καὶ ἐκύκλωσαν[36] ἐν ἀγορᾷ[37] οἱ κοπτόμενοι·[38] **6** ἕως ὅτου μὴ ἀνατραπῇ[39] σχοινίον[40] τοῦ ἀργυρίου,[41] καὶ συνθλιβῇ[42] ἀνθέμιον[43] τοῦ χρυσίου,[44] καὶ συντριβῇ[45] ὑδρία[46] ἐπὶ τὴν πηγήν,[47] καὶ συντροχάσῃ[48] ὁ τροχὸς[49] ἐπὶ τὸν λάκκον,[50]

1 μιμνῄσκομαι, *aor pas impv 2s*, remember
2 κτίζω, *aor act ptc gen s m*, create
3 νεότης, youth
4 κακία, trouble, evil
5 φθάνω, *aor act sub 3p*, arrive
6 θέλημα, will, desire
7 σκοτίζω, *aor pas sub 3s*, darken
8 σελήνη, moon
9 ἀστήρ, star
10 νέφος, cloud
11 ὑετός, rain
12 σαλεύω, *aor pas sub 3p*, cause to shake
13 φύλαξ, watcher, guard, sentinel
14 διαστρέφω, *aor pas sub 3p*, twist, distort
15 ἀργέω, *aor act ind 3p*, cease
16 ἀλήθω, *pres act ptc nom p f*, grind
17 ὀλιγόω, *aor pas ind 3p*, make few
18 σκοτάζω, *fut act ind 3p*, grow dim, darken
19 ὀπή, window
20 κλείω, *fut act ind 3p*, shut, close
21 ἀγορά, marketplace
22 ἀσθένεια, weakness
23 ἀλήθω, *pres act ptc gen s f*, grind
24 στρουθίον, sparrow
25 ταπεινόω, *fut pas ind 3p*, humble, abase
26 θυγάτηρ, daughter
27 ᾆσμα, song
28 ὕψος, height
29 θάμβος, fear, terror
30 ἀνθέω, *aor act sub 3s*, blossom
31 ἀμύγδαλον, almond tree
32 παχύνω, *aor pas sub 3s*, grow fat
33 ἀκρίς, locust, grasshopper
34 διασκεδάζω, *aor pas sub 3s*, scatter
35 κάππαρις, caper plant
36 κυκλόω, *aor act ind 3p*, circle around
37 ἀγορά, marketplace
38 κόπτω, *pres mid ptc nom p m*, mourn, grieve
39 ἀνατρέπω, *aor pas sub 3s*, ruin
40 σχοινίον, cord, rope
41 ἀργύριον, silver
42 συνθλίβω, *aor pas sub 3s*, crush
43 ἀνθέμιον, blossom, flower
44 χρυσίον, gold
45 συντρίβω, *aor pas sub 3s*, shatter
46 ὑδρία, pitcher
47 πηγή, spring, well
48 συντροχάζω, *aor act sub 3s*, run together
49 τροχός, wheel
50 λάκκος, cistern

7 καὶ ἐπιστρέψῃ ὁ χοῦς[1] ἐπὶ τὴν γῆν, ὡς ἦν, καὶ τὸ πνεῦμα ἐπιστρέψῃ πρὸς τὸν θεόν, ὃς ἔδωκεν αὐτό. **8** ματαιότης[2] ματαιοτήτων, εἶπεν ὁ Ἐκκλησιαστής,[3] τὰ πάντα ματαιότης.

9 Καὶ περισσὸν[4] ὅτι ἐγένετο Ἐκκλησιαστὴς[5] σοφός,[6] ἔτι ἐδίδαξεν γνῶσιν[7] σὺν τὸν λαόν, καὶ οὖς ἐξιχνιάσεται[8] κόσμιον[9] παραβολῶν.[10] **10** πολλὰ ἐζήτησεν Ἐκκλησιαστὴς[11] τοῦ εὑρεῖν λόγους θελήματος[12] καὶ γεγραμμένον εὐθύτητος,[13] λόγους ἀληθείας.

11 Λόγοι σοφῶν[14] ὡς τὰ βούκεντρα[15] καὶ ὡς ἧλοι[16] πεφυτευμένοι,[17] οἳ παρὰ τῶν συναγμάτων[18] ἐδόθησαν ἐκ ποιμένος[19] ἑνὸς καὶ περισσὸν[20] ἐξ αὐτῶν. **12** υἱέ μου, φύλαξαι ποιῆσαι βιβλία πολλά· οὐκ ἔστιν περασμός,[21] καὶ μελέτη[22] πολλὴ κόπωσις[23] σαρκός.

13 Τέλος λόγου τὸ πᾶν ἀκούεται Τὸν θεὸν φοβοῦ καὶ τὰς ἐντολὰς αὐτοῦ φύλασσε, ὅτι τοῦτο πᾶς ὁ ἄνθρωπος. **14** ὅτι σὺν πᾶν τὸ ποίημα[24] ὁ θεὸς ἄξει ἐν κρίσει ἐν παντὶ παρεωραμένῳ,[25] ἐὰν ἀγαθὸν καὶ ἐὰν πονηρόν.

1 χοῦς, dust
2 ματαιότης, meaninglessness, vanity, folly
3 ἐκκλησιαστής, convener of an assembly, (preacher), (*Heb. Qohelet*)
4 περισσός, furthermore, moreover
5 ἐκκλησιαστής, convener of an assembly, (preacher), (*Heb. Qohelet*)
6 σοφός, wise
7 γνῶσις, knowledge
8 ἐξιχνιάζω, *fut mid ind 3s*, search out
9 κόσμιον, set, (shrewd arrangement)
10 παραβολή, parable, proverb
11 ἐκκλησιαστής, convener of an assembly, (preacher), (*Heb. Qohelet*)
12 θέλημα, will, desire
13 εὐθύτης, directness, straightness
14 σοφός, wise
15 βούκεντρον, ox goad
16 ἧλος, nail
17 φυτεύω, *perf pas ptc nom p m*, (fix), plant
18 σύναγμα, collection
19 ποιμήν, shepherd
20 περισσός, surplus, abundance
21 περασμός, end
22 μελέτη, study
23 κόπωσις, weariness
24 ποίημα, work, deed
25 παροράω, *pres pas ptc dat s n*, overlook, disregard

SONG OF SONGS 1

The Beloved and the Bride Delight in One Another ❹

1 Ἆισμα[1] ᾀσμάτων, ὅ ἐστιν τῷ Σαλωμων.

2 Φιλησάτω[2] με ἀπὸ φιλημάτων[3] στόματος αὐτοῦ,
ὅτι ἀγαθοὶ μαστοί[4] σου ὑπὲρ οἶνον,
3 καὶ ὀσμὴ[5] μύρων[6] σου ὑπὲρ πάντα τὰ ἀρώματα,[7]
μύρον ἐκκενωθὲν[8] ὄνομά σου.
διὰ τοῦτο νεάνιδες[9] ἠγάπησάν σε,
4 εἵλκυσάν[10] σε,
ὀπίσω σου εἰς ὀσμὴν[11] μύρων[12] σου δραμοῦμεν.[13]
Εἰσήνεγκέν[14] με ὁ βασιλεὺς
εἰς τὸ ταμιεῖον[15] αὐτοῦ.
Ἀγαλλιασώμεθα[16] καὶ εὐφρανθῶμεν[17] ἐν σοί,
ἀγαπήσομεν μαστούς[18] σου ὑπὲρ οἶνον·
εὐθύτης[19] ἠγάπησέν σε.

5 Μέλαινά[20] εἰμι καὶ καλή,
θυγατέρες[21] Ιερουσαλημ,
ὡς σκηνώματα[22] Κηδαρ,
ὡς δέρρεις[23] Σαλωμων.
6 μὴ βλέψητέ με, ὅτι ἐγώ εἰμι μεμελανωμένη,[24]
ὅτι παρέβλεψέν[25] με ὁ ἥλιος·

1 ᾆσμα, song
2 φιλέω, *aor act impv 3s*, kiss
3 φίλημα, kiss
4 μαστός, breast
5 ὀσμή, scent
6 μύρον, perfume, aromatic oil
7 ἄρωμα, aromatic spice
8 ἐκκενόω, *aor pas ptc nom s n*, empty out
9 νεᾶνις, maiden, young girl
10 ἕλκω, *aor act ind 3p*, draw in, attract
11 ὀσμή, scent
12 μύρον, perfume, aromatic oil
13 τρέχω, *fut act ind 1p*, run
14 εἰσφέρω, *aor act ind 3s*, bring in
15 ταμιεῖον, chamber
16 ἀγαλλιάομαι, *aor mid sub 1p*, exult
17 εὐφραίνω, *aor pas sub 1p*, rejoice, enjoy oneself
18 μαστός, breast
19 εὐθύτης, uprightness, righteousness
20 μέλας, dark, black
21 θυγάτηρ, daughter
22 σκήνωμα, tent
23 δέρρις, curtain (of animal hide)
24 μελανόομαι, *perf pas ptc nom s f*, blacken
25 παραβλέπω, *aor act ind 3s*, (shine down on), look upon

υἱοὶ μητρός μου ἐμαχέσαντο[1] ἐν ἐμοί,
ἔθεντό με φυλάκισσαν[2] ἐν ἀμπελῶσιν·[3]
ἀμπελῶνα ἐμὸν οὐκ ἐφύλαξα.

7 Ἀπάγγειλόν μοι, ὃν ἠγάπησεν ἡ ψυχή μου,
ποῦ ποιμαίνεις,[4] ποῦ κοιτάζεις[5] ἐν μεσημβρίᾳ,[6]
μήποτε[7] γένωμαι ὡς περιβαλλομένη[8]
ἐπ᾽ ἀγέλαις[9] ἑταίρων[10] σου.

8 Ἐὰν μὴ γνῷς σεαυτήν, ἡ καλὴ ἐν γυναιξίν,
ἔξελθε σὺ ἐν πτέρναις[11] τῶν ποιμνίων[12]
καὶ ποίμαινε[13] τὰς ἐρίφους[14] σου
ἐπὶ σκηνώμασιν[15] τῶν ποιμένων.[16]

9 Τῇ ἵππῳ[17] μου ἐν ἅρμασιν[18] Φαραω
ὡμοίωσά[19] σε, ἡ πλησίον[20] μου.

10 τί ὡραιώθησαν[21] σιαγόνες[22] σου ὡς τρυγόνες,[23]
τράχηλός[24] σου ὡς ὁρμίσκοι;[25]

11 ὁμοιώματα[26] χρυσίου[27] ποιήσομέν σοι
μετὰ στιγμάτων[28] τοῦ ἀργυρίου.[29]

12 Ἕως οὗ ὁ βασιλεὺς ἐν ἀνακλίσει[30] αὐτοῦ,
νάρδος[31] μου ἔδωκεν ὀσμὴν[32] αὐτοῦ.

13 ἀπόδεσμος[33] τῆς στακτῆς[34] ἀδελφιδός[35] μου ἐμοί,
ἀνὰ μέσον[36] τῶν μαστῶν[37] μου αὐλισθήσεται·[38]

1 μάχομαι, *aor mid ind 3p*, quarrel, fight
2 φυλάκισσα, keeper
3 ἀμπελών, vineyard
4 ποιμαίνω, *pres act ind 2s*, tend (flocks), shepherd
5 κοιτάζω, *pres act ind 2s*, provide pasture
6 μεσημβρία, midday
7 μήποτε, lest
8 περιβάλλω, *pres pas ptc nom s f*, cover with
9 ἀγέλη, herd, flock
10 ἑταῖρος, comrade, friend
11 πτέρνα, footstep
12 ποίμνιον, flock
13 ποιμαίνω, *pres act impv 2s*, tend (flocks), shepherd
14 ἔριφος, kid
15 σκήνωμα, tent
16 ποιμήν, shepherd
17 ἵππος, horse
18 ἅρμα, chariot
19 ὁμοιόω, *aor act ind 1s*, liken, compare
20 πλησίον, companion
21 ὡραιόομαι, *aor pas ind 3p*, be beautiful
22 σιαγών, cheek
23 τρυγών, turtledove
24 τράχηλος, neck
25 ὁρμίσκος, small necklace
26 ὁμοίωμα, likeness, image
27 χρυσίον, gold
28 στίγμα, ornament
29 ἀργύριον, silver
30 ἀνάκλισις, reclining
31 νάρδος, nard
32 ὀσμή, scent
33 ἀπόδεσμος, bundle, cluster
34 στακτή, (oil of) myrrh
35 ἀδελφιδός, kinsman, beloved one
36 ἀνὰ μέσον, between
37 μαστός, breast
38 αὐλίζομαι, *fut pas ind 3s*, spend the night

14 βότρυς[1] τῆς κύπρου[2] ἀδελφιδός[3] μου ἐμοὶ
ἐν ἀμπελῶσιν[4] Εγγαδδι.

15 Ἰδοὺ εἶ καλή, ἡ πλησίον[5] μου,
ἰδοὺ εἶ καλή, ὀφθαλμοί σου περιστεραί.[6]

16 Ἰδοὺ εἶ καλός, ὁ ἀδελφιδός[7] μου, καί γε ὡραῖος·[8]
πρὸς κλίνη[9] ἡμῶν σύσκιος,[10]
17 δοκοὶ[11] οἴκων ἡμῶν κέδροι,[12]
φατνώματα[13] ἡμῶν κυπάρισσοι.[14]

1 βότρυς, cluster
2 κύπρος, henna, *Heb. LW*
3 ἀδελφιδός, kinsman, beloved one
4 ἀμπελών, vineyard
5 πλησίον, companion
6 περιστερά, dove
7 ἀδελφιδός, kinsman, beloved one
8 ὡραῖος, beautiful, lovely
9 κλίνη, bed, couch
10 σύσκιος, shaded
11 δοκός, beam
12 κέδρος, cedar
13 φάτνωμα, rafter
14 κυπάρισσος, cypress

JOB 1

Satan's First Test of Job

4

1 Ἄνθρωπός τις ἦν ἐν χώρᾳ[1] τῇ Αυσίτιδι, ᾧ ὄνομα Ιωβ, καὶ ἦν ὁ ἄνθρωπος ἐκεῖνος ἀληθινός,[2] ἄμεμπτος,[3] δίκαιος, θεοσεβής,[4] ἀπεχόμενος[5] ἀπὸ παντὸς πονηροῦ πράγματος.[6] **2** ἐγένοντο δὲ αὐτῷ υἱοὶ ἑπτὰ καὶ θυγατέρες[7] τρεῖς. **3** καὶ ἦν τὰ κτήνη[8] αὐτοῦ πρόβατα ἑπτακισχίλια,[9] κάμηλοι[10] τρισχίλιαι,[11] ζεύγη[12] βοῶν[13] πεντακόσια,[14] ὄνοι[15] θήλειαι[16] νομάδες[17] πεντακόσιαι,[18] καὶ ὑπηρεσία[19] πολλὴ σφόδρα[20] καὶ ἔργα μεγάλα ἦν αὐτῷ ἐπὶ τῆς γῆς· καὶ ἦν ὁ ἄνθρωπος ἐκεῖνος εὐγενὴς[21] τῶν ἀφ' ἡλίου ἀνατολῶν.[22]

4 συμπορευόμενοι[23] δὲ οἱ υἱοὶ αὐτοῦ πρὸς ἀλλήλους[24] ἐποιοῦσαν πότον[25] καθ' ἑκάστην ἡμέραν συμπαραλαμβάνοντες[26] ἅμα[27] καὶ τὰς τρεῖς ἀδελφὰς αὐτῶν ἐσθίειν καὶ πίνειν μετ' αὐτῶν. **5** καὶ ὡς ἂν συνετελέσθησαν[28] αἱ ἡμέραι τοῦ πότου,[29] ἀπέστελλεν Ιωβ καὶ ἐκαθάριζεν αὐτοὺς ἀνιστάμενος τὸ πρωὶ[30] καὶ προσέφερεν περὶ αὐτῶν θυσίας[31] κατὰ τὸν ἀριθμὸν[32] αὐτῶν καὶ μόσχον[33] ἕνα περὶ ἁμαρτίας περὶ τῶν ψυχῶν αὐτῶν· ἔλεγεν γὰρ Ιωβ Μήποτε[34] οἱ υἱοί μου ἐν τῇ διανοίᾳ[35] αὐτῶν κακὰ ἐνενόησαν[36] πρὸς θεόν. οὕτως οὖν ἐποίει Ιωβ πάσας τὰς ἡμέρας.

6 Καὶ ὡς ἐγένετο ἡ ἡμέρα αὕτη, καὶ ἰδοὺ ἦλθον οἱ ἄγγελοι τοῦ θεοῦ παραστῆναι[37] ἐνώπιον τοῦ κυρίου, καὶ ὁ διάβολος[38] ἦλθεν μετ' αὐτῶν. **7** καὶ εἶπεν ὁ κύριος τῷ

1 χώρα, country, land
2 ἀληθινός, trustworthy, genuine
3 ἄμεμπτος, blameless
4 θεοσεβής, God-fearing
5 ἀπέχω, *pres mid ptc nom s m*, keep distant
6 πρᾶγμα, action, deed
7 θυγάτηρ, daughter
8 κτῆνος, animal, (*p*) herd
9 ἑπτακισχίλιος, seven thousand
10 κάμηλος, camel
11 τρισχίλιοι, three thousand
12 ζεῦγος, pair
13 βοῦς, ox
14 πεντακόσιοι, five hundred
15 ὄνος, donkey
16 θῆλυς, female
17 νομάς, grazing, roaming
18 πεντακόσιοι, five hundred
19 ὑπηρεσία, service
20 σφόδρα, exceedingly
21 εὐγενής, well born
22 ἀνατολή, east
23 συμπορεύομαι, *pres mid ptc nom p m*, come together
24 ἀλλήλων, one another
25 πότος, party, feast
26 συμπαραλαμβάνω, *pres act ptc nom p m*, take along with
27 ἅμα, together
28 συντελέω, *aor pas ind 3p*, come to an end
29 πότος, party, feast
30 πρωί, (in the) morning
31 θυσία, sacrifice
32 ἀριθμός, number
33 μόσχος, calf
34 μήποτε, lest
35 διάνοια, thought, mind
36 ἐννοέω, *aor act ind 3p*, consider, have in mind
37 παρίστημι, *aor act inf*, be present
38 διάβολος, adversary, devil

διαβόλῳ[1] Πόθεν[2] παραγέγονας; καὶ ἀποκριθεὶς ὁ διάβολος τῷ κυρίῳ εἶπεν Περιελθὼν[3] τὴν γῆν καὶ ἐμπεριπατήσας[4] τὴν ὑπ᾽ οὐρανὸν πάρειμι.[5] **8** καὶ εἶπεν αὐτῷ ὁ κύριος Προσέσχες[6] τῇ διανοίᾳ[7] σου κατὰ τοῦ παιδός[8] μου Ιωβ, ὅτι οὐκ ἔστιν κατ᾽ αὐτὸν τῶν ἐπὶ τῆς γῆς ἄνθρωπος ἄμεμπτος,[9] ἀληθινός,[10] θεοσεβής,[11] ἀπεχόμενος[12] ἀπὸ παντὸς πονηροῦ πράγματος;[13] **9** ἀπεκρίθη δὲ ὁ διάβολος[14] καὶ εἶπεν ἐναντίον[15] τοῦ κυρίου Μὴ δωρεὰν[16] σέβεται[17] Ιωβ τὸν θεόν; **10** οὐ σὺ περιέφραξας[18] τὰ ἔξω αὐτοῦ καὶ τὰ ἔσω[19] τῆς οἰκίας αὐτοῦ καὶ τὰ ἔξω πάντων τῶν ὄντων αὐτῷ κύκλῳ;[20] τὰ ἔργα τῶν χειρῶν αὐτοῦ εὐλόγησας καὶ τὰ κτήνη[21] αὐτοῦ πολλὰ ἐποίησας ἐπὶ τῆς γῆς. **11** ἀλλὰ ἀπόστειλον τὴν χεῖρά σου καὶ ἅψαι πάντων, ὧν ἔχει· εἰ μὴν[22] εἰς πρόσωπόν σε εὐλογήσει. **12** τότε εἶπεν ὁ κύριος τῷ διαβόλῳ[23] Ἰδοὺ πάντα, ὅσα ἔστιν αὐτῷ, δίδωμι ἐν τῇ χειρί σου, ἀλλὰ αὐτοῦ μὴ ἅψῃ. καὶ ἐξῆλθεν ὁ διάβολος παρὰ τοῦ κυρίου.

13 Καὶ ἦν ὡς ἡ ἡμέρα αὕτη, οἱ υἱοὶ Ιωβ καὶ αἱ θυγατέρες[24] αὐτοῦ ἔπινον οἶνον ἐν τῇ οἰκίᾳ τοῦ ἀδελφοῦ αὐτῶν τοῦ πρεσβυτέρου.[25] **14** καὶ ἰδοὺ ἄγγελος ἦλθεν πρὸς Ιωβ καὶ εἶπεν αὐτῷ Τὰ ζεύγη[26] τῶν βοῶν[27] ἠροτρία,[28] καὶ αἱ θήλειαι[29] ὄνοι[30] ἐβόσκοντο[31] ἐχόμεναι αὐτῶν· **15** καὶ ἐλθόντες οἱ αἰχμαλωτεύοντες[32] ᾐχμαλώτευσαν[33] αὐτὰς καὶ τοὺς παῖδας[34] ἀπέκτειναν ἐν μαχαίραις·[35] σωθεὶς δὲ ἐγὼ μόνος ἦλθον τοῦ ἀπαγγεῖλαί σοι. **16** Ἔτι τούτου λαλοῦντος ἦλθεν ἕτερος ἄγγελος καὶ εἶπεν πρὸς Ιωβ Πῦρ ἔπεσεν ἐκ τοῦ οὐρανοῦ καὶ κατέκαυσεν[36] τὰ πρόβατα καὶ τοὺς ποιμένας[37] κατέφαγεν[38] ὁμοίως·[39] καὶ σωθεὶς ἐγὼ μόνος ἦλθον τοῦ ἀπαγγεῖλαί σοι. **17** Ἔτι τούτου λαλοῦντος ἦλθεν ἕτερος ἄγγελος καὶ εἶπεν πρὸς Ιωβ Οἱ ἱππεῖς[40] ἐποίησαν

1 διάβολος, adversary, devil
2 πόθεν, from where
3 περιέρχομαι, *aor act ptc nom s m*, roam around
4 ἐμπεριπατέω, *aor act ptc nom s m*, walking about
5 πάρειμι, *pres act ind 1s*, be present, exist
6 προσέχω, *aor act ind 2s*, consider, evaluate
7 διάνοια, thought, mind
8 παῖς, servant
9 ἄμεμπτος, blameless
10 ἀληθινός, trustworthy, genuine
11 θεοσεβής, God-fearing
12 ἀπέχω, *pres mid ptc nom s m*, keep distant
13 πρᾶγμα, action, deed
14 διάβολος, adversary, devil
15 ἐναντίον, before
16 δωρεάν, without purpose
17 σέβομαι, *pres mid ind 3s*, worship
18 περιφράσσω, *aor act ind 2s*, enclose
19 ἔσω, within, inside
20 κύκλῳ, around
21 κτῆνος, animal, (*p*) herd
22 εἰ μήν, indeed, surely
23 διάβολος, adversary, devil
24 θυγάτηρ, daughter
25 πρέσβυς, *comp*, older
26 ζεῦγος, pair
27 βοῦς, ox
28 ἀροτριάω, *impf act ind 3s*, plow
29 θῆλυς, female
30 ὄνος, donkey
31 βόσκω, *impf mid ind 3p*, graze
32 αἰχμαλωτεύω, *pres act ptc nom p m*, maraud
33 αἰχμαλωτεύω, *aor act ind 3p*, take captive
34 παῖς, servant
35 μάχαιρα, sword
36 κατακαίω, *aor act ind 3s*, scorch, burn completely
37 ποιμήν, shepherd
38 κατεσθίω, *aor act ind 3s*, consume
39 ὁμοίως, likewise
40 ἱππεύς, horseman, cavalryman

ἡμῖν κεφαλὰς τρεῖς καὶ ἐκύκλωσαν[1] τὰς καμήλους[2] καὶ ᾐχμαλώτευσαν[3] αὐτὰς καὶ τοὺς παῖδας[4] ἀπέκτειναν ἐν μαχαίραις·[5] ἐσώθην δὲ ἐγὼ μόνος καὶ ἦλθον τοῦ ἀπαγγεῖλαί σοι. **18** Ἔτι τούτου λαλοῦντος ἄλλος ἄγγελος ἔρχεται λέγων τῷ Ιωβ Τῶν υἱῶν σου καὶ τῶν θυγατέρων[6] σου ἐσθιόντων καὶ πινόντων παρὰ τῷ ἀδελφῷ αὐτῶν τῷ πρεσβυτέρῳ[7] **19** ἐξαίφνης[8] πνεῦμα μέγα ἐπῆλθεν[9] ἐκ τῆς ἐρήμου καὶ ἥψατο τῶν τεσσάρων γωνιῶν[10] τῆς οἰκίας, καὶ ἔπεσεν ἡ οἰκία ἐπὶ τὰ παιδία σου, καὶ ἐτελεύτησαν·[11] ἐσώθην δὲ ἐγὼ μόνος καὶ ἦλθον τοῦ ἀπαγγεῖλαί σοι.

20 Οὕτως ἀναστὰς Ιωβ διέρρηξεν[12] τὰ ἱμάτια αὐτοῦ καὶ ἐκείρατο[13] τὴν κόμην[14] τῆς κεφαλῆς αὐτοῦ καὶ πεσὼν χαμαὶ[15] προσεκύνησεν καὶ εἶπεν

21 Αὐτὸς γυμνὸς[16] ἐξῆλθον ἐκ κοιλίας[17] μητρός μου,
γυμνὸς καὶ ἀπελεύσομαι ἐκεῖ·
ὁ κύριος ἔδωκεν,
ὁ κύριος ἀφείλατο·[18]
ὡς τῷ κυρίῳ ἔδοξεν,[19] οὕτως καὶ ἐγένετο·
εἴη[20] τὸ ὄνομα κυρίου εὐλογημένον.

22 Ἐν τούτοις πᾶσιν τοῖς συμβεβηκόσιν[21] αὐτῷ οὐδὲν ἥμαρτεν Ιωβ ἐναντίον[22] τοῦ κυρίου καὶ οὐκ ἔδωκεν ἀφροσύνην[23] τῷ θεῷ.

1 κυκλόω, *aor act ind 3p*, surround
2 κάμηλος, camel
3 αἰχμαλωτεύω, *aor act ind 3p*, take captive
4 παῖς, servant
5 μάχαιρα, sword
6 θυγάτηρ, daughter
7 πρέσβυς, *comp*, older
8 ἐξαίφνης, suddenly
9 ἐπέρχομαι, *aor act ind 3s*, come on, arrive
10 γωνία, corner
11 τελευτάω, *aor act ind 3p*, die
12 διαρρήγνυμι, *aor act ind 3s*, tear
13 κείρω, *aor mid ind 3s*, shear
14 κόμη, hair
15 χαμαί, on the ground
16 γυμνός, naked
17 κοιλία, womb
18 ἀφαιρέω, *aor mid ind 3s*, take away
19 δοκέω, *aor act ind 3s*, seem
20 εἰμί, *pres act opt 3s*, be
21 συμβαίνω, *perf act ptc dat p n*, come to pass
22 ἐναντίον, before
23 ἀφροσύνη, folly, lack of judgment

JOB 42

The Conclusion of Job's Story and Restoration ❷

1 Ὑπολαβὼν[1] δὲ Ιωβ λέγει τῷ κυρίῳ

2 Οἶδα ὅτι πάντα δύνασαι,
ἀδυνατεῖ[2] δέ σοι οὐθέν.[3]
3 τίς γάρ ἐστιν ὁ κρύπτων[4] σε βουλήν;[5]
φειδόμενος[6] δὲ ῥημάτων καὶ σὲ οἴεται[7] κρύπτειν;[8]
τίς δὲ ἀναγγελεῖ[9] μοι ἃ οὐκ ᾔδειν,[10]
μεγάλα καὶ θαυμαστὰ[11] ἃ οὐκ ἠπιστάμην;[12]
4 ἄκουσον δέ μου, κύριε, ἵνα κἀγὼ[13] λαλήσω·
ἐρωτήσω[14] δέ σε, σὺ δέ με δίδαξον.
5 ἀκοὴν[15] μὲν ὠτὸς ἤκουόν σου τὸ πρότερον,[16]
νυνὶ[17] δὲ ὁ ὀφθαλμός μου ἑόρακέν σε·
6 διὸ[18] ἐφαύλισα[19] ἐμαυτὸν[20] καὶ ἐτάκην,[21]
ἥγημαι[22] δὲ ἐμαυτὸν γῆν καὶ σποδόν.[23]

7 Ἐγένετο δὲ μετὰ τὸ λαλῆσαι τὸν κύριον πάντα τὰ ῥήματα ταῦτα τῷ Ιωβ εἶπεν ὁ κύριος Ελιφας τῷ Θαιμανίτῃ Ἥμαρτες σὺ καὶ οἱ δύο φίλοι[24] σου· οὐ γὰρ ἐλαλήσατε ἐνώπιόν μου ἀληθὲς[25] οὐδὲν ὥσπερ ὁ θεράπων[26] μου Ιωβ. **8** νῦν δὲ λάβετε ἑπτὰ μόσχους[27] καὶ ἑπτὰ κριοὺς[28] καὶ πορεύθητε πρὸς τὸν θεράποντά[29] μου Ιωβ, καὶ ποιήσει κάρπωσιν[30] περὶ ὑμῶν· Ιωβ δὲ ὁ θεράπων μου εὔξεται[31] περὶ ὑμῶν, ※ὅτι εἰ μὴ πρόσωπον αὐτοῦ λήμψομαι·↙ εἰ μὴ γὰρ δι' αὐτόν, ἀπώλεσα ἂν ὑμᾶς· οὐ γὰρ

1 ὑπολαμβάνω, *aor act ptc nom s m*, reply
2 ἀδυνατέω, *pres act ind 3s*, be impossible
3 οὐθείς, nothing
4 κρύπτω, *pres act ptc nom s m*, hide, conceal
5 βουλή, counsel
6 φείδομαι, *pres mid ptc nom s m*, spare, withhold
7 οἴομαι, *pres mid ind 3s*, suppose, expect
8 κρύπτω, *pres act inf*, hide, conceal
9 ἀναγγέλλω, *fut act ind 3s*, report, tell
10 οἶδα, *plpf act ind 1s*, know
11 θαυμαστός, wonderful
12 ἐπίσταμαι, *impf mid ind 1s*, understand
13 κἀγώ, I also, *cr*. καὶ ἐγώ
14 ἐρωτάω, *fut act ind 1s*, ask, question
15 ἀκοή, news, report
16 πρότερος, former, previous
17 νυνί, now
18 διό, therefore, thus
19 φαυλίζω, *aor act ind 1s*, consider worthless, despise
20 ἐμαυτοῦ, myself
21 τήκω, *aor pas ind 1s*, disappear, waste away
22 ἡγέομαι, *perf mid ind 1s*, consider, regard
23 σποδός, ashes
24 φίλος, friend
25 ἀληθής, truthful
26 θεράπων, servant
27 μόσχος, calf
28 κριός, ram
29 θεράπων, servant
30 κάρπωσις, burnt offering
31 εὔχομαι, *fut mid ind 3s*, pray

ἐλαλήσατε ἀληθὲς[1] κατὰ τοῦ θεράποντός μου Ιωβ. — **9** ἐπορεύθη δὲ Ελιφας ὁ Θαιμανίτης καὶ Βαλδαδ ὁ Σαυχίτης καὶ Σωφαρ ὁ Μιναῖος καὶ ἐποίησαν καθὼς συνέταξεν[2] αὐτοῖς ὁ κύριος, καὶ ἔλυσεν[3] τὴν ἁμαρτίαν αὐτοῖς διὰ Ιωβ.

10 ὁ δὲ κύριος ηὔξησεν[4] τὸν Ιωβ· εὐξαμένου[5] δὲ αὐτοῦ καὶ περὶ τῶν φίλων[6] αὐτοῦ ἀφῆκεν αὐτοῖς τὴν ἁμαρτίαν· ἔδωκεν δὲ ὁ κύριος διπλᾶ[7] ὅσα ἦν ἔμπροσθεν Ιωβ εἰς διπλασιασμόν.[8]

11 ἤκουσαν δὲ πάντες οἱ ἀδελφοὶ αὐτοῦ καὶ αἱ ἀδελφαὶ αὐτοῦ πάντα τὰ συμβεβηκότα[9] αὐτῷ καὶ ἦλθον πρὸς αὐτὸν καὶ πάντες ὅσοι ᾔδεισαν[10] αὐτὸν ἐκ πρώτου· φαγόντες δὲ καὶ πιόντες παρ᾽ αὐτῷ παρεκάλεσαν αὐτόν, καὶ ἐθαύμασαν[11] ἐπὶ πᾶσιν, οἷς ἐπήγαγεν[12] αὐτῷ ὁ κύριος· ἔδωκεν δὲ αὐτῷ ἕκαστος ἀμνάδα[13] μίαν καὶ τετράδραχμον[14] χρυσοῦν[15] ἄσημον.[16] **12** ὁ δὲ κύριος εὐλόγησεν τὰ ἔσχατα Ιωβ ἢ τὰ ἔμπροσθεν· ἦν δὲ τὰ κτήνη[17] αὐτοῦ πρόβατα μύρια[18] τετρακισχίλια,[19] κάμηλοι[20] ἑξακισχίλιαι,[21] ζεύγη[22] βοῶν[23] χίλια,[24] ὄνοι[25] θήλειαι[26] νομάδες[27] χίλιαι. **13** γεννῶνται δὲ αὐτῷ υἱοὶ ἑπτὰ καὶ θυγατέρες[28] τρεῖς· **14** καὶ ἐκάλεσεν τὴν μὲν πρώτην Ἡμέραν, τὴν δὲ δευτέραν Κασίαν, τὴν δὲ τρίτην Ἀμαλθείας κέρας·[29] **15** καὶ οὐχ εὑρέθησαν κατὰ τὰς θυγατέρας[30] Ιωβ βελτίους[31] αὐτῶν ἐν τῇ ὑπ᾽ οὐρανόν· ἔδωκεν δὲ αὐταῖς ὁ πατὴρ κληρονομίαν[32] ἐν τοῖς ἀδελφοῖς. **16** ἔζησεν δὲ Ιωβ μετὰ τὴν πληγὴν[33] ἔτη ἑκατὸν[34] ἑβδομήκοντα,[35] τὰ δὲ πάντα ἔζησεν ἔτη διακόσια[36] τεσσαράκοντα[37] ὀκτώ·[38] ※ καὶ εἶδεν Ιωβ τοὺς υἱοὺς αὐτοῦ καὶ τοὺς υἱοὺς τῶν υἱῶν αὐτοῦ τετάρτην[39] γενεάν· **17** ※ καὶ ἐτελεύτησεν[40] Ιωβ πρεσβύτερος[41] καὶ πλήρης[42] ἡμερῶν. ↙ **17a** γέγραπται δὲ αὐτὸν πάλιν ἀναστήσεσθαι μεθ᾽ ὧν ὁ κύριος ἀνίστησιν.

1 ἀληθής, truthful
2 συντάσσω, *aor act ind 3s*, order, command
3 λύω, *aor act ind 3s*, forgive, pardon
4 αὐξάνω, *aor act ind 3s*, cause to increase
5 εὔχομαι, *aor mid ptc gen s m*, pray
6 φίλος, friend
7 διπλοῦς, twice
8 διπλασιασμός, double
9 συμβαίνω, *perf act ptc acc p n*, happen, come to pass
10 οἶδα, *plpf act ind 3p*, know
11 θαυμάζω, *aor act ind 3p*, be amazed
12 ἐπάγω, *aor act ind 3s*, bring upon
13 ἀμνάς, lamb
14 τετράδραχμον, coin of four drachmas
15 χρυσοῦς, gold
16 ἄσημος, uncoined
17 κτῆνος, animal, (*p*) livestock
18 μύριοι, ten thousand
19 τετρακισχίλιοι, four thousand
20 κάμηλος, camel
21 ἑξακισχίλιοι, six thousand
22 ζεῦγος, pair
23 βοῦς, ox
24 χίλιοι, one thousand
25 ὄνος, donkey
26 θῆλυς, female
27 νομάς, grazing, roaming
28 θυγάτηρ, daughter
29 κέρας, horn
30 θυγάτηρ, daughter
31 βελτίων, *comp of* ἀγαθός, better
32 κληρονομία, inheritance
33 πληγή, misfortune
34 ἑκατόν, one hundred
35 ἑβδομήκοντα, seventy
36 διακόσιοι, two hundred
37 τεσσαράκοντα, forty
38 ὀκτώ, eight
39 τέταρτος, fourth
40 τελευτάω, *aor act ind 3s*, die
41 πρεσβύτερος, old (man)
42 πλήρης, full

17b Οὗτος ἑρμηνεύεται[1] ἐκ τῆς Συριακῆς βίβλου[2] ἐν μὲν γῇ κατοικῶν τῇ Αυσίτιδι ἐπὶ τοῖς ὁρίοις[3] τῆς Ιδουμαίας καὶ Ἀραβίας, προϋπῆρχεν[4] δὲ αὐτῷ ὄνομα Ιωβαβ· **17c** λαβὼν δὲ γυναῖκα Ἀράβισσαν γεννᾷ υἱόν, ᾧ ὄνομα Εννων, ἦν δὲ αὐτὸς πατρὸς μὲν Ζαρε, τῶν Ησαυ υἱῶν υἱός, μητρὸς δὲ Βοσορρας, ὥστε εἶναι αὐτὸν πέμπτον[5] ἀπὸ Αβρααμ. **17d** καὶ οὗτοι οἱ βασιλεῖς οἱ βασιλεύσαντες[6] ἐν Εδωμ, ἧς καὶ αὐτὸς ἦρξεν χώρας·[7] πρῶτος Βαλακ ὁ τοῦ Βεωρ, καὶ ὄνομα τῇ πόλει αὐτοῦ Δενναβα· μετὰ δὲ Βαλακ Ιωβαβ ὁ καλούμενος Ιωβ· μετὰ δὲ τοῦτον Ασομ ὁ ὑπάρχων ἡγεμὼν[8] ἐκ τῆς Θαιμανίτιδος χώρας·[9] μετὰ δὲ τοῦτον Αδαδ υἱὸς Βαραδ ὁ ἐκκόψας[10] Μαδιαμ ἐν τῷ πεδίῳ[11] Μωαβ, καὶ ὄνομα τῇ πόλει αὐτοῦ Γεθθαιμ. **17e** οἱ δὲ ἐλθόντες πρὸς αὐτὸν φίλοι·[12] Ελιφας τῶν Ησαυ υἱῶν Θαιμανων βασιλεύς, Βαλδαδ ὁ Σαυχαίων τύραννος,[13] Σωφαρ ὁ Μιναίων βασιλεύς.

1 ἑρμηνεύω, *pres pas ind 3s*, describe
2 βίβλος, book
3 ὅριον, territory, region
4 προϋπάρχω, *impf act ind 3s*, be beforehand
5 πέμπτος, fifth
6 βασιλεύω, *aor act ptc nom p m*, rule, reign
7 χώρα, country, land
8 ἡγεμών, leader
9 χώρα, country, land
10 ἐκκόπτω, *aor act ptc nom s m*, destroy
11 πεδίον, field, plain
12 φίλος, friend
13 τύραννος, sovereign, despot

WISDOM OF SOLOMON 7

Wisdom as the Emanation of God's Glory 5

1 Εἰμὶ μὲν κἀγὼ[1] θνητὸς[2] ἄνθρωπος ἴσος[3] ἅπασιν[4]
καὶ γηγενοῦς[5] ἀπόγονος[6] πρωτοπλάστου·[7]
καὶ ἐν κοιλίᾳ[8] μητρὸς ἐγλύφην[9] σὰρξ
2 δεκαμηνιαίῳ[10] χρόνῳ παγεὶς[11] ἐν αἵματι ἐκ σπέρματος ἀνδρὸς
καὶ ἡδονῆς[12] ὕπνῳ[13] συνελθούσης.[14]
3 καὶ ἐγὼ δὲ γενόμενος ἔσπασα[15] τὸν κοινὸν[16] ἀέρα[17]
καὶ ἐπὶ τὴν ὁμοιοπαθῆ[18] κατέπεσον[19] γῆν
πρώτην φωνὴν τὴν ὁμοίαν[20] πᾶσιν ἴσα[21] κλαίων·
4 ἐν σπαργάνοις[22] ἀνετράφην[23] καὶ φροντίσιν.[24]
5 οὐδεὶς γὰρ βασιλέων ἑτέραν ἔσχεν γενέσεως[25] ἀρχήν,
6 μία δὲ πάντων εἴσοδος[26] εἰς τὸν βίον[27] ἔξοδός[28] τε ἴση.[29]

7 διὰ τοῦτο εὐξάμην,[30] καὶ φρόνησις[31] ἐδόθη μοι·
ἐπεκαλεσάμην,[32] καὶ ἦλθέν μοι πνεῦμα σοφίας.
8 προέκρινα[33] αὐτὴν σκήπτρων[34] καὶ θρόνων
καὶ πλοῦτον[35] οὐδὲν ἡγησάμην[36] ἐν συγκρίσει[37] αὐτῆς·

1 κἀγώ, I also, *cr.* καὶ ἐγώ
2 θνητός, mortal
3 ἴσος, equal to
4 ἅπας, all
5 γηγενής, earth-born
6 ἀπόγονος, offspring
7 πρωτόπλαστος, first-formed, first-created
8 κοιλία, womb
9 γλύφω, *aor pas ind 1s*, mold, shape
10 δεκαμηνιαῖος, consisting of ten months
11 πήγνυμι, *aor pas ptc nom s m*, congeal, firm up
12 ἡδονή, (sexual) pleasure
13 ὕπνος, sleep
14 συνέρχομαι, *aor act ptc gen s f*, go together with
15 σπάω, *aor act ind 1s*, draw in
16 κοινός, common
17 ἀήρ, air
18 ὁμοιοπαθής, of the same nature
19 καταπίπτω, *aor act ind 3p*, fall upon
20 ὅμοιος, like, similar to
21 ἴσος, equal to
22 σπάργανον, swaddling clothes
23 ἀνατρέφω, *aor pas ind 1s*, nurture, bring up (as a child)
24 φροντίς, care
25 γένεσις, beginning
26 εἴσοδος, entrance, coming in
27 βίος, life, existence
28 ἔξοδος, exit, going out
29 ἴσος, equal
30 εὔχομαι, *aor mid ind 1s*, pray
31 φρόνησις, insight, intelligence
32 ἐπικαλέω, *aor mid ind 1s*, call upon
33 προκρίνω, *aor act ind 1s*, prefer
34 σκῆπτρον, scepter
35 πλοῦτος, wealth
36 ἡγέομαι, *aor mid ind 1s*, consider
37 σύγκρισις, comparison

9 οὐδὲ ὡμοίωσα[1] αὐτῇ λίθον ἀτίμητον,[2]
ὅτι ὁ πᾶς χρυσὸς[3] ἐν ὄψει[4] αὐτῆς ψάμμος[5] ὀλίγη,[6]
καὶ ὡς πηλὸς[7] λογισθήσεται ἄργυρος[8] ἐναντίον[9] αὐτῆς·
10 ὑπὲρ ὑγίειαν[10] καὶ εὐμορφίαν[11] ἠγάπησα αὐτὴν
καὶ προειλόμην[12] αὐτὴν ἀντὶ[13] φωτὸς ἔχειν,
ὅτι ἀκοίμητον[14] τὸ ἐκ ταύτης φέγγος.[15]
11 ἦλθεν δέ μοι τὰ ἀγαθὰ ὁμοῦ[16] πάντα μετ᾽ αὐτῆς
καὶ ἀναρίθμητος[17] πλοῦτος[18] ἐν χερσὶν αὐτῆς·
12 εὐφράνθην[19] δὲ ἐπὶ πᾶσιν, ὅτι αὐτῶν ἡγεῖται[20] σοφία,
ἠγνόουν[21] δὲ αὐτὴν γενέτιν[22] εἶναι τούτων.
13 ἀδόλως[23] τε ἔμαθον[24] ἀφθόνως[25] τε μεταδίδωμι,[26]
τὸν πλοῦτον[27] αὐτῆς οὐκ ἀποκρύπτομαι·[28]
14 ἀνεκλιπὴς[29] γὰρ θησαυρός[30] ἐστιν ἀνθρώποις,
ὃν οἱ κτησάμενοι[31] πρὸς θεὸν ἐστείλαντο[32] φιλίαν[33]
διὰ τὰς ἐκ παιδείας[34] δωρεὰς[35] συσταθέντες.[36]

15 Ἐμοὶ δὲ δῴη[37] ὁ θεὸς εἰπεῖν κατὰ γνώμην[38]
καὶ ἐνθυμηθῆναι[39] ἀξίως[40] τῶν δεδομένων,
ὅτι αὐτὸς καὶ τῆς σοφίας ὁδηγός[41] ἐστιν
καὶ τῶν σοφῶν[42] διορθωτής.[43]

1 ὁμοιόω, *aor act ind 1s*, liken, compare
2 ἀτίμητος, invaluable, priceless
3 χρυσός, gold
4 ὄψις, face, appearance, sight
5 ψάμμος, sand
6 ὀλίγος, of a small amount
7 πηλός, mud, clay
8 ἄργυρος, silver
9 ἐναντίον, before, in sight of
10 ὑγίεια, health
11 εὐμορφία, beauty
12 προαιρέω, *aor mid ind 1s*, choose, prefer
13 ἀντί, instead of
14 ἀκοίμητος, unresting
15 φέγγος, light, splendor
16 ὁμοῦ, together
17 ἀναρίθμητος, innumerable, uncountable
18 πλοῦτος, wealth
19 εὐφραίνω, *aor pas ind 1s*, rejoice, be glad
20 ἡγέομαι, *pres mid ind 3s*, go before, lead the way
21 ἀγνοέω, *impf act ind 1s*, be ignorant
22 γενέτις, mother
23 ἀδόλως, without deceit, honestly
24 μανθάνω, *aor act ind 1s*, learn
25 ἀφθόνως, ungrudgingly
26 μεταδίδωμι, *pres act ind 1s*, share, distribute
27 πλοῦτος, wealth
28 ἀποκρύπτω, *pres mid ind 1s*, keep hidden, conceal
29 ἀνεκλιπής, unfailing
30 θησαυρός, treasure
31 κτάομαι, *aor mid ptc nom p m*, acquire
32 στέλλω, *aor mid ind 3p*, obtain
33 φιλία, friendship
34 παιδεία, instruction, discipline
35 δωρεά, gift
36 συνίστημι, *aor pas ptc nom p m*, commend
37 δίδωμι, *aor act opt 3s*, give
38 γνώμη, judgment, discernment
39 ἐνθυμέομαι, *aor pas inf*, ponder, think deeply
40 ἀξίως, fittingly, worthily
41 ὁδηγός, leader, guide
42 σοφός, wise
43 διορθωτής, corrector

16 ἐν γὰρ χειρὶ αὐτοῦ καὶ ἡμεῖς καὶ οἱ λόγοι ἡμῶν
πᾶσά τε φρόνησις[1] καὶ ἐργατειῶν[2] ἐπιστήμη.[3]
17 αὐτὸς γάρ μοι ἔδωκεν τῶν ὄντων γνῶσιν[4] ἀψευδῆ[5]
εἰδέναι σύστασιν[6] κόσμου καὶ ἐνέργειαν[7] στοιχείων,[8]
18 ἀρχὴν καὶ τέλος καὶ μεσότητα[9] χρόνων,
τροπῶν[10] ἀλλαγὰς[11] καὶ μεταβολὰς[12] καιρῶν,
19 ἐνιαυτοῦ[13] κύκλους[14] καὶ ἄστρων[15] θέσεις,[16]
20 φύσεις[17] ζῴων[18] καὶ θυμοὺς[19] θηρίων,
πνευμάτων βίας[20] καὶ διαλογισμοὺς[21] ἀνθρώπων,
διαφορὰς[22] φυτῶν[23] καὶ δυνάμεις ῥιζῶν,[24]
21 ὅσα τέ ἐστιν κρυπτὰ[25] καὶ ἐμφανῆ[26] ἔγνων·
ἡ γὰρ πάντων τεχνῖτις[27] ἐδίδαξέν με σοφία.

22 Ἔστιν γὰρ ἐν αὐτῇ πνεῦμα νοερόν,[28] ἅγιον,
μονογενές,[29] πολυμερές,[30] λεπτόν,[31] εὐκίνητον,[32] τρανόν,[33]
ἀμόλυντον,[34] σαφές,[35] ἀπήμαντον,[36] φιλάγαθον,[37] ὀξύ,[38]
23 ἀκώλυτον,[39] εὐεργετικόν,[40] φιλάνθρωπον,[41] βέβαιον,[42]
ἀσφαλές,[43] ἀμέριμνον,[44] παντοδύναμον,[45] πανεπίσκοπον[46]
καὶ διὰ πάντων χωροῦν[47] πνευμάτων νοερῶν[48] καθαρῶν[49]
λεπτοτάτων.[50]

1 φρόνησις, insight, intelligence
2 ἐργατεία, labor, craftsmanship
3 ἐπιστήμη, skill, knowledge
4 γνῶσις, knowledge
5 ἀψευδής, without deception, truthful
6 σύστασις, composition
7 ἐνέργεια, operation
8 στοιχεῖον, elements
9 μεσότης, middle
10 τροπή, solstice
11 ἀλλαγή, change
12 μεταβολή, alteration
13 ἐνιαυτός, year
14 κύκλος, cycle
15 ἄστρον, star
16 θέσις, constellation
17 φύσις, nature
18 ζῷον, living creature, animal
19 θυμός, wrath, fury
20 βία, violence
21 διαλογισμός, thought, contrivance
22 διαφορά, diversity
23 φυτόν, plant
24 ῥίζα, root
25 κρυπτός, hidden
26 ἐμφανής, manifest, visible
27 τεχνῖτις, craftsman, fashioner
28 νοερός, intelligent
29 μονογενής, one of a kind, unique
30 πολυμερής, manifold
31 λεπτός, gentle
32 εὐκίνητος, free-moving
33 τρανός, clear
34 ἀμόλυντος, undefiled
35 σαφής, plain
36 ἀπήμαντος, invulnerable
37 φιλάγαθος, loving goodness
38 ὀξύς, quick
39 ἀκώλυτος, unhindered
40 εὐεργετικός, beneficent
41 φιλάνθρωπος, humanity-loving
42 βέβαιος, steadfast
43 ἀσφαλής, unfailing
44 ἀμέριμνος, free from anxiety
45 παντοδύναμος, all-powerful
46 πανεπίσκοπος, all-surveying
47 χωρέω, *pres act ptc nom s n*, penetrate, contain
48 νοερός, intelligent
49 καθαρός, pure, clean
50 λεπτός, fine, subtle

24 πάσης γὰρ κινήσεως[1] κινητικώτερον[2] σοφία,
διήκει[3] δὲ καὶ χωρεῖ[4] διὰ πάντων διὰ τὴν καθαρότητα·[5]
25 ἀτμὶς[6] γάρ ἐστιν τῆς τοῦ θεοῦ δυνάμεως
καὶ ἀπόρροια[7] τῆς τοῦ παντοκράτορος[8] δόξης εἰλικρινής·[9]
διὰ τοῦτο οὐδὲν μεμιαμμένον[10] εἰς αὐτὴν παρεμπίπτει.[11]
26 ἀπαύγασμα[12] γάρ ἐστιν φωτὸς ἀιδίου[13]
καὶ ἔσοπτρον[14] ἀκηλίδωτον[15] τῆς τοῦ θεοῦ ἐνεργείας[16]
καὶ εἰκὼν[17] τῆς ἀγαθότητος[18] αὐτοῦ.
27 μία δὲ οὖσα πάντα δύναται
καὶ μένουσα ἐν αὑτῇ τὰ πάντα καινίζει[19]
καὶ κατὰ γενεὰς εἰς ψυχὰς ὁσίας[20] μεταβαίνουσα[21]
φίλους[22] θεοῦ καὶ προφήτας κατασκευάζει·[23]
28 οὐθὲν[24] γὰρ ἀγαπᾷ ὁ θεὸς
εἰ μὴ τὸν σοφίᾳ συνοικοῦντα.[25]
29 ἔστιν γὰρ αὕτη εὐπρεπεστέρα[26] ἡλίου
καὶ ὑπὲρ πᾶσαν ἄστρων[27] θέσιν.[28]
φωτὶ συγκρινομένη[29] εὑρίσκεται προτέρα·[30]
30 τοῦτο μὲν γὰρ διαδέχεται[31] νύξ,
σοφίας δὲ οὐ κατισχύει[32] κακία.[33]

1 κίνησις, movement
2 κινητικός, *comp*, more mobile
3 διήκω, *pres act ind 3s*, pervade
4 χωρέω, *pres act ind 3s*, penetrate
5 καθαρότης, purity
6 ἀτμίς, vapor, (breath)
7 ἀπόρροια, effluence, emanation
8 παντοκράτωρ, almighty, ruler of all
9 εἰλικρινής, pure
10 μιαίνω, *perf pas ptc nom s n*, defile, pollute
11 παρεμπίπτω, *pres act ind 3s*, enter into
12 ἀπαύγασμα, radiance
13 ἀΐδιος, eternal
14 ἔσοπτρον, mirror
15 ἀκηλίδωτος, spotless
16 ἐνέργεια, activity
17 εἰκών, image
18 ἀγαθότης, goodness
19 καινίζω, *pres act ind 3s*, renew
20 ὅσιος, holy
21 μεταβαίνω, *pres act ptc nom s f*, pass into
22 φίλος, beloved, friend
23 κατασκευάζω, *pres act ind 3s*, make, create
24 οὐθείς, nothing
25 συνοικέω, *pres act ptc acc s m*, live together with
26 εὐπρεπής, *comp*, more beautiful
27 ἄστρον, star
28 θέσις, constellation
29 συγκρίνω, *pres pas ptc nom s f*, measure with
30 πρότερος, above, foremost
31 διαδέχομαι, *pres mid ind 3s*, succeed, be next
32 κατισχύω, *pres act ind 3s*, prevail over
33 κακία, wickedness

SIRACH PROLOGUE

Ben Sira's Grandson Explains His Translation 

1 Πολλῶν καὶ μεγάλων ἡμῖν διὰ τοῦ νόμου καὶ τῶν προφητῶν
καὶ τῶν ἄλλων τῶν κατ' αὐτοὺς ἠκολουθηκότων[1] δεδομένων,
ὑπὲρ ὧν δέον[2] ἐστὶν ἐπαινεῖν[3] τὸν Ισραηλ παιδείας[4] καὶ σοφίας,
καὶ ὡς οὐ μόνον αὐτοὺς τοὺς ἀναγινώσκοντας[5] δέον[6] ἐστὶν
ἐπιστήμονας[7] γίνεσθαι,
5 ἀλλὰ καὶ τοῖς ἐκτὸς[8] δύνασθαι τοὺς φιλομαθοῦντας[9] χρησίμους[10] εἶναι
καὶ λέγοντας καὶ γράφοντας,
ὁ πάππος[11] μου Ἰησοῦς ἐπὶ πλεῖον ἑαυτὸν δοὺς
εἴς τε τὴν τοῦ νόμου
καὶ τῶν προφητῶν
10 καὶ τῶν ἄλλων πατρίων[12] βιβλίων ἀνάγνωσιν[13]
καὶ ἐν τούτοις ἱκανὴν[14] ἕξιν[15] περιποιησάμενος[16]
προήχθη[17] καὶ αὐτὸς συγγράψαι[18] τι τῶν εἰς παιδείαν[19] καὶ σοφίαν
ἀνηκόντων,[20]
ὅπως οἱ φιλομαθεῖς[21] καὶ τούτων ἔνοχοι[22] γενόμενοι
πολλῷ μᾶλλον[23] ἐπιπροσθῶσιν[24] διὰ τῆς ἐννόμου[25] βιώσεως.[26]

15 Παρακέκλησθε οὖν
μετ' εὐνοίας[27] καὶ προσοχῆς[28]

1 ἀκολουθέω, *perf act ptc gen p m*, follow
2 δεῖ, *pres act ptc nom s n*, be necessary
3 ἐπαινέω, *pres act inf*, praise, commend
4 παιδεία, education, discipline
5 ἀναγινώσκω, *pres act ptc acc p m*, read (aloud)
6 δεῖ, *pres act ptc nom s n*, be necessary
7 ἐπιστήμων, skilled, learned
8 ἐκτός, excepted from
9 φιλομαθέω, *pres act ptc acc p m*, love learning
10 χρήσιμος, useful, beneficial
11 πάππος, grandfather
12 πάτριος, ancestral
13 ἀνάγνωσις, public reading
14 ἱκανός, adequate, sufficient
15 ἕξις, capability, proficiency
16 περιποιέω, *aor mid ptc nom s m*, acquire, obtain
17 προάγω, *aor pas ind 3s*, lead, go ahead
18 συγγράφω, *aor act inf*, write down, record
19 παιδεία, teaching, training
20 ἀνήκω, *pres act ptc gen p n*, relate to, pertain to
21 φιλομαθής, one who loves learning
22 ἔνοχος, subject to, influenced by
23 μᾶλλον, more
24 ἐπιπροστίθημι, *aor act sub 3p*, make progress, gain
25 ἔννομος, lawful
26 βίωσις, way of life
27 εὔνοια, willingness, favor
28 προσοχή, diligence, attention

τὴν ἀνάγνωσιν[1] ποιεῖσθαι
καὶ συγγνώμην[2] ἔχειν ἐφ᾽ οἷς ἂν δοκῶμεν[3]
20 τῶν κατὰ τὴν ἑρμηνείαν[4] πεφιλοπονημένων[5]
τισὶν τῶν λέξεων[6] ἀδυναμεῖν·[7]
οὐ γὰρ ἰσοδυναμεῖ[8] αὐτὰ ἐν ἑαυτοῖς Εβραϊστὶ[9] λεγόμενα
καὶ ὅταν μεταχθῇ[10] εἰς ἑτέραν γλῶσσαν·
οὐ μόνον δὲ ταῦτα,
ἀλλὰ καὶ αὐτὸς ὁ νόμος καὶ αἱ προφητεῖαι[11]
25 καὶ τὰ λοιπὰ τῶν βιβλίων
οὐ μικρὰν ἔχει τὴν διαφορὰν[12] ἐν ἑαυτοῖς λεγόμενα.

Ἐν γὰρ τῷ ὀγδόῳ[13] καὶ τριακοστῷ[14] ἔτει ἐπὶ τοῦ Εὐεργέτου βασιλέως
παραγενηθεὶς εἰς Αἴγυπτον καὶ συγχρονίσας[15]
εὑρὼν οὐ μικρᾶς παιδείας[16] ἀφόμοιον[17]
30 ἀναγκαιότατον[18] ἐθέμην καὶ αὐτός τινα προσενέγκασθαι[19] σπουδὴν[20]
καὶ φιλοπονίαν[21] τοῦ μεθερμηνεῦσαι[22] τήνδε[23] τὴν βίβλον[24]
πολλὴν ἀγρυπνίαν[25] καὶ ἐπιστήμην[26] προσενεγκάμενος
ἐν τῷ διαστήματι[27] τοῦ χρόνου
πρὸς τὸ ἐπὶ πέρας[28] ἀγαγόντα τὸ βιβλίον ἐκδόσθαι[29]
καὶ τοῖς ἐν τῇ παροικίᾳ[30] βουλομένοις φιλομαθεῖν[31]
35 προκατασκευαζομένους[32] τὰ ἤθη[33]
ἐννόμως[34] βιοτεύειν.[35]

1 ἀνάγνωσις, public reading
2 συγγνώμη, patience, forbearing
3 δοκέω, *pres act sub 1p*, think
4 ἑρμηνεία, interpretation, translation
5 φιλοπονέω, *perf mid ptc gen p n*, carefully work over
6 λέξις, expression, phrase
7 ἀδυναμέω, *pres act inf*, be incapable, be lacking
8 ἰσοδυναμέω, *pres act ind 3s*, have the same power
9 Εβραϊστί, Hebrew (language)
10 μετάγω, *aor pas sub 3s*, convey
11 προφητεία, prophecy
12 διαφορά, difference
13 ὄγδοος, eight
14 τριακοστός, thirtieth
15 συγχρονίζω, *aor act ptc nom s m*, spend time, stay (in a place)
16 παιδεία, instruction, education
17 ἀφόμοιον, exemplar, copy (of a text)
18 ἀναγκαῖος, *sup*, most necessary
19 προσφέρω, *aor mid inf*, bring
20 σπουδή, haste, speed
21 φιλοπονία, industry
22 μεθερμηνεύω, *aor act inf*, translate
23 ὅδε, this
24 βίβλος, book
25 ἀγρυπνία, sleeplessness
26 ἐπιστήμη, knowledge, skill
27 διάστημα, period, space
28 πέρας, end, (completion)
29 ἐκδίδωμι, *aor mid inf*, publish
30 παροικία, stay out of country, time living abroad
31 φιλομαθέω, *pres act inf*, love learning
32 προκατασκευάζω, *pres mid ptc acc p m*, prepare ahead
33 ἦθος, disposition, character
34 ἐννόμως, lawfully
35 βιοτεύω, *pres act inf*, live

SIRACH 24

An Ode of Praise to Personified Wisdom ❺

1 Ἡ σοφία αἰνέσει[1] ψυχὴν αὐτῆς
καὶ ἐν μέσῳ λαοῦ αὐτῆς καυχήσεται·[2]
2 ἐν ἐκκλησίᾳ ὑψίστου[3] στόμα αὐτῆς ἀνοίξει
καὶ ἔναντι[4] δυνάμεως αὐτοῦ καυχήσεται[5]
3 Ἐγὼ ἀπὸ στόματος ὑψίστου[6] ἐξῆλθον
καὶ ὡς ὁμίχλη[7] κατεκάλυψα[8] γῆν·
4 ἐγὼ ἐν ὑψηλοῖς[9] κατεσκήνωσα,[10]
καὶ ὁ θρόνος μου ἐν στύλῳ[11] νεφέλης·[12]
5 γῦρον[13] οὐρανοῦ ἐκύκλωσα[14] μόνη
καὶ ἐν βάθει[15] ἀβύσσων[16] περιεπάτησα·[17]
6 ἐν κύμασιν[18] θαλάσσης καὶ ἐν πάσῃ τῇ γῇ
καὶ ἐν παντὶ λαῷ καὶ ἔθνει ἐκτησάμην.[19]
7 μετὰ τούτων πάντων ἀνάπαυσιν[20] ἐζήτησα
καὶ ἐν κληρονομίᾳ[21] τίνος αὐλισθήσομαι.[22]

8 τότε ἐνετείλατό[23] μοι ὁ κτίστης[24] ἁπάντων,[25]
καὶ ὁ κτίσας[26] με κατέπαυσεν[27] τὴν σκηνήν[28] μου
καὶ εἶπεν Ἐν Ιακωβ κατασκήνωσον[29]
καὶ ἐν Ισραηλ κατακληρονομήθητι.[30]

1 αἰνέω, *fut act ind 3s*, praise
2 καυχάομαι, *fut mid ind 3s*, boast
3 ὕψιστος, *sup*, Most High
4 ἔναντι, before
5 καυχάομαι, *fut mid ind 3s*, boast
6 ὕψιστος, *sup*, Most High
7 ὁμίχλη, fog, mist
8 κατακαλύπτω, *aor act ind 1s*, cover
9 ὑψηλός, high (place)
10 κατασκηνόω, *aor act ind 1s*, dwell, settle
11 στῦλος, pillar
12 νεφέλη, cloud
13 γῦρος, circle
14 κυκλόω, *aor act ind 1s*, move around, circle
15 βάθος, depth
16 ἄβυσσος, deep, abyss
17 περιπατέω, *aor act ind 1s*, walk around
18 κῦμα, wave
19 κτάομαι, *aor mid ind 1s*, acquire, possess
20 ἀνάπαυσις, rest
21 κληρονομία, inheritance
22 αὐλίζω, *fut pas ind 1s*, spend the night, lodge
23 ἐντέλλομαι, *aor mid ind 3s*, command, order
24 κτίστης, creator
25 ἅπας, all
26 κτίζω, *aor act ptc nom s m*, create
27 καταπαύω, *aor act ind 3s*, settle, bring to rest
28 σκηνή, tent
29 κατασκηνόω, *aor act impv 2s*, live, dwell
30 κατακληρονομέω, *aor pas impv 2s*, receive one's inheritance

9 πρὸ τοῦ αἰῶνος ἀπ᾽ ἀρχῆς ἔκτισέν[1] με,
καὶ ἕως αἰῶνος οὐ μὴ ἐκλίπω.[2]
10 ἐν σκηνῇ[3] ἁγίᾳ ἐνώπιον αὐτοῦ ἐλειτούργησα[4]
καὶ οὕτως ἐν Σιων ἐστηρίχθην·[5]
11 ἐν πόλει ἠγαπημένῃ ὁμοίως[6] με κατέπαυσεν,[7]
καὶ ἐν Ιερουσαλημ ἡ ἐξουσία[8] μου·
12 καὶ ἐρρίζωσα[9] ἐν λαῷ δεδοξασμένῳ,
ἐν μερίδι[10] κυρίου, κληρονομίας[11] αὐτοῦ.

13 ὡς κέδρος[12] ἀνυψώθην[13] ἐν τῷ Λιβάνῳ
καὶ ὡς κυπάρισσος[14] ἐν ὄρεσιν Αερμων·
14 ὡς φοῖνιξ[15] ἀνυψώθην[16] ἐν Αιγγαδοις
καὶ ὡς φυτὰ[17] ῥόδου[18] ἐν Ιεριχω,
ὡς ἐλαία[19] εὐπρεπὴς[20] ἐν πεδίῳ,[21]
καὶ ἀνυψώθην[22] ὡς πλάτανος.[23]
15 ὡς κιννάμωμον[24] καὶ ἀσπάλαθος[25] ἀρωμάτων[26] δέδωκα ὀσμὴν[27]
καὶ ὡς σμύρνα[28] ἐκλεκτὴ[29] διέδωκα[30] εὐωδίαν,[31]
ὡς χαλβάνη[32] καὶ ὄνυξ[33] καὶ στακτὴ[34]
καὶ ὡς λιβάνου[35] ἀτμὶς[36] ἐν σκηνῇ.[37]
16 ἐγὼ ὡς τερέμινθος[38] ἐξέτεινα[39] κλάδους[40] μου,
καὶ οἱ κλάδοι μου κλάδοι δόξης καὶ χάριτος.
17 ἐγὼ ὡς ἄμπελος[41] ἐβλάστησα[42] χάριν,
καὶ τὰ ἄνθη[43] μου καρπὸς δόξης καὶ πλούτου.[44]

1 κτίζω, *aor act ind 3s*, create
2 ἐκλείπω, *aor act sub 1s*, fail, faint
3 σκηνή, tent
4 λειτουργέω, *aor act ind 1s*, serve, minister
5 στηρίζω, *aor pas ind 1s*, establish
6 ὁμοίως, likewise, similarly
7 καταπαύω, *aor act ind 3s*, cause to rest
8 ἐξουσία, power, authority
9 ῥιζόω, *aor act ind 1s*, become fixed, take root
10 μερίς, portion
11 κληρονομία, inheritance
12 κέδρος, cedar
13 ἀνυψόω, *aor pas ind 1s*, raise up, grow
14 κυπάρισσος, cypress
15 φοῖνιξ, palm tree
16 ἀνυψόω, *aor pas ind 1s*, raise up, grow
17 φυτόν, bush, thicket
18 ῥόδον, rose
19 ἐλαία, olive tree
20 εὐπρεπής, attractive, healthy-looking
21 πεδίον, plain, field
22 ἀνυψόω, *aor pas ind 1s*, raise up, grow
23 πλάτανος, plane tree
24 κιννάμωμον, cinnamon, *Heb. LW*
25 ἀσπάλαθος, thorny shrub
26 ἄρωμα, spice
27 ὀσμή, smell, scent
28 σμύρνα, myrrh
29 ἐκλεκτός, choice, select
30 διαδίδωμι, *aor act ind 1s*, give, spread
31 εὐωδία, sweet smell, fragrance
32 χαλβάνη, galbanum, *Heb. LW*
33 ὄνυξ, onyx
34 στακτή, oil of myrrh
35 λίβανος, frankincense, *Heb. LW*
36 ἀτμίς, vapor, smoke
37 σκηνή, tent
38 τερέμινθος, terebinth tree
39 ἐκτείνω, *aor act ind 1s*, stretch out
40 κλάδος, branch
41 ἄμπελος, vine
42 βλαστέω, *aor act ind 1s*, sprout
43 ἄνθος, flower, blossom
44 πλοῦτος, wealth, riches

19 προσέλθετε πρός με, οἱ ἐπιθυμοῦντές[1] μου,
καὶ ἀπὸ τῶν γενημάτων[2] μου ἐμπλήσθητε·[3]
20 τὸ γὰρ μνημόσυνόν[4] μου ὑπὲρ τὸ μέλι[5] γλυκύ,[6]
καὶ ἡ κληρονομία[7] μου ὑπὲρ μέλιτος κηρίον.[8]
21 οἱ ἐσθίοντές με ἔτι πεινάσουσιν,[9]
καὶ οἱ πίνοντές με ἔτι διψήσουσιν.[10]
22 ὁ ὑπακούων[11] μου οὐκ αἰσχυνθήσεται,[12]
καὶ οἱ ἐργαζόμενοι ἐν ἐμοὶ οὐχ ἁμαρτήσουσιν.

23 Ταῦτα πάντα βίβλος[13] διαθήκης θεοῦ ὑψίστου,[14]
νόμον ὃν ἐνετείλατο[15] ἡμῖν Μωυσῆς κληρονομίαν[16] συναγωγαῖς Ιακωβ,
25 ὁ πιμπλῶν[17] ὡς Φισων σοφίαν
καὶ ὡς Τίγρις ἐν ἡμέραις νέων,[18]
26 ὁ ἀναπληρῶν[19] ὡς Εὐφράτης σύνεσιν[20]
καὶ ὡς Ιορδάνης ἐν ἡμέραις θερισμοῦ,[21]
27 ὁ ἐκφαίνων[22] ὡς φῶς παιδείαν,[23]
ὡς Γηων ἐν ἡμέραις τρυγήτου.[24]
28 οὐ συνετέλεσεν[25] ὁ πρῶτος γνῶναι αὐτήν,
καὶ οὕτως ὁ ἔσχατος οὐκ ἐξιχνίασεν[26] αὐτήν·
29 ἀπὸ γὰρ θαλάσσης ἐπληθύνθη[27] διανόημα[28] αὐτῆς
καὶ ἡ βουλὴ[29] αὐτῆς ἀπὸ ἀβύσσου[30] μεγάλης.

30 Κἀγὼ[31] ὡς διῶρυξ[32] ἀπὸ ποταμοῦ[33]
καὶ ὡς ὑδραγωγὸς[34] ἐξῆλθον εἰς παράδεισον·[35]

1 ἐπιθυμέω, *pres act ptc nom p m*, desire
2 γένημα, harvest, yield
3 ἐμπίμπλημι, *aor pas impv 2p*, fill up
4 μνημόσυνον, memory
5 μέλι, honey
6 γλυκύς, sweet
7 κληρονομία, inheritance
8 κηρίον, honeycomb
9 πεινάω, *fut act ind 3p*, be hungry
10 διψάω, *fut act ind 3p*, be thirsty
11 ὑπακούω, *pres act ptc nom s m*, obey
12 αἰσχύνω, *fut pas ind 3s*, put to shame
13 βίβλος, book
14 ὕψιστος, *sup*, Most High
15 ἐντέλλομαι, *aor mid ind 3s*, command, order
16 κληρονομία, inheritance
17 πίμπλημι, *pres act ptc nom s m*, fill
18 νέος, new
19 ἀναπληρόω, *pres act ptc nom s m*, complete, fulfill
20 σύνεσις, understanding
21 θερισμός, harvest
22 ἐκφαίνω, *pres act ptc nom s m*, shine out, display
23 παιδεία, instruction, education
24 τρύγητος, harvest, vintage
25 συντελέω, *aor act ind 3s*, finish, complete
26 ἐξιχνιάζω, *aor act ind 3s*, search out, track down
27 πληθύνω, *aor pas ind 3s*, increase, multiply
28 διανόημα, thought
29 βουλή, counsel, advice
30 ἄβυσσος, deep, abyss
31 κἀγώ, I also, *cr.* καὶ ἐγώ
32 διῶρυξ, canal
33 ποταμός, river
34 ὑδραγωγός, aqueduct
35 παράδεισος, garden, orchard

31 εἶπα Ποτιῶ[1] μου τὸν κῆπον[2]
καὶ μεθύσω[3] μου τὴν πρασιάν·[4]
καὶ ἰδοὺ ἐγένετό μοι ἡ διῶρυξ[5] εἰς ποταμόν,[6]
καὶ ὁ ποταμός μου ἐγένετο εἰς θάλασσαν.

32 ἔτι παιδείαν[7] ὡς ὄρθρον[8] φωτιῶ[9]
καὶ ἐκφανῶ[10] αὐτὰ ἕως εἰς μακράν·[11]

33 ἔτι διδασκαλίαν[12] ὡς προφητείαν[13] ἐκχεῶ[14]
καὶ καταλείψω[15] αὐτὴν εἰς γενεὰς αἰώνων.

34 ἴδετε ὅτι οὐκ ἐμοὶ μόνῳ ἐκοπίασα,[16]
ἀλλ᾽ ἅπασιν[17] τοῖς ἐκζητοῦσιν[18] αὐτήν.

1 ποτίζω, *fut act ind 1s*, give water to
2 κῆπος, garden
3 μεθύω, *fut act ind 1s*, saturate
4 πρασιά, garden plot
5 διῶρυξ, canal
6 ποταμός, river
7 παιδεία, instruction, education
8 ὄρθρος, early morning, dawn
9 φωτίζω, *fut act ind 1s*, make bright, illuminate
10 ἐκφαίνω, *fut act ind 1s*, bring to light, reveal
11 μακράν, far away
12 διδασκαλία, teaching, instruction
13 προφητεία, prophecy
14 ἐκχέω, *fut act ind 1s*, issue, pour forth
15 καταλείπω, *fut act ind 1s*, leave behind, leave over
16 κοπιάω, *aor act ind 1s*, labor, work
17 ἅπας, all
18 ἐκζητέω, *pres act ptc dat p m*, seek out

PSALMS OF SOLOMON 17

A Song of the Anointed Davidic King

4

1 Ψαλμὸς τῷ Σαλωμων μετὰ ᾠδῆς·[1] τῷ βασιλεῖ.

Κύριε, σὺ αὐτὸς βασιλεὺς ἡμῶν εἰς τὸν αἰῶνα καὶ ἔτι·
ὅτι ἐν σοί, ὁ θεός, καυχήσεται[2] ἡ ψυχὴ ἡμῶν.
2 καὶ τίς ὁ χρόνος ζωῆς ἀνθρώπου ἐπὶ τῆς γῆς;
κατὰ τὸν χρόνον αὐτοῦ καὶ ἡ ἐλπὶς αὐτοῦ ἐπ᾽ αὐτόν.
3 ἡμεῖς δὲ ἐλπιοῦμεν ἐπὶ τὸν θεὸν σωτῆρα[3] ἡμῶν·
ὅτι τὸ κράτος[4] τοῦ θεοῦ ἡμῶν εἰς τὸν αἰῶνα μετ᾽ ἐλέους,[5]
καὶ ἡ βασιλεία τοῦ θεοῦ ἡμῶν εἰς τὸν αἰῶνα ἐπὶ τὰ ἔθνη ἐν κρίσει.

4 Σύ, κύριε, ᾑρετίσω[6] τὸν Δαυιδ βασιλέα ἐπὶ Ισραηλ,
καὶ σὺ ὤμοσας[7] αὐτῷ περὶ τοῦ σπέρματος αὐτοῦ εἰς τὸν αἰῶνα
τοῦ μὴ ἐκλείπειν[8] ἀπέναντί[9] σου βασίλειον[10] αὐτοῦ.
5 καὶ ἐν ταῖς ἁμαρτίαις ἡμῶν ἐπανέστησαν[11] ἡμῖν ἁμαρτωλοί·
ἐπέθεντο ἡμῖν καὶ ἔξωσαν[12] ἡμᾶς οἷς οὐκ ἐπηγγείλω,[13]
μετὰ βίας[14] ἀφείλαντο[15] καὶ οὐκ ἐδόξασαν τὸ ὄνομά σου τὸ ἔντιμον.[16]
6 ἐν δόξῃ ἔθεντο βασίλειον[17] ἀντὶ[18] ὕψους[19] αὐτῶν,
ἠρήμωσαν[20] τὸν θρόνον Δαυιδ ἐν ὑπερηφανίᾳ[21] ἀλλάγματος.[22]

7 Καὶ σύ, ὁ θεός, καταβαλεῖς[23] αὐτοὺς
καὶ ἀρεῖς τὸ σπέρμα αὐτῶν ἀπὸ τῆς γῆς
ἐν τῷ ἐπαναστῆναι[24] αὐτοῖς ἄνθρωπον ἀλλότριον[25] γένους[26] ἡμῶν.
8 κατὰ τὰ ἁμαρτήματα[27] αὐτῶν ἀποδώσεις[28] αὐτοῖς, ὁ θεός,
εὑρεθῆναι αὐτοῖς κατὰ τὰ ἔργα αὐτῶν.

1 ᾠδή, ode
2 καυχάομαι, *fut mid ind 3s*, boast
3 σωτήρ, savior
4 κράτος, strength, might
5 ἔλεος, mercy
6 αἱρετίζω, *aor mid ind 2s*, choose
7 ὄμνυμι, *aor act ind 2s*, swear an oath
8 ἐκλείπω, *pres act inf*, cease, fail
9 ἀπέναντι, before
10 βασίλειον, royal dwelling
11 ἐπανίστημι, *aor act ind 3p*, rise up against
12 ἐξωθέω, *aor act ind 3p*, force out, expel
13 ἐπαγγέλλομαι, *aor mid ind 2s*, promise
14 βία, violence, force
15 ἀφαιρέω, *aor mid ind 3p*, take away
16 ἔντιμος, honorable
17 βασίλειον, royal dwelling
18 ἀντί, for the sake of
19 ὕψος, haughtiness
20 ἐρημόω, *aor act ind 3p*, make desolate, lay waste
21 ὑπερηφανία, arrogance
22 ἄλλαγμα, reward, price
23 καταβάλλω, *fut act ind 2s*, throw down
24 ἐπανίστημι, *aor act inf*, rise up against
25 ἀλλότριος, foreign
26 γένος, race, nation
27 ἁμάρτημα, sin, offense
28 ἀποδίδωμι, *fut act ind 2s*, recompense, repay

9 οὐκ ἠλέησεν[1] αὐτοὺς ὁ θεός,
ἐξηρεύνησεν[2] τὸ σπέρμα αὐτῶν καὶ οὐκ ἀφῆκεν αὐτῶν ἕνα.
10 πιστὸς[3] ὁ κύριος ἐν πᾶσι τοῖς κρίμασιν[4] αὐτοῦ,
οἷς ποιεῖ ἐπὶ τὴν γῆν.

11 Ἠρήμωσεν[5] ὁ ἄνομος[6] τὴν γῆν ἡμῶν ἀπὸ ἐνοικούντων[7] αὐτήν,
ἠφάνισαν[8] νέον[9] καὶ πρεσβύτην[10] καὶ τέκνα αὐτῶν ἅμα·[11]
12 ἐν ὀργῇ κάλλους αὐτοῦ ἐξαπέστειλεν[12] αὐτὰ ἕως ἐπὶ δυσμῶν[13]
καὶ τοὺς ἄρχοντας τῆς γῆς εἰς ἐμπαιγμὸν[14] καὶ οὐκ ἐφείσατο.[15]
13 ἐν ἀλλοτριότητι[16] ὁ ἐχθρὸς ἐποίησεν ὑπερηφανίαν,[17]
καὶ ἡ καρδία αὐτοῦ ἀλλοτρία[18] ἀπὸ τοῦ θεοῦ ἡμῶν.
14 καὶ πάντα, ὅσα ἐποίησεν ἐν Ιερουσαλημ,
καθὼς καὶ τὰ ἔθνη ἐν ταῖς πόλεσι τοῦ σθένους[19] αὐτῶν.

15 Καὶ ἐπεκρατοῦσαν[20] αὐτῶν οἱ υἱοὶ τῆς διαθήκης ἐν μέσῳ ἐθνῶν συμμίκτων,[21]
οὐκ ἦν ἐν αὐτοῖς ὁ ποιῶν ἐν Ιερουσαλημ ἔλεος[22] καὶ ἀλήθειαν.
16 ἐφύγοσαν[23] ἀπ᾽ αὐτῶν οἱ ἀγαπῶντες συναγωγὰς ὁσίων,[24]
ὡς στρουθία[25] ἐξεπετάσθησαν[26] ἀπὸ κοίτης[27] αὐτῶν.
17 ἐπλανῶντο ἐν ἐρήμοις σωθῆναι ψυχὰς αὐτῶν ἀπὸ κακοῦ,
καὶ τίμιον[28] ἐν ὀφθαλμοῖς παροικίας[29] ψυχὴ σεσῳσμένη ἐξ αὐτῶν.
18 εἰς πᾶσαν τὴν γῆν ἐγενήθη ὁ σκορπισμὸς[30] αὐτῶν ὑπὸ ἀνόμων,[31]
ὅτι ἀνέσχεν[32] ὁ οὐρανὸς τοῦ στάξαι[33] ὑετὸν[34] ἐπὶ τὴν γῆν.

1 ἐλεέω, *aor act ind 3s*, show mercy
2 ἐξερευνάω, *aor act ind 3s*, search out
3 πιστός, trustworthy, faithful
4 κρίμα, judgment
5 ἐρημόω, *aor act ind 3s*, make desolate, lay waste
6 ἄνομος, evil, wicked
7 ἐνοικέω, *pres act ptc gen p m*, dwell in, inhabit
8 ἀφανίζω, *aor act ind 3p*, remove, destroy
9 νέος, young
10 πρεσβύτης, old
11 ἅμα, together
12 ἐξαποστέλλω, *aor act ind 3s*, send forth
13 δυσμή, west
14 ἐμπαιγμός, mockery
15 φείδομαι, *aor mid ind 3s*, spare
16 ἀλλοτριότης, alien, foreigner
17 ὑπερηφανία, arrogance
18 ἀλλότριος, hostile, estranged
19 σθένος, strength
20 ἐπικρατέω, *impf act ind 3p*, prevail over
21 σύμμικτος, from several nations
22 ἔλεος, mercy
23 φεύγω, *aor act ind 3p*, flee
24 ὅσιος, pious, holy
25 στρουθίον, sparrow
26 ἐκπετάννυμι, *aor pas ind 3p*, scatter
27 κοίτη, nest
28 τίμιος, honor
29 παροικία, sojourn, dwelling in a foreign land
30 σκορπισμός, scattering
31 ἄνομος, evil, wicked
32 ἀνέχω, *aor act ind 3s*, withhold
33 στάζω, *aor act inf*, let fall, drop
34 ὑετός, rain

19 πηγαὶ[1] συνεσχέθησαν[2] αἰώνιοι ἐξ ἀβύσσων[3] ἀπὸ ὀρέων ὑψηλῶν,[4]
ὅτι οὐκ ἦν ἐν αὐτοῖς ποιῶν δικαιοσύνην καὶ κρίμα.[5]
20 ἀπὸ ἄρχοντος αὐτῶν καὶ λαοῦ ἐλαχίστου[6] ἐν πάσῃ ἁμαρτίᾳ,
ὁ βασιλεὺς ἐν παρανομίᾳ[7] καὶ ὁ κριτὴς[8] ἐν ἀπειθείᾳ[9]
καὶ ὁ λαὸς ἐν ἁμαρτίᾳ.

21 Ἰδέ, κύριε, καὶ ἀνάστησον αὐτοῖς τὸν βασιλέα αὐτῶν υἱὸν Δαυιδ
εἰς τὸν καιρόν,
ὃν εἵλου[10] σύ, ὁ θεός, τοῦ βασιλεῦσαι[11] ἐπὶ Ισραηλ παῖδά[12] σου·
22 καὶ ὑπόζωσον[13] αὐτὸν ἰσχὺν[14] τοῦ θραῦσαι[15] ἄρχοντας ἀδίκους,[16]
καθαρίσαι[17] Ιερουσαλημ ἀπὸ ἐθνῶν καταπατούντων[18] ἐν ἀπωλείᾳ,[19]
23 ἐν σοφίᾳ δικαιοσύνης ἐξῶσαι[20] ἁμαρτωλοὺς ἀπὸ κληρονομίας,[21]
ἐκτρῖψαι[22] ὑπερηφανίαν[23] ἁμαρτωλοῦ ὡς σκεύη[24] κεραμέως,[25]
24 ἐν ῥάβδῳ[26] σιδηρᾷ[27] συντρῖψαι[28] πᾶσαν ὑπόστασιν[29] αὐτῶν,
ὀλεθρεῦσαι[30] ἔθνη παράνομα[31] ἐν λόγῳ στόματος αὐτοῦ,
25 ἐν ἀπειλῇ[32] αὐτοῦ φυγεῖν[33] ἔθνη ἀπὸ προσώπου αὐτοῦ
καὶ ἐλέγξαι[34] ἁμαρτωλοὺς ἐν λόγῳ καρδίας αὐτῶν.

26 Καὶ συνάξει λαὸν ἅγιον, οὗ ἀφηγήσεται[35] ἐν δικαιοσύνῃ,
καὶ κρινεῖ φυλὰς λαοῦ ἡγιασμένου[36] ὑπὸ κυρίου θεοῦ αὐτοῦ·
27 καὶ οὐκ ἀφήσει ἀδικίαν[37] ἐν μέσῳ αὐτῶν αὐλισθῆναι[38] ἔτι,
καὶ οὐ κατοικήσει πᾶς ἄνθρωπος μετ᾽ αὐτῶν εἰδὼς κακίαν·
γνώσεται γὰρ αὐτοὺς ὅτι πάντες υἱοὶ θεοῦ εἰσιν αὐτῶν.

1 πηγή, spring
2 συνέχω, *aor pas ind 3p*, hold back
3 ἄβυσσος, deeps, abyss
4 ὑψηλός, high
5 κρίμα, judgment
6 ἐλάχιστος, *sup of* μικρός, *from* ἐλαχύς, least, lowest
7 παρανομία, transgression
8 κριτής, judge
9 ἀπείθεια, disobedience
10 αἱρέω, *aor mid ind 2s*, choose
11 βασιλεύω, *aor act inf*, reign as king
12 παῖς, servant
13 ὑποζώννυμι, *aor act impv 2s*, gird
14 ἰσχύς, strength
15 θραύω, *aor act inf*, strike, shatter
16 ἄδικος, unrighteous
17 καθαρίζω, *aor act inf*, purify
18 καταπατέω, *pres act ptc gen p n*, trample down
19 ἀπώλεια, destruction
20 ἐξωθέω, *aor act inf*, force out, expel
21 κληρονομία, inheritance
22 ἐκτρίβω, *aor act inf*, destroy, crush
23 ὑπερηφανία, arrogance
24 σκεῦος, vessel
25 κεραμεύς, potter
26 ῥάβδος, rod
27 σιδηροῦς, iron
28 συντρίβω, *aor act inf*, break, shatter
29 ὑπόστασις, existence, substance
30 ὀλεθρεύω, *aor act inf*, destroy
31 παράνομος, lawless
32 ἀπειλή, threat, anger
33 φεύγω, *aor act inf*, flee
34 ἐλέγχω, *aor act inf*, reproach, reprove
35 ἀφηγέομαι, *fut mid ind 3s*, lead
36 ἁγιάζω, *perf pas ptc gen s m*, sanctify, consecrate
37 ἀδικία, wrongdoing, injustice
38 αὐλίζομαι, *aor pas inf*, lodge

28 καὶ καταμερίσει[1] αὐτοὺς ἐν ταῖς φυλαῖς αὐτῶν ἐπὶ τῆς γῆς,
καὶ πάροικος[2] καὶ ἀλλογενὴς[3] οὐ παροικήσει[4] αὐτοῖς ἔτι·
29 κρινεῖ λαοὺς καὶ ἔθνη ἐν σοφίᾳ δικαιοσύνης αὐτοῦ.

διάψαλμα.[5]

30 Καὶ ἕξει λαοὺς ἐθνῶν δουλεύειν[6] αὐτῷ ὑπὸ τὸν ζυγὸν[7] αὐτοῦ
καὶ τὸν κύριον δοξάσει ἐν ἐπισήμῳ[8] πάσης τῆς γῆς
καὶ καθαριεῖ[9] Ιερουσαλημ ἐν ἁγιασμῷ[10] ὡς καὶ τὸ ἀπ᾽ ἀρχῆς
31 ἔρχεσθαι ἔθνη ἀπ᾽ ἄκρου[11] τῆς γῆς ἰδεῖν τὴν δόξαν αὐτοῦ
φέροντες δῶρα[12] τοὺς ἐξησθενηκότας[13] υἱοὺς αὐτῆς
καὶ ἰδεῖν τὴν δόξαν κυρίου, ἣν ἐδόξασεν αὐτὴν ὁ θεός.
32 καὶ αὐτὸς βασιλεὺς δίκαιος διδακτὸς[14] ὑπὸ θεοῦ ἐπ᾽ αὐτούς,
καὶ οὐκ ἔστιν ἀδικία[15] ἐν ταῖς ἡμέραις αὐτοῦ ἐν μέσῳ αὐτῶν,
ὅτι πάντες ἅγιοι, καὶ βασιλεὺς αὐτῶν χριστὸς κυρίου.
33 οὐ γὰρ ἐλπιεῖ ἐπὶ ἵππον[16] καὶ ἀναβάτην[17] καὶ τόξον[18]
οὐδὲ πληθυνεῖ[19] αὐτῷ χρυσίον[20] οὐδὲ ἀργύριον[21] εἰς πόλεμον
καὶ πολλοῖς λαοῖς οὐ συνάξει ἐλπίδας εἰς ἡμέραν πολέμου.

34 Κύριος αὐτὸς βασιλεὺς αὐτοῦ, ἐλπὶς τοῦ δυνατοῦ ἐλπίδι θεοῦ,
καὶ ἐλεήσει[22] πάντα τὰ ἔθνη ἐνώπιον αὐτοῦ ἐν φόβῳ.
35 πατάξει[23] γὰρ γῆν τῷ λόγῳ τοῦ στόματος αὐτοῦ εἰς αἰῶνα,
εὐλογήσει λαὸν κυρίου ἐν σοφίᾳ μετ᾽ εὐφροσύνης·[24]
36 καὶ αὐτὸς καθαρὸς[25] ἀπὸ ἁμαρτίας τοῦ ἄρχειν λαοῦ μεγάλου,
ἐλέγξαι[26] ἄρχοντας καὶ ἐξᾶραι[27] ἁμαρτωλοὺς ἐν ἰσχύι[28] λόγου.
37 καὶ οὐκ ἀσθενήσει[29] ἐν ταῖς ἡμέραις αὐτοῦ ἐπὶ θεῷ αὐτοῦ·
ὅτι ὁ θεὸς κατειργάσατο[30] αὐτὸν δυνατὸν ἐν πνεύματι ἁγίῳ
καὶ σοφὸν[31] ἐν βουλῇ[32] συνέσεως[33] μετὰ ἰσχύος[34] καὶ δικαιοσύνης.

1 καταμερίζω, *fut act ind 3s*, distribute
2 πάροικος, sojourner, alien
3 ἀλλογενής, foreign
4 παροικέω, *fut act ind 3s*, sojourn, reside as an alien
5 διάψαλμα, (*musical interlude, renders Heb.* selāh)
6 δουλεύω, *pres act inf*, serve, be subject to
7 ζυγός, yoke
8 ἐπίσημος, notability, conspicuousness
9 καθαρίζω, *fut act ind 3s*, purify
10 ἁγιασμός, holiness, sanctification
11 ἄκρος, end
12 δῶρον, gift
13 ἐξασθενέω, *perf act ptc acc p m*, be weak
14 διδακτός, taught, instructed
15 ἀδικία, wrongdoing, injustice
16 ἵππος, horse
17 ἀναβάτης, rider
18 τόξον, bow
19 πληθύνω, *fut act ind 3s*, multiply
20 χρυσίον, gold
21 ἀργύριον, silver
22 ἐλεέω, *fut act ind 3s*, show mercy
23 πατάσσω, *fut act ind 3s*, strike, smite
24 εὐφροσύνη, joy, gladness
25 καθαρός, pure, clean
26 ἐλέγχω, *aor act inf*, reproach, reprove
27 ἐξαίρω, *aor act inf*, remove
28 ἰσχύς, strength
29 ἀσθενέω, *fut act ind 3s*, weaken
30 κατεργάζομαι, *aor mid ind 3s*, make
31 σοφός, wise
32 βουλή, counsel
33 σύνεσις, understanding
34 ἰσχύς, strength

38 καὶ εὐλογία[1] κυρίου μετ᾽ αὐτοῦ ἐν ἰσχύι,[2]
καὶ οὐκ ἀσθενήσει.[3]

39 Ἡ ἐλπὶς αὐτοῦ ἐπὶ κύριον,
καὶ τίς δύναται πρὸς αὐτόν;
40 ἰσχυρὸς[4] ἐν ἔργοις αὐτοῦ καὶ κραταιὸς[5] ἐν φόβῳ θεοῦ
ποιμαίνων[6] τὸ ποίμνιον[7] κυρίου ἐν πίστει καὶ δικαιοσύνῃ
καὶ οὐκ ἀφήσει ἀσθενῆσαι[8] ἐν αὐτοῖς ἐν τῇ νομῇ[9] αὐτῶν.
41 ἐν ἰσότητι[10] πάντας αὐτοὺς ἄξει,
καὶ οὐκ ἔσται ἐν αὐτοῖς ὑπερηφανία[11]
τοῦ καταδυναστευθῆναι[12] ἐν αὐτοῖς.

42 Αὕτη ἡ εὐπρέπεια[13] τοῦ βασιλέως Ισραηλ, ἣν ἔγνω ὁ θεός,
ἀναστῆσαι αὐτὸν ἐπ᾽ οἶκον Ισραηλ παιδεῦσαι[14] αὐτόν.
43 τὰ ῥήματα αὐτοῦ πεπυρωμένα[15] ὑπὲρ χρυσίον[16] τὸ πρῶτον τίμιον,[17]
ἐν συναγωγαῖς διακρινεῖ[18] λαοῦ φυλὰς ἡγιασμένου,[19]
οἱ λόγοι αὐτοῦ ὡς λόγοι ἁγίων ἐν μέσῳ λαῶν ἡγιασμένων.[20]
44 μακάριοι[21] οἱ γενόμενοι ἐν ταῖς ἡμέραις ἐκείναις
ἰδεῖν τὰ ἀγαθὰ Ισραηλ ἐν συναγωγῇ φυλῶν,
ἃ ποιήσει ὁ θεός.
45 ταχύναι[22] ὁ θεὸς ἐπὶ Ισραηλ τὸ ἔλεος[23] αὐτοῦ,
ῥύσαιτο[24] ἡμᾶς ἀπὸ ἀκαθαρσίας[25] ἐχθρῶν βεβήλων.[26]

46 κύριος αὐτὸς βασιλεὺς ἡμῶν εἰς τὸν αἰῶνα καὶ ἔτι.

1 εὐλογία, blessing
2 ἰσχύς, strength
3 ἀσθενέω, *fut act ind 3s*, weaken
4 ἰσχυρός, strong
5 κραταιός, powerful
6 ποιμαίνω, *pres act ptc nom s m*, tend flocks, shepherd
7 ποίμνιον, flock
8 ἀσθενέω, *aor act inf*, weaken
9 νομή, pasture
10 ἰσότης, equality
11 ὑπερηφανία, arrogance
12 καταδυναστεύω, *aor pas inf*, oppress
13 εὐπρέπεια, beauty, dignity
14 παιδεύω, *aor act inf*, discipline
15 πυρόω, *perf pas ptc nom p n*, refine by fire
16 χρυσίον, gold
17 τίμιος, precious, costly
18 διακρίνω, *pres act ind 3s*, give judgment
19 ἁγιάζω, *perf pas ptc gen s m*, sanctify, consecrate
20 ἁγιάζω, *perf pas ptc gen p m*, sanctify, consecrate
21 μακάριος, blessed
22 ταχύνω, *aor act opt 3s*, hasten
23 ἔλεος, mercy
24 ῥύομαι, *aor mid opt 3s*, deliver, rescue
25 ἀκαθαρσία, impurity
26 βέβηλος, profane

PROPHETIC BOOKS

Amos 9 *Future Restoration of David's Fallen Tent*

Micah 5 *God Promises to Send a Ruler-Shepherd from Bethlehem*

Joel 3 *Outpouring of the Holy Spirit on the Day of the Lord*

Jonah 1 *Jonah Flees from God and Is Thrown into the Sea*

Habakkuk 2 *The Righteous Will Live by Faith*

Zechariah 3 *A Vision of Joshua, the High Priest*

Zechariah 9 *Prophecies Against Enemies and the Promise of a Coming King*

Malachi 3 *A Messenger of the Covenant on the Day of the Lord*

Isaiah 6 *Isaiah's Heavenly Vision and Commissioning*

Isaiah 7 *A Sign of Immanuel Given to Ahaz*

Isaiah 11 *A Deliverer from the Root of Jesse*

Isaiah 42 *Israel as God's Servant and Light to the Nations*

Isaiah 52:13–53:12 *Suffering and Glory of the Servant of the Lord*

Isaiah 66 *Jerusalem's Rejoicing and the New Heavens and Earth*

Jeremiah 31 [38 LXX] *A Promise of a New Covenant*

Jeremiah 52 *Recollection of the Fall of Jerusalem and Exile*

Baruch 4 *Israel's Restoration from Exile*

Lamentations 1 *Woe for the Deserted City*

Ezekiel 1 *Ezekiel's Vision of the Heavenly Throneroom*

Ezekiel 43 *God's Glory Returns to the Temple*

Daniel 7 *The Ancient of Days and One Like a Son of Man*

AMOS 9

Future Restoration of David's Fallen Tent

3

Acts 15:13–19

1 Εἶδον τὸν κύριον ἐφεστῶτα[1] ἐπὶ τοῦ θυσιαστηρίου,[2] καὶ εἶπεν

Πάταξον[3] ἐπὶ τὸ ἱλαστήριον[4] καὶ σεισθήσεται[5] τὰ πρόπυλα[6]
καὶ διάκοψον[7] εἰς κεφαλὰς πάντων·
καὶ τοὺς καταλοίπους[8] αὐτῶν ἐν ῥομφαίᾳ[9] ἀποκτενῶ,
οὐ μὴ διαφύγῃ[10] ἐξ αὐτῶν φεύγων,[11]
καὶ οὐ μὴ διασωθῇ[12] ἐξ αὐτῶν ἀνασῳζόμενος.[13]

2 ἐὰν κατορυγῶσιν[14] εἰς ᾅδου,[15]
ἐκεῖθεν[16] ἡ χείρ μου ἀνασπάσει[17] αὐτούς·
καὶ ἐὰν ἀναβῶσιν εἰς τὸν οὐρανόν,
ἐκεῖθεν κατάξω[18] αὐτούς·
3 ἐὰν ἐγκρυβῶσιν[19] εἰς τὴν κορυφὴν[20] τοῦ Καρμήλου,
ἐκεῖθεν[21] ἐξερευνήσω[22] καὶ λήμψομαι αὐτούς·
καὶ ἐὰν καταδύσωσιν[23] ἐξ ὀφθαλμῶν μου εἰς τὰ βάθη[24] τῆς θαλάσσης,
ἐκεῖ ἐντελοῦμαι[25] τῷ δράκοντι[26] καὶ δήξεται[27] αὐτούς·
4 καὶ ἐὰν πορευθῶσιν ἐν αἰχμαλωσίᾳ[28] πρὸ προσώπου τῶν ἐχθρῶν αὐτῶν,
ἐκεῖ ἐντελοῦμαι[29] τῇ ῥομφαίᾳ[30] καὶ ἀποκτενεῖ αὐτούς·
καὶ στηριῶ[31] τοὺς ὀφθαλμούς μου ἐπ᾽ αὐτοὺς εἰς κακὰ καὶ οὐκ εἰς ἀγαθά.

1 ἐφίστημι, *perf act ptc acc s m*, stand over
2 θυσιαστήριον, altar
3 πατάσσω, *aor act impv 2s*, hit, strike
4 ἱλαστήριον, mercy seat, place of propitiation
5 σείω, *fut pas ind 3s*, shake, upset
6 πρόπυλον, entrance
7 διακόπτω, *aor act impv 2s*, cut in half
8 κατάλοιπος, remnant, remainder
9 ῥομφαία, sword
10 διαφεύγω, *aor act sub 3s*, escape
11 φεύγω, *pres act ptc nom s m*, flee
12 διασῴζω, *aor pas sub 3s*, rescue, save
13 ἀνασῴζω, *pres mid ptc nom s m*, deliver
14 κατορύσσω, *aor pas sub 3p*, bury deeply
15 ᾅδης, Hades, underworld
16 ἐκεῖθεν, from there
17 ἀνασπάω, *fut act ind 3s*, pull up, (dig out)
18 κατάγω, *fut act ind 1s*, bring down
19 ἐγκρύπτω, *aor pas sub 3p*, hide
20 κορυφή, summit, top
21 ἐκεῖθεν, from there
22 ἐξερευνάω, *fut act ind 1s*, search out, track down
23 καταδύω, *aor act sub 3p*, sink
24 βάθος, depth
25 ἐντέλλομαι, *fut mid ind 1s*, command, order
26 δράκων, serpent, dragon
27 δάκνω, *fut mid ind 3s*, bite
28 αἰχμαλωσία, captivity
29 ἐντέλλομαι, *fut mid ind 1s*, command, order
30 ῥομφαία, sword
31 στηρίζω, *fut act ind 1s*, fix, establish

5 καὶ κύριος κύριος ὁ θεὸς ὁ παντοκράτωρ,[1]
ὁ ἐφαπτόμενος[2] τῆς γῆς καὶ σαλεύων[3] αὐτήν,
καὶ πενθήσουσιν[4] πάντες οἱ κατοικοῦντες αὐτήν,
καὶ ἀναβήσεται ὡς ποταμὸς[5] συντέλεια[6] αὐτῆς
καὶ καταβήσεται ὡς ποταμὸς Αἰγύπτου·
6 ὁ οἰκοδομῶν εἰς τὸν οὐρανὸν ἀνάβασιν[7] αὐτοῦ
καὶ τὴν ἐπαγγελίαν[8] αὐτοῦ ἐπὶ τῆς γῆς θεμελιῶν,[9]
ὁ προσκαλούμενος[10] τὸ ὕδωρ τῆς θαλάσσης
καὶ ἐκχέων[11] αὐτὸ ἐπὶ πρόσωπον τῆς γῆς·
κύριος ὁ θεὸς ὁ παντοκράτωρ[12] ὄνομα αὐτῷ.

7 οὐχ ὡς υἱοὶ Αἰθιόπων ὑμεῖς ἐστε ἐμοί,
υἱοὶ Ισραηλ; λέγει κύριος.
οὐ τὸν Ισραηλ ἀνήγαγον[13] ἐκ γῆς Αἰγύπτου
καὶ τοὺς ἀλλοφύλους[14] ἐκ Καππαδοκίας
καὶ τοὺς Σύρους ἐκ βόθρου;[15]
8 Ἰδοὺ οἱ ὀφθαλμοὶ κυρίου τοῦ θεοῦ ἐπὶ τὴν βασιλείαν τῶν ἁμαρτωλῶν
καὶ ἐξαρῶ[16] αὐτὴν ἀπὸ προσώπου τῆς γῆς·
πλὴν ὅτι οὐκ εἰς τέλος ἐξαρῶ τὸν οἶκον Ιακωβ, λέγει κύριος.

9 διότι[17] ἰδοὺ ἐγὼ ἐντέλλομαι[18]
καὶ λικμιῶ[19] ἐν πᾶσι τοῖς ἔθνεσιν τὸν οἶκον τοῦ Ισραηλ,
ὃν τρόπον[20] λικμᾶται[21] ἐν τῷ λικμῷ[22]
καὶ οὐ μὴ πέσῃ σύντριμμα[23] ἐπὶ τὴν γῆν.
10 ἐν ῥομφαίᾳ[24] τελευτήσουσι[25] πάντες ἁμαρτωλοὶ λαοῦ μου
οἱ λέγοντες Οὐ μὴ ἐγγίσῃ οὐδ᾽ οὐ μὴ γένηται ἐφ᾽ ἡμᾶς τὰ κακά.

11 ἐν τῇ ἡμέρᾳ ἐκείνῃ ἀναστήσω τὴν σκηνὴν[26] Δαυιδ τὴν πεπτωκυῖαν
καὶ ἀνοικοδομήσω[27] τὰ πεπτωκότα αὐτῆς

1 παντοκράτωρ, almighty, ruler of all
2 ἐφάπτω, *pres mid ptc nom s m*, grab, touch
3 σαλεύω, *pres act ptc nom s m*, rock, shake
4 πενθέω, *fut act ind 3p*, mourn, grieve
5 ποταμός, river
6 συντέλεια, destruction
7 ἀνάβασις, ascent, way up
8 ἐπαγγελία, promise
9 θεμελιόω, *pres act ptc nom s m*, lay a foundation
10 προσκαλέω, *pres mid ptc nom s m*, summon
11 ἐκχέω, *pres act ptc nom s m*, pour out
12 παντοκράτωρ, almighty, ruler of all
13 ἀνάγω, *aor act ind 1s*, lead up
14 ἀλλόφυλος, foreign, (Philistine)
15 βόθρος, pit
16 ἐξαίρω, *fut act ind 1s*, remove
17 διότι, because, for
18 ἐντέλλομαι, *pres mid ind 1s*, command, order
19 λικμίζω, *fut act ind 1s*, scatter
20 ὃν τρόπον, in the way that
21 λικμάω, *pres pas ind 3s*, scatter
22 λικμός, winnowing basket
23 σύντριμμα, (scattered fragment)
24 ῥομφαία, sword
25 τελευτάω, *fut act ind 3p*, die
26 σκηνή, tent
27 ἀνοικοδομέω, *fut act ind 1s*, rebuild

καὶ τὰ κατεσκαμμένα[1] αὐτῆς ἀναστήσω
    καὶ ἀνοικοδομήσω αὐτὴν καθὼς αἱ ἡμέραι τοῦ αἰῶνος,
12 ὅπως ἐκζητήσωσιν[2] οἱ κατάλοιποι[3] τῶν ἀνθρώπων καὶ πάντα τὰ ἔθνη,
    ἐφ᾽ οὓς ἐπικέκληται[4] τὸ ὄνομά μου ἐπ᾽ αὐτούς,
λέγει κύριος ὁ θεὸς ὁ ποιῶν ταῦτα.

13 ἰδοὺ ἡμέραι ἔρχονται, λέγει κύριος,
    καὶ καταλήμψεται[5] ὁ ἀλοητὸς[6] τὸν τρύγητον,[7]
    καὶ περκάσει[8] ἡ σταφυλὴ[9] ἐν τῷ σπόρῳ,[10]
καὶ ἀποσταλάξει[11] τὰ ὄρη γλυκασμόν,[12]
    καὶ πάντες οἱ βουνοὶ[13] σύμφυτοι[14] ἔσονται·
14 καὶ ἐπιστρέψω τὴν αἰχμαλωσίαν[15] λαοῦ μου Ισραηλ,
    καὶ οἰκοδομήσουσιν πόλεις τὰς ἠφανισμένας[16] καὶ κατοικήσουσιν
καὶ καταφυτεύσουσιν[17] ἀμπελῶνας[18] καὶ πίονται τὸν οἶνον αὐτῶν
    καὶ φυτεύσουσιν[19] κήπους[20] καὶ φάγονται τὸν καρπὸν αὐτῶν·
15 καὶ καταφυτεύσω[21] αὐτοὺς ἐπὶ τῆς γῆς αὐτῶν,
    καὶ οὐ μὴ ἐκσπασθῶσιν[22] οὐκέτι ἀπὸ τῆς γῆς αὐτῶν, ἧς ἔδωκα αὐτοῖς,
λέγει κύριος ὁ θεὸς ὁ παντοκράτωρ.[23]

1 κατασκάπτω, *perf pas ptc acc p n*, destroy, raze
2 ἐκζητέω, *aor act sub 3p*, seek out
3 κατάλοιπος, remnant, remainder
4 ἐπικαλέω, *perf mid ind 3s*, call on
5 καταλαμβάνω, *fut mid ind 3s*, overtake
6 ἀλοητός, season for threshing
7 τρύγητος, season of harvest
8 περκάζω, *fut act ind 3s*, ripen
9 σταφυλή, grapes
10 σπόρος, time for sowing seed
11 ἀποσταλάζω, *fut act ind 3s*, drip
12 γλυκασμός, sweet juice
13 βουνός, hill
14 σύμφυτος, well cultivated
15 αἰχμαλωσία, body of captives
16 ἀφανίζω, *perf pas ptc acc p f*, destroy
17 καταφυτεύω, *fut act ind 3p*, plant
18 ἀμπελών, vineyard
19 φυτεύω, *fut act ind 3p*, plant
20 κῆπος, garden
21 καταφυτεύω, *fut act ind 1s*, plant
22 ἐκσπάω, *aor pas sub 3p*, remove, snatch up
23 παντοκράτωρ, almighty, ruler of all

MICAH 5

God Promises to Send a Ruler-Shepherd from Bethlehem 2

Matt 2:4–8

1 Καὶ σύ, Βηθλεεμ οἶκος τοῦ Εφραθα,
ὀλιγοστὸς[1] εἶ τοῦ εἶναι ἐν χιλιάσιν[2] Ιουδα·
ἐκ σοῦ μοι ἐξελεύσεται τοῦ εἶναι εἰς ἄρχοντα ἐν τῷ Ισραηλ,
καὶ αἱ ἔξοδοι[3] αὐτοῦ ἀπ᾽ ἀρχῆς ἐξ ἡμερῶν αἰῶνος.
2 διὰ τοῦτο δώσει αὐτοὺς ἕως καιροῦ τικτούσης[4] τέξεται,[5]
καὶ οἱ ἐπίλοιποι[6] τῶν ἀδελφῶν αὐτῶν ἐπιστρέψουσιν ἐπὶ τοὺς υἱοὺς Ισραηλ.
3 καὶ στήσεται καὶ ὄψεται καὶ ποιμανεῖ[7] τὸ ποίμνιον[8] αὐτοῦ ἐν ἰσχύι[9] κυρίου,
καὶ ἐν τῇ δόξῃ τοῦ ὀνόματος κυρίου τοῦ θεοῦ αὐτῶν ὑπάρξουσιν·
διότι[10] νῦν μεγαλυνθήσεται[11] ἕως ἄκρων[12] τῆς γῆς.

4 καὶ ἔσται αὕτη εἰρήνη·
ὅταν Ἀσσύριος ἐπέλθῃ[13] ἐπὶ τὴν γῆν ὑμῶν
καὶ ὅταν ἐπιβῇ[14] ἐπὶ τὴν χώραν[15] ὑμῶν,
καὶ ἐπεγερθήσονται[16] ἐπ᾽ αὐτὸν ἑπτὰ ποιμένες[17]
καὶ ὀκτὼ[18] δήγματα[19] ἀνθρώπων·
5 καὶ ποιμανοῦσιν[20] τὸν Ασσουρ ἐν ῥομφαίᾳ[21]
καὶ τὴν γῆν τοῦ Νεβρωδ ἐν τῇ τάφρῳ[22] αὐτῆς·
καὶ ῥύσεται[23] ἐκ τοῦ Ασσουρ,
ὅταν ἐπέλθῃ[24] ἐπὶ τὴν γῆν ὑμῶν καὶ ὅταν ἐπιβῇ[25] ἐπὶ τὰ ὅρια[26] ὑμῶν.

1 ὀλίγος, *sup*, fewest, smallest
2 χιλιάς, thousand
3 ἔξοδος, going out, departure
4 τίκτω, *pres act ptc gen s f*, give birth
5 τίκτω, *fut mid ind 3s*, give birth
6 ἐπίλοιπος, remainder, rest
7 ποιμαίνω, *fut act ind 3s*, shepherd
8 ποίμνιον, flock
9 ἰσχύς, strength, power
10 διότι, because, for
11 μεγαλύνω, *fut pas ind 3s*, extol, magnify
12 ἄκρος, end
13 ἐπέρχομαι, *aor act sub 3s*, come upon
14 ἐπιβαίνω, *aor act sub 3s*, walk over, enter into
15 χώρα, territory, region
16 ἐπεγείρω, *fut pas ind 3p*, rouse
17 ποιμήν, shepherd
18 ὀκτώ, eight
19 δῆγμα, bite, (*read* leader)
20 ποιμαίνω, *fut act ind 3p*, shepherd
21 ῥομφαία, sword
22 τάφρος, ditch, trench
23 ῥύομαι, *fut mid ind 3s*, rescue, deliver
24 ἐπέρχομαι, *aor act sub 3s*, come upon
25 ἐπιβαίνω, *aor act sub 3s*, walk over, enter into
26 ὅριον, territory, region

6 καὶ ἔσται τὸ ὑπόλειμμα[1] τοῦ Ιακωβ ἐν τοῖς ἔθνεσιν ἐν μέσῳ λαῶν πολλῶν
ὡς δρόσος[2] παρὰ κυρίου πίπτουσα καὶ ὡς ἄρνες[3] ἐπὶ ἄγρωστιν,[4]
ὅπως μὴ συναχθῇ μηδεὶς[5] μηδὲ ὑποστῇ[6] ἐν υἱοῖς ἀνθρώπων.
7 καὶ ἔσται τὸ ὑπόλειμμα[7] τοῦ Ιακωβ ἐν τοῖς ἔθνεσιν
ἐν μέσῳ λαῶν πολλῶν
ὡς λέων[8] ἐν κτήνεσιν[9] ἐν τῷ δρυμῷ[10]
καὶ ὡς σκύμνος[11] ἐν ποιμνίοις[12] προβάτων,
ὃν τρόπον[13] ὅταν διέλθῃ καὶ διαστείλας[14] ἁρπάσῃ[15]
καὶ μὴ ᾖ ὁ ἐξαιρούμενος.[16]
8 ὑψωθήσεται[17] ἡ χείρ σου ἐπὶ τοὺς θλίβοντάς[18] σε,
καὶ πάντες οἱ ἐχθροί σου ἐξολεθρευθήσονται.[19]

9 Καὶ ἔσται ἐν ἐκείνῃ τῇ ἡμέρᾳ, λέγει κύριος,
ἐξολεθρεύσω[20] τοὺς ἵππους[21] σου ἐκ μέσου σου
καὶ ἀπολῶ τὰ ἅρματά[22] σου
10 καὶ ἐξολεθρεύσω[23] τὰς πόλεις τῆς γῆς σου
καὶ ἐξαρῶ[24] πάντα τὰ ὀχυρώματά[25] σου·
11 καὶ ἐξαρῶ[26] τὰ φάρμακά[27] σου ἐκ τῶν χειρῶν σου,
καὶ ἀποφθεγγόμενοι[28] οὐκ ἔσονται ἐν σοί·
12 καὶ ἐξολεθρεύσω[29] τὰ γλυπτά[30] σου καὶ τὰς στήλας[31] σου ἐκ μέσου σου,
καὶ οὐκέτι μὴ προσκυνήσῃς τοῖς ἔργοις τῶν χειρῶν σου·
13 καὶ ἐκκόψω[32] τὰ ἄλση[33] σου ἐκ μέσου σου
καὶ ἀφανιῶ[34] τὰς πόλεις σου·
14 καὶ ποιήσω ἐν ὀργῇ καὶ ἐν θυμῷ[35] ἐκδίκησιν[36] ἐν τοῖς ἔθνεσιν,
ἀνθ᾽ ὧν[37] οὐκ εἰσήκουσαν.[38]

1 ὑπόλειμμα, remnant
2 δρόσος, dew
3 ἀρήν, lamb
4 ἄγρωστις, grass
5 μηδείς, none
6 ὑφίστημι, *aor act sub 3s*, resist
7 ὑπόλειμμα, remainder
8 λέων, lion
9 κτῆνος, animal, (*p*) herd
10 δρυμός, forest
11 σκύμνος, cub
12 ποίμνιον, flock
13 ὃν τρόπον, in the way that
14 διαστέλλω, *aor act ptc nom s m*, separate, draw aside
15 ἁρπάζω, *aor act sub 3s*, carry off
16 ἐξαιρέω, *pres mid ptc nom s m*, rescue
17 ὑψόω, *fut pas ind 3s*, raise up
18 θλίβω, *pres act ptc acc p m*, afflict, oppress
19 ἐξολεθρεύω, *fut pas ind 3p*, utterly destroy
20 ἐξολεθρεύω, *fut act ind 1s*, utterly destroy
21 ἵππος, horse
22 ἅρμα, chariot
23 ἐξολεθρεύω, *fut act ind 1s*, utterly destroy
24 ἐξαίρω, *fut act ind 1s*, remove
25 ὀχύρωμα, fortress, stronghold
26 ἐξαίρω, *fut act ind 1s*, remove
27 φάρμακον, sorcery, magic potion
28 ἀποφθέγγομαι, *pres mid ptc nom p m*, chant an utterance
29 ἐξολεθρεύω, *fut act ind 1s*, utterly destroy
30 γλυπτός, carved (image)
31 στήλη, cultic pillar, stele
32 ἐκκόπτω, *fut act ind 1s*, chop down
33 ἄλσος, grove
34 ἀφανίζω, *fut act ind 1s*, remove
35 θυμός, wrath
36 ἐκδίκησις, vengeance
37 ἀνθ᾽ ὧν, since
38 εἰσακούω, *aor act ind 3p*, listen

JOEL 3

Outpouring of the Holy Spirit on the Day of the Lord ❷

Acts 2:15–33; Rom 10:13

1 Καὶ ἔσται μετὰ ταῦτα
καὶ ἐκχεῶ[1] ἀπὸ τοῦ πνεύματός μου ἐπὶ πᾶσαν σάρκα,
καὶ προφητεύσουσιν[2] οἱ υἱοὶ ὑμῶν καὶ αἱ θυγατέρες[3] ὑμῶν,
καὶ οἱ πρεσβύτεροι ὑμῶν ἐνύπνια ἐνυπνιασθήσονται,[4]
καὶ οἱ νεανίσκοι[5] ὑμῶν ὁράσεις[6] ὄψονται·
2 καὶ ἐπὶ τοὺς δούλους καὶ ἐπὶ τὰς δούλας[7]
ἐν ταῖς ἡμέραις ἐκείναις ἐκχεῶ[8] ἀπὸ τοῦ πνεύματός μου.

3 καὶ δώσω τέρατα[9] ἐν τῷ οὐρανῷ καὶ ἐπὶ τῆς γῆς,
αἷμα καὶ πῦρ καὶ ἀτμίδα[10] καπνοῦ·[11]
4 ὁ ἥλιος μεταστραφήσεται[12] εἰς σκότος καὶ ἡ σελήνη[13] εἰς αἷμα
πρὶν[14] ἐλθεῖν ἡμέραν κυρίου τὴν μεγάλην καὶ ἐπιφανῆ.[15]
5 καὶ ἔσται πᾶς, ὃς ἂν ἐπικαλέσηται[16] τὸ ὄνομα κυρίου, σωθήσεται·
ὅτι ἐν τῷ ὄρει Σιων καὶ ἐν Ιερουσαλημ ἔσται ἀνασῳζόμενος,[17]
καθότι[18] εἶπεν κύριος, καὶ εὐαγγελιζόμενοι,[19] οὓς κύριος
προσκέκληται.[20]

1 ἐκχέω, *fut act ind 1s*, pour out
2 προφητεύω, *fut act ind 3p*, prophesy
3 θυγάτηρ, daughter
4 ἐνυπνιάζομαι, *fut pas ind 3p*, dream
5 νεανίσκος, young man
6 ὅρασις, vision
7 δούλη, female servant
8 ἐκχέω, *fut act ind 1s*, pour out
9 τέρας, sign
10 ἀτμίς, vapor
11 καπνός, smoke
12 μεταστρέφω, *fut pas ind 3s*, change, alter
13 σελήνη, moon
14 πρίν, before
15 ἐπιφανής, splendid, glorious
16 ἐπικαλέω, *aor mid sub 3s*, call upon, invoke
17 ἀνασῴζω, *pres pas ptc nom s m*, save, rescue
18 καθότι, as, since
19 εὐαγγελίζομαι, *pres pas ptc nom p m*, proclaim good news
20 προσκαλέω, *perf mid ind 3s*, call upon, summon

JONAH 1

Jonah Flees from God and Is Thrown into the Sea 

Matt 12:38–41

1 Καὶ ἐγένετο λόγος κυρίου πρὸς Ιωναν τὸν τοῦ Αμαθι λέγων **2** Ἀνάστηθι καὶ πορεύθητι εἰς Νινευη τὴν πόλιν τὴν μεγάλην καὶ κήρυξον[1] ἐν αὐτῇ, ὅτι ἀνέβη ἡ κραυγὴ[2] τῆς κακίας[3] αὐτῆς πρός με. **3** καὶ ἀνέστη Ιωνας τοῦ φυγεῖν[4] εἰς Θαρσις ἐκ προσώπου κυρίου καὶ κατέβη εἰς Ιοππην καὶ εὗρεν πλοῖον[5] βαδίζον[6] εἰς Θαρσις καὶ ἔδωκεν τὸ ναῦλον[7] αὐτοῦ καὶ ἐνέβη[8] εἰς αὐτὸ τοῦ πλεῦσαι[9] μετ' αὐτῶν εἰς Θαρσις ἐκ προσώπου κυρίου.

4 καὶ κύριος ἐξήγειρεν[10] πνεῦμα εἰς τὴν θάλασσαν, καὶ ἐγένετο κλύδων[11] μέγας ἐν τῇ θαλάσσῃ, καὶ τὸ πλοῖον[12] ἐκινδύνευεν[13] συντριβῆναι.[14] **5** καὶ ἐφοβήθησαν οἱ ναυτικοὶ[15] καὶ ἀνεβόων[16] ἕκαστος πρὸς τὸν θεὸν αὐτῶν καὶ ἐκβολὴν[17] ἐποιήσαντο τῶν σκευῶν[18] τῶν ἐν τῷ πλοίῳ[19] εἰς τὴν θάλασσαν τοῦ κουφισθῆναι[20] ἀπ' αὐτῶν· Ιωνας δὲ κατέβη εἰς τὴν κοίλην[21] τοῦ πλοίου[22] καὶ ἐκάθευδεν[23] καὶ ἔρρεγχεν.[24] **6** καὶ προσῆλθεν πρὸς αὐτὸν ὁ πρωρεὺς[25] καὶ εἶπεν αὐτῷ Τί σὺ ῥέγχεις;[26] ἀνάστα καὶ ἐπικαλοῦ[27] τὸν θεόν σου, ὅπως διασώσῃ[28] ὁ θεὸς ἡμᾶς καὶ μὴ ἀπολώμεθα.

7 καὶ εἶπεν ἕκαστος πρὸς τὸν πλησίον[29] αὐτοῦ Δεῦτε[30] βάλωμεν[31] κλήρους[32] καὶ ἐπιγνῶμεν τίνος ἕνεκεν[33] ἡ κακία[34] αὕτη ἐστὶν ἐν ἡμῖν. καὶ ἔβαλον[35] κλήρους, καὶ ἔπεσεν ὁ κλῆρος ἐπὶ Ιωναν. **8** καὶ εἶπον πρὸς αὐτόν Ἀπάγγειλον ἡμῖν τίνος ἕνεκεν[36]

1 κηρύσσω, *aor act impv 2s*, preach, proclaim
2 κραυγή, outcry
3 κακία, wickedness
4 φεύγω, *aor act inf*, flee
5 πλοῖον, ship
6 βαδίζω, *pres act ptc acc s n*, go
7 ναῦλον, fare for travel
8 ἐμβαίνω, *aor act ind 3s*, embark
9 πλέω, *aor act inf*, sail
10 ἐξεγείρω, *impf act ind 3s*, stir up
11 κλύδων, wave
12 πλοῖον, ship
13 κινδυνεύω, *impf act ind 3s*, be in danger
14 συντρίβω, *aor pas inf*, break into pieces
15 ναυτικός, sailor
16 ἀναβοάω, *impf act ind 3p*, cry out
17 ἐκβολή, jettisoning
18 σκεῦος, stuff, cargo
19 πλοῖον, ship
20 κουφίζω, *aor pas inf*, lighten
21 κοῖλος, (hold), hollow (area)
22 πλοῖον, ship
23 καθεύδω, *impf act ind 3s*, go to sleep
24 ῥέγχω, *aor act ind 3s*, snore
25 πρωρεύς, captain
26 ῥέγχω, *pres act ind 2s*, snore
27 ἐπικαλέω, *pres mid impv 2s*, call upon, invoke
28 διασῴζω, *aor act sub 3s*, save
29 πλησίον, companion
30 δεῦτε, come!
31 βάλλω, *aor act sub 1p*, cast
32 κλῆρος, lot
33 ἕνεκεν, on account of
34 κακία, misfortune, calamity
35 βάλλω, *aor act ind 3p*, cast
36 ἕνεκεν, on account of

ἡ κακία[1] αὕτη ἐστὶν ἐν ἡμῖν. τίς σου ἡ ἐργασία[2] ἐστίν; καὶ πόθεν[3] ἔρχῃ, καὶ ἐκ ποίας[4] χώρας[5] καὶ ἐκ ποίου λαοῦ εἶ σύ; **9** καὶ εἶπεν πρὸς αὐτούς Δοῦλος κυρίου ἐγώ εἰμι καὶ τὸν κύριον θεὸν τοῦ οὐρανοῦ ἐγὼ σέβομαι,[6] ὃς ἐποίησεν τὴν θάλασσαν καὶ τὴν ξηράν.[7] **10** καὶ ἐφοβήθησαν οἱ ἄνδρες φόβον μέγαν καὶ εἶπαν πρὸς αὐτόν Τί τοῦτο ἐποίησας; διότι[8] ἔγνωσαν οἱ ἄνδρες ὅτι ἐκ προσώπου κυρίου ἦν φεύγων,[9] ὅτι ἀπήγγειλεν αὐτοῖς.

11 καὶ εἶπαν πρὸς αὐτόν Τί σοι ποιήσωμεν καὶ κοπάσει[10] ἡ θάλασσα ἀφ᾽ ἡμῶν; ὅτι ἡ θάλασσα ἐπορεύετο καὶ ἐξήγειρεν[11] μᾶλλον[12] κλύδωνα.[13] **12** καὶ εἶπεν Ιωνας πρὸς αὐτούς Ἄρατέ με καὶ ἐμβάλετέ[14] με εἰς τὴν θάλασσαν, καὶ κοπάσει[15] ἡ θάλασσα ἀφ᾽ ὑμῶν· διότι[16] ἔγνωκα ἐγὼ ὅτι δι᾽ ἐμὲ ὁ κλύδων[17] ὁ μέγας οὗτος ἐφ᾽ ὑμᾶς ἐστιν. **13** καὶ παρεβιάζοντο[18] οἱ ἄνδρες τοῦ ἐπιστρέψαι πρὸς τὴν γῆν καὶ οὐκ ἠδύναντο, ὅτι ἡ θάλασσα ἐπορεύετο καὶ ἐξηγείρετο[19] μᾶλλον[20] ἐπ᾽ αὐτούς. **14** καὶ ἀνεβόησαν[21] πρὸς κύριον καὶ εἶπαν Μηδαμῶς,[22] κύριε, μὴ ἀπολώμεθα ἕνεκεν[23] τῆς ψυχῆς τοῦ ἀνθρώπου τούτου, καὶ μὴ δῷς ἐφ᾽ ἡμᾶς αἷμα δίκαιον, ὅτι σύ, κύριε, ὃν τρόπον[24] ἐβούλου πεποίηκας. **15** καὶ ἔλαβον τὸν Ιωναν καὶ ἐξέβαλον αὐτὸν εἰς τὴν θάλασσαν, καὶ ἔστη ἡ θάλασσα ἐκ τοῦ σάλου[25] αὐτῆς. **16** καὶ ἐφοβήθησαν οἱ ἄνδρες φόβῳ μεγάλῳ τὸν κύριον καὶ ἔθυσαν[26] θυσίαν[27] τῷ κυρίῳ καὶ εὔξαντο[28] εὐχάς.[29]

1 κακία, misfortune, calamity
2 ἐργασία, business, occupation
3 πόθεν, from where
4 ποῖος, which, what kind of
5 χώρα, country, region
6 σέβομαι, worship
7 ξηρός, dry (land)
8 διότι, for
9 φεύγω, *pres act ptc nom s m*, flee
10 κοπάζω, *fut act ind 3s*, come to rest
11 ἐξεγείρω, *aor act ind 3s*, churn up
12 μᾶλλον, all the more
13 κλύδων, wave
14 ἐμβάλλω, *aor act impv 2p*, throw
15 κοπάζω, *fut act ind 3s*, come to rest
16 διότι, for
17 κλύδων, wave
18 παραβιάζομαι, *impf mid ind 3p*, strive
19 ἐξεγείρω, *impf mid ind 3s*, churn up
20 μᾶλλον, all the more
21 ἀναβοάω, *aor act ind 3p*, cry out
22 μηδαμῶς, certainly not
23 ἕνεκεν, on account of
24 ὃν τρόπον, just as
25 σάλος, rolling, churning
26 θύω, *aor act ind 3p*, sacrifice
27 θυσία, sacrifice
28 εὔχομαι, *aor mid ind 3p*, vow
29 εὐχή, vow

HABAKKUK 2

The Righteous Will Live by Faith

5

Rom 1:16–18; Gal 3:10–14; Heb 10:37–38

1 Ἐπὶ τῆς φυλακῆς μου στήσομαι καὶ ἐπιβήσομαι[1] ἐπὶ πέτραν[2]
καὶ ἀποσκοπεύσω[3] τοῦ ἰδεῖν τί λαλήσει ἐν ἐμοὶ
καὶ τί ἀποκριθῶ ἐπὶ τὸν ἔλεγχόν[4] μου.

2 καὶ ἀπεκρίθη πρός με κύριος καὶ εἶπεν

Γράψον ὅρασιν[5] καὶ σαφῶς[6] ἐπὶ πυξίον,[7]
ὅπως διώκῃ ὁ ἀναγινώσκων[8] αὐτά.
3 διότι[9] ἔτι ὅρασις[10] εἰς καιρὸν καὶ ἀνατελεῖ[11] εἰς πέρας[12] καὶ οὐκ εἰς κενόν·[13]
ἐὰν ὑστερήσῃ,[14] ὑπόμεινον[15] αὐτόν,
ὅτι ἐρχόμενος ἥξει[16] καὶ οὐ μὴ χρονίσῃ.[17]
4 ἐὰν ὑποστείληται,[18] οὐκ εὐδοκεῖ[19] ἡ ψυχή μου ἐν αὐτῷ·
ὁ δὲ δίκαιος ἐκ πίστεώς μου ζήσεται.

5 ὁ δὲ κατοινωμένος[20] καὶ καταφρονητὴς[21] ἀνὴρ ἀλαζών[22] οὐδὲν μὴ περάνῃ,[23]
ὃς ἐπλάτυνεν[24] καθὼς ὁ ᾅδης[25] τὴν ψυχὴν αὐτοῦ,
καὶ οὗτος ὡς θάνατος οὐκ ἐμπιπλάμενος[26]
καὶ ἐπισυνάξει[27] ἐπ' αὐτὸν πάντα τὰ ἔθνη
καὶ εἰσδέξεται[28] πρὸς αὐτὸν πάντας τοὺς λαούς.

6 οὐχὶ ταῦτα πάντα παραβολὴν[29] κατ' αὐτοῦ λήμψονται
καὶ πρόβλημα[30] εἰς διήγησιν[31] αὐτοῦ;

1 ἐπιβαίνω, *fut mid ind 1s*, set foot on, tread over
2 πέτρα, rock
3 ἀποσκοπεύω, *fut act ind 1s*, keep watch
4 ἔλεγχος, rebuke, insult
5 ὅρασις, vision
6 σαφῶς, plainly, clearly
7 πυξίον, tablet
8 ἀναγινώσκω, *pres act ptc nom s m*, read
9 διότι, for
10 ὅρασις, vision
11 ἀνατέλλω, *fut act ind 3s*, (appear)
12 πέρας, end, horizon
13 κενός, empty, pointless
14 ὑστερέω, *aor act sub 3s*, be late
15 ὑπομένω, *aor act impv 2s*, wait for
16 ἥκω, *fut act ind 3s*, have come
17 χρονίζω, *aor act sub 3s*, tarry, delay
18 ὑποστέλλω, *aor mid sub 3s*, withdraw, shrink back
19 εὐδοκέω, *pres act ind 3s*, be pleased
20 κατοινόομαι, *pres pas ptc nom s m*, be drunk
21 καταφρονητής, scoffer
22 ἀλαζών, boaster
23 περαίνω, *aor act sub 3s*, achieve, finish
24 πλατύνω, *aor act ind 3s*, enlarge, (puff up)
25 ᾅδης, Hades, underworld
26 ἐμπίπλημι, *pres pas ptc nom s m*, satisfy
27 ἐπισυνάγω, *fut act ind 3s*, gather up
28 εἰσδέχομαι, *fut mid ind 3s*, welcome, receive
29 παραβολή, parable, proverb
30 πρόβλημα, riddle
31 διήγησις, tale, talk

καὶ ἐροῦσιν Οὐαὶ ὁ πληθύνων[1] ἑαυτῷ τὰ οὐκ ὄντα αὐτοῦ — ἕως τίνος; —
καὶ βαρύνων[2] τὸν κλοιὸν[3] αὐτοῦ στιβαρῶς.[4]

7 ὅτι ἐξαίφνης[5] ἀναστήσονται δάκνοντες[6] αὐτόν,
καὶ ἐκνήψουσιν[7] οἱ ἐπίβουλοί[8] σου,
καὶ ἔσῃ εἰς διαρπαγὴν[9] αὐτοῖς.

8 διότι[10] σὺ ἐσκύλευσας[11] ἔθνη πολλά,
σκυλεύσουσίν[12] σε πάντες οἱ ὑπολελειμμένοι[13] λαοί
δι᾽ αἵματα ἀνθρώπων καὶ ἀσεβείας[14] γῆς
καὶ πόλεως καὶ πάντων τῶν κατοικούντων αὐτήν.

9 ὦ[15] ὁ πλεονεκτῶν[16] πλεονεξίαν[17] κακὴν τῷ οἴκῳ αὐτοῦ
τοῦ τάξαι[18] εἰς ὕψος[19] νοσσιὰν[20] αὐτοῦ
τοῦ ἐκσπασθῆναι[21] ἐκ χειρὸς κακῶν.

10 ἐβουλεύσω[22] αἰσχύνην[23] τῷ οἴκῳ σου,
συνεπέρανας[24] λαοὺς πολλούς,
καὶ ἐξήμαρτεν[25] ἡ ψυχή σου·

11 διότι[26] λίθος ἐκ τοίχου[27] βοήσεται,[28]
καὶ κάνθαρος[29] ἐκ ξύλου[30] φθέγξεται[31] αὐτά.

12 οὐαὶ ὁ οἰκοδομῶν πόλιν ἐν αἵμασιν
καὶ ἑτοιμάζων πόλιν ἐν ἀδικίαις.[32]

13 οὐ ταῦτά ἐστιν παρὰ κυρίου παντοκράτορος;[33]
καὶ ἐξέλιπον[34] λαοὶ ἱκανοὶ[35] ἐν πυρί,
καὶ ἔθνη πολλὰ ὠλιγοψύχησαν.[36]

1 πληθύνω, *pres act ptc nom s m*, increase
2 βαρύνω, *pres act ptc nom s m*, make heavy
3 κλοιός, yoke, collar
4 στιβαρῶς, heavily, stoutly
5 ἐξαίφνης, suddenly
6 δάκνω, *pres act ptc nom p m*, sting, bite
7 ἐκνήφω, *fut act ind 3p*, become sober
8 ἐπίβουλος, treacherous
9 διαρπαγή, plunder, spoils
10 διότι, for
11 σκυλεύω, *aor act ind 2s*, plunder
12 σκυλεύω, *fut act ind 3p*, plunder
13 ὑπολείπω, *perf pas ptc nom p m*, leave behind, remain
14 ἀσέβεια, ungodliness, wickedness
15 ὦ, Oh!, alas!
16 πλεονεκτέω, *pres act ptc nom s m*, cheat, defraud
17 πλεονεξία, greed, avarice
18 τάσσω, *aor act inf*, situate
19 ὕψος, high place
20 νοσσιά, dwelling
21 ἐκσπάω, *aor pas inf*, draw out, deliver
22 βουλεύω, *aor mid ind 2s*, devise
23 αἰσχύνη, shame
24 συμπεραίνω, *aor act ind 2s*, completely destroy
25 ἐξαμαρτάνω, *aor act ind 3s*, do wrong, err
26 διότι, for
27 τοῖχος, wall
28 βοάω, *fut mid ind 3s*, cry out
29 κάνθαρος, knot (in wood)
30 ξύλον, beam, timber
31 φθέγγομαι, *fut mid ind 3s*, speak
32 ἀδικία, wrongdoing, injustice
33 παντοκράτωρ, almighty, ruler of all
34 ἐκλείπω, *aor act ind 3p*, come to an end
35 ἱκανός, enough
36 ὀλιγοψυχέω, *aor act ind 3p*, be defeated, be disheartened

14 ὅτι πλησθήσεται[1] ἡ γῆ τοῦ γνῶναι τὴν δόξαν κυρίου,
ὡς ὕδωρ κατακαλύψει[2] αὐτούς.

15 ὦ[3] ὁ ποτίζων[4] τὸν πλησίον[5] αὐτοῦ ἀνατροπῇ[6] θολερᾷ[7] καὶ μεθύσκων,[8]
ὅπως ἐπιβλέπῃ[9] ἐπὶ τὰ σπήλαια[10] αὐτῶν.
16 πλησμονὴν[11] ἀτιμίας[12] ἐκ δόξης πίε καὶ σὺ
καὶ διασαλεύθητι[13] καὶ σείσθητι·[14]
ἐκύκλωσεν[15] ἐπὶ σὲ ποτήριον[16] δεξιᾶς κυρίου,
καὶ συνήχθη ἀτιμία[17] ἐπὶ τὴν δόξαν σου.
17 διότι[18] ἀσέβεια[19] τοῦ Λιβάνου καλύψει[20] σε,
καὶ ταλαιπωρία[21] θηρίων[22] πτοήσει[23] σε διὰ αἵματα ἀνθρώπων
καὶ ἀσεβείας[24] γῆς καὶ πόλεως
καὶ πάντων τῶν κατοικούντων αὐτήν.

18 Τί ὠφελεῖ[25] γλυπτόν,[26] ὅτι ἔγλυψαν[27] αὐτό;
ἔπλασαν[28] αὐτὸ χώνευμα,[29] φαντασίαν[30] ψευδῆ,[31]
ὅτι πέποιθεν ὁ πλάσας[32] ἐπὶ τὸ πλάσμα[33] αὐτοῦ
τοῦ ποιῆσαι εἴδωλα[34] κωφά.[35]
19 οὐαὶ ὁ λέγων τῷ ξύλῳ[36] Ἔκνηψον[37] ἐξεγέρθητι,[38] καὶ τῷ λίθῳ Ὑψώθητι·[39]
καὶ αὐτό ἐστιν φαντασία,[40]
τοῦτο δέ ἐστιν ἔλασμα[41] χρυσίου[42] καὶ ἀργυρίου,[43]
καὶ πᾶν πνεῦμα οὐκ ἔστιν ἐν αὐτῷ.
20 ὁ δὲ κύριος ἐν ναῷ ἁγίῳ αὐτοῦ·
εὐλαβείσθω[44] ἀπὸ προσώπου αὐτοῦ πᾶσα ἡ γῆ.

1 πίμπλημι, *fut pas ind 3s*, fill up
2 κατακαλύπτω, *fut act ind 3s*, cover over
3 ὦ, Oh!, alas!
4 ποτίζω, *pres act ptc nom s m*, give drink
5 πλησίον, companion, neighbor
6 ἀνατροπή, outpouring
7 θολερός, foul, cloudy
8 μεθύσκω, *pres act ptc nom s m*, make drunk
9 ἐπιβλέπω, *pres act sub 3s*, look at
10 σπήλαιον, (hidden place)
11 πλησμονή, abundance
12 ἀτιμία, shame, disgrace
13 διασαλεύω, *aor pas impv 2s*, shake
14 σείω, *aor pas impv 2s*, quake
15 κυκλόω, *aor act ind 3s*, surround, circle around
16 ποτήριον, cup
17 ἀτιμία, shame, disgrace
18 διότι, for
19 ἀσέβεια, ungodliness, wickedness
20 καλύπτω, *fut act ind 3s*, cover
21 ταλαιπωρία, misery, distress
22 θηρίον, wild animal
23 πτοέω, *fut act ind 3s*, terrify
24 ἀσέβεια, ungodliness, wickedness
25 ὠφελέω, *pres act ind 3s*, be of use, benefit
26 γλυπτός, graven (image)
27 γλύφω, *aor act ind 3p*, engrave
28 πλάσσω, *aor act ind 3p*, form
29 χώνευμα, molten image
30 φαντασία, apparition
31 ψευδής, false
32 πλάσσω, *aor act ptc nom s m*, form
33 πλάσμα, handiwork
34 εἴδωλον, image, idol
35 κωφός, deaf, dumb
36 ξύλον, wood
37 ἐκνήφω, *aor act impv 2s*, sober up
38 ἐξεγείρω, *aor pas impv 2s*, wake up
39 ὑψόω, *aor pas impv 2s*, get up
40 φαντασία, apparition
41 ἔλασμα, beaten metal
42 χρυσίον, gold
43 ἀργύριον, silver
44 εὐλαβέομαι, *pres mid impv 3s*, show respect

ZECHARIAH 3

A Vision of Joshua, the High Priest

4

1 Καὶ ἔδειξέν μοι Ἰησοῦν τὸν ἱερέα τὸν μέγαν ἑστῶτα πρὸ προσώπου ἀγγέλου κυρίου, καὶ ὁ διάβολος[1] εἱστήκει[2] ἐκ δεξιῶν αὐτοῦ τοῦ ἀντικεῖσθαι[3] αὐτῷ. **2** καὶ εἶπεν κύριος πρὸς τὸν διάβολον[4] Ἐπιτιμήσαι[5] κύριος ἐν σοί, διάβολε, καὶ ἐπιτιμήσαι κύριος ἐν σοὶ ὁ ἐκλεξάμενος[6] τὴν Ιερουσαλημ· οὐκ ἰδοὺ τοῦτο ὡς δαλὸς[7] ἐξεσπασμένος[8] ἐκ πυρός; **3** καὶ Ἰησοῦς ἦν ἐνδεδυμένος[9] ἱμάτια ῥυπαρὰ[10] καὶ εἱστήκει[11] πρὸ προσώπου τοῦ ἀγγέλου. **4** καὶ ἀπεκρίθη καὶ εἶπεν πρὸς τοὺς ἑστηκότας πρὸ προσώπου αὐτοῦ λέγων Ἀφέλετε[12] τὰ ἱμάτια τὰ ῥυπαρὰ[13] ἀπ᾽ αὐτοῦ. καὶ εἶπεν πρὸς αὐτόν Ἰδοὺ ἀφῄρηκα[14] τὰς ἀνομίας[15] σου, καὶ ἐνδύσατε[16] αὐτὸν ποδήρη[17] **5** καὶ ἐπίθετε κίδαριν[18] καθαρὰν[19] ἐπὶ τὴν κεφαλὴν αὐτοῦ. καὶ περιέβαλον[20] αὐτὸν ἱμάτια καὶ ἐπέθηκαν κίδαριν καθαρὰν ἐπὶ τὴν κεφαλὴν αὐτοῦ, καὶ ὁ ἄγγελος κυρίου εἱστήκει.[21]

6 καὶ διεμαρτύρατο[22] ὁ ἄγγελος κυρίου πρὸς Ἰησοῦν λέγων **7** Τάδε[23] λέγει κύριος παντοκράτωρ[24] Ἐὰν ἐν ταῖς ὁδοῖς μου πορεύῃ καὶ ἐὰν τὰ προστάγματά[25] μου φυλάξῃς, καὶ σὺ διακρινεῖς[26] τὸν οἶκόν μου· καὶ ἐὰν διαφυλάξῃς[27] καί γε τὴν αὐλήν[28] μου, καὶ δώσω σοι ἀναστρεφομένους[29] ἐν μέσῳ τῶν ἑστηκότων[30] τούτων. **8** ἄκουε δή,[31] Ἰησοῦ ὁ ἱερεὺς ὁ μέγας, σὺ καὶ οἱ πλησίον[32] σου οἱ καθήμενοι πρὸ προσώπου σου, διότι[33] ἄνδρες τερατοσκόποι[34] εἰσί· διότι ἰδοὺ ἐγὼ ἄγω τὸν δοῦλόν μου Ἀνατολήν·[35] **9** διότι[36] ὁ λίθος, ὃν ἔδωκα πρὸ προσώπου Ἰησοῦ, ἐπὶ τὸν λίθον τὸν ἕνα

1 διάβολος, adversary, accuser
2 ἵστημι, *plpf act ind 3s*, stand
3 ἀντίκειμαι, *pres mid inf*, oppose, antagonize
4 διάβολος, adversary, accuser
5 ἐπιτιμάω, *aor act opt 3s*, rebuke, censure
6 ἐκλέγω, *aor mid ptc nom s m*, select, choose
7 δαλός, firebrand
8 ἐκσπάω, *perf pas ptc nom s m*, withdraw, pull out
9 ἐνδύω, *perf mid ptc nom s m*, clothe
10 ῥυπαρός, dirty
11 ἵστημι, *plpf act ind 3s*, stand
12 ἀφαιρέω, *aor act impv 2p*, remove
13 ῥυπαρός, dirty
14 ἀφαιρέω, *perf act ind 1s*, remove
15 ἀνομία, lawlessness
16 ἐνδύω, *aor act impv 2p*, clothe
17 ποδήρης, full-length (robe)
18 κίδαρις, turban, headdress
19 καθαρός, clean
20 περιβάλλω, *aor act ind 3p*, put on
21 ἵστημι, *plpf act ind 3s*, stand
22 διαμαρτυρέω, *aor mid ind 3s*, testify
23 ὅδε, this
24 παντοκράτωρ, almighty, ruler of all
25 πρόσταγμα, ordinance
26 διακρίνω, *fut act ind 2s*, pass judgment on
27 διαφυλάσσω, *aor act sub 2s*, guard, protect
28 αὐλή, court
29 ἀναστρέφω, *pres pas ptc acc p m*, dwell
30 ἵστημι, *perf act ptc gen p m*, stand by
31 δή, now, then
32 πλησίον, companion, neighbor
33 διότι, for
34 τερατοσκόπος, diviner
35 ἀνατολή, rising (one), dawn
36 διότι, for

ἑπτὰ ὀφθαλμοί εἰσιν· ἰδοὺ ἐγὼ ὀρύσσω[1] βόθρον,[2] λέγει κύριος παντοκράτωρ,[3] καὶ ψηλαφήσω[4] πᾶσαν τὴν ἀδικίαν[5] τῆς γῆς ἐκείνης ἐν ἡμέρᾳ μιᾷ. **10** ἐν τῇ ἡμέρᾳ ἐκείνῃ, λέγει κύριος παντοκράτωρ,[6] συγκαλέσετε[7] ἕκαστος τὸν πλησίον[8] αὐτοῦ ὑποκάτω[9] ἀμπέλου[10] καὶ ὑποκάτω συκῆς.[11]

1 ὀρύσσω, *pres act ind 1s*, dig
2 βόθρος, pit, hole
3 παντοκράτωρ, almighty, ruler of all
4 ψηλαφάω, *fut act ind 1s*, seek out, search for
5 ἀδικία, injustice
6 παντοκράτωρ, almighty, ruler of all
7 συγκαλέω, *fut act ind 2p*, call together, invite
8 πλησίον, companion, neighbor
9 ὑποκάτω, under
10 ἄμπελος, vine
11 συκῆ, fig tree

ZECHARIAH 9

Prophecies Against Enemies and the Promise of a Coming King ❹

Matt 21:2–7; Mark 11:1–7; Luke 19:29–35; John 12:12–16

1 Λῆμμα[1] λόγου κυρίου·

ἐν γῇ Σεδραχ καὶ Δαμασκοῦ θυσία[2] αὐτοῦ,
διότι[3] κύριος ἐφορᾷ[4] ἀνθρώπους καὶ πάσας φυλὰς τοῦ Ισραηλ.
2 καὶ Εμαθ ἐν τοῖς ὁρίοις[5] αὐτῆς,
Τύρος καὶ Σιδών, διότι[6] ἐφρόνησαν[7] σφόδρα.[8]
3 καὶ ᾠκοδόμησεν Τύρος ὀχυρώματα[9] ἑαυτῇ
καὶ ἐθησαύρισεν[10] ἀργύριον[11] ὡς χοῦν[12]
καὶ συνήγαγεν χρυσίον[13] ὡς πηλὸν[14] ὁδῶν.
4 διὰ τοῦτο κύριος κληρονομήσει[15] αὐτὴν
καὶ πατάξει[16] εἰς θάλασσαν δύναμιν αὐτῆς,
καὶ αὕτη ἐν πυρὶ καταναλωθήσεται.[17]

5 ὄψεται Ἀσκαλὼν καὶ φοβηθήσεται,
καὶ Γάζα καὶ ὀδυνηθήσεται[18] σφόδρα,[19]
καὶ Ακκαρων, ὅτι ᾐσχύνθη[20] ἐπὶ τῷ παραπτώματι[21] αὐτῆς·
καὶ ἀπολεῖται βασιλεὺς ἐκ Γάζης,
καὶ Ἀσκαλὼν οὐ μὴ κατοικηθῇ.
6 καὶ κατοικήσουσιν ἀλλογενεῖς[22] ἐν Ἀζώτῳ,
καὶ καθελῶ[23] ὕβριν[24] ἀλλοφύλων.[25]
7 καὶ ἐξαρῶ[26] τὸ αἷμα αὐτῶν ἐκ στόματος αὐτῶν
καὶ τὰ βδελύγματα[27] αὐτῶν ἐκ μέσου ὀδόντων[28] αὐτῶν,

1 λῆμμα, argument
2 θυσία, sacrifice
3 διότι, for
4 ἐφοράω, *pres act ind 3s*, watch over, supervise
5 ὅριον, territory, region
6 διότι, because, for
7 φρονέω, *aor act ind 3p*, be prudent, be clever
8 σφόδρα, exceedingly
9 ὀχύρωμα, fortress, stronghold
10 θησαυρίζω, *aor act ind 3s*, store up
11 ἀργύριον, silver
12 χοῦς, dust, dirt
13 χρυσίον, gold
14 πηλός, mud
15 κληρονομέω, *fut act ind 3s*, inherit
16 πατάσσω, *fut act ind 3s*, hit, strike
17 καταναλίσκω, *fut pas ind 3s*, consume, devour
18 ὀδυνάω, *fut pas ind 3s*, be ashamed
19 σφόδρα, exceedingly
20 αἰσχύνω, *aor pas ind 3s*, dishonor
21 παράπτωμα, transgression, trespass
22 ἀλλογενής, foreign
23 καθαιρέω, *fut act ind 1s*, bring down
24 ὕβρις, pride
25 ἀλλόφυλος, foreign, (Philistine)
26 ἐξαίρω, *fut act ind 1s*, remove, extract
27 βδέλυγμα, abomination
28 ὀδούς, tooth

καὶ ὑπολειφθήσεται[1] καὶ οὗτος τῷ θεῷ ἡμῶν,
καὶ ἔσονται ὡς χιλίαρχος[2] ἐν Ιουδα καὶ Ακκαρων ὡς ὁ Ιεβουσαῖος.

8 καὶ ὑποστήσομαι[3] τῷ οἴκῳ μου ἀνάστημα[4]
τοῦ μὴ διαπορεύεσθαι[5] μηδὲ ἀνακάμπτειν,[6]
καὶ οὐ μὴ ἐπέλθῃ[7] ἐπ᾽ αὐτοὺς οὐκέτι ἐξελαύνων,[8]
διότι[9] νῦν ἑώρακα ἐν τοῖς ὀφθαλμοῖς μου.

9 Χαῖρε[10] σφόδρα,[11] θύγατερ[12] Σιων·
κήρυσσε,[13] θύγατερ Ιερουσαλημ·
ἰδοὺ ὁ βασιλεύς σου ἔρχεταί σοι, δίκαιος καὶ σῴζων αὐτός,
πραῢς[14] καὶ ἐπιβεβηκὼς[15] ἐπὶ ὑποζύγιον[16] καὶ πῶλον[17] νέον.[18]

10 καὶ ἐξολεθρεύσει[19] ἅρματα[20] ἐξ Εφραιμ καὶ ἵππον[21] ἐξ Ιερουσαλημ,
καὶ ἐξολεθρευθήσεται[22] τόξον[23] πολεμικόν,[24]
καὶ πλῆθος καὶ εἰρήνη ἐξ ἐθνῶν·
καὶ κατάρξει[25] ὑδάτων ἕως θαλάσσης καὶ ποταμῶν[26] διεκβολὰς[27] γῆς.

11 καὶ σὺ ἐν αἵματι διαθήκης ἐξαπέστειλας[28] δεσμίους[29] σου
ἐκ λάκκου[30] οὐκ ἔχοντος ὕδωρ.

12 καθήσεσθε ἐν ὀχυρώματι,[31] δέσμιοι[32] τῆς συναγωγῆς,
καὶ ἀντὶ[33] μιᾶς ἡμέρας παροικεσίας[34] σου διπλᾶ[35] ἀνταποδώσω[36] σοι·

13 διότι[37] ἐνέτεινά[38] σε, Ιουδα, ἐμαυτῷ[39] τόξον,[40]
ἔπλησα[41] τὸν Εφραιμ καὶ ἐπεγερῶ[42] τὰ τέκνα σου, Σιων,

1 ὑπολείπω, *fut pas ind 3s*, leave behind
2 χιλίαρχος, captain over a thousand
3 ὑφίστημι, *fut mid ind 1s*, erect
4 ἀνάστημα, frame, structure
5 διαπορεύομαι, *pres mid inf*, pass by
6 ἀνακάμπτω, *pres act inf*, return
7 ἐπέρχομαι, *aor act sub 3s*, come upon, arrive
8 ἐξελαύνω, *pres act ptc nom s m*, drive away
9 διότι, for
10 χαίρω, *pres act impv 2s*, rejoice
11 σφόδρα, exceedingly
12 θυγάτηρ, daughter
13 κηρύσσω, *pres act impv 2s*, preach, proclaim
14 πραῢς, gentle, mild
15 ἐπιβαίνω, *perf act ptc nom s m*, ride on
16 ὑποζύγιον, donkey
17 πῶλος, foal
18 νέος, young
19 ἐξολεθρεύω, *fut act ind 3s*, utterly destroy
20 ἅρμα, chariot
21 ἵππος, horse, (cavalry)
22 ἐξολεθρεύω, *fut pas ind 3s*, utterly destroy
23 τόξον, bow
24 πολεμικός, of war, martial
25 κατάρχω, *fut act ind 3s*, rule over
26 ποταμός, river
27 διεκβολή, exit, outlet
28 ἐξαποστέλλω, *aor act ind 2s*, send out, dismiss
29 δέσμιος, captive, prisoner
30 λάκκος, prison, dungeon
31 ὀχύρωμα, fortress, stronghold
32 δέσμιος, captive, prisoner
33 ἀντί, instead of
34 παροικεσία, residence as a noncitizen
35 διπλοῦς, double
36 ἀνταποδίδωμι, *fut act ind 1s*, give back, restore
37 διότι, for
38 ἐντείνω, *aor act ind 1s*, stretch tight, pull back
39 ἐμαυτοῦ, myself
40 τόξον, bow
41 πίμπλημι, *aor act ind 1s*, fill
42 ἐπεγείρω, *fut act ind 1s*, stir up, raise up

ἐπὶ τὰ τέκνα τῶν Ἑλλήνων
καὶ ψηλαφήσω[1] σε ὡς ῥομφαίαν[2] μαχητοῦ·[3]

14 καὶ κύριος ἔσται ἐπ᾽ αὐτοὺς
καὶ ἐξελεύσεται ὡς ἀστραπὴ[4] βολίς,[5]
καὶ κύριος παντοκράτωρ[6] ἐν σάλπιγγι[7] σαλπιεῖ[8]
καὶ πορεύσεται ἐν σάλῳ[9] ἀπειλῆς[10] αὐτοῦ.

15 κύριος παντοκράτωρ[11] ὑπερασπιεῖ[12] αὐτῶν,
καὶ καταναλώσουσιν[13] αὐτούς
καὶ καταχώσουσιν[14] αὐτοὺς ἐν λίθοις σφενδόνης[15]
καὶ ἐκπίονται[16] αὐτοὺς ὡς οἶνον
καὶ πλήσουσιν[17] ὡς φιάλας[18] θυσιαστήριον.[19]

16 καὶ σώσει αὐτοὺς κύριος ἐν τῇ ἡμέρᾳ ἐκείνῃ,
ὡς πρόβατα λαὸν αὐτοῦ,
διότι[20] λίθοι ἅγιοι κυλίονται[21] ἐπὶ τῆς γῆς αὐτοῦ.

17 ὅτι εἴ τι ἀγαθὸν αὐτοῦ καὶ εἴ τι καλὸν παρ᾽ αὐτοῦ,
σῖτος[22] νεανίσκοις[23] καὶ οἶνος εὐωδιάζων[24] εἰς παρθένους.[25]

1 ψηλαφάω, *fut act ind 1s*, handle, manipulate
2 ῥομφαία, sword
3 μαχητής, warrior
4 ἀστραπή, lightning
5 βολίς, bolt, arrow
6 παντοκράτωρ, almighty, ruler of all
7 σάλπιγξ, trumpet
8 σαλπίζω, *fut act ind 3s*, sound, blow
9 σάλος, surge, uproar
10 ἀπειλή, threats
11 παντοκράτωρ, almighty, ruler of all
12 ὑπερασπίζω, *fut act ind 3s*, shield, protect
13 καταναλίσκω, *fut act ind 3p*, consume
14 καταχώννυμι, *fut act ind 3p*, overwhelm, cover over
15 σφενδόνη, sling
16 ἐκπίνω, *fut mid ind 3p*, drink down, swallow
17 πίμπλημι, *fut act ind 3p*, fill
18 φιάλη, dish, cup
19 θυσιαστήριον, altar
20 διότι, for
21 κυλίω, *pres pas ind 3p*, roll
22 σῖτος, grain
23 νεανίσκος, young man
24 εὐωδιάζω, *pres act ptc nom s m*, smell pleasant
25 παρθένος, young woman, virgin

MALACHI 3

A Messenger of the Covenant on the Day of the Lord ❺

Matt 11:7–11; Mark 1:1–6; Luke 1:13–17; 7:24–28

1 ἰδοὺ ἐγὼ ἐξαποστέλλω[1] τὸν ἄγγελόν μου, καὶ ἐπιβλέψεται[2] ὁδὸν πρὸ προσώπου μου, καὶ ἐξαίφνης[3] ἥξει[4] εἰς τὸν ναὸν ἑαυτοῦ κύριος, ὃν ὑμεῖς ζητεῖτε, καὶ ὁ ἄγγελος τῆς διαθήκης, ὃν ὑμεῖς θέλετε· ἰδοὺ ἔρχεται, λέγει κύριος παντοκράτωρ.[5] **2** καὶ τίς ὑπομενεῖ[6] ἡμέραν εἰσόδου[7] αὐτοῦ; ἢ τίς ὑποστήσεται[8] ἐν τῇ ὀπτασίᾳ[9] αὐτοῦ; διότι[10] αὐτὸς εἰσπορεύεται[11] ὡς πῦρ χωνευτηρίου[12] καὶ ὡς πόα[13] πλυνόντων.[14] **3** καὶ καθιεῖται χωνεύων[15] καὶ καθαρίζων ὡς τὸ ἀργύριον[16] καὶ ὡς τὸ χρυσίον·[17] καὶ καθαρίσει τοὺς υἱοὺς Λευι καὶ χεεῖ[18] αὐτοὺς ὡς τὸ χρυσίον καὶ ὡς τὸ ἀργύριον· καὶ ἔσονται τῷ κυρίῳ προσάγοντες[19] θυσίαν[20] ἐν δικαιοσύνῃ. **4** καὶ ἀρέσει[21] τῷ κυρίῳ θυσία[22] Ιουδα καὶ Ιερουσαλημ καθὼς αἱ ἡμέραι τοῦ αἰῶνος καὶ καθὼς τὰ ἔτη τὰ ἔμπροσθεν. **5** καὶ προσάξω[23] πρὸς ὑμᾶς ἐν κρίσει καὶ ἔσομαι μάρτυς[24] ταχὺς[25] ἐπὶ τὰς φαρμάκους[26] καὶ ἐπὶ τὰς μοιχαλίδας[27] καὶ ἐπὶ τοὺς ὀμνύοντας[28] τῷ ὀνόματί μου ἐπὶ ψεύδει καὶ ἐπὶ τοὺς ἀποστεροῦντας[29] μισθὸν[30] μισθωτοῦ[31] καὶ τοὺς καταδυναστεύοντας[32] χήραν[33] καὶ τοὺς κονδυλίζοντας[34] ὀρφανοὺς[35] καὶ τοὺς ἐκκλίνοντας[36] κρίσιν προσηλύτου[37] καὶ τοὺς μὴ φοβουμένους με, λέγει κύριος παντοκράτωρ.[38]

1 ἐξαποστέλλω, *pres act ind 1s*, send
2 ἐπιβλέπω, *fut mid ind 3s*, survey, pay attention to
3 ἐξαίφνης, immediately, suddenly
4 ἥκω, *fut act ind 3s*, come
5 παντοκράτωρ, almighty, ruler of all
6 ὑπομένω, *fut act ind 3s*, endure
7 εἴσοδος, entrance, coming
8 ὑφίστημι, *fut mid ind 3s*, resist, withstand
9 ὀπτασία, appearance
10 διότι, for
11 εἰσπορεύομαι, *pres mid ind 3s*, come in
12 χωνευτήριον, smelting furnace
13 πόα, (lye)
14 πλύνω, *pres act ptc gen p m*, wash, clean
15 χωνεύω, *pres act ptc nom s m*, cast (metal)
16 ἀργύριον, silver
17 χρυσίον, gold
18 χέω, *fut act ind 3s*, pour out
19 προσάγω, *pres act ptc nom p m*, bring
20 θυσία, sacrifice
21 ἀρέσκω, *fut act ind 3s*, please
22 θυσία, sacrifice
23 προσάγω, *fut act ind 1s*, bring
24 μάρτυς, witness
25 ταχύς, hasty, ready
26 φάρμακος, sorcerer
27 μοιχαλίς, adulteress
28 ὄμνυμι, *pres act ptc acc p m*, swear an oath
29 ἀποστερέω, *pres act ptc acc p m*, defraud
30 μισθός, wages, payment
31 μισθωτός, hired (worker)
32 καταδυναστεύω, *pres act ptc acc p m*, oppress
33 χήρα, widow
34 κονδυλίζω, *pres act ptc acc p m*, smack, mistreat
35 ὀρφανός, orphan
36 ἐκκλίνω, *pres act ptc acc p m*, divert, misdirect
37 προσήλυτος, immigrant, guest
38 παντοκράτωρ, almighty, ruler of all

6 Διότι[1] ἐγὼ κύριος ὁ θεὸς ὑμῶν, καὶ οὐκ ἠλλοίωμαι·[2] καὶ ὑμεῖς, υἱοὶ Ιακωβ, οὐκ ἀπέχεσθε[3] **7** ἀπὸ τῶν ἀδικιῶν[4] τῶν πατέρων ὑμῶν, ἐξεκλίνατε[5] νόμιμά[6] μου καὶ οὐκ ἐφυλάξασθε. ἐπιστρέψατε πρός με, καὶ ἐπιστραφήσομαι πρὸς ὑμᾶς, λέγει κύριος παντοκράτωρ.[7] καὶ εἴπατε Ἐν τίνι ἐπιστρέψωμεν; **8** εἰ πτερνιεῖ[8] ἄνθρωπος θεόν; διότι[9] ὑμεῖς πτερνίζετέ[10] με. καὶ ἐρεῖτε Ἐν τίνι ἐπτερνίκαμέν[11] σε; ὅτι τὰ ἐπιδέκατα[12] καὶ αἱ ἀπαρχαὶ[13] μεθ᾽ ὑμῶν εἰσιν· **9** καὶ ἀποβλέποντες[14] ὑμεῖς ἀποβλέπετε,[15] καὶ ἐμὲ ὑμεῖς πτερνίζετε·[16] τὸ ἔθνος συνετελέσθη.[17] **10** καὶ εἰσηνέγκατε[18] πάντα τὰ ἐκφόρια[19] εἰς τοὺς θησαυρούς,[20] καὶ ἐν τῷ οἴκῳ αὐτοῦ ἔσται ἡ διαρπαγὴ[21] αὐτοῦ. ἐπισκέψασθε[22] δὴ[23] ἐν τούτῳ, λέγει κύριος παντοκράτωρ,[24] ἐὰν μὴ ἀνοίξω ὑμῖν τοὺς καταρράκτας[25] τοῦ οὐρανοῦ καὶ ἐκχεῶ[26] ὑμῖν τὴν εὐλογίαν[27] μου ἕως τοῦ ἱκανωθῆναι·[28] **11** καὶ διαστελῶ[29] ὑμῖν εἰς βρῶσιν[30] καὶ οὐ μὴ διαφθείρω[31] ὑμῶν τὸν καρπὸν τῆς γῆς, καὶ οὐ μὴ ἀσθενήσῃ[32] ὑμῶν ἡ ἄμπελος[33] ἡ ἐν τῷ ἀγρῷ, λέγει κύριος παντοκράτωρ.[34] **12** καὶ μακαριοῦσιν[35] ὑμᾶς πάντα τὰ ἔθνη, διότι[36] ἔσεσθε ὑμεῖς γῆ θελητή,[37] λέγει κύριος παντοκράτωρ.[38]

13 Ἐβαρύνατε[39] ἐπ᾽ ἐμὲ τοὺς λόγους ὑμῶν, λέγει κύριος, καὶ εἴπατε Ἐν τίνι κατελαλήσαμεν[40] κατὰ σοῦ; **14** εἴπατε Μάταιος[41] ὁ δουλεύων[42] θεῷ, καὶ τί πλέον[43] ὅτι ἐφυλάξαμεν τὰ φυλάγματα[44] αὐτοῦ καὶ διότι[45] ἐπορεύθημεν ἱκέται[46] πρὸ προσώπου

1 διότι, for
2 ἀλλοιόω, *perf pas ind 1s*, change
3 ἀπέχω, *pres mid ind 2p*, keep away
4 ἀδικία, injustice
5 ἐκκλίνω, *aor act ind 2p*, twist, distort
6 νόμιμος, legal ordinance
7 παντοκράτωρ, almighty, ruler of all
8 πτερνίζω, *fut act ind 3s*, outwit, deceive
9 διότι, for
10 πτερνίζω, *pres act ind 2p*, outwit, deceive
11 πτερνίζω, *perf act ind 1p*, outwit, deceive
12 ἐπιδέκατον, tenth, tithe
13 ἀπαρχή, firstfruit
14 ἀποβλέπω, *pres act ptc nom p m*, look away, disregard, (*read* curse)
15 ἀποβλέπω, *pres act ind 2p*, look away, disregard, (*read* curse)
16 πτερνίζω, *pres act ind 2p*, outwit, deceive
17 συντελέω, *aor pas ind 3s*, bring to an end, finish off
18 εἰσφέρω, *aor act ind 2p*, bring in
19 ἐκφόριον, produce
20 θησαυρός, storehouse
21 διαρπαγή, spoil, plunder
22 ἐπισκέπτομαι, *aor mid impv 2p*, attend to, take care, oversee
23 δή, now, indeed
24 παντοκράτωρ, almighty, ruler of all
25 καταρράκτης, waterfall, rush of water
26 ἐκχέω, *fut act ind 1s*, pour out
27 εὐλογία, blessing
28 ἱκανόω, *aor pas inf*, have enough
29 διαστέλλω, *fut act ind 1s*, separate, distinguish
30 βρῶσις, food
31 διαφθείρω, *pres act ind 1s*, utterly destroy
32 ἀσθενέω, *aor act sub 3s*, faint, wither
33 ἄμπελος, vine
34 παντοκράτωρ, almighty, ruler of all
35 μακαρίζω, *fut act ind 3p*, consider happy, pronounce blessed
36 διότι, for
37 θελητός, desired
38 παντοκράτωρ, almighty, ruler of all
39 βαρύνω, *aor act ind 2p*, weigh down
40 καταλαλέω, *aor act ind 1p*, slander
41 μάταιος, worthless, pointless
42 δουλεύω, *pres act ptc nom s m*, serve
43 πλείων/πλεῖον, *comp of* πολύς, more
44 φύλαγμα, obligation, commandment
45 διότι, for
46 ἱκέτης, suppliant

κυρίου παντοκράτορος;[1] **15** καὶ νῦν ἡμεῖς μακαρίζομεν[2] ἀλλοτρίους,[3] καὶ ἀνοικοδομοῦνται[4] πάντες ποιοῦντες ἄνομα[5] καὶ ἀντέστησαν[6] θεῷ καὶ ἐσώθησαν.

16 Ταῦτα κατελάλησαν[7] οἱ φοβούμενοι τὸν κύριον, ἕκαστος πρὸς τὸν πλησίον[8] αὐτοῦ· καὶ προσέσχεν[9] κύριος καὶ εἰσήκουσεν[10] καὶ ἔγραψεν βιβλίον μνημοσύνου[11] ἐνώπιον αὐτοῦ τοῖς φοβουμένοις τὸν κύριον καὶ εὐλαβουμένοις[12] τὸ ὄνομα αὐτοῦ. **17** καὶ ἔσονταί μοι, λέγει κύριος παντοκράτωρ,[13] εἰς ἡμέραν, ἣν ἐγὼ ποιῶ εἰς περιποίησιν,[14] καὶ αἱρετιῶ[15] αὐτοὺς ὃν τρόπον[16] αἱρετίζει[17] ἄνθρωπος τὸν υἱὸν αὐτοῦ τὸν δουλεύοντα[18] αὐτῷ. **18** καὶ ἐπιστραφήσεσθε καὶ ὄψεσθε ἀνὰ μέσον[19] δικαίου καὶ ἀνὰ μέσον ἀνόμου[20] καὶ ἀνὰ μέσον τοῦ δουλεύοντος[21] θεῷ καὶ τοῦ μὴ δουλεύοντος.

19 διότι[22] ἰδοὺ ἡμέρα κυρίου ἔρχεται καιομένη[23] ὡς κλίβανος[24] καὶ φλέξει[25] αὐτούς, καὶ ἔσονται πάντες οἱ ἀλλογενεῖς[26] καὶ πάντες οἱ ποιοῦντες ἄνομα[27] καλάμη,[28] καὶ ἀνάψει[29] αὐτοὺς ἡ ἡμέρα ἡ ἐρχομένη, λέγει κύριος παντοκράτωρ,[30] καὶ οὐ μὴ ὑπολειφθῇ[31] ἐξ αὐτῶν ῥίζα[32] οὐδὲ κλῆμα.[33] **20** καὶ ἀνατελεῖ[34] ὑμῖν τοῖς φοβουμένοις τὸ ὄνομά μου ἥλιος δικαιοσύνης καὶ ἴασις[35] ἐν ταῖς πτέρυξιν[36] αὐτοῦ, καὶ ἐξελεύσεσθε καὶ σκιρτήσετε[37] ὡς μοσχάρια[38] ἐκ δεσμῶν[39] ἀνειμένα.[40] **21** καὶ καταπατήσετε[41] ἀνόμους,[42] διότι[43] ἔσονται σποδὸς[44] ὑποκάτω[45] τῶν ποδῶν ὑμῶν ἐν τῇ ἡμέρᾳ, ᾗ ἐγὼ ποιῶ, λέγει κύριος παντοκράτωρ.[46] **22** καὶ ἰδοὺ ἐγὼ ἀποστέλλω

1 παντοκράτωρ, almighty, ruler of all
2 μακαρίζω, *pres act ind 1p*, consider happy, pronounce blessed
3 ἀλλότριος, foreign
4 ἀνοικοδομέω, *pres pas ind 3p*, rebuild
5 ἄνομος, lawless
6 ἀνθίστημι, *aor act ind 3p*, oppose, resist
7 καταλαλέω, *aor act ind 3p*, speak against
8 πλησίον, companion, neighbor
9 προσέχω, *aor act ind 3s*, pay attention
10 εἰσακούω, *aor act ind 3s*, listen
11 μνημόσυνον, remembrance, memorial
12 εὐλαβέομαι, *pres mid ptc dat p m*, revere, respect
13 παντοκράτωρ, almighty, ruler of all
14 περιποίησις, possession
15 αἱρετίζω, *fut act ind 1s*, choose
16 ὃν τρόπον, in the way that
17 αἱρετίζω, *pres act ind 3s*, choose
18 δουλεύω, *pres act ptc acc s m*, serve
19 ἀνὰ μέσον, between
20 ἄνομος, lawless
21 δουλεύω, *pres act ptc gen s m*, serve
22 διότι, for
23 καίω, *pres pas ptc nom s f*, burn
24 κλίβανος, oven
25 φλέγω, *fut act ind 3s*, set on fire
26 ἀλλογενής, foreign
27 ἄνομος, lawless
28 καλάμη, straw, stubble
29 ἀνάπτω, *fut act ind 3s*, light up, kindle
30 παντοκράτωρ, almighty, ruler of all
31 ὑπολείπω, *aor pas sub 3s*, leave behind
32 ῥίζα, root
33 κλῆμα, branch
34 ἀνατέλλω, *fut act ind 3s*, rise
35 ἴασις, healing
36 πτέρυξ, wing
37 σκιρτάω, *fut act ind 2p*, leap, skip
38 μοσχάριον, little calf
39 δεσμός, chain, band
40 ἀνίημι, *perf pas ptc nom p n*, let go, release
41 καταπατέω, *fut act ind 2p*, trample
42 ἄνομος, lawless
43 διότι, for
44 σποδός, ashes
45 ὑποκάτω, under
46 παντοκράτωρ, almighty, ruler of all

ὑμῖν Ηλιαν τὸν Θεσβίτην πρὶν[1] ἐλθεῖν ἡμέραν κυρίου τὴν μεγάλην καὶ ἐπιφανῆ,[2] **23** ὃς ἀποκαταστήσει[3] καρδίαν πατρὸς πρὸς υἱὸν καὶ καρδίαν ἀνθρώπου πρὸς τὸν πλησίον[4] αὐτοῦ, μὴ ἔλθω καὶ πατάξω[5] τὴν γῆν ἄρδην.[6] **24** μνήσθητε[7] νόμου Μωυσῆ τοῦ δούλου μου, καθότι[8] ἐνετειλάμην[9] αὐτῷ ἐν Χωρηβ πρὸς πάντα τὸν Ισραηλ προστάγματα[10] καὶ δικαιώματα.[11]

1 πρίν, before
2 ἐπιφανής, distinguished, notable, manifest
3 ἀποκαθίστημι, *fut act ind 3s*, restore
4 πλησίον, companion, neighbor
5 πατάσσω, *aor act sub 1s*, strike
6 ἄρδην, completely, utterly
7 μιμνῄσκομαι, *aor pas impv 2p*, remember
8 καθότι, just as
9 ἐντέλλομαι, *aor mid ind 1s*, command
10 πρόσταγμα, ordinance
11 δικαίωμα, decree

ISAIAH 6

Isaiah's Heavenly Vision and Commissioning 

Matt 13:13–16; Mark 4:10–13; Luke 8:9–10; John 12:37–41; Acts 28:23–28; Rev 4:5–10

1 Καὶ ἐγένετο τοῦ ἐνιαυτοῦ,[1] οὗ ἀπέθανεν Οζιας ὁ βασιλεύς, εἶδον τὸν κύριον καθήμενον ἐπὶ θρόνου ὑψηλοῦ[2] καὶ ἐπηρμένου,[3] καὶ πλήρης[4] ὁ οἶκος τῆς δόξης αὐτοῦ. **2** καὶ σεραφιν[5] εἱστήκεισαν[6] κύκλῳ[7] αὐτοῦ, ἓξ[8] πτέρυγες[9] τῷ ἑνὶ καὶ ἓξ πτέρυγες τῷ ἑνί, καὶ ταῖς μὲν δυσὶν κατεκάλυπτον[10] τὸ πρόσωπον καὶ ταῖς δυσὶν κατεκάλυπτον τοὺς πόδας καὶ ταῖς δυσὶν ἐπέταντο.[11]

3 καὶ ἐκέκραγον ἕτερος πρὸς τὸν ἕτερον καὶ ἔλεγον

Ἅγιος ἅγιος ἅγιος κύριος σαβαωθ,[12]
πλήρης[13] πᾶσα ἡ γῆ τῆς δόξης αὐτοῦ.

4 καὶ ἐπήρθη[14] τὸ ὑπέρθυρον[15] ἀπὸ τῆς φωνῆς, ἧς ἐκέκραγον,[16] καὶ ὁ οἶκος ἐπλήσθη[17] καπνοῦ.[18] **5** καὶ εἶπα Ὦ[19] τάλας[20] ἐγώ, ὅτι κατανένυγμαι,[21] ὅτι ἄνθρωπος ὢν καὶ ἀκάθαρτα χείλη[22] ἔχων ἐν μέσῳ λαοῦ ἀκάθαρτα χείλη ἔχοντος ἐγὼ οἰκῶ[23] καὶ τὸν βασιλέα κύριον σαβαωθ[24] εἶδον τοῖς ὀφθαλμοῖς μου.

6 καὶ ἀπεστάλη πρός με ἓν τῶν σεραφιν,[25] καὶ ἐν τῇ χειρὶ εἶχεν ἄνθρακα,[26] ὃν τῇ λαβίδι[27] ἔλαβεν ἀπὸ τοῦ θυσιαστηρίου,[28] **7** καὶ ἥψατο τοῦ στόματός μου καὶ εἶπεν

Ἰδοὺ ἥψατο τοῦτο τῶν χειλέων[29] σου
καὶ ἀφελεῖ[30] τὰς ἀνομίας[31] σου
καὶ τὰς ἁμαρτίας σου περικαθαριεῖ.[32]

1 ἐνιαυτός, year
2 ὑψηλός, high, exalted
3 ἐπαίρω, *perf pas ptc gen s m*, lift high
4 πλήρης, full
5 σεραφιν, seraphim, *translit.*
6 ἵστημι, *plpf act ind 3p*, stand
7 κύκλῳ, around
8 ἕξ, six
9 πτέρυξ, wing
10 κατακαλύπτω, *impf act ind 3p*, cover
11 πέτομαι, *impf mid ind 3p*, fly
12 σαβαωθ, of hosts, *translit.*
13 πλήρης, full
14 ἐπαίρω, *aor pas ind 3s*, lift up
15 ὑπέρθυρον, lintel (of a door)
16 ἐκκράζω, *aor act ind 3p*, cry out
17 πίμπλημι, *aor pas ind 3s*, fill up
18 καπνός, smoke
19 ὦ, Oh!
20 τάλας, wretched
21 κατανύσσω, *perf pas ind 1s*, pierce to the heart
22 χεῖλος, lip
23 οἰκέω, *pres act ind 1s*, dwell
24 σαβαωθ, of hosts, *translit.*
25 σεραφιν, seraphim, *translit.*
26 ἄνθραξ, coal
27 λαβίς, tongs
28 θυσιαστήριον, altar
29 χεῖλος, lip
30 ἀφαιρέω, *fut act ind 3s*, remove, take away
31 ἀνομία, transgression, iniquity
32 περικαθαρίζω, *fut act ind 3s*, cleanse

8 καὶ ἤκουσα τῆς φωνῆς κυρίου λέγοντος Τίνα ἀποστείλω, καὶ τίς πορεύσεται πρὸς τὸν λαὸν τοῦτον; καὶ εἶπα Ἰδού εἰμι ἐγώ· ἀπόστειλόν με. **9** καὶ εἶπεν Πορεύθητι καὶ εἰπὸν τῷ λαῷ τούτῳ

Ἀκοῇ[1] ἀκούσετε καὶ οὐ μὴ συνῆτε[2]
καὶ βλέποντες βλέψετε καὶ οὐ μὴ ἴδητε·
10 ἐπαχύνθη[3] γὰρ ἡ καρδία τοῦ λαοῦ τούτου,
καὶ τοῖς ὠσὶν αὐτῶν βαρέως[4] ἤκουσαν
καὶ τοὺς ὀφθαλμοὺς αὐτῶν ἐκάμμυσαν,[5]
μήποτε[6] ἴδωσιν τοῖς ὀφθαλμοῖς
καὶ τοῖς ὠσὶν ἀκούσωσιν
καὶ τῇ καρδίᾳ συνῶσιν[7]
καὶ ἐπιστρέψωσιν καὶ ἰάσομαι[8] αὐτούς.

11 καὶ εἶπα Ἕως πότε,[9] κύριε; καὶ εἶπεν

Ἕως ἂν ἐρημωθῶσιν[10] πόλεις παρὰ τὸ μὴ κατοικεῖσθαι
καὶ οἶκοι παρὰ τὸ μὴ εἶναι ἀνθρώπους
καὶ ἡ γῆ καταλειφθήσεται[11] ἔρημος.
12 καὶ μετὰ ταῦτα μακρυνεῖ[12] ὁ θεὸς τοὺς ἀνθρώπους,
καὶ οἱ καταλειφθέντες[13] πληθυνθήσονται[14] ἐπὶ τῆς γῆς·
13 καὶ ἔτι ἐπ᾽ αὐτῆς ἔστιν τὸ ἐπιδέκατον,[15]
καὶ πάλιν[16] ἔσται εἰς προνομὴν[17]
ὡς τερέβινθος[18] καὶ ὡς βάλανος[19]
ὅταν ἐκπέσῃ[20] ἀπὸ τῆς θήκης[21] αὐτῆς.

1 ἀκοή, report, hearing
2 συνίημι, *aor act sub 2p*, understand, comprehend
3 παχύνω, *aor pas ind 3s*, make heavy, grow fat
4 βαρέως, with difficulty
5 καμμύω, *aor act ind 3p*, close, shut
6 μήποτε, lest, so that not
7 συνίημι, *aor act sub 3p*, understand, comprehend
8 ἰάομαι, *fut mid ind 1s*, heal
9 πότε, when
10 ἐρημόω, *aor pas sub 3p*, make desolate
11 καταλείπω, *fut pas ind 3s*, forsake, leave behind
12 μακρύνω, *fut act ind 3s*, remove far away
13 καταλείπω, *aor pas ptc nom p m*, leave behind
14 πληθύνω, *fut pas ind 3p*, multiply
15 ἐπιδέκατος, tenth (part)
16 πάλιν, again
17 προνομή, plunder, spoil
18 τερέβινθος, terebinth tree
19 βάλανος, acorn tree
20 ἐκπίπτω, *aor act sub 3s*, fall from
21 θήκη, sheath

ISAIAH 7

A Sign of Immanuel Given to Ahaz 

Matt 1:21–25

1 Καὶ ἐγένετο ἐν ταῖς ἡμέραις Αχαζ τοῦ Ιωαθαμ τοῦ υἱοῦ Οζιου βασιλέως Ιουδα ἀνέβη Ραασσων βασιλεὺς Αραμ καὶ Φακεε υἱὸς Ρομελιου βασιλεὺς Ισραηλ ἐπὶ Ιερουσαλημ πολεμῆσαι αὐτὴν καὶ οὐκ ἠδυνήθησαν πολιορκῆσαι[1] αὐτήν.

2 καὶ ἀνηγγέλη[2] εἰς τὸν οἶκον Δαυιδ λέγοντες Συνεφώνησεν[3] Αραμ πρὸς τὸν Εφραιμ· καὶ ἐξέστη[4] ἡ ψυχὴ αὐτοῦ καὶ ἡ ψυχὴ τοῦ λαοῦ αὐτοῦ, ὃν τρόπον[5] ὅταν ἐν δρυμῷ[6] ξύλον[7] ὑπὸ πνεύματος σαλευθῇ.[8]

3 καὶ εἶπεν κύριος πρὸς Ησαιαν Ἔξελθε εἰς συνάντησιν[9] Αχαζ σὺ καὶ ὁ καταλειφθεὶς[10] Ιασουβ ὁ υἱός σου πρὸς τὴν κολυμβήθραν[11] τῆς ἄνω[12] ὁδοῦ τοῦ ἀγροῦ τοῦ γναφέως[13] **4** καὶ ἐρεῖς αὐτῷ Φύλαξαι τοῦ ἡσυχάσαι[14] καὶ μὴ φοβοῦ, μηδὲ ἡ ψυχή σου ἀσθενείτω[15] ἀπὸ τῶν δύο ξύλων[16] τῶν δαλῶν[17] τῶν καπνιζομένων[18] τούτων· ὅταν γὰρ ὀργὴ τοῦ θυμοῦ[19] μου γένηται, πάλιν[20] ἰάσομαι.[21] **5** καὶ ὁ υἱὸς τοῦ Αραμ καὶ ὁ υἱὸς τοῦ Ρομελιου, ὅτι ἐβουλεύσαντο[22] βουλὴν[23] πονηρὰν περὶ σοῦ λέγοντες **6** Ἀναβησόμεθα εἰς τὴν Ιουδαίαν καὶ συλλαλήσαντες[24] αὐτοῖς ἀποστρέψομεν[25] αὐτοὺς πρὸς ἡμᾶς καὶ βασιλεύσομεν[26] αὐτῆς τὸν υἱὸν Ταβεηλ, **7** τάδε[27] λέγει κύριος σαβαωθ[28]

1 πολιορκέω, *aor act inf*, besiege
2 ἀναγγέλλω, *aor pas ind 3s*, report, announce
3 συμφωνέω, *aor act ind 3s*, agree, consent
4 ἐξίστημι, *aor act ind 3s*, be astonished, be confounded
5 ὃν τρόπον, just as
6 δρυμός, forest
7 ξύλον, tree
8 σαλεύω, *aor pas sub 3s*, shake, stir
9 συνάντησις, meeting
10 καταλείπω, *aor pas ptc nom s m*, leave behind
11 κολυμβήθρα, reservoir, pool
12 ἄνω, above
13 γναφεύς, fuller, cloth-dresser
14 ἡσυχάζω, *aor act inf*, keep quiet
15 ἀσθενέω, *pres act impv 3s*, fail, be weak
16 ξύλον, piece of timber
17 δαλός, burnt-out torch
18 καπνίζω, *pres mid ptc gen p m*, smolder, smoke
19 θυμός, wrath, fury
20 πάλιν, once again
21 ἰάομαι, *fut mid ind 1s*, heal, restore
22 βουλεύω, *aor mid ind 3p*, devise
23 βουλή, plan, scheme
24 συλλαλέω, *aor act ptc nom p m*, talk with
25 ἀποστρέφω, *fut act ind 1p*, turn back
26 βασιλεύω, *fut act ind 1p*, reign as king (over)
27 ὅδε, this
28 σαβαωθ, of hosts, *translit.*

Οὐ μὴ ἐμμείνῃ[1] ἡ βουλὴ[2] αὕτη οὐδὲ ἔσται·
8 ἀλλ᾽ ἡ κεφαλὴ Αραμ Δαμασκός,
ἀλλ᾽ ἔτι ἑξήκοντα[3] καὶ πέντε[4] ἐτῶν ἐκλείψει[5] ἡ βασιλεία Εφραιμ ἀπὸ λαοῦ,
9 καὶ ἡ κεφαλὴ Εφραιμ Σομορων, καὶ ἡ κεφαλὴ Σομορων υἱὸς τοῦ Ρομελιου·
καὶ ἐὰν μὴ πιστεύσητε, οὐδὲ μὴ συνῆτε.[6]

10 Καὶ προσέθετο[7] κύριος λαλῆσαι τῷ Αχαζ λέγων **11** Αἴτησαι[8] σεαυτῷ σημεῖον παρὰ κυρίου θεοῦ σου εἰς βάθος[9] ἢ εἰς ὕψος.[10] **12** καὶ εἶπεν Αχαζ Οὐ μὴ αἰτήσω[11] οὐδ᾽ οὐ μὴ πειράσω[12] κύριον. **13** καὶ εἶπεν Ἀκούσατε δή,[13] οἶκος Δαυιδ· μὴ μικρὸν ὑμῖν ἀγῶνα[14] παρέχειν[15] ἀνθρώποις; καὶ πῶς κυρίῳ παρέχετε[16] ἀγῶνα; **14** διὰ τοῦτο δώσει κύριος αὐτὸς ὑμῖν σημεῖον· ἰδοὺ ἡ παρθένος[17] ἐν γαστρὶ[18] ἕξει καὶ τέξεται[19] υἱόν, καὶ καλέσεις τὸ ὄνομα αὐτοῦ Εμμανουηλ·[20] **15** βούτυρον[21] καὶ μέλι[22] φάγεται· πρὶν[23] ἢ γνῶναι αὐτὸν ἢ προελέσθαι[24] πονηρὰ ἐκλέξεται[25] τὸ ἀγαθόν· **16** διότι[26] πρὶν[27] ἢ γνῶναι τὸ παιδίον ἀγαθὸν ἢ κακὸν ἀπειθεῖ[28] πονηρίᾳ[29] τοῦ ἐκλέξασθαι[30] τὸ ἀγαθόν, καὶ καταλειφθήσεται[31] ἡ γῆ, ἣν σὺ φοβῇ ἀπὸ προσώπου τῶν δύο βασιλέων. **17** ἀλλὰ ἐπάξει[32] ὁ θεὸς ἐπὶ σὲ καὶ ἐπὶ τὸν λαόν σου καὶ ἐπὶ τὸν οἶκον τοῦ πατρός σου ἡμέρας, αἳ οὔπω[33] ἥκασιν[34] ἀφ᾽ ἧς ἡμέρας ἀφεῖλεν[35] Εφραιμ ἀπὸ Ιουδα, τὸν βασιλέα τῶν Ἀσσυρίων.

18 καὶ ἔσται ἐν τῇ ἡμέρᾳ ἐκείνῃ συριεῖ[36] κύριος μυίαις,[37] ὃ κυριεύει[38] μέρους ποταμοῦ[39] Αἰγύπτου, καὶ τῇ μελίσσῃ,[40] ἥ ἐστιν ἐν χώρᾳ[41] Ἀσσυρίων, **19** καὶ ἐλεύσονται

1 ἐμμένω, *aor act sub 3s*, stand fast, remain
2 βουλή, plan, scheme
3 ἑξήκοντα, sixty
4 πέντε, five
5 ἐκλείπω, *fut act ind 3s*, fail, cease
6 συνίημι, *aor act sub 2p*, understand, comprehend
7 προστίθημι, *aor mid ind 3s*, add to, continue
8 αἰτέω, *aor mid impv 2s*, ask
9 βάθος, deep, depth
10 ὕψος, high, height
11 αἰτέω, *fut act ind 1s*, ask
12 πειράζω, *fut act ind 1s*, put to trial, test
13 δή, now
14 ἀγών, struggle, battle
15 παρέχω, *pres act inf*, bring about, provoke
16 παρέχω, *pres act ind 2p*, bring about, provoke
17 παρθένος, virgin, young woman
18 γαστήρ, womb
19 τίκτω, *fut mid ind 3s*, give birth
20 Εμμανουηλ, Emmanuel, *translit.*
21 βούτυρον, butter
22 μέλι, honey
23 πρίν, before
24 προαιρέω, *aor mid inf*, prefer
25 ἐκλέγω, *fut mid ind 3s*, select, choose
26 διότι, therefore, for
27 πρίν, before
28 ἀπειθέω, *pres act ind 3s*, refuse compliance, defy
29 πονηρία, evil, iniquity
30 ἐκλέγω, *aor mid inf*, select, choose
31 καταλείπω, *fut pas ind 3s*, leave behind, forsake
32 ἐπάγω, *fut act ind 3s*, bring upon
33 οὔπω, not previously, not yet
34 ἥκω, *perf act ind 3p*, come
35 ἀφαιρέω, *aor act ind 3s*, take away
36 συρίζω, *fut act ind 3s*, whistle
37 μυῖα, fly
38 κυριεύω, *pres act ind 3s*, dominate, rule
39 ποταμός, river
40 μέλισσα, bee
41 χώρα, territory, land

πάντες καὶ ἀναπαύσονται[1] ἐν ταῖς φάραγξι[2] τῆς χώρας[3] καὶ ἐν ταῖς τρώγλαις[4] τῶν πετρῶν[5] καὶ εἰς τὰ σπήλαια[6] καὶ εἰς πᾶσαν ῥαγάδα[7] καὶ ἐν παντὶ ξύλῳ.[8]

20 ἐν τῇ ἡμέρᾳ ἐκείνῃ ξυρήσει[9] κύριος τῷ ξυρῷ[10] τῷ μεγάλῳ καὶ μεμεθυσμένῳ,[11] ὅ ἐστιν πέραν[12] τοῦ ποταμοῦ[13] βασιλέως Ἀσσυρίων, τὴν κεφαλὴν καὶ τὰς τρίχας[14] τῶν ποδῶν καὶ τὸν πώγωνα[15] ἀφελεῖ.[16]

21 καὶ ἔσται ἐν τῇ ἡμέρᾳ ἐκείνῃ θρέψει[17] ἄνθρωπος δάμαλιν[18] βοῶν[19] καὶ δύο πρόβατα, **22** καὶ ἔσται ἀπὸ τοῦ πλεῖστον[20] ποιεῖν γάλα[21] βούτυρον[22] καὶ μέλι[23] φάγεται πᾶς ὁ καταλειφθεὶς[24] ἐπὶ τῆς γῆς.

23 καὶ ἔσται ἐν τῇ ἡμέρᾳ ἐκείνῃ πᾶς τόπος, οὗ[25] ἐὰν ὦσιν χίλιαι[26] ἄμπελοι[27] χιλίων σίκλων,[28] εἰς χέρσον[29] ἔσονται καὶ εἰς ἄκανθαν·[30] **24** μετὰ βέλους[31] καὶ τοξεύματος[32] εἰσελεύσονται ἐκεῖ, ὅτι χέρσος[33] καὶ ἄκανθα[34] ἔσται πᾶσα ἡ γῆ. **25** καὶ πᾶν ὄρος ἀροτριώμενον[35] ἀροτριαθήσεται,[36] καὶ οὐ μὴ ἐπέλθῃ ἐκεῖ φόβος· ἔσται γὰρ ἀπὸ τῆς χέρσου[37] καὶ ἀκάνθης[38] εἰς βόσκημα[39] προβάτου καὶ εἰς καταπάτημα[40] βοός.[41]

1 ἀναπαύω, *fut mid ind 3p*, take rest
2 φάραγξ, ravine
3 χώρα, country, land
4 τρώγλη, cleft, cavern
5 πέτρος, rock
6 σπήλαιον, cave
7 ῥαγάς, crevice
8 ξύλον, tree
9 ξυρέω, *fut act ind 3s*, shave
10 ξυρόν, razor
11 μεθύω, *perf pas ptc dat s n*, be drunk
12 πέραν, beyond
13 ποταμός, river
14 θρίξ, hair
15 πώγων, beard
16 ἀφαιρέω, *fut act ind 3s*, remove, take away
17 τρέφω, *fut act ind 3s*, feed, rear, nourish
18 δάμαλις, young cow, heifer
19 βοῦς, cow, ox
20 πλεῖστος, *sup of* πολύς, most, greatest, (abundance)
21 γάλα, milk
22 βούτυρον, butter
23 μέλι, honey
24 καταλείπω, *aor pas ptc nom s m*, leave behind
25 οὗ, where
26 χίλιοι, thousand
27 ἄμπελος, vine
28 σίκλος, shekel, *Heb. LW*
29 χέρσος, dry, barren (ground)
30 ἄκανθα, thorn
31 βέλος, dart
32 τόξευμα, arrow
33 χέρσος, dry, barren (ground)
34 ἄκανθα, thorn
35 ἀροτριάω, *pres pas ptc nom s n*, plow
36 ἀροτριάω, *fut pas ind 3s*, plow
37 χέρσος, dry, barren (ground)
38 ἄκανθα, thorn
39 βόσκημα, pasture
40 καταπάτημα, treading
41 βοῦς, cow, ox

ISAIAH 11

A Deliverer from the Root of Jesse

Rom 15:8–13; 1 Pet 4:12–19; Rev 22:16–17

1 Καὶ ἐξελεύσεται ῥάβδος[1] ἐκ τῆς ῥίζης[2] Ιεσσαι,
καὶ ἄνθος[3] ἐκ τῆς ῥίζης ἀναβήσεται.
2 καὶ ἀναπαύσεται[4] ἐπ᾽ αὐτὸν πνεῦμα τοῦ θεοῦ,
πνεῦμα σοφίας καὶ συνέσεως,[5]
πνεῦμα βουλῆς[6] καὶ ἰσχύος,[7]
πνεῦμα γνώσεως[8] καὶ εὐσεβείας·[9]
3 ἐμπλήσει[10] αὐτὸν πνεῦμα φόβου θεοῦ.

οὐ κατὰ τὴν δόξαν κρινεῖ
οὐδὲ κατὰ τὴν λαλιὰν[11] ἐλέγξει,[12]
4 ἀλλὰ κρινεῖ ταπεινῷ[13] κρίσιν
καὶ ἐλέγξει[14] τοὺς ταπεινοὺς τῆς γῆς·
καὶ πατάξει[15] γῆν τῷ λόγῳ τοῦ στόματος αὐτοῦ
καὶ ἐν πνεύματι διὰ χειλέων[16] ἀνελεῖ[17] ἀσεβῆ·[18]
5 καὶ ἔσται δικαιοσύνῃ ἐζωσμένος[19] τὴν ὀσφὺν[20] αὐτοῦ
καὶ ἀληθείᾳ εἰλημένος[21] τὰς πλευράς.[22]

6 καὶ συμβοσκηθήσεται[23] λύκος[24] μετὰ ἀρνός,[25]
καὶ πάρδαλις[26] συναναπαύσεται[27] ἐρίφῳ,[28]
καὶ μοσχάριον[29] καὶ ταῦρος[30] καὶ λέων[31] ἅμα[32] βοσκηθήσονται,[33]
καὶ παιδίον μικρὸν ἄξει αὐτούς·

1 ῥάβδος, rod, staff
2 ῥίζα, root
3 ἄνθος, shoot, stem
4 ἀναπαύω, *fut mid ind 3s*, rest, settle
5 σύνεσις, understanding
6 βουλή, counsel
7 ἰσχύς, strength, might
8 γνῶσις, knowledge
9 εὐσέβεια, piety, godliness
10 ἐμπίμπλημι, *fut act ind 3s*, fill up
11 λαλιά, chatter, common talk, report
12 ἐλέγχω, *fut act ind 3s*, convict
13 ταπεινός, humble
14 ἐλέγχω, *fut act ind 3s*, convict
15 πατάσσω, *fut act ind 3s*, strike, smite
16 χεῖλος, lip
17 ἀναιρέω, *fut act ind 3s*, destroy, take away
18 ἀσεβής, ungodly
19 ζώννυμι, *perf pas ptc nom s m*, gird
20 ὀσφύς, waist, loins
21 εἱλέω, *perf pas ptc nom s m*, bind, enclose
22 πλευρά, ribcage, sides, (chest)
23 συμβόσκομαι, *fut pas ind 3s*, feed with, graze with
24 λύκος, wolf
25 ἀρήν, lamb
26 πάρδαλις, leopard
27 συναναπαύομαι, *fut mid ind 3s*, lie down with, rest with
28 ἔριφος, kid (of a goat)
29 μοσχάριον, little calf
30 ταῦρος, bull, ox
31 λέων, lion
32 ἅμα, together
33 βόσκω, *fut pas ind 3p*, feed, graze

7 καὶ βοῦς[1] καὶ ἄρκος[2] ἅμα[3] βοσκηθήσονται,[4]
καὶ ἅμα τὰ παιδία αὐτῶν ἔσονται,
καὶ λέων[5] καὶ βοῦς ἅμα[6] φάγονται ἄχυρα.[7]
8 καὶ παιδίον νήπιον[8] ἐπὶ τρώγλην[9] ἀσπίδων[10]
καὶ ἐπὶ κοίτην[11] ἐκγόνων[12] ἀσπίδων τὴν χεῖρα ἐπιβαλεῖ.[13]
9 καὶ οὐ μὴ κακοποιήσωσιν[14] οὐδὲ μὴ δύνωνται ἀπολέσαι οὐδένα[15]
ἐπὶ τὸ ὄρος τὸ ἅγιόν μου,
ὅτι ἐνεπλήσθη[16] ἡ σύμπασα[17] τοῦ γνῶναι τὸν κύριον
ὡς ὕδωρ πολὺ κατακαλύψαι[18] θαλάσσας.

10 Καὶ ἔσται ἐν τῇ ἡμέρᾳ ἐκείνῃ ἡ ῥίζα[19] τοῦ Ιεσσαι καὶ ὁ ἀνιστάμενος ἄρχειν ἐθνῶν, ἐπ᾽ αὐτῷ ἔθνη ἐλπιοῦσιν, καὶ ἔσται ἡ ἀνάπαυσις[20] αὐτοῦ τιμή.[21] **11** καὶ ἔσται τῇ ἡμέρᾳ ἐκείνῃ προσθήσει[22] κύριος τοῦ δεῖξαι τὴν χεῖρα αὐτοῦ τοῦ ζηλῶσαι[23] τὸ καταλειφθὲν[24] ὑπόλοιπον[25] τοῦ λαοῦ, ὃ ἂν καταλειφθῇ[26] ἀπὸ τῶν Ἀσσυρίων καὶ ἀπὸ Αἰγύπτου καὶ Βαβυλωνίας καὶ Αἰθιοπίας καὶ ἀπὸ Αιλαμιτῶν καὶ ἀπὸ ἡλίου ἀνατολῶν[27] καὶ ἐξ Ἀραβίας.

12 καὶ ἀρεῖ σημεῖον εἰς τὰ ἔθνη
καὶ συνάξει τοὺς ἀπολομένους Ισραηλ
καὶ τοὺς διεσπαρμένους[28] τοῦ Ιουδα συνάξει
ἐκ τῶν τεσσάρων πτερύγων[29] τῆς γῆς.
13 καὶ ἀφαιρεθήσεται[30] ὁ ζῆλος[31] Εφραιμ,
καὶ οἱ ἐχθροὶ Ιουδα ἀπολοῦνται·
Εφραιμ οὐ ζηλώσει[32] Ιουδαν,
καὶ Ιουδας οὐ θλίψει[33] Εφραιμ.

1 βοῦς, cow
2 ἄρκος, bear
3 ἅμα, together
4 βόσκω, *fut pas ind 3p*, feed, graze
5 λέων, lion
6 ἅμα, together
7 ἄχυρον, grass, straw
8 νήπιος, young
9 τρώγλη, hole
10 ἀσπίς, asp, serpent
11 κοίτη, nest, lair
12 ἔκγονος, offspring
13 ἐπιβάλλω, *fut act ind 3s*, place upon
14 κακοποιέω, *aor act sub 3p*, injure, harm
15 οὐδείς, no one
16 ἐμπίμπλημι, *aor pas ind 3s*, fill up
17 σύμπας, whole (world)
18 κατακαλύπτω, *aor act inf*, cover, flood over
19 ῥίζα, root
20 ἀνάπαυσις, rest, repose
21 τιμή, honor
22 προστίθημι, *fut act ind 3s*, add to, continue
23 ζηλόω, *aor act inf*, be zealous for
24 καταλείπω, *aor pas ptc acc s n*, leave behind
25 ὑπόλοιπος, remaining
26 καταλείπω, *aor pas sub 3s*, leave behind
27 ἀνατολή, rising, (east)
28 διασπείρω, *perf pas ptc acc p m*, scatter
29 πτέρυξ, end, extremity
30 ἀφαιρέω, *fut pas ind 3s*, take away
31 ζῆλος, zeal
32 ζηλόω, *fut act ind 3s*, be zealous for
33 θλίβω, *fut act ind 3s*, afflict

14 καὶ πετασθήσονται[1] ἐν πλοίοις[2] ἀλλοφύλων[3] θάλασσαν,
ἅμα[4] προνομεύσουσιν[5] καὶ τοὺς ἀφ᾽ ἡλίου ἀνατολῶν[6] καὶ Ιδουμαίαν·
καὶ ἐπὶ Μωαβ πρῶτον τὰς χεῖρας ἐπιβαλοῦσιν,[7]
οἱ δὲ υἱοὶ Αμμων πρῶτοι ὑπακούσονται.[8]

15 καὶ ἐρημώσει[9] κύριος τὴν θάλασσαν Αἰγύπτου
καὶ ἐπιβαλεῖ[10] τὴν χεῖρα αὐτοῦ ἐπὶ τὸν ποταμὸν[11] πνεύματι βιαίῳ[12]
καὶ πατάξει[13] ἑπτὰ φάραγγας[14] ὥστε διαπορεύεσθαι[15] αὐτὸν ἐν ὑποδήμασιν·[16]

16 καὶ ἔσται δίοδος[17] τῷ καταλειφθέντι[18] μου λαῷ ἐν Αἰγύπτῳ,
καὶ ἔσται τῷ Ισραηλ ὡς ἡ ἡμέρα ὅτε ἐξῆλθεν ἐκ γῆς Αἰγύπτου.

1 πέταμαι, *fut pas ind 3p*, fly away
2 πλοῖον, ship
3 ἀλλόφυλος, foreign
4 ἅμα, together
5 προνομεύω, *fut act ind 3p*, plunder
6 ἀνατολή, rising, (east)
7 ἐπιβάλλω, *fut act ind 3p*, lay upon
8 ὑπακούω, *fut mid ind 3p*, obey
9 ἐρημόω, *fut act ind 3s*, make desolate, lay waste
10 ἐπιβάλλω, *fut act ind 3s*, lay upon
11 ποταμός, river
12 βίαιος, violent, forceful
13 πατάσσω, *fut act ind 3s*, strike, smite
14 φάραγξ, ravine
15 διαπορεύομαι, *pres mid inf*, pass through
16 ὑπόδημα, sandal
17 δίοδος, passage, way through
18 καταλείπω, *aor pas ptc dat s m*, leave behind

ISAIAH 42

Israel as God's Servant and Light to the Nations

5

Matt 12:15–21

1 Ιακωβ ὁ παῖς[1] μου, ἀντιλήμψομαι[2] αὐτοῦ·
Ισραηλ ὁ ἐκλεκτός[3] μου, προσεδέξατο[4] αὐτὸν ἡ ψυχή μου·
ἔδωκα τὸ πνεῦμά μου ἐπ᾽ αὐτόν,
κρίσιν τοῖς ἔθνεσιν ἐξοίσει.[5]
2 οὐ κεκράξεται οὐδὲ ἀνήσει,[6]
οὐδὲ ἀκουσθήσεται ἔξω[7] ἡ φωνὴ αὐτοῦ.
3 κάλαμον[8] τεθλασμένον[9] οὐ συντρίψει[10]
καὶ λίνον[11] καπνιζόμενον[12] οὐ σβέσει,[13]
ἀλλὰ εἰς ἀλήθειαν ἐξοίσει[14] κρίσιν.
4 ἀναλάμψει[15] καὶ οὐ θραυσθήσεται,[16]
ἕως ἂν θῇ ἐπὶ τῆς γῆς κρίσιν·
καὶ ἐπὶ τῷ ὀνόματι αὐτοῦ ἔθνη ἐλπιοῦσιν.
5 οὕτως λέγει κύριος ὁ θεὸς
ὁ ποιήσας τὸν οὐρανὸν καὶ πήξας[17] αὐτόν,
ὁ στερεώσας[18] τὴν γῆν καὶ τὰ ἐν αὐτῇ
καὶ διδοὺς πνοὴν[19] τῷ λαῷ τῷ ἐπ᾽ αὐτῆς
καὶ πνεῦμα τοῖς πατοῦσιν[20] αὐτήν·
6 ἐγὼ κύριος ὁ θεὸς ἐκάλεσά σε ἐν δικαιοσύνῃ
καὶ κρατήσω τῆς χειρός σου
καὶ ἐνισχύσω[21] σε καὶ ἔδωκά σε εἰς διαθήκην γένους,[22]
εἰς φῶς ἐθνῶν

1 παῖς, servant
2 ἀντιλαμβάνομαι, *fut mid ind 1s*, take hold, support
3 ἐκλεκτός, chosen
4 προσδέχομαι, *aor mid ind 3s*, receive, accept
5 ἐκφέρω, *fut act ind 3s*, carry out, bring forth
6 ἀνίημι, *fut act ind 3s*, lift up (one's voice)
7 ἔξω, outside
8 κάλαμος, reed
9 θλάω, *perf pas ptc acc s m*, bruise
10 συντρίβω, *fut act ind 3s*, break
11 λίνον, flax
12 καπνίζω, *pres mid ptc acc s n*, smoke, smolder
13 σβέννυμι, *fut act ind 3s*, extinguish, quench
14 ἐκφέρω, *fut act ind 3s*, carry out, bring forth
15 ἀναλάμπω, *fut act ind 3s*, flame up, shine
16 θραύω, *fut pas ind 3s*, be weakened
17 πήγνυμι, *aor act ptc nom s m*, establish
18 στερεόω, *aor act ptc nom s m*, make firm
19 πνοή, breath
20 πατέω, *pres act ptc dat p m*, walk on
21 ἐνισχύω, *fut act ind 1s*, strengthen
22 γένος, nation, race

7 ἀνοῖξαι ὀφθαλμοὺς τυφλῶν,[1]
ἐξαγαγεῖν[2] ἐκ δεσμῶν[3] δεδεμένους[4]
καὶ ἐξ οἴκου φυλακῆς καθημένους ἐν σκότει.
8 ἐγὼ κύριος ὁ θεός, τοῦτό μού ἐστιν τὸ ὄνομα·
τὴν δόξαν μου ἑτέρῳ οὐ δώσω
οὐδὲ τὰς ἀρετάς[5] μου τοῖς γλυπτοῖς.[6]
9 τὰ ἀπ᾽ ἀρχῆς ἰδοὺ ἥκασιν,[7] καὶ καινὰ[8] ἃ ἐγὼ ἀναγγελῶ,[9]
καὶ πρὸ τοῦ ἀνατεῖλαι[10] ἐδηλώθη[11] ὑμῖν.

10 Ὑμνήσατε[12] τῷ κυρίῳ ὕμνον[13] καινόν,[14] ἡ ἀρχὴ αὐτοῦ·
δοξάζετε τὸ ὄνομα αὐτοῦ ἀπ᾽ ἄκρου[15] τῆς γῆς,
οἱ καταβαίνοντες εἰς τὴν θάλασσαν καὶ πλέοντες[16] αὐτήν,
αἱ νῆσοι[17] καὶ οἱ κατοικοῦντες αὐτάς.
11 εὐφράνθητι,[18] ἔρημος καὶ αἱ κῶμαι[19] αὐτῆς,
ἐπαύλεις[20] καὶ οἱ κατοικοῦντες Κηδαρ·
εὐφρανθήσονται[21] οἱ κατοικοῦντες Πέτραν,
ἀπ᾽ ἄκρων[22] τῶν ὀρέων βοήσουσιν·[23]
12 δώσουσιν τῷ θεῷ δόξαν,
τὰς ἀρετὰς[24] αὐτοῦ ἐν ταῖς νήσοις[25] ἀναγγελοῦσιν.[26]
13 κύριος ὁ θεὸς τῶν δυνάμεων ἐξελεύσεται καὶ συντρίψει[27] πόλεμον,
ἐπεγερεῖ[28] ζῆλον[29] καὶ βοήσεται[30] ἐπὶ τοὺς ἐχθροὺς αὐτοῦ μετὰ ἰσχύος.[31]
14 ἐσιώπησα,[32] μὴ καὶ ἀεὶ[33] σιωπήσομαι[34] καὶ ἀνέξομαι;[35]
ἐκαρτέρησα[36] ὡς ἡ τίκτουσα,[37] ἐκστήσω[38] καὶ ξηρανῶ[39] ἅμα.[40]

1 τυφλός, blind
2 ἐξάγω, *aor act inf*, lead out
3 δεσμός, bonds, chains
4 δέω, *perf pas ptc acc p m*, bind
5 ἀρετή, majesty
6 γλυπτός, carved image
7 ἥκω, *perf act ind 3p*, come
8 καινός, new
9 ἀναγγέλλω, *fut act ind 1s*, declare, proclaim
10 ἀνατέλλω, *aor act inf*, spring forth
11 δηλόω, *aor pas ind 3s*, make manifest
12 ὑμνέω, *aor act impv 2p*, sing
13 ὕμνος, song, hymn
14 καινός, new
15 ἄκρος, end, extremity
16 πλέω, *pres act ptc nom p m*, sail
17 νῆσος, island
18 εὐφραίνω, *aor pas impv 2s*, be glad, rejoice
19 κώμη, territory, land
20 ἔπαυλις, village
21 εὐφραίνω, *fut pas ind 3p*, be glad, rejoice
22 ἄκρος, end, extremity
23 βοάω, *fut act ind 3p*, cry aloud
24 ἀρετή, majesty
25 νῆσος, island
26 ἀναγγέλλω, *fut act ind 3p*, declare
27 συντρίβω, *fut act ind 3s*, break, crush
28 ἐπεγείρω, *fut act ind 3s*, raise up, stir up
29 ζῆλος, zeal, jealousy
30 βοάω, *fut mid ind 3s*, cry aloud
31 ἰσχύς, strength
32 σιωπάω, *aor act ind 1s*, keep silent
33 ἀεί, always
34 σιωπάω, *fut mid ind 1s*, keep silent
35 ἀνέχω, *fut mid ind 1s*, withhold
36 καρτερέω, *aor act ind 1s*, bear patiently
37 τίκτω, *pres act ptc nom s f*, give birth
38 ἐξίστημι, *fut act ind 1s*, amaze, confound
39 ξηραίνω, *fut act ind 1s*, cause to wither
40 ἅμα, at once

15 καὶ θήσω ποταμοὺς[1] εἰς νήσους[2]
καὶ ἕλη[3] ξηρανῶ.[4]

16 καὶ ἄξω τυφλοὺς[5] ἐν ὁδῷ, ᾗ οὐκ ἔγνωσαν,
καὶ τρίβους,[6] οὓς οὐκ ᾔδεισαν,[7] πατῆσαι[8] ποιήσω αὐτούς·
ποιήσω αὐτοῖς τὸ σκότος εἰς φῶς καὶ τὰ σκολιὰ[9] εἰς εὐθεῖαν·[10]
ταῦτα τὰ ῥήματα ποιήσω καὶ οὐκ ἐγκαταλείψω[11] αὐτούς.
17 αὐτοὶ δὲ ἀπεστράφησαν[12] εἰς τὰ ὀπίσω·[13]
αἰσχύνθητε[14] αἰσχύνην,[15]
οἱ πεποιθότες ἐπὶ τοῖς γλυπτοῖς[16]
οἱ λέγοντες τοῖς χωνευτοῖς[17] Ὑμεῖς ἐστε θεοὶ ἡμῶν.

18 Οἱ κωφοί,[18] ἀκούσατε,
καὶ οἱ τυφλοί,[19] ἀναβλέψατε[20] ἰδεῖν.
19 καὶ τίς τυφλὸς[21] ἀλλ᾽ ἢ οἱ παῖδές[22] μου
καὶ κωφοὶ[23] ἀλλ᾽ ἢ οἱ κυριεύοντες[24] αὐτῶν;
καὶ ἐτυφλώθησαν[25] οἱ δοῦλοι τοῦ θεοῦ.
20 εἴδετε πλεονάκις,[26] καὶ οὐκ ἐφυλάξασθε·
ἠνοιγμένα τὰ ὦτα, καὶ οὐκ ἠκούσατε.

21 κύριος ὁ θεὸς ἐβούλετο ἵνα δικαιωθῇ
καὶ μεγαλύνῃ[27] αἴνεσιν.[28]
καὶ εἶδον, **22** καὶ ἐγένετο ὁ λαὸς πεπρονομευμένος[29] καὶ διηρπασμένος·[30]
ἡ γὰρ παγὶς[31] ἐν τοῖς ταμιείοις[32] πανταχοῦ,[33]
καὶ ἐν οἴκοις ἅμα,[34] ὅπου[35] ἔκρυψαν[36] αὐτούς,
ἐγένοντο εἰς προνομήν,[37]

1 ποταμός, river
2 νῆσος, island
3 ἕλος, marshland
4 ξηραίνω, *fut act ind 1s*, cause to wither
5 τυφλός, blind
6 τρίβος, path
7 οἶδα, *plpf act ind 3p*, know
8 πατέω, *aor act inf*, trample
9 σκολιός, crooked
10 εὐθύς, straight
11 ἐγκαταλείπω, *fut act ind 1s*, desert, forsake
12 ἀποστρέφω, *aor pas ind 3p*, turn back
13 ὀπίσω, backward
14 αἰσχύνω, *aor pas impv 2p*, put to shame
15 αἰσχύνη, shame
16 γλυπτός, carved image
17 χωνευτός, cast image
18 κωφός, deaf
19 τυφλός, blind
20 ἀναβλέπω, *aor act impv 2p*, look up
21 τυφλός, blind
22 παῖς, servant
23 κωφός, deaf
24 κυριεύω, *pres act ptc nom p m*, lord over
25 τυφλόω, *aor pas ind 3p*, be blind
26 πλεονάκις, many times
27 μεγαλύνω, *aor act sub 3s*, increase, magnify
28 αἴνεσις, praise
29 προνομεύω, *perf pas ptc nom s m*, plunder
30 διαρπάζω, *perf pas ptc nom s m*, seize as spoils
31 παγίς, trap, snare
32 ταμιεῖον, chamber
33 πανταχοῦ, everywhere
34 ἅμα, at the same time
35 ὅπου, where
36 κρύπτω, *aor act ind 3p*, hide
37 προνομή, plunder, spoils

καὶ οὐκ ἦν ὁ ἐξαιρούμενος[1] ἅρπαγμα,[2]
καὶ οὐκ ἦν ὁ λέγων Ἀπόδος.

23 τίς ἐν ὑμῖν, ὃς ἐνωτιεῖται[3] ταῦτα,
εἰσακούσεται[4] εἰς τὰ ἐπερχόμενα;[5]

24 τίς ἔδωκεν εἰς διαρπαγὴν[6] Ιακωβ
καὶ Ισραηλ τοῖς προνομεύουσιν[7] αὐτόν;
οὐχὶ ὁ θεός, ᾧ ἡμάρτοσαν αὐτῷ
καὶ οὐκ ἐβούλοντο ἐν ταῖς ὁδοῖς αὐτοῦ πορεύεσθαι
οὐδὲ ἀκούειν τοῦ νόμου αὐτοῦ;

25 καὶ ἐπήγαγεν[8] ἐπ᾽ αὐτοὺς ὀργὴν θυμοῦ[9] αὐτοῦ,
καὶ κατίσχυσεν[10] αὐτοὺς πόλεμος
καὶ οἱ συμφλέγοντες[11] αὐτοὺς κύκλῳ,[12]
καὶ οὐκ ἔγνωσαν ἕκαστος αὐτῶν οὐδὲ ἔθεντο ἐπὶ ψυχήν.

1 ἐξαιρέω, *pres mid ptc nom s m*, deliver, rescue
2 ἅρπαγμα, spoils, plunder
3 ἐνωτίζομαι, *fut mid ind 3s*, give ear, hearken
4 εἰσακούω, *fut mid ind 3s*, hear, listen to
5 ἐπέρχομαι, *pres mid ptc acc p n*, come
6 διαρπαγή, (act of) plundering
7 προνομεύω, *pres act ptc dat p m*, plunder
8 ἐπάγω, *aor act ind 3s*, bring up
9 θυμός, wrath, fury
10 κατισχύω, *aor act ind 3s*, prevail over
11 συμφλέγω, *pres act ptc nom p m*, burn to ashes
12 κύκλῳ, all around

ISAIAH 52:13–53:12

Suffering and Glory of the Servant of the Lord

3

Matt 8:14–17; Luke 22:35–38; John 12:3–41; Acts 8:27–35; Rom 10:14–17; 15:18–21; Heb 9:28; 1 Pet 2:21–25

13 Ἰδοὺ συνήσει[1] ὁ παῖς[2] μου
καὶ ὑψωθήσεται[3] καὶ δοξασθήσεται σφόδρα.[4]
14 ὃν τρόπον[5] ἐκστήσονται[6] ἐπὶ σὲ πολλοί
οὕτως ἀδοξήσει[7] ἀπὸ ἀνθρώπων τὸ εἶδός[8] σου
καὶ ἡ δόξα σου ἀπὸ τῶν ἀνθρώπων,
15 οὕτως θαυμάσονται[9] ἔθνη πολλὰ ἐπ᾽ αὐτῷ,
καὶ συνέξουσιν[10] βασιλεῖς τὸ στόμα αὐτῶν·
ὅτι οἷς οὐκ ἀνηγγέλη[11] περὶ αὐτοῦ, ὄψονται,
καὶ οἳ οὐκ ἀκηκόασιν, συνήσουσιν.[12]

53 κύριε, τίς ἐπίστευσεν τῇ ἀκοῇ[13] ἡμῶν;
καὶ ὁ βραχίων[14] κυρίου τίνι ἀπεκαλύφθη;[15]
2 ἀνηγγείλαμεν[16] ἐναντίον[17] αὐτοῦ ὡς παιδίον,
ὡς ῥίζα[18] ἐν γῇ διψώσῃ,[19]
οὐκ ἔστιν εἶδος[20] αὐτῷ οὐδὲ δόξα·
καὶ εἴδομεν αὐτόν, καὶ οὐκ εἶχεν εἶδος οὐδὲ κάλλος·
3 ἀλλὰ τὸ εἶδος[21] αὐτοῦ ἄτιμον[22] ἐκλεῖπον[23] παρὰ πάντας ἀνθρώπους,
ἄνθρωπος ἐν πληγῇ[24] ὢν καὶ εἰδὼς[25] φέρειν μαλακίαν,[26]

1 συνίημι, *fut act ind 3s*, understand
2 παῖς, servant
3 ὑψόω, *fut pas ind 3s*, lift high, exalt
4 σφόδρα, exceedingly
5 ὃν τρόπον, just as
6 ἐξίστημι, *fut mid ind 3p*, be confounded, be amazed
7 ἀδοξέω, *fut act ind 3s*, hold in dishonor
8 εἶδος, appearance
9 θαυμάζω, *fut mid ind 3p*, be astonished
10 συνέχω, *fut act ind 3p*, hold fast, close up
11 ἀναγγέλλω, *aor pas ind 3s*, report
12 συνίημι, *fut act ind 3p*, understand
13 ἀκοή, report
14 βραχίων, arm
15 ἀποκαλύπτω, *aor pas ind 3s*, reveal
16 ἀναγγέλλω, *aor act ind 1p*, declare, proclaim
17 ἐναντίον, before
18 ῥίζα, root
19 διψάω, *pres act ptc dat s f*, be thirsty
20 εἶδος, appearance
21 εἶδος, appearance
22 ἄτιμος, not honorable
23 ἐκλείπω, *pres act ptc nom s n*, desert, forsake
24 πληγή, wound, blow
25 οἶδα, *perf act ptc nom s m*, know
26 μαλακία, sickness, weakness

ὅτι ἀπέστραπται[1] τὸ πρόσωπον αὐτοῦ,
ἠτιμάσθη[2] καὶ οὐκ ἐλογίσθη.

4 οὗτος τὰς ἁμαρτίας ἡμῶν φέρει
καὶ περὶ ἡμῶν ὀδυνᾶται,[3]
καὶ ἡμεῖς ἐλογισάμεθα αὐτὸν εἶναι ἐν πόνῳ[4]
καὶ ἐν πληγῇ[5] καὶ ἐν κακώσει.[6]

5 αὐτὸς δὲ ἐτραυματίσθη[7] διὰ τὰς ἀνομίας[8] ἡμῶν
καὶ μεμαλάκισται[9] διὰ τὰς ἁμαρτίας ἡμῶν·
παιδεία[10] εἰρήνης ἡμῶν ἐπ᾽ αὐτόν,
τῷ μώλωπι[11] αὐτοῦ ἡμεῖς ἰάθημεν.[12]

6 πάντες ὡς πρόβατα ἐπλανήθημεν,
ἄνθρωπος τῇ ὁδῷ αὐτοῦ ἐπλανήθη·
καὶ κύριος παρέδωκεν αὐτὸν ταῖς ἁμαρτίαις ἡμῶν.

7 καὶ αὐτὸς διὰ τὸ κεκακῶσθαι[13] οὐκ ἀνοίγει τὸ στόμα·
ὡς πρόβατον ἐπὶ σφαγὴν[14] ἤχθη
καὶ ὡς ἀμνὸς[15] ἐναντίον[16] τοῦ κείροντος[17] αὐτὸν ἄφωνος[18]
οὕτως οὐκ ἀνοίγει τὸ στόμα αὐτοῦ.

8 ἐν τῇ ταπεινώσει[19] ἡ κρίσις αὐτοῦ ἤρθη·
τὴν γενεὰν αὐτοῦ τίς διηγήσεται;[20]
ὅτι αἴρεται ἀπὸ τῆς γῆς ἡ ζωὴ αὐτοῦ,
ἀπὸ τῶν ἀνομιῶν[21] τοῦ λαοῦ μου ἤχθη εἰς θάνατον.

9 καὶ δώσω τοὺς πονηροὺς ἀντὶ[22] τῆς ταφῆς[23] αὐτοῦ
καὶ τοὺς πλουσίους[24] ἀντὶ τοῦ θανάτου αὐτοῦ·
ὅτι ἀνομίαν[25] οὐκ ἐποίησεν,
οὐδὲ εὑρέθη δόλος[26] ἐν τῷ στόματι αὐτοῦ.

10 καὶ κύριος βούλεται καθαρίσαι αὐτὸν τῆς πληγῆς·[27]
ἐὰν δῶτε περὶ ἁμαρτίας,

1 ἀποστρέφω, *perf pas ind 3s*, turn away
2 ἀτιμάζω, *aor pas ind 3s*, dishonor
3 ὀδυνάω, *pres pas ind 3s*, suffer pain
4 πόνος, distress, affliction
5 πληγή, wound, blow
6 κάκωσις, affliction, suffering
7 τραυματίζω, *aor pas ind 3s*, wound
8 ἀνομία, transgression, lawlessness
9 μαλακίζομαι, *perf pas ind 3s*, be weakened
10 παιδεία, discipline, chastisement
11 μώλωψ, stripe, bruise
12 ἰάομαι, *aor pas ind 1p*, heal, restore
13 κακόω, *perf pas inf*, afflict, mistreat
14 σφαγή, slaughter
15 ἀμνός, lamb
16 ἐναντίον, before
17 κείρω, *pres act ptc gen s m*, shear
18 ἄφωνος, silent, speechless
19 ταπείνωσις, humiliation, abasement
20 διηγέομαι, *fut mid ind 3s*, tell of, describe
21 ἀνομία, transgression, lawlessness
22 ἀντί, for
23 ταφή, burial
24 πλούσιος, rich, wealthy
25 ἀνομία, transgression, lawlessness
26 δόλος, deceit
27 πληγή, wound, blow

ἡ ψυχὴ ὑμῶν ὄψεται σπέρμα μακρόβιον·[1]
καὶ βούλεται κύριος ἀφελεῖν[2]

11 ἀπὸ τοῦ πόνου[3] τῆς ψυχῆς αὐτοῦ,
δεῖξαι αὐτῷ φῶς καὶ πλάσαι[4] τῇ συνέσει,[5]
δικαιῶσαι δίκαιον εὖ[6] δουλεύοντα[7] πολλοῖς,
καὶ τὰς ἁμαρτίας αὐτῶν αὐτὸς ἀνοίσει.[8]

12 διὰ τοῦτο αὐτὸς κληρονομήσει[9] πολλοὺς
καὶ τῶν ἰσχυρῶν[10] μεριεῖ[11] σκῦλα,[12]
ἀνθ᾽ ὧν[13] παρεδόθη εἰς θάνατον ἡ ψυχὴ αὐτοῦ,
καὶ ἐν τοῖς ἀνόμοις[14] ἐλογίσθη·
καὶ αὐτὸς ἁμαρτίας πολλῶν ἀνήνεγκεν[15]
καὶ διὰ τὰς ἁμαρτίας αὐτῶν παρεδόθη.

1 μακρόβιος, long-lived
2 ἀφαιρέω, *aor act inf*, remove
3 πόνος, distress, affliction
4 πλάσσω, *aor act inf*, mold, shape
5 σύνεσις, understanding
6 εὖ, well
7 δουλεύω, *pres act ptc acc s m*, serve
8 ἀναφέρω, *fut act ind 3s*, bear, take upon
9 κληρονομέω, *fut act ind 3s*, inherit, cause to inherit
10 ἰσχυρός, strong
11 μερίζω, *fut act ind 3s*, divide, apportion
12 σκῦλον, spoils
13 ἀνθ᾽ ὧν, because
14 ἄνομος, evil, lawless
15 ἀναφέρω, *aor act ind 3s*, bear, take upon

ISAIAH 66

Jerusalem's Rejoicing and the New Heavens and Earth ❺

Mark 9:43–48; Acts 7:44–50; 2 Pet 3:11–14; Rev 21:1–7

1 Οὕτως λέγει κύριος

Ὁ οὐρανός μοι θρόνος,
ἡ δὲ γῆ ὑποπόδιον[1] τῶν ποδῶν μου·
ποῖον[2] οἶκον οἰκοδομήσετέ μοι;
ἢ ποῖος τόπος τῆς καταπαύσεώς[3] μου;

2 πάντα γὰρ ταῦτα ἐποίησεν ἡ χείρ μου,
καὶ ἔστιν ἐμὰ[4] πάντα ταῦτα, λέγει κύριος·
καὶ ἐπὶ τίνα ἐπιβλέψω[5] ἀλλ᾽ ἢ ἐπὶ τὸν ταπεινὸν[6] καὶ ἡσύχιον[7]
καὶ τρέμοντα[8] τοὺς λόγους μου;

3 ὁ δὲ ἄνομος[9] ὁ θύων[10] μοι μόσχον[11] ὡς ὁ ἀποκτέννων κύνα,[12]
ὁ δὲ ἀναφέρων[13] σεμίδαλιν[14] ὡς αἷμα ὕειον,[15]
ὁ διδοὺς λίβανον[16] εἰς μνημόσυνον[17] ὡς βλάσφημος·[18]
καὶ οὗτοι ἐξελέξαντο[19] τὰς ὁδοὺς αὐτῶν καὶ τὰ βδελύγματα[20] αὐτῶν,
ἃ ἡ ψυχὴ αὐτῶν ἠθέλησεν,

4 κἀγὼ[21] ἐκλέξομαι[22] τὰ ἐμπαίγματα[23] αὐτῶν
καὶ τὰς ἁμαρτίας ἀνταποδώσω[24] αὐτοῖς·
ὅτι ἐκάλεσα αὐτοὺς καὶ οὐχ ὑπήκουσάν[25] μου,
ἐλάλησα καὶ οὐκ ἤκουσαν,
καὶ ἐποίησαν τὸ πονηρὸν ἐναντίον[26] μου
καὶ ἃ οὐκ ἐβουλόμην ἐξελέξαντο.[27]

1 ὑποπόδιον, footstool
2 ποῖος, what kind of
3 κατάπαυσις, resting place
4 ἐμός, mine
5 ἐπιβλέπω, *fut act ind 1s*, look upon
6 ταπεινός, humble
7 ἡσύχιος, quiet
8 τρέμω, *pres act ptc acc s m*, tremble
9 ἄνομος, evil, lawless
10 θύω, *pres act ptc nom s m*, sacrifice
11 μόσχος, calf
12 κύων, dog
13 ἀναφέρω, *pres act ptc nom s m*, offer up
14 σεμίδαλις, fine flour
15 ὕειος, of pigs
16 λίβανος, frankincense, *Heb. LW*
17 μνημόσυνον, memorial (offering)
18 βλάσφημος, blasphemer
19 ἐκλέγω, *aor mid ind 3p*, choose
20 βδέλυγμα, abomination
21 κἀγώ, I also, *cr.* καὶ ἐγώ
22 ἐκλέγω, *fut mid ind 1s*, choose
23 ἔμπαιγμα, mocking
24 ἀνταποδίδωμι, *fut act ind 1s*, repay
25 ὑπακούω, *aor act ind 3p*, obey
26 ἐναντίον, before
27 ἐκλέγω, *aor mid ind 3p*, choose

5 Ἀκούσατε τὸ ῥῆμα κυρίου, οἱ τρέμοντες[1] τὸν λόγον αὐτοῦ·
εἴπατε, ἀδελφοὶ ἡμῶν, τοῖς μισοῦσιν ἡμᾶς καὶ βδελυσσομένοις,[2]
ἵνα τὸ ὄνομα κυρίου δοξασθῇ καὶ ὀφθῇ ἐν τῇ εὐφροσύνῃ[3] αὐτῶν,
κἀκεῖνοι[4] αἰσχυνθήσονται.[5]
6 φωνὴ κραυγῆς[6] ἐκ πόλεως, φωνὴ ἐκ ναοῦ,
φωνὴ κυρίου ἀνταποδιδόντος[7] ἀνταπόδοσιν[8] τοῖς ἀντικειμένοις.[9]
7 πρὶν[10] ἢ τὴν ὠδίνουσαν[11] τεκεῖν,[12] πρὶν ἐλθεῖν τὸν πόνον[13] τῶν ὠδίνων,[14]
ἐξέφυγεν[15] καὶ ἔτεκεν[16] ἄρσεν.[17]
8 τίς ἤκουσεν τοιοῦτο,[18] καὶ τίς ἑώρακεν οὕτως;
ἢ ὤδινεν[19] γῆ ἐν μιᾷ ἡμέρᾳ, ἢ καὶ ἐτέχθη[20] ἔθνος εἰς ἅπαξ;[21]
ὅτι ὤδινεν καὶ ἔτεκεν[22] Σιων τὰ παιδία αὐτῆς.
9 ἐγὼ δὲ ἔδωκα τὴν προσδοκίαν[23] ταύτην,
καὶ οὐκ ἐμνήσθης[24] μου, εἶπεν κύριος.
οὐκ ἰδοὺ ἐγὼ γεννῶσαν καὶ στεῖραν[25] ἐποίησα;
εἶπεν ὁ θεός.

10 εὐφράνθητι,[26] Ιερουσαλημ,
καὶ πανηγυρίσατε[27] ἐν αὐτῇ, πάντες οἱ ἀγαπῶντες αὐτήν,
χάρητε[28] χαρᾷ,[29] πάντες ὅσοι πενθεῖτε[30] ἐπ᾽ αὐτῆς,
11 ἵνα θηλάσητε[31] καὶ ἐμπλησθῆτε[32] ἀπὸ μαστοῦ[33] παρακλήσεως[34] αὐτῆς,
ἵνα ἐκθηλάσαντες[35] τρυφήσητε[36] ἀπὸ εἰσόδου[37] δόξης αὐτῆς.

1 τρέμω, *pres act ptc nom p m*, tremble
2 βδελύσσω, *pres mid ptc dat p m*, abominate
3 εὐφροσύνη, joy, gladness
4 κἀκείνοις, and those, *cr.* καὶ ἐκεῖνος
5 αἰσχύνω, *fut pas ind 3p*, put to shame
6 κραυγή, crying
7 ἀνταποδίδωμι, *pres act ptc gen s m*, render back
8 ἀνταπόδοσις, requital, recompense
9 ἀντίκειμαι, *pres mid ptc dat p m*, oppose, resist
10 πρίν, before
11 ὠδίνω, *pres act ptc acc s f*, suffer birth pangs
12 τίκτω, *aor act inf*, give birth
13 πόνος, pain
14 ὠδίν, labor pain
15 ἐκφεύγω, *aor act ind 3s*, flee, escape
16 τίκτω, *aor act ind 3s*, give birth
17 ἄρσην, male
18 τοιοῦτος, such a (thing)
19 ὠδίνω, *impf act ind 3s*, suffer birth pangs
20 τίκτω, *aor pas ind 3s*, give birth
21 ἅπαξ, once
22 τίκτω, *aor act ind 3s*, give birth
23 προσδοκία, expectation
24 μιμνῄσκομαι, *aor pas ind 2s*, remember
25 στεῖρα, barren
26 εὐφραίνω, *aor pas impv 2s*, be glad, rejoice
27 πανηγυρίζω, *aor act impv 2p*, celebrate a festival
28 χαίρω, *aor pas impv 2p*, be glad, rejoice
29 χαρά, joy
30 πενθέω, *pres act impv 2p*, mourn
31 θηλάζω, *aor act sub 2p*, nurse
32 ἐμπίμπλημι, *aor pas impv 2p*, fill up
33 μαστός, breast
34 παράκλησις, comfort
35 ἐκθηλάζω, *aor act ptc nom p m*, suckle
36 τρυφάω, *aor act sub 2p*, delight
37 εἴσοδος, entrance

12 ὅτι τάδε[1] λέγει κύριος

Ἰδοὺ ἐγὼ ἐκκλίνω[2] εἰς αὐτοὺς ὡς ποταμὸς[3] εἰρήνης
καὶ ὡς χειμάρρους[4] ἐπικλύζων[5] δόξαν ἐθνῶν·
τὰ παιδία αὐτῶν ἐπ᾽ ὤμων[6] ἀρθήσονται
καὶ ἐπὶ γονάτων[7] παρακληθήσονται.
13 ὡς εἴ τινα μήτηρ παρακαλέσει,
οὕτως καὶ ἐγὼ παρακαλέσω ὑμᾶς,
καὶ ἐν Ιερουσαλημ παρακληθήσεσθε.
14 καὶ ὄψεσθε, καὶ χαρήσεται[8] ὑμῶν ἡ καρδία,
καὶ τὰ ὀστᾶ[9] ὑμῶν ὡς βοτάνη[10] ἀνατελεῖ·[11]
καὶ γνωσθήσεται ἡ χεὶρ κυρίου τοῖς σεβομένοις[12] αὐτόν,
καὶ ἀπειλήσει[13] τοῖς ἀπειθοῦσιν.[14]

15 Ἰδοὺ γὰρ κύριος ὡς πῦρ ἥξει[15]
καὶ ὡς καταιγὶς[16] τὰ ἅρματα[17] αὐτοῦ
ἀποδοῦναι[18] ἐν θυμῷ[19] ἐκδίκησιν[20]
καὶ ἀποσκορακισμὸν[21] ἐν φλογὶ[22] πυρός.
16 ἐν γὰρ τῷ πυρὶ κυρίου κριθήσεται πᾶσα ἡ γῆ
καὶ ἐν τῇ ῥομφαίᾳ[23] αὐτοῦ πᾶσα σάρξ·
πολλοὶ τραυματίαι[24] ἔσονται ὑπὸ κυρίου.

17 οἱ ἁγνιζόμενοι[25] καὶ καθαριζόμενοι εἰς τοὺς κήπους[26] καὶ ἐν τοῖς προθύροις[27] ἔσθοντες[28] κρέας[29] ὕειον[30] καὶ τὰ βδελύγματα[31] καὶ τὸν μῦν[32] ἐπὶ τὸ αὐτὸ ἀναλωθήσονται,[33] εἶπεν κύριος.

18 κἀγὼ[34] τὰ ἔργα αὐτῶν καὶ τὸν λογισμὸν[35] αὐτῶν ἐπίσταμαι.[36] ἔρχομαι συναγαγεῖν πάντα τὰ ἔθνη καὶ τὰς γλώσσας, καὶ ἥξουσιν[37] καὶ ὄψονται τὴν δόξαν μου. **19** καὶ

1 ὅδε, this
2 ἐκκλίνω, *pres act ind 1s*, bend down
3 ποταμός, river
4 χείμαρρος, brook
5 ἐπικλύζω, *pres act ptc nom s m*, overflow
6 ὦμος, shoulder
7 γόνυ, knee
8 χαίρω, *fut pas ind 3s*, be glad, rejoice
9 ὀστέον, bone
10 βοτάνη, plant
11 ἀνατέλλω, *fut act ind 3s*, spring up
12 σέβομαι, *pres mid ptc dat p m*, revere
13 ἀπειλέω, *fut act ind 3s*, threaten
14 ἀπειθέω, *pres act ind 3p*, disobey
15 ἥκω, *fut act ind 3s*, come
16 καταιγίς, storm
17 ἅρμα, chariot
18 ἀποδίδωμι, *aor act inf*, render
19 θυμός, wrath, fury
20 ἐκδίκησις, vengeance
21 ἀποσκορακισμός, repudiation
22 φλόξ, flame
23 ῥομφαία, sword
24 τραυματίας, casualty
25 ἁγνίζω, *pres mid ptc nom p m*, sanctify, consecrate
26 κῆπος, garden
27 πρόθυρον, porch
28 ἔσθω, *pres act ptc nom p m*, eat
29 κρέας, meat
30 ὕειος, of pigs
31 βδέλυγμα, abomination
32 μῦν, mouse
33 ἀναλίσκω, *fut pas ind 3p*, consume
34 κἀγώ, and I, *cr.* καὶ ἐγώ
35 λογισμός, deliberation, reasoning
36 ἐπίσταμαι, *pres mid ind 1s*, understand
37 ἥκω, *fut act ind 3p*, come

καταλείψω[1] ἐπ᾽ αὐτῶν σημεῖα καὶ ἐξαποστελῶ[2] ἐξ αὐτῶν σεσῳσμένους εἰς τὰ ἔθνη, εἰς Θαρσις καὶ Φουδ καὶ Λουδ καὶ Μοσοχ καὶ Θοβελ καὶ εἰς τὴν Ἑλλάδα καὶ εἰς τὰς νήσους[3] τὰς πόρρω,[4] οἳ οὐκ ἀκηκόασίν μου τὸ ὄνομα οὐδὲ ἑωράκασιν τὴν δόξαν μου, καὶ ἀναγγελοῦσίν[5] μου τὴν δόξαν ἐν τοῖς ἔθνεσιν. **20** καὶ ἄξουσιν τοὺς ἀδελφοὺς ὑμῶν ἐκ πάντων τῶν ἐθνῶν δῶρον[6] κυρίῳ μεθ᾽ ἵππων[7] καὶ ἁρμάτων[8] ἐν λαμπήναις[9] ἡμιόνων[10] μετὰ σκιαδίων[11] εἰς τὴν ἁγίαν πόλιν Ιερουσαλημ, εἶπεν κύριος, ὡς ἂν ἐνέγκαισαν[12] οἱ υἱοὶ Ισραηλ ἐμοὶ τὰς θυσίας[13] αὐτῶν μετὰ ψαλμῶν εἰς τὸν οἶκον κυρίου. **21** καὶ ἀπ᾽ αὐτῶν λήμψομαι ἐμοὶ ἱερεῖς καὶ Λευίτας, εἶπεν κύριος.

22 ὃν τρόπον[14] γὰρ ὁ οὐρανὸς καινὸς[15] καὶ ἡ γῆ καινή,
ἃ ἐγὼ ποιῶ, μένει ἐνώπιόν μου, λέγει κύριος,
οὕτως στήσεται τὸ σπέρμα ὑμῶν καὶ τὸ ὄνομα ὑμῶν.
23 καὶ ἔσται μῆνα[16] ἐκ μηνὸς καὶ σάββατον ἐκ σαββάτου
ἥξει[17] πᾶσα σὰρξ ἐνώπιόν μου προσκυνῆσαι ἐν Ιερουσαλημ,
εἶπεν κύριος.

24 καὶ ἐξελεύσονται καὶ ὄψονται τὰ κῶλα[18] τῶν ἀνθρώπων τῶν παραβεβηκότων[19] ἐν ἐμοί· ὁ γὰρ σκώληξ[20] αὐτῶν οὐ τελευτήσει,[21] καὶ τὸ πῦρ αὐτῶν οὐ σβεσθήσεται,[22] καὶ ἔσονται εἰς ὅρασιν[23] πάσῃ σαρκί.

1 καταλείπω, *fut act ind 1s*, leave
2 ἐξαποστέλλω, *fut act ind 1s*, send forth
3 νῆσος, island
4 πόρρω, far away
5 ἀναγγέλλω, *fut act ind 3p*, declare, proclaim
6 δῶρον, gift
7 ἵππος, horse
8 ἅρμα, chariot
9 λαμπήνη, covered chariot
10 ἡμίονος, mule
11 σκιάδιον, sunshade
12 φέρω, *aor act opt 3p*, bring
13 θυσία, sacrifice
14 ὃν τρόπον, in such manner
15 καινός, new
16 μήν, month
17 ἥκω, *fut act ind 3s*, come
18 κῶλον, dead body, corpse
19 παραβαίνω, *perf act ptc gen p m*, transgress
20 σκώληξ, worm
21 τελευτάω, *fut act ind 3s*, die
22 σβέννυμι, *fut pas ind 3s*, quench
23 ὅρασις, spectacle

JEREMIAH 31 [38 LXX]

A Promise of a New Covenant

Matt 2:14–18; Luke 22:19–20; 1 Cor 11:24–25;
2 Cor 3:2–6; Heb 8:6–13; 9:15–22; 10:15–18

1 Ἐν τῷ χρόνῳ ἐκείνῳ, εἶπεν κύριος, ἔσομαι εἰς θεὸν τῷ γένει[1] Ισραηλ, καὶ αὐτοὶ ἔσονταί μοι εἰς λαόν. **2** οὕτως εἶπεν κύριος

Εὗρον θερμὸν[2] ἐν ἐρήμῳ μετὰ ὀλωλότων[3] ἐν μαχαίρᾳ·[4]
  βαδίσατε[5] καὶ μὴ ὀλέσητε[6] τὸν Ισραηλ.
3 κύριος πόρρωθεν[7] ὤφθη αὐτῷ
  Ἀγάπησιν[8] αἰωνίαν ἠγάπησά σε,
  διὰ τοῦτο εἵλκυσά[9] σε εἰς οἰκτίρημα.[10]
4 ἔτι οἰκοδομήσω σε, καὶ οἰκοδομηθήσῃ,
  παρθένος[11] Ισραηλ·
ἔτι λήμψῃ τύμπανόν[12] σου
  καὶ ἐξελεύσῃ μετὰ συναγωγῆς παιζόντων.[13]
5 ἔτι φυτεύσατε[14] ἀμπελῶνας[15] ἐν ὄρεσιν Σαμαρείας,
  φυτεύσατε καὶ αἰνέσατε.[16]
6 ὅτι ἔστιν ἡμέρα κλήσεως[17] ἀπολογουμένων[18] ἐν ὄρεσιν Εφραιμ
  Ἀνάστητε καὶ ἀνάβητε εἰς Σιων πρὸς κύριον τὸν θεὸν ἡμῶν.

7 ὅτι οὕτως εἶπεν κύριος τῷ Ιακωβ
  Εὐφράνθητε[19] καὶ χρεμετίσατε[20] ἐπὶ κεφαλὴν ἐθνῶν,
ἀκουστὰ[21] ποιήσατε καὶ αἰνέσατε·[22]
  εἴπατε Ἔσωσεν κύριος τὸν λαὸν αὐτοῦ,
  τὸ κατάλοιπον[23] τοῦ Ισραηλ.

1 γένος, nation
2 θερμός, warm
3 ὄλλυμι, *perf act ptc gen p m*, perish
4 μάχαιρα, sword
5 βαδίζω, *aor act impv 2p*, go
6 ὄλλυμι, *aor act sub 2p*, cause to perish, destroy
7 πόρρωθεν, from a distance
8 ἀγάπησις, affection, love
9 ἑλκύω, *aor act ind 1s*, draw, attract
10 οἰκτίρημα, compassion
11 παρθένος, virgin, young woman
12 τύμπανον, drum
13 παίζω, *pres act ptc gen p m*, dance and sing
14 φυτεύω, *aor act impv 2p*, plant
15 ἀμπελών, vineyard
16 αἰνέω, *aor act impv 2p*, praise
17 κλῆσις, invitation, calling
18 ἀπολογέομαι, *pres mid ptc gen p m*, argue, defend
19 εὐφραίνω, *aor pas impv 2p*, be glad, rejoice
20 χρεμετίζω, *aor act impv 2p*, neigh
21 ἀκουστός, heard, audible
22 αἰνέω, *aor act impv 2p*, praise
23 κατάλοιπος, remnant

8 ἰδοὺ ἐγὼ ἄγω αὐτοὺς ἀπὸ βορρᾶ[1]
καὶ συνάξω αὐτοὺς ἀπ᾽ ἐσχάτου τῆς γῆς ἐν ἑορτῇ[2] φασεκ·[3]
καὶ τεκνοποιήσῃ[4] ὄχλον πολύν,
καὶ ἀποστρέψουσιν[5] ὧδε.[6]
9 ἐν κλαυθμῷ[7] ἐξῆλθον,
καὶ ἐν παρακλήσει[8] ἀνάξω[9] αὐτούς
αὐλίζων[10] ἐπὶ διώρυγας[11] ὑδάτων ἐν ὁδῷ ὀρθῇ,[12]
καὶ οὐ μὴ πλανηθῶσιν ἐν αὐτῇ·
ὅτι ἐγενόμην τῷ Ισραηλ εἰς πατέρα,
καὶ Εφραιμ πρωτότοκός[13] μού ἐστιν.

10 Ἀκούσατε λόγον κυρίου, ἔθνη,
καὶ ἀναγγείλατε[14] εἰς νήσους[15] τὰς μακρότερον·[16]
εἴπατε Ὁ λικμήσας[17] τὸν Ισραηλ συνάξει αὐτόν
καὶ φυλάξει αὐτὸν ὡς ὁ βόσκων[18] τὸ ποίμνιον[19] αὐτοῦ.
11 ὅτι ἐλυτρώσατο[20] κύριος τὸν Ιακωβ,
ἐξείλατο[21] αὐτὸν ἐκ χειρὸς στερεωτέρων[22] αὐτοῦ.
12 καὶ ἥξουσιν[23] καὶ εὐφρανθήσονται[24] ἐν τῷ ὄρει Σιων·
καὶ ἥξουσιν ἐπ᾽ ἀγαθὰ κυρίου,
ἐπὶ γῆν σίτου[25] καὶ οἴνου καὶ καρπῶν καὶ κτηνῶν[26] καὶ προβάτων,
καὶ ἔσται ἡ ψυχὴ αὐτῶν ὥσπερ ξύλον[27] ἔγκαρπον,[28]
καὶ οὐ πεινάσουσιν[29] ἔτι.
13 τότε χαρήσονται[30] παρθένοι[31] ἐν συναγωγῇ νεανίσκων,[32]
καὶ πρεσβῦται[33] χαρήσονται,

1 βορρᾶς, north
2 ἑορτή, feast
3 φασεκ, Passover, *translit.*
4 τεκνοποιέω, *fut mid ind 2s*, bear children
5 ἀποστρέφω, *fut act ind 3p*, return
6 ὧδε, here
7 κλαυθμός, weeping, wailing
8 παράκλησις, comfort, consolation
9 ἀνάγω, *fut act ind 1s*, bring up
10 αὐλίζω, *pres act ptc nom s m*, settle, cause to dwell
11 διῶρυξ, channel, canal
12 ὀρθός, straight
13 πρωτότοκος, firstborn
14 ἀναγγέλλω, *aor act impv 2p*, announce, declare
15 νῆσος, island
16 μακρός, *comp*, more distant
17 λικμάω, *aor act ptc nom s m*, winnow
18 βόσκω, *pres act ptc nom s m*, feed, graze
19 ποίμνιον, flock
20 λυτρόω, *aor mid ind 3s*, ransom, redeem
21 ἐξαιρέω, *aor mid ind 3s*, deliver, rescue
22 στερεός, *comp*, stronger, mightier
23 ἥκω, *fut act ind 3p*, come
24 εὐφραίνω, *fut pas ind 3p*, be glad, rejoice
25 σῖτος, grain
26 κτῆνος, animal, (*p*) herd
27 ξύλον, tree
28 ἔγκαρπος, fruitful
29 πεινάω, *fut act ind 3p*, be hungry
30 χαίρω, *fut mid ind 3p*, rejoice
31 παρθένος, virgin, young woman
32 νεανίσκος, young man
33 πρεσβύτης, old man

καὶ στρέψω[1] τὸ πένθος[2] αὐτῶν εἰς χαρμονήν[3]
καὶ ποιήσω αὐτοὺς εὐφραινομένους.[4]
14 μεγαλυνῶ[5] καὶ μεθύσω[6] τὴν ψυχὴν τῶν ἱερέων υἱῶν Λευι,
καὶ ὁ λαός μου τῶν ἀγαθῶν μου ἐμπλησθήσεται.[7]

15 Οὕτως εἶπεν κύριος

Φωνὴ ἐν Ραμα ἠκούσθη θρήνου[8]
καὶ κλαυθμοῦ[9] καὶ ὀδυρμοῦ·[10]
Ραχηλ ἀποκλαιομένη[11] οὐκ ἤθελεν παύσασθαι[12] ἐπὶ τοῖς υἱοῖς αὐτῆς,
ὅτι οὐκ εἰσίν.

16 οὕτως εἶπεν κύριος

Διαλιπέτω[13] ἡ φωνή σου ἀπὸ κλαυθμοῦ[14]
καὶ οἱ ὀφθαλμοί σου ἀπὸ δακρύων[15] σου,
ὅτι ἔστιν μισθὸς[16] τοῖς σοῖς ἔργοις,
καὶ ἐπιστρέψουσιν ἐκ γῆς ἐχθρῶν,
17 μόνιμον[17] τοῖς σοῖς[18] τέκνοις.

18 ἀκοὴν[19] ἤκουσα Εφραιμ ὀδυρομένου[20]
Ἐπαίδευσάς[21] με, καὶ ἐπαιδεύθην[22] ἐγώ·
ὥσπερ μόσχος[23] οὐκ ἐδιδάχθην·
ἐπίστρεψόν με, καὶ ἐπιστρέψω, ὅτι σὺ κύριος ὁ θεός μου.
19 ὅτι ὕστερον[24] αἰχμαλωσίας[25] μου μετενόησα[26]
καὶ ὕστερον τοῦ γνῶναί με ἐστέναξα[27] ἐφ᾽ ἡμέρας αἰσχύνης[28]
καὶ ὑπέδειξά[29] σοι ὅτι ἔλαβον ὀνειδισμὸν[30] ἐκ νεότητός[31] μου.
20 υἱὸς ἀγαπητὸς[32] Εφραιμ ἐμοί,
παιδίον ἐντρυφῶν,[33]

1 στρέφω, *fut act ind 1s*, turn, change
2 πένθος, mourning
3 χαρμονή, gladness, delight
4 εὐφραίνω, *pres pas ptc acc p m*, be glad, rejoice
5 μεγαλύνω, *fut act ind 1s*, magnify
6 μεθύω, *fut act ind 1s*, make drunk
7 ἐμπίμπλημι, *fut pas ind 3s*, fill up
8 θρῆνος, lamentation
9 κλαυθμός, weeping, wailing
10 ὀδυρμός, mourning
11 ἀποκλαίω, *pres mid ptc nom s f*, weep
12 παύω, *aor mid inf*, cease
13 διαλείπω, *aor act impv 3s*, cease, intermit
14 κλαυθμός, weeping, wailing
15 δάκρυον, tear(s)
16 μισθός, reward, wage
17 μόνιμος, stability, security
18 σός, your
19 ἀκοή, sound
20 ὀδύρομαι, *pres mid ptc gen s m*, lament
21 παιδεύω, *aor act ind 2s*, instruct, discipline
22 παιδεύω, *aor pas ind 1s*, instruct, discipline
23 μόσχος, calf
24 ὕστερον, afterward
25 αἰχμαλωσία, captivity, exile
26 μετανοέω, *aor act ind 1s*, repent
27 στενάζω, *aor act ind 1s*, sigh, groan
28 αἰσχύνη, shame
29 ὑποδείκνυμι, *aor act ind 1s*, indicate
30 ὀνειδισμός, disgrace, reproach
31 νεότης, youth
32 ἀγαπητός, beloved, unique
33 ἐντρυφάω, *pres act ptc nom s n*, delight in

ὅτι ἀνθ᾽ ὧν[1] οἱ λόγοι μου ἐν αὐτῷ,
μνείᾳ[2] μνησθήσομαι[3] αὐτοῦ·
διὰ τοῦτο ἔσπευσα[4] ἐπ᾽ αὐτῷ,
ἐλεῶν[5] ἐλεήσω[6] αὐτόν, φησὶν[7] κύριος.

21 Στῆσον σεαυτήν, Σιων, ποίησον τιμωρίαν,[8]
δὸς καρδίαν σου εἰς τοὺς ὤμους·[9]
ὁδὸν ἣν ἐπορεύθης ἀποστράφητι,[10] παρθένος[11] Ισραηλ,
ἀποστράφητι εἰς τὰς πόλεις σου πενθοῦσα.[12]
22 ἕως πότε[13] ἀποστρέψεις,[14] θυγάτηρ[15] ἠτιμωμένη;[16]
ὅτι ἔκτισεν[17] κύριος σωτηρίαν εἰς καταφύτευσιν[18] καινήν,[19]
ἐν σωτηρίᾳ περιελεύσονται[20] ἄνθρωποι.

23 οὕτως εἶπεν κύριος Ἔτι ἐροῦσιν τὸν λόγον τοῦτον ἐν γῇ Ιουδα καὶ ἐν πόλεσιν αὐτοῦ, ὅταν ἀποστρέψω[21] τὴν αἰχμαλωσίαν[22] αὐτοῦ Εὐλογημένος κύριος ἐπὶ δίκαιον ὄρος τὸ ἅγιον αὐτοῦ **24** καὶ ἐνοικοῦντες[23] ἐν ταῖς πόλεσιν Ιουδα καὶ ἐν πάσῃ τῇ γῇ αὐτοῦ ἅμα[24] γεωργῷ,[25] καὶ ἀρθήσεται ἐν ποιμνίῳ.[26] **25** ὅτι ἐμέθυσα[27] πᾶσαν ψυχὴν διψῶσαν[28] καὶ πᾶσαν ψυχὴν πεινῶσαν[29] ἐνέπλησα.[30] **26** διὰ τοῦτο ἐξηγέρθην[31] καὶ εἶδον, καὶ ὁ ὕπνος[32] μου ἡδύς[33] μοι ἐγενήθη.

27 διὰ τοῦτο ἰδοὺ ἡμέραι ἔρχονται, φησὶν[34] κύριος, καὶ σπερῶ[35] τὸν Ισραηλ καὶ τὸν Ιουδαν σπέρμα ἀνθρώπου καὶ σπέρμα κτήνους.[36] **28** καὶ ἔσται ὥσπερ ἐγρηγόρουν[37] ἐπ᾽ αὐτοὺς καθαιρεῖν[38] καὶ κακοῦν,[39] οὕτως γρηγορήσω[40] ἐπ᾽ αὐτοὺς τοῦ οἰκοδομεῖν καὶ καταφυτεύειν,[41] φησὶν[42] κύριος. **29** ἐν ταῖς ἡμέραις ἐκείναις οὐ μὴ εἴπωσιν

1 ἀνθ᾽ ὧν, because
2 μνεία, remembrance
3 μιμνῄσκομαι, *fut pas ind 1s*, remember
4 σπεύδω, *aor act ind 1s*, hasten
5 ἐλεέω, *pres act ptc nom s m*, show mercy
6 ἐλεέω, *fut act ind 1s*, show mercy
7 φημί, *pres act ind 3s*, say
8 τιμωρία, retribution
9 ὦμος, shoulder
10 ἀποστρέφω, *aor pas impv 2s*, return, turn back
11 παρθένος, virgin
12 πενθέω, *pres act ptc nom s f*, mourn
13 πότε, when
14 ἀποστρέφω, *fut act ind 2s*, turn away
15 θυγάτηρ, daughter
16 ἀτιμόω, *perf pas ptc nom s f*, dishonor
17 κτίζω, *aor act ind 3s*, establish, create
18 καταφύτευσις, planting
19 καινός, new
20 περιέρχομαι, *fut mid ind 3p*, go about
21 ἀποστρέφω, *fut act ind 1s*, turn back
22 αἰχμαλωσία, captivity
23 ἐνοικέω, *pres act ptc nom p m*, dwell, inhabit
24 ἅμα, together
25 γεωργός, farmer
26 ποίμνιον, flock
27 μεθύω, *aor act ind 1s*, make drunk
28 διψάω, *pres act ptc acc s f*, be thirsty
29 πεινάω, *pres act ptc acc s f*, be hungry
30 ἐμπίμπλημι, *aor act ind 1s*, fill up, satisfy
31 ἐξεγείρω, *aor pas ind 1s*, stir up, arise
32 ὕπνος, sleep
33 ἡδύς, pleasant, sweet
34 φημί, *pres act ind 3s*, say
35 σπείρω, *fut act ind 1s*, sow
36 κτῆνος, animal, (*p*) herd
37 γρηγορέω, *impf act ind 1s*, watch over
38 καθαιρέω, *pres act inf*, tear down
39 κακόω, *pres act inf*, afflict
40 γρηγορέω, *fut act ind 1s*, watch over
41 καταφυτεύω, *pres act inf*, plant
42 φημί, *pres act ind 3s*, say

Οἱ πατέρες ἔφαγον ὄμφακα,[1]
καὶ οἱ ὀδόντες[2] τῶν τέκνων ᾑμωδίασαν·[3]

30 ἀλλ᾽ ἢ ἕκαστος ἐν τῇ ἑαυτοῦ ἁμαρτίᾳ ἀποθανεῖται, καὶ τοῦ φαγόντος τὸν ὄμφακα[4] αἱμωδιάσουσιν[5] οἱ ὀδόντες[6] αὐτοῦ.

31 Ἰδοὺ ἡμέραι ἔρχονται, φησὶν[7] κύριος, καὶ διαθήσομαι[8] τῷ οἴκῳ Ισραηλ καὶ τῷ οἴκῳ Ιουδα διαθήκην καινήν,[9] **32** οὐ κατὰ τὴν διαθήκην, ἣν διεθέμην[10] τοῖς πατράσιν αὐτῶν ἐν ἡμέρᾳ ἐπιλαβομένου[11] μου τῆς χειρὸς αὐτῶν ἐξαγαγεῖν[12] αὐτοὺς ἐκ γῆς Αἰγύπτου, ὅτι αὐτοὶ οὐκ ἐνέμειναν[13] ἐν τῇ διαθήκῃ μου, καὶ ἐγὼ ἠμέλησα[14] αὐτῶν, φησὶν[15] κύριος· **33** ὅτι αὕτη ἡ διαθήκη, ἣν διαθήσομαι[16] τῷ οἴκῳ Ισραηλ μετὰ τὰς ἡμέρας ἐκείνας, φησὶν[17] κύριος Διδοὺς δώσω νόμους μου εἰς τὴν διάνοιαν[18] αὐτῶν καὶ ἐπὶ καρδίας αὐτῶν γράψω αὐτούς· καὶ ἔσομαι αὐτοῖς εἰς θεόν, καὶ αὐτοὶ ἔσονταί μοι εἰς λαόν· **34** καὶ οὐ μὴ διδάξωσιν ἕκαστος τὸν πολίτην[19] αὐτοῦ καὶ ἕκαστος τὸν ἀδελφὸν αὐτοῦ λέγων Γνῶθι τὸν κύριον· ὅτι πάντες εἰδήσουσίν[20] με ἀπὸ μικροῦ αὐτῶν καὶ ἕως μεγάλου αὐτῶν, ὅτι ἵλεως[21] ἔσομαι ταῖς ἀδικίαις[22] αὐτῶν καὶ τῶν ἁμαρτιῶν αὐτῶν οὐ μὴ μνησθῶ[23] ἔτι.

35 ἐὰν ὑψωθῇ[24] ὁ οὐρανὸς εἰς τὸ μετέωρον,[25] φησὶν[26] κύριος,
καὶ ἐὰν ταπεινωθῇ[27] τὸ ἔδαφος[28] τῆς γῆς κάτω,[29]
καὶ ἐγὼ οὐκ ἀποδοκιμῶ[30] τὸ γένος[31] Ισραηλ,
φησὶν[32] κύριος, περὶ πάντων, ὧν ἐποίησαν.

36 οὕτως εἶπεν κύριος ὁ δοὺς τὸν ἥλιον εἰς φῶς τῆς ἡμέρας,
σελήνην[33] καὶ ἀστέρας[34] εἰς φῶς τῆς νυκτός,

1 ὄμφαξ, unripe grape
2 ὀδούς, tooth
3 αἱμωδιάω, *aor act ind 3p*, tingle
4 ὄμφαξ, unripe grape
5 αἱμωδιάω, *fut act ind 3p*, tingle
6 ὀδούς, tooth
7 φημί, *pres act ind 3s*, say
8 διατίθημι, *fut mid ind 1s*, arrange
9 καινός, new
10 διατίθημι, *aor mid ind 1s*, arrange
11 ἐπιλαμβάνω, *aor mid ptc gen s m*, lay hold of
12 ἐξάγω, *aor act inf*, bring out
13 ἐμμένω, *aor act ind 3p*, abide by, remain true to
14 ἀμελέω, *aor act ind 1s*, neglect
15 φημί, *pres act ind 3s*, say
16 διατίθημι, *fut mid ind 1s*, arrange
17 φημί, *pres act ind 3s*, say
18 διάνοια, mind
19 πολίτης, countryman
20 οἶδα, *fut perf act ind 3p*, know
21 ἵλεως, merciful
22 ἀδικία, wrongdoing, injustice
23 μιμνῄσκομαι, *aor pas sub 1s*, remember
24 ὑψόω, *aor pas sub 3s*, lift high, raise up
25 μετέωρος, highest place
26 φημί, *pres act ind 3s*, say
27 ταπεινόω, *aor pas sub 3s*, bring low
28 ἔδαφος, floor, ground
29 κάτω, beneath, below
30 ἀποδοκιμάζω, *fut act ind 1s*, reject as unworthy
31 γένος, nation, race
32 φημί, *pres act ind 3s*, say
33 σελήνη, moon
34 ἀστήρ, star

καὶ κραυγὴν[1] ἐν θαλάσσῃ καὶ ἐβόμβησεν[2] τὰ κύματα[3] αὐτῆς,
κύριος παντοκράτωρ[4] ὄνομα αὐτῷ

37 Ἐὰν παύσωνται[5] οἱ νόμοι οὗτοι
ἀπὸ προσώπου μου, φησὶν[6] κύριος,
καὶ τὸ γένος[7] Ισραηλ παύσεται[8] γενέσθαι ἔθνος
κατὰ πρόσωπόν μου πάσας τὰς ἡμέρας.

38 ἰδοὺ ἡμέραι ἔρχονται, φησὶν[9] κύριος, καὶ οἰκοδομηθήσεται πόλις τῷ κυρίῳ ἀπὸ πύργου[10] Αναμεηλ ἕως πύλης[11] τῆς γωνίας·[12] **39** καὶ ἐξελεύσεται ἡ διαμέτρησις[13] αὐτῆς ἀπέναντι[14] αὐτῶν ἕως βουνῶν[15] Γαρηβ καὶ περικυκλωθήσεται[16] κύκλῳ[17] ἐξ ἐκλεκτῶν[18] λίθων· **40** καὶ πάντες ασαρημωθ[19] ἕως ναχαλ[20] Κεδρων ἕως γωνίας[21] πύλης[22] ἵππων[23] ἀνατολῆς[24] ἁγίασμα[25] τῷ κυρίῳ καὶ οὐκέτι οὐ μὴ ἐκλίπῃ[26] καὶ οὐ μὴ καθαιρεθῇ[27] ἕως τοῦ αἰῶνος.

1 κραυγή, crying
2 βομβέω, *aor act ind 3s*, make a booming noise
3 κῦμα, wave
4 παντοκράτωρ, almighty
5 παύω, *aor mid sub 3p*, cease
6 φημί, *pres act ind 3s*, say
7 γένος, nation, race
8 παύω, *fut mid ind 3s*, cease
9 φημί, *pres act ind 3s*, say
10 πύργος, tower
11 πύλη, gate
12 γωνία, corner
13 διαμέτρησις, measurement
14 ἀπέναντι, before
15 βουνός, hill
16 περικυκλόω, *fut pas ind 3s*, encircle, surround
17 κύκλῳ, all around
18 ἐκλεκτός, choice
19 ασαρημωθ, (fields?), *translit.*
20 ναχαλ, river, *translit.*
21 γωνία, corner
22 πύλη, gate
23 ἵππος, horse
24 ἀνατολή, east
25 ἁγίασμα, sanctuary
26 ἐκλείπω, *aor act sub 3s*, cease, fail
27 καθαιρέω, *aor pas sub 3s*, remove, tear down

JEREMIAH 52

Recollection of the Fall of Jerusalem and Exile 1

1 Ὄντος εἰκοστοῦ[1] καὶ ἑνὸς ἔτους Σεδεκιου ἐν τῷ βασιλεύειν[2] αὐτόν, καὶ ἕνδεκα[3] ἔτη ἐβασίλευσεν[4] ἐν Ιερουσαλημ, καὶ ὄνομα τῇ μητρὶ αὐτοῦ Αμιταал θυγάτηρ[5] Ιερεμιου ἐκ Λοβενα, **4** καὶ ἐγένετο ἐν τῷ ἔτει τῷ ἐνάτῳ[6] τῆς βασιλείας αὐτοῦ ἐν μηνὶ[7] τῷ δεκάτῳ[8] δεκάτῃ τοῦ μηνὸς ἦλθεν Ναβουχοδονοσορ βασιλεὺς Βαβυλῶνος καὶ πᾶσα ἡ δύναμις αὐτοῦ ἐπὶ Ιερουσαλημ καὶ περιεχαράκωσαν[9] αὐτὴν καὶ περιῳκοδόμησαν[10] αὐτὴν τετραπέδοις[11] λίθοις κύκλῳ.[12] **5** καὶ ἦλθεν ἡ πόλις εἰς συνοχὴν[13] ἕως ἑνδεκάτου[14] ἔτους τῷ βασιλεῖ Σεδεκια· **6** ἐν τῇ ἐνάτῃ[15] τοῦ μηνὸς[16] καὶ ἐστερεώθη[17] ὁ λιμὸς[18] ἐν τῇ πόλει, καὶ οὐκ ἦσαν ἄρτοι τῷ λαῷ τῆς γῆς. **7** καὶ διεκόπη[19] ἡ πόλις, καὶ πάντες οἱ ἄνδρες οἱ πολεμισταὶ[20] ἐξῆλθον νυκτὸς κατὰ τὴν ὁδὸν τῆς πύλης[21] ἀνὰ μέσον[22] τοῦ τείχους[23] καὶ τοῦ προτειχίσματος,[24] ὃ ἦν κατὰ τὸν κῆπον[25] τοῦ βασιλέως, καὶ οἱ Χαλδαῖοι ἐπὶ τῆς πόλεως κύκλῳ.[26] καὶ ἐπορεύθησαν ὁδὸν τὴν εἰς Αραβα, **8** καὶ κατεδίωξεν[27] ἡ δύναμις τῶν Χαλδαίων ὀπίσω τοῦ βασιλέως καὶ κατέλαβον[28] αὐτὸν ἐν τῷ πέραν[29] Ιεριχω, καὶ πάντες οἱ παῖδες[30] αὐτοῦ διεσπάρησαν[31] ἀπ᾽ αὐτοῦ. **9** καὶ συνέλαβον[32] τὸν βασιλέα καὶ ἤγαγον αὐτὸν πρὸς τὸν βασιλέα Βαβυλῶνος εἰς Δεβλαθα, καὶ ἐλάλησεν αὐτῷ μετὰ κρίσεως· **10** καὶ ἔσφαξεν[33] βασιλεὺς Βαβυλῶνος τοὺς υἱοὺς Σεδεκιου κατ᾽ ὀφθαλμοὺς αὐτοῦ, καὶ πάντας τοὺς ἄρχοντας Ιουδα ἔσφαξεν ἐν Δεβλαθα· **11** καὶ τοὺς ὀφθαλμοὺς Σεδεκιου ἐξετύφλωσεν[34] καὶ ἔδησεν[35] αὐτὸν ἐν πέδαις,[36] καὶ ἤγαγεν αὐτὸν βασιλεὺς Βαβυλῶνος εἰς Βαβυλῶνα καὶ ἔδωκεν αὐτὸν εἰς οἰκίαν μυλῶνος[37] ἕως ἡμέρας ἧς ἀπέθανεν.

1 εἰκοστός, twentieth
2 βασιλεύω, *pres act inf*, reign as king
3 ἕνδεκα, eleven
4 βασιλεύω, *aor act ind 3s*, reign as king
5 θυγάτηρ, daughter
6 ἔνατος, ninth
7 μήν, month
8 δέκατος, tenth
9 περιχαρακόω, *aor act ind 3p*, besiege
10 περιοικοδομέω, *aor act ind 3p*, build ramparts around
11 τετράπεδος, four-sided
12 κύκλῳ, all around
13 συνοχή, siege, distress
14 ἑνδέκατος, eleventh
15 ἔνατος, ninth
16 μήν, month
17 στερεόω, *aor pas ind 3s*, be severe
18 λιμός, famine, hunger
19 διακόπτω, *aor pas ind 3s*, breach
20 πολεμιστής, warrior
21 πύλη, gate
22 ἀνὰ μέσον, by means of
23 τεῖχος, city wall
24 προτείχισμα, outer fortification
25 κῆπος, orchard
26 κύκλῳ, all around
27 καταδιώκω, *aor act ind 3s*, pursue
28 καταλαμβάνω, *aor act ind 3p*, overtake, capture
29 πέραν, on the other side
30 παῖς, servant
31 διασπείρω, *aor pas ind 3p*, scatter
32 συλλαμβάνω, *aor act ind 3p*, lay hold of, arrest
33 σφάζω, *aor act ind 3s*, slaughter
34 ἐκτυφλόω, *aor act ind 3s*, make blind
35 δέω, *aor act ind 3s*, bind
36 πέδη, fetter, shackle
37 μυλών, milling, grinding

12 Καὶ ἐν μηνὶ[1] πέμπτῳ[2] δεκάτῃ[3] τοῦ μηνὸς ἦλθεν Ναβουζαρδαν ὁ ἀρχιμάγειρος[4] ὁ ἑστηκὼς κατὰ πρόσωπον τοῦ βασιλέως Βαβυλῶνος εἰς Ιερουσαλημ. **13** καὶ ἐνέπρησεν[5] τὸν οἶκον κυρίου καὶ τὸν οἶκον τοῦ βασιλέως καὶ πάσας τὰς οἰκίας τῆς πόλεως, καὶ πᾶσαν οἰκίαν μεγάλην ἐνέπρησεν ἐν πυρί. **14** καὶ πᾶν τεῖχος[6] Ιερουσαλημ κύκλῳ[7] καθεῖλεν[8] ἡ δύναμις τῶν Χαλδαίων ἡ μετὰ τοῦ ἀρχιμαγείρου.[9] **16** καὶ τοὺς καταλοίπους[10] τοῦ λαοῦ κατέλιπεν[11] ὁ ἀρχιμάγειρος[12] εἰς ἀμπελουργοὺς[13] καὶ εἰς γεωργούς.[14]

17 καὶ τοὺς στύλους[15] τοὺς χαλκοῦς[16] τοὺς ἐν οἴκῳ κυρίου καὶ τὰς βάσεις[17] καὶ τὴν θάλασσαν τὴν χαλκῆν τὴν ἐν οἴκῳ κυρίου συνέτριψαν[18] οἱ Χαλδαῖοι καὶ ἔλαβον τὸν χαλκὸν αὐτῶν καὶ ἀπήνεγκαν[19] εἰς Βαβυλῶνα. **18** καὶ τὴν στεφάνην[20] καὶ τὰς φιάλας[21] καὶ τὰς κρεάγρας[22] καὶ πάντα τὰ σκεύη[23] τὰ χαλκᾶ,[24] ἐν οἷς ἐλειτούργουν[25] ἐν αὐτοῖς, **19** καὶ τὰ σαφφωθ[26] καὶ τὰ μασμαρωθ[27] καὶ τοὺς ὑποχυτῆρας[28] καὶ τὰς λυχνίας[29] καὶ τὰς θυίσκας[30] καὶ τοὺς κυάθους,[31] ἃ ἦν χρυσᾶ[32] χρυσᾶ καὶ ἃ ἦν ἀργυρᾶ[33] ἀργυρᾶ, ἔλαβεν ὁ ἀρχιμάγειρος.[34] **20** καὶ οἱ στῦλοι[35] δύο καὶ ἡ θάλασσα μία καὶ οἱ μόσχοι[36] δώδεκα[37] χαλκοῖ[38] ὑποκάτω[39] τῆς θαλάσσης, ἃ ἐποίησεν ὁ βασιλεὺς Σαλωμων εἰς οἶκον κυρίου· οὐκ ἦν σταθμὸς[40] τοῦ χαλκοῦ αὐτῶν. **21** καὶ οἱ στῦλοι,[41] τριάκοντα[42] πέντε πηχῶν[43] ὕψος[44] τοῦ στύλου τοῦ ἑνός, καὶ σπαρτίον[45] δώδεκα[46] πήχεων περιεκύκλου[47] αὐτόν, καὶ τὸ πάχος[48] αὐτοῦ δακτύλων[49] τεσσάρων[50] κύκλῳ,[51]

1 μήν, month
2 πέμπτος, fifth
3 δέκατος, tenth
4 ἀρχιμάγειρος, chief of the royal guard
5 ἐμπίμπρημι, *aor act ind 3s*, set on fire
6 τεῖχος, city wall
7 κύκλῳ, all around
8 καθαιρέω, *aor act ind 3s*, tear down
9 ἀρχιμάγειρος, chief of the royal guard
10 κατάλοιπος, remnant
11 καταλείπω, *aor act ind 3s*, leave behind
12 ἀρχιμάγειρος, chief of the royal guard
13 ἀμπελουργός, vinedresser
14 γεωργός, farmer
15 στῦλος, pillar
16 χαλκοῦς, bronze
17 βάσις, base
18 συντρίβω, *aor act ind 3p*, break in pieces
19 ἀποφέρω, *aor act ind 3p*, carry away
20 στεφάνη, molding, rim
21 φιάλη, shallow bowl, cup
22 κρεάγρα, meat hook
23 σκεῦος, equipment, vessel
24 χαλκοῦς, bronze
25 λειτουργέω, *impf act ind 3p*, minister
26 σαφφωθ, basins?, *translit.*
27 μασμαρωθ, snuffers?, *translit.*
28 ὑποχύτηρ, pitcher
29 λυχνία, lampstand
30 θυίσκας, censer
31 κύαθος, cup, ladle
32 χρυσοῦς, gold
33 ἀργυροῦς, silver
34 ἀρχιμάγειρος, chief of the royal guard
35 στῦλος, pillar
36 μόσχος, calf
37 δώδεκα, twelve
38 χαλκοῦς, bronze
39 ὑποκάτω, beneath, under
40 σταθμός, weighing
41 στῦλος, pillar
42 τριάκοντα, thirty
43 πῆχυς, cubit
44 ὕψος, high
45 σπαρτίον, measuring cord
46 δώδεκα, twelve
47 περικυκλόω, *impf act ind 3s*, encircle
48 πάχος, thickness
49 δάκτυλος, finger's breadth
50 τέσσαρες, four
51 κύκλῳ, around

22 καὶ γεῖσος[1] ἐπ' αὐτοῖς χαλκοῦν,[2] καὶ πέντε πήχεων[3] τὸ μῆκος[4] ὑπεροχὴ[5] τοῦ γείσους τοῦ ἑνός, καὶ δίκτυον[6] καὶ ῥόαι[7] ἐπὶ τοῦ γείσους κύκλῳ,[8] τὰ πάντα χαλκᾶ· καὶ κατὰ ταῦτα τῷ στύλῳ[9] τῷ δευτέρῳ, ὀκτὼ[10] ῥόαι τῷ πήχει τοῖς δώδεκα[11] πήχεσιν. **23** καὶ ἦσαν αἱ ῥόαι[12] ἐνενήκοντα[13] ἓξ[14] τὸ ἓν μέρος, καὶ ἦσαν αἱ πᾶσαι ῥόαι ἐπὶ τοῦ δικτύου[15] κύκλῳ[16] ἑκατόν.[17]

24 καὶ ἔλαβεν ὁ ἀρχιμάγειρος[18] τὸν ἱερέα τὸν πρῶτον καὶ τὸν ἱερέα τὸν δευτερεύοντα[19] καὶ τοὺς τρεῖς τοὺς φυλάττοντας[20] τὴν ὁδὸν **25** καὶ εὐνοῦχον[21] ἕνα, ὃς ἦν ἐπιστάτης[22] τῶν ἀνδρῶν τῶν πολεμιστῶν,[23] καὶ ἑπτὰ ἄνδρας ὀνομαστοὺς[24] τοὺς ἐν προσώπῳ τοῦ βασιλέως τοὺς εὑρεθέντας ἐν τῇ πόλει καὶ τὸν γραμματέα[25] τῶν δυνάμεων τὸν γραμματεύοντα[26] τῷ λαῷ τῆς γῆς καὶ ἑξήκοντα[27] ἀνθρώπους ἐκ τοῦ λαοῦ τῆς γῆς τοὺς εὑρεθέντας ἐν μέσῳ τῆς πόλεως· **26** καὶ ἔλαβεν αὐτοὺς Ναβουζαρδαν ὁ ἀρχιμάγειρος[28] καὶ ἤγαγεν αὐτοὺς πρὸς βασιλέα Βαβυλῶνος εἰς Δεβλαθα, **27** καὶ ἐπάταξεν[29] αὐτοὺς βασιλεὺς Βαβυλῶνος ἐν Δεβλαθα ἐν γῇ Αιμαθ.

31 Καὶ ἐγένετο ἐν τῷ τριακοστῷ[30] καὶ ἑβδόμῳ[31] ἔτει ἀποικισθέντος[32] τοῦ Ιωακιμ βασιλέως Ιουδα ἐν τῷ δωδεκάτῳ[33] μηνὶ[34] ἐν τῇ τετράδι[35] καὶ εἰκάδι[36] τοῦ μηνὸς ἔλαβεν Ουλαιμαραδαχ βασιλεὺς Βαβυλῶνος ἐν τῷ ἐνιαυτῷ,[37] ᾧ ἐβασίλευσεν,[38] τὴν κεφαλὴν Ιωακιμ βασιλέως Ιουδα καὶ ἐξήγαγεν[39] αὐτὸν ἐξ οἰκίας, ἧς ἐφυλάττετο·[40] **32** καὶ ἐλάλησεν αὐτῷ χρηστὰ[41] καὶ ἔδωκεν τὸν θρόνον αὐτοῦ ἐπάνω[42] τῶν θρόνων τῶν βασιλέων τῶν μετ' αὐτοῦ ἐν Βαβυλῶνι· **33** καὶ ἤλλαξεν[43] τὴν στολὴν[44] τῆς φυλακῆς αὐτοῦ καὶ ἤσθιεν ἄρτον διὰ παντὸς κατὰ πρόσωπον αὐτοῦ πάσας τὰς ἡμέρας, ἃς ἔζησεν· **34** καὶ ἡ σύνταξις[45] αὐτῷ ἐδίδοτο διὰ παντὸς παρὰ τοῦ βασιλέως Βαβυλῶνος ἐξ ἡμέρας εἰς ἡμέραν ἕως ἡμέρας, ἧς ἀπέθανεν.

1 γεῖσος, cornice
2 χαλκοῦς, bronze
3 πῆχυς, cubit
4 μῆκος, length
5 ὑπεροχή, excess
6 δίκτυον, lattice
7 ῥόα, pomegranate
8 κύκλῳ, around
9 στῦλος, pillar
10 ὀκτώ, eight
11 δώδεκα, twelve
12 ῥόα, pomegranate
13 ἐνενήκοντα, ninety
14 ἕξ, six
15 δίκτυον, lattice
16 κύκλῳ, all around
17 ἑκατόν, one hundred
18 ἀρχιμάγειρος, chief of the royal guard
19 δευτερεύω, *pres act ptc acc s m*, rank second
20 φυλάττω (σσ), *pres act ptc acc p m*, guard
21 εὐνοῦχος, eunuch
22 ἐπιστάτης, overseer
23 πολεμιστής, warrior
24 ὀνομαστός, renowned
25 γραμματεύς, scribe
26 γραμματεύω, *pres act ptc acc s m*, serve as scribe
27 ἑξήκοντα, sixty
28 ἀρχιμάγειρος, chief of the royal guard
29 πατάσσω, *aor act ind 3s*, strike, smite
30 τριακοστός, thirtieth
31 ἕβδομος, seventh
32 ἀποικίζω, *aor pas ptc gen s m*, send into exile
33 δωδέκατος, twelfth
34 μήν, month
35 τετράς, fourth
36 εἰκάς, twentieth
37 ἐνιαυτός, year
38 βασιλεύω, *aor act ind 3s*, become king
39 ἐξάγω, *aor act ind 3s*, bring out
40 φυλάττω (σσ), *impf pas ind 3s*, guard
41 χρηστός, kind
42 ἐπάνω, above
43 ἀλλάσσω, *aor act ind 3s*, exchange
44 στολή, garment
45 σύνταξις, portion, allowance

BARUCH 4

Israel's Restoration from Exile

5

1 αὕτη ἡ βίβλος τῶν προσταγμάτων[1] τοῦ θεοῦ
καὶ ὁ νόμος ὁ ὑπάρχων εἰς τὸν αἰῶνα·
πάντες οἱ κρατοῦντες αὐτῆς εἰς ζωήν,
οἱ δὲ καταλείποντες[2] αὐτὴν ἀποθανοῦνται.
2 ἐπιστρέφου, Ιακωβ, καὶ ἐπιλαβοῦ[3] αὐτῆς,
διόδευσον[4] πρὸς τὴν λάμψιν[5] κατέναντι[6] τοῦ φωτὸς αὐτῆς.
3 μὴ δῷς ἑτέρῳ τὴν δόξαν σου
καὶ τὰ συμφέροντά[7] σοι ἔθνει ἀλλοτρίῳ.[8]
4 μακάριοί[9] ἐσμεν, Ισραηλ,
ὅτι τὰ ἀρεστὰ[10] τῷ θεῷ ἡμῖν γνωστά[11] ἐστιν.

5 Θαρσεῖτε,[12] λαός μου,
μνημόσυνον[13] Ισραηλ.
6 ἐπράθητε[14] τοῖς ἔθνεσιν οὐκ εἰς ἀπώλειαν,[15]
διὰ δὲ τὸ παροργίσαι[16] ὑμᾶς τὸν θεόν
παρεδόθητε τοῖς ὑπεναντίοις·[17]
7 παρωξύνατε[18] γὰρ τὸν ποιήσαντα ὑμᾶς
θύσαντες[19] δαιμονίοις[20] καὶ οὐ θεῷ.
8 ἐπελάθεσθε[21] δὲ τὸν τροφεύσαντα[22] ὑμᾶς θεὸν αἰώνιον,
ἐλυπήσατε[23] δὲ καὶ τὴν ἐκθρέψασαν[24] ὑμᾶς Ιερουσαλημ·
9 εἶδεν γὰρ τὴν ἐπελθοῦσαν[25] ὑμῖν ὀργὴν παρὰ τοῦ θεοῦ
καὶ εἶπεν Ἀκούσατε, αἱ πάροικοι[26] Σιων,
ἐπήγαγέν[27] μοι ὁ θεὸς πένθος[28] μέγα·

1 πρόσταγμα, ordinance
2 καταλείπω, *pres act ptc nom p m*, desert, forsake
3 ἐπιλαμβάνω, *aor mid impv 2s*, lay hold of
4 διοδεύω, *aor act impv 2s*, pass through
5 λάμψις, shining, light
6 κατέναντι, in the presence of
7 συμφέρω, *pres act ptc acc p n*, profit, benefit
8 ἀλλότριος, foreign, strange
9 μακάριος, blessed, happy
10 ἀρεστός, pleasing
11 γνωστός, known
12 θαρσέω, *pres act impv 2p*, take courage
13 μνημόσυνον, remembrance
14 πιπράσκω, *aor pas ind 2p*, sell
15 ἀπώλεια, destruction
16 παροργίζω, *aor act inf*, provoke to anger
17 ὑπεναντίος, enemy
18 παροξύνω, *aor act ind 2p*, provoke
19 θύω, *aor act ptc nom p m*, sacrifice
20 δαιμόνιον, demon
21 ἐπιλανθάνω, *aor mid ind 2p*, forget
22 τροφεύω, *aor act ptc acc s m*, nurse
23 λυπέω, *aor act ind 2p*, cause grief
24 ἐκτρέφω, *aor act ptc acc s f*, bring up from childhood
25 ἐπέρχομαι, *aor act ptc acc s f*, come upon
26 πάροικος, neighbor
27 ἐπάγω, *aor act ind 3s*, bring upon
28 πένθος, mourning, sorrow

10 εἶδον γὰρ τὴν αἰχμαλωσίαν[1] τῶν υἱῶν μου καὶ τῶν θυγατέρων,[2]
ἣν ἐπήγαγεν[3] αὐτοῖς ὁ αἰώνιος·
11 ἔθρεψα[4] γὰρ αὐτοὺς μετ᾽ εὐφροσύνης,[5]
ἐξαπέστειλα[6] δὲ μετὰ κλαυθμοῦ[7] καὶ πένθους.[8]
12 μηδεὶς ἐπιχαιρέτω[9] μοι
τῇ χήρᾳ[10] καὶ καταλειφθείσῃ[11] ὑπὸ πολλῶν·
ἠρημώθην[12] διὰ τὰς ἁμαρτίας τῶν τέκνων μου,
διότι[13] ἐξέκλιναν[14] ἐκ νόμου θεοῦ,
13 δικαιώματα[15] δὲ αὐτοῦ οὐκ ἔγνωσαν
οὐδὲ ἐπορεύθησαν ὁδοῖς ἐντολῶν θεοῦ
οὐδὲ τρίβους[16] παιδείας[17] ἐν δικαιοσύνῃ αὐτοῦ ἐπέβησαν.[18]
14 ἐλθάτωσαν αἱ πάροικοι[19] Σιων,
καὶ μνήσθητε[20] τὴν αἰχμαλωσίαν[21] τῶν υἱῶν μου καὶ θυγατέρων,[22]
ἣν ἐπήγαγεν[23] αὐτοῖς ὁ αἰώνιος·
15 ἐπήγαγεν[24] γὰρ ἐπ᾽ αὐτοὺς ἔθνος μακρόθεν,[25]
ἔθνος ἀναιδὲς[26] καὶ ἀλλόγλωσσον,[27]
οἳ οὐκ ᾐσχύνθησαν[28] πρεσβύτην[29]
οὐδὲ παιδίον ἠλέησαν[30]
16 καὶ ἀπήγαγον[31] τοὺς ἀγαπητοὺς[32] τῆς χήρας[33]
καὶ ἀπὸ τῶν θυγατέρων[34] τὴν μόνην ἠρήμωσαν.[35]

17 ἐγὼ δὲ τί δυνατὴ βοηθῆσαι[36] ὑμῖν;
18 ὁ γὰρ ἐπαγαγὼν[37] τὰ κακὰ ὑμῖν
ἐξελεῖται[38] ὑμᾶς ἐκ χειρὸς ἐχθρῶν ὑμῶν.

1 αἰχμαλωσία, captivity
2 θυγάτηρ, daughter
3 ἐπάγω, *aor act ind 3s*, bring upon
4 τρέφω, *aor act ind 1s*, nourish, rear
5 εὐφροσύνη, gladness, joy
6 ἐξαποστέλλω, *aor act ind 1s*, send away
7 κλαυθμός, weeping
8 πένθος, mourning, sorrow
9 ἐπιχαίρω, *pres act impv 3s*, rejoice
10 χήρα, widow
11 καταλείπω, *aor pas ptc dat s f*, abandon
12 ἐρημόω, *aor pas ind 1s*, make desolate
13 διότι, for, because
14 ἐκκλίνω, *aor act ind 3p*, turn aside from
15 δικαίωμα, ordinance
16 τρίβος, path
17 παιδεία, discipline, instruction
18 ἐπιβαίνω, *aor act ind 3p*, walk upon
19 πάροικος, neighbor
20 μιμνῄσκομαι, *aor pas impv 2p*, remember
21 αἰχμαλωσία, captivity
22 θυγάτηρ, daughter
23 ἐπάγω, *aor act ind 3s*, bring upon
24 ἐπάγω, *aor act ind 3s*, bring upon
25 μακρόθεν, from far away
26 ἀναιδής, shameless
27 ἀλλόγλωσσος, speaking a foreign language
28 αἰσχύνω, *aor pas ind 3p*, feel shame before
29 πρεσβύτης, old man
30 ἐλεέω, *aor act ind 3p*, show mercy
31 ἀπάγω, *aor act ind 3p*, lead away
32 ἀγαπητός, beloved
33 χήρα, widow
34 θυγάτηρ, daughter
35 ἐρημόω, *aor act ind 3p*, make desolate
36 βοηθέω, *aor act inf*, aid, help
37 ἐπάγω, *aor act ptc nom s m*, bring upon
38 ἐξαιρέω, *fut mid ind 3s*, deliver, rescue

19 βαδίζετε,[1] τέκνα, βαδίζετε,
ἐγὼ γὰρ κατελείφθην[2] ἔρημος·

20 ἐξεδυσάμην[3] τὴν στολὴν[4] τῆς εἰρήνης,
ἐνεδυσάμην[5] δὲ σάκκον[6] τῆς δεήσεώς[7] μου,
κεκράξομαι πρὸς τὸν αἰώνιον ἐν ταῖς ἡμέραις μου.

21 θαρσεῖτε,[8] τέκνα, βοήσατε[9] πρὸς τὸν θεόν,
καὶ ἐξελεῖται[10] ὑμᾶς ἐκ δυναστείας,[11] ἐκ χειρὸς ἐχθρῶν.

22 ἐγὼ γὰρ ἤλπισα ἐπὶ τῷ αἰωνίῳ τὴν σωτηρίαν ὑμῶν,
καὶ ἦλθέν μοι χαρὰ[12] παρὰ τοῦ ἁγίου ἐπὶ τῇ ἐλεημοσύνῃ,[13]
ἣ ἥξει[14] ὑμῖν ἐν τάχει[15] παρὰ τοῦ αἰωνίου σωτῆρος[16] ὑμῶν.

23 ἐξέπεμψα[17] γὰρ ὑμᾶς μετὰ πένθους[18] καὶ κλαυθμοῦ,[19]
ἀποδώσει δέ μοι ὁ θεὸς ὑμᾶς μετὰ χαρμοσύνης[20]
καὶ εὐφροσύνης[21] εἰς τὸν αἰῶνα.

24 ὥσπερ γὰρ νῦν ἑωράκασιν αἱ πάροικοι[22] Σιων τὴν ὑμετέραν[23]
αἰχμαλωσίαν,[24]
οὕτως ὄψονται ἐν τάχει[25] τὴν παρὰ τοῦ θεοῦ ὑμῶν σωτηρίαν,
ἣ ἐπελεύσεται[26] ὑμῖν μετὰ δόξης μεγάλης
καὶ λαμπρότητος[27] τοῦ αἰωνίου.

25 τέκνα, μακροθυμήσατε[28] τὴν παρὰ τοῦ θεοῦ ἐπελθοῦσαν[29] ὑμῖν ὀργήν·
κατεδίωξέν[30] σε ὁ ἐχθρός σου,
καὶ ὄψει[31] αὐτοῦ τὴν ἀπώλειαν[32] ἐν τάχει[33]
καὶ ἐπὶ τραχήλους[34] αὐτῶν ἐπιβήσῃ.[35]

1 βαδίζω, *pres act impv 2p*, go, walk
2 καταλείπω, *aor pas ind 1s*, leave, forsake
3 ἐκδύω, *aor mid ind 1s*, take off
4 στολή, garment
5 ἐνδύω, *aor mid ind 1s*, put on
6 σάκκος, sackcloth, *Heb. LW*
7 δέησις, supplication, entreaty
8 θαρσέω, *pres act impv 2p*, take courage
9 βοάω, *aor act impv 2p*, cry out
10 ἐξαιρέω, *fut mid ind 3s*, rescue, deliver
11 δυναστεία, lordship, domination
12 χαρά, joy
13 ἐλεημοσύνη, mercy
14 ἥκω, *fut act ind 3s*, come
15 τάχος, quickly
16 σωτήρ, savior
17 ἐκπέμπω, *aor act ind 1s*, send forth, dispatch
18 πένθος, mourning, sorrow
19 κλαυθμός, weeping
20 χαρμοσύνη, delight
21 εὐφροσύνη, gladness, joy
22 πάροικος, neighbor
23 ὑμέτερος, your
24 αἰχμαλωσία, captivity
25 τάχος, quickly
26 ἐπέρχομαι, *fut mid ind 3s*, come upon
27 λαμπρότης, splendor
28 μακροθυμέω, *aor act impv 2p*, wait patiently for
29 ἐπέρχομαι, *aor act ptc acc s f*, come upon
30 καταδιώκω, *aor act ind 3s*, pursue closely
31 ὄψις, appearance, countenance
32 ἀπώλεια, destruction
33 τάχος, quickly
34 τράχηλος, neck
35 ἐπιβαίνω, *aor mid sub 2s*, tread upon

26 οἱ τρυφεροί[1] μου ἐπορεύθησαν ὁδοὺς τραχείας,[2]
ἤρθησαν[3] ὡς ποίμνιον[4] ἡρπασμένον[5] ὑπὸ ἐχθρῶν.

27 θαρσήσατε,[6] τέκνα, καὶ βοήσατε[7] πρὸς τὸν θεόν,
ἔσται γὰρ ὑμῶν ὑπὸ τοῦ ἐπάγοντος[8] μνεία.[9]
28 ὥσπερ γὰρ ἐγένετο ἡ διάνοια[10] ὑμῶν εἰς τὸ πλανηθῆναι ἀπὸ τοῦ θεοῦ,
δεκαπλασιάσατε[11] ἐπιστραφέντες ζητῆσαι αὐτόν.
29 ὁ γὰρ ἐπαγαγὼν[12] ὑμῖν τὰ κακὰ
ἐπάξει[13] ὑμῖν τὴν αἰώνιον εὐφροσύνην[14] μετὰ τῆς σωτηρίας ὑμῶν.

30 Θάρσει,[15] Ιερουσαλημ,
παρακαλέσει σε ὁ ὀνομάσας[16] σε.
31 δείλαιοι[17] οἱ σὲ κακώσαντες[18]
καὶ ἐπιχαρέντες[19] τῇ σῇ[20] πτώσει,[21]
32 δείλαιαι[22] αἱ πόλεις αἷς ἐδούλευσαν[23] τὰ τέκνα σου,
δειλαία ἡ δεξαμένη[24] τοὺς υἱούς σου.
33 ὥσπερ γὰρ ἐχάρη[25] ἐπὶ τῇ σῇ[26] πτώσει[27]
καὶ εὐφράνθη[28] ἐπὶ τῷ πτώματί[29] σου,
οὕτως λυπηθήσεται[30] ἐπὶ τῇ ἑαυτῆς ἐρημίᾳ.[31]
34 καὶ περιελῶ[32] αὐτῆς τὸ ἀγαλλίαμα[33] τῆς πολυοχλίας,[34]
καὶ τὸ ἀγαυρίαμα[35] αὐτῆς ἔσται εἰς πένθος.[36]
35 πῦρ γὰρ ἐπελεύσεται[37] αὐτῇ παρὰ τοῦ αἰωνίου εἰς ἡμέρας μακράς,[38]
καὶ κατοικηθήσεται ὑπὸ δαιμονίων[39] τὸν πλείονα[40] χρόνον.

1 τρυφερός, delicate, comfortable
2 τραχύς, rough, uneven
3 αἴρω, *aor pas ind 3p*, remove, take away
4 ποίμνιον, flock
5 ἁρπάζω, *perf pas ptc nom s n*, snatch away
6 θαρσέω, *aor act impv 2p*, take courage
7 βοάω, *aor act impv 2p*, cry out
8 ἐπάγω, *pres act ptc gen s m*, bring upon
9 μνεία, remembrance
10 διάνοια, intention, thought
11 δεκαπλασιάζω, *aor act impv 2p*, multiply by ten
12 ἐπάγω, *aor act ptc nom s m*, bring upon
13 ἐπάγω, *fut act ind 3s*, bring upon
14 εὐφροσύνη, gladness, joy
15 θαρσέω, *pres act impv 2s*, take courage
16 ὀνομάζω, *aor act ptc nom s m*, name
17 δείλαιος, wretched
18 κακόω, *aor act ptc nom p m*, mistreat, harm
19 ἐπιχαίρω, *aor pas ptc nom p m*, rejoice
20 σός, your
21 πτῶσις, falling, calamity
22 δείλαιος, wretched
23 δουλεύω, *aor act ind 3p*, serve
24 δέχομαι, *aor mid ptc nom s f*, receive
25 χαίρω, *aor pas ind 3s*, rejoice
26 σός, your
27 πτῶσις, falling, calamity
28 εὐφραίνω, *aor pas ind 3s*, be glad, rejoice
29 πτῶμα, misfortune, disaster
30 λυπέω, *fut pas ind 3s*, grieve, mourn
31 ἐρημία, desolation, loneliness
32 περιαιρέω, *fut act ind 1s*, take away, remove
33 ἀγαλλίαμα, rejoicing
34 πολυοχλία, great multitude
35 ἀγαυρίαμα, arrogance
36 πένθος, mourning, sorrow
37 ἐπέρχομαι, *fut mid ind 3s*, come upon
38 μακρός, long (ago)
39 δαιμόνιον, demon
40 πλείων/πλεῖον, *comp of* πολύς, greater

36 περίβλεψαι[1] πρὸς ἀνατολάς,[2] Ιερουσαλημ,
καὶ ἰδὲ τὴν εὐφροσύνην[3] τὴν παρὰ τοῦ θεοῦ σοι ἐρχομένην.

37 ἰδοὺ ἔρχονται οἱ υἱοί σου, οὓς ἐξαπέστειλας,[4]
ἔρχονται συνηγμένοι ἀπ᾽ ἀνατολῶν[5] ἕως δυσμῶν[6]
τῷ ῥήματι τοῦ ἁγίου χαίροντες[7] τῇ τοῦ θεοῦ δόξῃ.

1 περιβλέπω, *aor mid impv 2s*, look around
2 ἀνατολή, east
3 εὐφροσύνη, gladness, joy
4 ἐξαποστέλλω, *aor act ind 2s*, send away
5 ἀνατολή, east
6 δυσμή, west
7 χαίρω, *pres act ptc nom p m*, rejoice

LAMENTATIONS 1

Woe for the Deserted City

5

1 Καὶ ἐγένετο μετὰ τὸ αἰχμαλωτισθῆναι[1] τὸν Ισραηλ καὶ Ιερουσαλημ ἐρημωθῆναι[2] ἐκάθισεν Ιερεμιας κλαίων καὶ ἐθρήνησεν[3] τὸν θρῆνον[4] τοῦτον ἐπὶ Ιερουσαλημ καὶ εἶπεν

Πῶς ἐκάθισεν μόνη ἡ πόλις ἡ πεπληθυμμένη[5] λαῶν;
ἐγενήθη ὡς χήρα[6] πεπληθυμμένη ἐν ἔθνεσιν,
ἄρχουσα ἐν χώραις[7] ἐγενήθη εἰς φόρον.[8]

2 Κλαίουσα ἔκλαυσεν ἐν νυκτί, καὶ τὰ δάκρυα[9] αὐτῆς ἐπὶ τῶν σιαγόνων[10] αὐτῆς,
καὶ οὐχ ὑπάρχει ὁ παρακαλῶν αὐτὴν ἀπὸ πάντων τῶν ἀγαπώντων αὐτήν·
πάντες οἱ φιλοῦντες[11] αὐτὴν ἠθέτησαν[12] ἐν αὐτῇ, ἐγένοντο αὐτῇ εἰς ἐχθρούς.

3 Μετῳκίσθη[13] ἡ Ιουδαία ἀπὸ ταπεινώσεως[14] αὐτῆς καὶ ἀπὸ πλήθους δουλείας[15] αὐτῆς·
ἐκάθισεν ἐν ἔθνεσιν, οὐχ εὗρεν ἀνάπαυσιν·[16]
πάντες οἱ καταδιώκοντες[17] αὐτὴν κατέλαβον[18] αὐτὴν ἀνὰ μέσον[19] τῶν θλιβόντων.[20]

4 Ὁδοὶ Σιων πενθοῦσιν[21] παρὰ τὸ μὴ εἶναι ἐρχομένους ἐν ἑορτῇ·[22]
πᾶσαι αἱ πύλαι[23] αὐτῆς ἠφανισμέναι,[24] οἱ ἱερεῖς αὐτῆς ἀναστενάζουσιν,[25]
αἱ παρθένοι[26] αὐτῆς ἀγόμεναι, καὶ αὐτὴ πικραινομένη[27] ἐν ἑαυτῇ.

1 αἰχμαλωτίζω, *aor pas inf*, take captive
2 ἐρημόω, *aor pas inf*, desolate
3 θρηνέω, *aor act ind 3s*, wail, sing a dirge
4 θρῆνος, lamentation
5 πληθύνω, *perf pas ptc nom s f*, multiply, increase
6 χήρα, widow
7 χώρα, country, land
8 φόρος, tribute
9 δάκρυον, tear
10 σιαγών, cheek
11 φιλέω, *pres act ptc nom p m*, love
12 ἀθετέω, *aor act ind 3p*, break faith, reject
13 μετοικίζω, *aor pas ind 3s*, deport, resettle
14 ταπείνωσις, humiliation, abasement
15 δουλεία, bondage, forced labor
16 ἀνάπαυσις, rest
17 καταδιώκω, *pres act ptc nom p m*, pursue doggedly
18 καταλαμβάνω, *aor act ind 3p*, seize, overtake
19 ἀνὰ μέσον, among
20 θλίβω, *pres act ptc gen p m*, afflict, oppress
21 πενθέω, *pres act ind 3p*, mourn
22 ἑορτή, festival, feast
23 πύλη, gate
24 ἀφανίζω, *perf pas ptc nom p f*, destroy
25 ἀναστενάζω, *pres act ind 3p*, sigh deeply
26 παρθένος, virgin, young woman
27 πικραίνω, *pres pas ptc nom s f*, embitter

5 Ἐγένοντο οἱ θλίβοντες[1] αὐτὴν εἰς κεφαλήν, καὶ οἱ ἐχθροὶ αὐτῆς εὐθηνοῦσαν,[2]
ὅτι κύριος ἐταπείνωσεν[3] αὐτὴν ἐπὶ τὸ πλῆθος τῶν ἀσεβειῶν[4] αὐτῆς·
τὰ νήπια[5] αὐτῆς ἐπορεύθησαν ἐν αἰχμαλωσίᾳ[6] κατὰ πρόσωπον
θλίβοντος.[7]

6 Καὶ ἐξῆλθεν ἐκ θυγατρὸς[8] Σιων πᾶσα ἡ εὐπρέπεια[9] αὐτῆς·
ἐγένοντο οἱ ἄρχοντες αὐτῆς ὡς κριοὶ[10] οὐχ εὑρίσκοντες νομὴν[11]
καὶ ἐπορεύοντο ἐν οὐκ ἰσχύι[12] κατὰ πρόσωπον διώκοντος.

7 Ἐμνήσθη[13] Ιερουσαλημ ἡμερῶν ταπεινώσεως[14] αὐτῆς καὶ ἀπωσμῶν[15] αὐτῆς,
πάντα τὰ ἐπιθυμήματα[16] αὐτῆς, ὅσα ἦν ἐξ ἡμερῶν ἀρχαίων,[17]
ἐν τῷ πεσεῖν τὸν λαὸν αὐτῆς εἰς χεῖρας θλίβοντος[18] καὶ οὐκ ἦν ὁ βοηθῶν[19]
αὐτῇ,
ἰδόντες οἱ ἐχθροὶ αὐτῆς ἐγέλασαν[20] ἐπὶ μετοικεσίᾳ[21] αὐτῆς.

8 Ἁμαρτίαν ἥμαρτεν Ιερουσαλημ, διὰ τοῦτο εἰς σάλον[22] ἐγένετο·
πάντες οἱ δοξάζοντες αὐτὴν ἐταπείνωσαν[23] αὐτήν,
εἶδον γὰρ τὴν ἀσχημοσύνην[24] αὐτῆς,
καί γε αὐτὴ στενάζουσα[25] καὶ ἀπεστράφη[26] ὀπίσω.

9 Ἀκαθαρσία[27] αὐτῆς πρὸς ποδῶν αὐτῆς, οὐκ ἐμνήσθη[28] ἔσχατα αὐτῆς·
καὶ κατεβίβασεν[29] ὑπέρογκα,[30] οὐκ ἔστιν ὁ παρακαλῶν αὐτήν·
ἰδέ, κύριε, τὴν ταπείνωσίν[31] μου, ὅτι ἐμεγαλύνθη[32] ἐχθρός.

10 Χεῖρα αὐτοῦ ἐξεπέτασεν[33] θλίβων[34] ἐπὶ πάντα τὰ ἐπιθυμήματα[35] αὐτῆς·
εἶδεν γὰρ ἔθνη εἰσελθόντα εἰς τὸ ἁγίασμα[36] αὐτῆς,
ἃ ἐνετείλω[37] μὴ εἰσελθεῖν αὐτὰ εἰς ἐκκλησίαν σου.

1 θλίβω, *pres act ptc nom p m*, afflict, oppress
2 εὐθηνέω, *pres act ptc acc s f*, be prosperous
3 ταπεινόω, *aor act ind 3s*, abuse, humiliate
4 ἀσέβεια, ungodliness, wickedness
5 νήπιος, infant, child
6 αἰχμαλωσία, captivity
7 θλίβω, *pres act ptc gen s m*, afflict, oppress
8 θυγάτηρ, daughter
9 εὐπρέπεια, dignity, majesty
10 κριός, ram
11 νομή, pasture
12 ἰσχύς, strength, ability
13 μιμνῄσκομαι, *aor pas ind 3s*, remember
14 ταπείνωσις, humiliation, abasement
15 ἀπωσμός, rejection, expulsion
16 ἐπιθύμημα, object of desire
17 ἀρχαῖος, old, former
18 θλίβω, *pres act ptc gen s m*, afflict, oppress
19 βοηθέω, *pres act ptc nom s m*, help
20 γελάω, *aor act ind 3p*, laugh
21 μετοικεσία, deportation
22 σάλος, upheaval
23 ταπεινόω, *aor act ind 3p*, abuse, humiliate
24 ἀσχημοσύνη, shame, disgrace
25 στενάζω, *pres act ptc nom s f*, moan, groan
26 ἀποστρέφω, *aor pas ind 3s*, turn away
27 ἀκαθαρσία, impurity
28 μιμνῄσκομαι, *aor pas ind 3s*, remember
29 καταβιβάζω, *aor act ind 3s*, lessen, bring down
30 ὑπέρογκος, arrogant (conduct), pompous (speech)
31 ταπείνωσις, humiliation, abasement
32 μεγαλύνω, *aor pas ind 3s*, become great
33 ἐκπετάννυμι, *aor act ind 3s*, spread over
34 θλίβω, *pres act ptc nom s m*, afflict, oppress
35 ἐπιθύμημα, object of desire
36 ἁγίασμα, sanctuary
37 ἐντέλλομαι, *aor mid ind 2s*, command, order

11 Πᾶς ὁ λαὸς αὐτῆς καταστενάζοντες,[1] ζητοῦντες ἄρτον,
ἔδωκαν τὰ ἐπιθυμήματα[2] αὐτῆς ἐν βρώσει[3] τοῦ ἐπιστρέψαι ψυχήν·
ἰδέ, κύριε, καὶ ἐπίβλεψον,[4] ὅτι ἐγενήθην ἠτιμωμένη.[5]

12 Οὐ πρὸς ὑμᾶς πάντες οἱ παραπορευόμενοι[6] ὁδόν·
ἐπιστρέψατε καὶ ἴδετε εἰ ἔστιν ἄλγος[7] κατὰ τὸ ἄλγος μου, ὃ ἐγενήθη·
φθεγξάμενος[8] ἐν ἐμοὶ ἐταπείνωσέν[9] με κύριος ἐν ἡμέρᾳ ὀργῆς θυμοῦ[10] αὐτοῦ.

13 Ἐξ ὕψους[11] αὐτοῦ ἀπέστειλεν πῦρ, ἐν τοῖς ὀστέοις[12] μου κατήγαγεν[13] αὐτό·
διεπέτασεν[14] δίκτυον[15] τοῖς ποσίν μου, ἀπέστρεψέν[16] με εἰς τὰ ὀπίσω,
ἔδωκέν με ἠφανισμένην,[17] ὅλην τὴν ἡμέραν ὀδυνωμένην.[18]

14 Ἐγρηγορήθη[19] ἐπὶ τὰ ἀσεβήματά[20] μου·
ἐν χερσίν μου συνεπλάκησαν,[21] ἀνέβησαν ἐπὶ τὸν τράχηλόν[22] μου·
ἠσθένησεν[23] ἡ ἰσχύς[24] μου, ὅτι ἔδωκεν κύριος ἐν χερσίν μου ὀδύνας,[25]
οὐ δυνήσομαι στῆναι.

15 Ἐξῆρεν[26] πάντας τοὺς ἰσχυρούς[27] μου ὁ κύριος ἐκ μέσου μου,
ἐκάλεσεν ἐπ᾽ ἐμὲ καιρὸν τοῦ συντρῖψαι[28] ἐκλεκτούς[29] μου·
ληνὸν[30] ἐπάτησεν[31] κύριος παρθένῳ[32] θυγατρὶ[33] Ιουδα, ἐπὶ τούτοις ἐγὼ κλαίω.

1 καταστενάζω, *pres act ptc nom p m*, sigh, groan
2 ἐπιθύμημα, object of desire
3 βρῶσις, food
4 ἐπιβλέπω, *aor act impv 2s*, gaze down, show regard
5 ἀτιμόω, *perf pas ptc nom s f*, dishonor, shame
6 παραπορεύομαι, *pres mid ptc nom p m*, pass by
7 ἄλγος, grief
8 φθέγγομαι, *aor mid ptc nom s m*, utter
9 ταπεινόω, *aor act ind 3s*, bring low, humble
10 θυμός, wrath, fury
11 ὕψος, height, high (place)
12 ὀστέον, bone
13 κατάγω, *aor act ind 3s*, bring down
14 διαπετάννυμι, *aor act ind 3s*, spread out
15 δίκτυον, net
16 ἀποστρέφω, *aor act ind 3s*, turn away
17 ἀφανίζω, *perf mid ptc acc s f*, remove
18 ὀδυνάω, *pres pas ptc acc s f*, grieve
19 γρηγορέω, *aor pas ind 3s*, keep watch
20 ἀσέβημα, impious act
21 συμπλέκω, *aor pas ind 3p*, plot, weave together
22 τράχηλος, neck
23 ἀσθενέω, *aor act ind 3s*, become weak
24 ἰσχύς, strength
25 ὀδύνη, grief
26 ἐξαίρω, *aor act ind 3s*, remove
27 ἰσχυρός, strong, capable
28 συντρίβω, *aor act inf*, smash, crush
29 ἐκλεκτός, chosen, select
30 ληνός, wine vat
31 πατέω, *aor act ind 3s*, tread
32 παρθένος, virgin
33 θυγάτηρ, daughter

16 Ὁ ὀφθαλμός μου κατήγαγεν[1] ὕδωρ,
ὅτι ἐμακρύνθη[2] ἀπ᾽ ἐμοῦ ὁ παρακαλῶν με, ὁ ἐπιστρέφων ψυχήν μου·
ἐγένοντο οἱ υἱοί μου ἠφανισμένοι,[3] ὅτι ἐκραταιώθη[4] ὁ ἐχθρός.

17 Διεπέτασεν[5] Σιων χεῖρας αὐτῆς, οὐκ ἔστιν ὁ παρακαλῶν αὐτήν·
ἐνετείλατο[6] κύριος τῷ Ιακωβ, κύκλῳ[7] αὐτοῦ οἱ θλίβοντες[8] αὐτόν,
ἐγενήθη Ιερουσαλημ εἰς ἀποκαθημένην[9] ἀνὰ μέσον[10] αὐτῶν.

18 Δίκαιός ἐστιν κύριος, ὅτι τὸ στόμα αὐτοῦ παρεπίκρανα.[11]
ἀκούσατε δή,[12] πάντες οἱ λαοί, καὶ ἴδετε τὸ ἄλγος[13] μου·
παρθένοι[14] μου καὶ νεανίσκοι[15] μου ἐπορεύθησαν ἐν αἰχμαλωσίᾳ.[16]

19 Ἐκάλεσα τοὺς ἐραστάς[17] μου, αὐτοὶ δὲ παρελογίσαντό[18] με·
οἱ ἱερεῖς μου καὶ οἱ πρεσβύτεροί μου ἐν τῇ πόλει ἐξέλιπον,[19]
ὅτι ἐζήτησαν βρῶσιν[20] αὐτοῖς, ἵνα ἐπιστρέψωσιν ψυχὰς αὐτῶν, καὶ οὐχ εὗρον.

20 Ἰδέ, κύριε, ὅτι θλίβομαι·[21] ἡ κοιλία[22] μου ἐταράχθη,[23]
καὶ ἡ καρδία μου ἐστράφη[24] ἐν ἐμοί, ὅτι παραπικραίνουσα[25] παρεπίκρανα·[26]
ἔξωθεν[27] ἠτέκνωσέν[28] με μάχαιρα[29] ὥσπερ θάνατος ἐν οἴκῳ.

1 κατάγω, *aor act ind 3s*, let down
2 μακρύνω, *aor pas ind 3s*, keep at a distance
3 ἀφανίζω, *perf pas ptc nom p m*, remove, destroy
4 κραταιόω, *aor pas ind 3s*, become strong
5 διαπετάννυμι, *aor act ind 3s*, spread out
6 ἐντέλλομαι, *aor mid ind 3s*, command, order
7 κύκλῳ, all around
8 θλίβω, *pres act ptc nom p m*, afflict, oppress
9 ἀποκάθημαι, *pres pas ptc acc s f*, sit apart (in menstruation)
10 ἀνὰ μέσον, among
11 παραπικραίνω, *aor act ind 1s*, make bitter
12 δή, now, then
13 ἄλγος, grief
14 παρθένος, virgin, young woman
15 νεανίσκος, young man
16 αἰχμαλωσία, captivity
17 ἐραστής, lover
18 παραλογίζομαι, *aor mid ind 3p*, deceive
19 ἐκλείπω, *aor act ind 3p*, faint, fail, come to an end
20 βρῶσις, food
21 θλίβω, *pres pas ind 1s*, afflict, oppress
22 κοιλία, belly, stomach
23 ταράσσω, *aor pas ind 3s*, trouble, upset
24 στρέφω, *aor pas ind 3s*, turn over
25 παραπικραίνω, *pres act ptc nom s f*, provoke, make bitter
26 παραπικραίνω, *aor act ind 1s*, provoke, make bitter
27 ἔξωθεν, from outside
28 ἀτεκνόω, *aor act ind 3s*, make barren
29 μάχαιρα, sword

21 Ἀκούσατε δὴ[1] ὅτι στενάζω[2] ἐγώ, οὐκ ἔστιν ὁ παρακαλῶν με·
πάντες οἱ ἐχθροί μου ἤκουσαν τὰ κακά μου καὶ ἐχάρησαν,[3] ὅτι σὺ ἐποίησας·
ἐπήγαγες[4] ἡμέραν, ἐκάλεσας καιρόν, καὶ ἐγένοντο ὅμοιοι[5] ἐμοί.

22 Εἰσέλθοι[6] πᾶσα ἡ κακία[7] αὐτῶν κατὰ πρόσωπόν σου,
καὶ ἐπιφύλλισον[8] αὐτοῖς,
ὃν τρόπον[9] ἐποίησαν ἐπιφυλλίδα[10] περὶ πάντων τῶν ἁμαρτημάτων[11] μου,
ὅτι πολλοὶ οἱ στεναγμοί[12] μου, καὶ ἡ καρδία μου λυπεῖται.[13]

1 δή, now, then
2 στενάζω, *pres act ind 1s*, moan, groan
3 χαίρω, *aor pas ind 3p*, rejoice
4 ἐπάγω, *aor act ind 2s*, bring on
5 ὅμοιος, like
6 εἰσέρχομαι, *aor act opt 3s*, go in, enter
7 κακία, wickedness
8 ἐπιφυλλίζω, *aor act impv 2s*, gather
9 ὃν τρόπον, in the manner that
10 ἐπιφυλλίς, gleaning
11 ἁμάρτημα, sin
12 στεναγμός, sighing, groaning
13 λυπέω, *pres pas ind 3s*, grieve, vex

EZEKIEL 1

Ezekiel's Vision of the Heavenly Throneroom

❹

Rev 1:7–14; 4:5–10

1 Καὶ ἐγένετο ἐν τῷ τριακοστῷ[1] ἔτει ἐν τῷ τετάρτῳ[2] μηνὶ[3] πέμπτῃ[4] τοῦ μηνὸς καὶ ἐγὼ ἤμην ἐν μέσῳ τῆς αἰχμαλωσίας[5] ἐπὶ τοῦ ποταμοῦ[6] τοῦ Χοβαρ, καὶ ἠνοίχθησαν οἱ οὐρανοί, καὶ εἶδον ὁράσεις[7] θεοῦ· **2** πέμπτῃ[8] τοῦ μηνός[9] (τοῦτο τὸ ἔτος τὸ πέμπτον τῆς αἰχμαλωσίας[10] τοῦ βασιλέως Ιωακιμ) **3** καὶ ἐγένετο λόγος κυρίου πρὸς Ιεζεκιηλ υἱὸν Βουζι τὸν ἱερέα ἐν γῇ Χαλδαίων ἐπὶ τοῦ ποταμοῦ[11] τοῦ Χοβαρ.

καὶ ἐγένετο ἐπ᾽ ἐμὲ χεὶρ κυρίου, **4** καὶ εἶδον καὶ ἰδοὺ πνεῦμα ἐξαῖρον[12] ἤρχετο ἀπὸ βορρᾶ,[13] καὶ νεφέλη[14] μεγάλη ἐν αὐτῷ, καὶ φέγγος[15] κύκλῳ[16] αὐτοῦ καὶ πῦρ ἐξαστράπτον,[17] καὶ ἐν τῷ μέσῳ αὐτοῦ ὡς ὅρασις[18] ἠλέκτρου[19] ἐν μέσῳ τοῦ πυρὸς καὶ φέγγος ἐν αὐτῷ. **5** καὶ ἐν τῷ μέσῳ ὡς ὁμοίωμα[20] τεσσάρων ζῴων·[21] καὶ αὕτη ἡ ὅρασις[22] αὐτῶν· ὁμοίωμα ἀνθρώπου ἐπ᾽ αὐτοῖς, **6** καὶ τέσσαρα πρόσωπα τῷ ἑνί, καὶ τέσσαρες πτέρυγες[23] τῷ ἑνί. **7** καὶ τὰ σκέλη[24] αὐτῶν ὀρθά,[25] καὶ πτερωτοὶ[26] οἱ πόδες αὐτῶν, καὶ σπινθῆρες[27] ὡς ἐξαστράπτων[28] χαλκός,[29] καὶ ἐλαφραὶ[30] αἱ πτέρυγες[31] αὐτῶν. **8** καὶ χεὶρ ἀνθρώπου ὑποκάτωθεν[32] τῶν πτερύγων[33] αὐτῶν ἐπὶ τὰ τέσσαρα μέρη αὐτῶν· καὶ τὰ πρόσωπα αὐτῶν τῶν τεσσάρων **9** οὐκ ἐπεστρέφοντο ἐν τῷ βαδίζειν[34] αὐτά, ἕκαστον κατέναντι[35] τοῦ προσώπου αὐτῶν ἐπορεύοντο. **10** καὶ ὁμοίωσις[36] τῶν προσώπων αὐτῶν· πρόσωπον ἀνθρώπου καὶ πρόσωπον λέοντος[37]

1 τριακοστός, thirtieth
2 τέταρτος, fourth
3 μήν, month
4 πέμπτος, fifth
5 αἰχμαλωσία, captivity, body of captives
6 ποταμός, river
7 ὅρασις, vision, dream
8 πέμπτος, fifth
9 μήν, month
10 αἰχμαλωσία, captivity
11 ποταμός, river
12 ἐξαίρω, *pres act ptc nom s n*, drive
13 βορρᾶς, north
14 νεφέλη, cloud
15 φέγγος, brightness, radiance
16 κύκλῳ, all around
17 ἐξαστράπτω, *pres act ptc nom s n*, flash like lightning
18 ὅρασις, appearance
19 ἤλεκτρον, metallic alloy
20 ὁμοίωμα, likeness, appearance
21 ζῷον, living thing
22 ὅρασις, appearance
23 πτέρυξ, wing
24 σκέλος, leg
25 ὀρθός, straight
26 πτερωτός, winged
27 σπινθήρ, spark
28 ἐξαστράπτω, *pres act ptc nom s m*, flash like lightning
29 χαλκός, copper, bronze
30 ἐλαφρός, light (in weight)
31 πτέρυξ, wing
32 ὑποκάτωθεν, underneath, below
33 πτέρυξ, wing
34 βαδίζω, *pres act inf*, walk, proceed
35 κατέναντι, in front of
36 ὁμοίωσις, likeness, appearance
37 λέων, lion

ἐκ δεξιῶν τοῖς τέσσαρσιν καὶ πρόσωπον μόσχου[1] ἐξ ἀριστερῶν[2] τοῖς τέσσαρσιν καὶ πρόσωπον ἀετοῦ[3] τοῖς τέσσαρσιν. **11** καὶ αἱ πτέρυγες[4] αὐτῶν ἐκτεταμέναι[5] ἄνωθεν[6] τοῖς τέσσαρσιν, ἑκατέρῳ[7] δύο συνεζευγμέναι[8] πρὸς ἀλλήλας,[9] καὶ δύο ἐπεκάλυπτον[10] ἐπάνω[11] τοῦ σώματος αὐτῶν. **12** καὶ ἑκάτερον[12] κατὰ πρόσωπον αὐτοῦ ἐπορεύετο· οὗ[13] ἂν ἦν τὸ πνεῦμα πορευόμενον, ἐπορεύοντο καὶ οὐκ ἐπέστρεφον. **13** καὶ ἐν μέσῳ τῶν ζῴων[14] ὅρασις[15] ὡς ἀνθράκων[16] πυρὸς καιομένων,[17] ὡς ὄψις[18] λαμπάδων[19] συστρεφομένων[20] ἀνὰ μέσον[21] τῶν ζῴων καὶ φέγγος[22] τοῦ πυρός, καὶ ἐκ τοῦ πυρὸς ἐξεπορεύετο ἀστραπή.[23]

15 καὶ εἶδον καὶ ἰδοὺ τροχὸς[24] εἷς ἐπὶ τῆς γῆς ἐχόμενος τῶν ζῴων[25] τοῖς τέσσαρσιν· **16** καὶ τὸ εἶδος[26] τῶν τροχῶν[27] ὡς εἶδος θαρσις,[28] καὶ ὁμοίωμα[29] ἓν τοῖς τέσσαρσιν, καὶ τὸ ἔργον αὐτῶν ἦν καθὼς ἂν εἴη[30] τροχὸς ἐν τροχῷ. **17** ἐπὶ τὰ τέσσαρα μέρη αὐτῶν ἐπορεύοντο, οὐκ ἐπέστρεφον ἐν τῷ πορεύεσθαι αὐτὰ **18** οὐδ᾽ οἱ νῶτοι[31] αὐτῶν, καὶ ὕψος[32] ἦν αὐτοῖς· καὶ εἶδον αὐτά, καὶ οἱ νῶτοι αὐτῶν πλήρεις[33] ὀφθαλμῶν κυκλόθεν[34] τοῖς τέσσαρσιν. **19** καὶ ἐν τῷ πορεύεσθαι τὰ ζῷα[35] ἐπορεύοντο οἱ τροχοὶ[36] ἐχόμενοι αὐτῶν, καὶ ἐν τῷ ἐξαίρειν[37] τὰ ζῷα ἀπὸ τῆς γῆς ἐξῄροντο[38] οἱ τροχοί. **20** οὗ[39] ἂν ἦν ἡ νεφέλη,[40] ἐκεῖ τὸ πνεῦμα τοῦ πορεύεσθαι· ἐπορεύοντο τὰ ζῷα[41] καὶ οἱ τροχοὶ[42] καὶ ἐξῄροντο[43] σὺν αὐτοῖς, διότι[44] πνεῦμα ζωῆς ἦν ἐν τοῖς τροχοῖς.[45] **21** ἐν τῷ πορεύεσθαι αὐτὰ ἐπορεύοντο καὶ ἐν τῷ ἑστάναι αὐτὰ εἱστήκεισαν[46] καὶ ἐν τῷ ἐξαίρειν[47] αὐτὰ ἀπὸ τῆς γῆς ἐξῄροντο[48] σὺν αὐτοῖς, ὅτι πνεῦμα ζωῆς ἦν ἐν τοῖς τροχοῖς.[49]

1 μόσχος, calf
2 ἀριστερός, left
3 ἀετός, eagle
4 πτέρυξ, wing
5 ἐκτείνω, *perf pas ptc nom p f*, stretch out
6 ἄνωθεν, above
7 ἑκάτερος, each
8 συζεύγνυμι, *perf pas ptc nom p f*, join
9 ἀλλήλων, one another
10 ἐπικαλύπτω, *impf act ind 3p*, cover
11 ἐπάνω, above, over
12 ἑκάτερος, each
13 οὗ, where
14 ζῷον, living thing
15 ὅρασις, appearance
16 ἄνθραξ, coal
17 καίω, *pres pas ptc gen p m*, burn, smolder
18 ὄψις, aspect, look
19 λαμπάς, lamp
20 συστρέφω, *pres pas ptc gen p f*, gather together
21 ἀνὰ μέσον, between
22 φέγγος, brightness, radiance
23 ἀστραπή, lightning, flashing
24 τροχός, wheel
25 ζῷον, living thing
26 εἶδος, form, shape
27 τροχός, wheel
28 θαρσις, precious stone, *translit.*
29 ὁμοίωμα, likeness, appearance
30 εἰμί, *pres act opt 3s*, be
31 νῶτος, back side
32 ὕψος, height
33 πλήρης, full
34 κυκλόθεν, all around
35 ζῷον, living thing
36 τροχός, wheel
37 ἐξαίρω, *pres act inf*, rise up
38 ἐξαίρω, *impf pas ind 3p*, rise up
39 οὗ, where
40 νεφέλη, cloud
41 ζῷον, living thing
42 τροχός, wheel
43 ἐξαίρω, *impf mid ind 3p*, rise up
44 διότι, for
45 τροχός, wheel
46 ἵστημι, *plpf act ind 3p*, stand (in place)
47 ἐξαίρω, *pres act inf*, rise up
48 ἐξαίρω, *impf mid ind 3p*, rise up
49 τροχός, wheel

22 καὶ ὁμοίωμα[1] ὑπὲρ κεφαλῆς αὐτοῖς τῶν ζῴων[2] ὡσεὶ[3] στερέωμα[4] ὡς ὅρασις[5] κρυστάλλου[6] ἐκτεταμένον[7] ἐπὶ τῶν πτερύγων[8] αὐτῶν ἐπάνωθεν·[9] **23** καὶ ὑποκάτω[10] τοῦ στερεώματος[11] αἱ πτέρυγες[12] αὐτῶν ἐκτεταμέναι,[13] πτερυσσόμεναι[14] ἑτέρα τῇ ἑτέρᾳ, ἑκάστῳ δύο συνεζευγμέναι[15] ἐπικαλύπτουσαι[16] τὰ σώματα αὐτῶν. **24** καὶ ἤκουον τὴν φωνὴν τῶν πτερύγων[17] αὐτῶν ἐν τῷ πορεύεσθαι αὐτὰ ὡς φωνὴν ὕδατος πολλοῦ· καὶ ἐν τῷ ἑστάναι αὐτὰ κατέπαυον[18] αἱ πτέρυγες αὐτῶν. **25** καὶ ἰδοὺ φωνὴ ὑπεράνωθεν[19] τοῦ στερεώματος[20] τοῦ ὄντος ὑπὲρ κεφαλῆς αὐτῶν.

26 ὡς ὅρασις[21] λίθου σαπφείρου[22] ὁμοίωμα[23] θρόνου ἐπ᾽ αὐτοῦ, καὶ ἐπὶ τοῦ ὁμοιώματος τοῦ θρόνου ὁμοίωμα ὡς εἶδος[24] ἀνθρώπου ἄνωθεν.[25] **27** καὶ εἶδον ὡς ὄψιν[26] ἠλέκτρου[27] ἀπὸ ὁράσεως[28] ὀσφύος[29] καὶ ἐπάνω,[30] καὶ ἀπὸ ὁράσεως ὀσφύος καὶ ἕως κάτω[31] εἶδον ὡς ὅρασιν πυρὸς καὶ τὸ φέγγος[32] αὐτοῦ κύκλῳ.[33]

28 ὡς ὅρασις[34] τόξου,[35] ὅταν ᾖ ἐν τῇ νεφέλῃ[36] ἐν ἡμέρᾳ ὑετοῦ,[37] οὕτως ἡ στάσις[38] τοῦ φέγγους[39] κυκλόθεν.[40] αὕτη ἡ ὅρασις ὁμοιώματος[41] δόξης κυρίου· καὶ εἶδον καὶ πίπτω ἐπὶ πρόσωπόν μου καὶ ἤκουσα φωνὴν λαλοῦντος.

1 ὁμοίωμα, likeness, appearance
2 ζῷον, living thing
3 ὡσεί, like
4 στερέωμα, firmament (in the sky)
5 ὅρασις, appearance
6 κρύσταλλος, ice, crystal
7 ἐκτείνω, *perf pas ptc nom s n*, stretch over
8 πτέρυξ, wing
9 ἐπάνωθεν, on top, above
10 ὑποκάτω, underneath
11 στερέωμα, firmament (in the sky)
12 πτέρυξ, wing
13 ἐκτείνω, *perf pas ptc nom p f*, stretch out
14 πτερύσσομαι, *pres mid ptc nom p f*, flap
15 συζεύγνυμι, *perf pas ptc nom p f*, join
16 ἐπικαλύπτω, *pres act ptc nom p f*, cover
17 πτέρυξ, wing
18 καταπαύω, *impf act ind 3p*, stop, rest
19 ὑπεράνωθεν, from above
20 στερέωμα, firmament (in the sky)
21 ὅρασις, appearance
22 σάπφειρος, sapphire
23 ὁμοίωμα, likeness, appearance
24 εἶδος, form, shape
25 ἄνωθεν, above, overhead
26 ὄψις, aspect, look
27 ἤλεκτρον, metallic alloy
28 ὅρασις, appearance
29 ὀσφύς, waist
30 ἐπάνω, above
31 κάτω, downward, beneath
32 φέγγος, brightness, radiance
33 κύκλῳ, all around
34 ὅρασις, appearance
35 τόξον, bow
36 νεφέλη, cloud
37 ὑετός, rain
38 στάσις, position
39 φέγγος, brightness, radiance
40 κυκλόθεν, all around
41 ὁμοίωμα, likeness, appearance

EZEKIEL 43

God's Glory Returns to the Temple

3

1 Καὶ ἤγαγέν με ἐπὶ τὴν πύλην[1] τὴν βλέπουσαν κατὰ ἀνατολὰς[2] καὶ ἐξήγαγέν[3] με, **2** καὶ ἰδοὺ δόξα θεοῦ Ισραηλ ἤρχετο κατὰ τὴν ὁδὸν τῆς πύλης[4] τῆς βλεπούσης πρὸς ἀνατολάς,[5] καὶ φωνὴ τῆς παρεμβολῆς[6] ὡς φωνὴ διπλασιαζόντων[7] πολλῶν, καὶ ἡ γῆ ἐξέλαμπεν[8] ὡς φέγγος[9] ἀπὸ τῆς δόξης κυκλόθεν.[10] **3** καὶ ἡ ὅρασις,[11] ἣν εἶδον, κατὰ τὴν ὅρασιν, ἣν εἶδον ὅτε εἰσεπορευόμην[12] τοῦ χρῖσαι[13] τὴν πόλιν, καὶ ἡ ὅρασις τοῦ ἅρματος,[14] οὗ εἶδον, κατὰ τὴν ὅρασιν, ἣν εἶδον ἐπὶ τοῦ ποταμοῦ[15] τοῦ Χοβαρ· καὶ πίπτω ἐπὶ πρόσωπόν μου. **4** καὶ δόξα κυρίου εἰσῆλθεν εἰς τὸν οἶκον κατὰ τὴν ὁδὸν τῆς πύλης[16] τῆς βλεπούσης κατὰ ἀνατολάς.[17] **5** καὶ ἀνέλαβέν[18] με πνεῦμα καὶ εἰσήγαγέν[19] με εἰς τὴν αὐλὴν[20] τὴν ἐσωτέραν,[21] καὶ ἰδοὺ πλήρης[22] δόξης κυρίου ὁ οἶκος. **6** καὶ ἔστην, καὶ ἰδοὺ φωνὴ ἐκ τοῦ οἴκου λαλοῦντος πρός με, καὶ ὁ ἀνὴρ εἱστήκει[23] ἐχόμενός μου. **7** καὶ εἶπεν πρός με Ἑώρακας, υἱὲ ἀνθρώπου, τὸν τόπον τοῦ θρόνου μου καὶ τὸν τόπον τοῦ ἴχνους[24] τῶν ποδῶν μου, ἐν οἷς κατασκηνώσει[25] τὸ ὄνομά μου ἐν μέσῳ οἴκου Ισραηλ τὸν αἰῶνα· καὶ οὐ βεβηλώσουσιν[26] οὐκέτι οἶκος Ισραηλ τὸ ὄνομα τὸ ἅγιόν μου, αὐτοὶ καὶ οἱ ἡγούμενοι[27] αὐτῶν, ἐν τῇ πορνείᾳ[28] αὐτῶν καὶ ἐν τοῖς φόνοις[29] τῶν ἡγουμένων[30] ἐν μέσῳ αὐτῶν, **8** ἐν τῷ τιθέναι αὐτοὺς τὸ πρόθυρόν[31] μου ἐν τοῖς προθύροις αὐτῶν καὶ τὰς φλιάς[32] μου ἐχομένας τῶν φλιῶν αὐτῶν καὶ ἔδωκαν τὸν τοῖχόν[33] μου ὡς συνεχόμενον[34] ἐμοῦ καὶ αὐτῶν καὶ ἐβεβήλωσαν[35] τὸ ὄνομα τὸ ἅγιόν μου ἐν ταῖς ἀνομίαις[36] αὐτῶν, αἷς ἐποίουν· καὶ

1 πύλη, gate
2 ἀνατολή, east
3 ἐξάγω, *aor act ind 3s*, bring out
4 πύλη, gate
5 ἀνατολή, east
6 παρεμβολή, army
7 διπλασιάζω, *pres act ptc gen p m*, repeat, redouble (in volume)
8 ἐκλάμπω, *impf act ind 3s*, shine
9 φέγγος, light
10 κυκλόθεν, all around
11 ὅρασις, sight
12 εἰσπορεύομαι, *impf mid ind 1s*, enter in
13 χρίω, *aor act inf*, anoint
14 ἅρμα, chariot
15 ποταμός, river
16 πύλη, gate
17 ἀνατολή, east
18 ἀναλαμβάνω, *aor act ind 3s*, take up
19 εἰσάγω, *aor act ind 3s*, bring in
20 αὐλή, court
21 ἔσω, *comp*, inner
22 πλήρης, full
23 ἵστημι, *plpf act ind 3s*, position, stand
24 ἴχνος, track, footprint
25 κατασκηνόω, *fut act ind 3s*, live, dwell
26 βεβηλόω, *fut act ind 3p*, defile, profane
27 ἡγέομαι, *pres mid ptc nom p m*, lead
28 πορνεία, fornication
29 φόνος, murder
30 ἡγέομαι, *pres mid ptc gen p m*, lead
31 πρόθυρον, doorway
32 φλιά, doorpost
33 τοῖχος, wall
34 συνέχω, *pres mid ptc acc s m*, keep together, hold together
35 βεβηλόω, *aor act ind 3p*, defile, profane
36 ἀνομία, lawlessness

ἐξέτριψα[1] αὐτοὺς ἐν θυμῷ[2] μου καὶ ἐν φόνῳ.[3] **9** καὶ νῦν ἀπωσάσθωσαν[4] τὴν πορνείαν[5] αὐτῶν καὶ τοὺς φόνους[6] τῶν ἡγουμένων[7] αὐτῶν ἀπ᾽ ἐμοῦ, καὶ κατασκηνώσω[8] ἐν μέσῳ αὐτῶν τὸν αἰῶνα.

10 καὶ σύ, υἱὲ ἀνθρώπου, δεῖξον τῷ οἴκῳ Ισραηλ τὸν οἶκον, καὶ κοπάσουσιν[9] ἀπὸ τῶν ἁμαρτιῶν αὐτῶν· καὶ τὴν ὅρασιν[10] αὐτοῦ καὶ τὴν διάταξιν[11] αὐτοῦ, **11** καὶ αὐτοὶ λήμψονται τὴν κόλασιν[12] αὐτῶν περὶ πάντων, ὧν ἐποίησαν. καὶ διαγράψεις[13] τὸν οἶκον καὶ τὰς ἐξόδους[14] αὐτοῦ καὶ τὴν ὑπόστασιν[15] αὐτοῦ, καὶ πάντα τὰ προστάγματα[16] αὐτοῦ καὶ πάντα τὰ νόμιμα[17] αὐτοῦ γνωριεῖς[18] αὐτοῖς καὶ διαγράψεις ἐναντίον[19] αὐτῶν, καὶ φυλάξονται πάντα τὰ δικαιώματά[20] μου καὶ πάντα τὰ προστάγματά μου καὶ ποιήσουσιν αὐτά· **12** καὶ τὴν διαγραφὴν[21] τοῦ οἴκου ἐπὶ τῆς κορυφῆς[22] τοῦ ὄρους, πάντα τὰ ὅρια[23] αὐτοῦ κυκλόθεν[24] ἅγια ἁγίων.

13 Καὶ ταῦτα τὰ μέτρα[25] τοῦ θυσιαστηρίου[26] ἐν πήχει[27] τοῦ πήχεος καὶ παλαιστῆς·[28] κόλπωμα[29] βάθος[30] ἐπὶ πῆχυν καὶ πῆχυς τὸ εὖρος,[31] καὶ γεῖσος[32] ἐπὶ τὸ χεῖλος[33] αὐτοῦ κυκλόθεν[34] σπιθαμῆς.[35] καὶ τοῦτο τὸ ὕψος[36] τοῦ θυσιαστηρίου· **14** ἐκ βάθους[37] τῆς ἀρχῆς τοῦ κοιλώματος[38] αὐτοῦ πρὸς τὸ ἱλαστήριον[39] τὸ μέγα τὸ ὑποκάτωθεν[40] πηχῶν[41] δύο καὶ τὸ εὖρος[42] πήχεος· καὶ ἀπὸ τοῦ ἱλαστηρίου τοῦ μικροῦ ἐπὶ τὸ ἱλαστήριον τὸ μέγα πήχεις τέσσαρες καὶ εὖρος πῆχυς· **15** καὶ τὸ αριηλ[43] πηχῶν[44] τεσσάρων, καὶ ἀπὸ τοῦ αριηλ καὶ ὑπεράνω[45] τῶν κεράτων[46] πῆχυς. **16** καὶ τὸ αριηλ[47]

1 ἐκτρίβω, *aor act ind 1s*, destroy
2 θυμός, wrath, fury
3 φόνος, slaughter
4 ἀπωθέω, *aor mid impv 3p*, reject
5 πορνεία, fornication
6 φόνος, murder
7 ἡγέομαι, *pres mid ptc gen p m*, lead
8 κατασκηνόω, *fut act ind 1s*, live, dwell
9 κοπάζω, *fut act ind 3p*, cease
10 ὅρασις, appearance
11 διάταξις, design, plan
12 κόλασις, punishment
13 διαγράφω, *fut act ind 2s*, mark out, draft a plan for
14 ἔξοδος, exit
15 ὑπόστασις, framing, structure
16 πρόσταγμα, command
17 νόμιμος, legal statute
18 γνωρίζω, *fut act ind 2s*, explain
19 ἐναντίον, before
20 δικαίωμα, ordinance
21 διαγραφή, design, plan
22 κορυφή, top, summit
23 ὅριον, limit, boundary
24 κυκλόθεν, around
25 μέτρον, measure, dimension
26 θυσιαστήριον, altar
27 πῆχυς, cubit
28 παλαιστή, breadth of a hand
29 κόλπωμα, curvature
30 βάθος, deep
31 εὖρος, (in) breadth
32 γεῖσος, border
33 χεῖλος, rim
34 κυκλόθεν, around
35 σπιθαμή, span
36 ὕψος, height
37 βάθος, depth
38 κοίλωμα, cavity, hollow area
39 ἱλαστήριον, mercy seat, place of propitiation
40 ὑποκάτωθεν, below
41 πῆχυς, cubit
42 εὖρος, (in) breadth
43 αριηλ, (*read* altar hearth?), *translit.*
44 πῆχυς, cubit
45 ὑπεράνω, above
46 κέρας, horn
47 αριηλ, (*read* altar hearth?), *translit.*

πηχῶν[1] δώδεκα[2] μήκους[3] ἐπὶ πήχεις δώδεκα πλάτους,[4] τετράγωνον[5] ἐπὶ τὰ τέσσαρα μέρη αὐτοῦ· **17** καὶ τὸ ἱλαστήριον[6] πηχῶν[7] δέκα[8] τεσσάρων τὸ μῆκος[9] ἐπὶ πήχεις δέκα τέσσαρας τὸ εὖρος[10] ἐπὶ τέσσαρα μέρη αὐτοῦ· καὶ τὸ γεῖσος[11] αὐτῷ κυκλόθεν[12] κυκλούμενον[13] αὐτῷ ἥμισυ[14] πήχεος, καὶ τὸ κύκλωμα[15] αὐτοῦ πῆχυς κυκλόθεν· καὶ οἱ κλιμακτῆρες[16] αὐτοῦ βλέποντες κατ᾽ ἀνατολάς.[17]

18 καὶ εἶπεν πρός με Υἱὲ ἀνθρώπου, τάδε[18] λέγει κύριος ὁ θεὸς Ισραηλ Ταῦτα τὰ προστάγματα[19] τοῦ θυσιαστηρίου[20] ἐν ἡμέρᾳ ποιήσεως[21] αὐτοῦ τοῦ ἀναφέρειν[22] ἐπ᾽ αὐτοῦ ὁλοκαυτώματα[23] καὶ προσχέειν[24] πρὸς αὐτὸ αἷμα. **19** καὶ δώσεις τοῖς ἱερεῦσι τοῖς Λευίταις τοῖς ἐκ τοῦ σπέρματος Σαδδουκ τοῖς ἐγγίζουσι πρός με, λέγει κύριος ὁ θεός, τοῦ λειτουργεῖν[25] μοι, μόσχον[26] ἐκ βοῶν[27] περὶ ἁμαρτίας· **20** καὶ λήμψονται ἐκ τοῦ αἵματος αὐτοῦ καὶ ἐπιθήσουσιν ἐπὶ τὰ τέσσαρα κέρατα[28] τοῦ θυσιαστηρίου[29] καὶ ἐπὶ τὰς τέσσαρας γωνίας[30] τοῦ ἱλαστηρίου[31] καὶ ἐπὶ τὴν βάσιν[32] κύκλῳ[33] καὶ ἐξιλάσονται[34] αὐτό· **21** καὶ λήμψονται τὸν μόσχον[35] τὸν περὶ ἁμαρτίας, καὶ κατακαυθήσεται[36] ἐν τῷ ἀποκεχωρισμένῳ[37] τοῦ οἴκου ἔξωθεν[38] τῶν ἁγίων. **22** καὶ τῇ ἡμέρᾳ τῇ δευτέρᾳ λήμψονται ἐρίφους[39] δύο αἰγῶν[40] ἀμώμους[41] ὑπὲρ ἁμαρτίας καὶ ἐξιλάσονται[42] τὸ θυσιαστήριον[43] καθότι[44] ἐξιλάσαντο[45] ἐν τῷ μόσχῳ·[46] **23** καὶ

1 πῆχυς, cubit
2 δώδεκα, twelve
3 μῆκος, length(wise)
4 πλάτος, (in) width
5 τετράγωνος, squared
6 ἱλαστήριον, mercy seat, place of propitiation
7 πῆχυς, cubit
8 δέκα, ten
9 μῆκος, length(wise)
10 εὖρος, (in) breadth
11 γεῖσος, border
12 κυκλόθεν, around
13 κυκλόω, *pres mid ptc acc s n*, surround, proceed around
14 ἥμισυς, half
15 κύκλωμα, rim, circumference
16 κλιμακτήρ, step
17 ἀνατολή, east
18 ὅδε, this
19 πρόσταγμα, ordinance
20 θυσιαστήριον, altar
21 ποίησις, production, creation
22 ἀναφέρω, *pres act inf*, offer
23 ὁλοκαύτωμα, whole burnt offering
24 προσχέω, *pres act inf*, pour out
25 λειτουργέω, *pres act inf*, serve
26 μόσχος, calf
27 βοῦς, cow, (*p*) cattle
28 κέρας, horn
29 θυσιαστήριον, altar
30 γωνία, corner
31 ἱλαστῆριον, mercy seat, place of propitiation
32 βάσις, base
33 κύκλῳ, all around
34 ἐξιλάσκομαι, *fut mid ind 3p*, make atonement, propitiate
35 μόσχος, calf
36 κατακαίω, *fut pas ind 3s*, burn completely
37 ἀποχωρίζω, *perf pas ptc dat s m*, separate
38 ἔξωθεν, outside
39 ἔριφος, kid of a goat
40 αἴξ, goat
41 ἄμωμος, spotless
42 ἐξιλάσκομαι, *fut mid ind 3p*, make atonement, propitiate
43 θυσιαστήριον, altar
44 καθότι, just as
45 ἐξιλάσκομαι, *aor mid ind 3p*, make atonement, propitiate
46 μόσχος, calf

μετὰ τὸ συντελέσαι[1] σε τὸν ἐξιλασμὸν[2] προσοίσουσι[3] μόσχον[4] ἐκ βοῶν[5] ἄμωμον[6] καὶ κριὸν[7] ἐκ προβάτων ἄμωμον, **24** καὶ προσοίσετε ἐναντίον[8] κυρίου, καὶ ἐπιρρίψουσιν[9] οἱ ἱερεῖς ἐπ' αὐτὰ ἅλα[10] καὶ ἀνοίσουσιν[11] αὐτὰ ὁλοκαυτώματα[12] τῷ κυρίῳ.

25 ἑπτὰ ἡμέρας ποιήσεις ἔριφον[13] ὑπὲρ ἁμαρτίας καθ' ἡμέραν καὶ μόσχον[14] ἐκ βοῶν[15] καὶ κριὸν[16] ἐκ προβάτων, ἄμωμα[17] ποιήσουσιν **26** ἑπτὰ ἡμέρας· καὶ ἐξιλάσονται[18] τὸ θυσιαστήριον[19] καὶ καθαριοῦσιν αὐτὸ καὶ πλήσουσιν[20] χεῖρας αὐτῶν. **27** καὶ ἔσται ἀπὸ τῆς ἡμέρας τῆς ὀγδόης[21] καὶ ἐπέκεινα[22] ποιήσουσιν οἱ ἱερεῖς ἐπὶ τὸ θυσιαστήριον[23] τὰ ὁλοκαυτώματα[24] ὑμῶν καὶ τὰ τοῦ σωτηρίου[25] ὑμῶν. καὶ προσδέξομαι[26] ὑμᾶς, λέγει κύριος.

1 συντελέω, *aor act inf*, finish, complete
2 ἐξιλασμός, atonement, propitiation
3 προσφέρω, *fut act ind 3p*, offer
4 μόσχος, calf
5 βοῦς, cow, (*p*) cattle
6 ἄμωμος, spotless
7 κριός, ram
8 ἐναντίον, before
9 ἐπιρρίπτω, *fut act ind 3p*, throw, toss
10 ἅλς, salt
11 ἀναφέρω, *fut act ind 3p*, offer
12 ὁλοκαύτωμα, whole burnt offering
13 ἔριφος, kid of a goat
14 μόσχος, calf
15 βοῦς, cow, (*p*) cattle
16 κριός, ram
17 ἄμωμος, spotless
18 ἐξιλάσκομαι, *fut mid ind 3p*, make atonement, propitiate
19 θυσιαστήριον, altar
20 πίμπλημι, *fut act ind 3p*, fill
21 ὄγδοος, eighth
22 ἐπέκεινα, from then on, henceforth
23 θυσιαστήριον, altar
24 ὁλοκαύτωμα, whole burnt offering
25 σωτήριον, deliverance, salvation
26 προσδέχομαι, *fut mid ind 1s*, receive, accept

DANIEL 7

The Ancient of Days and One Like a Son of Man ❹

Matt 24:29–31; 25:31–41; 26:63–65; Mark 13:24–27; 14:61–64; Luke 21:25–28; Rev 1:7–14; 12:1–5; 13:1–7; 14:14–16; 17:9–14

1 Ἔτους πρώτου βασιλεύοντος[1] Βαλτασαρ χώρας[2] Βαβυλωνίας Δανιηλ ὅραμα[3] εἶδε παρὰ κεφαλὴν ἐπὶ τῆς κοίτης[4] αὐτοῦ· τότε Δανιηλ τὸ ὅραμα, ὃ εἶδεν, ἔγραψεν εἰς κεφάλαια[5] λόγων **2** Ἐπὶ τῆς κοίτης[6] μου ἐθεώρουν[7] καθ᾽ ὕπνους[8] νυκτὸς καὶ ἰδοὺ τέσσαρες ἄνεμοι[9] τοῦ οὐρανοῦ ἐνέπεσον[10] εἰς τὴν θάλασσαν τὴν μεγάλην. **3** καὶ τέσσαρα θηρία ἀνέβαινον ἐκ τῆς θαλάσσης διαφέροντα[11] ἓν παρὰ τὸ ἕν. **4** τὸ πρῶτον ὡσεὶ[12] λέαινα[13] ἔχουσα πτερὰ[14] ὡσεὶ ἀετοῦ·[15] ἐθεώρουν[16] ἕως ὅτου ἐτίλη[17] τὰ πτερὰ[18] αὐτῆς, καὶ ἤρθη ἀπὸ τῆς γῆς καὶ ἐπὶ ποδῶν ἀνθρωπίνων[19] ἐστάθη, καὶ ἀνθρωπίνη καρδία ἐδόθη αὐτῇ. **5** καὶ ἰδοὺ μετ᾽ αὐτὴν ἄλλο θηρίον ὁμοίωσιν[20] ἔχον ἄρκου,[21] καὶ ἐπὶ τοῦ ἑνὸς πλευροῦ[22] ἐστάθη, καὶ τρία πλευρὰ[23] ἦν ἐν τῷ στόματι αὐτῆς, καὶ οὕτως εἶπεν Ἀνάστα κατάφαγε[24] σάρκας πολλάς.

6 καὶ μετὰ ταῦτα ἐθεώρουν[25] θηρίον ἄλλο ὡσεὶ[26] πάρδαλιν,[27] καὶ πτερὰ[28] τέσσαρα ἐπέτεινον[29] ἐπάνω[30] αὐτοῦ, καὶ τέσσαρες κεφαλαὶ τῷ θηρίῳ, καὶ γλῶσσα ἐδόθη αὐτῷ. **7** μετὰ δὲ ταῦτα ἐθεώρουν[31] ἐν ὁράματι[32] τῆς νυκτὸς θηρίον τέταρτον[33] φοβερόν,[34] καὶ ὁ φόβος αὐτοῦ ὑπερφέρων[35] ἰσχύι,[36] ἔχον ὀδόντας[37] σιδηροῦς[38] μεγάλους, ἐσθίον καὶ κοπανίζον,[39] κύκλῳ[40] τοῖς ποσὶ καταπατοῦν,[41] διαφόρως[42]

1 βασιλεύω, *pres act ptc gen s m*, reign as king
2 χώρα, land, territory
3 ὅραμα, vision
4 κοίτη, bed
5 κεφάλαιον, summary
6 κοίτη, bed
7 θεωρέω, *impf act ind 1s*, see, behold
8 ὕπνος, sleep
9 ἄνεμος, wind
10 ἐμπίπτω, *aor act ind 3p*, fall upon
11 διαφέρω, *pres act ptc nom p n*, differ from
12 ὡσεί, as, like
13 λέαινα, lioness
14 πτερόν, wing
15 ἀετός, eagle
16 θεωρέω, *impf act ind 1s*, see, behold
17 τίλλω, *aor pas ind 3s*, pluck
18 πτερόν, (feather of a) wing
19 ἀνθρώπινος, human
20 ὁμοίωσις, likeness, resemblance
21 ἄρκος, bear
22 πλευρόν, side
23 πλευρά, rib
24 κατεσθίω, *aor act impv 2s*, devour
25 θεωρέω, *impf act ind 1s*, see, behold
26 ὡσεί, as, like
27 πάρδαλις, leopard
28 πτερόν, wing
29 ἐπιτείνω, *impf act ind 3p*, stretch out
30 ἐπάνω, above
31 θεωρέω, *impf act ind 1s*, see, behold
32 ὅραμα, vision
33 τέταρτος, fourth
34 φοβερός, fearful, terrifying
35 ὑπερφέρω, *pres act ptc nom s m*, surpass, excel
36 ἰσχύς, strength
37 ὀδούς, tooth
38 σιδηροῦς, iron
39 κοπανίζω, *pres act ptc acc s n*, grind, pound
40 κύκλῳ, all around
41 καταπατέω, *pres act ptc acc s n*, trample
42 διαφόρως, differently

χρώμενον[1] παρὰ πάντα τὰ πρὸ αὐτοῦ θηρία· εἶχε δὲ κέρατα[2] δέκα,[3] **8** καὶ βουλαὶ[4] πολλαὶ ἐν τοῖς κέρασιν[5] αὐτοῦ. καὶ ἰδοὺ ἄλλο ἓν κέρας ἀνεφύη[6] ἀνὰ μέσον[7] αὐτῶν μικρὸν ἐν τοῖς κέρασιν αὐτοῦ, καὶ τρία τῶν κεράτων τῶν πρώτων ἐξηράνθησαν[8] δι' αὐτοῦ· καὶ ἰδοὺ ὀφθαλμοὶ ὥσπερ ὀφθαλμοὶ ἀνθρώπινοι[9] ἐν τῷ κέρατι τούτῳ καὶ στόμα λαλοῦν μεγάλα, καὶ ἐποίει πόλεμον πρὸς τοὺς ἁγίους.

9 ἐθεώρουν[10] ἕως ὅτε θρόνοι ἐτέθησαν,
καὶ παλαιὸς[11] ἡμερῶν ἐκάθητο
ἔχων περιβολὴν[12] ὡσεὶ[13] χιόνα,[14]
καὶ τὸ τρίχωμα[15] τῆς κεφαλῆς αὐτοῦ ὡσεὶ ἔριον[16] λευκὸν[17] καθαρόν,[18]
ὁ θρόνος ὡσεὶ φλὸξ[19] πυρός,

10 καὶ ἐξεπορεύετο[20] κατὰ πρόσωπον αὐτοῦ ποταμὸς[21] πυρός,
χίλιαι[22] χιλιάδες[23] ἐθεράπευον[24] αὐτὸν
καὶ μύριαι[25] μυριάδες[26] παρειστήκεισαν[27] αὐτῷ·
καὶ κριτήριον[28] ἐκάθισε καὶ βίβλοι ἠνεῴχθησαν.

11 ἐθεώρουν[29] τότε τὴν φωνὴν τῶν λόγων τῶν μεγάλων, ὧν τὸ κέρας[30] ἐλάλει, καὶ ἀπετυμπανίσθη[31] τὸ θηρίον, καὶ ἀπώλετο τὸ σῶμα αὐτοῦ καὶ ἐδόθη εἰς καῦσιν[32] πυρός. **12** καὶ τοὺς κύκλῳ[33] αὐτοῦ ἀπέστησε[34] τῆς ἐξουσίας[35] αὐτῶν, καὶ χρόνος ζωῆς ἐδόθη αὐτοῖς ἕως χρόνου καὶ καιροῦ.

13 ἐθεώρουν[36] ἐν ὁράματι[37] τῆς νυκτὸς

καὶ ἰδοὺ ἐπὶ τῶν νεφελῶν[38] τοῦ οὐρανοῦ
ὡς υἱὸς ἀνθρώπου ἤρχετο,

1 χράω, *pres mid ptc acc s n*, act, conduct oneself
2 κέρας, horn
3 δέκα, ten
4 βουλή, plan, scheme
5 κέρας, horn
6 ἀναφύω, *aor pas ind 3s*, spring up
7 ἀνὰ μέσον, among
8 ξηραίνω, *aor pas ind 3p*, wither, dry up, remove
9 ἀνθρώπινος, human
10 θεωρέω, *impf act ind 1s*, see, behold
11 παλαιός, old, ancient
12 περιβολή, robe, cloak
13 ὡσεί, as, like
14 χιών, snow
15 τρίχωμα, hair
16 ἔριον, wool
17 λευκός, white
18 καθαρός, pure
19 φλόξ, flame
20 ἐκπορεύομαι, *impf mid ind 3s*, proceed from
21 ποταμός, river, stream
22 χίλιοι, thousand
23 χιλιάς, thousand
24 θεραπεύω, *impf act ind 3p*, serve
25 μύριοι, ten thousand
26 μυριάς, ten thousand, myriad
27 παρίστημι, *plpf act ind 3p*, stand near, attend upon
28 κριτήριον, judgment seat, (judicial council)
29 θεωρέω, *impf act ind 1s*, see, behold
30 κέρας, horn
31 ἀποτυμπανίζω, *aor pas ind 3s*, cruelly kill
32 καῦσις, burning
33 κύκλῳ, all around
34 ἀφίστημι, *aor act ind 3s*, remove
35 ἐξουσία, authority
36 θεωρέω, *impf act ind 1s*, see, behold
37 ὅραμα, vision
38 νεφέλη, cloud

καὶ ὡς παλαιὸς[1] ἡμερῶν παρῆν,[2]
  καὶ οἱ παρεστηκότες[3] παρῆσαν[4] αὐτῷ.
14 καὶ ἐδόθη αὐτῷ ἐξουσία,[5]
  καὶ πάντα τὰ ἔθνη τῆς γῆς κατὰ γένη
  καὶ πᾶσα δόξα αὐτῷ λατρεύουσα·[6]
καὶ ἡ ἐξουσία αὐτοῦ ἐξουσία αἰώνιος, ἥτις οὐ μὴ ἀρθῇ,
  καὶ ἡ βασιλεία αὐτοῦ, ἥτις οὐ μὴ φθαρῇ.[7]

15 καὶ ἀκηδιάσας[8] ἐγὼ Δανιηλ ἐν τούτοις ἐν τῷ ὁράματι[9] τῆς νυκτὸς **16** προσῆλθον πρὸς ἕνα τῶν ἑστώτων καὶ τὴν ἀκρίβειαν[10] ἐζήτουν παρʼ αὐτοῦ ὑπὲρ πάντων τούτων. ἀποκριθεὶς δὲ λέγει μοι καὶ τὴν κρίσιν τῶν λόγων ἐδήλωσέ[11] μοι **17** Ταῦτα τὰ θηρία τὰ μεγάλα εἰσὶ τέσσαρες βασιλεῖαι, αἳ ἀπολοῦνται ἀπὸ τῆς γῆς· **18** καὶ παραλήψονται[12] τὴν βασιλείαν ἅγιοι ὑψίστου[13] καὶ καθέξουσι[14] τὴν βασιλείαν ἕως τοῦ αἰῶνος καὶ ἕως τοῦ αἰῶνος τῶν αἰώνων.

19 τότε ἤθελον ἐξακριβάσασθαι[15] περὶ τοῦ θηρίου τοῦ τετάρτου[16] τοῦ διαφθείροντος[17] πάντα καὶ ὑπερφόβου,[18] καὶ ἰδοὺ οἱ ὀδόντες[19] αὐτοῦ σιδηροῖ[20] καὶ οἱ ὄνυχες[21] αὐτοῦ χαλκοῖ[22] κατεσθίοντες[23] πάντας κυκλόθεν[24] καὶ καταπατοῦντες[25] τοῖς ποσί, **20** καὶ περὶ τῶν δέκα[26] κεράτων[27] αὐτοῦ τῶν ἐπὶ τῆς κεφαλῆς καὶ τοῦ ἑνὸς τοῦ ἄλλου τοῦ προσφυέντος,[28] καὶ ἐξέπεσαν[29] διʼ αὐτοῦ τρία, καὶ τὸ κέρας ἐκεῖνο εἶχεν ὀφθαλμοὺς καὶ στόμα λαλοῦν μεγάλα, καὶ ἡ πρόσοψις[30] αὐτοῦ ὑπερέφερε[31] τὰ ἄλλα. **21** καὶ κατενόουν[32] τὸ κέρας[33] ἐκεῖνο πόλεμον συνιστάμενον[34] πρὸς τοὺς ἁγίους καὶ τροπούμενον[35] αὐτοὺς **22** ἕως τοῦ ἐλθεῖν τὸν παλαιὸν[36] ἡμερῶν, καὶ

1 παλαιός, old, ancient
2 πάρειμι, *impf act ind 3s*, be present
3 παρίστημι, *perf act ptc nom p m*, stand near, attend upon
4 πάρειμι, *impf act ind 3p*, be present
5 ἐξουσία, authority
6 λατρεύω, *pres act ptc nom s f*, serve
7 φθείρω, *aor pas sub 3s*, destroy, corrupt
8 ἀκηδιάω, *aor act ptc nom s m*, be exhausted
9 ὅραμα, vision
10 ἀκρίβεια, precise meaning
11 δηλόω, *aor act ind 3s*, make known
12 παραλαμβάνω, *fut mid ind 3p*, receive
13 ὕψιστος, *sup*, Most High
14 κατέχω, *fut act ind 3p*, take hold of, possess
15 ἐξακριβάζομαι, *aor mid inf*, learn accurately
16 τέταρτος, fourth
17 διαφθείρω, *pres act ptc gen s n*, destroy
18 ὑπερφόβος, exceedingly fearful
19 ὀδούς, tooth
20 σιδηροῦς, iron
21 ὄνυξ, claw
22 χαλκοῦς, bronze
23 κατεσθίω, *pres act ptc nom p m*, devour
24 κυκλόθεν, all around
25 καταπατέω, *pres act ptc nom p m*, trample
26 δέκα, ten
27 κέρας, horn
28 προσφύω, *aor pas ptc gen s n*, cause to spring up
29 ἐκπίπτω, *aor act ind 3p*, fall away
30 πρόσοψις, appearance
31 ὑπερφέρω, *impf act ind 3s*, surpass, excel
32 κατανοέω, *impf act ind 1s*, observe
33 κέρας, horn
34 συνίστημι, *pres mid ptc acc s n*, prepare for
35 τροπόω, *pres act ptc acc s n*, put to flight, defeat
36 παλαιός, old, ancient

τὴν κρίσιν ἔδωκε τοῖς ἁγίοις τοῦ ὑψίστου,[1] καὶ ὁ καιρὸς ἐδόθη καὶ τὸ βασίλειον[2] κατέσχον[3] οἱ ἅγιοι. **23** καὶ ἐρρέθη[4] μοι περὶ τοῦ θηρίου τοῦ τετάρτου,[5]

ὅτι βασιλεία τετάρτη ἔσται ἐπὶ τῆς γῆς,
ἥτις διοίσει[6] παρὰ πᾶσαν τὴν γῆν
καὶ ἀναστατώσει[7] αὐτὴν καὶ καταλεανεῖ[8] αὐτήν.

24 καὶ τὰ δέκα[9] κέρατα[10] τῆς βασιλείας, δέκα βασιλεῖς στήσονται,
καὶ ὁ ἄλλος βασιλεὺς μετὰ τούτους στήσεται,
καὶ αὐτὸς διοίσει[11] κακοῖς ὑπὲρ τοὺς πρώτους
καὶ τρεῖς βασιλεῖς ταπεινώσει·[12]
25 καὶ ῥήματα εἰς τὸν ὕψιστον[13] λαλήσει
καὶ τοὺς ἁγίους τοῦ ὑψίστου κατατρίψει[14]
καὶ προσδέξεται[15] ἀλλοιῶσαι[16] καιροὺς καὶ νόμον,
καὶ παραδοθήσεται πάντα εἰς τὰς χεῖρας αὐτοῦ
ἕως καιροῦ καὶ καιρῶν καὶ ἕως ἡμίσους[17] καιροῦ.

26 καὶ ἡ κρίσις καθίσεται
καὶ τὴν ἐξουσίαν[18] ἀπολοῦσι καὶ βουλεύσονται[19] μιᾶναι[20]
καὶ ἀπολέσαι ἕως τέλους.
27 καὶ τὴν βασιλείαν καὶ τὴν ἐξουσίαν[21]
καὶ τὴν μεγαλειότητα[22] αὐτῶν
καὶ τὴν ἀρχὴν πασῶν τῶν ὑπὸ τὸν οὐρανὸν βασιλειῶν
ἔδωκε λαῷ ἁγίῳ ὑψίστου[23]
βασιλεῦσαι[24] βασιλείαν αἰώνιον,
καὶ πᾶσαι αἱ ἐξουσίαι αὐτῷ ὑποταγήσονται[25] καὶ πειθαρχήσουσιν[26] αὐτῷ.

28 ἕως καταστροφῆς[27] τοῦ λόγου ἐγὼ Δανιηλ σφόδρα[28] ἐκστάσει[29] περιειχόμην,[30] καὶ ἡ ἕξις[31] μου διήνεγκεν[32] ἐμοί, καὶ τὸ ῥῆμα ἐν καρδίᾳ μου ἐστήριξα.[33]

1 ὕψιστος, *sup*, Most High
2 βασίλειον, royal dominion
3 κατέχω, *aor act ind 3p*, take hold of, possess
4 λέγω, *aor pas ind 3s*, tell, speak
5 τέταρτος, fourth
6 διαφέρω, *fut act ind 3s*, spread over
7 ἀναστατόω, *fut act ind 3s*, unsettle, disturb
8 καταλεαίνω, *fut act ind 3s*, grind
9 δέκα, ten
10 κέρας, horn
11 διαφέρω, *fut act ind 3s*, spread over
12 ταπεινόω, *fut act ind 3s*, humble, bring low
13 ὕψιστος, *sup*, Most High
14 κατατρίβω, *fut act ind 3s*, wear down
15 προσδέχομαι, *fut mid ind 3s*, undertake
16 ἀλλοιόω, *aor act inf*, change, alter
17 ἥμισυς, half
18 ἐξουσία, authority
19 βουλεύω, *fut mid ind 3p*, determine, decide
20 μιαίνω, *aor act inf*, defile, pollute
21 ἐξουσία, authority
22 μεγαλειότης, majesty
23 ὕψιστος, *sup*, Most High
24 βασιλεύω, *aor act inf*, reign (over)
25 ὑποτάσσω, *fut pas ind 3p*, be subjected to
26 πειθαρχέω, *fut act ind 3p*, obey
27 καταστροφή, end, conclusion
28 σφόδρα, exceedingly
29 ἔκστασις, astonishment, entrancement
30 περιέχω, *impf pas ind 1s*, seize upon
31 ἕξις, inward state
32 διαφέρω, *aor act ind 3s*, spread over
33 στηρίζω, *aor act ind 1s*, fix, establish

GLOSSARY

This glossary includes all the words in *Septuaginta* that are not provided in the running apparatus on each page. The approximately 330 words included here are those that occur both over 100 times in the Septuagint *and* over 30 times in the Greek New Testament (in general, though there are a few exceptions). Only the most common proper nouns are included. Since this glossary is not a full-fledged lexicon, we have chosen to provide glosses, or translation equivalents, not definitions. Each lexical entry includes the word's frequency in the whole *Septuaginta* (not only the chapters included in this volume) followed by its frequency in the New Testament.

Α, α

Ἀβραάμ, *m*, noun [212; 73]
Abraham (*translit.*)

ἀγαθός, **-ή**, **-όν**, adj. [640; 102]
good, kind, (morally) upright, beneficial, functional, (high) quality; [τὰ ἀγαθά] goods, possessions

ἀγαπάω, verb [283; 143]
to love, delight in, show affection for, enjoy

ἄγγελος, **-ου**, *m*, noun [351; 175]
angel, messenger, (human) envoy

ἅγιος, **-α**, **-ον**, adj. [831; 233]
holy, sacred, consecrated (to God), (morally) pure; [τὸ ἅγιον] the holy place, the sanctuary; [τὸ ἅγιος] the Holy One

ἀγρός, **-οῦ**, *m*, noun [245; 36]
field, land, countryside

ἄγω, verb [272; 67]
to bring (toward), lead (along), take

ἀδελφή, **-ῆς**, *f*, noun [122; 26]
sister, beloved woman

ἀδελφός, **-οῦ**, *m*, noun [926; 343]
brother, fellow person, neighbor, colleague

Αἰγύπτιος, adj. [140; 5]
Egyptian

Αἴγυπτος, *f*, noun [649; 25]
Egypt

αἷμα, **-ατος**, *n*, noun [399; 97]
blood

αἴρω, verb [290; 101]
to pick up, raise, lift, take up (and carry), take away, remove

αἰών, **-ῶνος**, *m*, noun [749; 122]
very long period, age, eternity

αἰώνιος, **-ος**, **-ον**, adj. [163; 71]
eternal, without end

ἀκάθαρτος, **-ος**, **-ον**, adj. [160; 32]
impure, unclean

ἀκούω, verb [1,067; 428]
to hear (about), listen to, obey, understand

ἀλήθεια, **-ας**, *f*, noun [204; 109]
truth, truthfulness

ἀλλά, conj. [583; 638]
but, rather, yet, nevertheless, except; [ἀ. ἤ] rather (than), except; [οὐ μὴν δὲ ἀ.] nonetheless; [μὲν . . . ἀ.] on one hand . . . on the other hand

ἄλλος, **-η**, **-ον**, adj. [107; 155]
other, another

ἁμαρτάνω, verb [270; 43]
to sin, act sinfully, do wrong

ἁμαρτία, **-ας**, *f*, noun [543; 173]
sin, sinfulness, sin offering

ἁμαρτωλός, **-ός**, **-όν**, adj. [179; 47]
sinful; (*subst*) sinner

ἄν, particle [654; 166]
(*particle of contingency*); [ὅς ἄ. + *sub*] whoever, whichever; [ὡς ἄ. + *sub*] however, whenever; [ἕως ἄ. + *sub/inf/ind*] until

ἀναβαίνω, verb [685; 82]
to go up, rise up, climb, ascend, emerge, mount

ἀνήρ, **ἀνδρός**, *m*, noun [1,917; 216]
man, person, husband; [(*idiom*) ἀ. + ἑαυτοῦ] each (one)

ἄνθρωπος, **-ου**, *m*, noun [1,427; 550]
man, husband, person, humanity

ἀνίστημι, verb [539; 108]
to raise (up), set up, restore, (re)build; (*intr*) to rise, stand up, present oneself

ἀνοίγω, verb [183; 77]
to open

ἀπαγγέλλω, verb [254; 45]
to proclaim, declare, inform, explain

ἀπέρχομαι, verb [229; 117]
to go away, depart, leave

ἀπό, prep. [4,147; 646]
(+ *gen*) from, away from, out of, after, because of; [ἀ. οὗ] since; [ἀ. ἐκείνου] from then on

ἀποδίδωμι, verb [220; 48]
to give back (what is owed), return, repay, make amends; (*mid*) to sell

ἀποθνῄσκω, verb [602; 111]
to die

ἀποκρίνομαι, verb [277; 231]
to answer, reply, respond

ἀποκτείνω, verb [237; 74]
to kill, destroy

ἀπόλλυμι, verb [379; 90]
to destroy, conceal, lose; (*mid*) perish, be removed, vanish

ἀποστέλλω, verb [691; 132]
to send (out/away), dispatch, permit to leave, dismiss

ἅπτομαι, verb [133; 39]
(+ *gen*) to touch, grasp, affect, reach; [ἅπτω] to kindle, light

ἄρτος, **-ου**, *m*, noun [307; 97]
bread, food

ἀρχή, **-ῆς**, *f*, noun [236; 55]
origin, start, beginning, ruler, authority

ἄρχω, verb [176; 86]
(+ *gen*) to rule, administer; (*mid*) to begin

ἄρχων, **-οντος**, *m*, noun [664; 37]
ruler, commander, governor, top authority

αὐτός, **-ή**, **-όν**, pron. [29,393; 5,597]
he, she, it; (the very) same; himself, herself, itself

ἀφίημι, verb [137; 143]
to forgive, release, permit, leave (behind)

Β, β

βασιλεία, **-ας**, *f*, noun [437; 162]
kingdom, dominion, reign, kingship, royal rule

βασιλεύς, **-έως**, *m*, noun [3,443; 115]
king, (supreme) ruler

βιβλίον, **-ου**, *n*, noun [186; 34]
document, scroll, letter

βλέπω, verb [133; 132]
to see, look at, watch, face

βούλομαι, verb [128; 37]
to desire, be willing, consent to

Γ, γ

γάρ, conj. [1,548; 1,041]
for, since, as; [καὶ γ.] surely, indeed; [ἐάν τε γ. . . . μήτε] for if . . . neither; [μὲν γ. . . . δέ] for indeed . . . but

γέ, particle [176; 26]
(*emphatic particle*) indeed, really

γενεά, **-ᾶς**, *f*, noun [239; 43]
generation, family group, birthplace

γεννάω, verb [254; 97]
to be the father of, give birth to, bring into existence

γῆ, **-ῆς**, *f*, noun [3,172; 250]
earth, soil, ground, land, region

γι(γ)νώσκω, verb [754; 222]
to know, realize, find out, understand, acknowledge, have sexual intercourse

γίνομαι, verb [2,217; 669]
to be, become, come about, happen, be (created, born, produced, etc.)

γλῶσσα, **-ης**, *f*, noun [169; 50]
tongue, language, bar (of metal)

γράφω, verb [304; 191]
to write (down), record

γυνή, **γυναικός**, *f*, noun [1,074; 215]
woman, female, wife

Δ, δ

Δαυιδ, *m*, noun [1,090; 59]
David (*translit.*)

δέ, conj. [4,907; 2,792]
and, but, now, then, in turn; [δ. καί] but also; [μὲν . . . δ./ἀλλά] on one hand . . . on the other hand; [εἰ δ. μή] if not, otherwise; [ἐάν δ. καί] but if; [οὐ μὴν δ. ἀλλά] nonetheless; [τὲ . . . δ.] as . . . so, not only . . . but also, both . . . and; [μὲν γὰρ . . . δ.] for indeed . . . but

δείκνυμι, verb [127; 33]
to point out, show, make known, explain

δεξιός, **-ά**, **-όν**, adj. [227; 54]
right (side); (*opposite of left*)

δεύτερος, **-α**, **-ον**, adj. [228; 43]
second

διά, prep. [1,424; 667]
(+ *gen*) through, during, after, by means of, with; [δ. παντός] continually, always
(+ *acc*) because of, on account of; [δ. τί] why?; [δ. τοῦτο] therefore

διαθήκη, **-ης**, *f*, noun [358; 33]
covenant, treaty, testament

διδάσκω, verb [107; 97]
to teach, instruct; (*pas*) to learn

δίδωμι, verb [2,130; 415]
to give, grant, provide, deliver, place, issue

διέρχομαι, verb [152; 43]
to go through(out), pass (through)

δίκαιος, **-α**, **-ον**, adj. [433; 79]
just, righteous

δικαιοσύνη, **-ης**, *f*, noun [350; 92]
righteousness, uprightness, (divine) justice, equity

διώκω, verb [112; 45]
to pursue, seek after, chase

δόξα, **-ης**, *f*, noun [451; 166]
glory, splendor, majesty, distinction, reputation

δοξάζω, verb [146; 61]
to extol, magnify, hold in honor

δοῦλος, **-η**, **-ον**, adj. [385; 126]
enslaved, subservient; (*subst*) servant, slave

δύναμαι, verb [337; 210]
to be able, be capable

δύναμις, **-εως**, *f*, noun [591; 119]
power, might, ability, (armed military) force, authority

δυνατός, **-ή**, **-όν**, adj. [185; 32]
strong, powerful, capable

δύο, adj. [695; 135]
two; [(*dat*) δύσι]

Ε, ε

ἐάν, conj. [1,357; 350]
if, perhaps, when(ever); [ἐ. καί] even if; [ἐ. δὲ καί] but if; [ἐ. μή] if not, unless; [ὡς/ὅς ἐ.] whoever; [ἡνίκα ἐ.] whenever; [ὅθεν ἐ.] from wherever; [ὅπου ἐ.] wherever; [πλὴν ἐ.] provided only; [ὅν τρόπον ἐ.] as if, just as; [ἐ. τε . . . ἐ. τε] whether . . . or; [ἐ. τε γὰρ . . . μήτε] for if . . . neither; [ἐ. τε] even if, whether

ἑαυτοῦ, **-ῆς**, **-οῦ**, pron. [654; 319]
himself, herself, itself; [(*idiom*) ἀνήρ + ἑ.] each one

ἐγγίζω, verb [158; 42]
to bring near, come near, approach

ἐγώ, pron. [12,697; 2,666]
I; [(*p*) ἡμεῖς] we

ἔθνος, **-ους**, *n*, noun [1,014; 162]
people (group), nation, non-Israelite

εἰ, particle [804; 502]
if, perhaps, whether, since; [ε. μή] except, if not; [ε. πως] if somehow, if perhaps; [ε. δὲ μή] if not, otherwise; [ε. *or* ε. μήν] surely, certainly; [ε. . . . ἤ] whether . . . or; *see also* ἄν, εἴτε

εἶδον, verb
see ὁράω

εἰμί, verb [6,836; 2,462]
to be, become, function as, be present, exist

εἰρήνη, **-ης**, *f*, noun [295; 92]
peace, well-being

εἰς, prep. [7,470; 1,767]
(+ *acc*) into, toward, until, with regard to; [ε. τοῦτο] for this reason; [ε. τό + *inf*] so that; [ε. ὅ] with regard to which, for which; [ε. τί] why?

εἷς, **μία**, **ἕν** (*gen* **ἑνός**, **μιᾶς**, **ἑνός**) adj. num. [1,034; 345]
one, first; (the) same; (*indef article*) a, an; [≈τις] someone, a certain (*x*); [ε. . . . ε.] one . . . another; [ε. . . . ὁ ἕτερος] (the) one . . . (the) other

εἰσέρχομαι, verb [710; 194]
to enter, go in(to); [ε. + πρός] to have sexual intercourse

εἴτε, conj. [9; 65]
even if; [ε. . . . ε.] whether . . . or

ἐκ, **ἐξ**, prep. [3,831; 914]
(+ *gen*) out of, from (within), (part) of, due to, since, after; [ἐ. τούτο] because (of this), for this reason; [ἐ. ἐναντίας] opposite, in front of; [ἐ. προσώπου] from the presence of, from before

ἕκαστος, **-η**, **-ον**, adj. [357; 82]
each, every

ἐκβάλλω, verb [101; 81]
to throw out, move out, sever a relationship

ἐκεῖ, adv. [804; 105]
there, in that place

ἐκεῖνος, **-η**, **-ον**, pron. [747; 265]
that (person/thing); [μετ' ἐκεῖνο] afterward; [ἀπ' ἐκείνου] from then on

ἐκκλησία, **-ας**, *f*, noun [103; 114]
assembly, gathering, (social) organization

ἐκπορεύομαι, verb [171; 33]
to go out, emerge, leave

ἐλπίζω, verb [117; 31]
to hope (for), expect, wait for

ἐλπίς, **-ίδος**, *f*, noun [117; 53]
hope, expectation

ἐμός, **-ή**, **-όν**, adj. [105; 76]
my, mine

ἔμπροσθεν, prep. [162; 48]
(+ *gen*) before, in front (of), prior

ἐν, prep. [14,316; 2,752]
(+ *dat*) in, on, among, with, when, at

ἐναντίος, **-α**, **-ον**, adj. [66; 8]
opposite, against; [ἐξ ἐναντίας] opposite, in front of

ἐντολή, **-ῆς**, *f*, noun [240; 67]
commandment, order, precept

ἐνύπνιον, **-ου**, *n*, noun [107; 1]
dream

ἐνώπιον, prep. [565; 94]
(+ *gen*) in front of, in the presence of, in the opinion of

ἐξέρχομαι, verb [743; 218]
to exit, depart, go away, come out, appear, get out, proceed from

ἔξω, adv. used as prep. [109; 63]
outside; (+ *gen*) out from, outside of

ἐπί, prep. [7,314; 890]
(+ *gen*) at, upon, near, before, in the time of, over, on the basis of
(+ *dat*) on, beside, regarding, owing to, in addition to, above, during
(+ *acc*) over, toward, as far as, until, against; [ἐ. τὸ αὐτὸ] together, at once

ἐπιγινώσκω, verb [149; 44]
to recognize, realize, notice

ἐπιστρέφω, verb [550; 36]
to turn, return, bring back, change (physical or mental) orientation

ἐπιτίθημι, verb [271; 39]
to lay on, place upon, set in place, impose; (*mid*) make an attempt on, attack

ἑπτά, adj. [377; 88]
seven

ἐργάζομαι, verb [120; 41]
(*intr*) to work, labor; (*trans*) to perform, accomplish

ἔργον, **-ου**, *n*, noun [591; 169]
work, task, action, activity, product

ἔρημος, **-ος/η**, **-ον**, adj. [388; 48]
desolate, empty; (*subst*) desert, wasteland, wilderness

ἔρχομαι, verb [1,082; 632]
to go, come (to), arrive (at), come to pass

ἐρῶ, verb
see λέγω

ἐσθίω, verb [645; 158]
to eat, consume; [*or* ἔσθω; (*fut*) ἔδομαι *or* φάγομαι; (*aor*) ἔφαγον; etc.]

ἔσχατος, **-η**, **-ον**, adj. [155; 52]
last, final, remotest

ἕτερος, **-α**, **-ον**, adj. [267; 98]
other, another, different

ἔτι, adv. [550; 93]
yet, still, even; (+ *neg*) anymore

ἑτοιμάζω, verb [176; 40]
to prepare

ἔτος, **-ους**, *n*, noun [718; 49]
year; [κατὰ ἔτος] every year, annually

εὐλογέω, verb [519; 41]
to bless, make successful, confer favor, speak well of, praise

εὑρίσκω, verb [611; 176]
to find (out), come upon, encounter, discover, obtain; (*pas*) be available, be at one's disposal; [(*idiom*) ε. χάριν] to gain positive/favorable status

ἐχθρός, **-ά**, **-όν**, adj. [447; 32]
hostile, opposed; (*subst*) enemy, opponent

ἔχω, verb [493; 708]
to have, possess, hold, maintain

ἕως, prep./conj. [1,564; 146]
until, as long as, up to, while; [ἕ. ἄν (+ *sub/inf/ind*)] until; [ἕ. οὗ] until; [ἕ. πότε/τίνος] until when; [ἕ. (+ *num*)] as many as (*x*) times; [ἕ. σφόδρα] very exceedingly

Ζ, ζ

ζάω, verb [560; 140]
to live, be alive, survive

ζητέω, verb [320; 117]
to seek, look for, inquire about, desire

ζωή, **-ῆς**, *f*, noun [298; 135]
life, existence

Η, η

ἤ, conj. [950; 343]
or, (rather) than, as; [ἤ(τοι) . . . ἤ] either . . . or, whether . . . or; [πρὶν ἤ] before; [ἀλλ' ἤ] rather, except; [εἰ . . . ἤ] whether . . . or

ἥλιος, **-ου**, *m*, noun [214; 32]
sun, sunshine

ἡμέρα, **-ας**, *f*, noun [2,572; 389]
day, daytime, period (of time)

Θ, θ

θάλασσα, **-ης**, *f*, noun [449; 91]
sea, (specifically, the Mediterranean Sea); [κατὰ θάλασσαν] toward the sea, westward

θάνατος, **-ου**, *m*, noun [365; 120]
death

θέλω, verb [163; 208]
to be willing, want

θεός, **-οῦ**, *m*, noun [4,009; 1,317]
God, god, deity

θηρίον, **-ου**, *n*, noun [165; 46]
wild animal

θλῖψις, **-εως**, *f*, noun [135; 45]
distress, suffering, oppression

θρόνος, **-ου**, *m*, noun [165; 62]
throne, seat (of power)

θύρα, **-ας**, *f*, noun [240; 39]
door, entrance

Ι, ι

ἰδού, interj./particle [1,177; 200]
see!, look!, watch!

ἱερεύς, **-έως**, *m*, noun [904; 31]
priest

ἱερόν, **-ου**, *n*, noun
see ἱερός

ἱερός, **-ά**, **-όν**, adj. [116; 74]
holy, sacred; [τὸ ἱερόν] temple, sanctuary

Ἰησοῦς, *m*, noun [277; 917]
Joshua (*translit.*)

ἱμάτιον, **-ου**, *n*, noun [223; 60]
clothing, garment

ἵνα, conj. [621; 663]
(+ *sub*) that, in order that, so that; [ἵ. μή (+ *sub*)] (in order) that not; [ἵ. τί] why?

Ἰουδαία, *f*, noun [131; 44]
Judea (*translit.*)

Ἰουδαῖος, adj. [213; 194]
Judean

Ἰούδας, *m*, noun [901; 44]
Judah (*translit.*)

Ισραηλ, *m*, noun [2,747; 68]
Israel (*translit.*)

ἵστημι, verb [766; 154]
to set, situate, position, cause to stand, confirm, appoint, bring about; (*intr*) to stop, stand still, hold out, present oneself

Κ, κ

καθαρίζω, verb [125; 31]
to purify, cleanse

κάθημαι, verb [206; 91]
to sit, stay, reside

καθίζω, verb [229; 46]
to sit down, settle, reside, establish

καθώς, conj. [283; 182]
as, just as

καί, conj. [62,352; 9,161]
and, also, then, so, even; [κ. . . . κ.] both . . . and, not only . . . but also; [κ. γάρ] surely, indeed; [ἐάν κ.] even if; [ἐάν δὲ κ.] but if; [τὲ . . . κ.] as . . . so, not only . . . but also, both . . . and

καιρός, **-οῦ**, *m*, noun [485; 85]
time, period, season, occasion, opportunity

κακός, **-ή**, **-όν**, adj. [392; 50]
bad, dangerous, evil, harmful; [τὰ κακά] wrongdoing, afflictions, troubles

καλέω, verb [511; 148]
to call (upon), address, invite, summon, (give a) name (to), proclaim

καλός, **-ή**, **-όν**, adj. [235; 101]
good, beautiful, useful, precious

καρδία, **-ας**, *f*, noun [960; 156]
(physical) heart, (spiritual) center, (seat of) conscience/emotion

καρπός, **-οῦ**, *m*, noun [128; 66]
fruit, (offspring)

κατά, prep. [2,145; 473]
(+ *gen*) down (from), down (onto), against, along, toward, as far as
(+ *acc*) at, facing, according to, during, concerning; [κ. ἰδίαν] private(ly); [κ. ἑαυτόν] by him/her/itself

καταβαίνω, verb [352; 81]
to go down, come down, descend

κατοικέω, verb [683; 44]
to reside, inhabit, settle (an area), live (in a place)

κεφαλή, **-ῆς**, *f*, noun [432; 75]
head, top, leader

κλαίω, verb [166; 40]
to weep, cry, lament

κράζω, verb [111; 55]
to cry out, scream, call

κρατέω, verb [153; 47]
to grasp, have control over, take possession of, retain, gain strength

κρίνω, verb [269; 114]
to consider, pass judgment, decide, condemn, sentence; (*mid*) dispute

κρίσις, **-εως**, *f*, noun [277; 47]
(legal) case, sentence, judgment, decision

κύριος, **-ου**, *m*, noun [8,605; 717]
master, sir, lord, Lord

Λ, λ

λαλέω, verb [1,189; 296]
to speak, tell, say, communicate

λαμβάνω, verb [1,336; 258]
to take, grasp, remove, acquire, receive, seize, catch, capture; (*pas*) to receive, be given, undergo; [λ. πρόσωπον] to show approval, treat preferentially; [λ. ἐν γαστρί] to conceive; [(*fut*) λή(μ)ψομαι]

λαός, **-οῦ**, *m*, noun [2,060; 142]
people, nation, humankind

λέγω, verb [2,601; 2,353]
to say, speak, tell, address, answer, call, order; [(*fut*) ἐρῶ]

λήμψομαι, verb
see λαμβάνω

λίθος, **-ου**, *m*, noun [302; 59]
stone

λογίζομαι, verb [120; 40]
to devise, regard as, consider, take notice of

λόγος, **-ου**, *m*, noun [1,239; 330]
word, matter, subject (of conversation), statement, message, report, oracle

λοιπός, **-ή**, **-όν**, adj. [119; 55]
remaining; (*subst*) rest, remainder

Μ, μ

μέγας, **μεγάλη**, **μέγα**, adj. [913; 243]
large, great, long, wide, strong; [(*comp*) μείζων, μεῖζον]; [(*sup*) μέγιστος, -η, -ον]

μέν, particle [223; 179]
yet, indeed; [μ. . . . δέ/ἀλλά] on the one hand . . . on the other hand; [μ. γὰρ . . . δέ] for indeed . . . but; [μ. οὖν] then

μέρος, **-ους**, *n*, noun [138; 42]
part, piece, section

μέσος, **-η**, **-ον**, adj./prep. [849; 58]
middle; [τὸ μέσον] the middle; (*prep* + *gen*) among, within, between; [ἀνὰ μέσον] between

μετά, prep. [2,522; 469]
(+ *gen*) with, (accompanied) by, among, in the presence of
(+ *acc*) behind, following, after; [μ. τοῦτο] afterward, later; [μ. ἐκεῖνο] afterward

μή, particle [3,174; 1,042]
not, lest; [οὐ μ. (+ *sub*)] certainly not, by no means; [εἰ δὲ μ.] if not, otherwise; [τοῦ μ. (+ *inf*)] so that not; [οὐδὲ (οὐ) μ.] not even; [οὐκέτι (οὐ) μ.] never again; [ἐάν μ.] if not, unless; [εἰ μ.] except, if not; [ἵνα μ. (+ *sub*)]

μηδέ, particle [139; 56]
and not, nor, not even

μήν, **μηνός**, *m*, noun/particle [346; 19]
month, moon; [εἰ *or* εἶ μ.] surely, certainly; [οὐ μ. δὲ ἀλλά] nonetheless

μήτηρ, **μητρός**, *f*, noun [338; 83]
mother

μικρός, **-ά**, **-όν**, adj. [165; 46]
small, little, insignificant, minor; [μικρόν] a little while; [πρὸ μικροῦ] a little earlier; [μετὰ μικρόν] a little later; [κατὰ (μικρὸν) μικρόν] bit by bit

μισέω, verb [182; 40]
to hate, detest, disdain

μόνος, **-η**, **-ον**, adj. [223; 114]
only, alone

Μωϋσῆς, *m*, noun [732; 80]
Moses (*translit.*)

Ν, ν

ναός, **-οῦ**, *m*, noun [118; 45]
temple

νόμος, **-ου**, *m*, noun [428; 194]
law, Law, regulation, rule

νῦν, adv. [697; 147]
now, at present; [ὁ/ἡ/τό ν.] the present (time/moment)

νύξ, **νυκτός**, *f*, noun [295; 61]
night

Ο, ο

ὁ, **ἡ**, **τό**, article [88,461; 19,867]
the, this (one), that (one)

ὁδός, **-οῦ**, *f*, noun [888; 101]
way, path, road, course, journey, conduct, behavior

οἶδα, verb [294; 318]
to know (about), understand, perceive, be(come) aware

οἰκία, **-ας**, *f*, noun [268; 93]
house, household, family

οἰκοδομέω, verb [467; 40]
to build, construct

οἶνος, **-ου**, *m*, noun [252; 34]
wine

ὅλος, **-η**, **-ον**, adj. [275; 109]
whole, entire, complete; [δι᾽ ὅλου] throughout; [τοῖς ὅλοις] altogether

ὄνομα, **-ατος**, *n*, noun [1,049; 231]
name, title, reputation

ὀπίσω, adv./prep. [378; 35]
behind; (*prep + gen*) after; [τὰ ὀ.] back (parts), rear

ὅπως, conj. [262; 53]
(in order) that (+ *sub*)

ὁράω, verb [1,503; 454]
to see, notice, perceive, look; (*pas*) to appear; [(*aor*) εἶδον]

ὀργή, **-ῆς**, *f*, noun [303; 36]
anger, wrath, indignation

ὄρος, **-ους**, *n*, noun [684; 63]
hill, mountain

ὅς, **ἥ**, **ὅ**, pron. [5,041; 1,399]
who, that, which, (the) one (who); [ἀνθ᾽ ὧν] for, because; [οὗ (*adv*)] where, in which case; [εἰς ὅ] with regard to which, for which; [ἕως οὗ] until; [ἀφ᾽ οὗ] since; [ὅς ἐάν] whoever; [ὅν τρόπον ἐάν] as if, just as

ὅσος, **-η**, **-ον**, adj. [614; 110]
as great as, as much as, as many as, as far as, as long as

ὅστις, **ἥτις**, **ὅτι**, pron. [133; 152]
whoever, whichever, whatever

ὅταν, conj. [210; 123]
when, whenever

ὅτε, conj. [173; 103]
when, while

ὅτι, conj. [4,044; 1,296]
that, so that, because, since; [τί ὅ.] why?; [πλὴν ὅ.] however

οὐ, **οὐκ**, **οὐχ**, adv. [6,406; 1,623]
no, not; [ο. μή (+ *sub*)] certainly not, by no means; [ο. μὴν δὲ ἀλλά] nonetheless

οὐδέ, conj. [614; 143]
and not, nor, neither; [ο. μή] not even; [ο. ὥς] even so

οὐδείς, **οὐδεμία**, **οὐδέν**, pron. [188; 227]
no one, none, nothing, not at all

οὐκέτι, adv. [111; 47]
no more, no longer, not again; [ο. (οὐ) μή] never again

οὖν, conj. [259; 499]
so, thus, consequently, therefore; [μὲν ο.] then

οὐρανός, **-οῦ**, *m*, noun [682; 273]
sky, heaven(s)

οὖς, **ὠτός**, *n*, noun [184; 36]
ear

οὔτε, adv. [123; 87]
and not, neither, nor

οὗτος, **αὕτη**, **τοῦτο**, pron. [4,419; 1,387]
this (one), (*p*) these (ones), he/she/it; [μετὰ τοῦτο] afterward, later; [εἰς τοῦτο] for this reason; [ἐκ τοῦτο] because (of this), for this reason; [διὰ τοῦτο] therefore

οὕτως, adv. [859; 208]
in this manner, so, thus, accordingly

οὐχί, adv. [200; 54]
no, surely not

ὀφθαλμός, **-οῦ**, *m*, noun [676; 100]
eye, (faculty of) sight; [ὀφθαλμοῖς κατ' ὀφθαλμοὺς] face-to-face

Π, π

παιδίον, **-ου**, *n*, noun [168; 52]
young child; [ἐκ παιδίου] from childhood

παρά, prep. [881; 194]
(+ *gen*) from (the side)
(+ *dat*) beside, by, in the presence of
(+ *acc*) alongside of, near, for the reason that, more than, beyond, rather than, contrary to

παραγίνομαι, verb [178; 37]
to arrive, be present, present oneself

παραδίδωμι, verb [276; 119]
to give up, hand over, deliver, transmit, relate

παρακαλέω, verb [140; 109]
to comfort, exhort, encourage, summon

πᾶς, **πᾶσα**, **πᾶν** (*gen* **παντός**, **πάσης**, **παντός**), adj. [6,826; 1,243]
each, every, all; (*subst*) everyone, everything; [διὰ παντός] continually

πατήρ, **πατρός**, *m*, noun [1,448; 413]
father, parent, ancestor

πεδίον, **-ου**, *n*, noun [174; 0]
plain, field, level area

πείθω, verb [181; 52]
to persuade; (*pas*) to obey, yield; (*perf/plpf*) to believe, rely on, trust (in), feel confidence

πέντε, adj. [278; 38]
five

περί, prep. [852; 333]
(+ *gen*) about, concerning, on account of, with regard to
(+ *acc*) around, near, with

πίνω, verb [294; 73]
to drink

πίπτω, verb [423; 90]
to fall, fail, collapse, perish

πλανάω, verb [126; 39]
to lead astray, misguide, deceive; (*mid*) to move about, wander aimlessly (away)

πλῆθος, **-ους**, *n*, noun [287; 31]
quantity, multitude, crowd

πλήν, adv. used as conj./prep. [248; 31]
(*conj*) rather, nevertheless, but; (*prep* + *gen*) except; [π. ἐάν] provided only; [π. ὅτι] however

πληρόω, verb [112; 86]
to fill (up), complete, bring to an end; [(*idiom*) π. τὰς χεῖρας] to ordain (a priest)

πνεῦμα, **-ατος**, *n*, noun [381; 379]
wind, breath, spirit, soul, (mental/emotional) disposition

ποιέω, verb [3,387; 568]
to do, undertake, act, make, produce, carry out; [π. (+ *inf*)] compel to do

πόλεμος, **-ου**, *m*, noun [387; 18]
war, battle, fight

πόλις, **-εως**, *f*, noun [1,580; 163]
city, town, inhabitants

πολύς, **πολλή**, **πολύ** (*gen* **-οῦ**, **-ῆς**, **-οῦ**), adj. [924; 416]
much, many, great, large, wide, long, strong; [(*comp*) πλείων, πλείονος, πλεῖον]; [(*sup*) πλεῖστος, -η, -ον]

πονηρός, **-ά**, **-όν**, adj. [382; 78]
evil, wicked, immoral, bad, harmful

πορεύομαι, verb [1,260; 153]
to go (from), come (to), proceed, walk, travel, conduct oneself; [π. ὀπίσω] follow

ποῦ, adv. [125; 48]
where?, at which place?

πούς, **ποδός**, *m*, noun [303; 93]
foot, step, track

πρεσβύτερος, **-α**, **-ον**, adj. [219; 66]
older; (*subst*) elder, official, council member

πρό, prep. [254; 47]
(+ *gen*) ahead, before, prior to

πρόβατον, **-ου**, *n*, noun [300; 39]
sheep

πρός, prep. [4,382; 700]
(+ *gen*) in the interest of, necessary for
(+ *dat*) at, near, in addition to
(+ *acc*) to, toward, facing, in order to, so that, against, in reference to, concerning

προσέρχομαι, verb [116; 86]
to go to, approach, arrive

προσευχή, **-ῆς**, *f*, noun [115; 36]
prayer

προσεύχομαι, verb [110; 85]
to pray

προσκυνέω, verb [228; 60]
to (fall down and) worship, bow before in reverence

πρόσταγμα, **-ατος**, *n*, noun [170; 0]
ordinance, command

προσφέρω, verb [165; 47]
to bring to, offer, present

πρόσωπον, **-ου**, *n*, noun [1,303; 76]
face, front (side), surface, appearance, expression; [ἐπὶ προσώπου] in front of; [κατὰ πρόσωπον] facing, across from, against; [ἐκ προσώπου] from the presence of, from before; [λαμβάνω π.] to show approval, treat preferentially

προφήτης, **-ου**, *m*, noun [333; 144]
prophet

πρῶτος, **-η**, **-ον**, adj. [243; 155]
first, earlier, former, foremost

πτωχός, **-ή**, **-όν**, adj. [124; 34]
poor, oppressed, needy

πῦρ, **-ός**, *n*, noun [541; 71]
fire

πῶς, adv. [129; 103]
how, in what way; [εἴ π.] if somehow, if perhaps

Ρ, ρ

ῥῆμα, **-ατος**, *n*, noun [546; 68]
expression, saying, statement, matter, thing, concern

Σ, σ

σάββατον, **-ου**, *n*, noun [130; 68]
sabbath, week

σάρξ, **σαρκός**, *f*, noun [215; 147]
flesh, meat, body, humanity

σεαυτοῦ, **-ῆς**, **-οῦ**, pron. [237; 43]
yourself

σημεῖον, **-ου**, *n*, noun [121; 77]
sign, signal, identifying mark

σήμερον, adv. [291; 41]
today

σκότος, **-ους**, *n*, noun [120; 31]
darkness

σοφία, **-ας**, *f*, noun [254; 51]
wisdom, skill, shrewdness

σπέρμα, **-ατος**, *n*, noun [279; 43]
seed, children, descendants

στόμα, **-ατος**, *n*, noun [490; 78]
mouth, opening, entrance, edge (of a sword)

σύ, pron. [14,026; 2,907]
you; [(*p*) ὑμεῖς] you (all)

σύν, prep. [231; 128]
(+ *dat*) with, in addition to, including

συνάγω, verb [377; 59]
to gather, collect, bring together, assemble, invite, receive

συναγωγή, **-ῆς**, *f*, noun [228; 56]
congregation, assembly, gathering place

σῴζω, verb [365; 106]
to save, rescue, keep from harm; (*pas*) to escape

σῶμα, **-ατος**, *n*, noun [136; 142]
body, corpse, slave, person

σωτηρία, **-ας**, *f*, noun [158; 46]
salvation, deliverance

Τ, τ

τέ, conj. [274; 215]
and; [τ. . . . τ./καί/δέ] as . . . so, not only . . . but also, both . . . and; [ἐάν τ. γὰρ . . . μήτε] for if . . . neither; [ἐάν τ.] even if

τέκνον, **-ου**, *n*, noun [313; 99]
child, son, offspring

τέλος, **-ους**, *n*, noun [165; 40]
end, conclusion, goal; [μετὰ/ἐπὶ/ἀπὸ (τὸ) τ.] after, at the end of (a period); [εἰς/ἕως/διὰ/μέχρι (τὸ) τ.] completely, utterly

τεσσαράκοντα, adj. [151; 0]
forty

τέσσαρες, **-ες**, **-α**, adj. [249; 41]
four

τίθημι, verb [559; 100]
to set, place, put, establish, institute, appoint

τίς, **τίς**, **τί** (*gen* **τίνος**), pron. [1,511; 555]
who?, which (one)?, what (sort)?; [τί ὅτι] why?; [διὰ/εἰς τί] why?; [ἕως τίνος] until when?; [χάριν τίνος] why?; [ἵνα τί] why?

τις, pron. [342; 525]
someone, something, anyone, anything, (a) certain one/thing

τόπος, **-ου**, *m*, noun [611; 94]
place, region, position

τότε, adv. [295; 160]
then, next, at that point, thereupon

τρεῖς, **-εῖς**, **-ία**, adj. [378; 69]
three

τρίτος, **-η**, **-ον**, adj. [179; 56]
third

Υ, υ

ὕδωρ, **ὕδατος**, *n*, noun [676; 76]
water

υἱός, **-οῦ**, *m*, noun [5,204; 377]
son, descendant, community member; [υ. (+ *num*) ἐτῶν] (*num*) years old

ὑπάρχω, verb [156; 60]
to exist, be (present), belong to

ὑπέρ, prep. [430; 150]
(+ *gen*) for (the sake of), on behalf of, in place of, with regard to
(+ *acc*) beyond, more than, over

ὑπό, prep. [495; 220]
(+ *gen*) by
(+ *acc*) below, under, during

Φ, φ

φέρω, verb [291; 66]
to carry, bring along, bear, endure; [*fut* ὄισω; *aor* ἤνεγκα]

φοβέω, verb [463; 95]
to fear, revere, become frightened

φόβος, **-ου**, *m*, noun [199; 47]
fear, alarm, dread, reverence, awe

φυλακή, **-ῆς**, *f*, noun [121; 47]
watch, guard, prison

φυλάσσω, verb [466; 31]
to guard, watch (over), preserve, defend, keep (a commandment); (*mid*) be on one's guard, beware of

φυλή, **-ῆς**, *f*, noun [446; 31]
people group, tribe

φωνή, **-ῆς**, *f*, noun [633; 139]
sound, noise, voice, (out)cry

φῶς, **φωτός**, *n*, noun [176; 73]
light

Χ, χ

Χαναναῖος, **-α**, **-ον**, adj. [87; 1]
Canaanite

χάρις, **-ιτος**, *f*, noun, also used as prep. [134; 155]
grace, goodwill, favor, kindness, gratitude; (*prep* + *gen*) on account of, because of

χείρ, **χειρός**, *f*, noun [1,945; 177]
hand, possession, power, control, dominion; [διὰ χειρὸς *or* ἐν χειρὶ τίνος] by the hand of, by means of; [(*idiom*) πληρόω τὰς χεῖρας] ordain (a priest)

χρόνος, **-ου**, *m*, noun [140; 54]
time, duration, period

Ψ, ψ

ψαλμός, **-οῦ**, *m*, noun [92; 7]
psalm, song of praise

ψυχή, **-ῆς**, *f*, noun [974; 103]
soul, (physical) life, individual (person), (inner) self, mind

Ω, ω

ὡς, adv. [2,047; 504]
like, as, when, (so) that, about (+ *num*); [ὡ. ἄν] however, whenever; (*interj*) how!; [ὡ. (*adv*)] so, thus; [οὐδ' ὧ.] even so; [ὡ. ἐάν] whoever

ὥσπερ, conj. [263; 36]
(just) as, like

ὥστε, conj. [181; 83]
so that, in order that, for the purpose of